"十二五"普通高等教育本科国家级规划教材

高等学校社会工作专业主干课程教材

人类行为与社会环境

（第三版）

Renlei Xingwei yu Shehui Huanjing

■ 主　编　彭华民
■ 副主编　徐　愫

高等教育出版社·北京

内容简介

本书经过来自南京大学、南开大学、香港大学等成果丰硕、实务扎实的学者们近十年打造，入选"十二五"普通高等教育本科国家级规划教材。全书整合了国际前沿成果，体系合理；从生理、心理到个人成长，逻辑清晰；制度分析与社会工作案例结合，理论联系实务。

本书第一章导论是引导章，第二章与第三章研讨人类行为与社会环境的心理学理论以及社会理论，第四章和第五章分别是社会结构环境和文化环境，前面五章内容体例是本书特色。第六章到第十三章分析了个人从胎儿到老年各个阶段生理、心理和社会的三重发展，成长危机和解决方法，以及环境与个人的互动影响。每章除了主要内容还包括社会工作主要议题、思考题、推荐阅读、网络资源等。本书多处嵌入了社会工作案例二维码，延伸阅读视野，增加阅读信息。

本书是社会工作专业的必备教材，也可以作为从事公共管理、公益慈善、社会组织管理人员的培训教材，还可以作为非专业人士全面了解人类行为发展演进、个人成长中需要面对的危机等的导读书。

图书在版编目（CIP）数据

人类行为与社会环境／彭华民主编. --3 版. --北京：高等教育出版社，2016.10（2025.2 重印）
 ISBN 978-7-04-046538-9

Ⅰ.①人… Ⅱ.①彭… Ⅲ.①社会人类学-高等学校-教材 Ⅳ.①C912.4

中国版本图书馆 CIP 数据核字（2016）第 238079 号

| 策划编辑 | 张婧涵 | 责任编辑 | 张 林 张婧涵 | 封面设计 | 李小璐 | 版式设计 | 于 婕 |
| 插图绘制 | 邓 超 | 责任校对 | 刘丽娴 | 责任印制 | 刁 毅 | | |

出版发行	高等教育出版社		网 址	http://www.hep.edu.cn	
社 址	北京市西城区德外大街 4 号			http://www.hep.com.cn	
邮政编码	100120		网上订购	http://www.hepmall.com.cn	
印 刷	北京市鑫霸印务有限公司			http://www.hepmall.com	
开 本	787mm×960mm 1/16			http://www.hepmall.cn	
印 张	28		版 次	2011 年 12 月第 1 版	
字 数	520 千字			2016 年 10 月第 3 版	
购书热线	010-58581118		印 次	2025 年 2 月第 15 次印刷	
咨询电话	400-810-0598		定 价	55.30 元	

本书编写者

彭华民　徐　愫　张　洪　肖　萍　许小玲
刘玉兰　蔺文钧　库少雄　楼玮群　沈　晖
黄　君　高丽茹

先有后好　生生不息

彭华民

一、先有后好　吾道无穷

恩师费孝通先生在中国社会学重建之始,鉴于当时中国从事社会学教学和研究的专业人才奇缺,社会学研究资料奇缺,部分从事社会学教学研究的学者缺乏严格的专业训练,提出了社会学学科建设"先有后好"的观点。他不顾 71 岁高龄,积极为社会学专业的教材建设奔走呼吁。他说,中国大学里的社会学教学工作中断了多年,可以走先编写教材、先培养学生,在后来不断教学研究中再提高教材教学质量的路子,即"先有后好"。① 我不止一次聆听过他关于"先有后好"的演讲。随着自己参与社会学和社会工作专业筹建发展工作,我对他"先有后好"观点的深刻意义不断有新的认识②。

中国大学社会工作教育也中断了多年,面对社会对社会工作人才的迫切需要,中国社会工作教材建设实际上也走了"先有后好"的道路。最开始我们使用的是港台教材,后来开始自己编写教材。早期编写的教材明显受到港台的影响,现在我们将本土社会工作发展经验和研究成果纳入教材,不断地向"好"迈进。编写《人类行为与社会环境》也是中国社会工作教材建设"先有后好"过程中的一步,是一项富有挑战性的任务。它时时刻刻激励着我们反思社会发展过程,寻找生命意义,创新社会工作教材内容。因为中国社会工作教材本土化有很多工作需要做,在向"好"迈进的道路上,我们肩上的担子很重。这个过程犹如人类发展过程,前赴后继,生生不息。

二、金陵基石　历史传承

南京大学是中国最早从事社会工作教育的大学之一,其社会工作和社会福

---

① 费孝通:《社会学概论(试讲本)·序》,天津人民出版社 1984 年版。

② 参见彭华民:《自序:费孝通中国社会学重建战略思想与对消费社会学的启示》,载彭华民主编:《消费社会学新论》,北京师范大学出版社 2011 年版。

利教育发展是中国社会工作和社会福利教育发展的一个缩影。20世纪30年代,南京大学的前身——中央大学、金陵大学和金陵女子大学早就开设了社会工作和社会福利课程。中央大学设社会工作专业,建立了儿童福利院等四个实习基地,组织同学们到福利院等机构实习。金陵大学建立了儿童福利系,是中国内地最早建立社会福利专业的学校。为适应抗日战争需要,金陵大学和金陵女子大学西迁内地后采取了新的办学措施,把社会学教学团队分为五组,即普通社会学组、都市社会学组、乡村社会学组、边疆社会学组和社会福利行政组(社会工作)。此时金陵大学社会福利行政组开始独立招收学生。1942年,鉴于抗战时期社会工作人才缺乏,为加强大学生对社会福利事业之认识及贡献,金陵大学增设社会福利行政特别研究部,招收大学毕业生提供一年至二年的高阶训练,以应社会之需要。金陵大学还在联合国善后救济总署社会工作组的支援下培养了十余名社会福利专业研究生,又于1948年专门设立了社会福利行政系,招收社会福利本科生,成为当时中国唯一的社会福利系。该系还被国际社会工作协会及国际社会福利研究院联合委员会接受为该会会员。① 时任国民政府教育部高教司司长的孙本文先生组织编写了社会工作专业教学大纲,为规范大学社会工作专业发展起到了积极作用。

1949年后,南京大学由于院系调整等人为原因中断了社会工作教育。1987年,中国社会工作教育重建的"马甸会议"召开,讨论了中国大学社会工作教育恢复发展的问题。1993年,南京大学开设了社会工作与社会管理专科(自学考试),1997年,社会工作专科升为本科段。教育部于2001年批准了包括南京大学在内的36所大学建立社会工作专业。2008年,南京大学建立社会工作与社会政策系。南京大学虽然社会工作本科专业重建较晚,但是社会工作研究生教育后来居上,成为2009年教育部批准申请与建立社会工作专业硕士(MSW)的第一批院校。之后,南京大学成立了社会工作硕士学位教学指导委员会和社会工作硕士教育中心。2009年,南京大学社会工作专业硕士开始招生,学制分全日制(南京大学本部)和兼读制(南京大学深圳研究院);建设了几十个实习基地,开展了儿童抗逆力、成长小组等社会工作服务。2011年,南京大学在社会学一级学科下招收社会福利以及社会工作方向的博士生;2012年,教育部批准南京大学自主设立二级学科社会工作博士点;2013年,民政部批准南京大学设国家级社会工作人才培训基地;2014年,南京大学成立社会建设与社会工作研究院;2015年,南京大学与江苏省民政厅共建社会工作研究生工作站。南京大学逐步成为培养高级社会工作人才的重要基地。

同时,南京大学社会工作专业与其相关专业携手并进,成为社会学一级学科

---

① 王世军:《金大金女大社会工作专业沿革》,《南京师大学报(社会科学版)》2001年第5期。

发展的重要支柱之一。2013 年,教育部社会学学科评估中南京大学社会学学科名列全国第三,南京大学社会学本科人才培养成果获江苏省优秀教学成果特等奖。2014 年南京大学项目获得教育部优秀教学成果二等奖,其中也有社会工作专业的贡献。

三、天开教泽　生生不息

"天开教泽兮,吾道无穷"①。大学教师承担着研究和教学的双重责任。编写优秀教材从古至今都应该是、也必须是大学教师的重要职责和工作,是育人的重要环节。我们耳熟能详的多位大师级学者都亲自为本科生编写教材,如吉登斯(Anthony Giddens)的《社会学》、默顿(Robert Merton)的《社会学导论》、梅志里(James Midgley)的《社会政策》、吉尔伯特(Neil Gilbert)、特雷尔(Paul Terrell)的《社会福利政策》等。优秀的教材能够引导莘莘学子尽快进入人类知识殿堂,学习人类辉煌的文明。因此,我对现今不少大学不将教材编写计入教师成果的规定持保留意见。《人类行为与社会环境》编写工作在我心中和研究工作具有同等重要性。我要求自己和编写团队成员必须具有教书育人的责任感,具有人类行为研究的多元视角,具有多个学科的知识训练,具有将社会工作和实务结合的能力,全力以赴,完成书稿撰写工作。

"人类行为与社会环境"是社会工作专业教学体系中具有极其重要地位的课程。因为社会工作服务方案以及实施是建立在我们对人类行为与社会环境的分析与评估基础上的。国外不少大学社会工作学系不仅仅给本科生开设"人类行为与社会环境"课,也给硕士研究生和博士研究生开设高阶"人类行为与社会环境"课程。"人类行为与社会环境"还是我国台湾社会工作师考试科目。而我国大陆的情况却令人担忧。中国社会工作教育从 20 世纪早期开始就受到社会学的影响,在社会工作重建过程中仍然受到社会学影响,2004 年,由教育部高教司委托全国高校社会学学科教学指导委员会组织编写并经教育部高教司审定,《社会工作专业主干课程教学基本要求》颁布,其中的 11 门社会工作主干课程中有"社会学概论"却没有"人类行为与社会环境"课程。用"社会学概论"代替"人类行为与社会环境"课程,这不能不说是一个缺憾。

2009 年起,我受学院委托参与了教育部社会学(含社会工作)本科教学指导委员会关于社会工作本科专业人才培养计划的编写工作。在教育部社会学学科教指委组织召开的社会学与社会工作系主任联席会议(2011 年贵阳会议、2012年南京会议、2013 年长沙会议、2014 年南京会议)以及社会学与社会工作人才培养方案讨论会上(2010 年北京会议和 2013 年南京会议),与会专家与代表一

---

①　江谦:《南京大学校歌》,1919 年。

致同意将"人类行为与社会环境"列入社会工作专业主干课程。2013~2014年我受聘担任教育部社会学专业国家标准工作小组成员,其他成员来自中国人民大学、北京大学、复旦大学、中山大学和华中科技大学等。国标小组对社会学、社会工作人才培养方案进行了重审和规范,"人类行为与社会环境"课程对社会工作专业人才培养的重要意义再次得到充分肯定。

为了回应社会对社会工作人才的需要[1]以及中国社会工作教育的快速发展,中国社会工作教育协会和高等教育出版社于2007年冬在北京中国青年政治学院召开社会工作教材建设会议。会议中,中国社会工作教育协会会长、北京大学王思斌教授和我讨论了社会工作教材建设问题。王思斌教授根据中国社会工作教材发展的现状和我的学科背景,建议我编写《人类行为与社会环境》。根据王思斌教授的建议,我回到天津后就开始准备《人类行为与社会环境》大纲。2007年年底,我完成了11 000多字的《人类行为与社会环境》立项申请书,提交给高等教育出版社。该申请很快得到高等教育出版社的积极响应。

本教材大纲经过反复修改和完善。我首先提出本教材编写大纲并在2007年12月和2008年1月通过邮件征求干咏昕编辑关于本书出版的意见。借2008年5月在香港中文大学参加社会工作会议之际,我和时任香港中文大学社会工作学系教师的楼玮群博士对大纲进行了讨论。在香港讨论的基础上,我通过邮件征求中南民族大学民族学与社会学学院社会工作专业库少雄教授、南开大学社会工作与社会政策系蔺文钧讲师、复旦大学社会工作学系徐文燕博士的意见,并在此基础上提出了本教材大纲第二版。我于2009年冬邀南京大学徐愫副教授、沈晖副教授、张洪博士一起再次讨论本书大纲、编写体例和主要内容,形成本教材大纲第三版。2014年《人类行为与社会环境》获教育部"'十二五'普通高等教育本科国家级规划教材"称号后,我和团队再次对教材大纲进行了修改,形成大纲第四版。

为了推动中国刚刚起步的社会工作专业硕士教育发展,国际社会工作教育联盟、中国社会工作教育协会和美国社会工作教育协会于2012年12月在北京召开了社会工作专业硕士教育研讨会,启动中美"7+7 MSW"项目,即7所美国大学的社会工作学院(系)与7个中国社会工作教育片区联合开展中国MSW教育能力提升活动。南京大学牵头苏皖片区36所大学与美国排名前十的南加州大学社会工作学院开展MSW教育交流,其中一项活动就是共同完善美方大学的"人类行为与社会环境"教材的教学大纲和案例,同时修改丰富中方大学的教

---

[1]　中共中央、国务院于2010年发布《国家中长期人才发展规划纲要(2010–2020年)》。国家中长期人才发展规划纲要将社会工作人才纳入人才发展大局,成为与党政人才、企业经营管理人才、专业技术人才、高技能人才、农村实用人才并列的第六支主体人才队伍。社会工作人才培养已经成为社会建设的重要内容。

学大纲和案例。我和部分团队成员参加了这项工作。

我希望通过认真而细致的工作使教材知识体系相对完整,逻辑层次清晰,内容丰富而不庞杂,理论联系中国实际,适合中国大陆社会工作专业学生学习。第一章导论是引导章,帮助同学们认识人类行为、人类需要、自然和社会环境的内容、人与环境互动关系以及学习本课程的意义。第二章和第三章讨论了人类行为与社会关系有关心理和社会理论,分别讨论了精神分析、心理与家庭发展阶段、认知发展、道德发展、学习理论、人本主义和符号互动、社会互动、社会化、系统理论。通过对理论的学习,帮助同学们认识人类成长的阶段和特征,掌握人类行为与社会环境互动关系的理论。第四章和第五章分别是社会结构环境和文化环境。社会结构环境包括家庭、群体与组织、社区、学校、工作单位、制度等内容。文化环境包括文化的构成、文化变迁、价值观等内容。这两章的内容体例是本书的特色,也是同类教材中没有的。我们认为只有通过对社会环境的专门分析,才能帮助同学们建立对社会环境的整体认识。第六章到第十三章分析了人从胎儿开始到老年各个阶段的发展,以及社会环境对个人发展的影响。

本教材特别突出学生为本的原则。为了方便同学们课堂学习和课后拓展学习,本书每章内容都包括以下部分:教学目的、主要内容、案例分析、社会工作主要议题、本章小结、本章思考题、推荐阅读文献、网站资源等。学习本课程的同学可以先读每章开始的教学目的,了解本章学习的方向;然后学习本章主要内容,其中的案例分析将帮助你理解人类行为与社会环境互动关系;每章最后一节都是社会工作主要议题,目的是帮助同学们扩展对当今社会中人类行为与社会环境互动的新议题、新知识和新问题的认识广度及深度。

参加教材大纲讨论和教材撰写的学者具有多学科的背景,包括社会工作、社会学、心理学、经济学、民族学、人口学等,他们均是在社会工作教学一线的、有丰富社会工作实务经验的教师。本书的编写者有:

彭华民(南京大学)第一章,合编第四章和第五章;

张洪(南京大学)第二章和第七章;

肖萍(南京大学)第三章;

许小玲(合肥工业大学)合编第四章;

刘玉兰(常州大学)合编第五章;

徐愫(南京大学)第六章和第八章;

蔺文钧(南开大学)编写第九章;

库少雄(中南民族大学)第十章和第十一章;

楼玮群(香港大学)第十二章和第十三章;

沈晖(南京大学)和黄君(华中师范大学)编写与修改第七章第四节;

高丽茹(南京财经大学)编写修改第十章第三节;

彭华民、黄君、高丽茹、肖萍等编写本书配套案例集以及网络电子资源库。

如果我们能不断把人类生生不息的发展变迁充实到教材和教学中,把中国本土社会工作发展作为教学案例,把"后好"做得更好,身为主编的我将不胜欣慰。无论我们有多么美好的愿望,无论我们有如何的付出,受时间和精力的限制,书中仍然可能存在瑕疵。学海无涯,恳请同仁们和读者们在细读本书后,给我们提出改进的意见。

最后,我们感谢高等教育出版社先后几位编辑干咏昕、杨琨、张然以及张婧涵的大力支持。感谢南京大学社会学院对本教材编写工作的支持。感谢许小玲、王梦怡的校对工作。感谢课程助教孙睿雯、胡青峰、崔坤杰、姚进忠、秦永超、同雪莉、潘佩佩、康怡、黄君、张婧、陈素敬、刘玲。感谢那些选修"人类行为与社会环境"课程的同学们,你们的健康成长是全体作者工作最大的动力。

彭华民

2011 年 5 月 9 日初稿于南京丹凤街唱经楼

2013 年 12 月 19 日修改于南京大学河仁楼

2016 年 4 月 20 日定稿于南京仙林

目　录

第一章 导　论

学习目的

　　了解人类行为与社会环境关系的一般概念;认识人类成长概念、特征、类型及其成长阶段;学习人类需要理论,了解需要类型和特征,以及需要评估的方法;学习人类行为与社会环境关系的理论,认识人类与环境的互动关系;认识社会工作者在个人成长中的作用,以及人类行为与社会环境在社会工作学科建设、社会工作教育体系建设、社会工作实务中的意义。

　　近年来环境污染、经济波动、心理危机等问题再度引发人类对自己行为与环境关系的研讨。社会工作最重要的视角之一就是人在环境中(person-in-environment approach,缩写 PIE)①。这个环境就是作为社会成员的人的社会环境。社会工作者在介入时最需要把握的原则之一就是将社会问题放入具体环境中来考察,将服务对象放在社会环境中来分析。广义上来讲,环境中的人和人生活的社会环境,都是社会工作的对象。人在环境中视角不仅仅是社会工作实务和研究的重要视角,也是"人类行为与社会环境"这门课程的主线②。一些学科也关注人和社会环境的关系,如心理学③、社会学、生态学等,但与之不同的是,我们在"人类行为与社会环境"课程中帮助同学们认识人和社会环境的关系,是基于实现助人和提升人类福祉(well-being)的目标。本章是全书的引导,将为同学们提供人类行为与社会环境的基本概念和分析框架。

---

　　① person-in-environment approach,有的翻译为"人在环境中",有的翻译为"人在情景中"。

　　② 本书是为社会工作专业同学们准备的,已经从事社会工作的社会工作者以及对服务人类感兴趣的同学和相关人士也可从书中学习到需要的知识。

　　③ 有的学者从心理学的角度讨论人和环境关系,如 W. B.Walsh,K. H.Craik,R. H.Price (eds.), *Person-environment Psychology*:*New Directions and Perspectives*,Mahwah N.J.:Lawrence Erlbaum Associates,Inc.,2000.等。

第一节 人 类 行 为

一、人类行为的含义与过程

1. 人类行为的含义

人类行为(human behavior)最简单的定义是人类作为主体的活动。它既是人类对社会环境的反应,也是人类对自然环境的反应。在很多时候,人类的社会环境和自然环境是交织在一起的。更深入和具体的人类行为的定义为:人类行为是人类为满足其自身需要,采取某种方式去适应环境所表现出来的活动或方式。人类行为可以是生理的也可以是社会的,可以是外显的也可以是内在的,可以是个体的也可以是集体的,可以是理性的也可以是非理性的,可以是正常的或者非正常的行为。人类行为是整合的过程,包含着丰富的内容。在社会工作实务和研究中,我们的服务和讨论都指向人类行为的改变。

分析人类行为可以从不同角度进行,本书采用的是多元分析框架。这个多元分析框架包括社会维度、心理维度和生物维度。[①] 从社会维度分析人类行为及其与环境的关系,应该将人的行为放入社会环境系统中,人不断地在和社会环境系统互动。社会环境系统包括社会结构环境和社会文化环境。社会结构环境中有家庭、群体、组织、单位、社区、国家等内容,还包括各种社会制度。社会文化环境包括社会的主流文化和亚文化、社会价值、社会规范、文化创新和文化传播等内容。[②] 从心理维度分析人类行为及其与环境的关系,将讨论个人的心理活动过程、人在成长阶段中的心理特征、形成和影响心理活动的社会环境因素、人类在行为过程中的信息处理和认知发展、人类的态度和情感、社会认知和心理危机等。从生物维度分析人类行为及其与环境的关系,将讨论人类的生化系统、细胞系统、器官系统以及人的生理成长阶段和外界环境变化对人类生理的影响等。在人类行为的不同阶段,人类可能面对不同的社会、心理、生理危机,社会学、心理学、生理学都提出了化解危机的对策。本书将整合不同学科的观点来展开分析。

人类行为包括生理行为(physical behavior),如吃饭、睡觉、生育等,也包括社会行为(social behavior),如结交朋友、建立自助小组等。但人类在发展过程中,社会因素会影响和改变人的生理行为,社会行为和生理行为互相影响,整合在一起。如某人为了完成某项工作,几天几夜没有合眼睡觉。睡觉是生理行为,

---

① [美]乔斯·B.阿什福德等:《人类行为与社会环境:生物学、心理学与社会学视角》,王宏亮等译,北京:中国人民大学出版社 2005 年版,第 35~40 页。

② 本书的第四章将介绍社会结构环境,第五章将分析社会文化环境。

但工作这个社会因素改变了睡觉这个生理行为。又如人类的生育本身是生理行为，但胎教、优生、独生子女政策等使生育行为中有了社会因素的影响，这就是社会因素影响和改变人的生理行为。社会工作者既可以通过个案社会工作方式帮助个人改变行为；也可以通过小组社会工作、社区社会工作、社会行政工作、社会福利制度建设等方式方法帮助多个社会成员解决问题，帮助一个群体改变行为。

人类的行为既可以是外显的也可以是内在的（overt behavior and covert behavior）。外显的人类行为可直接观察，如唱歌、开车、交友、讨论、捐款等。例如，贫困的老张一家居住在很旧的房屋中，孩子在流动人口子女学校上学，夫妻俩在社区内收废品，工作不稳定而且收入低。这些都是外显行为。内在行为一般来说不容易直接观察到，如人类思考问题的过程、人类的情感过程等。还是以老张一家为例，老张的两个孩子每天放学回家后，要帮助爸爸妈妈将回收的废品分类，帮助爸爸妈妈做饭和洗衣服，没有足够的时间复习功课，学习成绩不好，孩子内向自卑，有时被同学欺负了也憋在心里，自己难受，不告诉父母和老师。孩子的难受心情就是内在行为。社会工作者不仅仅要观察服务对象的外显行为，更要注意服务对象的内在行为，只有了解了他们的心理感受，才能提供有针对性的服务。

一些理论和研究中采用狭义的人类行为概念，通常只包括外显的活动，如心理学中的行为主义学派重视研究由外界刺激引起的可观察和测量的人的外在反应；社会学中集体行为研究关注社会运动的社会起因、过程和后果。实际上，人类的外显行为和内在行为在现实生活中是不可分割的。精神分析学家认为，人类行为是由本能所引起的一种结果；认知成熟论者认为，人类行为是人的认知能力成熟之后对环境所产生的反应；社会学家认为人类行为是其价值观点及态度的表现；①社会工作者认为人类行为发生于生物的、心理的、社会的、经济的以及物理力量的整体性相互作用。②

人类行为既可以是个人的也可以是集体的（individual behavior and collective behaviors）。集体行为是指社会成员的共同行为，由于社区是许多人共同生活的地域社会，人们必须建立社会规范体系，使社会生活有一定的秩序。同时人类必须共同行动才能解决他们共同面对的风险问题。现在愈来愈多的研究关注集体行为，著名的有奥尔森（Mancur Olson）的集体行为逻辑理论（logic of collective action）。他提出一个清晰简单的分析框架：在任何集体行为中，行为者是根据个人的边际利益而不是群体的利益进行决策的。当个体的潜在收益大于其成本

① 李增禄主编：《社会工作概论》（增订二版），台北：巨流图书公司1995年版，第65~66页。
② ［美］罗伯特·伯格等：《人类行为与社会环境》，陈怡洁译，台北：扬智文化事业股份有限公司1998年版，第15页。

时,个体参与集体活动;反之,则不会参与。[1] 奥尔森受到经济学的影响,将集体行为视为理性行为,但事实上并非如此,如资源分配也会导致个人或者集体行为的产生。塔罗(Sidney Tarrow)在《运动中的力量:社会运动与斗争政治》一书中总结西方社会运动中集体行为产生暴力问题时指出,群体性事件中使用暴力不是由于事件的组织者热衷于使用暴力,而是由于其缺乏其他的资源,只能以暴力为手段制造公共影响和向政府进行施压。[2] 因此,弱势群体的抗议游行之类的集体行为具有改变不合理的社会制度、创新社会规范的意义,不能简单解释为一种破坏行为。

人类行为可以是有理性的也可以是非理性的(rational behavior and non-rational behavior)。社会生活是许多人互动的过程,在一定的条件下会出现如游行、狂欢、骚乱等集体行为。非理性集体行为通常不受正常社会规范控制,会引起社会高度关注。集体行为如果产生了正面作用,对社会的积极意义会很突出;如果产生了负面作用,对社会的危害也很大。社会工作者必须关心非理性集体行为发生的诱因和环境条件,如果是负面的集体行为,应该尽量地把它的危害性降低或者消除。游行、狂欢、骚乱等集体行为的发生须具备一定的条件:(1)接触与摩擦。人群的交流、接触和摩擦能够产生非常情绪。(2)情绪感染。在集体接触与摩擦行为过程中产生的热烈情绪或者其他情绪会快速传播,引发更大规模的集体行为。(3)集体激动。集体激动是集体行为的高潮,表现为一群社会成员情绪热烈、行为冲动,常常伴随着激烈的行为。非理性集体行为有不同于个体行为的特征:自发性、狂热性、非结构性和过渡性。

人类行为可分为正常行为与异常行为(normal behavior and deviant behavior,社会学将异常行为称为"越轨行为")。事实上,在正常行为与异常行为之间划一道绝对分明的界线是非常困难的。在特定的社会环境下,人类应该有什么样的行为或不应该有什么样的行为,必须结合具体环境去理解。在某种社会环境下被认为是正常的行为,在另一种社会环境下可能被认为是异常或变态;反之亦然。因此,绝对地划分正常行为与异常行为的标准是不存在的。相对而言,常用的划分标准有以下几方面:(1)符合社会规范。正常行为是被社会普遍接受的、符合社会行为规范的从众行为,反之则被认为是异常行为。(2)良好的社会适应。正常的个人行为与社会环境相适应。异常行为是社会适应性不良或适应困难的行为,这种行为往往会给个人带来困惑,或者给社会造成危害。(3)健康的

---

① M.Olson, *The Logic of Collective Action*, Cambridge, MA: Harvard University Press, 1965. 奥尔森这本书由陈郁、郭宇峰、李崇新译成中文《集体行动的逻辑》,上海三联书店、上海人民出版社 1995 年版。

② S.Tarrow, *Power in Movement: Social Movements and Contentious Politics*, New York: Cambridge University Press, 1998, p.5.

个体发展。当个人行为符合个人生理、心理、情绪发展阶段特征的,可归为正常行为。另外,也可以个体的内在感受来判别行为是否正常或异常。应该注意的是,单独使用其中一个或两个标准往往很难确定人类行为正常与否,必须综合使用上述标准才能有效地判断人类行为。①

2. 人类行为的一般过程

社会成员的个人行为是一个过程。个人行为源于个人的需要,个人的需要引起行为动机,然后,个人选择手段,确定要达到的目标,再行动实现需要的满足。图1-1简单描述了个人行为过程。真实的个人行为过程非常复杂,在每个细小的环节上都可能受到多个因素如心理、生理、社会和自然因素的影响。个人行为的内容也因此多彩缤纷,构成了万花筒般的人类社会。

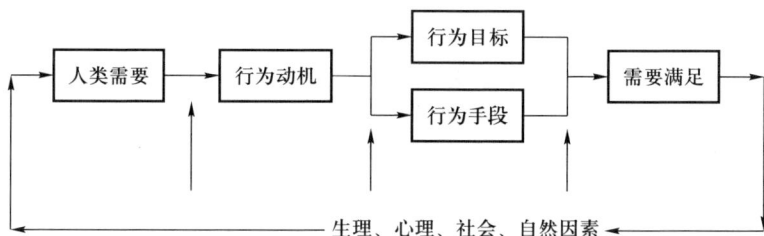

图1-1　个人行为的一般过程

在人类行为过程中,需要是人类行为的动力。有需要才有人类行为的动机。人类需要的内容十分丰富,不但有生理性的需要,而且还有心理性和社会性的需要。人类的每一种需要都会引发相应的行为动机。所谓动机,是一种达到预期目的的愿望或意念,是人类行为发生的内驱力。

人类一切行为(纯属生理性的本能反应除外)都是有目标的,人类行为的方向是由其行为目标所决定的。行为目标和动机是有紧密联系的:由需要诱发的动机要求人类去寻找合适的目标,如人感到知识的重要就会去学习;而合适的目标也能激起人的需要而诱发人的行为动机。如一个贫困家庭的母亲和两个孩子住在一套很小的租来的房子里。她本来并不想购买房子,但提供给贫困家庭的保障性住房宣传广告吸引了她,使她产生购买保障性住房的动机,因为购买保障性住房还需要自己支付少部分费用,她可能产生积极就业的动机,以就业为手段,通过工作获得更多收入去买房,满足家人住房的需要。

人类为了满足需要而行动,必须选择行动的手段。行为手段是指人类为达到某种目标而采取的方法或措施的总称。手段是人类行为目标实现的前提,没有手段,人类需要就不能满足。例如,一个人要表达自己的愿望,他必须采用一

---

① 徐愫:《人类行为与社会环境》,北京:社会科学文献出版社2003年版,第4页。

定的方式或通过一定的途经如语言(话语)的或非语言的(文字、肢体动作等)方式直接地或间接地表达,表达方式就是手段。人类行为的手段和目标之间有着内在的关系:一方面,目标的性质决定着手段的性质,手段从属于目标,服务于目标;另一方面,手段又反过来影响目标,决定着目标能否实现。当人类通过一定的手段去达到一定的目标时,行为就发生了。

二、人类行为的类型

由于视角不同,人类行为的类型可以有不同的划分方法。人类行为类型的划分和人类行为特点的分析一样,是为了帮助社会工作者清楚地分析服务对象的行为,在行为与环境关系分析的基础上,提出合理的服务方案。

社会互动(social interaction)是人类行为最基本的形式。社会互动是指个人与个人之间通过语言、表情、身体姿势和其他象征性符号,彼此表达意向,沟通感情,共同行为的过程。凡个人活动涉及他人和社会环境,或对他人和社会环境产生影响,并能引起他人和社会环境反应的行动,都是社会互动。互动是两个人以上的社会成员之间相互影响的行为。社会互动可分为直接的面对面的互动(direct interaction, face to face interaction)和通过一定媒介进行的间接互动(indirect interaction)。社会互动理论由美国社会学家、社会心理学家米德(George Herbert Mead)创始[1]。他应用符号互动的概念来解释社会现象。[2] 现今社会中,随着通信工具的发展,社会成员的互动范围、互动手段都发生了深刻的变化,人们之间、事物之间、系统之间的相互影响无论在广度和深度上,都有了新的内容。因此社会互动引起了社会多方面的关注和研究。以社会互动为基本形式的人类行为类型有暗示与模仿、竞争与冲突、调适与同化等。[3]

1. 暗示与模仿

暗示与模仿是互相对应的互动方式,无暗示即无所谓模仿,无模仿则暗示不能成立。暗示与模仿是社会生活中最基本、最普通的一对互动方式。暗示是采用含蓄的方式将一种意见、态度或行为方式通过语言及其他象征符号传达给他

---

[1] 米德于 1863 年出生于美国马萨诸塞州的南哈德策。1891 年,任密歇根大学副教授,1894 年,执教于芝加哥大学。主要著作有:《心理的定义》(1903)和《精神、自我与社会》(1934)。米德认为,象征符号是社会生活的基础。人们通过语言、文字、手势、表情等象征符号进行交往,达到共同理解。社会意义建立在对别人行为的反应基础上。他重视日常生活情境(社会情境)中人们如何交往,如何理解社会关系。

[2] 米德的学生布鲁默总结了符号互动论的三个原则:a. 根据我们对于事物所赋予的意义,我们对之采取行动。b. 我们对于事物所赋予的意义是社会互动的结果。c. 在任何情境下,这一解释过程通常包括角色借用,即假定承担别人的角色并试图理解别人的思想和情感——内在阐释过程,我们与我们自己交流。布鲁默和库恩等人分别建立了芝加哥学派和伊阿华学派。

[3] 彭华民、杨心恒主编:《社会学概论》,北京:高等教育出版社 2007 年版,第 104~116 页。

人并能引起他人反应的行为。一种意见或行为方式只有被他人模仿才能成为暗示,即必须有接受暗示的人,暗示才能成立。社会工作者常常会采用暗示的方式进行家庭治疗、小组活动等。暗示可分为直接暗示、间接暗示和反暗示三种。直接暗示是对特定对象面对面地发出的暗示。间接暗示是指对不特定对象通过媒介符号发出的暗示。反暗示是鼓励受暗示者向相反的方向行动。有意识的反暗示,如采用激将法,讥讽他人缺点,希望其改正。还有一种特殊类型的暗示是自我暗示,即依靠思想、语言向自己发出刺激信号,以影响自己的情绪和意志,或加深对某一观念的认识,或要求按某一方式行动等。我们也将自我暗示称为自我控制。

如何使社会工作者的意见以及他们建议的行为方式成为有效暗示,帮助服务对象改变他们的行为呢?从暗示者即社会工作者方面来看:(1)权威越高,其意见和行为越能被他人模仿,从而成为暗示。(2)信息量大,刺激稳定持久,越可能成为有效的暗示。社会工作者的意见或建议的行为方式如果是统一的、稳定的,甚至是规范化的,并经常不断地传递给服务对象,就最有可能形成积极、有效的暗示。(3)向特定目标发出的刺激比无特定目标的刺激更能成为暗示。从接受暗示的人即服务对象的角度来看:(1)暗示者和受暗示者之间有三种心理状态,即对抗、无对抗和适应状态。社会工作者和服务对象处于无对抗和适应状态时,最容易形成暗示。(2)年轻的受暗示者比年龄大的受暗示者更容易接受暗示,所以模仿者多是青年人。(3)受暗示者在危机和焦虑中容易接受暗示。如服务对象在危机动乱之中不知如何是好时,最易接受别人的暗示。

模仿可分为潜意识的自动模仿和有意识的自觉模仿两类。潜意识的自动模仿是指对暗示信息不加分析批判地自然而然的模仿,是在不知不觉中进行的。例如,儿童由于天天和父母生活在一起,父母天然成为儿童的模仿对象。孙本文把此类模仿视为对"规定的反应",即对社会生活模式化的反应。自动模仿在个人初级社会化过程中起重要的作用。有意识的自觉的模仿是指对暗示的信息做出分析批判之后进行的模仿,又称为合理模仿。对新发明的采用、对先进技术的引进和吸收等即属此类。凡新发明创造的传播推广都需要借助于合理模仿来实现,所以合理模仿在社会进步过程中起重要作用。[1] 社会发明创造是人类社会进步的源泉,一切发明都必须依靠模仿来流传和推广。

法国社会心理学学者塔尔德(Gabriel Tarde)在1890年出版了《模仿律》。[2]他提出人类行为模仿的主要定律有:(1)在没有外界干扰的情况下,模仿是按照几何级数进行的。(2)因传递而使信号减弱时会导致模仿变形。塔尔德还提出

---

[1] 孙本文:《社会学原理》(下册),北京:商务印书馆1946年版,第16~17页。
[2] [法]加布里埃尔·塔尔德:《模仿律》,何道宽译,北京:中国人民大学出版社2008年版。

人类行为模仿的逻辑定律:(1)逻辑冲突律。模仿的逻辑定律说明有些发明与原有的旧事物相悖,二者之间发生冲突,不易被接受,或需经过长期冲突、摩擦、选择后方被接受。(2)逻辑结合律。有些发明与原有事物并不矛盾,经模仿加入原有事物,成为文化积累。塔尔德最后提出人类行为模仿的非逻辑定律:(1)模仿总是由内向外的,先是思想模仿,后是行为模仿;先是目标模仿,后是手段模仿等。(2)模仿是向上的,总是地位低的人模仿地位高的人,而不是相反。(3)模仿新奇与模仿古老互相交替。人们有时追求现代的生活方式,有时追求古代人的生活方式。① 塔尔德提出人类行为模仿定律对社会工作者开展服务有很多启示。

2. 竞争与冲突

竞争与冲突也是人类行为中最基本的行为类型。生物竞争是一种生存竞争,是生物的本能,是生物进化的普遍规律。社会竞争是指人类社会的竞争,即人与人之间的竞争,群体与群体之间的竞争,社区与社区之间的竞争,甚至国家与国家之间的竞争。人与人之间的竞争行为是一种普遍的社会现象。

关于竞争行为有多种解释。达尔文(Charles Robert Darwin)提出生物进化论。他认为地球上的生物随着环境的变迁,有一个由低级生命形态向高级生命形态逐渐进化的必然趋势;他提出弱肉强食,物竞天择、适者生存的观点。② 在达尔文的进化论问世之后,斯宾塞(Herbert Spencer)提出了社会有机体理论。他认为社会本身是一个有生命的有机体。人类在受到外部环境各种影响、发生冲突的同时,通过不断地适应而争取使自己和环境之间达到均衡状态,因为均衡状态有助于生命的维持。由个人所构成的人类社会也一样,为了让每个个体维持生命的活动在相互依存的关系中能够实现,社会时刻不断地进化以到达所必需的社会均衡。③ 社会达尔文理论(Social Darwinism)是将达尔文进化论中自然选择的思想应用于人类社会的一种社会理论,它认为人类社会的竞争行为是向生物界学习来的,社会可以和生物有机体相比拟,社会与其成员的关系有如生物个体与其细胞的关系。社会达尔文主义者根据自然界食物链现象认为社会也存在物竞天择和适者生存,并以此解释社会现象。社会达尔文理论在其产生早期有一定影响。④

---

① 参见[法]加布里埃尔·塔尔德:《模仿律》,何道宽译,北京:中国人民大学出版社2008年版。
② 参见[英]达尔文:《物种起源》,周建人等译,北京:商务印书馆1995年版。
③ 参见[英]斯宾塞:《群学肄言》,严复译,北京:商务印书馆1981年版。
④ 最早提出社会达尔文主义思想的是英国哲学家、社会学家斯宾塞。社会达尔文主义的风行从19世纪持续到第二次世界大战结束。有人认为现代的社会生物学也可归类到社会达尔文主义学派中。社会达尔文主义一词最早出现在美国历史学家理查德·施塔特(Richard Hofstadter)于1944年出版的著作《社会达尔文主义与美国思维》。社会达尔文主义理论观点早于社会达尔文主义概念出现,这是学术界一个比较奇特的现象。

社会达尔文主义把生物学中的遗传、变异、自然选择等概念引进社会科学，在一定程度上解释了社会发展，但把生存竞争作为社会发展的规律则完全混淆了人类社会与自然界的本质差异。竞争有助于社会发展，但我们倡导的是社会公正和平等。社会工作者帮助弱势群体，为弱势群体服务，是对社会达尔文主义物竞天择和适者生存最好的批判。竞争经常被用在社会活动中，但要考虑其是否适用。社会工作者采用小组工作方法和社区工作方法开展服务活动时，要有针对性地选择活动形式。例如在地震灾区开展儿童服务活动时，考虑到灾区儿童经历了大地震，面对大灾害，已经承受了很大压力，社会工作者最好不要选择有竞争性的儿童游戏，要选择轻松的游戏，帮助灾区儿童释放不良情绪和压力，让他们建立起生活信心，愉快地面对灾后生活。

人类对食物和生活空间的竞争在有人类的时代就已存在了。人类的竞争源于人人都需要得到食物和社会资源等来满足自己的生理需要和社会需要，而这些资源的社会分布是不平均的，由此引发社会竞争。竞争可根据不同标准分成若干不同种类。依据竞争的对象不同，可分为经济竞争、政治竞争、地位竞争、文化竞争、配偶及爱情竞争等。社会竞争能够发生除了资源分布的不平均的前提之外，还必须具备一些条件：(1)必须有一个共同争夺的目标。比如全国大学生挑战杯竞赛主要是争夺一种荣誉；商业竞争主要是争夺利润。(2)必须遵守一定的规则。竞争是有秩序的理性行为，规则能保证竞争的公平性。(3)竞争一方获得成功即剥夺另一方成功的机会。竞争在社会工作领域中也有积极意义，常常用在社会工作者开展的活动中。社会工作者如果为了加强居民的社区参与，组织社区居民开展有奖娱乐活动，首先必须提出活动目标和活动规则，这样才能保证活动结果的公正性，真正提升社区居民的参与度。

社会冲突(social conflict)也是一种互相反对的行为方式，它与竞争有着密切的联系，但又有所不同。大学生辩论赛上对垒的辩论队是学术上的竞争，也是一种意见和观点上的冲突。有些竞争很容易发展成为冲突，如两个在比赛中的足球队员由于进球问题打了起来，就形成了明显的冲突。冲突和竞争有以下几个方面的区别：(1)冲突带有情绪上的敌对。有的冲突双方有深刻的仇恨，竞争则不一定有情绪上的敌对；冲突双方的作用方向是互相反对、互相打击的，竞争则不一定如此。(2)冲突的根源是个人或群体在利益、意见和态度方面的对立，而竞争则不一定存在着利益、意见和态度的根本对立。社会冲突的直接原因是人们争夺同一件东西而发生口角、拳斗等，多数原因是由于存在着社会不平等。凡是大规模的社会冲突，总是由于社会不平等造成的。学者们从社会不平等视角研究冲突后提出了"相对剥夺"(relative deprivation)概念，它是指当人们将自己的处境与某种标准或某种参照物相比较时，发现自己处于劣势时所产生的受剥夺感。这种感觉会产生消极情绪，表现为愤怒、怨恨或不满。相对剥夺分为个人相对剥夺和集体相对剥夺,①当社会成员产生相对剥夺感时就容易产生社会冲突。② 一些人甚至认为许多社会冲突并不是发生在人们拥有资源最少的时候;引发冲突的领导者一般并不是最穷的人,而更多的是破了产或面临破产的富人。③

社会冲突的种类很多。社会工作者在开展服务时需要仔细辨认冲突的类型以寻找解决问题的最佳服务方案:(1)冲突可以分为个人冲突和社会群体冲突。个人之间的冲突规模小而随处可见,影响较小。社会群体间的冲突,包括两个群体之间、组织之间、社区之间、部落和民族之间,乃至两个国家之间的冲突,范围广而且影响大。(2)冲突还可以分为阶级冲突和非阶级冲突。阶级冲突是阶级斗争激烈化的一种表现形式。非对抗的阶层之间虽然不存在根本的利害冲突,但由于他们社会阶层地位不同,阶层意识不同,仍然可能存在着利益和意见上的对立,因此也会发生冲突。如中国改革开放的社会转型过程中,收入低、社会地位低的低下阶层就非常容易和收入高、社会地位高的阶层发生冲突,近些年我国多次发生的社会危机事件中都能看到"仇富"的情绪。(3)冲突还可以分为经济冲突、政治冲突、文化冲突、民族冲突、宗教冲突等。经济冲突是为了争夺经济利益发生的冲突,如农民工为争取提高工资与管理者发生冲突、企业间的经济诉讼等;政治冲突是为了争夺政治权力和政治地位而发生的冲突,如社会运动、政变、革命和战争等;文化冲突表现在社会成员的行为规范、生活方式、风俗习惯以及各种理论流派等方面的冲突;宗教冲突乃是不同的教派之间因为宗教信仰不同而把对方当作异教而发生的冲突,如排斥和杀害异教徒、宗教战争等。社会冲突可能发展成为社会危机事件,或者社会冲突反映了社会本身的问题,因此,社会工作者需要注意分析冲突的性质和冲突的形式,寻找到解决社会冲突的办法。

3. 调适与同化

调适(adjustment)是人们调整自己的行为以适应环境的要求。从广义上理解,调适有人类对自然环境的调适,如在北方有暖气以御寒,在南方有凉茶以清热,这就是人类在不同环境下调适人与自然环境关系的行为。还有一种调适是人类对社会环境的调适。社会工作者关注人,帮助人解决社会问题,即帮助人调适与社会环境的关系。社会调适是我们助人活动中的重要内容。帮助新移民适应新社会环境的服务在全世界是很普遍的,中国大陆城市开展的针对流动人口

---

① W. G.Runciman, *Relative Deprivation and Social Justice:A Study of Attitudes to Social Inequality in Twentieth Century England*, Berkeley:University of California Press,1966.

② S. C.Wright, D. M.Taylor & F.M.Moghaddam, Responding to Membership in a Disadvantaged Group:From Acceptance to Collective Protest. *Journal of Personality and Social Psychology*, vol.58, no.6(1990), pp.994~1003.

③ [美]科塞等:《社会学导论》,杨心恒等译,天津:南开大学出版社1990年版,第615~616页。

的社会福利服务,就是帮助外来人口适应城市生活方式,能够调试自己以在城市中更好地生活;一些香港社会福利机构专门设有针对新移民的服务;台湾也有专门帮助新移民适应台湾社会的移民服务机构。

为什么社会工作者要开展以调适为目标的服务?主要有三个原因:(1)由冲突引起的调适。在冲突过程中和冲突结束后社会成员都需要调适,人们都要调整自己的行为以适应冲突中和冲突后形成的新的社会关系(环境)。(2)由于社会不断发展变迁,也需要人们不断调适以适应社会环境变化。社会变迁中不断有新观念和新规范产生,人们需要改变原来的观念和行为以适应新的社会环境。(3)由于文化交流或人口迁移引起的调适。新文化传入后会和原有的传统文化发生碰撞,社会成员需要调整自己的行为以适应变化了的文化环境。社会成员从一个地区迁入另外的新地区或国家,也需要改变原有的习惯和生活方式,调适自己的行为以适应新地区的文化。总之,调适是社会工作者帮助他人改变自己的行为以适应社会环境的方式。

人类的调适有不同的种类。人类调适的目标不外乎是改善人类自身与环境的关系,通过调适释放个人的负面情绪,解决社会问题。实际上,人类可以采用内在行为调适和外在行为调适两种方式。内在行为调适是一种认知调适,是从思想观念和心理上改变自己原来的想法和心理状态,以适应社会环境。外在行为调适是在具体的行为过程中改变自己原来的行为方式以适应社会环境。因为调适的目的不同,人类可以选择的调适方式也有所不同,具体地说,源于对抗性冲突而发生的调适可以分为和解、妥协、统治与服从等方式,源于社会变化而发生的调适有容忍、权变、突转、顺从等方式。当然这样的划分也不是绝对的。人类选用哪一种或哪几种调适方式是根据他们要适应的社会环境和他们行为目的决定的。

同化(assimilation)是调适的进一步发展。我们在这里讨论的是社会同化,即人类与社会环境同化。调适只是有意识地改变自己的思想方法和行为习惯以适应环境,同化是社会成员全部改变原来的思想方法和行为习惯,完全接受了新社会环境,完全变成另一个社会或者社区的成员。同化也指不同文化的民族、群体或个人融化成为一个同质文化单位的过程。这个过程是一个长期过程,有和风细雨、潜移默化式的同化,也有急风暴雨、快速接受式的同化。当社会成员被同化时,他已经改变原来的形态和性质,和新的社会环境融为一体了。

同化产生的原因有多种。人口社会流动和社会文化交融是同化的主要原因。社会经济的变化带来的人口社会流动是经常发生的,一个外来的社会群体、民族进入一个新社会环境后,容易发生和原来的社会群体、民族的冲突。冲突的结果就是其中的一方与另外一方被融化为同一性质的文化单位。人口流动引起同化的形式有几个方面:通婚、移居、入侵等。多个民族、群体或家庭的社会成员长期在一起共同生活,就会产生同化,形成统一的文化。没有同化就没有统一的社会规范(文化),人们之间无法沟通,就不能形成社会共同体,在一起生活。文化交融引起同化的形式有几个方面:文化创新、文化传播、文化变迁等。现代社会大众传播工具不断更新,互联网等新媒体使世界各国、各地区、各民族之间沟通的范围扩大,频率提高,周期缩短。每个国家、地区、民族的人都不断地接触到外来文化,引起碰撞和接纳,进而与本国、本地区、本民族文化融合为一体。

同化有一般规律。一般是先进文化同化落后文化。由于科学技术的进步,交通和沟通工具的发达,"地球村"中生活的人类在生活模式和条件上愈来愈具有相似性,所以世界各国的文化出现一种类同的趋势,如看电视、穿西装、戴眼镜、用电脑、打手机等,这可能是全球长期同化趋势。现在世界各个国家、地区、民族都十分关注这个问题,在"地球村"这个社会环境现象愈来愈突出的今天,尽力保护自己的文化。社会工作者在异地开展服务时,事先要学习了解当地文化或者民族文化,要特别尊重当地习俗,坚持案主自决原则。

语言是同化的媒介,也是同化的重要内容。语言是人类沟通的手段和工具,但也是人类社会环境的内容。同化一般是从语言模仿和行为学习开始的,但是如果只有模仿而没有语言沟通是不可能完成同化过程的。语言表示了人类的思想,思想方式支配行为方式,语言能够表达同化的愿望和实践,先有思想上对同化的接受才会有行为上的同化。一个社会成员或者一个社会群体学习并使用一种新语言是同化的标志。不少社会工作服务中都有语言学习的内容。社会工作者在服务过程中要特别注意:同化对服务对象来说可能是积极意义的,也可能有负面的意义,要因时因地地和服务对象讨论是否接受同化的问题。

4. 中国人的行为模式

前面讨论的人类行为类型是一般意义上。每个国家和地区的人类行为有自己的特点。我们必须关注中国人的行为特点是什么。费孝通在 1947 年提出中国是一个"差序格局"的社会。① 人们行为与人际关系模式最大的特点就是以"己"为中心。作为差序格局中心的"己",是从属于家庭的社会个体,是被"人伦关系"裹着的,父母者生之本,父子关系为重,父子关系推而至于君臣。差序格局主张建立以血缘关系为基础的伦理秩序,主张人治和因人而异,在此基础上实现天地人的内在和谐。中国是一个讲人情面子的社会环境。这样的社会对做人、做事及其判断不单从理性的、逻辑的思维和条文制度规定的角度来考虑,还从具体的、情境的和个别性来考虑。所谓合情合理、入情入理、通情达理、酌情处理、情理交融和于情于理如何如何的意思都是希望人们做人、做事时兼顾情和理。中国人的行为模式和中国社会是非常有特点的,我们在此抛砖引玉,希望同

---

① 费孝通:《乡土中国》,北京:生活·读书·新知三联书店 1985 年版。该书于 1947 年首次出版。

学们深入学习与研究,以便更好地理解人与环境的关系,开展适合的服务。

三、人类行为的特征

社会工作者助人的过程是一个改变人行为的过程。在助人的过程中,我们必须认识服务对象的需要,了解他们行为的一般特点,根据对服务对象行为特点的认识,预估他们的需要,确定服务方案。因此,认识和研究人类行为的特点,是我们必须要做的工作。尽管人类行为内容很多,但人类行为一般具有以下几个方面的特征:

1. 人类行为的适应性

人类能够而且必须适应社会环境并做出反应,即人类行为是为了适应社会环境的需要而产生的。例如,我们在对农民工子女的调查中发现,孩子们跟随打工的父母到城市读书,不仅仅学书本上的知识,还学说普通话,参加学校的舞蹈队等,他们在慢慢适应城市生活方式中成长就是一个例子。当然,人类行为也必然会改变社会环境。因为愈来愈多的农民工子女随父母到城市生活,原来规定必须要有城市户口才能入学的城市中小学逐步实行平等入学的政策。这就是人类行为改变环境的例子。

2. 人类行为的多样性

人类行为是一个复杂的过程,有丰富的内容。人类行为的多样性表现在各个不同的方面:可以直接观察到的外显行为,如行走、哭、笑等;可以间接观察到的心理行为,如思想、意欲、恐惧、幻想以及态度等;还包括不同性别的人类的行为,不同年龄的人类的行为,生活在不同地域的人类的行为,生活在不同社会文化中的人类的行为,等等。

3. 人类行为的可变性

人类行为的变化是持续不断的,它既包括人类如身高、体重等的生理变化而造成的行为变化,也包括由于社会生活条件的变化而造成的行为变化,如改革开放前读大学和现在读大学的学生的行为就有许多不同,以前的学生不用电脑,没有手机和互联网,现在的学生使用的交流工具十分丰富,思想和情感交流行为就有很大的变化。人类行为的变化除了受自身生理结构机能的影响限制外,还受到社会生活条件的制约。

4. 人类行为的可控制性

人类能够有意识地了解和分析周围事物的特点及其内在联系,明确行为过程和方向,并有目的地控制和调节自身的行为。人类的行为除了受到来自人类自身的控制外,人类生活的社会环境也会产生控制力,控制人类行为。这种控制即社会控制。例如,社会工作者在帮助吸毒成瘾者戒毒瘾时,会根据他们的问题设计一套服务方案,对他们的行为有一系列规定,控制并改变他们的行为。社会工作者在服务过程中会产生社会控制的力量,改变服务对象的行为。

5. 人类行为的整合性

人类行为是由多个方面组成的,由于人类行为变化的复杂性,每个学科可能关注的只是人类行为的一个或者几个方面。单一的学科无法对其进行全面的描述,这就使越来越多的学科互相渗透和整合知识,如生物学家研究人类行为的生理现象,心理学家注重分析人类行为的心理因素,社会学家关注人类的社会行为等,社会工作者则关注人类行为的生理、心理和社会方面。因此,我们设计了生物学、心理学和社会学多元分析视角,提出了人类行为整合性是社会工作者提供正确服务的基础的观点。[①]

四、人生成长的阶段

人类行为与人生发展阶段密切相关。不同的人生成长阶段有不同的行为表现。按照人生的重要发展阶段及其行为特征,人的成长阶段可以分为胎儿期、婴儿期、幼儿期、儿童期、青少年期、青年(成年早期)、中年(成年中期)和老年期(成年晚期)。

不同理论对人类行为发展有不同的解释。其中,社会工作者经常引用的有弗洛伊德(Sigmund Freud)的性心理发展阶段论、埃里克森(Erik H. Erikson)的心理发展阶段理论、皮亚杰(Jean Piaget)的认知发展阶段理论、科尔伯格(Lawrence Kohlberg)的道德发展阶段理论和哈维格斯特(Robert J. Havighurst)的人生发展阶段与任务理论(见表1-1)。

表1-1　人类行为与社会心理发展阶段理论比较

理论与理论家	发展阶段	主要观点	代表作
弗洛伊德的性心理发展阶段论	性心理发展阶段:(1)口腔期(0~18个月);(2)肛门期(18个月~36个月);(3)性器期(3~6岁);(4)潜伏期(6~11岁);(5)生殖期(11~12岁之后)。	弗洛伊德认为人类本能中的性驱力是人格发展的主要动力。在人的一生中,性驱力的聚集区域从身体的一个部位转向另一个部位,而每一次转变都标志着人格发展又进入了一个新的发展阶段。他的理论有广泛的影响。	《精神分析引论》,《梦的解析》,《自我与本我》

① 采用多元分析框架的还有 J. B. Ashford, C. W. LeCroy, K. L. Lortie, *Human Behavior in the Social Environment: A Multidimensional Perspective*, CA: Books/Cole, Cengage Learning, 2010.该书的第二版由王宏亮等翻译成中文《人类行为与社会环境:生物学、心理学与社会学视角》,于2005年由中国人民大学出版社出版。

续表

理论与理论家	发展阶段	主要观点	代表作
埃里克森的心理发展阶段理论	（1）信任对不信任的婴儿期（出生～1岁半）；（2）自主对羞怯疑虑的儿童早期（1岁半～3岁）；（3）主动对内疚的学前期（3～6岁）；（4）勤奋对自卑的学龄期（6～12岁）；（5）同一性对角色混乱的青少年期（12～20岁）；（6）亲密对孤立的成人早期（18～25岁）；（7）繁殖对停滞的成人中期（25～65岁）；（8）自我完美对失望的成人后期（老年直至死亡）。	埃里克森引入了社会文化因素，强调社会环境在自我发展中的作用；认为每个发展阶段个体都面临特殊的发展任务，都要经历一次心理—社会危机或矛盾冲突，这些冲突包含着对立的两极。个体只有面对和解决这一冲突之后，才能顺利进入下一发展阶段。同时，发展出某种特定的品质或美德。如果冲突无法解决，个体自我的发展就会出现困扰乃至停滞。埃里克森特别强调青少年期自我同一性的发展，并认为这是自我发展的最关键环节。	《同一性：青少年与危机》
皮亚杰的认知发展阶段理论	将儿童的认知发展划分为感知运动阶段、前运算阶段、具体运算阶段和形式运算阶段。皮亚杰用逻辑数学工具（如群、格、命题逻辑）展现阶段的结构性特点。	皮亚杰认为心理的发展既不起源于先天的成熟，也不是起源于后天的经验，而是起源于主体的动作（思维、活动）。个体主要是运用组织、同化（把环境因素纳入机体已有的图式中，以加强丰富主体的动作）、顺应（改变主体动作以适应客观变化）三种原则来认识世界，发展心理的。组织原则是最基本的一环，个体将活动系统化，在头脑中形成"心理图式"。适应包括了同化、顺应这两个相辅相成的过程。	《儿童心理学》，《结构主义》，《发生认识论原理》，《走向一种意义的逻辑》。

续表

理论与理论家	发展阶段	主要观点	代表作
科尔伯格的儿童道德发展阶段	提出三种道德发展水平,对应的是六个发展阶段:(1)前世俗水平(0~9岁),惩罚与服从定向阶段,相对功利取向阶段;(2)世俗水平(9~15岁),寻求认可定向阶段,遵守法规秩序定向阶段;(3)后世俗水平(15岁以后),社会契约定向阶段,原则和良心定向阶段。	科尔伯格提出道德发展是连续的、按照不变的顺序由低到高逐步展开的过程,更高层次和阶段的道德推理兼容更低层次和阶段的道德推理方式,反之,则不能;各阶段的时间长短不等,个体的道德发展水平也有较大差异,有些人可能只停留在前习俗水平或习俗水平,而永远达不到后习俗水平的阶段。基于他的理论,我们可以对儿童进行发展性辅导即人格辅导。其理论对社会工作者开展服务具有积极的意义。	《道德发展心理学:道德阶段的本质与确证》
哈维格斯特的人生发展阶段与任务理论	(1)婴儿期与儿童早期(0~6岁)的发展任务;(2)儿童晚期(6~12岁)的发展任务;(3)青少年期(12~21岁)的发展任务;(4)成年期(21~40岁)的发展任务;(5)中年期(40~60岁)的发展任务;(6)老年期(60岁至死亡)的发展任务。	个体的学习过程是应该伴随人的一生的。个体是不能以一个固定的速度去完成一个个任务的,这样就会产生许多加速学习时期。而正是加速学习时期的存在使得个体在发展过程中感到不适应,由此产生心理危机和冲突。在这种情况下,哈维格斯特提出了发展任务这个概念。发展任务即一个人在发展的某一阶段必须学习的活动。促使个体去完成发展任务的力量有:(1)来自身体成熟和体力发展规律;(2)来自社会文化的压力和社会期望;(3)基于或直接来自于个体自身价值观和抱负。	*Developmental Tasks and Education*

　　人生是一个不断成长的过程,人类行为的阶段化特点非常突出。人生阶段

是社会工作者分析服务对象行为、寻找问题根源的主要依据之一。因此,每个社会工作者都需要认真学习,把握不同阶段的人类行为特征。如果从人生成长过程中的生理、心理、社会性和人格发展、面对的主要问题几个方面来分析,人类个体在不同发展阶段有如下不同特征。①

1. 胎儿阶段(怀孕~出生)

胎儿阶段是个体诞生前在母体内发展的阶段。个体发展从父母生殖细胞交配构成受精卵时开始。受精卵在母体内分裂发展、长成胎儿,而后诞生。胎儿期是儿童发展的第一阶段,约长280天。在这一阶段,个体从微小的受精卵长成长为50厘米左右、重3500克左右的新生儿。

现代生物学把胎儿期的发展过程分为3个阶段。(1)胚种阶段,从受精到受精后两星期。最初,受精卵还是一个游离的细胞,并不附着母体。它一方面不断分裂增生,一方面沿输卵管向下漂移。第3~4天时到达子宫,形成胚泡。约在第6~8天,开始植入子宫内膜,从此依赖母体生存,直到胎儿出生。(2)胚胎阶段,2~8星期。在此阶段,胚泡分化出外胚层、中胚层和内胚层,这3个胚层最终分别长成身体的各种器官组织。外胚层逐渐长成皮肤的表皮、毛发、指甲、牙齿、感觉器官和神经系统;中胚层长成皮肤的真皮、肌肉、骨骼、排泄系统和循环系统;内胚层长成欧氏管、气管、消化系统、呼吸系统以及甲状腺和胸腺等。在第2个月末,胚胎呈现出人的外表。(3)胎儿阶段,两个月末至出生。在此阶段,胎儿身体各部分渐次发育,肌肉迅速增长,中枢神经发展极快。4个月末,母亲可以感到胎动。5个月的胎儿已出现吸吮、吞咽现象,并开始长指甲和毛发。6个月,眼睛已发展,眼睑能启闭。一般情况下,7个月的胎儿如早产,已能存活,因此常把第28周看作"生存的年龄"。这也表明7个月时,神经、呼吸等系统已发展到可以维持个体生命的水平。8~9个月中,皮下脂肪积聚,胎体丰满。10个月顺利出生。

母亲的营养、疾病、情绪以及服用某些药物等能够影响胎儿的发展,甚至导致个体出生后生理和心理方面的异常。除此之外,家庭其他成员、社会环境中的其他因素也影响胎儿的发展。中国古代即注意胎儿发展的环境影响,倡导"胎教",要求孕妇慎于喜怒,切戒盛怒、忧郁、惊恐等。而现代科学则重视从孕妇的心理卫生上保证胎儿的健康发展,使个体在胎儿期获得良好的成长,达到"优生"的目的。

2. 婴儿阶段(生理年龄约在出生~2岁)

---

① 人生阶段有不同的划分方法,本节主要是引导同学们建立人生阶段的框架。具体每个阶段的发展内容与个人和社会工作者需要面对的问题以及提供的服务,本书从第六章到第十三章对人类各个阶段行为与社会环境的关系有详细的分析介绍。

婴儿动作的发生和发展阶段。婴儿动作的发展规律是从上到下（先头部后躯干），由近及远（从身体中部开始，越接近躯干的部位动作发展越早，远离身体中心的肢端动作发展较迟），由粗到细或由大到小（儿童先学会大肌肉、大幅度的粗动作，以后才学会小肌肉的精细动作）。整个身体动作发展的顺序是头部—躯干部—手臂和手—腿和脚。

婴儿生理发展的主要特征是：(1) 大脑发展是一切行为发展的前提。这个阶段需要均衡而充足的营养。早期经验与学习对于婴儿的成长至关重要。(2) 动作发展迅速。婴儿手的抓握动作发展重点是五指分化、手眼协调。手的动作是婴儿认识事物的重要途径。独立行走是婴儿发展的一个里程碑，因为它能使婴儿的躯体移动从被动转为主动，扩大了认知范围，增加了主动交往的机会，为自主性提供了必要的条件。

这个阶段婴儿心理发展主要有：(1) 认知发展。婴儿从随意性的天生反射活动慢慢过渡到目标取向行为，如主动去寻找玩具；2 岁左右形成符号思维能力；2 岁以后，同伴关系、性别身份识别以及移情均开始得到发展。(2) 语言发展。婴儿的学习、记忆、语言理解能力发展迅速；2 岁左右口语词汇迅速增加，对语言产生明显兴趣，喜欢听故事、儿歌，喜欢与人交流，符合语法的复合句子逐渐增加。

这个阶段婴儿的社会性与人格发展特征有：婴儿的依恋形成，婴儿及其照顾者（一般为父母）之间形成一种特殊感情关系，这种特殊关系产生于婴儿与其父母的相互作用过程中，是一种感情上的联系与纽带；其心理功能则是获得安慰和安全感。

婴儿阶段面对的主要问题有：心理—社会发展的自主对羞怯疑虑阶段。婴儿开始寻求自主性，自己穿衣、吃饭，如果失败则会感到羞愧，并怀疑自己的能力；如果危机成功解决，则形成好的品质，能更乐观、更坚强地面对生活。

3. 幼儿阶段（生理年龄约在 3~6 岁）

幼儿期脑和神经系统的发展速度很快，幼儿期末即 6 岁时已经接近成人的水平。3 岁时大脑有 1 010 多克，而 7 岁时幼儿则能达到 1 280 克。幼儿虽然抑制的机能仍然较差，但是从 4 岁起，由于神经系统结构的发展和言语的掌握，抑制开始迅速发展起来，从而使幼儿能较好地控制和调节自己的行为。

幼儿期认知也快速发展。幼儿的各种感觉迅速完善，一些复杂的感觉，如视觉、听觉和触觉等，都有了进一步发展。幼儿注意力的总体水平还是很低，但随着年龄的增长会逐渐提高。幼儿容易记住感兴趣的、刺激强烈的事物，但根据一定的目的、进行有意识的记忆有一定困难。幼儿言语的发展处于基本掌握口语阶段，这是熟练掌握口头语言的关键期，是初步掌握书面语言的时期。幼儿的语音、语法、口头表达能力都有迅速发展，为书面语言的学习打下基础。

幼儿期个性社会性的发展。幼儿期是游戏期。幼儿在娱乐、学习、社交时都以游戏为主,通过游戏的角色模仿和互换来认识事物、解决问题和学习知识等。游戏规则可以让孩子学习纪律性、培养孩子的意志力和协作精神。幼儿的自我意识得到发展。自我意识是一个人对自我的认识、评价、情绪体验以及自我调节。幼儿自我意识的发展是其生长历程重要的过程。在这个过程中,幼儿对自己身体有了了解和认识,对自己的行动有了认识,对自己的心理活动有了认识。父母要给孩子充分的自由和空间,允许孩子做最好的自己。在这一时期,幼儿的自我评价也得到发展。幼儿的自我评价能力总体上较差,是根据成人的评价来决定对自己的评价的。他们自我评价的发展趋势是:从主要依赖成人的评价到独立的自我评价;从对外部行为的评价到对内心品质的评价;从较笼统的评价到比较细致的评价;从带有很大主观情绪性的评价到较客观的评价。幼儿自我情绪体验的发展过程是:3 岁儿童的自我情绪体验不明显,4 岁是关键期,5~6 岁已经出现明显的自我情绪体验;从生理自我体验到社会性自我体验,比如自尊、羞愧、胆小、悲伤等情绪。幼儿有一定的自控能力,但自控能力总体较差。幼儿期品德的发展与儿童认知的发展阶段是一致的,认知的发展决定着道德发展的阶段,总体趋势是由他律到自律。

4. 儿童阶段(生理年龄约在 7~12 岁)

儿童的生理发展。儿童的大脑结构得到迅速发展,12 岁儿童的脑重约为 1 400 克,达到成人的水平。7 岁儿童平均睡眠时间为 11 小时,10 岁平均为 10 小时,12 岁儿童平均为 9~10 个小时。兴奋和抑制过程都有进一步增强。抑制机能的发展表现为善于调节、控制自己的行为。儿童的条件反射比以前容易形成,且条件反射形成以后比较巩固。

儿童认知的发展。在这个阶段儿童的颜色视觉、视觉感受性、听觉感受性、运动觉(手的关节肌肉感觉,表现为动作精确性和灵活性的增强)都有了很大提高。儿童的记忆迅速发展。如果懂得大脑记忆的规律,掌握记忆的科学方法,儿童记忆之门就会打开。儿童想象的有意性逐渐增强,想象中的创造性成分也会日益增多,想象更富于现实性。儿童阶段是思维发展的重大过渡或转折时期。在这一时期,儿童思维从以具体形象思维为主要形式逐步过渡到以抽象逻辑思维为主要形式,但这种抽象逻辑思维仍然具有很大的具体形象性。

儿童个性、社会性的发展。儿童自我的发展进入"客观化时期",就是对自我的评价趋于客观。社会自我已经形成,儿童获得各种社会角色。自我情绪体验的发展使他们能意识到自己和他人的感情,能根据具体的情境更好地调节自己的情绪表现。儿童的自尊明显增强,表现出羞愧、自豪等情感。儿童的移情能力、亲社会行为倾向、控制消极情绪(愤怒、恐惧、沮丧等)的能力增强。儿童开始学习社会认可的各种技能,与他人比较,如果他们感到自己很差,就会退缩回家庭寻求保护。如果父母的爱和支持能够滋养儿童,儿童就可以重新获得自我价值感。儿童社交的主要内容包括亲子交往、师生交往和同伴交往,同伴交往逐渐占据重要地位。儿童逐渐能自觉地运用道德认识评价和调节道德行为,从比较肤浅的、表面的理解逐步过渡到比较精确的、本质的理解,但具体性和概括水平差;从只注意行为效果到比较注意动机和效果的统一,但有片面性和主观性。

这个阶段的发展危机是勤奋对自卑,如果儿童成功解决危机,他们就会形成"能力"品质,认为自己能掌握技能和圆满地完成任务。儿童主要有以下行为障碍,如:对抗性行为、反社会行为、破坏性行为;消极、充满敌意、挑衅、攻击、违背社会行为规范;焦虑或情绪障碍(包括学校恐惧症),情绪糟糕、抑郁、神经质、恐惧或孤独。如出现上述症状,成人要耐心地寻找原因,不能以暴力手段解决这些心理问题。

5. 青少年阶段(生理年龄约在 13~20 岁)

这是个体身心发展的关键时期,是一个承上启下的重要阶段,该阶段也常常被称为心理风暴期、混沌期、危险期和第二反抗期。由于性发育成熟,青少年在生理、心理、人格和社会化等方面均具有其特殊性。青少年的身体成长迅速、关注异性、智力发展达到高峰、重视朋辈群体规范、生理及心理不稳定但逐步走向成熟,青少年的人生观开始形成。

青少年阶段的生理发展。在青春期,青少年的性特征发展明显,身高、体重增加明显,骨骼、肌肉、皮下脂肪及神经系统等也逐渐发展,出现第二性征,并开始具有生殖能力。17 岁以后青少年的性生理继续发展并逐渐走向成熟。青少年对亲密行为、性行为充满好奇,也会产生程度不同的渴望;但因其生理、心理发展的不平衡,对行为后果往往缺乏很深的认识,因此,在尝试了性行为后会对自己造成不同程度的伤害。

青少年阶段的心理发展。青少年的认知发展达到形式运算阶段,成为一生智力发展高峰,推理和解决问题的能力达到更加整合的水平,形成比较稳定的价值观、人生观及待人处世的方法。(1)在青少年前期,性开始成熟,具有想象力,爱争辩,希望不受权威人士管制;能力与期望有差异,要求独立却心有余而力不足,从而导致内心矛盾;情绪和行为不太稳定,转瞬之间可以由一个极端转向另一个极端;同辈群体是一个重要的支持源。(2)在青少年后期,在很多方面逐步成熟,其人格发展逐渐独立于父母;逐步学会控制自己的情绪,行为比较稳定成熟;比较关注个人外表、学习成绩、升学、职业、经济状况、异性朋友等人生议题;解决问题的方法逐步成熟;通过部分人生事件增长了阅历,其自由、地位和权利意识增强;父母则给他们压力,希望其独立同时又希望他们继续依赖家庭。

青少年阶段的社会性及人格发展。这个阶段青少年面对的是自我意识发展,努力寻找自我身份;面对自我同一性的认同危机——如果认同失败,青少年个体就会陷入角色混乱之中;与成人世界的矛盾和冲突,在建立自我认同感方面有难度。青少年在这个阶段社会化的主要影响因素有:家庭对青少年的管教不当,可能导致越轨行为的产生;学校是青少年发展的重要区域;另外,外界社会环境对青少年的影响作用扩大。

青少年阶段面临的主要问题。他们容易成为危险期问题少年;学业上失败会导致多重负面影响;对异性好奇和缺乏责任感可能导致不良性行为或性罪错等。

6. 成年阶段(生理年龄约在 21~60 岁)

成年阶段可以分为成年早期阶段(21~35 岁)即我们平常称为青年的阶段,以及成年中期阶段(36~60 岁)即我们平常称为中年阶段。成年阶段的主要任务有:完成学业、就业、结婚、生育等。成年阶段的主要标志有:结束校园生活、经济独立、离家独立、生活、结婚、为人父母。成年阶段的主要特征有:生理机能达到高峰后逐步进入衰退期,进入更年期,人生经验丰富,社会角色丰富,家庭和社会责任多而重。

成年阶段的生理发展表现为。人生的生理高峰期到来,尔后逐步衰退,人的身体发育一般在 22 岁左右基本完成;22~35 岁生理器官状况良好、功能正常、抗病力强、体力精力充沛,是生理发展的黄金时期;35 岁以后生理状况从高峰衰退;更年期后,性功能有所下降,身体疾病日益增多;女性 45~55 岁出现更年期综合征:情绪波动、性格改变、烦躁易怒、消沉抑郁;男性较晚时也会出现更年期综合征:健忘、注意力不集中、精力不济等问题。

成人阶段的认知与心理发展。个体在 35 岁前尝试了多个角色的转型,通过学习和训练,他们的认识能力和实际操作能力上升,个人特长在工作中得以体现;在 35 岁后,由于长期的学习、反思、积累,能熟练处理各种社会关系,解决问题更加充满智慧。

成人阶段的社会性与人格发展。在这个阶段建立了稳定的社会角色,开始承担公民的责任和义务,并表现出符合身份的社会行为;选择伴侣并结婚成家,学习与配偶共同生活的技巧,生育并抚育儿女,家庭管理与子女教育已成为其重要责任;建立维持与朋友、亲戚、同事的和谐关系;有职业和工作收入,学习遵守职业准则。

成人阶段的重要变化出现在 35 岁后,个人情感趋于深沉稳定,人的性格完全定型,意志成熟坚毅,情感控制力加强,道德感和理智感上升,比较关注生活的意义;婚姻更加务实,婚姻中责任已超越情感,责任成为维系夫妻和家庭稳定的关键因素;这是事业成败的关键期,个人的才华与潜能得到发挥,个人的事业、地位、财富可能达到人生的顶峰。

中年阶段面对的主要问题有:如果生活、工作上的问题得不到妥善解决,会陷入中年危机。成年早期的冲突是亲密对孤独:没有稳定职业和形成亲密能力的人会离群索居,回避与人交往,产生孤独感;成功解决冲突后会形成爱的美德。成年中期的冲突是繁殖与停滞:成功者在培养后代和发展事业上都有成就,体验成就感,相反则会产生停滞感;如果成功解决了危机,个人会形成关怀的美德。

7. 老年阶段(生理年龄约在 61 岁以后)

老年期又被称为成年晚期阶段。由于人类生活质量的提高,人口寿命普遍延长,进入老年期的人口数量愈来愈多。老年阶段被分为年轻老年阶段、中年老年阶段和老老年阶段。老年阶段总体特征是生理功能和认知能力有较大的退化,容易回忆过去,社会角色减少,开始退出社会生活的中心。哈维格斯特提出人生阶段的发展任务理论(developmental task),在老年期的发展任务是:适应退休与收入的减少;适应健康与体力的衰退;与自己的年龄群建立亲密关系;适应配偶的死亡;担负起社会和公民的责任;建立满意的生活安排,考虑自己的经济和家庭状况,重新安排居住环境。[①]

老年阶段的生理发展。老年人的各项生理功能发生较大变化,出现明显退化现象,记忆力衰退,各类老年疾病开始出现。老年阶段的认知和心理发展特征是反应减慢,容易怀旧等。老年阶段的社会性与人格发展趋势是:适应角色变化,接受人生阶段的新任务与挑战,自我整合、完美与绝望是此阶段老人要处理的危机和冲突,其任务是进行自我整合,重新评价自己的一生,积极面对生命的终结,思索其意义和重要性;如果处理不当,对过去的选择和结果感到不满和失望,则会对死亡感到畏惧和焦虑,产生绝望感;若整合达到平衡,对自己的一生感到满足,则会持乐观态度来安排自己的晚年,对死亡持接纳的态度。一些老年人的自我中心思维比较严重,较少从客观角度看问题;人际交往范围减少,但有的感情会更加深刻,人际关系结构会在长期生活的考验后更加稳定。

老年阶段面对的主要问题有:退出工作领域产生无用感;经济收入减少,产生生活上的困难;退出社会生活主要领域会使人际关系淡化而产生孤独感;各类疾病增加,受疾病的折磨而产生无助感;社会对老年人排斥与歧视;老年丧偶;等等。针对这些问题,社会工作者应该积极开展老年社会工作服务,帮助老人解决问题、度过危机。

第二节　人类需要

一、人类需要的含义

社会工作者传递社会福利给服务对象,从接案开始就要对服务对象的需要

---

① R. J. Havighurst, *Developmental Tasks and Education* (3rd ed.), New York: David McKay Co., 1972.

进行评估,服务对象的需要是服务提供的指南。社会工作者在结案时也要对服务对象的需要满足程度进行评估,借以分析服务的效果,并给服务对象提出新的建议。因此,需要是一个十分重要的概念。

需要(need)不仅是心理学范畴,也是社会科学诸多学科如哲学、经济学、政治学、社会学、社会工作和社会福利的重要概念。社会福利视角下的需要含义可以表述为:人类为了生存、福祉和自我实现的生理、心理、经济、文化和社会要求。① 从某种意义上说,需要可以看成是人类一切活动的出发点和归宿。需要是人脑对生理和社会需求的反应,是个体对内部环境和外部生活条件的稳定要求,是其赖以生存和发展的必要条件。人的需要通常以愿望、意向等形式表现出来。人的需要和动物的需要有着本质的不同。人的需要具有社会性,它的发展变化受到社会发展和财富分配性质的制约。即使是人的生物性需要,其实现方式也受到社会生活方式的制约。我们的定义将需要与人类进行某种社会行为和社会环境联系在一起,将需要与社会福利制度或者人类拥有的必需品联系在一起,将需要与物资的匮乏联系在一起。需要的内容是多元的,满足需要后人类生存的目的才能实现,人类的福祉才能提高,人类自我实现的目标才能真正实现。②

需要(need)和需求(want)的区别。很多研究和教科书将需要和需求混杂在一起,没有进行区分,模糊了需要的本质。如果从需要的最本质的、可以进行操作性研究的角度来看,需要是社会中生活的人在其生命过程中的一种缺乏的状态。人的基本需要如果不能满足,这种缺乏状态将损害人的生命意义。与此相关,需求是对于某一具体需要满足物的指向。需要是客观性的,需求是主观性的;需要是长久的,需求是暂时的;需要具有普遍的意义,需求更多的是个体指向具体需要物品的意义。

需要概念的界定既参考了巴甫洛夫(又译巴普洛夫)进行的实验心理学的研究结果③,也参考了其他学科的研究成果;从个体的心理机制研究扩大到社会心理的研究,从个体的需要满足研究扩大到整体社会的需要满足研究。心理学家注意到了个体社会成员需要的差异。社会心理学结合了实验心理学成果认为:需要是个体在社会生活中缺乏某种东西在个体大脑中的反映,它是一种缺乏状态,是需求在个体大脑中的反映。需求既包括了个体的生理需求也包括了个体的社会需求。个体身体内对某种物质的缺乏反映到人的大脑中(需求在大脑中反映出来),集合形成了人的需要。因此,形成需要必须具备两个条件:一是个体对某种外在客体的缺乏;二是个体的获得期望。在这两个条件下形成了需要这种状态。人的一生是

---

① D.Macarov, *Social Welfare*: *Structure and Practice*, Thousand Oaks: Sage Publications,1995.

② 彭华民:《社会福利与需要满足》,北京:社会科学文献出版社 1998 年版,第 3~24 页。

③ [苏]巴普洛夫:《大脑两半球机能讲义》,戈绍龙译,上海:上海卫生出版社 1957 年版。

不断产生需要,满足需要,再产生需要,再满足需要的过程。①

　　需要分为个人需要(individual need)和社会需要(social need)。所有个体社会成员都具有从生存到自我实现等不同层次的需要。人们实现这些需要的方式深受人类行为差异性的影响。人们在生理、心理、社会、文化上存在的差异会影响人们的需要表达和满足的方式。例如,儿童和老人为了生存都必须吃饭,但他们在吃的种类、方式及获取食物的方式上各不相同。人的需要不是静止不变的,在人的生命周期的不同阶段会表现出不同的需要。儿童希望他们的心理的、情感的和社会的需要主要能在学校里得以满足;进入工作阶段的成人希望通过和谐的人际关系以及有意义的职业活动来满足他们的需要。个体的集合形成社会,个体的需要集合形成社会需要。人类社会为了自身生理的、心理的、社会的综合发展,需要一定的共同资源来满足社会需要。社会的共同需要(common human needs)是指那些被全人类所共有的、对他们的生存和发展来说最为基础的需要。② 这里的共同需要实际上就是人类的社会需要。贯穿整个人类生命周期阶段的社会需要,是社会福利制度发展的动力。

二、人类需要的类型

　　人类的需要有不同的类型。社会工作者只有根据服务对象的需要类型和需要内容提供服务,才能有的放矢。在社会工作实务和研究中,经常被使用的需要分类有如下几种。

　　人类需要的基本类型有:(1)生理需要和社会需要。这是按人类需要的起源来划分的。生理需要也称自然需要,是原发性需要,它反映了人们对延续和发展自己的生命所必需的客观条件的需要。如对生活资料的需要、健康保健的需要、繁衍后代的需要等。社会需要是人们在社会生活中形成的需要,是习得性需要,它是在社会生产和社会交往的过程中形成并得到满足的,如对人际交往的需要、对工作的需要、对尊重的需要等。(2)物质需要和精神需要。这是从需要的对象来划分的类型。物质需要是指个体对物质,如衣、食、住、行和日常用品的需要。精神需要是指人对自己的智力、道德和审美等发展条件的需要,是随着社会的发展而不断发展的,如人对知识的需要、对友谊的需要、对独立的需要等。(3)直接需要和间接需要。这是按人们对需要的迫切程度来划分的需要类型。直接需要是一系列具体的需要,如吃饭饱腹、穿衣保暖等。间接需要是指那些比较抽象的需要,常常以直接需要的实现为基础,以理想等形式表现出来。

---

① A.H. Maslow, *Motivation and Personality*, New York: Harper & Row Publisher Inc., 1970.

② W.H.Whitaker & R.C.Federico, *Social Welfare in Today's World*, New York: McGraw-Hill, 1997, p. 57.

人类需要可以依照由低到高不断递进的顺序分为若干个层次,层次越低的需要其需要强度越大;层次越高的需要其需要强度越弱。马斯洛(Abraham H. Maslow)提出的需要层次论被广泛使用在社会工作中。他认为只有当较低层次的需要得到满足后,较高层次的需要才会出现并要求得到满足。按层次可以把需要分为:(1)生理需要;(2)安全需要,即个人为免于恐惧、孤独,希望得到保障的需要;(3)归属与爱的需要,即个人对某一群体的归属感、获得爱的需要,它经过有意义、富有创造性地参与社会性、生产性过程而获得需要的满足;(4)尊重的需要,即个人获得他人和社会尊重的需要;(5)自我实现的需要,即个人通过自我导向的潜力发挥,实现个人的社会价值,是人类需要的最高层次。阿尔德弗尔(Clayton P. Alderfer)在马斯洛的需要理论研究基础上提出生存—关系—成长需要理论,又称为 ERG(Existence-Relatedness-Growth)理论。[1] 他提出人类的需要层次可以分为:(1)生存需要;(2)关系需要;(3)成长需要。生存—关系—成长需要理论的特点是不强调需要层次的顺序;当较高层次的需要不能满足而受挫时,个体也可能会退而求其次;某种需要在得到基本满足后,其强烈程度不仅不会减弱,还可能会增强(见图 1-2)。

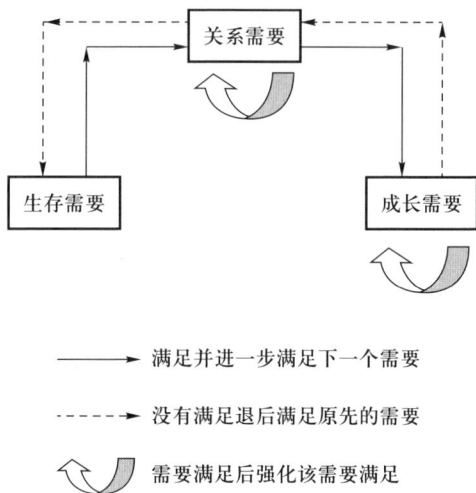

图 1-2　阿尔德弗尔生存—关系—成长需要满足图

在社会工作与社会福利领域中影响很广的还有步瑞德山(Jonathan Bradshaw)的需要类型理论。[2] 他在 1972 年提出了该理论,认为人类的需要可

---

① Clayton P. Alderfer, An Empirical Test of a New Theory of Human Needs, *Organizational Behavior and Human Performance*, vol.4, 1969, pp.142~175.

② J. Bradshaw. The Taxonomy of Social Need. *New Society*, 1972, 496, pp.640-643.

以分为四种类型：

（1）感觉性需要（felt need）。感觉性需要强调的是由个人来表达其感觉到的需要。由于个人主客观因素的影响，而使个人与他人之间的感觉有很大的差异性。它是个人知觉到的需要，也是个人过去对于问题的经验。可以说它是一种具有情境性（phenomenological）的需要。因此，感觉性需要属于一种个人主观的感受，是个人真正意识到的需要。

（2）表达性需要（expressed need）。它是将感觉性需要转换成个人表达出来的需要，表现出个人实际需要什么。在社会工作领域，表达性需要已被界定为人们有被服务的需要。表达性需要是最普遍的一种了解服务对象需要的方式，有关机构通常会尽力去满足此类需要。但这种需要也经常反映出服务对象对服务提供的有限了解，他们认为只有在服务范围内的内容才敢表达出来，当其表达之后仍然有许多需要未被满足。然而，这种类型需要的界定仍然是最重要的认识需要的指标。

（3）规范性需要（normative need）。这种需要是由社会工作者或社会科学研究人员根据研究所界定的最低需要标准而定的。这种需要往往是由专家学者来测量，而其测量的标准常是为了维持社会结构体系的整合，而必须满足个人需要。在健康物质方面，规范性需要比较容易找到可量度的标准；但如涉及心理和社会层面，则很难建立一个绝对客观的标准。

（4）比较性需要（comparative need）。该需要是规范性需要的延伸，但考虑到个人需要之间的差异性。界定比较性需要时要有至少一个参考的标准，也就是说，需要的认定是针对某些标准所作的比较，如当事人具有与已接受服务者相同的特征，但却未接受同样的服务，其即为需要者。步瑞德山举了一个例子来说明比较性需要：假设甲因具有特质 A 而接受某种服务，而乙虽也具有 A 的特质但却没有接受此种服务，在此情况下我们可说乙是有此需要，此即比较性需要。

延 伸 阅 读

人类需要理论

近年来，多依和高夫的人类需要理论受到重视。他们把需要分为基本需要（basic needs）和中介需要（intermediate needs）。多依和高夫认为，健康和自主为基本需要，基本需要满足以后，社会成员才能在参与社会生活中避免受到伤害，基本需要的满足可以进行同文化、跨文化的比较。多依和高夫还认为，满足基本需要的非社会性和社会性的需要满足物有 11 个类别：营养食物和干净的水；保护性的房屋；没有伤害的工作环境；没有伤害的物理环境；适当的健康照顾；儿童的保障；重要的初级人际关系；安全的物理环境保障；安全的经济保障；适当的教育和安全的计划生育和儿童照顾。基本需要是具有普世性的(universal),但是满足基本需要的需要满足物常常是相对的。

L. Doyal & I. Gough, *A theory of Human Need*,

Basingstoke：Macmillan,

1991,pp.49~75；pp.191~221.

三、人类需要的特征

人类需要的特征是多样的,这使得社会工作更加具有挑战性。本部分将在需要含义和类型研究的基础上讨论需要多元的特征。人类需要的基本特征有:[①]

1. 人类需要的客观性

需要并不是由人的主观意志决定的,不是一个人想有什么内容的需要他就有什么样的需要。从历史的角度进一步分析需要的客观性,可以看到人类的需要是历史形成的,它客观地存在于某个个体诞生之前。从某种意义上讲,人的个体只是这个客观需要的一个载体。

2. 人类需要的社会性

人类很多需要要在社会中才能得到满足。人类需要中的安全需要、爱的需要、自尊需要和满足来源于他们的社会生活。因此,需要社会性的实现是人的个性和社会性的统一。

3. 人类需要的对象性

人类需要指向一定的对象,这个对象可以是过程也可以是结果,可以是物质的也可以是精神的。

4. 人类需要的动力性

人类需要满足后不会终止,同类需要还可能出现。人类需要的出现和满足可能带有周期性特征。由于人类需要的不断出现,推动人类不断进行需要满足的活动,成为个人和社会发展的动力。

5. 人类需要的独特性

人们表现需要和满足需要的方式深受人类社会和个体社会成员差异性的影响。人们在生理、心理、社会、文化上存在的差异会直接影响人们的需要表达和满足的方式。

四、人类需要的评估

在讨论了需要类型和特征之后,我们接着来分析需要评估(needs assessment)。需要评估是一个重要的领域。在社会工作实务通用过程中,接案之后

---

① 彭华民:《社会福利与需要满足》,北京:社会科学文献出版社1998年版,第17~20页。

就是对服务对象的预估,计划和介入之后要对服务对象进行评估。预估和评估都包含了需要评估的内容。在更广义的社会福利服务中,需要评估既是服务提供的基础,也是服务质量评价的依据。

影响较大的需要评估方法主要可以分为四种:(1)社会指标方法(social indicators approach)。社会指标方法在 20 世纪后 30 年曾经是一个使用得比较广泛的方法。社会指标的设立和需要评估的结果有直接的关系。(2)社会调查方法(survey approach)。社会调查方法在 19 世纪就已经开始用在需要的评估方面。社会调查方法可以识别出社区问题,分析、发现社会成员需要和需要不满足的情况。今大的社会工作与社会福利服务已经广泛使用这个方法。(3)社区印象法(community impressions approach)。需要评估的人士可以通过社区会议(community forums)、名义小组(nominal groups),或者是一些可以提供重要信息的人(key informants)来收集社区需要的信息。① (4)量表评估法。量表评估方法是通过多次使用和修改,设计一个量表来测量服务对象的需要。由于量表测量简单易行,在实际工作中较多使用。

第三节　人类与环境

一、自然环境与社会环境

环境就其词义而言,是指人类周围的事物。我们在本书中讨论的人类环境即以人或人类作为中心事物,其他生物和非生命物质被视为环境要素,构成人类的生存环境。人类的环境有别于其他生物的环境,它包括社会环境与自然环境两部分。

1. 自然环境的含义

自然环境是人类赖以生存和发展的各种自然因素的总和,即通常所称的自然界。人类对自然环境的依存关系以及人类对自然环境的理解随人类文明的进步而有所不同。远古时代人类的自然环境是一个比较狭窄的范畴,而当代人们所理解的自然环境则要广泛得多。我们也可以把自然环境理解为一个由近及远和由小到大的有层次的系统,这就是:(1)生存环境。由人类赖以生存的空气、水、土壤、阳光和食物等基本环境要素所组成,这也是人类文明初期所了解和利用的自然环境。(2)地理环境。由地球表层的大气圈、水圈、土壤圈、岩石圈和生物圈组成,上达大气圈对流层顶部,下至岩石圈底部,是现代文明所认识的自

---

① F. G. Reamer. *Social Work Research and Revaluation Skills*: *A Case-based*, *User-friendly Approach*. New York: Columbia University Press, 1998.

然环境,也是环境科学和地理科学研究的对象。(3)地质环境。包括地表以下直至地核的各地质圈层,与地理环境有着物质和能量的交流。它主要是地质学和地球物理学的研究对象。(4)宇宙环境。指地球以外的宇宙空间,与地理环境之间也存在着物质、能量和信息的交流。它主要是天文学研究的对象。①

世界各国的一些环境保护法规中,往往把环境要素或应保护的对象称为环境,这可能是为了适应立法时技术上的需要。例如《中华人民共和国环境保护法》明确指出:"本法所称环境是指:大气、水、土地、矿藏、森林、草原、野生动物、野生植物、水生生物、名胜古迹、风景游览区、温泉、疗养区、自然保护区、生活居住区等。"②这就以法律的语言准确地规定了环境要素和对象,但是这个法律中的环境包括了自然环境,如大气、水、土地、矿藏、森林、草原、野生动物、野生植物、水生生物、温泉、自然保护区,还有在自然环境的基础上加上了人工制造的环境,我们称之为自然—社会环境,如名胜古迹、风景游览区、疗养区、生活居住区。人类在发展过程中,自然环境改变着人类,人类也在改变着自然环境,这是一个复杂的互动关系和过程。近些年,由于环境污染问题直接影响了人类生活,人类保护自然环境的呼声愈来愈高。

人类所生活的环境是自然因素和社会因素互动共生的产物。例如,目前全世界共同面对的气候变暖问题,其中既有自然环境中非人类因素的作用,也有人类不合理使用和消耗资源的作用,如过量排放二氧化碳导致温室效应。为了应对环境问题,2009 年 12 月,192 个国家的环境部长和其他官员们在哥本哈根召开联合国气候会议,就未来应对气候变化的全球行动签署了新的协议。联合国气候会议一年召开一次,其前身为 1992 年在里约热内卢召开的地球峰会,地球峰会的目的是协调应对气候变化而采取的国际行动。因此,我们不是在单纯的社会环境中来讨论人类的行为以及制订我们的服务行动方案,我们讨论的社会环境中包含了对人类行为有重要影响的自然环境因素。

延 伸 阅 读

凝聚共识　构筑新的起点:《哥本哈根协议》解读③(节选)

中国气象局局长郑国光

《哥本哈根协议》是国际社会共同应对气候变化迈出的具有重大意义的一

---

① 参见刘树华:《人类环境生态学》,北京:北京大学出版社 2009 年版。

② 全国人民代表大会常务委员会:《中华人民共和国环境保护法》,北京:中国法制出版社 1989 年版。

③ 资料来源:中国气象局官方网站。

步,这个协议至少有以下几个特点:首先,维护了《联合国气候变化框架公约》和《京都议定书》确立的"共同但有区别的责任"原则,坚持了"巴厘路线图"的授权,坚持并维护了《公约》和《议定书》"双轨制"的谈判进程。其次,在"共同但有区别的责任"原则下,最大范围地将各国纳入了应对气候变化的合作行动,在发达国家实行强制减排和发展中国家采取自主减缓行动方面迈出了新的步伐。第三,在发达国家提供应对气候变化的资金和技术支持方面取得了积极的进展。第四,在减缓行动的测量、报告和核实方面,维护了发展中国家的权益。第五,根据政府间气候变化专门委员会(IPCC)第四次评估报告的科学观点,提出了将全球平均温升控制在工业革命以前2℃的长期行动目标。

12月19日下午,联合国气候变化大会在丹麦哥本哈根落下帷幕。全世界119个国家的领导人和联合国及其专门机构和组织的负责人出席了会议。会议的规模及各方面对会议的关注足以体现出国际社会对应对气候变化问题的高度重视,以及加强气候变化国际合作,共同应对挑战的强烈政治意愿,并向世界传递了合作应对气候变化的希望和信心。

……

2. 社会环境的含义

对于人类来说,社会环境一般是指围绕某个人或者人类的外部世界。动物实际上也有它们的社会环境,环境可以有不同的相对物。结合前一部分对自然环境的分析,人类的社会环境是指围绕着人类的空间和其中可以直接、间接影响人类生活和发展的各种社会因素的总和。社会环境具体可以表述为与人类生物遗传、心理状态及社会过程相互作用的社会系统,家庭、学校、群体、组织、社区、社会、制度、文化等都是其重要组成部分。自然环境先于社会环境存在,是人类生存和发展的基础,也是社会环境存在和发展的基础;而社会环境的发展也可影响自然环境的发展。

社会环境是人类通过长期的有意识的社会劳动,加工和改造的自然物质、创造的物质生产体系、积累的物质文化等所形成的环境体系,是在自然环境的基础上发展而成的人类生活环境。人类发明了工具,家养了动物,种植了植物,修建了房屋、道路和城市;自然提供了资源,人类提供了智力和劳动。社会环境是人类精神文明和物质文明不断发展的标志,是人类文化与物质不断互动而形成的产物。

我们按社会环境所包含的要素和性质将社会环境分为:

(1)物理社会环境,包括食物、衣物、交通工具、通信工具、建筑物、道路、企业厂房等。

(2)生物社会环境,包括人类驯化和驯养的动物、人类栽培的植物、人类加工过的水等。

(3)心理社会环境,包括人的性格、脾气等。在对人类智商研究的基础上,研究者发现人还具有情商、逆商等。这些构成了人类的心理社会环境。

（4）文化社会环境，文化是社会发展过程中人类创造物的总称，包括物质技术、社会规范和精神体系，是所有物质产品与非物质产品的总和。文化表现为人类的生活方式、风俗习惯、行为规范、语言等；文化依附于语言、文字、艺术作品及其他文化载体，对生活于其中的人们产生社会化作用，进而成为维系社会发展的巨大力量。

（5）制度社会环境，包括人类建立的人类繁衍和提供照顾的家庭制度、生产和分配资源的经济制度、实施国家管理与政府运作的政治制度、进行社会控制的法律制度、保障社会成员生活质量的社会福利制度、宗教制度、进行个人社会化和知识文化传递的教育制度、维护国家安全抵御入侵者的军事制度等。

（6）群体与组织社会环境，包括家庭、同龄群、朋友群、学校、工作单位、非政府组织、政府等群体与组织。

大众传媒也是人类社会环境的重要部分。大众传媒包括广播、电视、报刊、互联网。它们的积极影响是帮助个人、群体及组织获取信息、做出判断、满足要求或达成目标。它的消极影响是可能传递不适当的价值观念或行为模式，误导受众。

社会环境的特点：（1）社会构成的多样性。社会由物质—文化因素、自然—社会因素、微观与宏观结构等构成，内容十分丰富。（2）社会具有动态平衡性。社会文化、社会制度、社区组织、学校家庭等因素对个体而言是相对稳定的；但社会环境因素本身又时刻处于变动之中。我们面对的社会有动态平衡的机制，保障社会成员有相对稳定的生活。社会的各个部分系统地满足人们的不同需要，使社会个体得以在规范秩序的系统中互动。我们接受社会的法律规范，按照既定的方式生活和工作，本质上是社会人。社会环境的本质和核心是人类创造的所有物和人类本身。

二、人类与社会环境的关系

人与社会环境关系的理论观点主要包括社会唯实论和社会唯名论。社会唯实论从宏观方面分析社会，强调社会对个人及其行为的决定作用，把社会看作是高于个人之上、不依赖于个人而独立存在的客观。迪尔凯姆（Emile Durkheim）认为，社会环境的意义大于个人行为。他认为，社会现象是社会事实，社会事实是固定的或不固定的；社会事实具有强制力量，这种力量使它们高于每个社会成员及其独立的个人意志之上，对个人具有客观制约力。[①] 对社会现象的解释不

---

① ［法］迪尔凯姆：《社会分工论》，王力译，上海：商务印书馆1985年版；迪尔凯姆：《社会学方法的准则》，狄玉明译，北京：商务印书馆1995年版。

应当从个人的心理或生理方面解释,而应当从先于个人而产生的社会事实中去寻找决定因素。他认为社会不可能产生于追求最大幸福而互相交易的个人主义倾向之中,因为个人欲望是无止境的,任其追求就会出现失范(anomie)现象。所以,社会要控制和限制个人的需要,形成社会的共同目标,只有这样才有社会的整合。①

社会唯名论强调个人及行为者的主观意义,即个人行为的意义大于社会(环境)。社会唯名论认为个人动机和主观意义对于理解社会现象具有决定意义。韦伯(Max Weber)不是从宏观的社会结构方面,而是从微观的个人方面来解释社会现象。迪尔凯姆把社会事实看作是超越个人之上的独立存在,韦伯则认为个人动机和行为的主观意义是社会现象的本质。韦伯认为只有个人才是客观实在,社会仅仅是用来称谓一群人的名称。他创立的解释性社会学"把个人及其行为看作基本单位。看作'原子'……个人是……有目的行动的最高限度和唯一载体……国家、社团、封建制度等等概念指的是人类互相作用的某些范畴。所以社会学的任务是把这些概念一律简化为'可理解的'行动,简化为参与者个人的行动。"②

上述两种观点都有偏颇之处,现在愈来愈多的人接受人类与社会环境互动的观点:(1)人在社会环境中进行社会化。个人必须适应他所生活的社会环境,社会环境无时无刻不在影响着个人行为,人的一生都在社会化,人类的个体通过与外部环境的积极互动,形成自己的人格,学会参与社会或群体的方法,掌握社会经验与规范,取得社会成员资格。(2)人在社会环境中扮演社会角色。个体的人在扮演社会角色的过程中获得自我价值和社会归属感,从而发展成有创造贡献的社会成员。社会角色是连接个体与社会系统的联结点,是人与环境之间的中介点。社会工作者就是要通过评估个体社会角色扮演的情况,找到解决问题的方案。(3)社会环境对人的影响不能脱离人类遗传因素的限制。人的生理能力是有限的,人的发展受生理因素制约。人类遗传因素与环境交互作用,这个互动过程同时影响人类行为。愚公移山只可能是神话,人工作后必须休息,而且体力有限,大山是搬不走的。(4)人类行为影响和改变着自然和社会环境,如挖运河、填海、建水库。人们制订社会规范,同时又在不断改变规范。在不同的行为过程中,人类行为与环境互动和影响的力度并不对等。因此,我们可以这样认为:人类与环境不是谁高于谁,谁决定谁,而是互动的关系,即互相影响,互相决定,共同变化。

---

①　彭华民、杨心恒主编:《社会学概论》,北京:高等教育出版社 2007 年版,第 80 页。
②　[美]科瑟:《社会学思想名家》,石人译,北京:中国社会科学出版社 1990 年版,第 241~242 页。

三、人与环境互动:生物角色和社会角色

人与环境的互动表现在生物角色和社会角色关系上。人在与社会环境互动中形成了一些既有生理特征又有社会特征的角色,如父亲、母亲;男教练、女运动员等。理解在环境中形成的角色对我们开展服务有很重要的帮助。

1. 人的生物角色

人的生物角色是对基于人的生理特征而形成的角色的统称。生物角色是指自然环境基于人的生理特征对人类在行为方式上所形成的各种规定。一个人在出生以后根据自己的生理特征将有关规定加以内化,从而形成一定的符合自然环境期望的心理与行为特征的过程,就是生物角色社会化。人类生物角色的形成首先源于人类与自然环境的互动,但在人类社会形成和发展过程中,人的生物角色受到了社会环境的影响,具有了丰富的社会意义。人的生物角色多种多样,包括年龄角色、性别角色、家庭角色、亲属角色等,还有一些和生物因素密切相关的角色也可以归到此类,如癌症病患者、残疾人等。我们在前面讨论的生理年龄和生理性别其实也是在讨论生物角色。

从历史渊源上看,生物角色的形成首先与人类在生物学意义的差异有关。其次,也是更为重要的方面,在生理差异的基础上,社会分工的出现和发展强有力地促进了生物角色之间的分化及其相关的社会观念的形成。随着人类历史进程的演变,在不同的时期或阶段中,不同经济和社会因素在性别社会化过程中的作用的重要程度也不同。一般说来,对性别社会化能够产生重要作用的社会因素包括家庭教育、正规教育、培训就业、文化、社会关系、大众传媒、规范制度等。现在人们重视生物角色和社会环境之间的互动关系,因为人类的生物角色的演变和社会环境的演变有极其密切的关系。

2. 人的社会角色

作为社会成员的个人在一定社会环境中处于特定的地位,并按照这个地位规范行为,这就是个人的社会角色(social role)。社会角色形成于社会之中。这个概念来源于戏剧中的角色,其原意是指演戏的人化妆、戴上面具以后所扮演的那个人所作的行为。戏剧中的角色是一套表演的行为模式,这套行为模式和个人的地位、身份、性格是一致的。社会学根据实际生活中围绕一个人的社会地位也有一套权利、义务和行为模式的情形,把戏剧角色发展成为社会角色,即把与个人社会地位有关的一套权利、义务和行为模式称为社会角色。社会角色也表示社会对一个人的行为期待。

社会角色是由个人在社会环境(社会体系)中的地位规定的,它要求个人按社会规定的角色模式行为,以保持社会的秩序和正常的生活。地位是一个人在社会体系中所处的位置,每个人在一定的社会关系和社会组织中都有一个特定

的位置。社会位置有高低、有排列,所以人的社会地位也有高低不同。社会角色是地位的动态表现形式,地位通过一定角色行为表现出来。没有地位,角色就无从谈起。

社会地位可以根据其特征分成若干种类:(1)按其获得的方式划分,分为先赋地位(ascribed status)和自致地位(achieved status)。[1] 先赋地位是生来就有的,如王子、世袭的贵族、儿子、女儿等。自致地位是后来经自己的努力得来的,如奥林匹克运动员、社会工作者、艺术家、经理、政府官员等。在现代社会环境中,人们对自致地位愈来愈重视。(2)按其产生的方式划分,可以分为规定地位和非规定地位。社会对某个地位有明确的规定,并通过一定的程序产生出来的,我们称之为规定地位。有些规定地位是自然形成且有法律认可的,如父亲、子女、亲属等。规定地位都有一套明确的权利、义务和行为规范。还有一些地位如临时到地震灾害现场救人的志愿者,社会对之没有明确的规定,我们称之为非规定地位。(3)从非规定地位中衍生了争取地位,如正式群体和非正式群体中的自然领袖,他们是由于个人的才智、品德或经历优于他人,受到群众的拥戴,成为非正式的领袖。自然领袖的社会地位是个人争取来的,我们称之为争取地位。社会工作者在服务过程中,要帮助服务对象认清他们的社会地位以及相关的社会角色规定。

3. 人的社会角色种类

人在社会环境中有多个社会角色种类。由于多种社会因素和自然因素的影响,不是每一个人都能完美无缺地满足社会对他的行为期待。所以,社会角色被分为理想角色、领悟角色和实践角色三种。(1)理想角色也称期望角色,即社会对处于特定地位的人规定的一套权利、义务和行为规范。如社会规定做父亲的人对子女有哪些权利、义务,应当怎样抚养和教育子女,在子女面前应当怎样行动等。对其他社会角色的要求也是如此,要求做什么像什么,这就是理想角色。(2)领悟角色。由于个人和社会环境中众多因素的影响,每个人对自己充当的角色的理解是不同的,甚至会有很大的分歧。各人对角色行为的理解不同,所以实行起来也不同,因此发生意见分歧和争执的情况也是常见的。由于领悟角色和理想角色有差距,所以社会工作者有责任帮助服务对象理解角色,设法缩小这个差距,使社会成员能按社会期望的那样行为,减少社会冲突。(3)实践角色是个人在实际行为中表现出来的角色。实践角色与理想角色和领悟角色都有差距,这是因为人的行为受到社会环境因素的影响和限制,同时也受到个人条件的影响和限制,使人不可能完全按照自己的想法去行为,所以实践角色可能会与理

---

① I. S.Foladare, A Clarification of "Ascribed Status" and "Achieved Status", *The Sociological Quarterly*, 1969.

想角色有很大的差距,甚至完全相反。我们应看到社会环境的力量,它能影响个人的行为,使个人不可能完全按照自己的信念、意志和理解去行为。

在社会环境中,个人的社会角色行为和地位一样,有的是有明确规定的,有的则无明确的规定;有的则是计报酬的,有的则是不计报酬的。所以,我们据此把角色分为四种基本类型:(1)规定性角色。规定性角色的权利、义务明确,办事程序明确,考察其角色行为没有个人自由或只有规定的有限的自由。(2)开放性角色。指部分角色没有明确规定,需要根据社会成员的理解和社会对自己的期望去履行自己的角色行为。(3)功利性角色。这种角色行为计算成本和讲究报酬,注重实际利益。这种行为的价值在于获得利益,在于行为的经济效果。社会成员的经济行为属于此类。这种角色行为创造财富,对社会发展同样有着十分重要的意义。(4)表现性角色。一些角色是不计经济报酬或者主要不是从获得经济报酬出发而行为的。如志愿者的服务、社会工作者的服务、慈善家的慈善行为、艺术家的表演等。这些角色的扮演者对自己的事业有浓厚的兴趣和爱好,他们履行自己的角色行为,主要是源于对社会的责任感和自我实现。

4. 社会工作者与案主的角色紧张与角色冲突

角色紧张(role strain)是社会工作者在服务时经常遇到的问题。社会环境内容非常丰富,一个人往往与他人建立多个社会关系,在许多不同的社会关系结构中占有不同的地位,因此一个人可能同时具有几种角色。如一个人在家中是儿子、丈夫、父亲,在机构是社会工作者,对其他同仁来说是同事,在社会工作者协会中是会员等,于是儿子、丈夫、父亲、社会工作者、同事、会员六个角色集中在一个人身上,形成了角色集(role set)。实际上每一个人都是一个角色集。每一个角色都有一套行为规范,都要求角色的承担者去履行,个人可能在时间和精力上会感到紧张,这就是角色紧张。其原因是,角色对一个人提出各种角色要求,而个人在实现这些要求时,其能力、时间以及其他的条件有限,这就导致个人发生紧张的状况。不仅仅是社会工作者容易发生角色紧张,服务对象也经常会有角色紧张的问题。

角色冲突(role conflict)也是社会工作者在服务时经常遇到的问题,分为角色内部和角色之间的矛盾冲突。一个角色规定的各种行为规范之间可能发生冲突。比如一个社会工作者,他有批评帮助案主的责任,也有当案主的良师益友的要求,这两种角色行为就有可能发生冲突:是为保持与案主的亲密友善关系而不做实事求是的批评和评判呢,还是履行社会工作者的职责做出严厉的批评呢?社会工作者要在这两者之间进行痛苦的选择。这就是角色内部的冲突。一般情况下社会工作者的角色行为经常受到各方面的挑战。所以,我们要求社会工作者扮演的角色要以事业为重,有坚强的性格,以克服角色的内部矛盾冲突。

四、人与环境互动:生理年龄和社会年龄

人的年龄本是生理现象,它是表示一个人生命过程的时间单位。但人与社会环境的互动过程中,年龄也演变成为了一种社会现象,人不仅有生理年龄还有社会年龄。

因为我们人类和社会环境有密切的互动关系,年龄被社会化了。我们在进行户口登记、人口普查时的年龄是生理年龄。心理学家发现,人有心理年龄。发展心理学从人生不同阶段和不同需要出发,将人的不同发展阶段的心理划分为不同的心理学年龄。心理学和教育学把人的生理年龄与人的智力发展水平联系起来,指出了个人(主要是儿童)在其发展的各个阶段应达到的或者可能达到的智力水平,提出人还有智力年龄。社会工作者为了分析各种年龄层次的个人和群体在社会结构中的地位和作用、权利和义务,提出了社会年龄的概念。社会年龄表示一个人的社会经验丰富程度,表示一个人处理社会问题的技能熟练程度。

一个人可能生理年龄比较年轻,但他的社会经历丰富,社会年龄就可能大于生理年龄。人们常说"少年老成"就是这个含义。相反,一个人对社会接触少,不能很好地处理社会关系和面对社会问题,他的社会年龄就可能小于生理年龄。因此,父母在孩子成长过程中,应该鼓励孩子走出家门,到社会中去学习,适应社会环境,孩子才能够真正地长大成人。如果个人生理年龄长了,但社会年龄没有长,容易造成个人行为与对他的社会期望之间的混乱。社会工作者也发现,一些社会问题的出现是因为某个人没有能够顺利地社会化、社会年龄比生理年龄小造成的。

五、人与环境互动:生理性别和社会性别

人与环境的互动还表现在生理性别和社会性别关系上。人类是在与环境的互动中产生了社会性别的概念。第二次世界大战后性别平等观念的普及,使人们认识到性(sex,又翻译为生理性别)和性别(gender,又翻译为社会性别)是两个易于混淆的概念。社会性别的关键点并不在于其生理意义,它在很大程度上是由社会和文化因素决定的,是一个社会概念。经过研究发现,男人和女人的许多差异并非是生物学的。社会性别是以性别规范和社会角色为基础的社会建构,是社会文化形成的男女有别的社会期望、角色分工及行为规范。现在有更多的人认识到性代表了人的自然属性,是生理上的,表示男人和女人身体的解剖学和生理学方面的差异。社会性别表示男性和女性之间心理、社会和文化的差异,与男性气质和女性气质概念的社会建构相关。它并不一定是一个人生理性别的对应物。现在人们还认识到除了男性和女性之外,还存在第三性别。社会性别和性别平等的内容也日趋丰富。

延 伸 阅 读

女性主义对性别解释的批评

女性主义的出现给传统性别理论和观念带来了强烈的冲击,几乎所有的女性主义学派都试图对弗洛伊德及其追随者的性别解释提出再解释和批评,前后形成了三代理论有相同的主干同时又有发展的批评者以及观点。第一代是从霍尔奈(Karen Horney)开始的。她推动精神分析学出现了女性主义的转向,放弃以往心理学以男性视角说明女性、以男性标准度量女性心理发展的做法,从女性的角度理解她们的生理构造和成长方式,强调不应当以这些构造和方式及其与男性的差异为借口把女性置于劣于男性的地位。① 第二代是克莱因(Melanie Klein)创立的对象关系理论,为精神分析由驱力结构模式向关系结构模式转变奠定了基础,对儿童心理结构和精神病学的研究产生了深远的影响。② 第三代是伊丽格瑞(Luce Irigaray),她也对性别差异问题进行了语言学和符号学的探讨,试图摆脱父权制传统,突出母亲的社会秩序,以女性为体验的主体论述女性的欲望,说明女性解放和两性之间理想的伦理关系,把女性主义精神分析学研究纳入到后现代主义学术思潮中来,为其合法地位提供有力的论证。③ 当代三位女性主义精神分析学家对于性别差异的探讨,呈现出相互补充和促进的关系,从人的道德与心理动态发展中丰富了女性主义关于性别差异的解释。上述学者的理论观点给我们解释性别差异带来了许多启示。

我们从很小的时候在父母的指引下开始学习识别两性差异。人们通常用自信、独立、强壮等词汇描述男性,而用温柔、贤惠、有同情心等词汇来描述女性。是社会环境因素还是自然环境因素导致了男性和女性之间的差别呢?两性差异有哪些内容呢?其基本差异有三个方面:

(1)两性生理差异。两性生理的不同是造成男人和女人性别差异的基本原因。首先是他们的遗传基因不同。两性基因差别是他们的第 23 对性染色体结构的不同。女性的染色体由两个相同的 XX 染色体组成;男性的染色体由一个 X 染色体和一个较小的 Y 染色体组成,基因携带人类代代相传的遗传信息。其次是他们的性激素不同。雄激素和雌激素同时存在于男女体内,但男子体内的雄激素多而女子体内的雌激素多。性激素对于性行为和攻击性行为会产生影响。再次是他们的大脑不同。脑是行为的主要调节器官。男性的下丘脑控制着

---

① K. Horney, *Feminine Psychology* (reprints), New York: W. W. Norton & Co., Inc., 1967.

② M. Fricker & J. Hornsby, *Feminism in Philosophy*, Cambridge: Cambridge University Press, 2000.

③ L. Irigaray, *An Ethics of Sexual Difference*, New York: Cornell University Press, 1993.

相对稳定的垂体激素分泌,而女性的下丘脑则控制着垂体周期地释放激素。生理因素只在某些方面起作用,两性的生理差异是否会转变为实际的社会性别差异,主要是受到社会和环境的影响。

(2)两性心理差异。两性的心理差异从生物学来看属于生理性别上的差异,但从社会学的角度来看,两性心理差异在很大程度是社会环境的影响。科学家发现了在某些方面男女差异是很明显的。女性的语言表达能力比男性强,女性在阅读、理解、想象和写作方面以及语言流畅和表达技巧方面都逐渐占优势。研究也发现男性的视野比女性要广,对图形和数学的理解能力要超过女性。两性心理差异历来有很多争议,科学家也做过很多调查,但至今仍有许多不能解释得清的问题有待进一步的研究。由于长期以来的社会、文化等因素的影响,在多数人的眼中,女性的形象是温柔、顺从、心细、胆小、保守、被动、依赖、善感,而男性的形象则是刚强、粗犷、独立、有主见、好斗、有雄心、主动、支配、智慧、理性。

社会工作者常常遇到需要我们危机介入的情景,这时需要认真分析案主的心理和社会环境。在对待两性心理危机这一问题上,社会中大多数人仍然会受到性别角色刻板印象的干扰,认为女性更容易出现心理危机。造成这一差异的原因,首先与他们形成的性别角色心理及社会期望有很大的关联。社会传统高度重视男人坚强与成功的品质,儿童以及青少年也接受了社会认同的性别心理和角色期待,通过取舍、选择使之内化为指导自己行为的观念。另外,两性出现心理危机的差异还与两性的自我意识有关。女性比较注重别人对自己的态度,缺乏主见,依附他人,自信心较弱。男性自我意识则带有主观化倾向,自信心较强,女性产生的心理问题虽然较多,但多偏重于家庭方面,这些压力比起男性的工作压力、人际关系等社会压力来说质轻量小,男性在生存竞争上的压力上远远超过女性。另外,女性的自我防卫能力较强,心理障碍多与当前现实的心理矛盾有关,一旦发生,来势凶猛。但女性易于发泄,易受暗示,容易被劝解,故女性心理障碍症状多为暂时性的,在心理矛盾缓解后,身体症状也随之消除。男性由于坚强和成功角色的束缚,容易封杀自己的感情,心理压力难以外泄而转向心理内部冲突,男性的心理危机症状重且持续时间长。通过对几项调查结果的分析比较,我们认为男女在处理心理危机时的应对方式上存在差异,而无法得出女性比男性更容易出现心理危机的结论。[1]

(3)两性社会角色的差异。孩子出生后,其生理基础就界定了是男孩还是女孩。之后,孩子的性别角色就同主流社会的价值观念联系起来了。许多社会学家认为社会因素是解释性别差异原因的主要途径。性别差异不仅仅是由生物特性决定的,而且也是文化的产物。婴儿从出生之后一直接受来自家庭、学校和

---

[1]　程桢、徐俊华:《心理危机的性别差异比较》,《黄山学院学报》2006年第4期。

媒体的性别社会化,逐渐形塑成主流文化所认同的男性气质和女性气质。功能论者认为男子气和女人味是人们习得的结果。在这个过程中,人们受到奖励和惩罚的社会化力量的引导,帮助女孩子和男孩子学习并遵从社会期望的性别角色。

研究发现,性别角色和性别期待来自人类早期的社会分工。在远古时代的人类社会生活中,男子因其强壮的体魄而担任起狩猎、保护家园免于灾难的任务;而女子则因其有生育、哺乳等能力而抚养孩子和料理家务。他们在各自不同的劳动生活中获得了不同的经验,分工的差异延伸出人格倾向和社会地位的分化。男子在对外的责任中发展了独立性、果断性,女子则在对内的职责中发展了亲和性、依赖性。最初的劳动分工经过反复的社会实践就逐步成为了一种社会秩序。在这种社会秩序下发展起来的性别差异通过社会化的过程而一代一代地传了下来。鲍里、贝肯和查尔德三位人类学家证明了这点。他们在 1957 年发表了对 100 个未开化的原始社会部落施于下一代的男女角色要求的比较调查研究结果,发现这 100 个部落中有 82 % 要求女孩操持家务,而没有一个部落对男孩有此要求;有 87 % 的部落要求男孩追求成就,而只有 3 % 的部落对女孩有此要求;有 85 % 的部落鼓励男孩要自立,却没有一个部落这样鼓励女孩(表 1-2)。

表 1-2 原始部落社会对于男女角色行为的强化与鼓励(%)

鼓励行为	对于女孩	对于男孩	都不是
家务与照顾家人	82	0	18
服从	35	3	62
负责	61	11	28
成就	3	87	10
自立	0	85	15

资料出处:H.Barry Ⅲ,M. K.Bacon & I. L.Child, A Cross-Cultural Survey of Some Sex Differences in Socialization, *Journal of Abnormal Psychology*,vol. 55(3),1957.

正是由于性别角色所具有的社会性,它的形成就不可避免地受到了来自文化、家庭、学校、大众传播等社会环境因素的影响。生活在这些社会环境因素中的人们在幼儿时期就接受了性别角色的传统观念,形成了对男女性别的刻板印象。即使在以后的生活中并不是所有的儿童都按同一种模式进行性别分化,这种刻板印象也会或多或少地影响到他们的心理和行为。

男性和女性构成两大社会群体。两性角色差异形成的刻板印象广泛地被人们接受。社会要求个人依据两性角色刻板印象来修正自己的思维和行为,因而极大地影响到个人的成长。传统社会中成员形成的性别角色刻板印象认为,男性气质在事业上比女性气质优越,它影响到了人们对男女职业行为的评价和成败归因,对女性自我概念形成与成长危害极大,容易成为对女性不公正的依据。现代社会中女性和男性的社会分工由于社会的发展而日趋重叠,但性别角色的刻板印象并没有因此而发生根本的改变。正如个体之间的差异将会永远存在一样,两性之间的差异也将永远存在。但是,人为地片面地扩大两性的差异,或者片面地忽视两性的差异,都会阻碍个人健康成长和社会发展。因此,社会工作者应该帮助社会成员消除性别偏见,改变传统的性别角色观念,帮助他们更好地发展自我、适应未来社会。社会工作者要特别注意对儿童进行两性平等化教育,希望借此帮助儿童消除性别刻板印象,让他们在平等的条件下塑造个体的自我概念,不带任何偏见的去认识两性间的差异,形成两性之间互相学习和借鉴的氛围,更好地构建自我,发展健全的人格。

第四节　研究人类行为与社会环境的意义

一、对中国社会工作学科建设的意义

社会工作学科建设内容包括四类范畴:职业化和专业化的研究者及研究机构和学术交流网络、规范的学科和人才培养计划、学术成果的公开发表交流和社会评价、稳定的科研基金资助来源。我们认为"人类行为与社会环境"的教学研究有助于社会工作的学科建设:(1)有助于凝练学科方向。学科方向是学科建设的基础。学科建设中首要的任务是选择校准学科方向。通过对中国人行为的分析和对中国社会环境的认识,有助于认识和确立中国社会工作学科本土化发展方向。(2)有助于建设学术队伍。学术队伍指持有社会工作价值观、受过专业训练、有社会工作实务经验的教学科研人员。学习"人类行为与社会环境"课程能够拓展他们认识人和环境的能力,提升社会工作学术队伍的水平。(3)有助于建设完整的社会工作知识体系。这个知识体系的基本内容包括:社会工作价值观、分析社会的知识理论、研究社会的方法、专业助人的方法等。人类行为与社会环境关系知识是这个知识体系中的一个主要内容。因此,推动人类行为与社会环境的教学和研究,建立适合中国本土的人类行为与社会环境知识体系,能有效地提升中国社会工作学科的专业水平。

社会工作是增进人类福祉,提升个人解决问题能力的学科。[1] 其专业性体现在具有专门的知识体系。美国社会工作教育委员会(The Council on Social Work Education,缩写为 CSWE)于 2001 年制定了《社会工作教育政策与鉴定标

---

[1]　学科(discipline)的含义包括两个方面:a. 指知识体系或学术分类;b. 指为培养人才而设立的教学科目。

准》(Educational Policy and Accreditation Standards)。[1] 该政策开宗明义地指出社会工作学科旨在增进人类福祉,其方式是通过增加机会、资源和提高人们在各自环境中的适应能力,制定政策并提供服务以改善那些限制人类权利和生活质量的境况。社会工作总体目标是社会工作知识体系的一个内容。社会工作者在对人类多样性尊重的前提下,以人在环境中视角为指导,为人类社会平等和经济公正而奋斗。只有正确认识人与环境的关系,分析社会成员在适应环境中的困难和问题,社会工作的总体目标才能实现。

　　一般意义上的社会工作学科建设是为了提供增进人类福祉的知识,但社会工作还有以下具体目标:(1)实现增进人类福祉,消除贫困、压迫和其他形式的社会不公正的目标。(2)促成个人、家庭、群体、组织和社区实现目标、开拓资源、预防和消除不幸,实现提高他们的社会功能水平和互动水平的目标。(3)实现规划和执行社会政策、社会服务和社会项目,满足人类的基本需要并发展人类潜能的目标。(4)实现通过社会行动的方式,执行或利用政策、服务和资源,提高社会和经济公正性目标。(5)实现运用研究、知识和技能,促进社会工作实务的发展目标。(6)实现在多元文化的环境中开展社会工作实务的目标。[2] 无论知识体系建设还是人才培养,中国社会工作学科离上述六个目标的实现还有一定的距离。那种针对全体社会成员福祉提升的社会工作服务在现阶段我国还不具备普遍意义,在相当长的历史时期内,社会工作的主要工作对象还是特殊的社会弱势群体。我们必须支持社会工作者提高分析行为与环境互动关系的能力,扩大助人的专业水平和助人范围,实现社会工作多元化具体目标。

二、对中国社会工作教育发展的意义

　　"人类行为与社会环境"教材和课程建设有助于完善我国社会工作教育与人才培养体系。国内社会工作教育与国际社会工作教育相比,在课程设置和教材建设方面存在差异性和滞后性。在社会工作教育体系成熟的国家和地区,人类行为与社会环境课程被安排到十分重要的位置,如美国南加州大学社会工作学院甚至将人类行为与社会环境设为博士生学习课程。还有的大学为了更加突出"人在环境中"这一主题,将教材命名为"社会环境中的人类行为",如 2010 年出版的第四版《社会环境中的人类行为:多元的分析》等就采

---

[1]　The Council on Social Work Education, *Educational Policy and Accreditation Standards*, 2001.

[2]　The Council on Social Work Education, *Educational Policy and Accreditation Standards*, 2001.

用了这个思路。① 回溯改革开放后中国社会工作教育发展过程，早期"人类行为与社会环境"从教材编写到课程开设都没有得到足够的重视。2004 年，在教育部颁布的社会工作专业 11 门主干课程中，"人类行为与社会环境"竟然榜上无名②。经过十多年发展，"人类行为与社会环境"教材的数量和质量有一定改善③，但其地位还没有得到充分确认，教材数量和质量还是难以满足 300 多所大学社会工作专业教育快速发展的需要。

　　社会工作的关注点在于个人的全体性（wholeness）和完整性（totality），包括所有的环境因素及个人行为。社会工作强调完整环境中的完整的人（total person in the total environment）。④ 为达成这一宗旨，就必然要求社会工作者具备多方面的知识和技能，其基本知识和技能板块可归为八个部分：（1）社会工作价值观与伦理。帮助学生建立个人价值观；发展、展示、提升该职业的价值。（2）社会文化多样性。提供促进理解、确定和尊重各种背景中人们的知识和方法。（3）危机人群和社会及经济公正性。引导学生分析对社会构成危机（risk）或促成危机的因素。（4）人类行为与社会环境。重点在于分析人类及其环境之间的相互影响；关注个体、群体、社会和经济各系统内部及系统之间相互联系的理论和知识；分析社会系统促进或妨碍人们达到和维持健康和幸福状态的方式。（5）社会福利政策和社会福利服务。分析社会福利政策在服务分配、社会工作实务及实现个体和福祉上的作用。（6）社会工作实务。关注案主在社会环境中的优势、能力和资源，帮助案主解决问题。（7）社会工作研究。定性和定量研究共同构成专业知识的基础。（8）社会工作实习。根据有关社会工作目的、原理和方法的标准，对实习进行系统的设计、监督、指导和评价。⑤ 社会工作知识和课程体系中的第 4 个部分就是人类行为与社会环境，由此可见人类行为与社会环境的知识在社会工作专业教育体系中的重要地位。中国社会工作教育要健康发展，"人类行为与社会环境"的教学研究工作还需要进一步加强。

---

①　J. B. Ashford, C. W. LeCroy, K. L. Lortie. *Human Behavior in the Social Environment*：*A Multidimensional Perspective*. Belmont, CA：Brooks/Cole, Cengage Learning, 2010；C. Zastrow, K. K. Kirst-Ashman. *Understanding Human Behavior and the Social Environment*. Belmont, CA：Brooks/Cole, Thomson Learning, 2010.

②　教育部高等教育司：《社会工作专业主干课程教学基本要求》，北京：高等教育出版社 2004 年版。它规定了社会工作专业十一门主干课程，包括：社会学概论、社会工作导论、个案工作、小组工作、社区工作、社会福利思想、社会保障、社会行政、社会政策、社会调查研究方法、社会心理学。

③　这些教材的作者有：王瑞鸿（2002 年）、徐愫（2003 年）、库少雄（2005 年）、汪新建等（2008 年）、韩晓燕等（2009 年）、彭华民（2010，2014）等。

④　[美]法利、史密斯、博伊尔：《社会工作概论》（第十一版），隋玉杰等译，北京：中国人民大学出版社 2010 年版，第 399~409 页。

⑤　The Council on Social Work Education. *Educational Policy and Accreditation Standards*, 2001.

三、对中国社会工作实务发展的意义

改革开放以来,中国社会工作发展已经走过了 20 多年的历程,从重借鉴转型到现在重本土化的阶段。在新的发展阶段,认真学习和分析中国人的行为方式以及现实的社会环境,更有助于社会工作者开展本土化服务。

中国人口众多,民族多元,地域辽阔,再加上差序格局,体制转型等因素,社会环境本身就很复杂。在目前复杂的社会环境中,中国社会工作队伍本身也存在着问题。自 20 世纪 80 年代我们引入专业社会工作开始,中国社会工作已历经 20 多年的发展。这个过程的特点是,以计划经济体制下的实际社会工作与专业社会工作并存、两种社会工作人员队伍并存、两种社会工作实施途径并存、两种社会工作职业制度并存发展到现在强调专业社会工作地位作用。在这样的背景下,开展"人类行为与社会环境"的教学研究工作,对提高社会工作者的专业水平和实务技能水平,都有很重要的意义,具体有以下几个方面:

1. 学习人类行为与社会环境的知识可以帮助社会工作者更好地开展个案工作

现在不少的社会工作服务中心和社会工作站都建立健全了从接案到结案的全套个案工作程序,积极开展服务。个案工作注重的不是社会问题本身,而是"个案",尤其注重为社会问题所困扰或无法与社会环境或者社会关系有效适应的个体或者家庭。个案工作的目的是帮助在人与人、人与环境的适应上遭遇困难的个人和家庭,帮助他们恢复、加强或者改造其社会功能。[①] 个案工作的基本要素包括:服务对象必须是遇到困难的个人或者家庭,他们与社会环境出现不适应的问题;社会工作者采用一对一的方法,分析他们与具体社会环境的不适应问题,实施各种帮助;社会工作者助人的目标是协调人与环境、人与他人之间的关系更加和谐。个案工作把人视为社会环境中的个人,注重人在社会环境中的发展。这是个案社会工作与心理咨询和治疗的重要区别,也是人类行为与社会环境知识体系的意义之一。

2. 学习人类行为与社会环境的知识可以帮助社会工作者更好地开展小组工作

小组工作是社会工作者通过小组成员之间的互动和影响,帮助组员利用小组过程来解决个人遇到的社会问题,解决与社会环境不适应的问题,促进个人的成长。对于小组成员,除了他原有的社会环境外,小组内部形成了一个小的社会环境;成长小组、支持小组、任务小组等在小组活动时还可能需要面对新的社会

---

① 全国社会工作者职业水平考试教材编写组:《社会工作综合能力》,北京:中国社会出版社 2009年版,第 119 页。

环境。在小组活动中,人类行为与社会环境的关系更加复杂。通过对人类行为与社会环境的学习,社会工作者能够更好地开展小组工作。

3. 学习人类行为与社会环境的知识可以帮助社会工作者更好地开展社区工作

社区工作指社会工作者通过介入手法,通过组织社区成员界定社区需要,合力解决社区问题,改善社区环境及社区成员的生活质量。相对于个案工作和小组工作,社区社会工作者面对的人类行为和社会环境更复杂,分析社会问题的视角以结构取向为主,介入问题的层面更为宏观,社区社会工作者要富有批判和反思精神。社区工作的地区发展、社会策划、社区照顾三大工作模式无一不是社区工作者和社区居民一起改变环境、满足社区居民需要的活动过程。

4. 学习人类行为与社会环境的知识可以帮助社会工作者更好地推动中国社会福利制度的建设和完善

社会工作者不单单是服务者,也是社会工作政策的倡导者,社会福利制度的建设者。认识我们生活的社会环境,分析在社会变迁中建立的社会主义民主政治制度、社会主义市场经济制度、推动平等的多元化教育制度,从补缺型迈向组合式普惠型的社会福利制度①、不断扩大覆盖面和提高保障水平的社会保障制度,使社会工作者能在服务中整合不同资源开展服务;同时,社会工作者在服务中也能发现制度建设中的问题,及时提出改革建议,推动中国社会环境向和谐、健康的方向发展。

基于此,我们修订再版《人类行为与社会环境》,希望弥补高校社会工作专业在"人类行为与社会环境"教材编写和教学上的不足,推动"人类行为与社会环境"教学知识体系创新,为我国社会工作专业提供一本能够充分体现社会工作本土化特征的高水平"人类行为与社会环境"教材。

本章小结

人类行为是人类为满足其自身需要,采取某种方式去适应环境所表现出来的活动或方式。个人行为是一个过程。个人行为源起个人的需要,个人的需要引起行为动机,然后,个人选择手段,确定要达到的目标,尔后采取行动的全部过程。人类行为的特征有:人类行为的适应性、多样性、可变性、可控制性、整合性。我们设计了生物学、心理学和社会学多元分析视角,提出了人类行为整合性是社会工作者提供正确服务的基础的观点。分析人类行为可以从不同角度进行,本书采用的是多元分析框架,即社会维度、心理维度和生物维度框架。

---

① 彭华民:《中国组合式普惠型社会福利制度构建》,《学术月刊》2011年第10期。

　　人类行为与人生发展阶段密切相关。不同的人生成长阶段有不同的行为表现。按照人生的重要发展阶段及其行为特征,人的成长阶段可以分为胎儿期、婴儿期、幼儿期、儿童期、青少年期、成年期和老年期。不同理论对人类行为发展阶段和原因有不同的解释。

　　需要是社会工作和社会福利的重要概念。需要的含义可以表述为:人类为了生存、福祉和自我实现的生理、心理、经济、文化和社会要求。需要可以看成是人类一切活动的出发点和归宿。需要是人脑对生理和社会需求的反应,是个体对内部环境和外部生活条件的稳定要求,是其赖以生存和发展的必要条件。需要(need)和需求(want)有区别。需要分为个人需要和社会需要。人类需要的基本特征有:人类需要的客观性、社会性、对象性、动力性、独特性。

　　人类环境即以人或人类作为中心,其他生物和非生命物质被视为环境要素,构成人类的环境。人类的环境包括社会环境与自然环境两部分。人与社会环境关系的理论观点主要包括社会唯实论和社会唯名论。人类与社会环境互动的观点包括:人在社会环境中进行社会化;人在社会环境中扮演社会角色;社会环境对人的影响不能脱离人类遗传因素的限制;人类行为影响和改变着自然和社会环境。人与社会环境互动产生了生理角色和社会角色、生理年龄和社会年龄、生理性别和社会性别。

思考题

1. 如何理解人类行为的含义与类型?
2. 人类需要的含义是什么?
3. 人类需要的特征和类型是什么?
4. 如何理解人类生活的社会环境和自然环境?
5. 举例说明人类行为如何受到社会环境和自然环境的影响。
6. 学习"人类行为与社会环境"课程对个人成长的意义有哪些?
7. 学习"人类行为与社会环境课程"对开展社会工作服务的意义是什么?

推荐阅读

抗逆小童星服务项目

NJU–CUHK 社会工作交流实习报告

费孝通:《乡土中国》,北京:人民出版社 2008 年版。

刘树华:《人类环境生态学》,北京:北京大学出版社 2009 年版。

彭华民:《社会福利与需要满足》,北京:社会科学文献出版社 2008 年版。

彭华民、杨心恒:《社会学概论》,北京:高等教育出版社 2007 年版。

[美]乔斯·B.阿什福德等:《人类行为与社会环境:生物学、心理学与社会学视角》,王宏亮等译,北京:中国人民大学出版社 2005 年版。

王思斌:《社会工作概论》,北京:高等教育出版社 2006 年版。

周晓虹:《现代社会心理学名著精华》,北京:社会科学文献出版社 2007 年版。

翟学伟:《人情、面子与权力的再生产》,北京:北京大学出版社 2005 年版。

[美]约翰·沃达斯基等:《社会工作与人类服务治疗指导计划》,侯静译,中国轻工业出版社 2005 年版。

H. Barry Ⅲ, M. K. Bacon & I. L. Child, A Cross-cultural Survey of Some Sex Differences in Socialization, *Journal of Abnormal Psychology*, vol.55(3),1957.

K. V. Wormer, *Human Behavior and the Social Environment: Micro Level: Individuals and Families*(2nd ed.), New York: Oxford University Press,2010.

K. Wormer and F. H. Besthorn, *Human Behavior and the Social Environment: Macro Level: Groups, Communities, and Organizations*(2nd ed.), New York: Oxford University Press,2010.

R.E.Anderson, E. Irl, G. L.Carter, *Human Behavior in the Social Environment: A Social Systems Approach*(5th ed.), New York: Aldine de Gruyter,2009.

扩展推荐阅读

彭华民:《服务学习之核心要素、行动模式与角色结构》,《探索与争鸣》2012 年第 10 期。

彭华民:《需要为本的中国本土社会工作模式研究》,《社会科学研究》2010 年第 3 期。

彭华民:《福利三角:一个社会政策分析的范式》,《社会学研究》2006 年第 4 期。

臧其胜:《标准化案主:社会工作临床技能教育的新策略》,《社会学研究》

2013 年第 2 期。

网站资源

中华人民共和国民政部

中国社会福利网

中华人民共和国人力资源与社会保障部

中华人民共和国教育部

中华人民共和国卫生与计划生育委员会

中华人民共和国环境保护部

全国妇联

共青团中央

中国红十字会

中国社会工作联合协会

中国社会工作教育网

美国社会工作教育协会（The Council on Social Work Education）

美国纽约大学奥本尼分校人类行为与社会环境课程

布朗芬布雷纳生命历程中心

危险与人类适应

环境与社区心理学

第二章　人类行为与社会环境互动的心理理论视角

学习目的

　　学习精神分析理论、心理与家庭发展阶段理论、认知发展理论、道德发展理论、学习理论、人本主义理论和符号互动理论。通过对多个人类成长理论的学习，认识人类成长的阶段和特征，了解家庭环境、群体环境、学校环境、社区环境和制度环境对人类行为的塑造，认识人类行为与社会环境之间的互动关系。

　　在人类行为与社会环境的关系上，有许多经典的理论建构。这些理论有些侧重于人类行为的个体因素（如精神分析理论），有些则强调社会环境的作用（如学习理论），还有一些将关注的重点放在人们如何通过互动来建构起社会现实上（如符号互动理论）。这些理论对于我们认识和理解人类行为提供了多方位的视角。至今，这些理论仍在不断地发展、完善，并被广泛运用于社会工作、临床治疗、教育和管理中。

第一节　精神分析理论

一、弗洛伊德的经典精神分析理论

　　精神分析理论是奥地利精神科医生弗洛伊德（Sigmund Freud, 1856—1939）于 19 世纪末 20 世纪初创立的。作为一名精神科医生，在治疗病人的过程中，弗洛伊德发现，很多症状并没有伴随着相应的生理上的病变。弗洛伊德将这种病症称为癔病，并努力探究癔病背后的心理原因，由此发展出一整套精神分析理论和以此理论为基础的治疗方法。精神分析理论是现代心理学的奠基石，这一理论对整个心理科学乃至西方人文科学的各个领域均有深远的影响。

1. 关于意识的学说

弗洛伊德认为,人的意识只是冰山的一角,更多的心理活动在潜意识中进行,而潜意识又可划分为前意识(preconsciousness)和潜意识(unconsciousness,有时也称为无意识)。其中,前意识包含当时意识不到但随时可能意识到的那些心理要素。前意识的内容有两个来源。第一个来源是有意识的知觉,当注意的焦点转移到另一个观念时,之前有意识的知觉即转换为前意识;第二个来源则是通过了审查的无意识。无意识是很难进入意识中的经验,它包含各种受到压抑或者被遗忘的情绪、欲望和动机,特别是性的欲望。这些欲望因为不符合社会规范而被长期压抑,但它们却支配我们大多数的言语、情感和行为①。无意识过程要进入意识中,往往只能通过伪装或歪曲的形式出现,从而混过意识的审查。

当个体清醒时,意识能够很好地驾驭潜意识,使这些为社会所禁忌的内容不至于浮出水面。但是,当意识的力量不够强大时,这些内容往往会不经意地跑出来。比如,弗洛伊德认为失言、笔误等均不是偶然的,而是无意识的一种泄漏②。意识失去控制的一个最极端的例子是梦。弗洛伊德将梦看成是午夜的剧场,上演着各种原始愿望的达成。他在专著《梦的解析》中,详细分析了梦与人的无意识的欲望之间的关联。他对梦的分析,充满了对各种符号所表达的意义的诠释,其中大部分都与性和生殖有关。他认为,借助梦,往往能够发掘一个人内心所长期压抑的欲望,通过分析梦,可以探究潜意识中的欲望和冲突,通过释梦,可以治疗神经症。③

2. 关于人格的学说

弗洛伊德将人格结构分为本我(id)、自我(ego)、超我(superego)三部分。本我位于人格的核心,是个体完全意识不到的部分。它包含生存所需的基本欲望、冲动和生命力。本我按照快乐原则行事,追求快乐的满足。它不依赖逻辑,也缺乏道德观。它从本能接受能量,通过快乐原则释放能量。自我是自己可意识到的执行思考、感觉、判断或记忆的部分,运行着与外部世界交往的功能。自我遵循的是"现实原则",审视本我并在超我允许的范围内满足本我的需要。弗洛伊德认为,当婴儿学习把自己与外部世界区分开来的时候,自我便从本我中分化出来。超我是人格结构中代表理想的部分,它是个体在成长过程中通过内化道德规范,内化社会及文化环境的价值观念而形成的,其机能主要在监督、批判及管束自己的行为。它所遵循的是"道德原则"。当儿童成长到五六岁时,开始

---

① ［奥］弗洛伊德:《性欲三论》,赵蕾等译,北京:国际文化出版社2007年版。
② ［奥］弗洛伊德:《日常生活的精神病理学》,彭丽新等译,北京:国际文化出版社2007年版。
③ ［奥］弗洛伊德:《梦的解析》,孙名之等译,北京:国际文化出版社2007年版。

发展出是非观念,就是超我的开始。

通常来讲,本我、自我和超我处于动态平衡中。但如果本我和超我的力量过于强大,自我就很难在中间取得平衡,这时便容易出现癔病症状。在清醒状态时,自我有意识地不断对所表达的内容进行检查,运用各种防御机制,使得在超我允许的范围内最大限度地满足本我的需要。但在睡梦中,自我的检查松懈,潜意识中的欲望绕过抵抗,并以伪装的方式,乘机闯入意识而形成梦。因此,弗洛伊德认为梦是对清醒时被压抑到潜意识中的欲望的一种委婉表达。

3. 关于本能的学说

弗洛伊德将本能视为人类的基本心理动力。本能是一种经常以动机力量的方式起作用的内部驱力或冲动。他认为人类有两种最基本的本能:生本能(life instinct)和死本能(death instinct)。生本能通常被称为性爱(Eros)或性,目的是通过消除性兴奋状态给机体带来愉快。弗洛伊德是泛性论者,在他看来,所有愉快的活动追本溯源,都起因于性本能。使生本能或性本能起作用的能量叫做力比多。当力比多积聚到一定程度就会造成机体的紧张,机体就要寻求途径释放能量。

弗洛伊德将人的性心理发展划分为 5 个阶段:(1) 口欲期;(2) 肛门期;(3) 生殖器期;(4) 潜伏期;(5) 生殖期。口是第一个给予婴儿快感的身体器官,除了通过口腔获得维持生命的营养,婴儿还通过吮吸动作获得快感。在出生的第二年,肛门成为婴儿的性快感带,婴儿通过破坏和丢失物体等攻击行为以及排泄功能获得满足。大约在三四岁时,儿童进入生殖器期。在这个时期,男性和女性首次分开发展。此时,男孩出现恋母情结(Oedipus complex)和阉割焦虑(castration anxiety),女孩则出现阴茎妒忌(penis envy)。在随后的潜伏期,儿童将压抑性本能并将心理能量转向学业、友谊、爱好和其他非性活动。到了青春期,性目的又会复苏,此时,以繁衍后代为目的的生殖成为可能。弗洛伊德认为成人人格的基本组成部分在前三个发展阶段已基本形成,所以儿童的早年环境、早期经历对其成年后的人格形成起着重要的作用,许多成人的变态心理、心理冲突都可追溯到早年期创伤性经历和压抑的情结。

弗洛伊德在后期提出了死本能,有时也被称为破坏或攻击的本能。它的目的是使有机体回归到一种无机的,即死亡的状态。和生本能一样,死本能也有多种表现方式。它所指向的对象可以是自我(表现为自我伤害甚至自杀),也可以从自我转向他人(表现为破坏性和攻击性)。死本能可以用来解释战争、暴行、宗教迫害和谋杀等重大的伤害行为,也可以解释恶语中伤、侮辱、讽刺等日常生活中的伤害行为。

4. 关于防御机制的学说

超我与本我之间经常会有矛盾和冲突,这时个体就会感到焦虑。焦虑(anxiety）是一种被感觉到的、不愉快的情感状态。尽管这种不愉快产生的确切原因也许并不为当事人所知，但焦虑本身却总是可以感觉到的。一旦焦虑产生，自我便会运用心理能量，调和超我与本我之间的矛盾和冲突，以缓和焦虑，消除痛苦，这就是自我的心理防御机制。防御机制包括压抑、否认、投射、固着、移置、退化、隔离、抵消转化、认同、合理化、补偿、升华、幽默、反向形成等各种形式。每个人都或多或少表现出一些防御行为。正常的防御机制对个人有益并且对社会无害，但如果运用过度，便可能出现一些病理现象。以下是几种主要的防御机制。

压抑（repression）——压抑是最基本的防御机制。每当自我受到来自本我的无法忍受的冲动威胁时，就强迫这些观念或情感进入潜意识中去。这些冲动进入潜意识后，可能会一直保持在潜意识中；也可能以一种没有伪装的形式强行进入意识中，这会引起令人无法应对的焦虑；较为常见的结果，则是以一种转移的或伪装的形式，骗过自我而表现出来。

投射（projection）——指个体将自己不能容忍的冲动、欲望归之于某一外部对象，在别人身上看到实际上存在于自己潜意识中的那些不能被接受的情感或倾向。投射的一种极端类型是妄想症。患者可能出现强烈的嫉妒妄想或被迫害妄想。

固着（fixation）——在正常情况下，心理是以连续的方式经过各个不同的阶段发展的。但当个体面临的下一步发展会引起过分强烈的焦虑时，自我便可能采取一种停留在当前这种较为舒适的心理阶段的策略。比如，从吃、抽烟或讲话中寻求快乐的人可能具有口腔固着，而过分清洁的人则可能是一种肛门固着。

退化（regression）——当通过某个发展阶段后，如果遇到紧张和焦虑，个体还可能恢复到早先的阶段。这种防御机制在儿童身上常见，在成年人身上亦有所表现。比如，有些成年人在遭遇挫折时，可能会采取胎儿的姿势或者回家找他的母亲。退化和固着一样，表现为僵化和幼稚，但退化通常是短暂的，固着则会较长时间地消耗心理能量。

移置（displacement）——将对某一对象无法直接表现的情感或愿望等，转移到较为安全的对象上，以便减轻个人精神上的负担。

认同（identification）——指个体潜意识地模仿别人的过程。比如，在生殖器期，小男孩因为害怕对母亲的爱恋受到父亲的惩罚而模仿父亲的行为。

合理化（rationalization）——是个体遭受挫折时用利于自己的理由来为自己辩解，将面临的窘境加以文饰，以隐瞒自己的真实动机，从而为自己进行解脱的一种心理防御机制，如寓言中，狐狸吃不到葡萄就说葡萄是酸的这种心理。

升华（sublimation）——指被压抑的不符合社会规范的原始冲动或欲望用符合社会要求的建设性方式表达出来的一种心理防御机制，如用跳舞、绘画、文学等形式来替代性本能冲动的发泄。升华是一种适应性的防御机制。

反向形成(reaction formation)——自认为不符合社会道德规范的内心欲望或冲动会引起自我和超我的抵制,表现出来会被社会惩罚或引起内心焦虑,故朝相反的途径释放导致反向形成,如"矫枉过正""此地无银三百两"都可以视为反向形成的表现①。

通过上面的概述,我们可以看到,弗洛伊德的理论非常全面、复杂和多变。他的理论不仅对心理学的发展产生了很大的影响,社会影响也相当广泛。今天的很多心理学家,仍然相信早期经历对于个体人格发展的影响,且在这方面也累积了很多经验证据。而近二十年来在社会心理学中如火如荼的关于内隐社会认知(implicit social cognition)的研究,在一定程度上也得益于弗洛伊德有关潜意识的假说,并对其提供了验证和认可。

尽管弗洛伊德本人一再重申自己是一名科学家,精神分析是一门科学,但他的许多理论被现代心理学界认为是相当不科学的。弗洛伊德所采用的术语,通常含义复杂多变而无法进行确切的操作定义。他在提出一个观点时,常常具有尝试的性质,但很快他就开始竭力为自己的观点辩护,使之看上去像是无法否认的真理。他的很多观点几乎不能证伪,比如他认为童年早期的创伤经历造成以后的人格问题,但如果一个有人格问题的成年人讲自己没有早期的创伤经历,他便将之解释为这种经历被压抑了。因此,我们倾向于认为,弗洛伊德理论的科学性是较差的,与其将他的理论当成科学,不如将之当成一种解释事件的看法。此外,有心理学家批评弗洛伊德的理论具有男性倾向,他的许多个人偏见影响了他的理论,比如,女性所谓的"阴茎妒忌",它是否存在受到其他学者的质疑。

需要指出的是,弗洛伊德理论的形成有其特殊的社会背景。19世纪末的奥地利,仍盛行着维多利亚时代的伪善道德观,性欲和享乐欲望为社会禁忌所束缚和压抑。因此,弗洛伊德的精神分析强调性本能基础上的神经症病因。后期的精神分析理论,不再坚持泛性论的观点,也不再将人看成是被潜意识的欲望所控制的无助的个体,而是更强调人们内心的成长力量和对自我生活的掌控。代表人物有阿德勒、荣格等。

二、阿德勒与荣格的后期精神分析理论

1. 阿德勒的个体心理学

阿德勒(Alfred Adler,1870—1937)是弗洛伊德的同事和学生,但由于他和弗洛伊德在理论上的分歧及个性差异,阿德勒离开了弗洛伊德的圈子并建立了自己的理论,也就是个体心理学。他的理论几乎在各个方面都与弗洛伊德的理论背道而驰。弗洛伊德将所有的动机都归因为性和攻击,而阿德勒则认为人主

---

① 黄希庭:《人格心理学》,杭州:浙江教育出版社2004年版,第96~100页。

要是受社会影响和追求优越所驱使。弗洛伊德重视潜意识（无意识），对人性采取悲观态度，认为人很少或没有选择权，而阿德勒则认为人可以决定自己的发展。弗洛伊德看重过去经历对行为的影响，阿德勒则强调未来期望对个人行为的影响。

在阿德勒看来，人的行为背后的动力是追求成功或优越。个体心理学提出每个人生来便具有自卑感。形成这种自卑感的因素有很多，比如，幼小个体必须依靠他人生活、身体某方面的缺陷或能力不足等。而个体亦有追求卓越的本能，渴望对这种自卑感进行补偿，并努力追求完美。这种补偿作用，便是阿德勒理论的中心思想①。神经症患者追求超越他人的优越感，而健康的人则追求全人类的完善。

与弗洛伊德认为人类渺小无能，被本能所支配相比，阿德勒更强调人性自主，认为个体可以决定自己的未来和创造自己的生活。他认为每个人都有自己的生活风格。生活风格是足以彰显个人存在的所有课题，如个人生活的基本方向或个人人格等。克服自卑感，追求卓越是每个人生长和发展的目标，但如何克服自卑感、追求卓越，则视个人生活风格而定。生活风格是习得的，与个人幼时经验有关。阿德勒特别强调出生顺序和早期经验对于个体认识事物的模式的影响。

阿德勒认为，只有以社会利益为目标的生活风格才是正确的生活风格。个体对于自身以外的人和事物的注意与关怀，所能与他人分享的程度及关怀他人的程度，就是心理健康程度的指标。这种社会兴趣的倾向是与生俱来的，但也需要适当的环境来培养。儿童是透过父母来认识他人和社会的，基于对父母的信赖，发展到对所有人和社会的信赖，这对正常的人格发展而言很重要。

可以看出，阿德勒的理论已经从由生物学定向的本我转向了社会文化定向的自我。他的理论为后来人本主义心理学流派的产生奠定了基础。

2. 荣格的分析心理学

荣格（Carl G. Jung, 1875—1961）与弗洛伊德曾经关系密切，后因观点分歧而分道扬镳。他的分析心理学因集体无意识和心理类型的理论而声名远扬。

与弗洛伊德一样，荣格也假设心理或精神有意识和无意识两个层面，但荣格认为无意识的最重要部分不是源于个体的个人经历，而是源于人类遥远的过去，这便是集体无意识。荣格认为集体无意识反映了人类在以往历史进化过程中的集体经验，对所有不同文化环境的人来说大致是一致的。集体无意识的内容影响着人的思维、情绪和行动，决定了人类先天的特定反应倾向。原型（archetypes）指的是来自集体无意识的原始或古老的意象。他曾对人格面具、阴

---

① 参见［奥］阿德勒：《自卑与超越》，李心明译，北京：光明日报出版社 2006 年版。

影、女性意象、男性意象、伟大母亲、智慧老人、英雄和自我等原型作过详尽的论述。比如,荣格所讲的人格面具(persona),指的是展示给外面世界的人格的那一面。人们通过人格面具与外界联系,但如果过分认同人格面具,则个体会过分依赖社会对他的期望,而失去与真实自我的联系;阴影(shadow)是黑暗而压抑的原始意象,代表那些人们不愿意承认,试图向自己和他人隐瞒的品质;女性意象(anima)是男性心理中女性的一面,而男性意象(animus)则是女性身上所保存的某种男性意象。

除集体无意识理论外,荣格还提出了人类心理类型说①。他提出了个性的两种态度类型,即外倾和内倾,并提出了个性的四种功能类型,即感觉和直觉,以及思维与情感。外倾—内倾指的是个体的注意较多的指向外部的客观环境还是内部的概念建构和思想观念。感觉—直觉维度是指个体收集信息时更重视感观经验还是重视去辨别和寻找事物的意义。思维—情感维度是指个体作出决定时是更多依据客观的逻辑推理还是主观的情感和价值。将态度类型和功能类型结合起来,就产生了八种不同类型的人(表2-1)。个体在出生时即带有先天性的气质和功能上的偏好,但来自家庭、社会等外在环境的影响对于形成这些心理类型也非常重要。研究表明,荣格的人格类型对亲密关系②及学业成就③均有预测力。

表 2-1   荣格的 8 种类型的范例

功能	态度	
	内倾	外倾
思维	哲学家、理论科学家、某些发明家	研究型科学家、会计师、数学家
情感	主观电影评论家、艺术鉴赏家	不动产评估家、客观电影评论家
感觉	艺术家、古典音乐家	品酒师、校对者、流行音乐家
直觉	预言家、神秘家、宗教狂热分子	某些发明家、宗教改革家

荣格是当代最有影响的心理学家之一,其影响不仅仅存在于心理学界。他对于人类社会和人类精神意识的理解和思考,对 20 世纪的文学、艺术、历史、哲学、宗教等领域均产生了广泛而持久的影响。

---

① 参见[瑞士]荣格:《心理类型》,吴康译,上海:上海三联书店 2009 年版。

② N.Marioles, D.Strickert & A.Hammer, Attraction, Satisfaction and Psychological Type of Couples, *Journal of Psychological Type*, vol. 36, 1996, pp.16~27.

③ K.T.Schurr, V. E.Ruble, C.Palomba, B.Pickerill & D.Moore, Relationships between the MBTI and Selected Aspects of Tinto's Model for College Attrition, *Journal of Psychological Type*, vol. 40, 1997, pp.31~42.

6. 成年早期:亲密对孤独(18 至 30 岁)

在上一阶段获得了确定的同一感之后,个体便可以寻求与他人建立亲密关系,包括亲密的友谊和恋爱关系。形成亲密关系是将自己的同一性与他人的同一性融合一体的过程,所以不可避免包含有自我牺牲。如果在这个阶段中,个人具有了建立亲密关系的能力,那他就会形成爱的品质——"爱是一种抑制不同机能遗传性的对立而永远相互献身"。如果不能与他人建立亲密关系,则会体验到孤独感。

7. 成年期:繁殖对停滞(31 至 60 岁)

这一时期的人们开始在社会中确立自己的位置,并为社会生产的一切承担责任。繁殖是成年期的精神和品质,所谓繁殖,指的是"生育下一代和创造新产品和新观念"。男女建立家庭,对产生的后代承担照料之责。除此之外,成熟的成年期要求成年人肩负起将文化代代传承的任务。如果此时过分关注自我,沉溺于自我,则生产能力和创造力的发展就会出现停滞。

8. 老年期:完美无憾对悲观绝望(60 岁以后)

此时,绝大部分的人生任务已经完成。个体回首往事时,如果感到自己的一生很充实、没有虚度,就会产生一种完善感,认为自己的生命周期与新一代的生命周期融合为一体。而如果觉得目标没有得以实现,对过往的作为有所后悔,人生有诸多遗憾却又无法弥补,便会产生悲观绝望感。

埃里克森的心理发展阶段理论更多是建立在伦理原则基础上,而不是以科学的数据为依据的。但是,这一理论激发了大量的研究。例如,仅自我同一性这个题目就产生了数以百计的研究,而对于其他阶段,如亲密与孤独[1]、繁殖力[2]、整个生命周期[3]等均有较为活跃的实证研究。埃里克森关于老年的观点对从事老年学研究的人来说很有帮助,而他关于自我同一性的观点几乎总是被青年心理学教材引用。他的理论也是今天的社会工作实践领域最流行的社会心理发展模型之一,是毕生心理学的经典范式。

尽管心理发展阶段理论有其积极的意义,但是在实践中并不能将具体的阶段生搬硬套。首先,对于不同的个体,其发展到某一阶段的时间上存在差异;其次,即使处于某一阶段中,也并不一定只处理这一阶段的中心任务,而可能整合

---

[1] J. M.Gold & J. D.Rogers, Intimacy and Isolation: A Validation Study of Erikson's Theory, *Journal of Humanistic Psychology*, vol. 35,1995,pp. 78~86.

[2] M. W.Pratt,H. A.Danso,M. L.Arnold,J.Norris & R.Filyer, Adult Generativity and the Socialization of Adolescents: Relations to Mothers' and Fathers' Parenting Beliefs,Styles,and Practices, *Journal of Personality*, vol. 69,2001,pp. 89~120.

[3] S. K.Whitebourn,M. K.Zuschlag,L. B.Elliot & A. S.Waterman, Psychosocial Development in Adulthood: A 22-year Seuential Study, *Journal of Personality and Social Psychology*,vol. 63,1992,pp. 260~271.

前一阶段的任务或者练习后一阶段的任务,也就是说,阶段之间可能有所重叠;最后,随着社会环境的发展,每个年龄阶段所面临的任务也可能会有所调整,要结合具体的社会文化背景和个体的成长环境对个体所处的心理阶段和所面临的中心任务做出诊断。

二、杜瓦尔等的家庭生命周期理论

家庭生命周期是 20 世纪 30 年代初期一些社会学家和经济学家提出来的概念,于 20 世纪 50 年代开始运用于家庭研究,主要代表人物有希尔(Reuben Hill)、杜瓦尔(Evelyn Duvall)、埃多斯(Joan Aldous)等人。与埃里克森对个体一生的发展阶段的分析相对应,家庭生命周期理论(或称家庭发展理论)将关注的重点由个体转到家庭,主张家庭也像个体一样,经历着从诞生、发展、直至消亡等一系列阶段。在每一个具体的阶段,均有其特别的发展任务。每一阶段的重点任务,均需要家庭成员的相互配合和调整来得到完满的解决。而各阶段之间的转折过渡时期是最容易导致家庭关系紧张和家庭成员焦虑的时期,也是需要家庭成员加倍投入精力,努力做出适应和调整的关键时期。若重点的发展任务不能得到很好的执行,或者家庭不能因各阶段之间的转折而作出相应的调整,不仅容易遭遇家庭关系的紧张和家庭矛盾,而且会影响到下一阶段的家庭生活。

传统的家庭生命周期理论以家庭中子女的年龄作为阶段划分方法,其中最著名的是杜瓦尔提出的八阶段论[①]。在八个相互衔接的阶段中,家庭的结构、功能和家庭中各个个体的角色相继发生变化。这八个阶段分别是:

(1)新婚期(从结婚到第一个子女出生之前)。

此时的中心任务是逐步适应将配偶作为主要的情感支持来源,发展相互满足的婚姻生活,适应彼此的亲戚网络,建立对怀孕生子的共同期望;

(2)育儿期(从第一个子女出生到该子女两岁半)。

第一个孩子的出生标志着家庭从第一阶段过渡到第二阶段。此阶段的中心任务是适应子女的诞生和成长,成为合格的父母亲,并适时调整和维持配偶关系;

(3)学龄前期(从第一个子女两岁半到该子女六岁)。

此阶段的中心任务是,适应学龄前儿童的需求和兴趣,促进其成长,培养儿童的自主和自控能力,应对身为父母所带来的能量消耗;

(4)学龄期(从第一个子女六岁到该子女十三岁)。

该阶段的中心任务是建设性地融入到有学龄儿童的家庭群体中,与校方合作,鼓励子女学业上的成就;

① E. M.Duvall & B. C.Miller, *Marriage and Family Development*, New York: Harper & Row,1985.

（5）青少年时期（从第一个子女十三岁到该子女二十岁）。

在这一阶段，随着青少年子女的日渐成熟与独立，他们需要在自由及责任之间取得平衡。父母需要维持与青少年子女之间的良好关系，尊重他们，倾听他们的需求，并给出自己的意见。父母还需要发展自身的兴趣和工作；

（6）成年期（从青少年期到最后一个子女陆续离开家庭）。

这一阶段家庭被形象地称为"发射中心"。年轻的成年子女在适当的协助下开始离家就业、服兵役、上大学、另组新家庭等。此时家庭应作为一个有力的基地，支持子女的独立过程；

（7）空巢期（从成年期到退休之前）。

在这一阶段，夫妻间重新建立起更紧密的联系，并维持与上一辈和下一辈之间的亲情纽带；

（8）老年期（退休到双亲死亡）。

此时年迈的夫妇需要应对健康的日益衰退，配偶或其他同辈人的亡故等问题。

杜瓦尔对家庭周期的划分清晰明确，但也有学者对这种划分方式提出了质疑。有学者认为这种划分方法只是针对核心家庭[①]，不能适应多子女家庭、同性恋家庭、丁克家庭、未婚单亲家庭等其他形式的家庭。杜瓦尔似乎提出了一个"典型"或"正常"的中产阶级家庭模式，但在当今社会，其他形式的家庭数目也不在少数。他的理论也没有涉及家庭发展情况的文化差异。

除了杜瓦尔的八阶段理论之外，对家庭生命周期尚有其他的划分方法，但大体上，仍是以家庭中成员人数的增减所带来的家庭结构和功能的变化为依据。比如，将家庭分为形成阶段（夫妻双方组成家庭）、扩充阶段（生儿育女）、扩充完成阶段（结束生育）、收缩阶段（子女相继离家）、收缩完成阶段（子女全部离家）、消亡阶段（夫妻双方相继亡故）等六个阶段，或者将家庭生命周期分为已婚夫妇（无子女）、年轻的家庭（养育子女）、中年夫妇（子女离家、即空巢期）、老年夫妇（退休后）、丧偶（回复到单身）等五个阶段。

此外，有学者主张将家庭生命周期与个人生命周期相结合来进行考察。比如，埃尔德（Glen H. Elder）在家庭生命周期理论的基础上提出了生命过程理论，把理论视角从家庭主要成员（夫妻）转移到家庭成员个人的发展历程，研究个体从儿童经历成年、结婚、为人父母到晚年的生命过程中家庭的变化。[②] 我国台湾学者彭怀真将成人的生涯分为探索期、建立期、维持期、衰退期、死亡期等，每期

①　核心家庭，指的是由夫妻双方及其子女所组成的家庭。

②　G. H. Elder, M. J. Shanahan, The Life Course and Human Development, In *Handbook of Child Psychology：Theoretical Models of Human Development*, ed. by W. Damon, R. M. Lerner, New York：Wiley and Stone, 2006, pp. 665~715.

之间又各有过渡转型期。① 这些理论的提出,有助于将个人、家庭与社会三个层次的分析结合起来。

家庭生命周期理论强调以发展的眼光看待在每个阶段中,家庭是否能够满足家庭成员在生理、文化和价值观等各个方面的需求,强调家庭成员的互动交流关系以及需求会随着家庭的发展在不同阶段呈现出不同的特征。对家庭生命周期理论的了解有助于家庭社会工作者进行家庭评估,以便确认个案家庭在哪种发展阶段以及这种发展阶段可能面临的压力。随着社会经济文化的发展,当今的家庭可能不再是传统的模式,比如,出现成年的子女独自居住或与父母共同居住而非选择婚姻,或者在婚姻结束后又回到自己的原生家庭的现象,或父母在外工作而形成的祖父母与祖孙辈共同居住的模式。社会工作者需要关注和把握这些新的动向,并审视每一种独特的家庭形式所面临的任务和挑战。

第三节 认知发展理论

一、皮亚杰的认知发展理论

认知发展理论的创始人瑞士心理学家皮亚杰(Jean Piaget,1896—1980)是20世纪最有影响力的发展心理学家之一。他关于儿童认知发展的理论,对于心理学和教育学均具有重大的影响。

皮亚杰的关注重点在于有机体如何适应环境。他提出了图式(schema)这个概念。图式是个体头脑中的一种认知结构,是人类吸收和组织知识的基本框架。他认为,行为被个体用来表征世界和行为的图式所控制,而适应或认知发展,则是在个体已有图式和新环境中取得平衡。皮亚杰认为婴儿生来就具有一些图式,他称之为"反射"(reflexes)。在其他物种中,这些反射终生控制行为。但是,人类婴儿的这些反射很快会被建构出的新图式代替。随着个体或者环境的发展变化,最初的平衡状态会被打破。此时,个体就需要调整头脑中原有图式,来重新达到平衡。② 正是在平衡与不平衡的交替中,认知结构得到不断的建构和完善。皮亚杰描述了适应的两个过程:同化(assimilation)和顺应(accommodation)。同化指个体根据已有图式来解释新经验,从而将新经验纳入到已有图式中去。顺应则是在已有图式无法解释新经验时,个体对已有图式作出调整,使之能够符合新经验的要求。这两个过程在一生中被同时和交替使用。

---

① 彭怀真:《婚姻与家庭》,台北:巨流图书公司 2002 年版。

② J. Piaget, *The Equilibration of Cognitive Structures*:*The Central Problem of Intellectual Development*, Chicago:University of Chicago Press,1985.

皮亚杰的发展理论强调个体从出生便主动、积极地探索环境。知识是建构的而非被动接受的。每一种技能的获得既需要以生理上的成熟为基础,又需要与外部环境的交互作用来逐渐掌握。皮亚杰认为,在个体从出生到成熟的发展过程中,认知发展可以分为具有不同的质的四个主要阶段:感觉运动阶段、前运算阶段、具体运算阶段和形式运算阶段。[①] 当个体发展到一个新阶段时,早期阶段所获得的能力并不会消失,而是整合为一种全新的方法来进行思考和学习。在皮亚杰看来,并不是所有的儿童都在同一年龄完成相同的阶段。但是,儿童发展的各个阶段顺序是一致的,前一阶段总是达到后一阶段的前提。阶段的发展不是间断性的跳跃,而是逐渐、持续的变化。随着儿童从低级向高级阶段的发展,他们由一个不能思维、仅依靠感觉和运动认识周围世界的有机体逐步发展成一个具有灵活思维和抽象推理能力的独立个体。

1. 感觉运动阶段:从出生到大约第 18 个月

在这一阶段,婴儿发展出日益复杂的感觉和动作图式,从出生时的本能性反射动作逐渐发展到有目的性的活动。婴儿通过感觉和动作认识自身和外部物体。比如,通过触摸皮球来获得皮球在手中的感觉。此阶段物体恒存性的概念逐渐发展起来,即婴儿认识到离开自己视线的事物仍然存在。

2. 前运算阶段:从儿童学习一种语言开始到大约 5 岁到 6 岁

此时儿童基本上掌握了母语。儿童能够通过语言表达概念,并通过模仿、想象、游戏和绘画等发展出符号化的表征图式。但这一阶段儿童的思维具有自我中心倾向,无法从他人的角度看问题,缺少逻辑,不能全面地把握事物。他们的知识仍然在很大程度上取决于自身的知觉。

3. 具体运算阶段:从 6~7 岁到 11~12 岁

在这个阶段,儿童开始懂得因果关系的逻辑基础,能够理解可逆性和守恒原理。他们也能够领会类别,归类系统和团体中的等级结构。但相对产生于纯哲学和抽象概念的假设,他们更善于解决与物理现实有明显关系的问题。此时元认知[②]开始出现,儿童开始思考自己的思维,并能够更好地进行自我组织和准备,以便更清晰有效地进行思考。他们自我中心的倾向也在逐渐减少,能够接受他人意见并从他人角度看问题。

4. 形式运算阶段:从青少年期持续到成人期

此阶段个体的思维灵活性大大增强,能进行抽象思维,能按假设检验的科学法则解决问题,并可同时加工多个相互作用的变量。形式运算思维能力反映了智力的性质,这种智力正是建立科学和哲学的基础。

---

① J.Piaget. *The Essential Piaget.* ed. by H. E.Gruber & J. J.Voneche. New York:Basic Books,1977.

② 元认知,即对认知的认知。

皮亚杰的理论至今仍广泛应用于儿童教育。但后继的研究对皮亚杰的理论体系和研究方法等提出诸多质疑和改进。比如,在研究方法上,皮亚杰主要采取观察法和个案研究,他的一些理论观点并不总能为设计更精巧的实验研究所证实。而且,皮亚杰研究中所用方法常常需要儿童具有较高的语言水平,使得儿童实际的认知能力被掩盖。而在研究范围上,皮亚杰所观察的现象主要是空间排列、位置移动等方面,研究范围比较狭窄和片面。

后来出现的新皮亚杰学派对皮亚杰的研究方法和研究结果进行了修订。比如,有研究指出,儿童认知能力的发展并不是像皮亚杰所描述的那样经历质的演变,许多重要的认知能力在儿童十分年幼时已经存在,儿童与成年人在认知表现上的差异,只是由于儿童知识和经验的不足。通过设计难度适当的任务,年幼儿童能够表现出原来认为缺乏的认知能力。近期对儿童思维能力的研究,也完全突破了皮亚杰的研究方法和概念范围,而更深入探讨诸如目的—手段,计划—行为等更复杂的思维过程。目前这部分理论建设和研究仍在进行中。

二、维果茨基的心理发展观

深入阐述儿童认知发展的另一个理论家是苏联心理学家维果茨基(Lev Vygotsky,1896—1934)。人们常常将他的理论和皮亚杰的理论进行比较。皮亚杰的理论侧重于个体与环境之间的相互作用,而维果茨基的理论则更强调社会文化的作用。① 维果茨基认为,认知发展只能在文化情境中加以理解。他考察了文化和人际交流对于儿童发展的引导作用,如个体如何通过与重要他人,尤其是父母的社会交互来发展出高级心理机能。儿童从与父母长辈的言谈举止中,了解自己文化中的习俗和策略,包括言语组织、书面语言和其他符号化的知识。而这些文化知识,影响到儿童自身的知识建构。

维果茨基认为高级心理功能始于外部活动的逐渐重构和内化。比如说,最初婴儿想要某样离他较远的物体时,会朝向物体所在的方向伸手并做出手指抓握的动作。一旦照顾者领会了婴儿的意思并且满足了他的要求,婴儿的动作便具有了社会意义,在婴儿与照顾者之间形成了某种心理上的默契。照顾者对手势的理解和照顾者与婴儿间的心理协调导致婴儿产生一种心理内部过程,即对自己的需求目标、作为中介的照顾者和作为一种意义符号的手势三者间特殊关系的理解。另一方面,内在的智力活动也可以外化为实际动作,使主观见之于客观。而内化和外化的桥梁便是人的活动。

维果茨基特别强调人类所发明的工具和符号对思维的塑造作用。维果茨基认为,通过使用工具,人类改变了组织和思考世界的方式。比如儿童开始并不懂

---

① L. S. Vygotsky, *Thought and Language*, Cambridge, MA: MIT Press, 1962.

得如何使用铅笔,但在社会活动中,儿童逐渐掌握这一技能,而后,儿童可能会发展出使用铅笔的独特的方法,比如用铅笔画出新奇的图画。儿童游戏在维果茨基眼里也具有特别重要的意义。儿童通过游戏来掌握与具体物体相分离的抽象概念。他曾举过一个例子,如果一个儿童想骑马但是又不会,3 岁前,他可能会哭并且生气,但是到 3 岁左右,儿童与世界的关系发生了变化,他可以寻求替代物,比如板凳,骑上去假装在"骑马"。此时,儿童已经能够将实物和它的概念分离开来。等再大一些,他便可以想象在骑马而不需要真的骑着什么。同时,儿童也在游戏中学习自我控制和社会规范。比如在玩过家家的游戏中,儿童认识、体验和掌握各种社会角色。

维果茨基在说明教育与发展的关系时,提出了最近发展区(the proximate developmental zone)的重要概念。最近发展区是指"独立解决问题时所具备的现有发展水平与在成人帮助下或在与能力更高同伴的合作下实现问题解决所表现出的可能发展水平之间的距离"。[1] 他认为教育必须考虑儿童已达到的水平并要走在儿童发展的前面。儿童通过与那些能够在最近发展区帮助他们提高功能水平的个体交互来促进自己的认知发展。比如,儿童经常在父母或者年长的同伴的指导下解决问题。最近发展区这一概念对正确理解教育与发展之间的关系具有重要意义。

皮亚杰和维果茨基都关注认知领域,特别是知识获得和逻辑推理的过程。皮亚杰重视逻辑推理能力的成熟,将情感、社会关系和自我理解等均看成是个体理解物体的逻辑时所建构的认知图式。而维果茨基则强调认知的人际关系特征,把推理和问题解决的本质看作是由文化创造的。两者在理论出发点和侧重点上均有所不同。

第四节　道德发展理论

一、皮亚杰的道德认知发展理论

除了上节介绍的认知发展理论外,皮亚杰还对儿童的道德发展做了大量的研究。皮亚杰采用实验观察、谈话等方法对儿童的道德认知,也就是儿童对是非、善恶行为准则及其执行意义的认识,做了深入的研究。皮亚杰认为道德发展是认知发展的一部分,因此他主要研究了儿童道德思维的发展,而不是从道德品质或道德情感上对儿童的发展状况加以判断。他的研究主要集中在儿童的规则

---

① L. S. Vygotsky, *Mind in Society*: *The Development of Higher Psychological Processes*, Cambridge, MA: Harvard University Press, 1978.

意识和实践、儿童对行为责任的道德判断和儿童公正观念的发展等几个方面。皮亚杰在大量研究的基础上将儿童的道德发展进程概括为三个连续的发展阶段①：

1. 无律的阶段(the stage of anomy)

此阶段包含感觉动作阶段和前运算阶段的儿童的道德判断。此阶段的儿童道德意识尚未萌发，也不了解道德规范的意义所在，因此也就没有所谓的道德价值的判断了。儿童的思维完全是自我中心的，行为上也完全是个人的自发行为。比如，皮亚杰观察儿童在打弹子游戏中的表现，发现这个年龄段的儿童总是按照自己的想法去进行，没有规则意识。从认知上来说，处于无律阶段的儿童尚未能在自身与外界之间建立起合适的联系和划分，他们无法理解在游戏中自己是团体的一员。尽管他们也会模仿年长玩伴的游戏规则，但是这些模仿并不具有认识上的意义。此时儿童的行为既不是道德的，也不是不道德的。

2. 他律的阶段(the stage of heteronomy)

此一阶段是指前运算阶段的末期到具体运算中期阶段的儿童行为。此时儿童有一种遵守成人标准和服从成人规则的义务感。儿童渐渐意识到权威人物加诸其身上的外在束缚，也意识到社会上存在着一些强而有力、不可抗拒的风俗习惯及道德规范，因而产生出依从的反应。儿童表现出对父母、权威者和年龄较大的人的绝对服从，认为只有听话才是"好孩子"，而认为受惩罚的行为本身就是坏的。儿童也倾向于将人们所制订的规则看作是固定的、不可变更的。在进行道德判断时，儿童往往只从结果来判断，而不根据主观动机。此阶段儿童的道德行为是一种盲目、被动的遵守规则，其道德意识也尚未完全成熟，无法独立的做出道德判断。

3. 自律的阶段(the stage of autonomy)

皮亚杰认为儿童大约自七八岁开始，其道德的理性会逐渐苏醒而更臻成熟。儿童已认识到规则是由人们根据相互之间的协作而创造的，因而它是可以依照人们的愿望加以改变的。以前被视为不容置疑的规则或规范，此时都将重新探问其原因和理由。儿童自七八岁之后就可以根据自我的个人价值结构，对事物做独立的判断。在判断行为时，不只是考虑行为的后果，还考虑行为的动机，并且能把自己置于别人的位置，判断不再绝对化。同时，儿童的道德行为不再需要完全受外力的刺激而引发，而是根据儿童自我内在信念而行动，并且会以对社会团体有益的互惠方式来约束自我的行为。因此我们说此阶段是由原本的"制约道德"转变成"合作的道德"。也就是说，儿童开始运用自我的意志作自律的道德判断。

---

① J.Piaget, *The Moral Judgment of the Child*, translated by M. Gabain, New York: Free Press,1965.

　　皮亚杰认为儿童道德发展的这些阶段的顺序是固定不变的,儿童的道德认识是从他律道德向自律道德转化的过程。他律道德阶段的儿童是根据外在的道德法则进行判断,强调个体要服从权威和价值标准。他们只注意行动的外部结果,而不考虑行为的动机。而自律性道德判断已能从客观动机出发,用平等或不平等、公道或不公道等新的标准来判断是非,这是一种为儿童自身已具有的主观的价值所支配的道德判断,属于自律水平的道德。皮亚杰认为只有达到了这个水平,儿童才算有了真正的道德。

二、科尔伯格的道德发展理论

　　科尔伯格(Lawrence Kohlberg,1927—1987)继承并发展了皮亚杰的道德发展理论。他的理论描述了个体在生命的不同阶段是如何进行道德问题推理的。科尔伯格借助道德两难的问题情境,让儿童做出对行为的是非道德判断,并对判断加以解释,来研究儿童的道德发展阶段。科尔伯格的研究目的不在于了解儿童对行为是非的认知行为表现,而在于探讨儿童对道德判断的内在认知心理历程。比如其中一个经典的道德困境故事是"海因茨偷药救妻":欧洲的某一妇女罹患严重的癌症,医师诊断只有一种新制镭锭药物可治。她的丈夫海因茨奔赴药店时,店主将成本仅200美元的药物,提高为2 000美元。海因茨因为妻子久病已用尽所有积蓄,向亲友借贷只能凑得1 000美元。他恳求店主允许其先付此数取药回去救他妻子一命,余款保证稍后补足。店主拒绝并称卖药目的只求赚钱,不考虑其他问题。妻子性命危在旦夕,海因茨走投无路,就在当天夜间撬开药店窗户偷得药物,救了妻子一命,但他也因此入狱。在这则故事之后,科尔伯格要被试回答:"你认为海因茨偷药救妻的行为对不对? 如说他对,为什么?如说他错,为什么?"

　　基于儿童和青少年对这类道德困境的反应,科尔伯格在道德判断的发展方面鉴别出三个水平(levels)六个阶段(stages),也就是人们常说的三期六段论。①

　　第一个水平称为"前习俗道德期"(pre-conventional morality)(包括第一与第二阶段)。此一层次的特征在于个体之所以遵守规则的原因是外在的而非内化的。同时个体的道德判断取决于自我需求的满足,即自己所作的行为带给自己的后果是愉快或不愉快。儿童会顺从权威人物(如父母、老师等)所强调的规则,通过顺从来避免受到惩罚或是得到奖赏。

　　第一阶段:惩罚与服从阶段(punishment-and-obedience orientation)。在这个

---

① L.Kohlberg, *Moral Stages and Moralization*:*The Cognitive-developmental Approach*, In T. Lickona (Ed.), *Moral Development and Behavior*:*Theory*,*Research*,*and Social Issues*, New York:Holt, Rinehart and Winston,1976, pp. 31~53.

阶段儿童的道德判断取向是服从与避免受罚。儿童在与权威人物如父母或其他长辈的交互中学到,若是自己服从权威人物的指示,会使权威人物感到高兴,甚至得到奖赏。若是不遵照权威人物的指示,则会使权威人物感到不高兴,同时伴随着而来的将会是惩罚的痛苦。因此为了达到自我中心的快乐和逃避受惩罚,这个阶段的孩子多半会选择服从权威来避免受罚,而且是无理性的畏惧惩罚。处在这一阶段的儿童对海因茨偷药的故事可能作出两种不同的反应:或者赞成他可以偷药,因为他先提出请求,所偷的东西也不是很贵重,不该受罚;或者反对,因为偷药会受到惩罚。

第二阶段:工具性相对主义(naively egoistic orientation)。在这个阶段,儿童虽然还无法站在对方或是他人的角度来思考事物(仍无同理心及角色扮演的能力),但是却已经可以体会或是理解不同个体将会有不同的想法,也会有不同的需求。尽管如此,儿童在此时仍然无法避免以满足自我需求为优先考虑的倾向。评价行为的好坏主要是看是否符合自己的利益。如他们对海因茨偷药的故事可能会有这样的说法:赞成者会说,他的妻子需要这种药,他需要同他的妻子一起生活;反对者会说,他的妻子在他出狱前可能会死,因此对他没有好处。

第二个水平称之为"习俗道德期"(conventional-role conformity)(包括第三和第四阶段)。此时的道德取向将会由以往的利己角度,转变成什么是对社会整体的运作有帮助的判断标准。个体已经开始意识到社会规范和准则的意义,会尽量服从社会规范,来谋求社会的安定运作和维持社会秩序。对行为的评判也以行为是否符合社会规范为标准。

第三阶段:寻求认可取向阶段,也称好孩子取向阶段("good boy" and "good girl" orientation)。在这个阶段的儿童和青少年,道德价值以行为是否符合他人要求为导向。他们不再以自我为中心,而是考虑到他人和社会对"好孩子"的要求,并总是尽量按这种要求去思考。他们对行为的评判,也是以行为是否使人喜欢或被人赞赏为标准。这一阶段的儿童或青少年,听了海因茨偷药的故事,赞成者会说,他做的是好丈夫应做的事;反对者则说,他这样做会给家庭带来苦恼和丧失名誉。

第四阶段:遵守法规和秩序定向阶段(authority and social order maintaining perspective orientation)。处于此一阶段的个体以服从准则和法律,维护社会秩序为导向。他们服从社会规范、遵守公共秩序,尊重法律的权威,以法律来判断行为的道德性。这个阶段个体顺从的动机并非是出于害怕受到惩罚,而是因为他们认为规则与法律是值得他们去遵从的,并且认为没有人可以高于法律之上,也没有群体可以胜于法律。该阶段的个体听了海因茨偷药的故事,赞成者会说,不这么做,他要为妻子的死负责;反对者会说,他要救妻子的命是应该的,但偷东西犯法。

第三个水平称之为"后习俗道德期"（self-accepted moral principles）（包括第五和第六阶段）。达到这一道德水平的人，道德判断已超出世俗的法律与权威的标准，而以一种广义的正义原则来评断是与非。他们想到的是人类的正义、人权和个人的尊严。当法律和契约的规范侵犯到基本的人权时，认为对基本人权的维护是优先于法律和契约规范的。

第五阶段：社会契约定向阶段（contractual legalistic orientation；individual right and democratically accepted law）。在这个阶段的个体已经了解到，不同的人将会有不同的价值观念，对同一件事情的看法也会有所不同。法律和规范是大家商定的，用以保障社会中每个个体的权利。法律可以应大多数人的要求而改变，凡是违反民主自由的法律或契约规范都应该要加以修正，个人在按契约和法律的规定享受权利的同时，也要认识到个人应尽的义务和责任。就算一个人的行为并未违反法律或契约规范，但若危害到社会秩序，也是不道德的。对于海因茨偷药的故事，赞成者认为，法律没有考虑到这种情况；反对者认为，不论情况多么危险，总不能采用偷的手段。

第六阶段：良心或原则定向阶段（conscience or principles orientation）。这是道德判断的最高阶段，表现为能以公正、平等、尊严这些普遍的原则为标准进行思考。他们认为，生活于世界上的每一个人，不论种族、社会和文化，都有其生命存在的价值和尊严，人类普遍的道义高于一切。此一阶段的人所在意的是自己内心对公平正义的遵守，而不是外在他人对自己的看法或评价。对于海因茨偷药的故事，赞成者认为，尊重生命、保存生命的原则高于一切；反对者认为，别人说不定也像他妻子一样急需该药，要考虑所有人生命的价值。

科尔伯格认为，道德发展是连续地按照不变的顺序由低到高逐步展开的过程。个体逐渐由一个阶段进入下一个阶段，要达到任何阶段都需要通过前面几个阶段，而且后续阶段高于前面的阶段。每达到一个新的阶段，个体的认知发展上都已经产生了质的不同。各阶段的时间长短不等，个体的道德发展水平也有较大差异。科尔伯格认为，大多数9岁以下的儿童和许多犯罪的青少年在道德认识上均处于前习俗水平，而大多数青少年和成人的道德认识处于习俗水平，只有极少数人能够完全达到第六阶段。

科尔伯格的理论和实践在全世界产生了广泛而深远的影响。皮亚杰开创了从认知发展角度探讨儿童道德发展的先河，而科尔伯格则是皮亚杰之后采用认知发展取向研究道德发展的最杰出代表。但是，与皮亚杰一样，科尔伯格主要是从道德认知，而非道德情感或道德行为的角度探讨道德发展。当代道德心理学领域的探讨，更加强调与道德相关的情感，如愤怒、厌恶等在道德判断中的重要性。而如何将道德认知转化为道德行为，则是两者的理论均没有解决的问题。

第五节　学 习 理 论

学习在心理学上被定义为经验导致的,相对持久的行为或行为潜能的变化。人类之所以能适应如此广泛的社会和自然环境,得益于其强大的学习能力。学习使得个体与外界环境的互动,逐渐固化成个体头脑中的知识和程序,并指导个体将来的行为。对于学习这一现象,早先的行为主义以及衍生出的社会学习和认知学习理论做了深入的探讨。

一、华生与斯金纳的行为主义学习理论

20 世纪初,弗洛伊德、荣格、阿德勒等一批精神分析理论家在临床实践的基础上创建各自的理论时,一种与之在理论取向和研究方法上大相径庭的新生力量——行为主义(behaviorism),从研究动物和人的实验室中诞生了。行为主义最早的两个先驱是华生(John B. Waston)和桑代克(Edward L. Thorndike),但其最有名的代表人物是斯金纳(Burrhus F. Skinner)。

1. 华生的理论与实践

行为主义认为,学习是基于联结的。一旦在某一刺激与反应之间形成了某种联结,学习也就形成了。经典条件反射和操作条件反射是行为主义提出的两个学习机制。经典条件反射是巴甫洛夫在对狗的消化腺的研究中偶然发现的。在实验过程中,每次在给狗食物之前先摇铃。一开始,狗得到食物会分泌唾液,经过若干次后,单独的摇铃声也会刺激狗产生唾液。这说明,在反射未建立时,铃声是一种中性刺激,并不具有促进唾液分泌的作用。而反射建立以后,铃声作为一种条件刺激,因为预示着无条件刺激,也就是食物的出现,获得了与无条件刺激相同的功能。

行为主义学派的创始人华生(1878—1958)认为学习就是以一种刺激替代另一种刺激建立条件反射的过程。在华生看来,人类出生的时候就像是一张白纸,所有的行为都是通过条件反射建立新刺激—反应之间的联结而形成的。华生曾经说过一段有名的话:"给我一打健康而又没有缺陷的婴儿,把他们放在我所设计的特殊环境里培养,我可以担保,我能够把他们中间的任何一个人训练成我所选择的任何一类专家——医生、律师、艺术家、商界首领,甚至是乞丐或窃贼,而无论他的才能、爱好、倾向、能力,或他祖先的职业和种族是什么。"[1]

华生与雷纳在 1920 年曾经对情绪的学习进行过一项实验。该实验的对象为一个 11 个月的婴儿"小艾伯特"。他们在小艾伯特面前放了一只小白鼠,小

---

① 参见[美]华生:《行为主义》,李维等译,杭州:浙江教育出版社 1998 年版。

艾伯特感到很好奇,并开始伸手去摸它。随后,每当艾伯特想触摸小白鼠时,实验者就在艾伯特身后用铁锤敲击悬挂的铁棒,制造巨大的声响。艾伯特听到声响后就大哭起来,并且感到恐惧。经过几次这样的刺激配对过后,艾伯特对白鼠产生了恐惧,哭泣并想从白鼠出现的房间逃离。此外,艾伯特对白鼠的恐惧还泛化到了其他一些类似的事物,比如毛茸茸的狗和兔子、海豹皮大衣,甚至有白色棉花胡须的圣诞老人面具。[①]

2. 斯金纳的理论与实践

华生之后,行为主义学派的另一代表性人物斯金纳(1904—1990),提出了操作性条件反射的概念。[②] 操作条件作用是指在一定的刺激情境中,有机体的某种反应结果能满足其某种需要,以后在相同的情境中其反应概率就会提高的现象。与经典条件反射不同的是,在操作性条件反射的研究中,实验的对象是主动对环境进行探索而不是被动地接受环境刺激。当这种探索带来积极的效果之后,实验对象就会重复之前的行为,学习也就发生了。

斯金纳用来研究操作性条件反射的装置叫做斯金纳箱。在斯金纳箱中,有一个杠杆装置,按压此杠杆即可获得一粒食丸。小白鼠被关在箱中时,会无目的地乱跑。这个过程中,偶尔会碰巧按压杠杆而得到食物。经过几次这样的情形之后,每当小白鼠饥饿的时候,它就会按压杠杆获得食物。此时,按压杠杆的行为和获得食物这个结果之间的联结就形成了。

在操作性条件反射中,任何能增加反应出现概率的事件,都可以称之为强化。强化物分为两种:一种是正强化物,呈现它们就会增加反应出现的概率,比如斯金纳研究中的食丸,就是一种正强化物。另一种是负强化物,撤销它们会增加反应出现的概率。比如母亲听到婴儿的啼哭就会查看婴儿的状态、喂食、换尿布或安抚婴儿等,而母亲的行为会让婴儿慢慢停止啼哭。这里,婴儿的啼哭就是一种负强化物,它的停止增加了照顾者特殊反应的概率。如果撤销强化,将消除或减少行为发生的频率,这个过程称为消退(extinction)。另一减少行为发生概率的事件是惩罚,它是在令人不快的行为之后出现的负面刺激。

斯金纳考察了各种不同的强化方式对行为结果的影响。根据强化是以连续的或间隔的方式出现在行为之后,强化方式主要可分为连续方式(continuous schedule)及四种间隔方式:固定比率(fixed-ratio schedule),可变比率(variable-ratio schedule),固定时距(fixed-interval schedule)和可变时距(variable-interval schedule)。连续方式是对个体的每一反应都给予强化。固定比率则是根据有

---

① 该研究受到研究伦理上的质疑。

② B. F. Skinne, *Science and Human Behavior*, New York: Macmillan, 1953.

机体作出反应的数量而对有机体实施有间隔的强化程序。在可变比率方式中，有机体是在平均第 n 次反应后得到强化，但强化在何次行为后出现却并不固定。固定时距是指有机体在经过一段指定的时间后做出第一次反应，就立即得到强化。可变时距方式则是在经过一段随机或可变的时间间隔后对有机体进行强化。

消退在很大程度上取决于学习赖以发生的强化方式。与凭借连续方式获得的反应相比，间隔方式建立起来的反应更难消退。

在经典条件反射中，行动者学习到的是两个环境刺激之间的联系，而在操作条件反射中，行动者学习到的则是自身行为和周围环境之间的联系。这两种不同类型的学习均在社会生活中广泛存在。比如今天我们看到很多产品会找名人做广告，这就是利用了经典条件反射的原理，将产品与名人联系在一起，使消费者由对名人的喜爱转移到产品上。我们也看到，有些家长和老师会对儿童的行为进行奖励和惩罚，这就是利用了操作性条件反射的原理。通常来讲，得到奖励的行为出现的概率将会增加，而受到处罚的行为出现的概率则会减少。

行为主义者的实证风格和对环境对人的行为的控制的高度重视是其最重要的两个特征。在行为主义的理论中，所有术语和概念均定义明确且具有可操作性。同时，这一理论对行为具有较大的指导意义。比如，斯金纳的操作条件作用是极具实用价值的程序，至今仍广泛应用于训练、教学和心理治疗领域。但是，在这一理论中，我们似乎看不到自由意志或个人选择之类的概念。人不是自由的，而是为环境力量所控制。此外，这一理论只关注可见的行为而忽视行为的内部过程，对认知、情感等并未给予足够的重视，对人类的高级智能行为更是不置一词。这些明显的缺陷，局限了行为主义对人类多姿多彩的行为的解释。

二、班杜拉的社会学习理论

人类行为的学习，除了自身的亲身体验，很大一部分来自于对他人行为的观察。比如，儿童会模仿成年人的衣着打扮及行为举止。这种个体不必直接参与学习活动，只凭对他人行为及其行为后果的观察，学到类似的行为的过程，被称为社会学习。社会学习这一概念是 20 世纪 60 年代由美国社会认知学派的心理学家班杜拉（Albert Bandura，1925— ）提出的。班杜拉认同斯金纳的观点，认为人们能够通过直接经验学习，但他更注重替代学习，也就是通过观察他人而学习。此外，他还认为学习是以认知为中介的，而并非环境刺激的必然结果。

班杜拉认为，观察学习需要经过四个过程，即注意、保持、动作产生和动机过程。首先，学习者需要注意到被学习的对象（榜样）。人们最可能注意的是与他们接触密切的人以及有魅力的人，而人们也往往更注意那些他们认为重要的或对他们有价值的行为。其次，保持过程则是将观察获得的新的反应模式，在记忆里以符号的形式表现出来。这种符号表征可以是语言,也可以是表象。这样,在没有榜样出现的情况下,之前观察到的行为也可以被激活。观察学习的第三个过程是动作产生,即人们再现榜样行为的过程。第四个过程是动机过程。人们并不总是将观察到的行为付诸行动,只有当学习者要完成所模仿的行为的动机被激发出来时,观察学习才最有效。

班杜拉在对社会学习的一项经典研究中,首先通过真人示范、电影或卡通片等形式,让儿童观看成年人攻击一个塑料娃娃,比如坐在塑料娃娃身上、打它、用锤子砸它。随后,给儿童一个同样的塑料娃娃。结果发现,许多孩子重复了成人的攻击行为,甚至还加上了一些新的攻击行为。其中,真人示范的榜样作用最大,其次是电影。进一步的研究发现,当榜样的暴力行为受到奖励时,儿童会更多地模仿暴力行为;而当榜样的暴力行为受到惩罚时,儿童会明显减少对攻击行为的模仿。这说明,行动者不仅观察他人的行为,也观察他人行为产生的后果。行动者并不需要经历自身的行为的结果,而可以通过观察榜样行为的结果获得替代性的强化。

此外,班杜拉强调学习过程中个人选择的内部动态、意图、自我调控、自我效能和自我评价。[①]　自我效能是人们对自己能够完成某项特定任务或应付某种情境的能力判断、信念及其自信、自尊等方面的感受。关于自我效能对人类行为的影响的实证研究至今仍很活跃。除了上文提到的替代性强化之外,他还提出了自我强化的概念。强化并不一定是外界给予的,在学习的过程中,行动者会不断进行自我观察和自我判断,不断考察学习行为的方方面面以及学习效果和目标之间的距离。行动者可以对自己的行为设定一定的标准,如果达到或超过了这一标准,就进行自我奖励。

斯金纳认为行为是环境的函数,而班杜拉则主张人的行为是交互决定论(reciprocal determinism)的产物,即由环境、行为和人三者的交互作用决定的。班杜拉所谓的“人”,指的是像记忆、预测、计划和判断这样的认知因素。因为人具有这些认知的能力,所以他们能够影响环境和自己的行为。认知本身是由行为和环境决定的,但行为和环境在一定程度上也是由认知决定的,所以称为交互作用。这三个因素对人的行为的影响不必是同等强度的,而取决于特定情境的要求。

相对于经典条件反射和操作条件反射,社会认知的观察学习理论更注重人的行为的内部原因,更强调行动者自身对行为的掌控,在解释人类学习现象上,

---

① 　[美]班杜拉:《自我效能:控制的实施》,缪小春等译,上海:华东师范大学出版社 2003 年版。

更为灵活和全面。班杜拉的理论对于儿童教育有着深远的影响。

第六节　人本主义理论

20 世纪 60 年代早期,一批心理学家开始对精神分析和行为主义进行批判,认为这两种理论对人性的看法过于狭隘,提出一种强调人的独特性,实现人的全部潜能的心理学,史称第三种势力心理学运动(第一种势力是精神分析和由此演变出来的派系;第二种势力是行为主义)。这一理论流派被称为人本主义,代表人物有马斯洛、罗杰斯等。

一、马斯洛的人本主义理论

马斯洛(Abraham H. Maslow,1908—1970)认为人类具有更高级的天性,而不只是精神分析或行为主义所描述的那样。马斯洛对人类的需要和动机做了非常深入的分析。他认为人类不断由某一种或另一种需要所激发。当一种需要得到满足之后,它通常便失去其动机的力量而为另一种需要所替换。人们行为的动机常常很复杂,且可能是无意识或不为自己所知的。他同时认为,所有的人都由一些共同的基本需要或愿望而激发,这些需要按照层次排列。这就是他著名的需要层次理论。①

马斯洛致力于研究健康的人,他提出了自我实现的概念。所谓的自我实现,指的是人的潜能的充分发挥,是人类发展的最高层次。通过分析他所确定达到了自我实现的人和一些历史名人,如托马斯·杰斐逊、亚伯拉罕·林肯、阿尔伯特·爱因斯坦等。他归纳出了一系列自我实现者的特征。比如,他认为,自我实现者具有更有效的现实知觉,能够分辨真伪,较少带有成见,不害怕未知和模糊的事物;他们接纳自我、他人和自然,也以同样的态度接纳别人;单纯自然,不装模作样;关心社会和身外的问题;行事具有自主性等。

马斯洛提出的与自我实现相联系的另一个重要的概念是高峰体验。这是一种自发产生的神秘的超越感。有高峰体验的人视整个宇宙为一个统一体,他们很清楚自己在自然界的位置,感到自己很渺小同时又力大无比,他们接纳一切,同时对自己的行动和知觉有了更多的责任感、主动性和自我决策。最初,马斯洛认为在自我实现的人群中这些所谓的高峰体验远比非自我实现的人群中常见,但后来,马斯洛认为绝大多数人,或几乎是所有人都有高峰体验或心醉神迷的经验。

马斯洛的需要层次学说和自我实现的概念引起了各界广泛的关注,不仅影响了心理学,也对教育、医疗和企业管理人员产生了影响。但是,因为马斯洛使

---

① 因为在本书第一章导论第二节人类需要中已经有关于需要理论的讨论,这里不再赘述。

用的很多概念缺乏操作性,所以对他的许多基本理论无法进行证实或证伪。

二、罗杰斯的人本主义理论

卡尔·罗杰斯(Carl R. Rogers,1902—1987)是以患者中心疗法(client-centered therapy)的创建者而闻名的。他从心理治疗实践经验中发展出一套人本主义理论,从而为他的实践提供了理论基础。罗杰斯相信所有物质,无论是有机物还是无机物,演化的倾向都是从较简单的形式向较复杂的形式发展。罗杰斯称这种过程为形成倾向(formative tendency)。罗杰斯还相信人类具有趋向完善或完美的潜能。每个人身上都有解决问题、改变他们的自我概念和日益提高自我指导的创造力,这便是实现倾向(actualizing tendency)。

当婴儿的部分经验成为他私有的经验并能有意识地区分主格"我"和宾格"我"的经验时,他们便开始产生模糊的自我概念。而一旦婴儿建立起自我结构的雏形,他们实现自我的倾向就开始发展起来。罗杰斯假定自我有两个子系统:自我概念(self-concept)和理想自我(ideal self)。自我概念包括个体意识中知觉到的所有关于他存在和他的经验方面的东西,而理想自我是个体希望的那个自己。理想自我和自我概念之间的差距会带来人格的不协调。

当自我觉知出现后,婴儿就开始产生被人爱、被人喜欢和被人认可的需要。罗杰斯称这种需要为积极关注(positive regard)。积极关注的需要存在于所有人身上,并在人的一生中都是强烈而持久的动力源。当这种需要在没有任何条件或限定的情况下被满足时,无条件积极关注就出现了。当自我出现之后,人们就会产生自我关注(self-regard)的需要。如果人们积极关注的需要得到满足,则会发展出积极的自我关注。而一旦建立了积极的自我关注,那么,个体就可以不再依赖被爱的需要。也就是说,一旦人们开始有了自信心并且感觉到自身的价值,就不再需要别人源源不断地给他们提供爱和认可。

作为一名心理治疗家,罗杰斯对心理健康的人有着同样的兴趣。他提出了全功能的人(fully functioning person)的概念。[①] 这样的人具有如下的特征:第一,全功能的人适应良好。第二,他们对经验持开放态度。所有的刺激物,无论是来自有机体内部还是来自外界环境,都顺利地被自我接受。第三,他们生活在当下,即存在生活(existential living)。他们的经验是流动和变化的,他们总是用新的眼光看待每一种经验,并且完全沉浸在目前这一时刻。第四,全功能的人相信自己有能力和别人建立和谐的关系。他们和别人的关系是真诚的,他们表里如一,并关心别人。第五,全功能的人更加整合,更加完整。他们不需要掩饰自己的真面目,所以,在他们的意识和无意识之间没有人为的界限。他们能够公开

---

① 后期,罗杰斯将这类人称为"明日的人"(person of tomorrow)。

表达此时经验到的任何情感。第六，全功能的人具有对人性的基本信任。第七，全功能的人享受着比别人更加丰富多彩的生活。可以看出，罗杰斯全功能的人的概念与马斯洛自我实现的人的概念具有很多相似之处。

与马斯洛的理论一样，罗杰斯的理论除了应用于心理学和心理治疗领域外，也被广泛应用于教育、工商管理等很多其他领域。与行为主义理论相比，人本主义理论在科学性上逊色许多，但在对人的独特性的关注上，在对人性的积极思考上，人本主义理论则有着自己独特的色彩。

第七节　符号互动理论

符号互动理论产生于 20 世纪早期，是社会学的主要理论视角之一。该理论起源于美国实用主义哲学家詹姆斯和米德的著作，但最早使用符号互动这一术语的是美国社会学家布鲁默。符号互动理论认为，人类制造和使用符号，通过符号进行互动。社会由互动着的个人所构成，对各种社会现象的解释只能从这种互动中寻找。这一理论的代表人物有米德、库利、布鲁默、戈夫曼等。

一、米德的符号互动论

米德（George H. Mead，1863—1931）是符号互动理论的创始人。他的理论深受实用主义哲学和行为主义的影响。实用主义对米德的启发体现在：（1）关注的焦点是行动者与这个世界的互动；（2）主张行动者与这个世界均为动态的过程，而非静态的结构；（3）赋予行动者诠释社会的能力。行为主义者的"刺激—反应"观点对米德的学说起了重要作用，但米德认为，人们的活动并不是对外部"刺激因素"的简单反应，人的行动是有目的、有意义的。许多社会行为不仅包含了生物有机体间的互动，而且还包含了有意识的自我间的互动。在人的"刺激—反应"过程中，人对自己的姿势（gesture）可能引起的反应有明确的意识。当一种姿势对其发出者和针对者有共同意义时，它就成了"有意义的姿势"，即符号。动物只能通过无意义的姿势进行互动，只有人类才能通过符号进行互动，正是符号互动将人和动物区别开来。

米德认为，人的心灵、自我及社会只有在人的互动中才能产生，它们都具有社会的意义。① 心灵的本质是内在的、某种隐蔽性的意识活动，由生理性冲动和反应性理智共同互动而构成。人的心灵的独特之处在于具有理解和运用象征符号的能力。自我（self）是对社会客观现实的内化和主观解释。自我是人类与动物相互区别的另一标志。儿童并不是天生具有自我意识，而是在对语言等符号

---

① 参见［美］米德：《心灵、自我与社会》，赵月瑟译，上海：上海译文出版社 2008 年版。

的学习中理解和掌握他人扮演的角色,并获得社会反馈,从而学会把自身视为客体,产生自我意识。米德将自我区分为主我(I)和客我(me)。主我是本质的、自然的、未经过社会化的我,具有自发性、冲动性及创造性,它在行动中改变社会结构;客我是经过社会化的我,是个人经社会情境后的反应。任何行为都是由主我的冲动引起,而后受到客我的控制。前者是行为的动力,后者是行为的方向。主我和客我相辅相成,共同构成社会个体完整的自我。

米德通过对儿童的玩耍和游戏的分析来探讨自我的产生机制。他将自我的发展分为三个阶段:

(1)玩耍阶段。婴幼儿期的儿童能够模仿他人的角色。通过模仿活动,儿童获得了某些角色规范的知识,并逐步发展出从他人的角度评价自身行为的能力。但此时儿童的自我概念中缺乏稳定的内部组织,根据他人对自己的个别态度的不同可能具有众多彼此相异的自我。

(2)游戏阶段。大约处于童年期。童年期儿童的游戏开始具有一定的组织性,参加游戏的儿童分别承担相互关联的不同角色,通过遵守规则进行共同活动。这些活动使得儿童逐渐理解各种角色之间的关系和活动规则,对角色规则的认识更加深入。儿童开始从"群体"、规则和共同活动的角度来评价自己。

(3)概化他人阶段。大约处于青少年时期。青少年期的个体成为更为广阔的社会生活的参与者,参加各种有严密组织的复杂游戏就成了他们活动的重要内容。复杂游戏由复杂的角色系统构成,具有明确的群体目标和活动规则,并且同更广阔的社会背景融合在一起,所以它是一种真正的社会群体。青少年期的个体不是依据某一个具体他人的期待,而是依据群体的整体期待来评价自己的。他们获得了一个抽象的共同体的概念,即"概化他人"的概念。由于站在"概化他人"的角度来评价自己,就使个体的自我形象获得了同一性、连贯性和稳定性。到达这一阶段,个体的自我观念基本形成,但它仍然随个体群体经验的变化而不断变化。

在米德看来,不仅心灵和自我是在社会互动中逐步形成的,社会本身也并非客观实体,而是社会成员互相作用的网络,个体通过使用符号给自己和他人的行动赋予意义。一切社会结构和社会组织都是在互动的过程中形成的。社会是关于共同活动的构成模式,借助符号互动维持和改变其状态。社会制度,即共同体成员对某一特定情境的反应,代表了个体之间有组织或定型化的互动,是群体活动或社会活动的有组织的形式。社会结构在社会个体的社会互动过程中产生、发展和变迁。

二、布鲁默的符号互动论

布鲁默(Herbert G. Blumer,1900—1987)是米德的学生,也是米德之后符号互动论最重要的代表人物。他综合了米德等人的思想,建立了符号互动论的基本框架。布鲁默认为,人类社会最典型的特征就是符号互动,符号是社会相互作用的中介;人们通过对符号的定义和理解进行互动;符号互动是能动的和可变的过程;符号互动创造、维持与变革社会组织、结构与制度。

布鲁默提出了"解释"的概念。他认为人际互动并不仅仅是单纯的"刺激—反应",从"刺激—反应"的角度来研究社会互动是不可能阐明社会互动的性质的。他在"刺激"和"反应"之间加入了"解释"一项,而将公式改为"刺激—解释—反应"。举例来讲,在 AB 两人的互动过程中,A 采取行动,B 觉察到这一行动并解释其意义,根据这一意义来对 A 的行动作出反应;同样,A 也根据对 B 的反应所理解的意义作出反应。与"解释"相关的是"共同行动"的概念。共同行动指的是两个以上的人共同采取的行动,在共同行动中,每个人通过各自的解释而相互作用,形成一个持续不断的过程。当人们对某些事物的定义有共同认识时,就会出现固定模式的行动。

布鲁默总结了符号互动论的三个基本前提:(1)人类对待事物的行为是以事物的意义性为基础的。人类是在符号的基础上进行解释和行动的,而不是像一般生物那样简单地对外界刺激作出反应,也不是出于机体驱动力而在内部刺激作用下发生行动。(2)意义是社会交往和社会互动的产物。我们对某一事物的看法不可能是自出生以来就有的,它是在人们的社会互动过程中受到他人态度、观念等的影响而社会化地形成的。(3)在人与事物接触过程中,人通过对事物的解释过程而驾驭并修正这些事物的意义。

他也对符号互动论的基本理论观点做了如下总结:(1)符号在人们的互动过程中起着重要的中介作用。人类特有的互动是传媒符号及各种内涵的前提,刺激的意义来自于人们之间的互动,并非刺激本身所固有。(2)人的行为是有意义的行为。意义不是固定不变的,人们根据情境定义的不同来赋予行为不同的意义。(3)在互动过程中,人们往往从自己所认识的他人对自己的态度和看法中来认识自己,形成和修正自我概念。(4)符号互动是能动的、可变的过程,社会组织结构和制度随符号互动的变化而变化。

布鲁默在他的《符号互动的方法论立场》一书中,全面论述了他的方法论原则,他认为归纳法是符号互动论用于解释人类行为的主要手段。他反对功能论从抽象的假设出发,演绎出一套命题,再从经验世界中去寻找验证的做法,而认为要从经验世界中发掘实际的问题,再从经验世界的研究中来澄清这个问题——"尊重经验世界的本来面目"。

布鲁默为符号互动论制定了两种调查研究方式:探索(exploration)和检查(inspection)。探索的研究者接近并熟悉他所要研究的社会层面,然后在其中发现并集中所要研究的问题。探索使用的技术有直接观察、访问、收听收看广播电视,查阅报刊资料等。检查指对所要研究的事物进行认真分析,形成理论观点,从探索到检查就是从描述到分析的过程。布鲁默是符号互动理论的集大成者,他将符号互动论发展成为比较全面的理论体系,并竭力主张从经验和被研究者的立场来了解社会现象。

三、戈夫曼的拟剧论

美国社会学家戈夫曼(Erving Goffman,1922—1982)是继布鲁默之后,符号互动论的又一重要代表。早期的符号互动理论强调人们获得和使用符号的能力,而戈夫曼的理论则关注日常生活中人们如何运用符号预先设计或展示在他人面前的形象。在戈夫曼看来,社会是一座舞台,人生就是一场表演。① 表演可能是自觉的,也可能是不自觉的。每个人同时既是表演者又是其他人的观众。由于戈夫曼把人们的活动比作剧院里的演出,从戏剧的角度研究社会互动,因而它的理论被称为"拟剧论"。

1. 印象管理

当个体与他人接触时,个体会试图通过操作情境、仪表和举止等,控制或引导他人对自己的印象。这种个体在他人心目中塑造一个自己所希望的形象的过程就是印象管理。戈夫曼提出了多种印象管理的方式。比如理想化表演、误解表演、神秘表演、补救表演等。理想化表演中,表演者努力表现出与社会公认的价值、规范和标准相一致的行动;误解表演是为了给人一种错觉;神秘表演是为了与别人保持一定的距离,使人产生崇敬的心理;补救表演是为了表演过程的协调而采取的预防性和保护性措施。这些表演可以使社会交互得以顺利进行,避免引起自身或他人尴尬。②

2. 表演框架

戈夫曼并不关心客观世界的实际状况,而是关心这个世界在人们心目中的状况。这种主观的经验结构就是所谓的表演框架。框架被戈夫曼定义为"一种情境定义,它是根据支配事件——至少是社会事件的组织原则以及我们在其中的主观投入作出的"③。首先,框架是一种主观的情境定义,交互情境完全取决于交互中的个体的主观定义;其次,框架又要遵循一定的组织原则,以确保互动的顺利进行;最后,框架并不完全是在互动过程中"当场产生的",就像下国际象棋和打桥牌一样,虽然游戏的具体步骤千变万化,但却有着更广泛的统一的规则。

---

① 参见[美]戈夫曼:《日常生活中的自我呈现》,冯钢译,北京:北京大学出版社 2008 年版。
② 参见宋林飞:《西方社会学理论》,南京:南京大学出版社 1997 年版。
③ E. Goffman. *Frame Analysis：An Essay on the Organization of Experience.* Boston：Northeastern University Press,1986.

戈夫曼阐述了表演框架中的几个环节：

第一，是剧本期望，也就是社会规范对各种社会角色的限定。社会体系是人们进行舞台表演的剧作家，人的行动受到社会体系预先写好的剧本的限定。表演是在人们内化了的社会规范和社会准则的引导下进行的。社会期待构成了人们在社会生活舞台上进行演出的依据。当然，社会期待并不是规定好人的一举一动，所以，有的时候还需要个人随机应变，临时创作。

第二，是剧情。剧情就是人们所表演的具体内容。戈夫曼认为，表演者可能很真诚地相信他所表演的行为，也可能不相信自己所表演的行为，而是做给别人看的。

第三，是剧组。戈夫曼将"表演某种剧情时一起合作的人"称为剧组。当剧组进行表演时，每一个成员都应该采取适宜的行为，每个成员的演出都依赖于同伴的合适行为。一个剧组的成员都了解他们正在上演的一幕剧，都是"知情人"，他们彼此熟悉，共同保守剧组的秘密。

第四，是表演区域。戈夫曼认为，人们表演的区域有前台和后台之分。前台是人们正在进行表演的地方，主要由布景、个人外表和举止等三个部分组成。布景是演出的装置、舞台装饰和其他道具等，个人外表反映表演者的社会地位，举止则是人们表现出来的各种行为。后台则是为前台表演做准备的，限制观众和局外人进入的舞台部分。人们在前台的行为举止与后台是不一样的。如果有观众闯入后台，后台就变成了另一场不同演出的前台。

第五，是假面具。每个人都在表演自己，但不是表现真实的自己，而是伪装起来的自己。假面具是同社会公认的价值、规范和标准相一致的前台行为。戈夫曼认为，假面具并不等于欺骗工具。

在表演中，会有一种"表现出来的自我"，这是观众根据演员的表演而得出的印象，被称为"强加的自我"。这种强加的自我是舞台、表演等情境的产物，是所有参加表演人员的共同活动的产物。不管这个自我是否真实，它都是互动的关键。在演出中，如果这个表现出来的自我不能令观众信服或引起观众怀疑，那么，互动过程就可能被破坏，社会机构中直接的、间接的系统就会出问题。同样，对于表演者本人来说，自我被别人怀疑，也会导致他个人的解组。但是，在日常生活中人们很少直接对表演者提出挑战。这是因为在社会互动中，互动双方对于维持相互之间的身份共同承担着责任，一方的失败意味着另一方的活动也无法顺利进行。

3. 污名问题

戈夫曼还提出了一个"污名"问题。他这样定义"污名"："当一个陌生人出现在我们面前时，马上就有迹象表明他具有一种属性，这种属性使他可能成为一种与众不同的人，成为一种不大值得羡慕的人——总而言之，一种坏透了的，或一种非常危险的人,或一种非常懦弱的人。他就是这样在我们心目中从一个没有缺陷的、正常的人贬低成一个有污点、被轻视的人。这样一种属性就是污名。"①可见,污名涉及一个定义或评价的问题。一个人本身是否有缺陷或污点并不重要,重要的是这个人在一定的社会群体和交往关系中被其他人视为有缺陷、有污点的人。污名会使一个人在社会交往中处于十分不利的地位。因此,在人际交往中,有污名的人会利用各种表演方法和技巧,把由于这种境遇所遭受到的伤害和损失减少到最低程度。比如,有污名的人可能选择具有相同污名的人组成的群体进行交往。上文中提到的"误解表演",也是一些有污名的人常用的表演技巧。

戈夫曼的研究是以符号互动论关于主体我、客体我、镜中我和情境定义等思想为理论前提的,并从戏剧表演的角度进一步发挥了这些思想。他的理论,对于人们成功地认识自己和他人所承担的社会角色,以及人们在社会活动过程中的互动有着积极的启示和借鉴。但他的理论也存在许多片面性和主观主义、形式主义的色彩。

符号互动论认为,人不仅生活在自然环境、物理环境中,也生活在象征符号环境中。人际互动是通过人类共同理解的象征符号来进行的,这种互动不仅表现在个人与他人的交往中,而且也表现在个人的自我思维活动中,而个人的自我和个性也是在互动过程中形成的。因此,没有象征符号就没有人类的交往和人类社会。符号互动论又主张,人并不是被动地受社会环境的摆布,而是能够主动地创造社会环境。但是,符号互动论脱离了人际互动的历史背景和社会制度,单纯从抽象的心理角度研究人际关系,过分夸大象征符号的作用,把象征符号看成一切社会生活的基础,在解释人类心理和行为时,具有一定的片面性。

人类行为的复杂性使得任何一种理论都无法全面地理解和解释人类行为的方方面面。上述这些理论,从不同的视角探讨了人类行为与社会环境的互动,有些偏重于个体内部的需要和动机,比如早期的精神分析理论;有些侧重于外界环境对个体行为的影响,比如社会学习理论;另外一些,则着重于外界环境与个体的交互以及这种交互在个体头脑中的组织和发展,比如认知发展理论和符号互动理论。这些理论所关注的现象和所适用的范围皆有所不同,然而,都对我们理解人类行为与社会环境的互动提供了帮助。我们在运用这些理论来解释、预测和改变自己或他人的行为时,不应该绝对化,而是应该根据具体的情况灵活应用。

---

① 参见[美]戈夫曼:《污名——受损身份管理札记》,宋立宏译,北京:商务印书馆 2009 年版。

本章小结

本章介绍了解释人类行为与社会环境互动的几种经典理论。

精神分析理论分为经典时期的代表人物弗洛伊德的理论和以荣格的分析心理学、阿德勒的个体心理学为代表的后期精神分析理论。弗洛伊德的精神分析强调性本能基础上的神经症病因。荣格的理论,将个体内部的无意识扩展到文化演化中的集体无意识,在人格分类上也有所发展。阿德勒的理论则强调人们内心的成长力量和对自我生活的掌控。

发展阶段理论包括由埃里克森提出的心理发展阶段理论和20世纪50年代开始运用于家庭研究的生命周期理论。埃里克森的发展阶段理论强调了个体生命不同阶段所面临的不同的中心任务。家庭生命周期理论强调以发展的眼光看待在每个阶段中,家庭是否能够满足家庭成员在生理、文化和价值观等各个方面的需求,强调家庭成员的互动交流关系以及在家庭发展的不同阶段需要所呈现出的不同特征。

认知发展理论包括皮亚杰的认知发展理论和维果茨基的心理发展观。皮亚杰的关注重点在于有机体如何适应环境,他将其分为两个阶段,即同化和适应。他认为,在个体从出生到成熟的发展过程中,认知发展可以分为具有不同性质的四个主要阶段:感觉运动阶段、前运算阶段、具体运算阶段和形式运算阶段。维果茨基的心理发展观认为认知发展只能在文化情境中加以理解,强调在个体的自我和认知能力在人际互动过程中的发展。

道德发展理论包括皮亚杰的认知道德发展理论和科尔伯格的道德发展理论。皮亚杰在大量研究的基础上将儿童的道德发展进程概括为三个连续发展的阶段:无律、他律和自律阶段。科尔伯格继承并发展了皮亚杰的道德发展理论,他采用两难情境研究儿童的道德推理,由此提出了三期六段理论。

学习理论主要包括斯金纳的操作性学习理论和班杜拉的社会学习理论。斯金纳的操作性学习理论强调强化和惩罚对于行为的塑造作用。班杜拉认同斯金纳的观点,认为人们能够通过直接经验学习,但他更注重替代学习,也就是通过观察他人而学习。此外,他还认为学习是以认知为中介的,而并非环境的必然结果。

人本主义理论包括马斯洛和罗杰斯的贡献。马斯洛认为人类不断由某一种或另一种需要所激发。当一种需要得到满足之后,它通常便失去其动机的力量而为另一种需要所替换。同时,他提出"自我实现"和"高峰体验"两个概念。罗杰斯从心理治疗实践经验中发展出一套人本主义理论,从而为他的实践提供了理论基础。他倡导无条件关注,并提出了"全功能的人"的概念。

符号互动理论包括米德的早期符号互动理论、布鲁默的符号互动理论和戈夫曼的拟剧论。米德认为,心灵、自我及社会只有在人的互动中才能产生,它们都具有社会的意义。米德通过对儿童的玩耍和游戏的分析来探讨自我的产生机制。布鲁默认为,人类社会最典型的特征就是符号互动,符号是社会相互作用的中介。戈夫曼的理论则关注日常生活中人们如何运用符号预先设计或展示在他人面前的形象,他提出"印象管理"和"表演框架"等概念。

思考题

1. 请简述精神分析理论的代表人物和主要观点。
2. 心理与家庭发展阶段理论说明人类在不同阶段的特点有什么不同?
3. 认知发展理论和道德发展理论之间的异同是什么?
4. 学习理论的主要观点有哪些?
5. 人本主义理论的主要观点有哪些?
6. 请用符号互动理论来分析社会成员的行为。
7. 在本章中选择三个你最感兴趣的理论进行分析和比较。
8. 结合本章中的理论,讨论你所理解的人类行为与社会环境之间的交互影响。

推荐阅读

《社工中国》创刊号上

《社工中国》创刊号下

林崇德:《发展心理学》,北京:人民教育出版社 2009 年版。

[瑞士]荣格:《心理类型》,吴康译,上海:上海三联书店 2009 年版。

[美]斯金纳:《超越自由与尊严》,陈维纲等译,贵阳:贵州人民出版社 2006年版。

[苏]维果茨基:《维果茨基教育论著选》,余震球译,北京:人民教育出版社 2007 年版。

叶浩生主编:《西方心理学的历史与体系》,北京:人民教育出版社 1998年版。

扩展推荐阅读

[美]约翰 W. 桑特洛克:《发展心理学:桑特洛克带你游历人的一生》,田媛等译,北京:机械工业出版社 2014 年版。

[美]罗伯特 S. 费尔德曼:《发展心理学:探索人生发展的轨迹》,苏彦捷等译,北京:机械工业出版社 2011 年版。

[美]克里(Corey, G.),[美]克里(Corey, M. S.):《心理学与个人成长》(第十版),王晓波译,北京:中国轻工业出版社 2015 年版。

[美]杰弗瑞·简森·阿内特:《阿内特青少年心理学:文化的视角》,雷雳等译,北京:中国人民大学出版社 2016 年版。

[美]托马斯·哈代·黎黑:《心理学史:心理学思想的主要流派》,蒋柯等译,上海:上海人民出版社 2013 年版。

[美]詹姆斯·W·范德赞登,[美]托马斯·L·克兰德尔,[美]科琳·海恩斯·克兰德尔:《人类发展》(第八版),俞国良等译,北京:中国人民大学出版社 2011 年版。

[美]劳拉·E·伯克:《伯克毕生发展心理学:从青年到老年》,陈会昌等译,北京:中国人民大学出版社 2013 年版。

网站资源

经典心理学理论网
经典社会学理论网
华人心理网
加州大学伯克利分校公开课:社会认知心理

第三章　人类行为与社会环境互动的社会理论视角

学习目的

　　通过对社会互动理论、社会化理论以及系统理论的学习，深入理解人类行为的多维度、社会环境的复杂性以及二者之间的互动关系，掌握有关人类行为与社会环境的社会理论中的主要理论观点、核心概念，并能将这些理论运用于社会工作实务中。

　　人类行为与社会环境的社会理论侧重于对行为、环境及适应的分析，有助于我们理解人类行为的不同维度，例如个人、环境与时间等；理解人类行为的内、外影响因素；理解社会生活适应能力缺乏和社会功能失调的原因和行为表现；解释人们所处环境中发生的变化以及这些变化如何影响个体的人类行为。

第一节　社会互动理论

　　社会互动是在一定社会条件下，人与人之间、人与群体或群体与群体之间在相互作用中表现出来的社会行动。在社会生活中，人们以相互的或交换的方式对别人采取行动或者是对人的行动作出回应。在社会互动中，交互作用是社会互动的基本特征。

　　社会互动理论是从人们的行为互动方面进行解释的微观理论。它研究人们在日常生活中是如何交往的和人们又是如何使这种交往产生实质性的意义的。社会互动理论强调人们总是处在创造、改变他们的生活世界的过程之中。社会互动理论不仅对人们的行为感兴趣，而且对人们的思想和感觉感兴趣，注重探索人们的动机、目的、目标和他们理解世界的方式。

　　社会互动理论主要包括社会交换论、符号互动论和社会网络理论等。

一、社会交换论

社会交换论将交换作为形成一定的社会关系和结构的基础,认为人与人之间的互动从根本上说是某种交换关系决定的交换过程。当代西方社会交换论的代表人物有霍曼斯(George Caspar Hommans)和布劳(Peter Blau)。

1. 霍曼斯的行为交换论

霍曼斯的著作《人类群体》重视对人的行为分析,尤其是小群体中的人的行为分析。

霍曼斯的社会交换论着眼于人们在社会生活中的相互交往关系,认为社会互动的实质是人们交换酬赏和惩罚的过程。交换行为不仅仅存在于市场关系之中,而且存在于包括友谊、爱情在内的多种社会关系之中。个人的资源都是有限的,人们不可能完全自给自足,为了有所获取当然需要有所支出,人们正是通过"支付—回报—再支付—再回报"的连续行动,结成了一定的社会关系结构。

霍曼斯为了解释人类行为的基本形式,首先修改与吸收了经济学的基本原理。经济学的第一原理是人理性地计算自己在某一市场中行为的长期结果,并试图在交易中获得最大的物质利益。霍曼斯对经济学第一原理修改的主要要点是:人们并不总是追求最大利润,他们只是想在交换关系中得到某些利润;人在交换中并非常常从长远着想或进行理性计算;交换物不仅仅是金钱,还有赞同、尊重、依从、爱、情感以及其他紧缺物质产品;所有的人类行为都是交换,而不是仅仅在市场中才有交换行为[①]。

霍曼斯使用了三个基本概念:活动、互动、情绪,认为这三种因素相互联系、相互影响,构成一个有机的整体。为了适应环境而发生的群体中的活动、互动与情绪,构成"外部系统"。不是由环境强加而发生的群体中的活动、互动与情绪,构成"内部系统"。霍曼斯更重视"内部系统",而把"外部系统"作为一种环境参数。霍曼斯强调个人之间直接的、面对面的互动与交换,他认为,人与人之间面对面的交往是人类行为的基本形式,互动是个人之间因报酬与代价而发生的相互行动。交换活动的代价和报酬,并不局限于物质的报酬与惩罚,更为经常的是"精神利润"。行动者为了追求精神利润而与他人发生交换,通过互动、影响、一致、竞争、尊重的授予、公正、等级、创新等过程,形成了群体。

2. 布劳的结构交换观点

布劳的社会交换论在方法论上不同于霍曼斯,他更多倾向于集体主义方法论与整体结构论[②]。

---

① 〔美〕乔纳森·H.特纳:《社会学理论的结构》,杭州:浙江人民出版社1987年版,第292~293页。

② 宋林飞:《西方社会学理论》,南京:南京大学出版社1997年版,第192页。

布劳认为,社会交换是当别人作出报答性反应就发生、当别人不作出报答性行为就停止的行动。社会交换是人的自愿行动,这些人的动力是由于他们期望从别人那里得到回报并且一般也确实从别人那里得到了回报。当个人或团体协助其他人或团体而获得适度的物质或报酬时,他们便是在进行交换。这种社会交换是基于互惠的原则之上,彼此互助,一方赠予或服务,另一方报以仁慈或感激,这是交换的最高理想。交换是社会互动最基本的形式,是一切社会关系的基础。邻居之间(交换友情与服务)、同事之间(交换服务)、雇主与雇员之间(交换经济利益)、友人之间(交换感情与利益)、政治家之间(交换政治利益)、学者之间(交换思想观点)、夫妇之间(交换家庭信息)都在进行社会交换。社会交换的功能在于相互支援与协助。日常生活中的交换行为是一种最普遍的行为。交换的动机较为复杂,有情感性的,也有利益性的;有利己的,也有利他的。交换同时也是现代社会中的一种普遍的规则,当一个人有某种需求要得到满足时,最简便的方式就是通过经济交换或社会交换来实现。

经济交换与社会交换的区别主要在于:

(1)经济交换的内容与范围相对社会交换来说,要狭窄一些,经济交换主要是通过货币为媒介的物质的交换,而社会交换的资源除了物质以外,还有精神性的因素。社会交换的内容与形式要比经济交换丰富得多。

(2)经济交换的原则是价值规律,其交换的资源有通行的市场价值,往往是明码标价,交换者比较清楚,而社会交换的价值与价格较为模糊,要通过交换者的领会才能清楚。

(3)经济交换有明确的规则,有法律保护,而社会交换则没有明确的规则,也没有明确的法律保护措施,只是依靠互动者的自愿行为,违背交换规则,自行停止交换。

(4)经济交换的目的交换双方十分清楚,社会交换主动的一方目的是清晰的,而被动的一方获得的并不一定是自己所需要的资源。

(5)经济交换的目的是功利性的,而社会交换的目的并不完全是功利性的。

社会交换有四个要素:① 目标,即行动者预定的对象与事先的计算;② 支付,即行动者向交换对象提供某种行动或通过行动传递某种实物或其他东西;③ 回报,即接受支付的一方所作出的酬谢,这种酬谢有可能是一种行动,也可能是某种实物或其他东西;④ 效益,即目标与回报的一致程度、支付与价值的比较。当四个要素发生作用时,即完成一个交换周期。社会交换中的回报可以分为两类:一类是内在因素,即谢意、尊敬、赞扬、友爱与服从;另一类是外在因素,即劳动、智力、权力、实物与货币。社会交换的内容就是这两种要素的不同组合,即内在因素与内在因素的交换,外在因素与外在因素的交换,内在因素与外在因素的交换。社会交换是在市场之外进行的,一般发生在公共场合与私人交往场合。合理的社会交换既可以发生在公共交往场合,也可能发生在私人交往场合;不合理的社会交换则一般发生在私人交换场合。随着经济市场化的深入,经济交换的原则渗透到社会生活的方方面面,各种在私下场合进行的隐蔽性交换大量增加,甚至干扰了经济活动的正常运行。

二、社会网络理论

社会互动是通过社会网络进行的。社会网络由个人之间复杂的联系网所组成。社会是一个由各种不同性质的社会关系结成的网络,每一个人都处于这张网络的某一个结点之上,占据某种社会地位,表现某种社会身份;人们正是依靠这种关系才使单独的个体结成为不同的群体,组成了社会的整体,使人表现出类属性;依靠这种关系,才使人与人之间发生相互交往,推动了社会发展。社会网络可以为人提供多方面的社会支持,社会网络是资源分配的一种重要途径,有的学者直接称其为社会资源或社会资本。

一般认为,社会网络研究产生于 20 世纪二三十年代。英国人类学拉德克利夫-布朗(Radcliffe-Brown)在 1940 年首次使用了"社会网"的概念[1],他运用网络隐喻对社会结构作了部分的、暗喻性的描述。20 世纪 50 年代,一些人类学家开始关注具体联系和网络的结构体系。1954 年巴恩斯(Barnes)通过对一个挪威渔村阶级体系的分析首次把"社会网"的隐喻转化为系统的研究。从 60 年代开始,社会网研究迅速发展。到了 70 年代,社会网研究已经成为一支拥有自己学术刊物和一大批研究者的社会学分支领域[2],发展出很多社会网络的理论。在此我们主要介绍几种较具代表性的理论。

1. 弱关系力量假设与嵌入性理论

格兰诺维特(Mark Granovetter)将关系界定为人与人、组织与组织之间由于交流和接触而实际存在的一种纽带关系。他提出关系力量的概念,并将关系分为强和弱,认为强弱关系在人与人、组织与组织、个体和社会系统之间发挥着根本不同的作用。

格兰诺维特 1973 年在《美国社会学期刊》发表了《弱关系的力量》一文,他从互动频率、情感强度、亲密程度和互惠交换四个维度界定了关系强弱,认为互动的次数多、感情较深、关系亲密、互惠交换多则为强关系,反之则为弱关系。

在他看来,强关系(strong tie)是在性别、年龄、教育程度、职业身份、收入水平等社会经济特征相似的个体之间发展起来的,往往是在个人特质相似的群体内部形成的,因为群体内部相似性较高的个体所了解的事物、事件经常是相同

---

[1]　肖鸿:"试析当代社会网研究的若干进展",《社会学研究》1999 年第 3 期。
[2]　赵莉:"社会网相关理论及研究的回顾与思考",《中国青年政治学院学报》2011 年第 2 期。

的,所以通过强关系获得的信息往往重复性很高。

而弱关系(weak tie)则是在社会经济特征不同的个体之间发展起来的,由于这些个人间相似程度低,他们掌握的信息大不相同,弱关系的分布范围较广,它比强关系更能充当跨越其社会界限去获得信息和其他资源的桥梁,可以将其他群体的重要信息带给不属于这些群体的某个个体,从而起到"信息桥"的作用。在与其他人的联系中,弱关系可以创造例外的社会流动机会,如工作变动。格兰诺维特断言,虽然所有的弱关系不一定都能充当信息桥,但能够充当信息桥的必定是弱关系。

1985年,格拉诺维特在《经济行动与社会结构:嵌入问题》这篇文章中提出了"嵌入性"的概念,认为经济行动不是孤立的、单纯的经济行为,而是嵌入社会结构之中的。格拉诺维特认为,我们应该从具体的社会关系入手来解释人们的经济行为,也就是说由于所处的社会关系网络不同而使人们的行为存在着具体的差异,即强调了社会网络结构对人们行为的制约作用。格拉诺维特的"嵌入性"理论的提出,强调人们对经济行为和社会行为的分析必须考虑到社会关系层面。"嵌入性"理论改变了人们对经济行为和社会行为的传统认识,给人们的启发就是经济、政治等行动都是嵌入于社会关系之中的。

2. 社会资源理论与社会资本理论

沿着格拉诺维特"弱关系假设"和"嵌入性"观点的思路,美国社会学家林南提出了社会资源理论。社会资源理论就是对"弱关系力量"假设的一种扩充和延伸。但根据林南的社会资源理论,须结合关系人的阶层地位来权衡关系强度的效应。[①]

所谓社会资源,就是那些嵌入个人社会网络中的资源,这种资源不为个人所直接占有,而是通过个人直接的或间接的社会关系而获取,拥有此种资源可以使个人更好地满足自身生存和发展的需要。人类社会是一个分层体系,地位高的人拥有的社会资源多,而地位低的人拥有的社会资源少。同一阶层的人们拥有的社会资源相近,相互关系往往是"强关系";而不同阶层的人们拥有的社会资源差别很大,相互关系往往是"弱关系"。格拉诺维特认为,"弱关系"联系的是不同群体,而林南则认为"弱关系"联系的是地位不同的阶层。同时,林南认为,在一个分层社会结构中,当行动者的行动为工具性行动时,他拥有的"弱关系"将比"强关系"给他带来更多的社会资源,但前提是这种"弱关系"的对象处于比行动者本人更高而不是更低的社会地位。林南认为,无论是"强关系"还是"弱关系",个体社会网络的异质性、网络成员的社会地位、个体与网络成员的关系力量决定着个体所拥有的社会资源的数量和质量。林南认为,资源不但可以被

---

① 赵莉:"社会网相关理论及研究的回顾与思考",《中国青年政治学院学报》2011年第2期。

个人占有,而且也嵌入于社会网络之中,通过关系网络可以摄取。

林南认为"强关系"与"弱关系"是社会网络分析的常用方法。"强关系"指来往频率大、投入时间多、亲密感强、可以分享资源、提供互惠性服务的关系;"弱关系"与"强关系"相反。人们在遇到困难时喜欢找"强关系"帮助。但"强关系"拥有的资源往往有局限性,有时与我们拥有的资源是相似的,即同质性。而"弱关系"虽然是个体卷入不多甚至没有卷入的关系,但它从数量上说要比"强关系"更多,"弱关系"拥有的社会资源与"强关系"性质不同,是异质的。"弱关系"可以使我们跳出原有的社会圈子,可以找到不同的资源、不同的信息、影响度不同的点。因而,有时"弱关系"比"强关系"更有用。

一个人的社会网络的异质性越大,网络成员的地位越高,个体与成员的关系越弱,则其拥有的社会资源就越丰富。而后,社会资源理论把个体的能力引入了关系的效应分析,但显然,关系的作用最终是由个体的能力与意愿的合力所决定的。从这个角度出发,根据强、弱关系的定义,最弱的关系没有用,因为这种关系根本产生不了交换的动因;而最强的关系,由于意味着承诺、信任、义务,因而帮助的动机最强。

林南的这个"社会资源"概念与后来科尔曼所提出的"社会资本"概念已无太大的差异,在后来的研究中,林南有时也将"社会资源"称为"社会资本"。

科尔曼(James S. Coleman)从理性选择的角度出发,1988年在《美国社会学期刊》发表的《作为人力资本发展条件的社会资本》一文,第一次明确提出了社会资本的概念。社会资源作为个人拥有的资本财产,即社会资本,它由构成社会结构的各个要素所组成,存在于人际关系的结构中,为结构内部的个人行动提供便利。与此同时,科尔曼也区分了社会资本和人力资本两个概念,指出了两者的不同之处。他认为社会资本由三个要素构成:第一是社会结构的"某些方面";第二是作为这些"方面"载体的一种社会关系;第三是由此生成的行动和资源。而把人力资本看作社会资本积累的过程。

第二节　社会化理论

社会化指的是个体学习社会文化,内化社会的价值观和行为规范,成为承担一定社会角色的社会人的过程。社会化的条件包括:人具有高级的大脑、较长的生活依赖期、较高的学习能力和语言能力。社会化的内容表现在:学习生活常识,掌握生活技能;内化价值观念,学习社会规范;形成个性,完善自我;培养社会角色。社会化的机构包括家庭、学校、大众传媒、同辈群体、社区、工作单位等。

人的社会化过程贯穿人的整个生命周期,从牙牙学语的婴儿到饱经沧桑的垂暮老者,人都在不断的认识和学习中适应社会。社会化过程伴随着人生各个时期不同新角色的学习和扮演,是人不断与各种社会环境相互作用的过程。

社会化的相关理论非常丰富,大致可以分为从个性发展角度和从社会化机制角度两大取向。本章着重介绍社会化机制的社会化理论,主要有社会角色理论、越轨行为理论和生命历程理论。

一、社会角色理论

"角色"原是戏剧中的名词,指演员扮演的剧中人物。20世纪二三十年代一些学者将它引入社会学,进而发展为社会学的基本概念之一。社会角色理论的主要理论来源有:米德对儿童角色意识的研究、林顿(R. Linton)对角色与地位的研究、完形主义心理学或称格式塔心理学、戈夫曼的拟剧论等。"社会角色"对于理解关系和人格是有益的。[①] 角色理论是关于我们与他人的关系及他们的期望和反应导致我们怎样以具有特色的方式进行回应的理论。[②]

1. 社会角色的内涵

社会角色是指与人们的某种社会地位、身份相一致的一整套权利、义务的规范与行为模式,它是人们对具有特定身份的人的行为期望,是构成社会群体或组织的基础。理解社会角色的概念,应把握以下五个方面:[③]

(1)社会角色是社会地位的动态表现。社会角色和社会地位密不可分,二者是一个问题的两个方面。社会地位是个体在社会关系中所处的位置,社会角色则是个体在这个位置上的行为模式。社会地位是社会角色的基础,社会角色是社会地位的动态表现。

(2)社会角色对应于一系列角色期望。角色期望是社会对处于一定社会地位的个体提出的权利与义务的规定,或说社会期望站在某个地位上的人有某种应有的行为模式。占据某一社会地位的人所表现的行为,不是由这一地位直接引发,而是由附在这一地位上的各类期望所引发。

(3)社会角色是一套权利、义务的规范和行为模式。任何一个社会角色总有一套行为模式,这套模式规定了角色的权利和义务。个人在长期的社会生活中逐渐形成与其权利、义务相一致的行为模式,并且按照这套模式承担一定的社会角色。

(4)角色行为有赖于认知与实践能力。一个人遵循角色期望的程度与形式,取决于他的认知和实践能力,包括对期望的认知、对环境的认知及对自我的

---

① Perlman,Helen Harris, *Persona*:*Social Role and Personality*, Chicago:University of Chicago Press. 1968.

② Malcolm Payne 著:《现代社会工作理论》,何雪松等译,上海:华东理工大学出版社 2005 年版,第170 页。

③ 风笑天主编:《社会学导论》,武汉:华中科技大学出版社 1997 年版,第98~102 页。

认知。

（5）角色是社会关系的基础。如果把社会地位看作社会关系的"结点"，那么角色行为就是"连线"。角色行为将各种社会地位连接起来，构成了复杂的社会关系网，社会角色因此成为社会关系的动态要素。

2. 角色扮演

角色扮演是指个人具备了充当某种角色的条件，承担和再现角色的过程与活动。角色扮演就是在社会生活中要回答"我是谁?"这个问题。在回答"我是谁"的过程中，确定自己的实际地位与别人的关系，从而充当起某种角色。主要内容包括：

（1）角色的确定。在社会舞台上，人不能随心所欲地扮演角色，角色的承担首先要有一个确定的过程，或者说需要经过"认同"，来证明一个人的实际地位、身份等与其承担的角色相一致。角色确定是在长期社会互动中完成的。对于一个集体来说，角色确定也就是回答"我是谁"的问题。特别是当人们遇到了一些新的社会关系，来到一个新的社会环境中时，就会遇到角色确定的难题。在社会生活中，角色确定不当的事情经常发生：一是不能胜任角色；二是未能承担合适的角色；三是在某些场合选择了不适当的角色。角色的确定是否有效，最终是由社会决定的，但它也与个人的活动和努力密不可分。

（2）角色距离（role distance）。这是指个人与他所承担的角色之间存在着差距。所谓表现出"角色距离"者，既包括那些行为、品质达不到角色规范的人，也包括那些素质远在角色规范之上的人。当一个人不承担某种角色时，其行为便不构成角色距离。角色距离表明自我与理想的角色模式是分离的，它妨碍一个人进入角色。

（3）角色的再现。社会角色的表现需要一系列手段。角色扮演的条件是：

第一，布景与道具。与舞台上的表演需要装饰一样，社会表演也需要布景和道具，所不同的是社会舞台上需要的是真景实物。一方面，它们起着象征作用，既作为角色表演的标志，也是角色活动的场所；另一方面，它们也具有实用性。

第二，注意衣着、仪表与言谈举止。前者是角色的外部再现，后者是角色内在品质的反映。

第三，注意前台、后台的表现与角色表现上的配合。角色表演有前台、后台之分。前台表演指人们正在扮演某种角色，后台表演指正式表演前的准备活动。将这两种表演区分开来具有实际意义。要使角色有出色的表演，还需要实现角色之间的配合，否则某一个角色的失误就可能导致整个演出的失败。

（4）扮演过程。角色表演需要经过三个环节：一是对角色的期望（role expectation），人们在承担某一角色时，首先遇到的是社会或他人对这一角色的期望。二是对角色的领悟，社会或他人对角色的期望是一种外在的力量，它还不是角色承担者自己的想法。人们对角色认识、理解即是角色领悟的结果。一个角色扮演得是否成功,最终要以社会的评价为标准。三是角色的实践,这是期望与领悟的进一步发展,是在个人实际行动中表现出来的角色。

3. 角色失调

这是指在角色扮演中发生了矛盾,遇到了障碍甚至遭到失败。常见的角色失调有:

(1) 角色不当。指角色扮演者在一个特定的场合错误地扮演了其他角色。

(2) 角色冲突(role conflict)。即在角色之间或内部发生矛盾、对立、妨碍角色扮演的顺利进行。事实上,我们每天都在扮演很多角色,而且一些角色肯定会产生冲突。角色冲突有两类:一类是在不同承担者之间的冲突,如夫妻冲突、婆媳冲突等,它常是由角色利益上的对立、角色期望的差别以及偏离角色规范等原因引起的。另一类是在角色承担者自身内产生的冲突,这又有两种不同情况:首先,当一个人所承担的同一社会角色受到来自不同方向的角色期望,使他难以胜任并在时间和精力上出现紧张感,亦称"角色紧张"(role strain)。其次,当一个人所承担的几种角色间出现了行为规范互不相容的情况时,也会发生角色冲突。角色冲突或角色紧张通常是很有压力的,会带来焦虑和心理上的疲惫。防止角色冲突只能根据不同情况采取相应对策。针对角色紧张就应减少过多兼职,解除过重负担;针对角色规范冲突就应使人的角色单一化,即在一种场合只扮演一种角色。

(3) 角色不清。即社会大众或角色的扮演者对于某一角色的行为标准不清楚,不知道这一角色应该做什么、不应该做什么和怎样去做。在社会与文化急剧变迁时期,很多社会角色的行为规范都超出了过去人们习以为常的范围。在变迁中,当一组新角色初次出现,社会还没来得及对其权利、义务作出规定时也会造成角色不清。

(4) 角色中断。指处在某一角色地位的人,由于主观或客观的原因不能将该角色扮演到底而出现的中途间断的现象。它的发生可能是由于人们在承担角色的前一阶段时没有为后一阶段所要履行的角色义务作好充分准备,或者是因为角色的前一阶段的一套行为规范与后一阶段所要求的行为规范直接冲突。

(5) 角色失败。亦称角色崩溃。这是一种最严重的角色失调现象,是指角色承担者被证明已不可能继续承担或履行该角色的权利和义务,不得不中途退出舞台,放弃原来角色的一种现象。

二、越轨行为理论

作为一个社会人的一生除了儿童和青少年时期的基本社会化过程之外,还包括基本社会化基础上的继续社会化以及由于社会化的偏向和中断所导致的再社会化。越轨行为理论从社会环境入手,强调社会环境对社会化过程中的偏差行为的影响。

1. 社会失范理论

社会失范理论的首倡者是法国社会学家涂尔干(Emile Durkheim),他认为凡是存在着不明确的、彼此冲突和分散的规范的地方,个人与他人就不存在有道德意义的关系或者没有规定获得快乐的界限,这就是社会失范。

美国社会学家默顿(Robert King Merton)认为是失范是这样一种社会状态:社会所规定的目标与决定着达到这些目标的规范不一致。默顿从价值上将社会结构划分为两大类:一类是目标;一类是达到目标的手段。他认为,人们在社会中分享共同的价值,文化价值为社会树立起发展的目标,同时社会也为人们提供制度化的合法手段。默顿所指的文化目标是社会依据它的规范体系认为是值得有、值得存在的东西;制度化手段是社会认为是合法地获得文化目标的方式。默顿认为,所谓失范,就是在人们用社会认为合法的手段不能实现自己的文化目标时发生的,而对于这种情形的一个共同的反应,就是越轨行为(当触犯刑律时即为犯罪行为),即用不符合社会规范的手段来实现自己的文化目标。

社会文化为社会成员提供奋斗的目标和实现目标的正常途径,但人们获得成功的机会并不是均等的,尤其是处于社会底层的人,很难通过社会赞同的途径获得成功,社会结构的压力有可能导致他们通过越轨方式追求成功。默顿强调越轨行为是经历一系列挫折之后的必然结果,他把越轨行为分为五种类型:(1)遵从,认同文化目标,也遵从制度化手段;(2)形式主义,即接受社会规定的正常途径,但不承认社会文化提供的目标;(3)退却,指对社会文化规定的目标和途径都采取否定态度;(4)反叛,指用新的目标和手段取代社会认可的目标和手段;(5)革新,指接受社会文化给定的目标,但拒绝社会规定的正常途径。

2. 亚文化群理论

亚文化,亦称副文化,是与主文化相对应的一个概念。主文化是指在一个社会里占主导地位的文化,主文化被社会认可、以社会力量推行并维护,在阶级社会里,主文化就是统治阶级的文化。与主文化相比,亚文化生存的空间要小得多,它是因各种社会因素和自然因素的差异造成的一种区域性文化或群体性文化的统称。

亚文化群理论认为,一个人可能在这样一个集团或群体内生活,这个群体有一种稳定的、但与主文化的价值体系不同的价值体系,这样的群体称为亚文化群。个体如果长期生活在亚文化群体里,受其价值体系的影响,就可能产生犯罪。美国社会学家科恩(A. K. Cohen)是亚文化群理论的主要代表人物,1955年他在《亚文化群体》一书中,提出了亚文化群犯罪理论。科恩认为,犯罪亚文化群产生和维护的价值观体系和行为倾向与主文化的价值观和行为准则相抵触、相背离,这是犯罪和非法行为的真正根源,而亚文化的产生是社会化过程的不完善、不适当引起的。他认为,少年亚文化群通常是在社会下层阶级的居住区形成的,因而犯罪团伙基本上是由下层阶级青少年组成的。美国社会的民主性支持下层阶级青少年有权去追求与中产阶级青少年相同的目标,但事实上,社会并没有为每个人提供达到这种目标的相同手段。当下层阶级青少年最终感到失望时,就会发展出一种与社会主文化相背离的文化。

3. 差异交往理论

犯罪学家爱德温·萨瑟兰(Edwin H. Sutherland)认为,人们的行为取决于周围人对他的期望,出现越轨行为是因为受与之交往的人的影响。萨瑟兰指出,儿童成为越轨者是因为与他交往的许多人都赞同越轨行为,这种越轨压力不仅来自其他越轨者的直接影响,也可以借助人际交往过程发生作用,一般需要经历两个阶段:首先是越轨技术的学习,其次是越轨价值观的学习。

后来的研究者指出,学习者在学习越轨行为的过程中会得到其他越轨者给予的报酬,如赞扬、尊敬等,大多数越轨行为是在与他人的交往中产生的。

4. 标签理论

默顿的社会结构失范理论与萨瑟兰的差异交往理论都试图寻找越轨行为产生的原因,但标签理论研究的重点则是越轨行为产生的过程,它强调越轨是相对的,需要社会和他人为越轨行为划出一个界限。

埃德温·勒默特(Edwin Lemet)在1951年出版的《社会病理学》一书中提出标签理论,他把越轨行为分为初级越轨和次级越轨。初级越轨是指偶尔违反社会规范而未被标定的越轨行为,越轨者并未确定自己的越轨身份;次级越轨就不同,这种行为不仅被他人标定为越轨行为,而且当事人也把自己视为越轨者。次级越轨者在接受自己的越轨身份后,就会为自己树立一个越轨者的形象,他们的行为、语言和衣着等都会带有越轨群体的某些特征,他们对自己的越轨身份越确定,与一般人的区别就越明显。

贝克尔(Howard Becker)指出,社会群体经由制度规则、决定将其应用于谁而创造越轨,并将他们标签为正常社会生活的"局外人"。

标签理论的主要观点是:

(1)社会通过创造一些新的准则而创造了越轨行为。各种社会群体创造了越轨行为,其方式是制订那些一经违反就会造成越轨的准则,并把这些准则应用于特定人给他贴上不受欢迎的标志。越轨是触犯规则的结果。一种行为是否越轨取决于人们怎样对它做出反应。

(2)某人或某种状况被认定是有社会性的问题或越轨而被加上某种称呼后,将会导致人际关系重组。这就好比贴标签一样,一个人如果被贴上某一种标签,这个人的行为也就会逐渐符合这个标签。这将会使这个被指称为越轨行为者的生活机会受到相当限制,并导致它继续去扮演越轨角色。这种因其他人的反应所造成的越轨角色又称为"次级越轨"。

（3）标签理论提出了解决社会问题的两种办法。一是改变定义,二是消除指称所带来的利益。改变定义,就是提高"犯规"的标准和条件,要求人们更加宽容,这样才不至于将某些人或状况指控为是有问题的。消除指称所能带来的利益,就是为了减少指称别人的机会,减少因指称别人而自己可以从中捞到的好处。倘若能消除指称带来的利益,则人们都会减少指控,这样会减少越轨①。

（4）在人们变成越轨者并持续作为越轨者的过程中,给人们标上越轨者的标志是一个关键的因素。

标签理论强调了认识越轨的过程,而忽视了越轨行为本身。该理论提出了应该考虑执法者和越轨者的双向关系,这是一个新的视角。

三、生命历程理论

生命历程理论被定义为一种按照年龄进行区分的生命模式,它嵌入在社会制度中并受到历史变化的制约。生命历程理论力图把生命历程理解为一种社会化机制,并且考察它如何受到社会变化过程的影响。

生命历程理论将个体的生命历程看作是社会力量和社会结构的产物,关注生命过程中发生的独特事件与角色转换,侧重于研究剧烈的社会变迁对个人生活与发展的显著影响。

1. 生命历程的内涵

生命历程理论的代表人物埃尔德（Glen H. Elder）认为,生命历程（life course）即是指个体在一生中会不断扮演的社会规定的角色和事件,这些角色或事件的顺序是按年龄层级排列的。② 这种由社会界定并按年龄分级的事件和角色模式,该模式受文化和社会结构历史性变迁的影响。③

与生命周期（life cycle）相比,生命历程更为灵活,它不需假设一套规划或统一的生命阶段,而是强调个体生命经历的多样性。④ 生命周期的原意是指由自然人口的再生产机制所驱使的成熟和生育过程,在社会学里主要有三个问题与生命周期概念相关:个体老化（aging）、家庭生命周期和组织生命周期。这一概

① ［美］艾尔·鲁宾顿和马丁·魏伯格:《社会问题导论——五种理论观点》,台北:巨流图书公司,1988年版,第249~259页。

② Glen H. Elder, Monica Kirkpatrick Johnson & Robert Crosnoe, *The Emergence and Development of Life Course Theory*", in Jeylan T. Mortimer and Michael Shanahan(eds.), *Handbook of the Life Course*, New York: Kluwer-Plenum, 2003, pp. 3~19.

③ ［美］埃尔德:《大萧条的孩子们》,田禾、马春华译,南京:译林出版社2002年版,第439~440页。

④ Mayer, K. U., & Tuma, N. B. (Eds.). *Event History Analysis in Life Course Research*. Univ of Wisconsin Press, 1990.

念包含了再生产（reproduction）和世代（generations）的含义，所以它更确切的是与群体，而非与个人相联系。生命历程大体是指在人的一生中随着时间的变化而出现的，受到文化和社会变迁影响的年龄级角色和生命事件序列。它关注的是具体内容、时间（timing）的选择，以及构成个人发展路径的阶段或事件的先后顺序。一般而言，尽管生命历程与家庭、经济、政治中的社会过程相联系，但它基本是个体层次的概念，与生命周期所包含的世代概念没有内在联系。①

生命跨度（life span）指的是个体从生到死一生的持续期。除了出生或死亡的事件以外，它认为生命过程是连续、无跳跃性差别的成熟过程。生命跨度的概念在发展心理学中得到了较普遍的运用，用于描述和解释从出生到死亡的与年龄相关的生理、心理和行为的变化。②

人一生中所经历的诸如出生、入学、就业、婚恋、辞职、退休等都是生命事件，这些生命事件会按照一定的顺序排列而构成个体的生命历程，但生命事件的发生时间、地点、内容等会受到社会结构的影响，故而其排列顺序也会有所不同。由此，用生命历程范式分析社会现象时，要特别关注事件与事件之间持续时间的长短，要关注事件是否依社会时间表而产生，主要生活事件发生的先后顺序和它们对未来社会发展的影响。③

2. 生命历程理论的核心概念

（1）轨迹和变迁

轨迹和变迁是生命历程理论的两个核心概念以及基本分析主题。轨迹（trajectory）是指一生发展中的某一具有长期稳定性的心理或社会状态④，它依据角色发生的先后次序建立，反映了人在较长时期内的生命模式。这种具有跨时间性的倾向或行为模式可能转变，也可能持续。轨迹是一个长期概念。⑤

变迁（transition）是轨迹的一个元素，它与延续一起共同构成了轨迹。变迁总是在社会轨迹内发生，并由某些特别的生活事件所标明，例如大学毕业、首次工作、结婚等。生命历程研究特别关注变迁所发生的标准社会时间与个体角色变换的先后次序，关注事件是否依照社会时间表而发生。延误变迁可能会产生

① 李强、邓建伟、晓筝：《社会变迁与个人发展：生命历程研究的范式与方法》，《社会学研究》1999年第6期。

② 李强、邓建伟、晓筝：《社会变迁与个人发展：生命历程研究的范式与方法》，《社会学研究》1999年第6期。

③ 李强、邓建伟、晓筝：《社会变迁与个人发展：生命历程研究的范式与方法》，《社会学研究》1999年第6期。

④ 包蕾萍、桑标："习俗还是发生？——生命历程理论视角下的毕生发展"，《华东师范大学学报（教育科学版）》2006年第1期。

⑤ 包蕾萍："生命历程理论的时间观探析"，《社会学研究》2005年第4期。

冲突性的后果,并因此对未来的时间表产生压力。①

轨迹和变迁的相互作用就产生了生命历程中的转折点,转折点有可能改变生命轨迹的方向。

（2）生命事件

生命历程理论的基本分析范式,是将个体的生命历程理解为一个由多个生命事件构成的序列。比如,一个人一生中会经历入学、就业、生育、退休等生命事件,这些生命事件按一定顺序排列起来,就构成了一个人的生命历程。生命事件发生的时间、地点和内容深受社会结构的影响,而后者反过来又会影响到个体的角色扮演。② 同样一组生命事件,如果排列顺序不同,对人生的影响也会大不相同。生命事件之间是相互有影响的,这使得研究事件之间的过渡关系显得非常重要。

3. 生命历程理论的范式性主题

生命历程是指人在一生中随着时间,由于不同的文化和社会变迁的影响产生的不同的年龄角色和生命事件序列,其主要关键点有:关注社会生活的代际传承;宏观社会事件以及结构特征对微观个人的影响;人生中年龄的社会意义,从生命时间、社会时间和历史时间三个维度对年龄进行重新思考。③ 生命历程极力寻找的是一种将生命的个体意义与社会意义联系起来的方式。

生命历程理论有四项范式性主题:

一是在一定时空中的生活。即"个体的生命历程嵌入了历史的时间和他们在生命岁月中所经历的事件之中,同时也被这些时间和事件所塑造着。"④对出生在不同年代、不同地域的人来说,呈现在他们面前的社会景观不同,他们所拥有的机会和受到的限制也不一样。

二是生命的相互关联性。即"生命存在于相互依赖之中,社会—历史的影响经由这一共享的关系网络表现出来。"⑤个体并非独立存在,而是嵌套于具体的社会关系之中的。社会和历史对个人生命的影响会以具体的关系网络为载体。

三是生命的时间性。即"一系列的生活转变或生命事件对于某个个体发展的影响,取决于它们什么时候发生于这个人的生活中。"⑥这强调了个体与外界

---

① 包蕾萍:"生命历程理论的时间观探析",《社会学研究》2005年第4期。

② 刘伟青:"生命历程理论视角下社会工作介入流动儿童生命教育的内容和策略探究——以北京市石景山区 HA 打工子弟学校为例",首都师范大学硕士论文,2012年。

③ 包蕾萍:"生命历程理论的时间观探析",《社会学研究》2005年第4期。

④ [美]G. H.埃尔德:《大萧条的孩子们》,田禾、马春华译,南京:译林出版社2002年版,第426~432页。

⑤ [美]G. H.埃尔德:《大萧条的孩子们》,田禾、马春华译,南京:译林出版社2002年版,第426~432页。

⑥ [美]G. H.埃尔德:《大萧条的孩子们》,田禾、马春华译,南京:译林出版社2002年版,第426~432页。

环境的匹配情况,认为某一生命事件发生的时间甚至比事件本身更有意义。在这方面,纽加尔顿(Bernice Neugarten)根据社会年龄与生理年龄的叠加,提出了"标准时间表"的概念①,用以标定个人主要生活事件和社会角色发生的恰当时间,表明了社会对不同年龄阶段的期望。生命中的某些事件会被认为应该在某一合适的年龄阶段发生,若偏离了这一标准时间表,则可能产生一系列严重的个人或社会后果。

四是个人的能动性。即"个体能够通过自身的选择和行动,利用所拥有的机会,克服历史与社会环境的制约,从而建构他们自身的生命历程。"②

总的来说,生命历程理论的核心观点在于,认为"社会制度性机制与个体特质的交互影响所形塑的累积性作用力,将把不同的个人或家庭带入不同的生命轨迹。"③

第三节　系统理论

社会工作的系统理论是在一般系统理论以及结构功能主义的基础上发展起来的。应用在社会工作的系统理论分为两种类型,即一般系统理论和生态系统理论。生态系统理论是在一般系统理论的基础上发展出来的,也有学者将帕森斯的结构功能主义中的社会体系分析视为另一种系统理论类型。

系统理论的视角很好地体现了社会工作中"人在情境中"这一核心理念。尽管系统视角被批评为偏于描述性,但它却成为综融社会工作模式的重要基础。

一、一般系统理论

一般系统理论的创立者冯·巴特兰菲(Bertalanffy)试图建立一个各学科共同使用的理论,推动不同学科之间(包括自然科学和社会科学)的整合趋势。至20世纪50年代,一般系统理论受到各种学科的关注和运用,开始被逐步推广,常常被应用于团体、家庭和社会等社会系统及生物系统。④

1. 系统理论的基本概念

系统理论的概念很多,大致可以分成系统本身的主要概念、系统运作和改变方式的概念、系统的状态方面的概念。

---

① Neugarten,B.L,and G.O.Hagestad,"Age and the Life Course." in *Handbook of Aging and the Social Sciences*,edited by B.B. Binsrock and E. Shanas. New York:Van Nostrand Reinhold,1976,pp.626~649.

② [美]G.H.埃尔德:《大萧条的孩子们》,田禾、马春华译,南京:译林出版社 2002 年版,第 426~432 页。

③ 吕朝贤:"贫穷动态及其成因:从生命周期到生命历程",《台大社工学刊》2006 年第 14 期。

④ [英]Malcolm Payne 著:《现代社会工作理论》,何雪松等译,上海:华东理工大学出版社 2005 年版,第 148 页。

（1）系统本身的主要概念

系统本身的主要概念包括系统、界限、开放系统和封闭系统等。系统是一群客体间以及这些客体所具有的特质之间存在着的关系。系统与环境之间产生互动和交流现象，但系统却不会被环境所融化，其主要原因是系统有它的界限。界限的界定不仅是靠系统本身决定，有时也必须考虑环境的影响力。一个界限模糊的系统可能是开放的，而一个界线十分明确的系统可能是封闭的。开放系统是指系统内的能量可以越界地互动，容许内部能力、资料及资源与外部环境相互交流与交换，其界限是可以相互渗透的。封闭系统是指系统内的能量不能越界地互动与交流，因为其界限是固定的，系统与环境完全是独立的。

（2）系统运作和改变方式的概念

系统运作和改变方式的概念包括输入、作用、输出和反馈等。输入是指能量透过界限进入系统的过程；输出是指能量的效应透过系统的界限释放到外部环境的过程；作用是指系统内的能量和资源是如何被应用的过程。反馈是指开放系统输出能量影响外部环境并引起新的能量再次传输至系统的过程，从而系统做出适当的改变以适应环境的要求。

（3）系统的状态方面的概念

反映系统的状态的概念包括稳定状态、内在稳定性、分化、非等加性和成长等。一个系统的状态可由以下五个特征进行界定：

稳定。稳定状态是指系统本身依靠接受外界的输入和利用输出以维持系统正常的运作。内在稳定性是指系统在接受外界的输入并加以作用而产生变化的情形下，系统仍能维持其基本本质的能力。

平衡。横向互动是指系统与系统之间的互动，是一种跨界限的互动。直向交往是指系统内部各组成部分之间的互动。在系统内的组成部分必须保持联系，通常这些联系是双方流通的，而不应是由单方控制的。每个封闭系统通常都有其既定的结构，而且与外在环境只有横向互动而没有直向交往，这种系统有其内在的平衡。开放系统与环境有互动，而且在互动期间它与环境保持一种稳定的关系，这种状态被称为动态平衡。

分化。分化是指系统在经历一段输入输出、作用反馈的过程后，包含了更多不同的组成，发展成为复杂状态的概念。

非等加性。非等加性是指系统是一个完整的整体，这个整体并非部分的聚集，整体大于次系统各部分相加后的总和。

成长。成长是指在开放系统与其环境互动的过程中，系统本身的结构做出改变以适应外在环境的变迁，从而达到自我改造和自我强化的过程。

2. 一般系统理论的思想

一般系统理论认为,所有的有机体都是系统,各个系统由不同的子系统组成,也是更大系统的一部分;系统都是有边界的,在其边界之内而非边界之外,物质和精神能量可以进行交换;封闭的系统没有跨边界的交换,当能源跨过可以穿越的边界时,开放的系统就出现了。

一般系统理论关注个人与环境的互动以及系统的相互联结问题。环境是一个所有因素互相渗透和互相影响的运作过程,系统的交互过程重新关注环境的因素。人不能独立于环境而存在。

一般系统理论用系统概念隐喻人类生存其间的环境,将人类发展置于一个特定的系统进行考察。该理论认为,人们是相互依赖的,人们必须在社会环境中依靠他人、依靠社会系统以获得满意的生活。个人与他所处的环境处在多重互动中,并且共同构成了一个社会系统。该理论同时认为社会系统结构的平衡和稳定是系统运行和维持的基本条件,也是个体生存和发展的必要条件。此外,一般系统理论还强调系统为适应外部环境的变迁必须改变自身结构,从而达到自我改造和完善的目的。

二、帕森斯的结构功能主义

结构功能主义发轫于欧洲大陆,经过一个复杂的发展过程,于 20 世纪四五十年代在美国达到了全盛阶段,成为当时西方社会学研究的主要理论和方法论基础。结构功能主义这一名称是由美国社会学家、哈佛大学教授塔尔科特·帕森斯(Taccott Parsons)于 1945 年首先提出来的。在他的倡导下,结构功能主义在美国得到广泛的传播,逐渐为人们所接受。这一学说由他的学生(其中许多人成为美国当代主要的社会学家)作了进一步发挥,一时风靡美国社会学界,在 20 世纪 50 年代取得了统治地位。鉴于第二次世界大战后美国在西方世界的中心地位,这一流派也因此而产生了世界性影响。

结构功能主义含有浓厚的系统理论色彩,有学者把帕森斯的结构功能主义中的社会体系分析看做一种系统理论。结构功能主义中的规范、角色、社会结构、社会制度、整合、社会系统等基本概念,对社会工作实践产生了深远影响。[①]

结构功能主义认为,社会一致性把社会联系在一起,使它的组成部分产生社会秩序。帕森斯系统理论所关心的是社会行动系统的稳定和均衡、子系统之间的功能调适,其最终目的不仅在于使社会继续生存下去,还在于维持系统的均衡状态。

结构功能主义最基本的研究对象是作为一个整体的社会,重点放在了研究

---

① 范明林编著:《社会工作理论与实务》,上海:上海大学出版社 2007 年版,第 90 页。

构成社会的各种要素之间的相互关系、功能和演变过程上。结构功能主义者的研究目的一是要揭示社会生活的条件和社会生活的必要前提;二是力图解释某一社会行动所造成的效果或发挥的功能;三是探寻如何使各种要素协调起来并使之一体化。"结构""功能"是这一理论的最基本概念,"结构"是指构成整体的各要素间相对稳定的模式关系,"功能"概念使用最普遍的含义是指有关维持体系均衡的活动。

1. 行动系统

帕森斯理论研究的出发点是"行动者",在他看来,每一项行动中的行动主体都不是靠自己的心理动机而单独行动,相反,除了行动者的动机、能力和精力外,更重要的是社会价值观与规范,它们是决定行动目的和方向的重要原因。另外,行动总是在情景中运行,情景本身以及主体对情景的感受也对行动发生影响。所以,每一项行动都可以分解为行动主体、情景、主观意义、规范准则和价值观四个要素,也就是说,任何人类行动都具有系统的特征。从这一基本观点出发,帕森斯运用结构功能方法对社会系统和社会行动加以分析。

2. 行动系统的普遍功能要求:AGIL 模型

在帕森斯看来,任何系统要生存下去都必须解决两个方面的问题:一方面是处理系统内部状态和对付外部环境;另一方面是追求目标和选择手段。因此,帕森斯提出,系统为了生存下去必须满足四个功能先决条件:(1) 适应性功能(Adaptation),即系统能适应外部环境并获得系统所需的资源;(2) 目标实现功能(Goal attainment),即系统能调动资源以达到系统的目标;(3) 整合功能(Integration),即系统必须把部分协调成一个功能整体;(4) 模式维持功能(Latent pattern maintenance),即系统应保持价值观的稳定使得行动按一定的规范和秩序进行。

帕森斯认为,AGIL 代表着行动系统的四个基本功能要求,也即四个基本的生存条件。一个系统能否生存与稳定,就在于能否实现 AGIL 功能。帕森斯所提出的这四个基本概念具有高度的抽象性和概括性,为研究所有的行动系统提供了功能分析框架。

3. 对行动系统所作的功能分析

按照结构功能主义的观点,一定的功能总是通过一定的结构来执行。对行动系统进行功能分析,就是集中考察 AGIL 四个功能需求是如何得到满足的。帕森斯认为,最一般的行动系统是由四个子系统构成:有机体系统,人格系统,社会系统(狭义的,专指人与人互动的层面),文化系统。有机体系统执行适应性功能;人格系统执行目标实现功能;社会系统执行整合功能;文化系统执行模式维持功能。如图 3-1 所示。

A	G
有机体系统	人格系统
文化系统	社会系统

L　　　　　　　　I

图 3-1　行动系统的 AGIL 分析

依据控制论的原则,帕森斯进一步分析了子系统之间的控制等级关系。在系统中,信息资源强的部门必须对能量资源强的部门发生控制作用,因此,在行动系统中,有机体系统是最富能量而信息最少的,处在最底层,而人格系统、社会系统、文化系统则信息最强、能量最弱,居于行动系统的最高层。

4. 对社会所作的功能分析

帕森斯不仅把 AGIL 分析运用于一般行动系统的分析,而且他认为 AGIL 分析对于子系统的分析也是适用的。当把子系统作为独立的系统加以分析时,它同样也具备四个子系统和四个必须满足的功能条件。

社会次体系就是通过经济、政治、社会化、社会共同体四个子系统来执行功能的。在社会次体系中,经济系统执行适应性功能;政治系统执行目标实现功能;社会化系统执行整合功能;社会共同体系统执行模式维持功能。子系统与子系统之间相互联系、相互依存,彼此之间存在着信息和能量的交换。如图 3-2 所示。

A	G
经济	政治
社会共同体	社会化

L　　　　　　　　I

图 3-2　社会次体系的 AGIL 分析

三、生态系统理论

生态系统理论来源于生态学和一般系统理论。生态学关注有机体在环境中的适应性以及有机体在环境中获得的动力平衡与成熟的过程,看重人类生命有机体与其周遭环境之间的互动。

1. 生态学的基本概念

生态学(ecology)一词源自于希腊语 oikos 生态学是研究生物体和周围的环境(包括非生物环境和生物环境)相互关系的科学;是研究生物及其环境之间的相互关系的科学。社会生态学被用来描述个人在社区中与他人日常的互动关系。社会生态学致力于改善案主的心理和环境状况,提出了一个整合的框架,其中包括了众多因素和不同的概念。

社会环境(social environment)。社会环境包括相关的各种条件和围绕着案主的各种相互作用。

互动与交流。这两个概念经常被认为是同义的字眼,都是用来描述沟通的模式。具体来说,互动(interaction)是两者之间的行动;交流(transaction)是超出两者以上的行动。交流是系统间相互的协商,是人与人、人与系统之间的相互交流、相互作用;互动则是两者之间行动或反应的连续结果。

能量(energy)。能量是人与环境之间能动作用的力量,有输入、输出两种形式。输入即能量进入个人的生活并增强之;输出即能量从个人的生活中外流。

界面(interface)。界面是个人与环境之间发生作用的确切点。要评价环境中的人,关键是要找准界面。每一个人都是另一个人社会环境的一部分,如果找错了界面,将在解决问题之前浪费许多时间和精力。

适应(adaptation)。适应是指根据环境的条件调整自己,以便继续有效地发挥功能,这意味着变化。适应具有抗拒、接纳、改变与交流的特性。抗拒,即个人忍受环境带给他的压力,是一种弹性的适应;接纳,即个人改变自己去符合环境的需要,是一种模塑性适应;改变与交流,即个人改变环境来满足自我的需求,是一种控制性适应。

应对(coping)。应对是适应的一种形式。适应强调对新环境的肯定或否定的反应,应对强调努力克服困难、处理问题。

互相依赖(interdependence)。互相依赖指人与人、人与系统之间的互相依赖。个人依赖其环境中的其他人和群体或与其他人和群体互相依赖。同样,其他人之间也是互相依赖的。

2. 社会生态学的观点

社会学家帕克(Park)把社会生态学的层次分为人类竞争为基础的共生层次和沟通与共识的文化层次。由这两个层次的汇集解释各种社会组织,以影响和引导个人的社会生活功能。生态学观点引导我们把焦点置于生活与环境的适应性平衡上,也引导我们了解评估事件与人们对适应、整合与分化的反应。

社会生态学的观点引导人们将注意力集中在整体上,而不是一个单个部分、系统或是对象环境的某一方面,不仅关注个人对环境的反应,同时也关注个人改变周围社会系统的能力以及同时发生的子系统之间的关系、地理环境对社会进程的间接影响。

社会生态学的观点强调人的优点,强调人与人之间以及人与周围物理的、社会的、文化的环境之间的相互作用。人们努力争取与环境的适应,而且有一种自然的力量推动人们获得和掌握新的能力。由于社会环境、个人发展和生命事件的变化将会导致系统失去平衡,所以行为和情绪被看作应对、抵抗、改变或者适应压力以及能否适应环境的一种方式。

3. 生态系统理论的主要思想

生态系统理论(Ecosystems Theory)也称为社会生态系统理论,是系统理论的分支,它注重把人放在环境系统中加以考察,注意描述人的生态系统如何同人相互作用并影响人的行为,揭示了家庭、社会系统对于个人成长的重要影响。[①]

生态系统理论是用以考察人类行为与社会环境交互关系的理论。该理论把人类成长生存于其中的社会环境(如家庭、机构、团体、社区等)看作一种社会性的生态系统,强调生态环境(人的生存系统)对于分析和理解人类行为的重要性,注重人与环境间各系统的相互作用及其对人类行为的重大影响,是社会工作的重要基础理论之一。

生态系统理论强调人与社会系统各要素在环境中相互作用,并对人类社会行为具有重大影响。人们参与的系统可分为微观系统、中观系统和宏观系统。三个系统的相互作用对人类行为具有重要影响。其中微观系统中的生物因素、心理因素和社会因素的互动是评估人类行为的一个重要方面。系统模式状况全面反映了各系统间的互动关系。

查尔斯·扎斯特罗(Charles H. Zastrow)指出,个人的生存环境是一个完整的生态系统,即由一系列相互联系的因素构成的一种功能性整体,包括家庭系统、朋友系统、工作职业系统、社会服务系统、政府系统、宗教系统等。人是在环境中与各种生态系统持续互动的主体。人在生存环境中,既受到各种不同社会系统的影响,也持续和具有活力地与其他系统相互作用。

查尔斯·扎斯特罗把人的社会生态系统区分为三种基本类型:微观系统(micro system)、中观系统(mezzo system)、宏观系统(macro system)。他指出,微观系统是指处在社会生态环境中的看似单个的个人。个人既是一种生物的社会系统类型,更是一种社会的、心理的社会系统类型。中观系统是指小规模的群体,包括家庭、职业群体或其他社会群体。宏观系统则是指比小规模群体更大一些的社会系统,包括文化、社区、机构和组织。人的生存环境的微观、中观、宏观系统总是处于相互影响和相互作用的情境中。

首先,在社会生态环境中,微观系统与中观系统相互作用。个人的行为会受到家庭成员、家庭环境、家庭氛围的影响。同样也会受到个人的工作群体、个人参与的其他小规模群体的影响;反之,个人行为对于这些系统也会产生重要影响[②]。

---

① 师海玲、范燕宁:"社会生态系统理论阐释下的人类行为与社会环境——2004年查尔斯·扎斯特罗关于人类行为与社会环境的新探讨",《首都师范大学学报(社会科学版)》2005年第4期。

② Charles Zastrow & Karen K. Kirst-Ashman. *Understanding Human Behavior and the Social Environment* (6th ed.), Thomson Brookspcole, 2004, p.12.

　　其次,个人微观系统也会受到社会环境中与之互动的宏观系统的重大影响。宏观系统的五种主要类型会对案主产生重要影响,它们是:文化(culture)、社区(community)、习俗(convention)、制度(institution)和机构(organization)。文化是人们在社会生活中共同的态度、价值观、目标、精神信念、社会期待、艺术、技术和行为的综合体,表现了人们生活于其中的社会的一个较为广泛的特征。社区是具有某种共性或共同特征的一组人群,其共同特征以某种方式将其联系在一起,并使之与其他人相区别。① 这些共同特征有可能来自人们居住的街区、人们参与的活动(如工作),或人们之间的其他联系,如"种族认同"。习俗是"一种文化的基本风俗和行为方式,如婚姻、正义、幸福和宗教";制度是"为了某种公共目的建立的组织,以及进行工作的物质设施,如监狱"②;机构是为某种共同的目标而共同工作,并完成各部门分工及其确定的工作任务的人们组成的群体。宏观系统中的公共价值观和机构系统常常会对社会工作的对象(案主)发生影响。它们决定着案主可以得到的或需要的资源及服务。例如,如果某一机构系统和社会公共机构的价值观反对向某人提供一项资源,那么,个人就不可能获得那项资源。③

本章小结

　　本章介绍了有关人类行为与社会环境的社会理论中的几种代表性经典理论。

　　社会互动理论是从人们的行为互动方面进行解释的微观理论。它研究人们在日常生活中是如何交往的,人们又是如何使这种交往产生实质性的意义的。社会互动理论主要包括社会交换论、符号互动论以及社会网络理论等。社会交换论的代表性理论有霍曼斯的行为交换论和布劳的结构交换论。符号互动论的理论中,查尔斯·霍顿·库利的"镜中自我"概念以及托马斯的"情境定义"概念为符号互动论奠定了基础,乔治·赫伯特·米德被公认为符号互动理论的创始人,但真正在理论上对这一理论作出综合与概括的则是赫伯特·乔治·布鲁默。戈夫曼的拟剧论是符号互动论的延伸,而哈罗德·加芬克尔的"本土方法论"则更关注日常生活中的符号互动过程。社会网络理论集中在格兰诺维特的弱关

---

① Charles Zastrow & Karen K. Kirst-Ashman. *Understanding Human Behavior and the Social Environment* (6th ed.),Thomson Brookspcole,2004,p.8.

② Charles Zastrow & Karen K. Kirst-Ashman. *Understanding Human Behavior and the Social Environment* (6th ed.),Thomson Brookspcole,2004,p.22.

③ Charles Zastrow & Karen K. Kirst-Ashman. *Understanding Human Behavior and the Social Environment* (6th ed.),Thomson Brookspcole,2004,p.24.

系力量假设与嵌入性理论、社会资源理论与社会资本理论。

着重于社会化机制的社会化理论,主要有社会角色理论、越轨行为理论和生命历程理论。社会角色理论的主要内容包括社会角色的内涵、角色扮演以及角色失调的表现。越轨行为理论主要有社会失范理论、亚文化群理论、差异交往理论以及标签理论。生命历程理论主要介绍了生命历程的内涵、生命历程理论的核心概念以及四个范式性主题。

系统理论主要介绍了一般系统理论、结构功能主义和生态系统理论。一般系统理论的主要概念和基本思想是系统理论的主要基础。帕森斯的结构功能理论中对社会体系的分析可以被视为另一种系统理论类型。生态系统理论是在一般系统理论的基础上发展出来的。系统理论的视角很好地体现了社会工作中"人在情境中"这一核心理念。尽管系统视角被批评为偏于描述性,但它却成为综融社会工作模式的重要基础。

思考题

1. 请简述社会交换论的代表人物和主要观点。

2. 请简述符号互动论的理论发展。

3. 联系实际分析社会网络理论的适用性。

4. 社会角色理论的主要观点有哪些?

5. 越轨行为理论的主要观点有哪些?

6. 联系实际讨论生命历程理论在社会工作实务中的应用。

7. 请阐述系统理论中一般系统理论、结构功能主义以及生态系统理论之间的联系。

8. 结合本章中的理论,讨论你所理解的人类行为与社会环境之间的交互影响。

推荐阅读

学习倦怠行为改变服务项目

[美]埃尔德:《大萧条的孩子们》,田禾、马春华译,南京:译林出版社 2002 年版。

[美]乔纳森·H.特纳:《社会学理论的结构》,杭州:浙江人民出版社 1987

年版。

Malcolm Payne 著:《现代社会工作理论》,何雪松等译,上海:华东理工大学出版社 2005 年版。

范明林编著:《社会工作理论与实务》,上海:上海大学出版社 2007 年版。

宋林飞:《西方社会学理论》,南京:南京大学出版社 1997 年版。

Charles Zastrow & Karen K. Kirst-Ashman. *Understanding Human Behavior and the Social Environment*(6th ed.),Thomson Brookspcole,2004.

Elizabeth D. Hutchison, *Essentials of Human Behavior : Integrating Person, Environment and the Life Course*, SAGE Publication, Inc., 2013.

Susan P. Robbins, Pranab Chatterjee, Edward R. Canda, *Contemporary Human Behavior Theory : A Critical Perspective for Social Work*, Allyn & Bacon, 2012.

扩展推荐阅读

彭华民、宋祥秀:《嵌入社会框架的社会福利模式:理论与政策反思》,《社会》2006 年第 6 期。

刘玉兰:《生命历程视角下童年期迁移经历与成年早期生活机会研究》,《人口研究》2013 年第 2 期。

彭华民:《中国组合式普惠型社会福利制度的构建》,《学术月刊》2011 年第 10 期。

彭华民、冯元:《中国残疾人特殊教育制度转型——福利政策体系化与福利提供优质化》,《南开学报(哲学社会科学版)》2015 年第 4 期。

彭华民、唐慧慧:《排斥与融入:低收入农民工城市住房困境与住房保障政策》,《山东社会科学》2012 年第 8 期。

[德]艾利卡·费舍尔·李希特:《行为表演美学:关于演出的理论》,余匡复译,上海:华东师范大学出版社 2012 年版。

网站资源

社会学理论与视角
布朗芬布雷纳生命历程中心
环境与社区心理学

第四章　社会结构环境

学习目的

　　从横向系统的角度出发把握家庭、群体、学校、社区、工作单位、制度等系统对个体发展的影响,掌握人类行为与社会结构环境的互动关系。具体包括了解家庭的类型、功能、家庭生命周期;把握群体组织的概念及对个人成长的影响;理解学校在个人成长中的功能;掌握社区的含义、类型及对个人成长的影响;了解工作环境在个体发展中的重要性;认识制度特别是提供社会福利的制度对个人的影响;了解当前社会工作重要议题的社区儿童保护网络和失业中的福利需要。

第一节　个人成长中的家庭

一、家庭的含义与类型

1. 家庭的含义

　　社会工作者的服务对象几乎都生活在家庭之中,要么是自己出身于其中的家庭,要么是成年后自己建立的家庭。在回答"什么是家庭"这个问题上,社会学家侧重从社会关系的角度来界定家庭。美国社会学家 E. W. 伯吉斯和 H. J. 洛克在《家庭》一书中提出"家庭是被婚姻、血缘或收养的纽带联合起来的人的群体,个人以其作为父母、夫妻或兄弟姐妹的社会身份相互作用和交往,创造一个共同的文化。"①也有学者如伊恩·罗伯逊(L. Robertson)这样定义:"家庭是一个由于家世、婚姻或收养关系联系在一起的人组成的比较持久的群体,这些人

---

① 彭华民、杨心恒主编:《社会学概论》,北京:高等教育出版社 2006 年版,第 143 页。

共同生活组成了一个经济单位。"①

社会工作强调从人与社会系统的关系及发挥的功能的角度出发来界定家庭。杜瓦尔(E. M. Duvall)给家庭下的定义是:"通过婚姻、生育、领养等连接纽带而形成的互动单元,其中心意图是创造和维护一种共同文化,以促进各个成员的生理发展、精神成长、情感培育和社会化。"②瑞斯(I. R. Reiss)给出了一个更具有普遍性的观点,该观点把家庭看作"以亲属关系建构起来的小型群体,其关键功能是养育性社会化。"③哈特曼和莱尔德(A. Hartman & J. Laird)认为,当"两个或更多的人创造出一个亲密的、被他们自己视为家庭的环境,在这一环境中创造出大体上共享的生活空间、承诺,以及创造出各种各样的通常被认为是家庭生活组成部分的角色和功能"时,家庭就诞生了。④ 贝尔斯基(J. Belsky)就把家庭视为一个社会系统,其中家庭要大于它的部分之和。父母会影响子女,子女也会影响父母各方以及婚姻关系。⑤

不论社会学领域还是社会工作领域关于家庭的界定都有些共同的要素,如强调家庭以婚姻、血缘或收养关系为基础,家庭生活是一种群体生活。基于此,我们给出家庭一个一般定义,即家庭是以婚姻、血缘或收养关系为基础而建立起来的共同生活的社会群体。

2. 家庭的类型

家庭作为个体生活的基本单位,总是以婚姻关系、血缘关系或收养关系为基础的,存在很多共性。但同时,在千家万户之间家庭内成员数量和状况又不尽相同。依据不同的标准,可以对家庭进行不同的分类。

按照家庭规模划分,家庭可以分为小家庭(平均每户四口或四口以下的家庭)和大家庭(平均每户四口以上的家庭);按照家庭成员的完整情况划分,家庭可以分为完全型家庭(一般由父、母、子女三种人组成的家庭)和残缺型家庭(一般指丧偶、离偶、丧子或无子家庭)。在社会工作实务和研究中,较常用的是按照家庭结构来划分家庭。家庭结构是指组成家庭的成员及其他们之间的相互关系。这种划分方法既能体现家庭内部人数的多少,又可以清楚看到家庭内部关系的复杂性。从家庭结构出发,可以把家庭分为以下几种类型:

(1)核心家庭(nuclear family):又称为小家庭,指由一对夫妇及其未婚子女组成的家庭。这种家庭以夫妇关系为核心,因而称为核心家庭。家庭中只有一

---

① [美]伊恩·罗伯逊:《社会学》(下册),黄育馥译,北京:商务印书馆1991年版,第455页。

② E. M. Duvall, *Family Development* (4th ed.), Philadelphia: Lippincott, 1971.

③ I. R. Reiss, *Family Systems in America* (3rd ed.), New York: Holt, Rinehart & Winston, 1980.

④ A. Hartman & J. Laird, *Family-centered Social Work Practice*, New York: Free Press, 1983.

⑤ J. Belsky, Early Human Experience: A family Perspective, *Developmental psychology*, vol. 17, 1981, p.3.

对夫妇,一代(无子女)或两代人(有子女),通常家庭规模较小,家庭关系也比较简单和稳定。因此,有人把核心家庭这种基本形态称之为"社会结构中的基本三角"。① 核心家庭是适应工业化社会发展要求的理想的家庭模式,已经成为现代社会中最主要的家庭形式。

(2)主干家庭(stem family):指由一对夫妇与其父母和未婚子女组成的家庭,它是核心家庭纵向扩大的结果。这是一种以直系亲属为主的三代同堂的家庭。由于代际层次增多,家庭关系较核心家庭复杂。在传统社会中,主干家庭是普遍存在的。现代社会中,随着核心家庭化,主干家庭数量减少,但在家庭总量中仍占有较大的比重。

(3)联合家庭(polygamous family):指由两对或两对以上同代的夫妇与其父母和子女组成的家庭,一般是兄弟们结婚后不分家而形成的,其特点是家庭中至少有两对同代的夫妇关系。联合家庭通常是大家庭,家庭关系比较复杂,除了直系亲属关系外,还存在许多旁系亲属关系,因此容易产生各种家庭矛盾和问题。现代社会中,这种家庭类型已越来越少。

(4)其他家庭:指除上述三种家庭类型以外的各种家庭,如由鳏寡孤独产生的单身家庭,祖父母或外祖父母与孙子女或外孙子女组成的隔代家庭,因离婚、丧偶或未婚生育而形成的只有父母一方与未婚子女组成的单亲家庭,等等。尽管家庭形式正在发生明显的变化,但它仍然是把社会联系在一起的强有力的纽带。

社会工作强调用系统论的观点来看待人的行为与社会环境的关系,因此,从这种观点出发,家庭就是一种影响人类行为的微观系统——一个由相互关联的部分所组成的整体,其中内部各个成员都是彼此影响的。从事家庭社会工作的人员在社会工作实践中界定案主的问题和成因时都需要清楚了解案主生活的家庭环境和家庭关系。

二、家庭在个人成长中的功能

人从出生到死亡,大部分时间都生活在家庭中。家庭能满足我们哪些需要呢? 这就是家庭的功能。家庭的功能不是单一的,而是多方面的。一方面是对社会存在的功能,另一方面是对个体发展的功能。对于社会工作实务和研究来说,我们更关注家庭在个人成长中的功能。家庭实践者和临床社会工作者常采用系统论的观点来帮助他们理解家庭问题的社会背景。当一个家庭的孩子出现问题时,要理解孩子的问题就不能脱离家庭系统,它或许是家庭对个体功能的一种缺失,因此恢复家庭的某种功能对于解决案主的问题意义重大。家庭对个体

---

① [英]雷蒙德·弗思:《人文类型》,费孝通译,北京:华夏出版社 2002 年版,第 78 页。

成长的功能主要表现在以下几个方面：

1. 提供感情支持的功能

家庭作为一个系统是个人思想感情交流较为充分的场所。在家庭系统中，人们不是单纯按角色规范的要求发生互动，而是相互把对方作为特殊的人，如我的妻子、我的儿子等来对待，因此这种互动是富有感情的。由于处在共同的生活环境之下，家庭成员之间容易达成相互理解，通过相互关怀和支持，家庭可以帮助其成员处理来自家庭之外的各种问题，使其获得精神安慰与寄托，消除家庭系统外社会生活带来的苦恼与挫折，从而缓和与协调个人与社会之间的某些紧张关系，对增进家庭成员身心健康有重要的意义。家庭的这一功能是其他任何群体或组织都不能替代的。

2. 满足性爱的功能

性爱是家庭生活的重要内容。性爱不仅限于性关系，它同时还是对性结合以及承担与此有关的全部义务的一种决定、一种承诺。个人通过结婚建立家庭来满足性爱的需要。性爱是生物性与社会性的统一，几乎所有的社会都有一系列的社会规范来约束人们的性行为。在个人方面，它可以保障性爱的排他性，并通过夫妇之间频繁的、直接的面对面互动，实现情感的交融，使性爱的需要得到更充分、更普遍的满足，从而有利于人们的身心健康；在社会方面，它可以防止因满足性的需要而引起的社会混乱，起到稳定社会秩序的作用。

3. 生育和社会化的功能

家庭不仅仅承担繁衍后代的功能，更重要的是承担起教育后代的功能。儿童在家庭中学习日常生活的知识和技能，训练和指导个人行为，灌输社会价值观念等，家庭是人的社会化的第一场所。家庭环境给孩子提供了角色模型，以便孩子模仿适当的角色，为将来适应社会打下基础。不仅如此，家庭抚育还赋予了孩子在社会中的最初地位，使每一个人从一出生在社会结构中就有了明确的位置。

家庭教养模式（parenting style）是通过家庭中不同个体间互动影响个体的行为和发展的方式，主要有专制型家庭教养模式、民主型家庭教养模式、溺爱型家庭教养模式和放任型家庭教养模式。[①] 研究发现家庭中父母的生活经历对他们抚养和教育孩子的方式有着极为关键的影响。如埃尔得（G. H. Elder）通过对美国大萧条时期长大的孩子多年跟踪发现，由于他们的父母承受着沉重的经济压力，因此存在更多情绪抑郁和婚姻失调的风险，这种情况当然会连累孩子，与其他孩子相比，前者出现情绪抑郁、学业困难和问题行为的可能性更高。[②] 从个人

---

① D. Baumrind, The Discipline Controversy Revisited, *Family Relation*, vol. 41, 1996, p.405.

② ［美］G. H. 埃尔得：《大萧条的孩子们》，田禾、马春华译，南京：译林出版社 2002 年版，第 252 页。

的成长过程来看,家庭的情感氛围对婴幼儿和青少年的心理健康和幸福有重大影响。家庭既能够为儿童提供健康成长和发展的积极社会功能环境,也可能会使儿童面临很少(或没有)情感、生理支持或没有机会以有意义的方式发展的环境。

4. 家庭保障的功能

家庭成员在生活上是休戚与共的。他们既分工协作,共同创造家庭财富,同时也共同分享家庭财富。这种共同生活、相互帮助、彼此为对方承担义务的特点,决定了家庭具有分担风险、保护弱者、共同应付生活中遇到的困难的功能。在传统社会中,家庭保障的内容十分广泛,包括了个人生、老、病、死等各个环节。此外,家庭还有保护其成员免受外来侵犯,维护正常的生活环境的义务。家庭的这些保障功能对每一个人都是必不可少的。向老年人提供生活保障是家庭保障的一个重要方面。中国法律规定,赡养老人是子女应尽的义务,它包括物质上的供给、生活上的照顾和精神上的慰藉。

5. 经济活动的功能

家庭经济活动的功能主要包括家庭生产和家庭消费两个方面。在历史上,特别是在农村和农民社会中,家庭曾经是主要的生产单位。随着生产社会化、现代化的发展,大多数生产活动移到了家庭之外进行,家庭生产的功能大大减弱,但这一功能并没有,也不会完全丧失。事实上,即使在当今最发达的社会里,家庭从事的经营活动仍相当普遍。相对而言,家庭消费的功能更具有普遍性。人们的生活消费基本上是在家庭中或以家庭为单位进行的。许多商品的消费量,不是取决于人口数,而是取决于家庭户数。这是社会消费的一个基本特点。

三、家庭生命周期

家庭生命周期理论(family life cycle)产生于20世纪80年代,它从发展的角度探究家庭的纵向生命轨迹。一个家庭从建立到消失的过程便是一个家庭生命周期。家庭的生活过程具有与个人生命过程相似的周而复始的特点。家庭生命周期的概念反映的就是家庭的不同阶段的变化过程。不同的学者选择家庭发展过程中的不同的事件(如出生、结婚、离开家庭等)或指标,就会形成生命周期的不同阶段。

有学者以结婚、生育和婚姻解体等事件为依据把家庭生命周期分为6个阶段:形成期(从结婚到第一个孩子出生)、扩展期(从第一个孩子出生到最后一个孩子出生)、稳定期(从最后一个孩子出生到第一个孩子离开父母)、收缩期(从第一个孩子离开父母到最后一个孩子离开父母家)、空巢期(从最后一个孩子离开父母家到配偶一方死亡)和解体期(从配偶一方死亡到配偶另一方死亡)。① 杜瓦尔(E. M. Duvall)以孩子成长为指标,把家庭发展过程概括为8个阶段②:第一个阶段是新婚夫妇(没有孩子),第二个阶段是为人父母(孩子0—3岁),第三个阶段是学前儿童家庭(学前儿童,可能有兄弟姐妹),第四个阶段是学龄儿童家庭(最大孩子6到12岁,可能有兄弟姐妹),第五个阶段是青少年子女家庭(最大孩子13到19岁,可能有兄弟姐妹),第六个阶段有成年子女家庭(最大子女超过20岁,直到第一个孩子离开家庭),第七个阶段是作为补给站的家庭(从第一个孩子离家到最后一个孩子离家),第八个阶段是中年家庭(从孩子离家到父母退休)。卡特和麦戈德里克(B. Carter & M. McGoldrick)提出家庭发展的六阶段模式③:第一阶段是家庭之间有未婚青年,第二阶段是通过婚姻使家庭联合起来,第三阶段是孩子较小时的家庭,第四阶段是孩子迈入青春期时的家庭,第五阶段是孩子离开家庭独立生存,第六阶段是晚年时的家庭。

　　虽然以上有关家庭生命周期分类阶段各不相同,但每个家庭在其生命周期中都要经历一些共同的事件,如结婚、生育、死亡等。家庭处在不同阶段时,其规模、结构、功能、面临的发展任务、个体的感受都会有所不同。今天家庭的结构在不断发生变化,虽然不能简单地用典型家庭的标准来加以描述,但家庭生命周期一般模式中面临的任务还是大体相同的。(见表4-1)

表4-1　家庭生命周期及其发展任务

家庭生命周期的阶段	个体的感受	关键的发展任务
个体离开家庭,开始独立生活	接受对自己经济、情绪管理等方面的责任	自我从原有家庭中分离出来; 亲密同辈关系的形成; 在工作中建立自我,达到经济独立
通过结婚,建立家庭	兑现对新家庭的承诺	婚姻关系形成; 重整和扩展家庭以及朋友的关系,使之加入配偶的关系
有年幼孩子时候的家庭	接受新成员的加入	调整婚姻关系从而为孩子留出空间; 承担养育的角色; 重整和扩展家庭的关系,使之包括为人父母和为人祖父母的角色

---

① 彭华民、杨心恒主编:《社会学概论》,北京:高等教育出版社2006年版,第244页。

② F. N. Kennedy, *Human Development: The Adult Years and Aging*, New York: Macmillan Publishing Company, 1978.

③ B. Carter & M. McGoldrick, *The Changing Family Lifecycle: A Framework for Family Therapy* (2nd ed.), New York: Gardner, 1988.

续表

家庭生命周期的阶段	个体的感受	关键的发展任务
孩子迈入青春期时的家庭	家庭界限的变动增加了,涉及孩子的独立性以及父母的衰弱	亲子关系发展成为独立人际关系,允许青少年子女有独立世界; 重新关注中年婚姻关系和事业,开始照顾老年父母
孩子离开家庭,独立生存	经历子女离开家庭	重新回到二人世界; 亲子关系转化为成人之间的关系; 开始接纳姻亲关系; 面对衰老和死亡
晚年时候的家庭	接受代际角色的转变	在面临生理衰老的时候,维持自己的生活,探索衰老情况下新的社会角色的选择; 开始接受他人的照顾; 应对丧失配偶、兄弟姐妹和其他同辈个体,准备自己的死亡; 生命回顾与总结

了解家庭生命周期不同阶段的个体感受和应对任务对于社会工作实务工作者来说至关重要。它能帮助我们更好理解家庭中出现的问题或案主面临的需要,为制订服务方案提供全面的参考依据。

第二节 个人成长中的群体与组织

在个人成长中,除了微观系统家庭外,个体为完成某一任务或满足某种需要还必须参与诸多的群体和组织,或者成为诸多群体或组织中的一员。群体和组织是理解人类行为的另一个关键背景,也是影响人类行为中观系统的一个重要因素。

一、群体与组织的含义与类型

1. 群体的含义

群体的定义取决于不同理论家的研究重点。有的群体定义强调群体内成员的互动,如把群体定义为"群体是一个社会系统,它涉及成员间的有规律地互动,并且有一个共同的群体认同。"[1]有的强调心理重要性,把群体定义为"成员

---

① J. Johnson, *Developmental Assessment in Clinical Psychology*, New York: Pergamon Press,1995.

在彼此的心中具有重要地位,他们有意识地建立关系,进行社会比较以及获取规则和价值,这些规则和价值限定了群体的准入资格,而这种成员资格又影响着他们的态度和行为"。① 有的强调共享认同,把群体定义为"当两个或更多的人把自己视为群体成员并且至少有一个局外人认可时,群体就形成了。"②

以上定义分别强调了群体的某一个要素。在社会工作实务中我们比较常用的定义既强调群体的心理重要性,也强调群体成员的互动和相互依赖。在此基础上本书给出一个群体的一般性定义:群体是指两人以上,通过持续的社会互动或社会关系结合起来进行共同的活动,以实现某个目标的人们所组成的小型集合。

一般而言,一个群体包含四个要素:

(1)群体成员交往具有社会性。这种社会性主要表现在群体成员之间有明确的成员关系与角色,如一个正常家庭中,父子关系、母子关系、夫妻关系等都是确定的,他们各自的角色和行为都具有一定的标准,不可随便混淆。

(2)群体成员的交往具有规范性和目标性。这一群人在交互作用的过程中,形成了与其他群体不同的交互作用方式。群体是一个相互关系者的总体。

(3)群体成员具有较强的归属感。群体归属感又称为群体意识。群体归属感一旦建立起来就容易把"我群"与"他群"区别开来。

(4)群体成员的活动具有持续性。群体中的关系是以彼此了解并有共同感情或利益关系为基础的,这些关系的形成和发展需要持续的互动。

2. 群体的类型

从不同的研究角度出发、按照不同的标准,群体可以划分为多种类型。古尔维奇提出,群体分类标准是多元的,其中有:群体功能的单一或多种;群体成员数量的少与多;群体存在时间的长与短;群体律动的快与慢;群体成员的分散程度;群体形成的基础;群体成员的接近方式;群体的组织化程度;群体功能的内容;群体定向;对群体外社会渗透所采取的态度;与其他群体的一致程度;群体成员的约束方式;群体进行控制的原则;群体与其他群体统一的程度。③ 较为常用的群体分类如下:

(1)我群与他群

萨姆纳(W.G. Sumner)根据群体成员对群体的立场和态度来划分群体,提出了内群体和外群体的概念。他指出,社会成员归属和生活的群体中是他们的内群体(in-group,或者译为"我群"),不是他们归属的群体是外群体(out-group,

① Turner, *Patterns of Social Organization: A Survey of Social Institutions*, New York: McGraw-Hill, 1987.

② L. N. Brown, *Groups for Growth and Change*, New York: Longman, 1991.

③ [日]横山宁夫:《社会学概论》,毛良鸿等译,上海:上海译文出版社1983年版,第109页。

或者译为"他群")。由于个人在群体和不在群体,而产生了不同的关系。①

（2）初级群体与次级群体

按照群体内的亲密程度,群体可以分为初级群体（primary group,又称为首属群体）和次级群体（secondary group）。初级群体是从一些直接的、人数不多的、亲密的交往过程中形成最初的社会关系,由这些初级的社会关系联结起来的群体就是初级群体,如家庭、邻里、朋友群、兴趣小组等。初级群体具有规模较小、面对面交往、认同感强烈等特性。其中同辈群体（peer group）是初级群体中比较重要的一种,它对个体的认知发展、行为塑造、情绪表达、精神追求及支持系统都有影响。

次级群体是人们为了达到一定的社会目的而建立起来的,如学校、职业群体、社团等。一般说来,次级群体规模比初级群体要大,成员较多,有些成员之间不一定有直接的个人接触。次级群体既是个人步入社会所必须加入的群体,也是个人社会活动领域拓展和活动能力增强的标志。

（3）正式群体与非正式群体

依据群体成立的手段和组织程度来划分,我们可以将群体分为正式群体（formal group）和非正式群体（informal group）。正式群体也就是通常所说的组织。正式群体的成员有加入群体的手续,有规定的权利和义务,有明确的职责分工。工厂的车间、科室,学校的班级以及党团组织、行政组织等都是正式群体。

非正式群体是在成员个人意愿的基础上建立的。因此,非正式群体是一种自发形成的、无正式结构、无正式规章的群体,如游戏伙伴等。非正式群体既存在于正式群体之外,也可以在正式群体内部形成。

（4）成员群体与参照群体

成员群体是指个体为其正式成员的群体。参照群体（reference group）是个人心中想要加入或理想中的群体,它的价值和规范体系常常是个人行为的目标和标准。参照群体通常包含三种含义:第一是个人作为比较标准的群体。第二是个人希望加入的群体。第三是个人以其价值和观念为行为准则的群体。总之,参照群体是令其他群体成员向往或模仿的群体,当群体成员对其所属群体感到不满时,往往会寻找其他群体为参照,有时甚至在心目中树立起多个参照群体。

在社会工作实务中,较为常用的群体分类依据是:它们是治疗取向的还是任务取向的。一般来说,这两类群体的功能是不同的。治疗群体（treatment group）的目的是为了满足群体成员的社会情感的需要,各种不同类型的治疗群体包括支持群体、教育群体、成长群体。任务群体（task group）的首要目标是完成群体

---

① 彭华民、杨心恒主编:《社会学概论》,北京:高等教育出版社 2006 年版,第 145 页。

的召集工作。① 任务群体并不专门与群体成员的需要联系在一起。治疗群体有多个群体目标,如预防(帮助成员在发展与活动中发挥最佳水平,以及帮助他们未雨绸缪)、复原(将成员的功能恢复到原有水平)和社会化(帮助成员学习如何与他人相处以及帮助他们做能被社会接受的事情)。任务群体的目标包括问题解决(帮助成员解决复杂的问题和顾虑)和社会行动(帮助成员改变其环境)。

3. 组织的含义

组织(organization)是构成更大的宏观系统的基础单位,个人正是通过组织来参与社会的。比如大部分人的生活从医院起步,然后在正式的组织环境中上学,最后在银行、工厂、办公室或公司等机构上班,与政府官员接触,依赖跨国公司来满足我们其他许多需要。那什么是组织呢?

被西方社会学誉为现代组织社会学创始人的韦伯认为,组织是一个法人团体,它是用一个规章制度限制外人进入的一个封闭的团体。② 组织在社会工作实践中较为常用的定义是为了追求特定目标而建立起来的、有固定的成员、有权力和利益结构的社会团体。由此可以看出,一个社会组织至少应包括以下几个要素:(1)组织至少是两个以上成员有机结合而成。有机结合意味着成员之间有职能分工,承担着不同的责任和义务。(2)组织要有特定的目标。目标是组织的灵魂。(3)组织要有相对稳定的成员和边界。成员的进入和退出要履行相应的程序。同时没有固定成员的群体也不能称为组织,如街头看演出的一群人。(4)组织要有一个权力中心。有一个权力和地位分层体系来控制和领导组织活动。(5)组织成员间的关系具有"非感情性"的特点。与初级群体中内部成员间关系倾向于"感情性"相反,组织成员的关系倾向于"工具性",于是就有了组织内的上下级关系和同事关系。

4. 组织的类型

依据不同的标准可以把组织划分为多种类型,每种组织类型虽然都具有以上5个基本特点,但不同类型的组织在性质、结构、作用和活动方式上又有不同。比较常用的分类方法有:

(1)依据组织对成员控制方式不同,组织可分为强制组织、功利组织和规范组织。这三种组织分别以强迫、报酬和组织规范为控制其成员的主要手段。如监狱、戒毒所、精神病院就属于强制组织,一般的企业、公司就属于功利组织,而各种宗教组织就属于规范组织。

(2)依据组织的目标和受益者关系不同,组织可分为互利组织、商业组织、

① R. W. Toseland & R. E.Rivas, *An Introduction to Group Work Practice* (2nd ed.), Needham Heights, MA: Allyn &Bacon,1995.

② 彭华民、杨心恒主编:《社会学概论》,北京:高等教育出版社 2006 年版,第 159 页。

服务组织、公益组织。如俱乐部、工会、党派就属于互利组织,工厂、企业、公司就属于商业组织,医院、学校、律师事务所就属于服务组织,而中国红十字会、宋庆龄基金会、中国青年志愿者协会就属于公益组织。

(3) 依据组织有无正式结构,组织可分为正式组织(formal organization)和非正式组织(informal organization)。正式组织有经过精心设计的机构,这种机构能协调成员间活动以达到获取最大可能效率的目的,如政府机关、跨国公司、正式教育系统。在现代社会中,人们的生活方式和活动更多地依赖于正式组织的存在,很大程度上依赖这种非个人化的机构实现特定的目标,科层制被认为在协调成员活动以及达到特定目标方面富有成效。

二、群体与组织在个人成长中的功能

1. 群体在个人成长中的功能

人们为了各种各样的原因加入特定的社会群体。为什么要成为某个特定群体的一员呢? 因为在个人和整个社会之间必须有一个联系的桥梁,群体正好满足了个体的这种需要。通过加入某个社会群体,个体可以实现以下五种需要:(1) 实现归属的需要;(2) 提高我们的认同感和自尊心;(3) 获得一种把我们自己与他人进行社会比较的途径;(4) 获得一种更强的安全感;(5) 完成某一个特定任务或者一系列任务。[①]

在社会工作实务中,社会工作者比较关注的是同辈群体(朋辈群体)和参照群体。因为同辈群体伴随着人的一生,在人生的不同阶段发挥不同的作用。学前期的儿童在伙伴群体游戏中学习分享、学习处理和解决问题的方法,在群体游戏中学习规则、规范的概念。小学阶段,儿童在同辈群体中学习沟通和合作的技巧、学习与人相处,对他人的不同之处有接受能力,发展友谊。青春期的同辈关系中,更注重双向沟通和交流,这个阶段的同辈影响中,负面影响开始引起关注(如吸毒、集体犯罪)。在青年期,同辈群体更多地建立在共同的价值观、兴趣或专业发展上,这时同辈群体对个人的生活方式有重大影响。中年人的同辈群体中,友谊异常重要,这时友谊通常会扮演较强的互相提供实用信息和情绪支持的角色。老年人的同辈群体会起到老来伴的作用,特别是当配偶去世之后。总之,同辈群体是初级群体中重要的一种,伴随着人成长的整个过程。同辈排斥和社会孤立的影响对青少年的健康发展而言至关重要,被同辈群体拒绝的孩子可能会面临调适困难的风险。

另一个在个人成长中影响较为重要的群体是参照群体。在社会生活中,青少年特别容易用自己心目中的参照群体来塑造自己的行为。因此,在社会工作

---

① E. H. Schein, *Organizational Psychology*, Englewood Cliffs, NJ: Prentice Hall, 1980.

实务中,从事团体工作的社会工作者应为有问题的个人创造一些参照群体,以提供新的人生经验。

2. 组织在个人成长中的功能

组织是个人成长和行为发生的另一重要场所,对个体发展影响较广泛的是正式组织。首先,组织会影响人的目标或人生观。组织和一群人的差异在于有明确的目标和价值观,个体在其中会受到潜移默化的影响。其次,组织会影响个体的身心健康。组织提供的物理和心理环境会影响个人的行为。物理环境包括工作条件、上下班时间规定、假期及对家庭福利的安排(如托儿所服务、产假规定)。除了物理环境,工作压力成为组织影响个体发展的心理环境。最后,正式组织对个体的影响来自雇佣关系中的歧视现象。虽然法律对性别、种族等歧视有明确规定,但是在操作层面仍存在一些灰色地带。

组织对个体发展的影响对于社会工作也非常重要,因为以组织为单位的服务形式是重要的社会服务形式,就是把服务对象集中起来统一管理起居的院舍服务(institutional service)。院舍服务在一定意义上说有其存在的必要性,它可以更加合理地安排身体照顾、心理照应以及紧急事故处理。

三、群体的角色结构

群体对人类行为的产生有着强有力的影响。那么什么因素能解释这种影响呢?这就涉及群体内的角色问题。角色(role)是一个人在群体内所表现出来的行为模式。它是一种对群体中个人作用的共同期待。正是因为有了它,才保证了群体内的劳动分工以及权力的合法运用。通过接受某个特定角色,人们就认可了按照某种方式表现行为的做法。

几乎在任何一个群体中,都可以看到三种典型的角色,即自我中心角色、任务中心角色和群体维护角色。自我中心角色是指成员处处为自己着想,只关心自己。这类人包括:(1)阻碍者。指那些总是在群体通往目标的道路上设置障碍的人。(2)寻求认可者。这类人试图突出个人,出风头,而不顾自己的行为对群体是否有利。(3)支配者。这类人试图驾驭别人,操纵所有事务,不顾对群体有什么影响。(4)逃避者。这类人对群体漠不关心,似乎自己与群体毫无关系,不作贡献,等等。研究表明,这些角色表现会对群体活动带来消极作用。

任务角色和维护角色对群体起积极作用。每一个群体不仅要完成任务,而且要保持群体中互动的正面性、友好性。成员通过任务角色和维护角色的作用而达到这些目的。任务角色、维护角色和群体之间有相互促进的关系。任务角色的表现者有:(1)建议者。这是指那些给群体提供建议,出谋划策的人。(2)信息加工者。指为群体搜集有用信息的人。(3)总结者。指那些为群体整理有关信息,为群体目标服务的人。(4)评价者。这是帮助群体筛选最佳决策的人。

维护角色的表现者有:(1)鼓励者。他们热心赞赏他人对群体的贡献。(2)协调者。他们能解决群体内冲突。(3)折中者。他们往往能综合不同意见,帮助群体成员制订大家都能接受的决策。(4)监督者。他们保证每个人都有发表意见的机会,鼓励不太爱发表意见的人提出自己的看法,抵制支配者。

贝尔斯(R. F. Bales)将群体内的角色分为两类:一类是任务相关角色,一类是社会情感角色。任务相关角色指的是推动群体实现目标的行为;社会情感角色指的是能够使群体中的互动保持正面、友好和支持性的行动。[①] 任务相关角色也就是任务角色,而社会情感角色也就是维护角色。在群体中,角色并不是一成不变的,而是在明确、模糊和非正式之间变动的。

第三节　个人成长中的学校

一、学校的含义和类型

除家庭之外,学校是另一个对个人成长和发展有巨大影响的社会系统。按照中国目前的教育体制,如果从小学算起,历经中学,再到大学,正常情况下,一个人要在学校里度过 16 年左右的时间。个人的成长和发展注定要与学校密切联系在一起。若是考虑到学习和教育终身化发展的趋势,一个人终生都离不开学校。一般意义上而言,学校是有计划、有组织地进行系统教育的组织机构,是培养人才的社会组织。

从资金来源渠道分,个人成长中的学校可以分为公立学校和私立学校。一般而言,公立学校的数量和办学规模都远远超过私立学校,而且学习费用相对较低,教学设施较为完善。由私人或私立机构投资、由当地政府和教育部门批准的大多数私立学校实行全日制、全封闭、寄宿制。它们依托市场生存,设立课程面对市场需要,课程设置不断创新,教学质量是其生存的保障。私立学校有其独特优势,也存在鱼龙混杂的现状。在中国优秀教育资源分布不平衡的状况下,教育机会的获得呈现出一定的不平等。

根据教育目标和培养任务的不同,高中又分为普通高中和职业高中。职业高中主要是针对提升专业技术性的高中,在职业高中里不但要学习高中的基本课程,还要学习一些专业知识(和所学专业有关)。

随着社会的不断变革,可以看到社会的强调重点正在向终身学习转变,同

---

① R. F. Bales, Task Roles and Social Roles in Problem-solving Groups. In E. E. Maccoby, T. M. New-comb & E. L. Hartley (eds.). *Readings in Social Psychology*, New York:Holt, Rinehart & Winston, 1958.

时,学校的界限也变得越来越模糊。在学校里出现了越来越多的、供学生在课堂之外进行学习的机会。例如:"服务学习"已经成为许多美国中学的主要依靠。毕业要求的一部分就是学生需要用一定的时间参与社区志愿者活动。除此之外,大部分人认为学习不仅对于一个训练有素、有目标的劳动力来说是重要的,而且学习也应当与更广泛的人类价值观相联系。为了实现自我发展和自我理解,学习既是发展全面的和带有自主性自我教育的一个手段,也是其目的所在。一个现有的例子就是"第三龄大学"(university of the third age)即老年大学。第三龄大学给老年人提供了选择自我教育的机会,使他们可以按照自己的喜好自由发展。

个体在发展过程中对于学校的选择是主动的也是被动的。一方面个体可以根据自己对教学水平、学校师资情况、学校环境的判断来选择就读的学校,这是个体主观意志能决定的;但另一方面,个体对学校的选择还与地域、户籍制度、社会地位、社会声望等因素密切相关。在教育资源分布不平衡的情况下,教育机会并不是完全平等的。在学校社会学中,研究者经常把学校排斥同其他现象,如逃学、少年犯罪、贫穷、父母监护有限以及对教育认同度低等问题相联系。学校的排斥有可能会反映社会中更广泛的排斥和不利现象。

二、学校在个人成长中的功能

学校是儿童和青少年社会化的最重要的场所,是专门为儿童和青少年社会化而设立的正规化的学习机构。由于 21 世纪全球知识的快速发展,成人教育蓬勃发展,终身教育成为一种趋势。个人在学校中学习的时间延长,其影响力大为增加,仅次于家庭。学生的表现与行为会受到学校的办学水平以及管理方式的影响。一个良好的学校氛围对个体成长发挥着以下重要的功能:

首先,学校对个人进行长期系统和正规的教育,传授现代社会所需要的文化和复杂的科学技术知识。在教育体系开始普及的同时,越来越多的人开始需要习得抽象的知识(如数学、科学、哲学、逻辑学等科目),而不是职业技能的实际指导。在现代社会中,教育和资格已经成为人们获得工作机会和进入职业生涯的一块重要的垫脚石。学校不仅开阔了人们的思想和视野,而且人们还期望通过它能够为新一代公民参与经济生活做好准备。

其次,学校向个体灌输特定社会的价值规范,教育他们学会服从规范和制度,遵守那些强制性的行为规范,并按照行为规范的要求让他们扮演各种社会角色,在不同的社会场合进行各种形式的社会互动并形成良好的适应能力。学校为个体提供了一个积累、练习社会交往技能的场所。社会交往技能很大程度上决定着人的社会关系的好坏、事业的成败以及在社会上的吸引力和别人对他的满意度。

最后,学校还是培养人的自尊心、自信心和积极自我的场所。学校早期的一个重要任务就是培养儿童的自尊心和自信心,良好的自尊心、自信心的形成与教师、教育方式、学校氛围等诸多因素密切相关。亲子型和民主型的师生关系有利于自信心的形成,因为这两种模式中,教师比较能看到个体的长处和优点,较少地指责和批评儿童。

但有时学校的环境和氛围也不尽如人意,如学校规范不合理、设施不够完善、教师教学方法落后、学校集体活动较少、师生关系不融洽等。这种压抑的学校环境可能对个体产生诸多的负面影响,比较明显的如厌学、自信心低落、多动焦虑、有攻击性倾向、不愿与人交流等。这些又进一步影响他们与同辈群体的相处,可能会遭遇同辈群体的排斥和孤立,面临调适困难的风险。因为与同辈群体的互动提供了家庭不能提供的重要知识,从中获得的友谊也是个体和社会能力发展的重要来源。从事学校社会工作的实务工作者,在实践中要充分考虑到引起学生困扰和不适的外部环境,了解学校及学生的各种情况,协助学生、教师等其他相关人员,解决紧张和冲突。

三、特殊教育

特殊教育是教育的一种形式,其概念有狭义、广义之分。对狭义特殊儿童的教育是狭义的特殊教育,对广义特殊儿童的教育是广义的特殊教育。1994 年 6 月 10 日,联合国教科文组织召开"世界特殊需要教育大会"通过的《萨拉曼卡宣言》提出:每个儿童都有其独特的特性、志趣、能力和学习需要;教育制度的设计和教育计划的实施应该考虑到这些特性和需要的广泛差异;明确提出了"全纳教育"(Inclusive Education)的思想。所谓全纳教育是指教育应当满足所有儿童的需要,每一所普通学校必须接收服务区域内的所有儿童入学,并为这些儿童都能受到自身所需要的教育提供条件。[1] 对不同种类特殊儿童的教育可分成盲童教育、聋童教育、智力落后儿童教育、超常儿童教育、言语障碍儿童教育、情绪和行为障碍儿童教育、多重残疾儿童教育等。

我国残疾儿童受教育形式一般有三种:特殊教育学校、普通学校等机构附设的特殊教育班、普通学校的普通班中随班就读。目前,大多数残疾儿童是在普通学校的普通班随班就读。特殊教育和普通教育有许多共同的地方,普通教育的一般规律在特殊教育中也是适用的,但特殊教育也有它特殊的一面。它不仅像普通教育那样,在德、智、体、美、劳诸方面对学生进行教育,还特别强调进行补偿缺陷和发展优势的教育,例如教盲童学习盲文和定向行走,对聋童进行听力、语言训练,对弱智儿童进行感知觉和动作能力的教育训练等。特殊教育更重视早

---

[1]　联合国教科文组织:《萨拉曼卡宣言》,1994 年版。

期教育,因为儿童年龄愈小,可塑性愈大,也可以及早保护残疾儿童的残余视力和听力,开发儿童的智力和语言能力,错过了最佳期,往往事倍功半。如对聋童没有进行早期语训,就会给其今后语言能力的发展带来很大困难。特殊教育相对于普通教育来说,也更重视个别教育,更强调在教育中因材施教,满足不同学生的特殊需要。教育部门应该对特殊教育提出更高的目标和要求,即实行按需供教。特殊教育要取得好的效果,必须和社会教育、家庭教育有机结合。因此特殊教育也更强调大教育的观点,强调教育的整体性和系统性。①

第四节　个人成长中的社区

社区是社会工作干预的关键性背景环境,是理解人类行为、个人问题以及社会安康的最主要的环境背景之一,它也是宏观社会工作实务发生的场域。

一、社区的含义与类型

1. 社区的含义

"社区"的概念是德国社会学家腾尼斯(Ferdinan Tonnies)1887年在其著名的《共同体与社会》中首次提出来的。他把社区概念作为与带有契约性质的社会相区分的一个概念,认为社区或共同体主要存在于传统的乡村社会中,是一种亲密无间、相互信任、守望相助、富有人情味的社会团体。换言之,这样的社区具有一种内在的、自发的、依据面对面交往和认同共同体的性质。它的人际关系是一种古老的以自然意志为基础的关系,连接人们的纽带是血缘、感情、共同信仰和伦理。②

随着社会变迁和社会学学科的发展,"社区"的内涵也不断得到丰富。1955年美国学者G. A.希莱里对有关社区的定义进行统计,发现共有94种定义,其中69个定义的表述包括地域、共同的纽带和社会交往三个方面的含义。因此,他认为:"社区是指包含着那些具有一个或多个共同性要素以及在同一地理区域保持社会接触的人群。"③还有些人认为社区是由一定数量的居民组成的、具有内在互动关系与文化维系力的地域性生活共同体。④ 综合来看,一些研究者认为应把社区看作是一个地方,而其他研究者则侧重于社区关系,还有些研究者侧重于把它视为身份来源。无论选择什么样的定义,"空间""人群""互动"和"认同感"一类的概念都经常出现。诸多关于社区的定义大致可以归成两类:一

① 参见中华人民共和国教育部:《特殊教育学校暂行规程》,1998年。
② [德]斐迪南·滕尼斯:《共同体与社会》,林荣远译,北京:商务印书馆1999年版,第95页。
③ [美]G.A.希莱里:《社区的定义:一致的地方》,《乡村社会学》1955年6月号。
④ 徐永祥:《社区发展概论》,上海:华东理工大学出版社2000年版,第33页。

类是功能主义的,重视社区的结构与功能的研究,认为社区是由有共同目标和共同利害关系的人组成的社会团体。另一类是偏重区位学的,强调地域位置在社区界定中的重要性,认为社区是在一个地区内共同生活的有组织的人群。本书使用了这样的定义:社区(community)是以一定社会关系为基础的人群为主体,这些人具有特定的行为规范和认同感,他们和他们生活的一定地域形成有机结合体,他们在一定的区域界限内形成的共同体称为社区。①

由定义可以看出,构成一个社区,必须具备几个要素:(1)一定数量的人口。作为人们生活的一种共同体,社区的存在离不开人,一定数量、质量和结构的人群是社区存在的第一前提。(2)一定的区域界限。社区总是存在于特定的自然地理和人文地理空间中,有一定的边界,这是社区与社会组织和群体相区别的根本点。(3)一定的行为规范。一定数量的人只有在一定的行为规范的制约下,才能统一在一定的地域范围内共同生活,而这种行为规范产生于经常的互动中。(4)特定的文化、一定的认同感和归属感。社区中共同生活的人们由于某些共同的利益、具有共同的需要而结合起来进行活动,从而产生认同感和归属感。这种愿意与社区中他人发生互动、把自己看成社区中成员之一并承担义务的情感是社区得以延续和发展的关键。

2.社区的类型

由于社区的要素、内容及结合方式存在差别,从而形成了不同的社区。根据不同的标准和不同的目的可以对社区进行多种分类。

按生产力发展水平和时间要素划分,社区可以分为传统社区、发展中社区和现代社区。传统社区主要反映了前资本主义时期的生产和生活方式;发展中社区是传统社区向现代社区转型中的社区形式;而发达社区就是指现代社区,表现为城乡融为一体,乡村生活十分便利等。

按发挥的功能划分,社区可以分为经济社区、政治社区、文化社区、军事社区、旅游社区等。这种划分方法注重或强调居于社区主导地位的功能特征。

按规模大小划分,社区可以分为巨型社区、大型社区、中型社区、小型社区和微型社区。这种划分依据是人口数量多少或者地域面积的大小,分类标准没有严格的规定,带有一定的相对性。

按形成方式划分,社区可以分为自然社区、法定社区和专能社区。自然社区是人们在长期的共同生活中逐渐形成的聚落,如村庄;法定社区是出于生活管理的需要而设置的社区,如城市、镇、城市行政区等;专能社区是人们从事某些专门活动而形成于一定地域空间上的聚集区,如一所大学、一座军营或一个矿区。

现代社会中社会关系极为复杂,各地区之间的联系也很广泛,因此,社区的

---

① 彭华民、杨心恒主编:《社会学概论》,北京:高等教育出版社2006年版,第180页。

边界有时是模糊的。但为了研究的方便,人们往往从以下几个标准来划分社区:(1)按照服务中心所能达到的范围来划分社区。某个或某群商业、金融和文化服务中心活动所能达到的地方便是社区的边界。(2)以商业种类和商业化程度来划分,即我们平常所说的经济区。凡在经济上联系紧密的是一个社区。(3)按行政区划分社区,在我国如农村中乡、镇、区、县,城市中的居民区等。一般情况下,研究者会综合使用以上三条标准来选择社区界限的划分原则。[1]

但最基本最常用的是根据社区的内部结构、外部特征以及社区的经济结构、人口密度、人口聚集规模等综合标准,把社区分为我们最为熟悉的农村社区、城镇社区和城市社区。以上不同标准的分类之间存在着一定的交叉。

社会工作者在社会工作实务中强调社区内部的互动模式和认同感,因为它是个体融入社区的重要表现。对社会工作实务者而言,重要的就是以他们的生活经历为基础来认识和理解社区。这些理解和期望将会影响他们如何在新的社区开展工作,更重要的是认识到对社区的经验和感情不随地理位置的不同而有所不同。

二、社区在个人成长中的功能

从社会系统论的观点看,社区便是一个大的社会系统,其下分布的各种次级系统整合成一个小社会,它是一个个体的生活圈,也是一个生命共同体,工作者居住其间,社会工作机构也位于其间,案主也有可能居住其间。社区是重要的,因为它履行人类生存所必需的功能。换句话说,建构社区的目的就是为其成员履行一定的功能。沃伦(R. L. Warren)提出与地方相关的社区一般履行五个功能:[2]

(1)生产、分配和消费的功能。指满足个体物质需要的社区活动,它包括基本的食物、衣服、住所和诸如此类的物质需要。在早期的时候,家庭生产其消费品的绝大部分,但是这种情况在当今社会已经很少了。今天,人们为诸如住所、医疗照顾、就业、交通运输、娱乐和其他商品及服务一类的基本需要而相互依赖。

(2)社会化的功能。社区对盛行的规范、传统的以及那些人们与之互动的价值观进行社会化。社会化指引态度的发展,而且这些态度和理解会影响人们如何看待自己、其他人以及他们在人际关系中的权利和责任。为了理解一个人或一个群体,重要的是理解其所处的社区或者是其所在社区具有的社会规范、传统和价值观。

(3)社会控制的功能。指通过建立法律、规则和规定,以及通过确保它们的实施而保证社区成员依从规范和价值观的过程。社会控制是社区代表各种部门

---

[1] 彭华民、杨心恒主编:《社会学概论》,北京:高等教育出版社 2006 年版,第 181 页。

[2] R. L. Warren, *The Community in America* (3rd ed.), Chicago: Rand McNally, 1978, p.130.

机构对个体所履行的功能。

（4）社会参与的功能。包括与社区中其他的群体、协会和组织的互动。社区为人们表达他们的社会需要和利益，以及建立帮助和支持网络提供了一个渠道。一些人在民事组织中发现了这种渠道，另一些人在非正式的邻里群体中发现了这种渠道。对一定人群而言，理解社会参与的机会和模式在评估社区满足其成员需要程度时是有帮助的。

（5）相互支持的功能。相互支持是家庭、朋友、邻居、志愿者、专业人员在社区中照顾病人、高龄老人、失业者、残疾人等所履行的功能。绝大多数的助人专业和政府资助的服务项目都是为了回应其他社会机构（如家庭）的失能，以满足社区成员的相互支持的需要。当社会因发展更加迅速而变得日益复杂的时候，传统机构的支持能力，例如家庭和邻居的局限性不断增加，社区的专业机构就建立起来以便处理未满足的需要。

随着中国社区建设的不断加快，社区除发挥以上传统功能外，还增加了不少新的功能，如教育功能和休闲娱乐功能。很多社区内设置了社区活动中心、老人俱乐部等提供教育以及休闲娱乐功能的机构。此外，还有社区福利的功能。社区福利既是国家社会福利体系的重要组成部分，又是社会福利在社区承接的"平台"，包括社区服务、社区内机构所提供的福利（如社区内的养老院、儿童福利院、残疾人福利院等机构为老年人、儿童、残疾人等特殊群体提供的服务）、政府委托社区实施的福利（如最低生活保障服务、优抚服务、社会救助、特困救济等方面的服务）。

三、重建社区资源运动

社区资源（community resources）是一种社会资源，但并非所有的社会资源都是社区资源，社区资源只是社会资源的一个组成部分。可以说，社区资源是一种特定的社会资源。社会资源能否成为社区资源，关键一点就是看其能否为该社区的居民提供服务与帮助。社区资源有广义与狭义之分，广义上的社区资源泛指所有与社区有关的社会资源，是社区赖以生存和发展的一切物质资源与非物质资源的统称，也可简称为社区社会资源。狭义上的社区资源指能够为一个特定的社区所掌握、支配和动员的各种物质资源和非物质资源。[1] 社区社会资源在数量和种类上远远多于社区资源，社会资源只有经过整合才能成为社区资源，才能为社区建设和社区服务所利用。

社区资源可以分为物质资源、精神资源、人力资源和综合资源。物质资源主要指社区建设过程中所需要的物质、资金，包括各种活动场所、设施、设备、物品

---

① 李立纲：《社区资源的获得》，《学术探索》2001年第6期。

等及社区建设、管理、活动、服务等方面所必需的资金;精神资源,主要指社区中各种公共组织和社区成员的社会态度、精神风貌、思想政治道德素质等,它们会直接或间接地影响社区对外部不同性质的事物或活动产生倾向性,如发生积极、拥护、认同或消极、不满、逆反等现象。精神资源会在一定程度上制约社区的办事能力和承担社会责任的能力;人力资源是社区最重要的资源,主要指社区成员中具有劳动能力、特别是具有经过专业训练而养成特殊技能的人才总量,这些人才资源既可以直接服务本社区,又可以为其他社区服务。当然,对人力资源的理解不仅仅是一种个体力,更是一种集合力(集体力),这种力量的发挥,很大程度上又与精神资源的状况联系在一起。更重要的是,集合力通常表现为对相关人员的一种组织状况,或者是人们之间的一种有序的协作联系,这种协作联系也可以看作一种组织资源,但这种组织资源不是传统意义的行政组织或政治组织,而是指社区中新型的民间组织或非政府组织。社区内的每个个体都可以称之为社区的人力资源,但目前我国社区人力资源主要由社区工作者和社区志愿者两部分组成。综合资源,主要指社区原有的传统、文化资源甚至政治资源等潜在性资源积淀的统一,如上海市虹口区的多伦路文化名人一条街就是一个社区,这个社区因拥有鲁迅故居、"左联"会所等而具有丰富的文化资源;卢湾区"新天地"的发展则在很大程度上得益于兴业路"中共一大"会址所具有的政治资源和文化资源等。

社区资源建设运动指将社区相关的社会资源相互协调成为一个整体并挖掘潜在社区资源使之成为社区掌握、支配和动员的资源的运动。社区资源建设运动实际上就是社区发展运动。推行社区发展运动应着重三种建设:(1)社区基础工程建设(Community Physical Construction),主要是改善社区环境;(2)社区生产福利建设(Community Economic Welfare Development),主要包括办理儿童、青少年、妇女、老人等福利服务(互助服务、组织老人俱乐部),办理各种技能培训,辅导失业人员就业等;(3)社区精神伦理建设(Community Moral Development),主要有硬件和软件两方面,硬件方面包括兴建社区活动中心、社区阅览室、儿童乐园等,软件方面包括推行礼仪规范、表扬好人好事、敬老尊贤、崇尚孝道、培养社区意识、守望相助、鼓励良好生活习惯等。

开展社区资源建设运动不是一种自上而下的工作方式,而是以社区居民参与为主。居民自己制订计划,社区工作者只是给予辅导而已,在居民参与的过程中形成对社区的认同。

第五节   个人成长的工作单位

在个人成长的社会系统中,工作单位也是其中一个重要的次系统,它是次级群体中重要的一种。个体投入职业场所的时间平均有20多年至30多年,它对个人生活及行为的影响极大。

一、工作单位的含义与类型

工作单位是指个体在社会中从事一定的职业时所归属的社会组织,是表现自我能力与成就感的一个重要场所。

工作单位按照性质可以分为公有制的、个体经济的、私营经济的和外资经济的。公有制性质的单位包括国有企业和集体企业,经过改制后,纯粹的国有企业和集体企业几乎没有,股份制、股份合作制等都可以作为公有制经济的实现形式,例如中国航天科技集团、上海宝钢集团。个体经济主要是经工商部门批准登记注册,并领取营业执照的个体工商户。随着市场经济的不断完善,个体经济越来越成为国民经济的重要组成部分,在增加地方财政和缓解就业压力方面发挥了重要作用。私营经济是指以生产资料私有和雇工劳动为基础,并以盈利为目的和按资分配为主的一种经济类型。私营经济是个体经济发展的必然趋势,在本质上与个体经济一样,是一种私有制的经济形式。私营经济和个体经济为主的企业可以通称为民营企业,泛指所有的非公有制企业,它是在中国经济体制改革的过程中形成的,如联想控股有限公司、苏宁电器集团。外资性质的企业指依照中国法律在中国境内设立的、全部资本由外国投资者投资的企业,如阿尔卡特(中国)投资有限公司、杜邦中国集团有限公司、大众汽车(中国)投资有限公司,外资企业对于中国吸收外资技术和产业结构升级具有重要意义。

工作单位以是否盈利为目标,可以分为事业单位和企业单位。事业单位,是指国家为了社会公益目的,由国家机关举办或者其他组织利用国有资产举办的,从事教育、科技、文化、卫生、广播电视等活动的社会服务组织。如学校、科学研究所、医院、疾控中心、血站。事业单位是相对于企业单位而言的,事业单位包括一些有公务员工作的单位,它们不是以盈利为目的的,是一些国家机构的分支。事业单位根据其从事服务的种类不同又可细分为教育事业单位、科技事业单位、文物事业单位、新闻出版事业单位、殡葬事业单位、体育事业单位、园林绿化事业单位等。企业单位就是以盈利为目的的公司以及以盈利为目的的机构,包括国家所有企业单位和个人所有企业单位。

二、工作单位在个人成长中的功能

在现代社会,工作单位大多是有正式结构的组织。除极少数自营事业外,多数工作场所都具有科层制的一些特点,这些特点包括:(1)组织中的位置清晰地呈等级式的划分;(2)用非个人性的方式制约成员间的关系;(3)每个职位由具有专门能力的人胜任;(4)程序化的规则概括为理性的合作行为;(5)职位反映出基于专业训练的很高的专业化程度;(6)区分私人生活和公共生活以及成员在组织中的不同位置。

科层制的组织方式是很多工作单位运行的保障,这也使工作单位与家庭、社区在个人成长中的功能有所区分。工作单位对个体的影响主要表现在以下几个方面:

(1)工作单位促使个人学习专门的职业知识和职业技能。由于工作单位具有科层制的特点,所以每个职位上的人要求具有经过专业训练而获得的专业知识,否则无法胜任。因此,个体在接受学校教育时已经有意识地为未来职业选择作了准备。随着现代社会知识结构更新加速和竞争日益加剧,个体在工作过程中因面临着被淘汰的风险,他会不断地充电学习,以适应新的工作要求。

(2)工作单位影响个体的行为。从学校毕业后初入职场,个人会发现工作单位的环境与家庭、学校是不相同的,必须遵守一套正式的规范和行为方式,而不管你个人的性格、喜好等个性特征。所以,初入职场的人必须经过再社会化,改变自己的部分行为及人格特质以适应新的环境。

(3)个人在工作单位所担当的角色及所获得的报酬决定了他的社会经济地位。工作是个人身份的表现。现实生活中,判定一个人的主要依据就是他所从事的工作。各个社会都确定出各种职业在社会阶层化中所占的位置。

(4)工作单位为个体结交小群体提供了机会。在工作单位,同一部门的同事之间或兴趣相同的人们之间,因为职务关系接触较多的人之间会形成各种各样的小群体。个体从这种非正式的结构中可以获得一种友谊、认同和情绪上的支持,增加心理安全感,缓解在正式结构中工作的压力和紧张氛围,增强对工作的兴趣。

三、职业发展与社会流动

职业发展就是从动态的角度研究个体在职业领域中实现自己期望的职业角色,并获得社会认可的职业地位和职业声望的过程。它是一个动态的过程,贯穿人的一生,在不同的发展阶段,个体有不同的职业需要和人生追求。它与个体的成长和发展密切结合在一起,这主要表现在两个方面:其一,职业本身就是个体生理、心理和社会等多方面成熟之后的结果,是青年或成年时期才被允许的一种选择;其二,个体对工作的选择和认识本身也是一个不断深入、不断更新的过程。舒伯(D. Super)的职业发展理论就是一个突出代表。他认为,人的职业生活是一个不断发展的过程,他将人的整个职业发展过程划分为五个基本阶段。[①]

第一个阶段是成长阶段(从出生~14岁左右),这是职业的萌芽期。个体主

---

① 赵北平、雷五明:《大学生涯规划与职业发展》,武汉:武汉大学出版社 2006 年版,第 35 页。

要对家庭和学校中的重要他人进行观察、模仿和认同,由此产生朴素的职业想象和期望。

第二个阶段是探索阶段(15~24岁),这是对职业进行一般性探索阶段。在学校、业余生活中青年可以确立自我概念,发现自己的兴趣,评估自己的能力,在此过程中找到自己的职业方向。

第三个阶段是建树阶段(25~44岁),在这个阶段,个人获得了特定的工作,进入持久的职业,开始了职业角色的转换,并力图发展自己的职业,获得职业上的成功。

第四个阶段是维持阶段(45~65岁),此时人们已经在自己的职业领域里取得了一定的成就,人们致力于巩固已有的成就,不愿轻易转行,这是职业发展的一个相对稳定或停滞的时期。

第五个阶段是衰退阶段(65岁至生命的最后时光)。在这个阶段,因为生理的衰老和社会的退休制度,人们渐渐地退出了职场,减少或者中止了职业活动。

同职业选择一样,个体的职业发展也受到宏观社会环境的影响,如户籍制度、就业政策、社会保障制度等。个体的职业发展中与之紧密相关的就是社会流动环境,即各种用工制度、就业政策是否为个体职业发展创造了宽松的选择环境。20世纪50年代以来,由于严格的户籍制度、劳动力计划安排制度和干部人事制度的作用,个体的社会流动曾经受到较大程度的限制。实践证明,这种限制是不利于经济和社会发展的。

社会流动(social mobility)指社会中的个人或群体在其社会地位上的变动,即他们从已有的地位向新的地位转化的过程。社会流动有着各种各样的形式和类型。

(1)从流动方向上看,社会流动可分为水平流动和垂直流动。水平流动是指人们在同层次的地域和群体之间流动。例如,个体从一个职业转到另一个职业,在这些迁移的过程中并不必然伴随着个人或群体在收入、权力和声望等方面的升降。垂直流动则是指个人或群体在各种社会地位方面的升高或降低,可以分为向上流动和向下流动。

(2)从流动的原因上看,社会流动可分为个人性流动和结构性流动。所谓个人性流动,是指社会中的个人因其个人的需要、勤奋或机遇等因素而发生的各种流动。所谓结构性流动,是指由于社会的政治、经济和其他方面的变化所带来的个人或群体的各种流动。如因生产技术的变化导致一些职业群体变得更为重要,因而地位上升。比较而言,结构性流动对个体职业发展的影响更大一些。

(3)从流动发生的时期来看,社会流动可分为个人一生中的流动和代际流动。前者又称为代内流动,例如一个人在刚就业时可能只是一个小职员,而到退休时已升到经理;后者即一个人相对于其父辈的地位变动情况。如果一个人的父亲一直从事着低地位的职业,而他自己却从事某种高地位职业,那这两代人之间在职业上就发生了代际向上流动。

对一个社会来说,良好有序的社会流动环境是必不可少的。它有助于社会选拔人才,同时,它也是评价社会良性程度的一个重要指标。一个社会越开放,人口流动频率也越快。从社会流动的角度来看,个体职业发展就是一种垂直流动、代内流动,它虽然与个人的勤奋、机遇有关,但更重要的是与社会结构、社会环境密切相关。因此,在评价一个人的职业发展时,要关注社会系统的诸多层面。

第六节　个人生活中的制度

每个社会都需要建立制度(institutions)以维护社会秩序,保障人类生存。个人生活中的制度内容极其丰富,对制度的认识能够帮助我们理解社会环境对人类行为的影响。

一、制度的含义与类型

学者对制度有多种定义方式。诺思(D. C. North)认为制度是一个社会中的博弈规则,它被用来约束人类的行为。它包括了人类在什么情况下可以做和什么情况下不能做的限制。[①] 制度的基本成分有规范、规则、惯例、价值、习惯和它们的实践。规则是制度的内容,规则构成社会对于个人的社会角色的期望。制度也是一组制度化了的角色或者是地位关系,它们整合在一个社会体系中;社会体系针对问题而设立;人们的社会角色、社会地位、社会群体和社会组织是规范和规则的集合和表现。[②] 总而言之,制度应该理解为一个社会中人们从事社会活动的规范、规则、惯例、价值、习惯以及它们的实践。制度是决定一切社会活动和各种社会关系的框架。

社会中的人几乎每时每刻都在和各种制度打交道,但在社会生活和学术研究中,制度经常在以下三个层面上广泛使用:

(1)指社会形态。如"社会主义制度",这是广义的社会制度,它以整个社会作为研究的背景,常在区别人类社会不同的性质和发展阶段上使用。

(2)指各种具体的制度,如经济制度、政治制度、家庭制度、福利制度等。这一层次的社会制度通常指一个具体的制度、具体的组织机构、具体的制度实施

① D. C. North, *Institutions, Institutional Change and Economic Performance*, Cambridge: Cambridge University Press, 1990, pp.1~10.

② T. Parsons, *Social System*, New York: Free Press, 1951, pp.39~40.

等,常常在探讨不同社会生活领域里的问题和研究不同社会关系时使用。

（3）指各种社会组织的规章制度,如考勤制度、奖惩制度等。这是狭义的制度,代表某种规定的行为模式和办事的规则程序。

在考察人类行为时,我们比较倾向于在第二层次上使用制度的含义,主要是各种具体的制度,因为它们是整个社会生活的主要方面,是直接构成社会整体的功能单位,它使人们的行为成为可能。

制度在维持人们交往中起到重要的作用。但它与习俗、风俗有所不同,因为习俗、风俗一般控制着初级群体关系中的人类行为,当个体离开初级群体进入次级群体时,制度便开始发挥作用。制度一般具有三个特点:

（1）强制性和权威性。强制性主要表现为对组织内部成员的奖惩;而权威性一方面来自强制性,另一方面是因为制度的执行通过专门的机构与设施。

（2）独立性和普遍性。独立性指制度一旦形成就脱离了情感性,不允许执行者将个人情感带入制度中,同时,它对社会成员具有普遍约束的作用。

（3）持续性和稳定性,这是制度发挥其功能的前提条件,一旦建立要持续存在相当长的时间,具有一定的生命周期。

二、制度在个人成长中的功能

人类社会之所以需要制度,是因为人类社会的生存和发展离不开来自制度的帮助。总的来说,制度在人类行为过程中一般发挥如下作用:

1. 满足人类生活需要的功能

任何制度都是为了满足人类生活和行为的某一方面而产生的。例如,家庭制度能满足人们物质生活、情感生活、儿童社会化等方面的需要;教育制度能满足提高人们的素质、传递文化方面的需要;社会福利制度能满足社会中的弱势群体维持基本生活的需要。美国学者马斯洛将人的需要分为五个层次,即生理需要、安全需要、归属和爱的需要、自尊的需要和自我实现的需要,每个层次需要的满足都应有相应的制度规范作保证。制度是通过制度化和制度改革过程来满足人类不断增长的需要的。

2. 实现社会整合的功能

对社会生活的整合作用是制度的一个重要功能。就是把人们的社会关系用制度的形式固定下来,规定人们的行为准则和方式,由此使各种社会因素、社会力量成为一个统一的整体。制度为人们的社会关系和社会行为提供了一套现成的规范体系和行为模式,人们按照这些规范行事,就会使整个社会关系表现得结构完整,活动有序。否则,一种重要的制度运转失灵,就会造成整个社会秩序的混乱。制度的社会整合功能以它对社会成员的行为导向为前提。制度通过权利和义务系统为每个社会成员确定了特定的地位和角色,社会成员只有按照社会制度为其提供的思想和行为模式行事,才能减少与社会的冲突,较快地适应社会生活。

3. 传递社会文化,促进社会发展的功能

文化是历史的积淀,它通过不断继承、总结、改造、创新和积累而形成。文化不能通过遗传让后代直接继承,必须通过后天学习。制度为文化传统的继承和发扬提供了根本的保证,它通过为人们保存和提供现成的文化知识和相应的设施,使后人能在较短时间内继承人类几千年的文明成果,从而保证了文化的延续性。从本质意义上讲,社会制度就是社会文化。文化是在制度中保存的,也是在人们实践制度的过程中传播的。

此外,美国功能主义大师帕森斯(Talcott Parsons)是从系统论的角度出发来分析制度对人类行为影响的杰出代表。在帕森斯看来,社会系统乃至整个行动系统都面临着一些基本功能要求,即适应(adaptation)、目标实现(goal attainment)、整合(integration)和潜调节(latency,或译潜在模式维持),满足这些要求是系统生存的先决条件,而这些要求是通过各种基本结构即制度来满足的。如适应这一功能要求的是通过经济制度实现的,目标实现这一功能需要通过政治制度来实现,整合功能的实现主要是依靠法律制度,此外宗教制度的某些部分也与整合功能有关,而实现潜调节功能的制度主要是家庭、教育以及宗教制度的某些部分。[①]

帕森斯的分类框架能够帮助社会工作者理解社会中主要的制度及它们各自的功能。在社会工作实务中,研究个体行为如果忽视了制度,则很难全面理解和把握案主的问题所在。

三、提供社会福利的制度

社会福利(social welfare)是一个具有丰富内涵的概念:(1)社会福利是一种人类生活幸福的状态,社会福利是价值取向的,充满关怀、付出、责任等价值内容,是人类幸福实现的手段。(2)社会福利是一种体制,它包括的内容是多维度的:支持社会福利制度建立的意识形态、文化、劳动力市场、去商品化、社会分层等。一般把社会福利体制分为自由主义福利体制、保守主义福利体制、社会民主主义福利体制、东亚福利体制等。(3)社会福利是一种具体的社会制度。社会福利制度的本质是用一种社会认可的制度安排方式去满足社会群体成员的需要。社会福利具体化为国家与社会中的制度安排,有正式的社会福利制度,也有

---

①　参见[美]塔尔科特·帕森斯:《社会行动的结构》,张明德、夏遇南、彭刚译,南京:译林出版社2008年版。

非正式的社会福利制度。①

社会福利制度有广义和狭义两种理解。广义的社会福利制度是国际上通用的概念,它是指国家和社会为实现社会福利状态所做的各种制度安排。狭义的社会福利制度指为帮助特殊的社会群体、疗救社会病态而提供的社会服务,又称福利服务(welfare services)。狭义的社会福利以弱势群体或社会边缘群体为对象,以传统社会工作(照顾老、弱、病、残等)为主要内容。与狭义社会福利相比,广义社会福利具有以下几个特征:

(1)福利对象的扩大:从弱势群体到全体公民,强调促进实现人类的共同福利;

(2)福利项目的丰富:从针对社会弱势群体的社会救助和社会福利服务扩大到全体市民的社会保障、就业、住房、医疗和教育等项目;

(3)福利提供者的多元化:由单纯的政府提供扩大为全社会,包括志愿部门(第三部门)、非正式部门、互助团体和公共部门政府。

我国民政部门采用狭义社会福利概念,将社会福利视为社会保障制度的一部分。事实上,把社会福利定为社会保障制度安排的一个部分是不恰当的,会形成中国迈向福利社会的障碍,也容易造成比较研究的困难。②

社会福利制度因存在不同的特点而有不同的类型。维伦斯基和利比克斯(H. L. Wilensky & C. N. Lebeaux)提出残补型社会福利与制度型社会福利。残补型社会福利制度认为社会福利只在正常制度失效时发挥作用;而制度型社会福利制度认为社会福利是现代工业社会必需的、具有福利提供功能的部分,它不带有任何施舍或慈善性质的污名,被认为是个人、家庭和社区满足其社会需求的主要方式。维伦斯基和利比克斯还认为政府的介入是工业化的结果。因为工业化破坏了传统的社会福利机制,如家庭、亲属支持网等。同时,工业化使得工人生活风险加大,如失业、工伤、疾病都会导致收入中断而引起贫困。这些问题单靠个人或家庭是难以解决的,于是政府通过社会福利制度来承担解决社会问题的责任。③维伦斯基和利比克斯的两种制度观成为社会福利制度模式的经典分类。

另外还有一种制度主义的社会福利制度类型化概念:普遍性社会福利制度和选择性社会福利制度。具有普遍性的社会福利制度是需要满足原则实现的体现,它涉及的社会福利的接受者没有限制,即福利项目面对所有公民(或居民)。

①　参见彭华民:《社会福利与需要满足》,北京:社会科学文献出版社 2008 年版。

②　彭华民:《需要为本的中国社会福利转型的目标定位》,《南开学报》2010 年第 4 期。

③　H. L. Wilensky & C. N. Lebeaux, *Industrial Society and Social Welfare*, New York: The Free Press, 1965.

制度主义者坚持普遍主义,他们坚持社会福利是公民的权利,认为具有普遍性的福利项目可以有效消除福利污名化(stigma)给接受者带来的侮辱和伤害。此外,家计审查式的福利项目将大笔的钱用于管理、筛选福利接受对象,被一些社会政策中的研究者认为是不经济的行为。英国的国民健康服务和儿童津贴就是普遍性社会项目的范例。医疗服务的提供不受公民的收入、身份、职业、信仰、阶层等因素的影响。对于儿童津贴,尽管社会成员有不同阶层和不同收入,但儿童津贴一样支付给他们,因为这是他们的社会权利。

马歇尔(T. H. Marshall)提出的公民权利理论支持了社会福利制度的建立。他认为国家不是慈善机构的扩大,而是基于公民权利而建立社会福利制度,国家必须保证公民能获得足够的收入、住房和教育。国家立法并承诺实现公民的权利,提供社会福利并通过立法和社会政策而使其制度化。[①] 蒂特姆斯(R. M. Titmuss)提出了社会福利是利他主义实现的一种方式的观点,他引入了社会福利应是公民集体道德责任的讨论。国家代表公民,所以国家应该承担集体责任。国家将利他主义制度化,建立社会福利制度。社会福利制度体现了公民权利和利他主义精神。[②]

需要注意的是能够提供福利的制度与社会福利制度是不同的。社会中的不少制度都能够提供福利。例如,一个社会中家庭制度、宗教制度、经济制度、互助制度和政治制度会以不同的组织形式表现、以不同角度来实现福利提供的功能。如在福利方面,家庭有照顾家庭成员和家庭内部的经济支持功能,它在成员的长期照料、儿童福利和经济支持方面的功能是非常重要的;又如教会在福利方面的功能是提供宗教福利、健康、教育、社会服务、咨询;政府在反贫困、经济保障、公民健康、教育、住房等方面发挥福利功能。

在讨论广义社会福利时,蒂特姆斯对社会福利的分类也值得一提。他认为所有为满足某些个人需要或为了服务广泛社会利益的集体干预大致可以分为三类:社会福利、财政福利和职业福利。[③] 社会福利指国家福利和社会服务,通过直接公共服务(如教育和健康照料)和直接现金给付(如退休金和养老金)方式提供;财政福利是指具有明确社会目标的特别减税和退税措施,如在发达国家,凡是市民参加慈善募捐、社会保险或者抚养子女等都能获得所得税的减免;职业福利(附带福利)是指与就业或缴费记录有关的企业提供的各种内部福利,可以是现金或实物形式支付,常常由政府依法强制实施,如企业医疗养老保险、住房补贴、带薪假期等。这里所说的财政福利和职业福利在社会福利中占主导,而社

---

① T. H. Marshall, *Class, Citizenship and Social Development*, New York: Anchor Books,1965.

② R. M. Titmuss, *Social Policy: An Introduction*, London: Allen & Unwin,1974.

③ R. M. Titmus, *Essays on "The Welfare State"*(2nd ed.), London: Allen& Unwin,1958. pp. 34~55.

会福利只是其中极小的一部分。

总之,社会福利制度的建立是为了提升个人和群体的福祉,如果不能通过制度化或非制度化的渠道提供足够的物质、健康、教育等福利来满足社会成员的需要,那么他们的生存和发展必定会受到威胁。

第七节 社会工作的重要议题

一、社区儿童保护网络

社区儿童保护网络(Children Protection Union,简称 CPU)是指包括儿童生活的家庭、儿童生活的社区、政府部门中的民政部门、教育部门、社会保障部门、卫生部门、公安部门、未成年人办公室、社会团体中的共青团、妇联以及各种非政府组织、社会工作者等共同组成的基于社区的儿童保护网络组织,各个部门派出专人组成社区儿童保护办公室,建立联动的保护机制。在中国目前的体制下,国务院妇儿工委负责协调儿童保护工作;基层社区正在建立儿童保护办公室。2011 年 11 月,由杭州市政府妇女儿童工作委员会引进的“社区儿童保护服务体系与网络建设”项目在江干区闸弄口街道兰苑社区正式启动,此外,该项目也在石家庄等地进行了试点。该项目旨在探索建立多方合作的儿童保护工作网络。天津市和平区已经形成了多元化部门提供的儿童保护网络,具体包括以下几方面:

(1) 政府部门建立了有各个部门参加的和平区未成年人保护委员会,委员会下设办公室(简称“未保办”)组织开展各项儿童保护工作。在儿童保护过程中参与较多的政府部门是和平区团委、和平区妇联、和平区计生委、和平区教育局、和平区民政局、和平区公安局等。这些部门进行了多项以主题为中心的儿童保护活动。

(2) 学校作为提供儿童教育的专门机构,是促进儿童保护工作推进的一个重要环节。目前各类学校(一般学校、特殊学校、外来人口子女学校和老城区学校)都已经建立了与儿童保护相关的制度,学校各级负责人和教师均有这方面的意识以及行动。特别值得一提的是天津市建立了外来人口子女小学,其中80%的学生来自外来人口家庭,给外来人口子女提供平等的教育机会。

(3) 社区是儿童生活的地域社会。和平区辖六个街道办事处,共有 86 个社区。① 在所有社区中,儿童保护方面的具体工作主要是由社区居委会承担。儿

---

① 《天津市和平区概况》,载人民网。

童保护工作主要是由居委会内的妇代主任、计生主任、综治主任、社区教师完成。① 他们开展了儿童教育、家长亲子教育、儿童参与、儿童法律支持、儿童环境净化等一系列活动。

社区的儿童保护工作具有以下特色：

（1）基于社区的非政府组织。提供的儿童保护案例之一是社区的志愿者服务。区内志愿者协会以为社区居民排忧解难为宗旨，实行自我教育、自我管理、自我调节、自我服务。他们提供儿童的小饭桌、托儿服务、科教服务等多种形式服务。志愿者来自社区居民、驻社区企业和学校、天津市的大学生以及各种专业人士。他们关注儿童的特殊需要，成立"阳光天使"银行，资助家庭困难品学兼优的学生。

（2）基于青春期儿童特点的非政府组织。天津市和平区青春健康培训中心成立于2006年9月23日，由和平区人口和计划生育委员会、市少儿图书馆、市少儿读者协会与市天祥瑞科技有限公司联合组织，是一个主要面向青少年特定群体提供服务的民间组织。政府有关部门提供政策支持和业务指导，中心运作上通过专题活动的方式自筹资金。中心分为负责心理咨询的心理部，负责活动策划的活动策划部，研究自我意识开发的学能发展部和潜能发展部。中心在关爱女婴、改善亲子关系、提供心理咨询方面颇有特色。

（3）家庭是儿童在其中生活长久的机构，是保护儿童的最基本单位。外来人口家庭与贫困的城市居民家庭均支持孩子学习，有的还提供有限的课外辅导，他们在政府和社区的帮助下基本上能够满足孩子的日常生活需要。

（4）儿童健康保护机构。以基于社区而建立的儿童健康保护机构南市街社区卫生服务中心为例，其上级主管部门为和平区卫生局疾病控制科，负责整个南市街的儿童疾病预防工作。中心免费提供一类疾病预防疫苗给有城市户口的儿童以及他们能够找到的流动儿童。中心具备比较完善的制度管理体系，加上医务人员积极的工作责任心与服务态度，有力地推动了当地社区儿童的健康保护。中心在儿童健康知识的宣传方面也承担一定的职能。

（5）流浪儿童保护机构。天津市建立了流浪儿童保护教育中心。它是天津市救助管理站的一个分支机构，其功能是向18岁以下的流浪儿童提供临时性救助，救助期间保护他们的生存权、发展权、受保护权、参与权，帮助他们回归家庭。中心提供课程教育以九年义务制的知识为主；提倡具有亲和力的儿童互动方式；不定期组织流浪儿童到"社会活动点"参与社会活动。在新理念指导下的流动

---

① 社区教师在人事关系上属于其所供职的学校。下社区工作的周期一般为一年左右。社区教师的主要使命是促进社区儿童的"思想道德建设"。在社区工作期间，工资由其原单位发放。

人口救助政策下,中心工作模式体现了以儿童为本的原则。①

二、失业中的福利需要

作为人类表现其本质的活动,就业对个体来说意义重大。它是个体生存发展的必要条件,也是个体获得更多社会福利的前提;同时,通过就业个体自身的社会地位也得到了肯定。但在个人职业发展历程中,并非都是一帆风顺的,也面临着诸多风险。当个体的职业技能不能适应社会中某一行业的要求或者社会结构发生变化时,失业现象就会随之出现。它对个体会产生诸多消极影响:

首先,失业剥夺了一些人的就业和参与社会生活的机会,使他们失去了收入来源,也会间接影响到个体的福利。它有可能把失业者及其家庭抛入被救济者人群,将他们置于社会的底层或使之陷入贫困状态中。

其次,失业人员在失业后,往往要经历一个情绪焦虑的过程。刚失业往往表现出震惊、焦虑、情绪低落等特点,由此可能陷入抑郁或者消沉状态,对自己以及今后的就业前景极为悲观,更严重地可能陷入社会危机感和焦虑感。

在失业过程中,满足失业群体的基本生活除了领取失业保险金外,就是领取低保金和参加再就业培训。有些城市的低保制度在设计上就有诱导服务对象福利依赖的缺陷,例如有些地方劳动收入标准太低,与低保福利标准相差不大,低保人员在就业与不就业中进行理性选择,都会选择享受低保而放弃工作。大连公共服务社在实践中,采取社会工作的方法,规范学习策略去培养低保人员重视工作的社会价值观,坚持不劳者不得食、劳动是美德的伦理,主张用向社会提供劳动来获取收入,体现社会公平,既有助于失业者放弃福利依赖观念,同时维护了低保劳动者的自尊。

阿特金森(T. Atkinson)曾经针对福利国家的困境提出了从福利到工作的思路,即把纯粹的福利救济转化为就业,这样不但可以减轻政府的财政压力,还可以培育城市低收入者的自我发展能力。以就业的形式参与社会,不但可以提高失业人群的收入水平,而且可以增加其与主流社会接触的机会,消除社会排斥的距离因素。就业参与社会的基础是能力的提升,而不是国家强制性分配。②

我国为促进困难人群和失业者就业,采取了各种办法。例如,江苏盐城就将市区所有公益性岗位收归政府所有,统一管理,专门用来安排特困家庭和就业困难家庭人员就业。天津也出台多项政策,鼓励失业人员灵活就业,如在公益性岗

---

① 彭华民等:《联合国儿基会中国天津儿童保护网络基线调查报告》,2007 年。
② ［英］阿特金森:《社会排斥、贫困和失业》,丁开杰编译,《经济社会体制比较》2005 年第 3 期。

位安排就业困难对象,并与其签订一年以上劳动合同的用人单位,在相应期限内给予养老、失业、医疗等三项社会保险补贴。同时,对在公益性岗位安排就业困难对象,并与其签订一年以上劳动合同(下岗人员签订劳动协议)的用人单位,政府给予岗位补贴,促进就业载体规范化管理和市场化运作。除此之外,人力资源和社会保障部也下发通知,要求大力开发公益性就业岗位,组织开展公共就业服务和"一对一"就业援助,及时帮助失业者和困难人群就业。

本章小结

　　社会结构环境包括家庭、群体、组织、学校、社区、工作单位和制度。

　　家庭是以婚姻、血缘或收养关系为基础而建立起来的共同生活的社会群体。家庭结构类型可以分为核心家庭、主干家庭、联合家庭和其他家庭。家庭在个人成长中为个体提供感情和精神支持、抚育、教育和社会化的功能。一个家庭从建立到消失的过程便是一个家庭生命周期。家庭处在生命周期的不同阶段,其规模、结构、功能、面临的发展任务、个体的感受都会有所不同。

　　群体和组织是影响人类行为的中观系统。群体是指两人以上,通过持续的社会互动或社会关系结合起来进行共同的活动,以获得某个目标的人所组成的小型集合。群体可以分为我群和他群、初级群体和次级群体、正式群体和非正式群体、成员群体和参照群体。群体在个人成长中有实现归属的需要、提高我们的认同感和自尊、获得一种把我们自己与他人进行社会比较的途径、获得一种更强的安全感以及完成某一个特定任务的功能。社会工作实务工作者比较关注同辈群体(朋辈群体)和参照群体在个人成长中的功能。

　　组织是为了追求特定目标而建立起来的、有固定的成员、权力和利益结构的社会团体。组织可以分为强制组织、功利组织和规范组织;互利组织、商业组织、服务组织、公益组织;正式组织和非正式组织。组织影响人的目标或人生观,也影响个体的身心健康。正式组织对个体的影响有可能来自于雇佣关系中的歧视。

　　学校是有计划、有组织地进行系统教育的组织机构,是培养人才的社会组织。它的作用包括:对个人进行长期系统和正规的教育,传授社会文化和科学技术知识;向个体灌输特定社会的价值规范,在不同的社会场合进行各种形式的社会互动并形成良好的适应能力等。对不同种类特殊儿童所进行的教育就是特殊教育。它不仅注重普通教育的德、智、体、美、劳方面,还特别强调进行补偿缺陷和发展优势的教育,以满足不同学生的特殊需要。

　　社区是宏观社会工作实务发生的场域。它是指以一定社会关系为基础的人群为主体,具有特定的行为规范和认同感并在一定的区域界限内形成的有机共同体。它的作用包括生产、分配和消费的功能、社会化功能、社会参与功能、社会控制功能以及相互支持功能。按照不同的标准社区可以分为传统社区、发展中社区和现代社区;经济社区、政治社区、文化社区、军事社区、旅游社区;自然社区、法定社区和专能社区。社会工作者在社会工作实务中强调社区内部的互动模式和认同感。将社区相关的社会资源相互协调成为一个整体并挖掘潜在社区资源使之成为社区掌握、支配和动员的资源的运动称为社区资源建设运动,也就是社区发展运动。它使居民在参与的过程中达到对社区的认同。

工作单位是指个体在社会中从事一定的职业时所归属的社会组织,是表现自我能力与成就感的一个重要场所。工作单位在个人成长中发挥重要的作用。它促使个人学习专门的职业知识和职业技能;影响个体的行为;个人在工作单位所担当的角色及所获得的报酬决定了他的社会经济地位;此外,工作单位还为个体结交小群体提供了机会。个体的职业不是一成不变的,一个人的职业发展既受到宏观社会环境的影响,也与个体职业选择有关。

制度是影响人类行为的宏观系统,指人类为了调节人们的行为和相互关系,维持集体生活而建立或形成的行为准则和行为规范,在与具体的社会实践活动领域相结合的过程中所产生的社会关系模式和社会活动体系。它具有满足人类生活需要的功能、实现社会整合的功能以及传递文化的功能。在社会生活中,提供社会福利的制度很多,包括家庭制度、宗教制度、经济制度、互助制度,还有福利制度。他们通过制度化或非制度化的渠道提供足够的物质、健康、教育等福利来满足社会成员的需要。

随着中国社会工作本土化的推进,发现需要并满足需要是本土化的核心。社区儿童保护网络和失业群体的福利需要日益成为中国社会工作的重要议题。

思考题

1. 如何理解家庭在个人成长中的功能?
2. 家庭生命周期的不同阶段任务有何不同?
3. 群体的类型和功能是什么?
4. 如何理解学校在个人成长中的功能?
5. 什么是重建社区资源运动?
6. 举例说明社会环境对职业选择和职业发展的影响。
7. 举例说明人类行为如何受到社会制度影响的。
8. 什么是社区儿童保护网络?

推荐阅读

NJ 未成年人社会保护网络构建

[法]安德烈·比尔基埃等主编:《家庭史》(共 3 卷),袁树仁等译,北京:生活·读书·新知三联书店 1998 年版。

[法]埃哈尔·费埃德伯格:《权力与规则:组织行动的动力》,张月译,上海:上海人民出版社 2008 年版。

[德]斐迪南·滕尼斯:《共同体与社会》,林荣远译,北京:商务印书馆 1999 年版。

[美]威廉·怀特:《街角社会——一个意大利人贫民区的社会结构》,黄育馥译,北京:商务印书馆 1994 年版。

彭华民:《社会福利与需要满足》,北京:社会科学文献出版社 2008 年版。

石建勋:《职业生涯规划与管理》,北京:清华大学出版社 2009 年版。

黄晨熹:《社会福利》,上海:格致出版社 2009 年版。

A. Hartman & J. Laird, *Family-centered Social Work Practice*, New York: Free Press,1983.

B. Carter & M. McGoldrick, *The Changing Family Lifecycle: A Framework for Family Therapy* (2nd ed.), Needham Heights,MA.:Allyn & Bacon,1989.

扩展推荐阅读

[美]詹姆斯·W·范德赞登、[美]托马斯·L.克兰德尔、[美]科琳·海恩斯·克兰德尔:《成长不困惑》,俞国良等译,北京:中国人民大学出版社 2014 年版。

[美]贝蒂·卡特、[美]莫妮卡·麦戈德里克:《成长中的家庭:家庭治疗师眼中的个人、家庭与社会》,高隽等译,北京:世界图书出版公司 2007 年版。

中国青少年发展基金会:《成长的希望:50 名希望工程受助生追踪纪实》,北京:中国青年出版社 1999 年版。

彭华民:《制度主义视角下的中国反贫困政策研究》,《社会建设》2014 年第 1 期。

彭华民:《中国社会救助政策创新的制度分析:范式嵌入、理念转型与福利提供》,《学术月刊》2015 年第 1 期。

彭华民、李倩:《台湾身心障碍者社会福利制度:社会需要与制度构建》,《东岳论丛》2011 年第 6 期。

网 站 资 源

中华人民共和国人力资源和社会保障部
中华人民共和国民政部
中华人民共和国教育部
中国家庭研究网
中国职业教育网
中国特殊教育网
有效合作与实践中心(CECP)
群体过程研究中心
联合国儿童基金会

第五章 社会文化环境

　　人类行为与社会环境主要在于考察人类行为与社会环境的相互影响。有学者认为人类行为的影响因素包括:个人的遗传及生理、心理的状态;物质环境和社会环境,其中社会环境是指个人一生中所属的社会团体的状况,包括学校、家庭、就业机构、社区、社会、文化等。①在上一章,我们讨论了学校等社会组织对人类行为的影响,本章将专门考察文化环境对人类行为的影响,重点关注文化的含义、元素和功能;社会价值观和文化变迁的相关内容。

第一节　文　化　导　论

　　在社会科学领域,文化是众多学科共同关注的研究议题。文化是一个大概念,是一个复杂的整体,要了解文化环境对人类行为的影响,需要理清文化的含义和特征、元素、结构和功能。

一、文化的含义与特征

　　1. 文化的含义

　　人类与动物的区别就在于,人类的行为是由共同的价值观、知识或者其他鲜

---

　　① 沙依仁:《人类行为与社会环境》(修订版),台北:五南图书出版有限公司2005年版,第9页。

明的文化特征塑造的。而动物所依赖的不是文化而是本能——他们所固有的、与生俱来的一种复杂的行为模式。①一般而言，文化是指个体所归属的群体、种族、阶层、社区或国家的与众不同的生活方式，文化组成了个体对其所生活的世界的知识和理解。② 也有学者提出，文化包含习得的行为、信仰、态度、价值以及特定社会或群体特有的观念等，指某个特定社会群体由学习积累的生活经验、行为特质以及其受社会传递的模式。③关于文化的定义，人们一直争论不休。美国人类学家克鲁伯和克拉克洪（Kroeber & Kluckhohn）合著的《文化：概念与定义的批判性回顾》一书就收集了 161 种有关文化的概念和定义。④纵观国内外学者对文化的定义和文化的历史演进，发现在中国古代和欧洲的文献中，文化最初具备教化、栽培的意思。这与当今的文化一词所代表的意思是不一样的。在中国古代，"文化"一词，原意为对人实行文治教化，用一定的道理和规矩来教育和感化人们，使之安分守己，服从统治。汉朝刘向在《说苑》中写道："凡武之兴，谓不服也，文化不改，然后加诛"。在欧洲，"文化"一词来源于拉丁文 Cultura，原意是指人类对土地的耕作和农作物的栽培。文艺复兴以后，逐渐把对人的培养也称为文化。

随着时代发展，1871 年泰勒出版了《原始文化》，他在该书第一卷中写道："文化或文明，从人种志学的观点看，是一个复杂的整体，它包括知识、信仰、艺术、伦理道德、法律、风俗习惯以及作为一个社会成员的人通过后天学习获得的任何其他能力和习性。"⑤马林诺夫斯基认为，文化是包括一套工具及一套风俗——人体的或心灵的习惯，它们都是直接地或间接地满足人类的需要。⑥这一时期，文化代表习俗、信仰，是一种非物质文化。

此后，文化的含义越来越多元和广泛。在最广义上，我们认为文化是指所有群体和社会的人们都共享的非物质文化和物质文化。人类创造出来的一切物质产品以及为满足人的需要而创造或加工改造过的产品，都属于物质文化。也就是说，所有由人们创造并使用的东西都是物质文化。⑦非物质文化就是指一切精

① ［美］戴维·波普诺：《社会学》，李强等译，北京：中国人民大学出版社 2007 年版，第 75 页。

② O'Hagan Kieran, " Culture, Cultural Identity, and Cultural Sensitivity in Child and Family Social Work", *Child & Family Social Work*, vol.4, No.4, 1999, pp.269~281.

③ Schaefer, T.Richard & Robert P.Lamm, *A Brief Introduction to Sociology*, New York：McGraw-Hill.Inc., 1994, p.33.

④ ［英］史密斯、［加］彭迈克、［土］库查巴莎：《跨文化社会心理学》，严文华、权大勇等译，北京：人民邮电出版社 2009 年版，第 100 页。

⑤ Edward B.Tylor, Primitive Culture：Researches into the Development of Mythology, *Philosophy*, *Religion*, *Language*, *Art*, *and Custom*, vol.I.London：John Murray, 1989, p.1.

⑥ ［英］马林诺夫斯基：《文化论》，费孝通译，北京：中国民间文艺出版社 1987 年版，第 15 页。

⑦ Daniel Hebding & Leonard Glick, *Introduction to Sociology*, New York：McGraw-Hill.Inc., 1992, p.45.

神文明,即语言、符号、生活方式等。

社会工作也关注文化的含义,这主要是因为文化一方面会影响服务对象的需要,另一方面也是社会工作实务过程中可以借用的资源。基于此,本书所指的文化是社会工作者和案主所生活的社会共享的文化,具体包括人类群体或社会所共同分享的一切人类创造。文化往往包括:人与自然关系、人与社会关系、人与自身心理的关系三个方面。基于这种分类,本书的文化含义包括物质文化、社群文化和精神文化三个方面。

(1)物质文化,又称技术文化,反映的是人与自然的关系,是人在改造自然环境时所依托的物质对象的主体,是社会普遍存在的物质形态。其实质是技术水平、可开发资源和人类需求的集合体,包括工具、钱、衣服以及艺术品等。社会工作者无论开展任何服务,都需要一定的物质资源的支持,例如,某社会服务机构期望在社区开展活动,就需要财政和社区硬件设施的辅助。

(2)社群文化,反映的是人与社会的关系,是社会为了规范成员的行为而制定的道德伦理规范、法律制度等行为标准或者指南,如社会工作伦理守则就是对社会工作者伦理抉择的规范手册。社群文化往往依托具体的社会组织,如学校、家庭、工作单位等,产生相应的家庭文化、学校文化、工作单位文化,实现对成员的约束。

(3)精神文化,又称非物质文化,是指抽象和无形的人类创造,如语言、艺术、生活方式等。例如,社区社会工作者调查得知,该社区的居民非常独立,其中酗酒和家庭暴力成为其生活的一部分,社区工作者如果想开展介入服务,必须先了解这一文化,然后从改善其价值观开始,设立机构的目标,也就是可以从教育性项目开始着手,逐步进行推行防治家庭暴力和酒精滥用的方案。社会工作者要谨记社区的精神文化是会限制机构的行动的。

2. 文化的特征

文化的特性与其含义有紧密的关系,因此不同层次的文化界定有不同的特性。彭华民认为一般意义上的文化的本质属性包括:创造性、传递性、共享性、象征性、特殊性与普同性。[①]本书结合学者的观点和本书所采纳的文化的含义,认为文化具有独特性、包容性、相对性、规范性和指导性的特征。

(1)文化的独特性。文化往往基于不同的社会环境而产生,由此形成不同的语言、习俗、信仰和价值体系,从而构成文化的独特性。文化独特性的维持主要依靠传统文化、种族中心主义等。

(2)文化的包容性,主要指文化一方面在保持自身最主要的文化特质的同时,也在不断地吸纳其他文化的元素,形成更加多元化的文化类型。这在现代社

---

① 彭华民、杨心恒主编:《社会学概论》,北京:高等教育出版社2006年版,第120页。

会体现得尤其明显,"地球村"其实就体现了文化的包容性。

(3)文化的相对性,是指文化的特性及其功能往往需要具体考察其所属的物质环境。例如握手在多种文化里表示出与人沟通应对的礼貌,但是在某些原始部落里却表示敌对。对于社会工作者而言,了解文化的相对性至关重要,特别是在跨文化社会服务中,要想提供符合案主需要的服务,必须全面了解案主的文化背景,具备良好的文化敏感性。

(4)文化的规范性,是指文化对处于该文化环境的个人或者组织的行为具有限制性,主要表现为必须遵守相应的文化规范,否则往往被视为异常行为。例如一些青少年所表现出的染发、吸烟行为,往往被社会标签化为问题青少年,就是因为在大多数文化中都认为青少年应该表现出积极向上的、健康的行为模式。

(5)文化的指导性,是指文化对人应该如何行为进行具体的指导。例如,社会工作专业伦理守则,就是对社会工作者在面临伦理困境时,应该如何行为进行了详细的说明。

二、文化的元素

文化的元素,与其定义有关。一般而言,学者都认为文化要素包括:物质与精神、语言与符号、行为规范与文化模式、社会关系和组织等几种类型,只是不同的学者所强调的元素是不一样的。本书所使用的文化包括物质文化、社群文化和精神文化三个方面,所以,我们认为文化的元素包括物质产品、价值观、规范体系、符号和语言、精神产品五种类型。

1. 物质产品,是指人类在适应自然和改造自然的过程中所创造出来的物品,比如各种工具、服饰、建筑物等,这是人类在社会生活中可借助的实体,也是社会工作者可依赖的硬件设施。

2. 价值观,是人们所共同持有的关于如何区分对与错、好与坏、合适与否的观念。价值观通常具有一定的价值取向,是具备一定的感情色彩的,它影响人们的行为选择和作用方式,社会科学研究中特别强调"价值中立"。在社会工作中,考察价值观的影响,除了关注案主的价值观对案主行为的影响以外,还要特别关注社会工作者所具有的价值观对社会工作者行为的影响,这一点后文将做专门的论述。

3. 规范体系,是一个社会中引导其成员做出符合社会要求行为的共同标准体系。规范体系包括正式的和非正式的规范体系,其中正式的规范往往指一个社会的法律体系,对违反者有特定的惩罚。非正式规范是不成文的,但是被社会成员普遍理解的,共同遵守的一些习俗等。社会工作者在分析案主的文化系统时,也要关注相应的正式和非正式规范,例如,对于一个失学儿童而言,影响他的正式规范就有《未成年人义务教育法》等,非正式规范包括家庭对其的责任和义务等。

4. 符号和语言。符号和语言都是表达性的,其中符号是指人们所认可的任何能表达其意义的事物的东西。符号不仅代表了某种事物,而且同时也暗示了对象征事物的态度。①比如,在中国京剧文化里,红色代表忠义,白色代表奸诈。语言是一种符号系统,指人们所使用的口头或者书面的言语方式。语言包括语义、语调、语境等,不同的组合往往表现出不一样的意义。比如,"你吃饭了吗?"在不同的情景下,辅以不同的语调,所代表的意义就截然不同。作为社会工作者能够清晰地理解语言所代表的意思,对于了解案主的情况和案主生活的环境具有十分重要的意义。

5. 精神产品,主要包括哲学、科学、宗教、艺术、道德等各种学科所创造的思想观念,以及人们后天学习得到的各种知识技能等,其中尤以价值观念最为重要,它是精神文化的核心。社会工作特别关注社会工作者和案主的价值观。例如,案主的价值观是其生活的社会环境下的产物,他们与社区密不可分的关系是不可能被漠视的。如果社工在对该案主的实务介入中只考虑法律,而不考虑该案主的价值观,就会遇到很多麻烦,从而妨碍方案的推广。

三、文化的结构与功能

1. 文化的结构

文化是一个复杂的整体。要想全面地认识其对人类行为的影响,必须充分了解其内部结构。文化结构是指许多文化特质的一种聚合,通常是以某一特质为中心,在其功能上与其他的特质发生连带关系或者构成一系列活动。②研究文化的结构重点在于考察文化的各个元素之间相对固定的模式,每一个社会都有自己独特的文化结构。本书从文化的内部构造来考量,按照其范围由狭窄到广泛,分为文化特质、文化丛、文化模式。

(1) 文化特质(cultural trait),也称文化元素,是组成文化的最小单位。文化的最小单位是指能独立发挥一定文化功能的单位,无论多么复杂的文化体系都是由一些最小单位组成的。如社会工作中对案主需要的评估是一个文化特质。文化特质的确定是相对的,其也有不确定性,因此对文化进行分析时,用其包含多少文化元素来衡量是适当的分析方法,但是要同时确定文化特质的标准。

(2) 文化丛(culture complexes),又称文化集丛,是指一组互相整合的文化元素,组成一个更大的功能单元。一个文化集丛包括许多元素,它是一个相对独立的功能单位,能满足人们某一方面的需要。比如我国工业体系文化丛就包括

---

① Erving Goffman, *Gender Advertisements*, New York: Harper&Row, 1976.

② 朱力:《社会学原理》,北京:社会科学文献出版社 2003 年版,第 10 页。

工会组织员工的文体活动、资方提供的社会服务、企业文化等特质,当然这是一个相对复杂的文化丛。

（3）文化模式（cultural pattern）。社会学家和社会人类学家往往在两种意义上使用文化模式这个概念。本书采取其中一种观点,即文化模式是指各种文化元素和文化丛集合而形成的一种系统的文化结构,特别指不同民族的文化。例如,中华民族文化是一种文化模式,日本文化又是一种文化模式,美国文化则是另一种文化模式。一种特殊的文化模式内部必须具有自身的一致性,如共同的文化价值、共同的行为方式、共同的语言等,否则便不可能形成一个独具特色的文化模式。在跨文化的社会工作服务中必须特别关注不同的文化模式下案主的行为表现。

社会工作服务在近年来强调从传统的问题取向转向优势取向的服务模式,但是问题取向仍然是社会工作主要的介入模式。社会成员往往由于某种亚文化或者反文化的影响,产生一些不被主流文化接受的偏差行为,这正是社会工作者所关注的。所以,文化的结构按照文化的形态,可以将其分为主流文化、亚文化和反文化三种类型。

（1）主流文化（mainstream culture）,是指一个社会的主要的文化取向,它具有一定的指引作用,对人们的思维方式、价值观念、行为表现、生活习俗等具有很强的约束力。主流文化是一个社会绝大多数人共同遵守的、共同维护的文化类型。

（2）亚文化（subculture）,也称为次文化,是指一个社会的次一级群体的文化,它既具有其所属文化的基本价值观念,但也具有其本身独特的风俗习惯、道德规范和世界观。① 郑杭生认为,亚文化包括民族亚文化、职业亚文化、越轨亚文化（一些反社会集体所特有的文化）三种类型。②根据社会学家的研究,共同的年龄、社会阶层、地域、民族性、信仰和职业等都有可能产生亚文化。一般而言,偏差行为都与特殊的亚文化有关。偏差行为是指个人违反了社会主流文化所要求或者倡导的行为标准而表现出的行为。偏差行为往往会被主流社会采取惩罚或者排斥的对策。当然,偏差行为也是相对的,并没有固定的评估模式。例如,人类学家通过研究北美印第安两个部落的文化与行为的关系发现,其中一个部落重视中庸及抑制、和平,反对过度的竞争,因此好竞争而不合作则被视为偏差行为。

（3）反文化（counter culture）,是一种特殊的亚文化,是对现存秩序的背离,是对现存主流文化的抵制和对抗。反文化的好坏之分主要是根据其性质决定

① 吴泽霖编:《人类学词典》,上海:上海辞书出版社1991年版,第658页。
② 郑杭生:《社会学概论新修》（第3版）,北京:中国人民大学出版社2002年版,第69页。

的,比如电影《春风化雨》中,那时传统的主流教育都是一种刻板的教育模式,而教师基尔所倡导的兴趣学习法,冲击了当时的教育系统,这种方法就是一种反文化,但是经过后来教育的改革,发现这确实是一种好的反文化。

2. 文化的功能

文化在不同的层面表现出不一样的功能。在个人层面,文化起着塑造个人人格,实现社会化的功能;在团体层面,文化起着目标、规范、意见和行动整合的功能;在社会层面,文化起着社会整合、社会导进的作用。①本书主要关注物质文化、社群文化和精神文化对个人行为及其生活的环境的影响,认为文化具有以下四个方面的功能:

(1)文化对个人的影响。个人对文化的了解主要是通过社会化的过程而实现的。所谓社会化是指个体在与社会的互动过程中,逐渐养成独特的个性和人格,通过文化的内化,逐步从生物人转变成社会人的过程。文化对个人的影响主要通过确立行为标准、规范人的成长、控制越轨行为来实现。文化通过规范体系,对社会成员应该如何行为进行了相应的规定,通过对个人的教化,使规范内化为个人行为,将个人的行为纳入一定的轨道和模式,从而影响个人的成长。

(2)文化对社会团结的影响。迪尔凯姆将社会团结分为机械团结和有机团结两种,现代社会主要是基于有机团结而联结起来的。有机团结是指在社会分工和个人之间的异质性的基础上建立起来的社会联系。文化鼓励爱国心、衷心及热诚等,对社会团结提供了一个最重要的思想基础。文化对社会团结的影响主要表现为社会整合功能,例如,一个社会中人们的价值观会有差异,但是通过价值整合,也就是经由统一文化的熏陶,必然在社会生活的基本方面形成大体一致的观念。

(3)文化对社会结构的影响。社会结构是指社会关系的各个组成部分或社会体系中的要素之间比较稳定的相互联系模式。文化对社会结构的影响主要通过相应的文化规范和标识来实现,它使得社会行为系统化,每个人在参与社会时,不必时常重新学习和发明做事的方法,都可以在文化中寻找到相应的指导。

(4)文化对社会人格的影响。人格指的是某一特殊的文化群体的成员所共有的欲求与情感的动态组织,以之使人们能对此一群体的主要社会价值作适应性的反应。②文化能够模塑及建立社会人格,一个社会中各个人虽然有各种独特的差异,但是其人格上都带有该社会的文化标记,养成中国人、日本人、美国人等不同的性格。

---

① 彭华民、杨心恒主编:《社会学概论》,北京:高等教育出版社 2006 年版,第 30 页。

② 芮逸夫主编:《云五社会科学大辞典·人类学》,台北:台湾商务印书馆 1975 年版,第 5 页。

案 例 探 析

社会服务机构的文化环境

案例展示：

某社会服务中心准备设置在虹新小区,这是一个人口稀少的乡村地区,人口大约一万人,因为人口如此的少,所以这个中心是唯一主要的精神健康服务提供者以及控制药物滥用服务提供的机构。这个社区最严重的社会问题是酗酒。漫长而寒冷的冬天,社会的疏离,加上此地酒类生产丰富,造成此地各年龄段酗酒人口不断增加,这个地方的家庭暴力情况也急剧恶化。此社会服务中心为了配合国家颁布的防治家庭暴力和酒精滥用的法令,准备在该小区开展防治家庭暴力和酒精滥用的防治方案。

文化环境分析：

1. 社会服务机构的外在环境

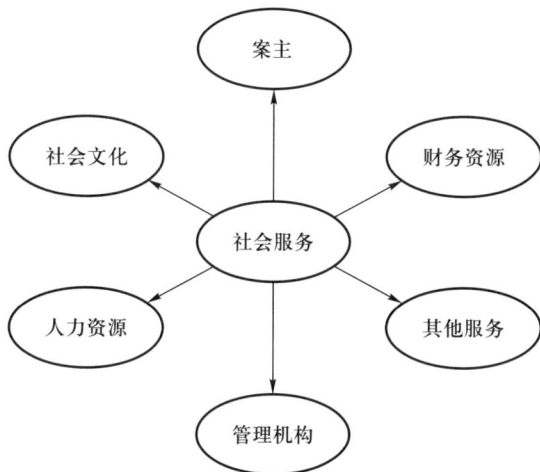

2. 文化环境分析及其对社会工作的启示

机构所在的社区伦理、经济、社会和文化特质构成文化环境。机构的生存受到机构对那个环境了解的能力以及将环境所呈现的机会充分运用的影响。文化环境的提倡即是社会工作的"人在情境中"观点的中心思想,人是他周围世界的产物,同时也会积极参与其所在的世界。文化的三个面向会影响机构如何在社区中生存(社区价值与机构目标、案主价值、资源依赖)。

第一,社区价值与机构目标。社工调查得知,此社区的居民非常独立,酗酒、家庭暴力成为其生活的一部分,加之他们认为自己并没有接受社会救助,所以专业人士不能去介入他们的生活。这已经成为这个社区的文化和价值的一部分,所以社会工作者必须正视这些,然后从改善其价值观开始,从教育性项目开始着手。因为社区的价值观是会限制机构的行动的。

第二,案主价值。如果社工在对该社区居民的介入中只考虑法律,而不考虑该社区居民的价值观,就会遇到很多麻烦。转介来接受评估的案主是其所处环境下的产物,他们与社区密不可分的关系是不可能被漠视的。自我满足和独立的价值观是社区的特质,也同样是前来接受服务的案主的个人特质。

第三,资源依赖。财务支出和案主参与式社会服务是机构最主要的生存因素。机构是在社区的意愿下存在的。

——摘编自[美]凯思琳·麦金尼斯·迪特里希:《整合社会福利政策与社会工作实务》,胡慧安等译,台北:扬智文化事业股份有限公司1997年版,第69~100页。

第二节 社会价值观

一、社会价值观的含义

关于价值观的理解,往往和伦理、道德、美德等相互混用,对其概念的使用很多人并不是很清楚。大多数社会科学家都沿用杜威的定义,指出价值观是选择好的和想要的行为的指南或者标准。[①]我们认为,社会价值观是一个社会对于所属的个体或者群体所要求的什么是值得做的、应该做的一种构想,这种构想影响了个体或群体的行动方式、途径的选择。也就是说,社会价值观是一套行动的准则。社会价值观是文化的一个元素,本书根据社会价值观的应用范围,在广义和狭义两个层面上使用社会价值观。

广义的社会价值观,是指社会工作者和案主所生活的社会所共享的、人类社会普适的价值观,比如公平、正义等思想是所有社会共同遵守的价值观。

狭义的社会价值观,特指社会工作价值观,包括哲学和操作两个层面。社会工作作为一个专业,包含了相应的价值体系、知识体系和专业技巧。社会工作从业人员基本的专业价值观来源于其所在的社会所持有的价值观。这些专业的价值观在大多数时候与社会的价值观是并行不悖的,但是在重点和优先次序上会有一些差异。

在哲学层面上,列维(Charles Levy)认为社会工作的价值并不是一套随机或

① [美]多戈夫等:《社会工作伦理实务工作指南》(第七版),隋玉杰译,北京:中国人民大学出版社2005年版,第17页。

者是容易变更的规范,也不是外在社会价值观的反映,而是一种对集体责任的思考,隐含了社会工作在社会中的角色。[①]所以,社会工作的价值观是为社会工作专业所秉持的一套持久的信念体系,它是在本专业的实践基础上形成的、被全体社会工作者认同的,对其行为起指导和规范作用的,并在实务工作中被普遍遵守的标准和原则。

在操作层面上,社会工作价值观具体指社会工作专业伦理原则,是从价值观衍生出来的。当这些社会工作价值观具体操作化为专业伦理守则时,就能使社会工作者在实践中遇到难以决断的事的时候有了具体的指导,也有伦理上所依据的准绳。社会工作专业伦理和社会工作价值观之间存在紧密联系。社会工作专业伦理都是从社会工作价值观中衍生出来的。伦理和价值观的不同在于价值观关注的是好的和想要拥有的东西,而伦理关注的是对的和正确的东西。[②]

专业伦理是源自于个人自愿选择成为一个专业人员而具有的特殊义务,例如社会工作者、医生、护士、教师等都有相应的专业伦理。专业伦理澄清了专业实践中与伦理有关的问题的处理方式。社会工作专业伦理是要帮助社会工作者认识到如何在实际工作中做到道德上正确无误,学会在任何情形下其行为皆符合专业的规范。专业伦理来源于一般伦理,但是却并不等同于一般的伦理,比如无论是社会伦理还是专业伦理都强调尊重原则,但是专业伦理把案主的利益摆在高于所有其他人的利益的位置上,优先加以考虑,认为案主以及案主的利益应该优先得到尊重。专业伦理是一般伦理与专业的特殊性紧密结合的产物,比如医生专业伦理、社会工作专业伦理均是从一般社会伦理中发源的,但是由于医学和社会工作专业的不同,从而造成二者专业伦理的不一致。

基于此,本书认为社会工作专业伦理是指社会工作者在实际社会服务中必须遵守的道德上的要求。社会工作者专业伦理守则包括六大范畴:社会工作者对案主的伦理责任、对同僚的伦理责任、对实务机构的伦理责任、作为专业人员的伦理责任、对专业的伦理责任以及对社会全体的伦理责任。[③]

二、社会价值观的类型

社会价值观是在物质环境的基础上发展起来的,所以不同的社会都有其独特的价值观。但是人类社会作为一个共同体,其必定有属于全人类所共同遵守

---

① Charles Levy,The Value Base of Social Work,*Journal of Education for Social Work*,vol.9,1973,pp. 34~42.

② [美]多戈夫等:《社会工作伦理实务工作指南》(第七版),隋玉杰译,北京:中国人民大学出版社2005年版,第18页。

③ [美]弗雷德里克·雷默:《社会工作价值与伦理》,包承恩、王永慈主译,台北:洪叶文化事业有限公司2000年版,第78页。

的价值观。广义的社会价值观的类型分为普适的和中国人的;狭义的社会价值观特指社会工作价值观和专业伦理。以下只介绍广义的社会价值观类型。

1. 全人类共同遵守的社会价值观

（1）平等

平等是一个值得探讨的价值观。平等包括数量平等、比例平等和机会平等三种类型。[①]一般而言,平等更多的指数量平等,而比例平等属于公平探讨的范畴。

第一,数量平等,又可以称目标平等、平均主义,其是指用同样方式对待每一个人——所有人平均分配。平均主义是最纯粹的、最乌托邦的平等思想。这种观点强调每个人应该享有完全相同的结果:同样的收入、同样的寿命等。

第二,比例平等,又称公平,是以同样的方式对待类似的人——根据他或者她的优点和价值进行分配。公平是一个非常有用的概念,它拓展了平等的含义。平等倾向于关注相似性或者同样性。为了达到这样的结果,公平就很重要。公平意味着你所得的与你所做的紧密相连,人们获得的多少主要是基于其对社会的贡献。当然公平并不是绝对的按照统一的标准进行分配,社会往往会对由于不是自己原因而导致获得减少的情况进行适当补充,以增强公平的弹性。公平也就是按照贡献进行分配,因为在社会财富等资源的形成过程中,每个个人所投入的精力和相应的产出是不同的,只有按照个人的贡献进行合理分配,社会才会有发展的动力。

第三,机会平等,是平等的另一种有用的表达,是指社会成员在生存和发展机会方面,起点是平等的。也就是说,凡是具有同样潜能和相同意愿的社会成员应当拥有同样的起点,以便争取同样的前景;机会实现过程本身应当是平等的,机会的实现过程必须排除一切非正常因素的干扰。

（2）公正

公正是指给予社会成员其应该获得的。社会公正也有广义和狭义之分,广义上的社会公正,其范围覆盖了整个社会机体,也就是政治、经济、文化和社会四个领域,而狭义上的社会公正的范围只是覆盖社会领域,一般而言社会公正都是指广义的社会公正。

但是公正与公平是有差别的。公正包括两个方面的意思:第一,让所有的社会成员都能够共同分享社会发展成果,不断地提高社会成员的最低保障的水平线,从而消除社会成员之间的不平等;第二,公正必须要公平,也就是按照个人的贡献来进行分配。也就是说公平是包含于公正的,公正除了要保证公平以外,还

---

① ［美］尼尔·吉尔伯特、特雷尔:《社会福利政策导论》,黄晨熹等译,上海:华东理工大学出版社2003年版,第102页。

必须兼顾所有成员的生存和发展需要。有学者提出社会公正的基本立足点有两点：[①]

第一，社会公正应当维护每一个社会成员或者是社会群体的合理利益，并不意味着要刻意地站在哪一个群体的立场制定相应的社会和经济政策。

第二，维护每一个社会成员和社会群体的合理利益。既要确保每一个社会群体、社会成员基本的生存底线，又要为每一个具有发展潜力的社会群体和成员提供充分的自由发展空间，以求得每一个社会群体和每一个社会成员"各尽所能，各得其所"。

（3）正义

正义是人类社会普遍追求的另一个社会价值观。但正义概念依然是一个宽泛的概念，不同的思想家做出过不同的界定，如柏拉图在《理想国》中提出正义就是社会中各个等级的人各司其职，各守其序，各得其所；亚里士多德相信平等就是正义。一般而言，正义是指具有公正性、合理性的观点、行为、活动、思想和制度等。罗尔斯（John Rawls）在《正义论》中所展示的社会正义观成为人们普遍接受的关于正义的讨论。罗尔斯认为所谓正义，是指所有社会价值——自由与机会、收入与财富以及自尊的基础——都应平等地分配，除非任何价值的不平等分配对每一个人都是有利的。罗尔斯认为要实现社会正义，需要以下两个原则的保证：

第一，每个人都应有平等的权利去享有与人人享有的类似的自由权体系相一致的最广泛的、平等的基本自由权总体系。

第二，社会和经济不平等的安排应能使它们符合地位最不利的人的最大利益，符合正义的储蓄原则，以及在公平的机会均等的条件下与向所有人开放的官职和职务联系起来。[②]

这两条原则的实施有两条优先规则：自由权优先原则和正义优先于效率和福利原则。正义是一个相对的概念，不同的社会、不同的阶级有不同的正义观。衡量正义的客观标准是这种正义观是否促进社会进步，是否符合社会发展的规律，是否满足社会中绝大多数人最大利益的需要。根据正义涉及的领域的不同，可以把正义分为制度正义、形式正义和程序正义，其中制度正义指社会制度的正义，具体是指社会财富、资源、责任、义务分配是否公平和正当；形式正义是对法律制度的公正一致的执行，它不管法律制度本身是否符合正义，它强调法律制度始终如一的实现；程序正义是指保证实现制度正义和形式正义的具体步骤和方法。制定正义的法律，应有公正的立法程序；同样，保证司法公正，也要有公正的

---

① 吴忠民：《社会公正的基本价值取向及立足点》，《中国党政干部论坛》2006年第11期。
② 参见［美］罗尔斯：《正义论》，何怀宏等译，北京：中国社会科学出版社2001年版。

司法程序。

（4）自由和权利

一般而言，自由是一个法律名词，指公民在法律规定的范围内，其自己的意志活动有不受限制的权利，如言论自由、集会结社自由等。自由与权利是两个有紧密联系的概念，自由是一种基本的权利，但是这种权利又受到相应的法律规定的约束。所以要认识自由，对权利的概念也要有所认识。关于权利，影响比较大的还是 T. H. 马歇尔（Thomas Humphrey Marshall）的著作《公民权与社会阶级》中对公民所拥有的民权、政治权和社会权的论述，其中民权指人身权利、财产权利、言论自由、信仰自由等基本人权；政治权是指参与政治的权利，普遍的选举权是其核心；社会权则认为公民当然享有教育、健康和养老等权利。

社会工作从诞生之初就立足于促进社会的平等、公正、正义、自由和权利。这些人类社会共同的价值观推动着人类为寻求美好生活而做出各种努力，比如各种社会福利制度的制定、社会服务的开展，都是基于平等、公正、正义和自由的价值观而产生的。

2. 中国人的主要社会价值观

关于中国人的主要社会价值观，很多学者都进行了研究。何友晖认为中国文化价值体系的特点是：指导行动原则是集体主义、群体利益优先于个体利益；完成外界的社会义务优先于满足个体的需要；在现有的社会秩序中安身立命优先于表达自我；回报的规范是使互动中的每个个体无法跳出错综复杂的义务与亏欠系统之外；社会行为具有高度的他人导向性；社会互动的规范，是用来维持和谐和睦、避免公开冲突的；个体对社群的导向是在于从众，不敢于自表。[1] 成中英认为影响中国人的价值观的主导思想具有以下四个特性：内在的人文主义、具体的理性主义、生机的自然主义、自我修养的实效主义。[2]杨中芳从世界观、社会观和个人观三个方面归纳了中国人的价值体系，认为中国人讲求"和合"，以妥协的态度来达到人与人、人与大自然和谐共存。[3]

综合以上学者的观点，我们认为中国崇尚集体主义、平均、和谐、秩序、稳定的价值观，从而造成中国人克制、妥协的中庸的个性。林语堂也曾经描述说，中国人的特性最主要是圆熟，圆熟的表现是：忍耐、模棱两可、老滑俏皮、和平、知

---

[1] D. Y. F. Ho（何友晖），Relational Orientation and Methodological Relationalism. Bulletin of the Hong Kong Psychological Society, 1991. pp. 26 ~ 27, 81 ~ 95；D. Y. F. Ho（何友晖），Selfhood and Identity in Confucianism, Taoism, Buddhism, and Hinduism: Constructs with the West, Journal for the Theory of Social Behavior, vol. 25, 1995, pp. 115 ~ 139.

[2] ［美］成中英：《中国文化的现代化与世界化》，北京：中国和平出版社 1988 年版，第 75~104 页。

[3] 杨中芳：《如何理解中国人：文化与个人论文集》，重庆：重庆大学出版社 2009 年版，第 285 页。

足、幽默及保守性。①我国的社会工作理念和实务技巧都是引自西方,如何发展符合中国社会和中国人的本土化的社会工作一直是社会工作者关注的话题,所以能够充分了解中国人的价值观,才能更好地反思目前社会工作实务中所倡导的案主的自我披露、案主自决、保密等实务原则。

三、社会价值观的功能

1. 广义的社会价值观的功能

在前文中,我们具体阐释了文化系统对人类行为的影响。社会价值观是文化系统的一部分,其对人类行为的影响,主要体现在是对个体行为的强化、限制和规范、能动性、个体内化四个方面。②具体如下:

(1)社会价值观强化人类的行为模式。有学者指出,文化中有些价值是具有主导地位的,所以常常要求其成员必须顺从,社会通过奖惩来增加符合文化价值行为出现的频率。③社会价值观通过特定的奖惩制度,强化人类符合价值观的行为,从而达到社会的整体统一。

(2)社会价值观限制和规范人类行为逻辑。有学者认为,个体的外显行为受到文化理念体系、社会结构体系及个体有机体系的综合影响。④在社会价值观的影响下,人类的行为才表现出一致性。

(3)人类对于社会价值观的影响有能动性。有学者指出,文化中有些价值具有主导地位,然而它们却具有较高的抽象性,所以文化成员可以依自己的解释来表达这个价值。虽然社会价值观对人类行为具有很强的约束力,但是由于价值观本身的抽象性,反而使得人类能够根据所处的社会环境、个体技能和社会结构的具体情况,能动地解释社会价值观,从而调适自我的行为。

(4)社会价值观通过个体的内化实现对人类行为的影响。社会化是个体对文化的内化过程,而人的社会化过程其实就是逐步内化社会价值观的过程,也是个体逐步规范自我行为的过程。

2. 狭义的社会价值观的功能

社会工作价值观和专业伦理对社会工作者行为的影响集中表现在规范和实际指导两方面。

(1)规范行为。一般认为社会工作者的价值观会影响其专业实践,诸如对

---

① 林语堂:《吾国吾民》,南京:江苏文艺出版社 2010 年版,第 40 页。

② 杨中芳:《如何理解中国人:文化与个人论文集》,重庆:重庆大学出版社 2009 年版,第 114 页。

③ F.R.Kluckhohn & F.L.Strodtbecke, *Variations in Value Orientations*, Evanston, Illinois: Row, Peterson, 1961, pp.1~48.

④ T.Parsons & E A.Shils, *Toward a General Theory of Action*, Cambridge, M A: Harvard University Press, 1951.

处理方法的选择。在社会工作专业的课程中要教授价值观和伦理原则的内容，也是为了让学生学习专业伦理，这样在未来成为专业社会工作者的时候，能够做出合符伦理要求的服务方式。

（2）实务指导。社会工作者在实际工作中做决定的时候很少会直接使用理论知识或者哲学原理，取而代之的是把知识和价值观整合成一套实践原则，也就是说专业伦理对社会工作者的影响主要是通过伦理守则来实现的。如上所述，多戈夫等归纳出的伦理优先次序就可以用于指导社会工作者的实际行动，也就是说社会工作者在面临伦理困境时，按照这一顺序表来指导自身行为。

第三节   文化变迁

一、文化变迁的含义

文化并不是固定不变的，其随着社会环境的变迁，也会发生相应的变化。所谓文化变迁，一般是指任何影响文化内容或者结构的变化。也有学者从族群的角度认为文化变迁指的是由于族群（或者民族）社会内部的发展，或由于不同族群之间的接触而引起的一个族群文化的改变。我们认为当文化的元素、结构等发生了增加或者减少，或者是不同的文化之间的冲突和融合过程，都称为文化变迁。文化变迁可能是社会内的多种紧张关系、冲突及新发展的结果。文化变迁的结果会产生新的文化特征或者发生文化扩散。图 5-1 展示了文化变迁的模式：

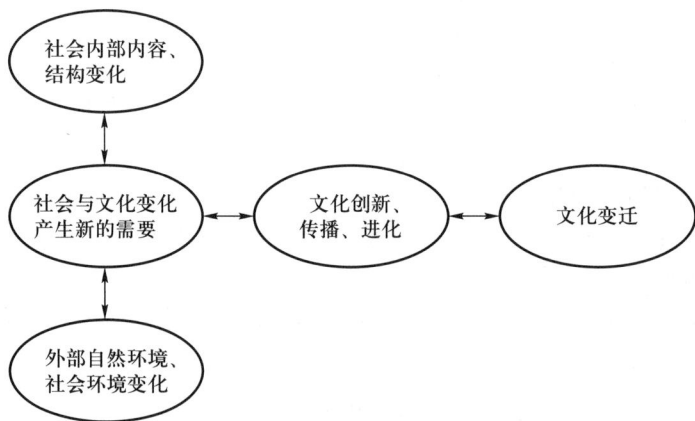

图 5-1   文化变迁模式

社会工作者也关注文化变迁，这主要因为社会工作的主要目的就是满足社会或者案主的需要,而文化变迁会引起社会内部系统和人文、自然环境的变迁,造成文化系统的创新和改变,从而产生新的社会和个人需要,从而需要新的社会工作介入模式,如图 5-2 所示:

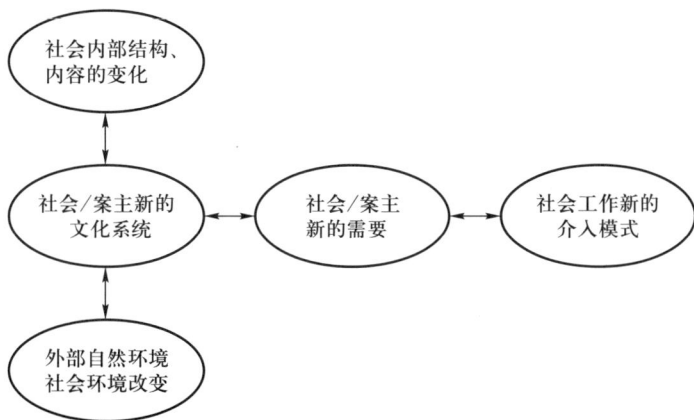

图 5-2 文化变迁与社会工作

二、文化变迁的类型

文化的变迁主要是基于文化传播、发明和发现新的文化元素三种途径实现的。文化变迁的类型,大多数学者都采用参与者是否主动参与文化变迁过程而将其分为无意识变迁和有意识变迁两种类型。[①] 本书也主要采取这一分类方法:

1. 无意识变迁

是指变迁的过程是不自觉进行的,这种变迁也成为自然变迁,强调的是变迁的主体的不自觉性和无计划性。随着科技的进步,越来越多的产品改变着人们的生活和行为方式,这些都属于无意识变迁。比如汽车的发明使得人们传统的出行方式有了极大的改变,而这些变化都是人们在不自觉的情况下形成的。

2. 有意识的文化变迁

指的是发动者和参与者按照事先制订的设想和计划来改变某些不适应社会需要的文化要素的状况和过程。根据参与者参与的程度和意愿,可以分为主动变迁、指导性变迁和强制性变迁。

(1) 主动变迁,有时也称为计划变迁,是变迁主体自觉、自愿、主动发起的。我国历史上的变法、维新都属于有意识文化变迁范畴。我国经济体制改革就是一种主动变迁,这是当我国政府发现现有的经济体制已经不能够适应社会和人

---

① 孙秋云主编:《文化人类学教程》,北京:民族出版社 2004 年版,第 50 页。

们的需求,而主动发起的旨在推动制度变革的一种文化变迁。

（2）指导性变迁,指的是某一文化的某些人有计划地帮助或者促使另一文化的人们发生社会或者文化变迁。如社会工作者在一些少数民族地区所推动的发展或者扶贫项目,就是通过专业社会工作者的协助和指导,使原有的传统的生活习俗、行为习惯发生变化,从而有利于与现代社会有机整合。

（3）强制性变迁,主要是指用强迫手段迫使他文化发生变迁。它常常发生于一个民族对另一个民族的征服过程,这种变迁的推动者是有意识的或者自愿去做的,使用手段是高压式的或者暴力的。澳大利亚政府为了对土著实施同化政策,在1910年通过一项政策,以改善土著儿童生活为由,规定当局可以随意从土著家庭中带走混血土著儿童,把他们集中在保育所等处,接受白人文化教育。从土著居民的角度来讲,这种"白澳政策"就是一种强制性变迁。

三、文化变迁的功能

文化变迁的功能主要体现在对文化的最终作用方面,通过文化最终结构变化的多少,我们认为文化变迁的功能主要体现在实现了文化创新、文化传播、文化进化三个方面。

1. 文化创新,是指文化在内容或者结构上出现了与以往不同的新的形式的现象的总称

文化创新表现为两种形式:文化发明和文化发现。文化发明是指由于科学技术的进步所创造出来的新的文化元素,比如汽车、电话、电灯等的发明,都改变着我们原有的生活方式,相应地也出现了新的文化。文化发现是指由于某些原因使得原本不被人类所觉知到的文化形式重新呈现,比如各种古代的文化遗迹。

2. 文化传播,是指一种文化元素或者结构扩散、传递或者转移到另一种文化,引起其他文化变迁的过程

文化传播的过程并不是一帆风顺的,有时会造成文化融合,有时也会引起文化冲突。文化融合,是指两种不同的文化之间的交融,根据文化变迁理论的论述,我们认为文化之间的融合可以产生文化革新、文化扩展、文化整合等形式。文化革新是指两种文化在相互的影响中,产生了新的观念、规范等文化形式;文化扩展是指两种文化在传播过程中,一种文化模式和特征扩散到另一种文化中,被另一种文化完全吸纳;文化整合是指当各个文化特征相互之间具有逻辑上的一致性时,我们说这个文化体现了很高程度的文化整合。①

文化融合与文化冲突是相对的概念。文化冲突是指文化在交流或者传播过

---

① ［美］戴维·波普诺:《社会学》(第十一版),李强等译,北京:中国人民大学出版社2007年版,第80页。

程中面临不适应的情形,从而造成的紧张状态。文化发展的动力就是不同文化模式之间的交流。但是文化融合从来都不是一帆风顺的,这主要与文化中心主义和文化震惊有关。

（1）文化中心主义

文化中心主义也称为种族中心主义,是指各个国家、民族都常有的一种倾向,常易于将自己的生活方式、信仰、价值观、行为规范看成是最好的,是优于其他人的。[①]另一个与其相关的概念是文化相对主义,是指各种不同的文化模式是不能评价和比较的,因为如果从各种不同的文化模式所赖以生存的环境看,每一种文化模式都有其存在的合理性。持文化中心主义的国家或者民族往往会主观地将自己的文化强势植入其他的国家或者民族,从而造成文化冲突,对一些弱势民族或者国家的个人造成恶劣的影响。比如澳大利亚的白人对土著居民所采取的民族措施,从而造成"被偷走的一代"的悲剧。

（2）文化震惊

两种或者多种文化之间的碰撞并不仅仅是文化本身会发生变化,对个人同样会有各种影响。个人在面对新的文化模式时所产生的内心的紧张状况,就是文化震惊。文化震惊(culture shock,又称为文化冲击)是指生活在某一种文化中的人,当他初次接触到另一种文化模式时所产生的思想上的混乱与心理上的压力。

3. 文化进化,是指由文化内部的发展而引起的变迁,暗含着一种由低级到高级的文化发展过程

进化的概念来源于生物学,主要指生物由简单到复杂的发展过程。所以,这里的文化进化主要是指物质文化的变迁,比如生产工具由低级到高级的演化。而精神文化和社群文化并没有高低之分。

无论是文化创新、文化传播还是文化进化,都会导致文化环境的改变,从而促使人类行为的变迁。个人在与文化环境互动过程中,一方面会适应文化的要求,表现出合适的行为,另一方面可能因不适应而出现行为或者情绪困扰。无论出现哪一种情况,社会工作都需要重新评估个人的需要,制订新的服务方案。

第四节　社会工作的重要议题

一、代沟

1. 代沟的含义

代沟(generation-gap)的研究始于美国文化人类学家玛格丽特·米德,其在

---

① 　[美]戴维·波普诺:《社会学》(第十一版),李强等译,北京:中国人民大学出版社 2007 年版,第 73 页。

1970 年出版了《文化与承诺：一项有关代沟文化的研究》一书，书中提到代沟是现代社会的必然伴随物，同时，她还肯定了年轻一代在新时代中的历史作用，提出了前喻文化、并喻文化和后喻文化，其中后喻文化是指长辈反过来向晚辈学习的文化，①从此掀起了关于代际关系的社会学研究。

代沟的研究与"代"的界定有紧密联系，所谓"代"，是指一定社会中具有大致相同的年龄和类似社会特质的人群。"代"具有自然和社会两重属性，自然属性指其年龄特征。代际的划分和更替是一个客观现象，是人口学关注的事实，然而由于每一代人所生活的社会环境的差异，导致不同代的人具有不同的文化价值观和经验，从文化层面米划分，"代"的研究就具有社会学的特性。

随着中国社会的急剧转型，在现代化及至全球化浪潮的冲击之下，传统的由上而下的社会化方式受到了挑战，"代沟"现象也日益突出。代沟是代际关系的一种。所谓代际关系是指两代人之间的关系，即家庭中的父母辈或者祖父母辈与子女、孙子女辈的关系。而两代人之间在认识和价值观上的明显差异，通常被称为"代沟"。②本书认为代沟是指代与代之间的某种距离，而这种距离是指由于时代和社会环境的急剧变迁，人们的社会化模式、内容等也发生了变化，从而导致不同代之间在价值观、社会态度、行为模式等方面所表现出的差异或者冲突，从而造成代际关系不和谐的社会现象。

"代沟"之所以会产生，文化和社会环境的变化至关重要。综合以往学者的研究，我们认为"代沟"的产生有宏观和微观两个层面的原因。首先，宏观方面主要由于传播方式、大众文化等的发展，造成整体的社会环境有别于传统社会，这种差异反映在不同代的人们身上所表现出的差异和冲突。其次，微观层面主要是由于不同个体之间存在的个体差异在代际之间的反映。

2. 代际关系和社会工作

代沟的存在往往对代际沟通产生影响，比如造成代与代之间不理解、相互回避或者是相互学习的情况。费孝通描述亲子两代人之间的隔膜和冲突时说："子女可以时常觉得父母的过分干涉，没有道理，甚至感到压迫，父母是代表着吃人的礼教。在父母看来，子女不能体恤他们，倔强，不肯顺服，进而觉得是悖逆，不孝，大逆不道的孽障。"③中国文化中存在传统年龄尊卑秩序，所以年轻人在与年长者的观念有相当大差异的情况下，常采取"表面顺从，暗里我行我素"

① ［美］玛格丽特·米德：《文化与承诺：一项有关代沟文化的研究》，周晓虹、周怡译，石家庄：河北人民出版社 1987 年版，第 27 页。
② 邓伟志、徐新：《家庭社会学导论》，上海：上海大学出版社 2006 年版，第 115 页。
③ 费孝通：《乡土中国 生育制度》，北京：北京大学出版社 1998 年版，第 208 页。

策略,并不会发生直接的代际冲突。但是随着现代社会的快速变迁,年轻人和年长者之间的观念差距越来越大,传统价值观念的逐渐淡化使得原本可以维持代际平衡的文化因素的影响力逐渐减弱,造成代际关系紧张。

代沟常常表现出的是代际沟通不畅,如果处理得不恰当,往往会造成家庭关系的紧张。家庭关系的重建,主要是家庭社会工作研究的领域。所谓家庭社会工作,是指以家庭为中心而进行的社会工作介入及所提供的家庭服务,其目的在于强化家庭生活,协助解决家庭问题,促进家庭关系的和谐及其社会功能的正常发挥。①家庭社会工作所涉及的服务类型主要有三类:支持性服务——个案、团体、家庭治疗、家庭倡导、社区心理卫生、儿童保护性服务、情绪治疗等;补充性服务——居家服务、日托;替代性服务——寄养照顾、中途之家、教养机构、领养等。②代际关系的处理属于支持性服务这一类别。

二、中国佛教文化与慈善服务

1. 中国佛教慈善思想

中国佛教文化中很重要的一部分是佛教慈善思想。一直以来,慈悲精神和慈善活动贯穿着整个佛教教义。佛教徒基于"功德信仰模式",构筑了自己独特的行动逻辑——"自利利他,利益众生"。所以,从古至今,佛教一直热衷于社会慈善活动。③魏晋南北朝时期,佛教慈善活动有所扩充。到唐代,佛教慈善事业进一步发展,并且开始在寺院内建立了固定的慈善机构——悲田养病坊,由专门的僧人负责主持,收养社会上的贫病孤残老人、救济贫困、施药义诊。宋代以前,民间慈善事业主要是由佛寺出家僧人和信徒从事和承担的,其内容包括济贫、赈灾、医疗、修路造桥等多个方面,寺院也成为中国最早的民间慈善组织模式之一,集宗教团体与慈善团体于一身,对社会民生贡献力量。在明清,各地善会、善堂常创设于寺院,由僧众管理。到民国,佛教更是以兴办慈善为己任,佛教慈善也因此一度辉煌。这些都反映出了佛教与慈善事业的密切关系。从佛教的发展历程可以看出,中国佛教慈善思想主要包括四个方面,即慈悲心、布施之心、报恩思想、大乘经典中的慈善观念。这些思想一直成为佛教投身社会福利事业的价值指导。

2. 中国佛教慈善组织现状及特点

佛教慈善组织是指具有佛教背景的,志愿从事慈善公益活动的民间非

---

① 马伊里、吴铎主编:《社会工作案例精选》,上海:华东理工大学出版社 2007 年版,第 82 页。

② 周月清:《家庭社会工作——理论与方法》,台北:五南图书出版有限公司 2001 年版,第 47~48 页。

③ 高虹:《佛教慈善事业与社会福利问题研究——以上海佛教信仰实践为例》,《甘肃社会科学》2010 年第 3 期。

营利组织。它的母体可能是依托于某个寺庙或居士团体,但是一般具有独立自主的财务核算和慈善开展制度。通常,它的会员以佛教信徒居多,但是服务是面向教外的;它的信念价值带有显著的佛教特征,但是慈善服务是无关宗教的。

我国的佛教慈善组织发展迅速。据统计,截至 2006 年 6 月,在民政部门正式登记注册的各级佛教慈善团体有 60 多家,其中省级机构十余家,地市县级机构有 40 余家;此外,因各种原因未进行注册的各类佛教慈善机构的数目更多。随着我国慈善公益事业蓬勃发展,各地佛教组织和团体也纷纷成立慈善团体、功德会,现在的佛教慈善组织数目已经远不止这些。这些慈善组织为社会发展积极贡献力量,如在汶川大地震的捐款中,截至 2008 年 6 月下旬,全国佛教界为地震灾区捐款捐物折合金额达 4 亿元。①我国佛教慈善组织分为三种类型:"救济型慈善"、"服务型慈善"和"弘法型慈善",其基本情况如表 5-1 所示:

表 5-1   中国佛教慈善组织的三个基本类型及其特点

基本类型	组织目的	主要特点	典型范例
救济型慈善	慈善	财物救助为主,充当慈善中介机构,承担物资调配发放。	厦门南普陀寺慈善会 庐山东林慈善功德会 成都文殊院慈善功德会 无锡灵山慈善基金会等
服务型慈善	慈善	除了经济方面提供帮助,还提供多种慈善服务,尤其是直接运行慈善实体,并能与帮助对象建立持续关系,进行后续追踪。	台湾慈济功德会 佛光山慈悲社会福利基金会 厦门同心慈善会 上海玉佛寺觉群慈爱功德会 泉州开元寺佛慈安养院 苏州寒山寺慈善超市等
弘法型慈善	弘法	主要目的是弘传佛教文化,社会慈善是附带而做。活动内容集中于佛教色彩比较浓厚的项目,社会性慈善比重相对较少。	福建省佛教教育基金委员会 印顺文教基金会 中华佛陀文教基金会 苏州弘化社 四川乐至报国寺离欲念佛苑等

---

① 齐晓飞:《关于佛教慈善话题的几点思考》,在"灾难危机与佛教慈善事业"论坛开幕式上的书面致辞。参见国家宗教事务局网站。

延伸阅读

中国佛教慈善组织案例

福建是佛教大省,据福建省民宗厅报道,全省现有 6 所弘法慈善类基金会(委员会),其中以福建省佛教协会佛教教育基金委员会、厦门南普陀寺慈善事业基金会规模为最大。本书选取厦门南普陀寺慈善会向大家介绍依托寺院而创立的佛教慈善组织的基本情况。

厦门南普陀寺慈善事业基金会成立于 1994 年 12 月 14 日,由妙湛法师倡导并创立,它是中国第一家由政府民政部门批准设立的具有法人资格的佛教慈善机构,也是中华慈善总会的创始会员和特邀理事。成立以来,南普陀寺慈善事业基金会秉承“勿忘世上苦人多”“无缘大慈,同体大悲”“慈悲济世,造福人群”的理念,面向全国开展慈善活动,进行布施救助。

现已成立了“慈善处”“法物流通处”“佛经赠送处”“义诊院”四个机构。截至 2008 年 9 月底,已经先后发放各类善款共计 4 523.23 万元。主要服务内容有慈善、医疗、教育、文化四大类,包括希望工程、资助病残、扶贫济困、安老慰孤、义诊施药、放生护生、赈灾救急与祈福消灾等具体方面。

慈善方面,既有应急性项目,如赈灾救助、急难救济等,也有常规性项目,如救助贫困户、残疾人、孤寡老人和孤儿、资助学生等。其中,尤其以救济灾区款项数额最为巨大、支援力度最强。如 1998 年中国长江流域特大洪水时期,厦门南普陀寺慈善会共向各地灾区和慈善部门捐款达 251 万元,捐款数额列居国内佛教单位的首位。

医疗方面,专门设立了慈善义诊院,是厦门市卫生局正式颁发“医疗机构执业许可证”单位。不仅施药义诊,而且还组织医生到贫困和边远地区免费为群众看病送药。目前,义诊施药药费超过 120 万元,义诊人数近 20 万人。

教育方面,资助贫困学生,支援建立希望学校,捐助教学设备,改善教育状况。截至 2008 年 9 月底,捐资助学达 1 306.95 万元,新建希望小学 25 所,修缮学校 63 所。

文化方面,宣传和整理传统文化,介绍佛教文化知识,免费赠送佛教书籍等,并且支援《佛教文化报》和中国佛学院等,促进佛教文化和佛学研究的发展。

社会慈善和教育资助是其慈善事业最核心的部分。在具体实践中,南普陀寺慈善基金会主要以现金和实物帮助困难群体和个人为主,充当慈善资源调剂的中介机构。在内容上,有明显的救助特点。正是由于中国佛教慈善组织在理念、行为、服务对象方面和社会工作的相似性,使得其成为社会工作可以借助的重要的社会资源。

资料来源：王佳：“当代福建佛教慈善组织运行模式剖析”，《世界宗教研究》2010 年第 5 期；“中国佛教慈善组织的发展现状”，《黑龙江民族丛刊》2010 年第 5 期。

三、重建生命意义

1. 生命意义的含义

在心理学领域，很多心理学家都对生命意义进行过探讨，目前关于生命意义的含义通常从动机、认知、情感维度进行界定。

（1）生命意义（meaning in life）是一种对目标和目的的认识和追求。克劳伯（Crumbaugh）将生命的意义界定为一种能给予个体方向感与价值感的目标。[1] 有学者认为，生命意义是指人们对自己生命中的目的、目标的认识和追求，即每个人的生命中都有一些独特的目的或者核心的目标，人们必须要有一个清晰的认识，知道自己将要做什么，并为实现自己的价值努力去做一些事情。[2]

（2）生命意义是指生命的含义。贝恩（Bering）认为人类具有信息处理能力，这些能力使人们能够认识自己的社会行为的含义，也使得人们努力去理解生命意味着什么，人们正是通过解释自己的经历来创造生命意义。[3]

（3）生命意义是一种有价值的生命体验。王（P.T.P.Wong）提出包含动机、认知和情感三个要素的生命意义含义，认为生命意义是个体基于文化所构建的个人认知系统，这个认知系统将影响个人对活动和目标的选择，并赋予生活是否有目的、有价值的情感体验。[4]

综合以往学者的研究，本书认为生命意义是指人们对自己生命的目的、含义的认识及其对生命价值的体验。生命意义对人而言，可以确定人生的方向和价值，所以生命意义的重建至关重要。

2. 重建生命意义

关于如何才能够发现生命意义，弗兰克尔认为借由创造性价值会获得工作的意义、借由体验性价值会获得爱的意义、借由态度性价值会获得受难的意

---

[1]　J. C. Crumbaugh, *Everything to Gain: A Guide to Self-fulfillment Through Logo Analysis*, Chicago: Nelson-hall Company, 1973.

[2]　[奥]维克多·弗兰克尔：《追寻生命的意义》，何忠强、杨凤池译，北京：新华出版社 2003 年版。

[3]　J. M. Bering, The Existential Theory of Mind, *Review of General Psychology*, vol.6, 2002, pp.3~24.

[4]　P. T. P. Wong & P.S.Fry（edt.），*The Human Quest for Meaning: A Handbook of Psychological Research and Clinical Application*, Mahwah, NJ: Erlbaum, 1998, pp.395~435.

义。①也有学者认为生命意义的来源有：工作/成就、亲密/关系、精神以及自我超越/传承。②社会工作也关注案主生命意义的重建，综合学者的研究和社会工作实务理论的观点，我们认为社会工作者协助案主获得生命意义的关键是要让案主有"四感"，即目标感、价值感、亲密感、效能感。

（1）目标感，指人确定了生活的目标之后的充实的感觉。人生有了目标感，生活得才有动力，才有意义，才有价值，才能更好地体会生命的意义。

（2）价值感，是指对自我价值的肯定。重建生命意义，很重要的是让服务对象感觉到自身的价值，增强自信心，从而发挥自身的动力，改变不利的现状。

（3）亲密感，是指自我感觉到自己和周围的人和谐、亲密的关系，从而对社会、家庭或者群体有强烈的归属感。重建生命意义，其实也是协助服务对象重新获得家人、朋友等的支持，体会亲人的支持的过程。

（4）效能感，是指人对自己是否能够成功地进行某一行为的主观判断，它与自我能力感是同义的。重建生命意义，也是协助服务对象重新认识自我的能力，体会自己能够改变的过程。

四、社会工作服务的文化嵌入

社会工作对文化问题的关注与批判理论或社会建构论范式被引入社会工作实务领域有关，这一实务传统下延伸出两类重要的社会工作实务领域：社会工作反歧视和敏感实务，其中反歧视实务主要将焦点集中在分化上；敏感实务主要将焦点放在种族和文化上。③

20世纪90年代，多元文化主义的兴起引起了社会实践巨大的变化，其特别强调所有群体应该共存，维持其文化传统，鼓励发展并推崇多元文化主义模式，普及对不同文化的知识、经历和理解。在社会工作实务领域，其要求研究多元文化，保持文化的多样性。④在这一理论的影响下，社会工作服务如何嵌入案主文化系统引起社会工作实务界越来越多的关注。嵌入，指的是某一事物进入另一事物之中去的过程和状态。⑤我国社会工作学术界对"嵌入"的研究主要集中在专业社会工作的发展和服务介入方面，这些研究主要集中在社会工作对现有体

---

①　参见［奥］维克多·弗兰克尔：《追寻生命的意义》，何忠强、杨凤池译，北京：新华出版社2003年版。

②　张姝玥、许燕、杨浩铿："生命意义的内涵、测量及功能"，《心理科学进展》2010年第11期。

③　［英］马尔科姆·派恩：《现代社会工作理论》，冯亚丽、叶鹏飞译，中国人民大学出版社2008年版，第287页。

④　［英］马尔科姆·派恩：《现代社会工作理论》，冯亚丽、叶鹏飞译，中国人民大学出版社2008年版，第287页。

⑤　王思斌："中国社会工作的嵌入性发展"，《社会科学战线》2011年第2期。

制或机制的嵌入,对社会工作服务对文化系统的嵌入讨论还不够深入。

　　嵌入文化的社会工作服务,指的是社会工作者在服务过程中开始了解、尊重案主文化,并根据其文化差异而发展出不同的服务类型,以此来应对不同文化群体的案主的独特需要。社会工作嵌入的主体是案主的文化系统,包括原生(亚)文化和主流文化。学术界对嵌入文化的社会工作服务的讨论集中在嵌入模式、嵌入策略和嵌入条件三方面。

　　首先,在嵌入模式方面。嵌入文化的社会工作服务期望通过社会工作服务的介入,增强案主的文化适应能力,其服务模式包括文化亏空模式(cultural-deficit model)和双重文化模式(bicultural model)。其中,文化亏空模式被倡导来"调整"或者帮助一些亚文化群体"适应"于流行的社会规范。[1] 这一模式主要关注社会适应,强调亚文化对象在社会工作者的协助下,习得主流文化的语言、规范和行为模式等,从而与主流文化相一致;与文化亏空模式不同,双重文化模式强调要同时关注影响亚文化群体的主流文化和原生文化,不能单纯地强调对亚文化群体的同化。[2] 在这种模式下,亚文化群体服务对象及其家庭往往被社会工作者鼓励其保留主流文化和其原生文化。两种嵌入模式的差异如表 5-2 所示。

表 5-2　文化亏空模式和双重文化模式的比较

	文化亏空模式	双重文化模式
理论基础	文化一元论	多元文化主义
最终目标	案主适应主流文化	案主既能保持自己的独特文化,又能适应主流文化
服务对象角色	适应者	跨文化者
社会工作者角色	改造者	协助者、文化学习者
文化的关注度	关注主流文化,忽视案主原生文化	关注案主原生文化和主流文化

　　其次,在嵌入策略方面。嵌入策略是指社会工作者通过何种干预步骤,有效整合案主文化系统和社会工作服务。针对迁移儿童和家庭,有学者认为在嵌入策略上应包括两部分:一是敏感于文化差异,营造相互理解和相互尊重的文化氛围。这需要尊重儿童的文化遗产;关注儿童家庭和生活的社区;敏感于儿童及其家庭的文化和需要,以此确定服务内容;充分利用语言或者文化翻译者;引导和

---

　　[1]　[美]米尔斯:《儿童青少年社会工作》,李建英、范志海译,华东理工大学出版社 2006 年版,第 87 页。

　　[2]　De Anda D, Bicultural Socialization: Factors Affecting the Minority Experience, *Social Work*, vol. 29, no. 2, 1994, pp.101~107.

鼓励儿童保持其文化遗产。二是保存儿童独特的文化身份,鼓励儿童原生社区或原生文化群体的参与。①

最后,在嵌入条件方面。社会工作服务嵌入文化,对社会工作者提出了新的要求:具备敏感实务的能力和反思能力。在敏感实务方面,社会工作者需要具备文化能力(cultural competence),具体指社会工作者在面对跨文化的社会服务时所表现出的合适的行为的能力。② 在反思能力方面,社会工作的训练皆强调要自我反思(self-reflection),具体指在服务于不同文化群体案主时,社会工作者需要对自己所接受的价值、知识、信念等持怀疑的态度,要对所接受的知识进行反思、对主流位置进行反思、对拥有的权力进行反思。③

延伸阅读

嵌入文化的流动儿童社会工作服务实现路径

流动儿童的社会工作服务是嵌入在流动儿童的文化系统中的,包括两部分内容:流动儿童的原生文化(农村文化)和流动儿童迁入地的主流文化(城市文化)。对于流动儿童而言,其原生文化的影响主要体现在家庭及亲属支持系统的重要作用方面;其迁入地的主流文化的影响主要体现在城市文化与农村文化的不一致,造成的对流动儿童的歧视、偏见等,以及这种歧视和偏见对儿童成长和发展的消极影响。所以,社会工作者必须关注由于城乡文化的不同而导致的流动儿童行为表现的差异。

1. 以生态系统理论为服务理念,搭建家庭为本的生态干预系统

以家庭为本构筑流动儿童的生态干预系统,具体是指以流动儿童家庭为干预基点,从生态视角关注影响流动儿童发展的多维系统,主要包括两个维度:一是核心家庭、扩展家庭和家庭文化维度,具体指流动儿童家庭具有的价值和信念、家庭生活方式、家庭对儿童的角色期待、家庭社会经济地位等;二是学校和物理环境维度,具体指流动儿童所属的同辈群体、学校、邻里、社区等。学校和物理环境维度的干预则是通过对流动儿童家庭系统来实现的。众多流动儿童服务实践缺乏可持续性,单纯依靠外在力量改善流动儿童某方面的能力或认知,没有从流动人口内在的属性出发,挖掘其内在的关系资源,从而陷入服务效果不可持续

---

① Inga Feldman, *Information Packet: Cultural Sensitivity With Immigrant Families and Their Children*.

② 林津如、黄薇静:"失窃的世代? 汉人家庭意识形态符码与原住民族儿童保护",《台湾社会研究季刊》2010年第3期。

③ 陈依洁:"跨文化社会工作者的服务经验与反思",国立台湾师范大学硕士论文2007年,第37页。

的陷阱。

2. 以增强流动儿童跨文化适应水平为目标推动服务设计

家庭为本的流动儿童社会工作服务项目的设计以流动儿童跨文化适应水平提升为核心,通过以流动儿童家庭及其社会支持系统为平台,促进流动儿童对农村文化的认同和城市文化的认知,最终达至城市适应。这需要社会工作者从以下几方面入手:反思流动儿童困境的社会结构根源;肯定流动儿童及其家庭文化的独特性;评估流动儿童家庭的城市认知和文化适应性;制定家庭为本的流动儿童文化认同提升方案。

3. 以赋权(empowerment)作为工作方法,实现流动儿童发展

赋权既是一种理论,也是一种方法,社会工作通过它提高缺乏力量的民众的力量[1],其与社会工作方法是相互关联的,但它不等同于一种简单的、现存的社会工作方法,它不是以个体为基础、以个人为中心、以问题为焦点或以社会和环境为取向的方法[2]。家庭为本的流动儿童服务利用赋权的工作手法,通过对流动儿童跨文化水平提升方案的实施,发展出流动儿童对自我积极的认知、培养流动儿童批判性地看待城乡文化差异的能力、建立连接个人—家庭—社会资源的策略,最终实现流动儿童的城市适应和发展。

资料来源:刘玉兰、彭华民:《嵌入文化的流动儿童服务:理论与实践反思》,《华东理工大学学报(社会科学版)》2014年第3期。

本章小结

文化是人类群体或社会所共同分享的一切人类创造,具体包括物质文化、社群文化和精神文化三种类型。物质文化反映的是人与自然的关系,是人在改造自然环境时所依托的物质对象的主体,是社会普遍存在的物质形态。社群文化反映的是人与社会的关系,是社会为了规范成员的行为而产生的道德伦理规范、法律制度等行为标准或者指南。精神文化是指抽象和无形的人类创造,例如语言、艺术、生活方式等。文化具有独特性、包容性、相对性、规范性和指导性的特征。

文化的元素包括物质产品、价值观、规范体系、符号和语言、精神产品五种类型。从文化的内部构造来考量,分为文化特质、文化丛、文化模式。社会工作者更多是从文化的形态来理解文化结构的,将其分为主流文化、亚文化和反文化三

[1] Pierson John, Thomas Martin, *Dictionary of Social Work*, London: Collins Educational, 1995, p.134.

[2] [英] Robert Adams:《赋权、参与和社会工作》,汪冬冬译,上海:华东理工大学出版社2013年版,第6页。

种类型。

社会工作关注文化对个人行为及其生活的环境的影响,认为文化具有四个方面的功能:文化对个人的影响,是通过个体社会化实现的,文化通过确立行为标准、规范人的成长、控制越轨行为;文化对社会团结的影响,其提供了一个最重要的思想基础为社会整合提供了可能;文化对社会结构的影响,是通过相应的文化规范和标识,使得社会行为系统化;文化对社会人格的影响,体现在模塑及建立社会人格。

文化变迁是指当文化的元素、结构等发生了增加或者减少,或者是不同的文化之间的冲突和融合过程。文化变迁的类型包括无意识变迁和有意识变迁。文化变迁具有文化创新、文化传播和文化进化的功能。文化创新,是指文化在内容或者结构上出现了与以往不同的新的形式的现象的总称;文化传播,是指一种文化元素或者结构扩散、传递或者转移到另一种文化,引起其他文化变迁的过程;文化进化,是指文化内部发展而引起的变迁,暗含着一种由低级到高级的文化发展过程。

思考题

1. 如何理解文化的含义和特征?
2. 举例说明人类行为是如何受到文化环境影响的。
3. 如何理解社会价值观的含义和类型?
4. 如何理解文化变迁的含义和类型?
5. 举例说明人类行为是如何受到社会价值观和文化变迁的影响的。
6. 举例说明我们如何在实务过程中理解主流文化、亚文化和反文化。
7. 根据实务经验,反思在社会工作实务过程中你所遇到的文化议题。

推荐阅读

困境儿童社会工作服务

费孝通:《乡土中国》,上海:三联书店 1985 年版。

郭长刚主编:《全球化、价值观与多元主义:全球化时代宗教、信仰与文化变迁研究》,上海:上海三联书店 2010 年版。

王铭铭:《文化格局与人的表述》,天津:天津人民出版社 1997 年版。

〔德〕马克斯·韦伯:《新教伦理与资本主义精神》,苏国勋,覃方明等译,北京:社会科学文献出版社 2010 年版。

〔美〕露丝·本尼迪克特:《文化模式》,王炜等译,北京:社会科学文献出版社 2009 年版。

梁漱溟:《中国文化要义》,上海:上海人民出版社 2011 年版。

〔英〕马林诺夫斯基:《文化论》,费孝通译,北京:中国民间文艺出版社 1987 年版。

〔美〕玛格丽特·米德:《文化与承诺:一项有关代沟文化的研究》,周晓虹、周怡译,石家庄:河北人民出版社 1987 年版。

杨中芳:《如何理解中国人:文化与个人论文集》,重庆:重庆大学出版社 2009 年版。

扩展推荐阅读

刘玉兰、彭华民:《跨文化社会工作视角下的流动儿童服务模式重构》,《学术论坛》2014 年第 4 期。

冯元、彭华民:《我国民族社会工作研究热点可视化研究》,《湖北民族学院学报(哲学社会科学版)》2015 年第 3 期。

冯元、彭华民:《社会工作伦理视角下流浪儿童救助困境探析》,《前沿》2012 年第 9 期。

刘平:《社会文化环境与青少年人格塑造》,《江西社会科学》2004 年第 11 期。

网站资源

中华人民共和国文化部
国家宗教事务局
中国文化网
国际移民组织
世界宗教博物馆
伦理与专业责任
法国文化
联合国教科文组织——世界遗产
国家数字文化网

第六章　怀孕、胎儿与社会环境

学习目的

　　了解胎儿的发育与出生过程,认识影响胎儿发育的生理、心理和社会因素,了解胎儿出生对社会的影响。同时了解医学发展与人类道德之间的关系,认识社会环境与出生性别比的关系,以及对人工干预生育过程方式——流产的反思。

　　由于从受孕的一瞬间便开始了人的成长和发育,人自胎儿时期起就受到社会环境的影响,因此,对于人类行为的研究,应该始于怀孕以及出生之前的发育阶段。

第一节　怀孕与分娩

　　从妇女怀孕到胎儿出生的这一段时期,称为胎儿期。在这期间,个体从微小的受精卵逐渐成长为长约 50 厘米、重约 3 000~3 500 克的新生儿。

一、胎儿的发育过程

　　由于受精卵要经过 280 天才能发育为成熟的婴儿,因此胎儿的发育过程对其一生都有着重要的影响。一般情况下,胎儿的发育过程可分为以下三个阶段:

　　1. 胚芽期:受精后 0~2 周

　　受精以后,卵子开始分裂。受精后的 36 小时内,单细胞的受精卵进入了第一次快速分裂的阶段;到了 72 小时,已分裂为 32 个细胞;再经过 24 个小时,进一步分裂为 64 个细胞。在这种分裂不断进行之际,受精卵也由输卵管进入子宫,到第 4~5 天时便形成一个充满液体的球状物,称为胚泡;到第 7 天左右,受精卵与子宫内壁相接触并附着于其上,称为着床。但有时受精卵并不着床于子宫壁,而是附着在输卵管或体内其他器官上生长(即形成宫外孕),直至该器官无法负担为止。这个过程大约在第 14 天时完成。

与此同时,环绕在胚泡外围的一些细胞会在一侧形成胚囊,即形成一个细胞群。这个细胞群逐渐分化为三个层次:外胚层、内胚层和中胚层。外胚层,将分化为表皮、指甲、毛发、牙齿、感觉器官和神经系统(包括大脑和脊髓);内胚层,将分化为肝脏、胰脏、唾液腺、消化系统和呼吸系统的内层细胞;中胚层,将分化为肌肉、骨骼、血液、排泄和循环系统。

在胎芽期,胚泡的其他部分还会分化为胎盘、脐带和羊膜囊。脐带将胎盘和胎芽连结起来,其作用是输送氧气和养分给胎儿并排出胎儿体内的废物。胎盘是一种每一次怀孕都能重新生成并在分娩时随即排出的器官,其作用是帮助胎儿提高免疫能力以抵抗内在的感染并制造荷尔蒙,一方面为母亲产后哺乳做准备,另一方面在分娩过程中帮助子宫收缩。羊膜囊内则充满了液体,包裹着发展中的胎儿,它起到软垫的作用,能减轻对胎儿发生的震动并为其提供活动的空间。

当受精卵完成着床时,胚泡已经分裂出 150 个细胞,当此群细胞完全着床时,便成为胚胎。

2. 胚胎期:2~12 周

在这个阶段,胚胎的细胞迅速分化并形成特定的结构,以使它们能在体内执行特定的职能。相似的细胞组合在一起形成组织,这些组织又逐渐联合,发展出主要的身体系统(如呼吸、消化和神经系统等)和器官(如心脏、眼睛、耳朵、手、脚等)。因此,胚胎期是胎儿发展的关键阶段。

在胚胎期,第一个重大变化就是形成一个柱状的体形,此外还形成了一个小的神经系统和消化系统以及心脏的先驱构造。到第 4 周末,肢体开始形成,并可观察到前脑、中脑、后脑、眼睛和耳朵的雏形,胎儿的身高和体重均有了明显的增加。到第 8 周末,胚胎已具人形,心脏可跳动,几乎所有的内部器官已经形成,并对温和的刺激有所反应,这是个体反应能力的开始。在第 9~12 周,胎儿呈现出特定的姿势,即眼睛闭合,双臂向脸部弯曲,双膝向胸前弯曲。同时,由于肌肉系统和神经系统的逐渐发育,胎儿能做出握拳头和踢腿的动作。在经过一个雌雄同体的阶段之后,性器官也开始发育。

由于这个阶段是胚胎快速生长和发育的阶段,因此最容易受到环境因素的伤害。一旦有有害物质进入胚胎,将会对胚胎产生永久性的和不可逆转的伤害。几乎所有发展上的缺陷,如肢体不全、器官缺损等都发生在怀孕的前 12 周内。情况严重时,胚胎无法存活便会流产。

3. 胎儿期:13 周~出生

胎儿期有广义和狭义之分,广义的胎儿期泛指新生儿出生前在母体内度过

的一段时期,即从受精卵形成到胎儿出生的大约 40 周的时间内;狭义的胎儿期
则是指怀孕后第 13 周至出生的这一段时期,即广义胎儿期的第三阶段。此处的
胎儿期,是指狭义的胎儿期。

在这一阶段中,胎儿完成了身体各部分的最后发展。如果将这一阶段进行
具体的划分,胎儿在各个阶段的发育情况大致如下:[①]

13～16 周:胎儿开始出现一些无条件的反射,但仅仅是整体的反射,很少有
局部的独立活动。随着胎儿结构的进一步发展,胎儿的躯体比例逐渐发生变化,
机能也在不断增长。

17～20 周:胎儿开始出现眼眉和眼睫毛;头皮上开始出现软发;汗腺开始形
成;生活开始分为睡眠和清醒两部分;细胞开始新陈代谢,将已失去活性的细胞
丢到羊水中。

21～24 周:胎儿的皮肤仍然是皱巴巴的,充满油脂;胎儿的眼睛开始睁开并
能活动;开始有规律的呼吸。

25～28 周:胎儿的脑在形态上已开始具有沟回和皮质的六层结构,使皮层
区域具有了特殊的功能,大脑开始指挥视、嗅等器官的活动,大脑、脊髓中的各路
神经的联结已经相当复杂。如果胎儿在这个时期早产,其存活率为 50%。

29～32 周:胎儿的皮下脂肪开始生长,这不仅使其皮肤不再皱巴巴,而且还
可以调节出生后的体温变化;胎儿开始对外界声音敏感,外界的音乐声、泼水声
等都能引起胎儿的活动,母亲的心跳声以及走路的节奏律动能使胎儿变得安静。
如果胎儿在这个时期早产,其存活率为 85%。

33 周～出生:胎儿继续从母体的血液中接受抗体,这些抗体将保护他们在
生命的最初几个月里免于多种疾病。消化系统和呼吸系统不断完善,为出生后
的生存奠定了基础。

二、胎儿的出生过程

经过 10 个月的生长发育后,成熟的胎儿会从母体子宫向外排出,这时胎儿
就出生了。胎儿脱离母体作为独自存在的个体的这段时期和过程,称为分娩。
分娩的方式有两种:自然生产和剖宫产。

1. 自然生产

自然生产,是指产妇经由产道娩出胎儿的方式。胎儿的自然生产过程,在临
床上可分为三个产程。

第一产程(宫颈扩张期):指宫缩 30 秒左右,间歇 5～6 分钟开始,到子宫颈
口开全。产程开始时,子宫收缩力弱,持续时间较短(约 30 秒),间隔时间较长

[①]　林崇德:《发展心理学》,台北:台北东华书局 1998 年版,第 122～123 页。

（约 5～6 分钟）。随着产程的进展，子宫收缩强度不断增加，持续时间不断延长（约 40～50 秒），间隔时间逐渐缩短（约 2～3 分钟），当宫口近开全时，宫缩持续时间可长达 60 秒，间歇时间仅 2 分钟。这个阶段初产妇约需 11～12 小时，经产妇约需 6～8 小时，这是整个过程中时间最长的产程。

　　第二产程（胎儿娩出期）：指从子宫口开全到胎儿娩出。为达到自然分娩的目的，胎头在下降过程中必须不断适应产道径线的变化，胎头位置按以下顺序产生一系列的变化：俯曲、内旋转（胎头旋转 90°，枕骨朝前）、仰伸、复位及外旋转。初产妇约需 1～2 小时，经产妇较快，但也有长达 1 小时者。

　　第三产程（胎盘娩出期）：指从胎儿娩出到胎盘娩出。这时孩子已经出生了，但是胎盘还在子宫内，没有娩出。过不了几分钟，子宫又开始收缩，将胎盘从子宫壁上剥离下来，并且排出体外。第三产程一般需要十几分钟。

　　自然生产作为人类繁衍的最自然的方式，对母婴两方面都具有很多的优势。对母亲来说，其优势表现在：产后恢复快；产后可立即进食，可喂哺母乳；仅在会阴部位有伤口；并发症少等。对于孩子来说，其优势则表现在：从产道出来肺功能得到锻炼，皮肤神经末梢经刺激得到按摩，其神经、感觉系统发育较好；不会因为麻醉剂而使孩子的神经受到伤害等。但事情总有其相对的两个方面，自然生产当然也存在一定的风险：如果胎位不正或胎儿过大等可能会难产，如果产道有感染可能会传染新生儿，等等。

　　因此，我们在倡导自然生产的同时，也必须意识到并不是所有的产妇都适合自然生产，为了保全产妇和胎儿的生命，为了解决难产等问题，有时也必须采取剖宫产的方式。

　　2. 剖宫产

　　剖宫产，是指以手术的方式切开腹壁和子宫壁，将胎儿娩出的方式。剖宫产是人类医学技术和生育安全的重大进步，它对降低围产期死亡率具有十分重要的意义。

　　在临床上，对于具有剖宫产手术指征的产妇和胎儿，如有严重的心脏、肝脏疾病、肿瘤、胎位不正和前置胎盘等的产妇，以及有宫内缺氧或有其他特殊情况的胎儿，必须采取剖宫产的方式。此外，随着医学的发展，原来不能生育的妇女也进入了生育行列，其中许多是高危孕妇，她们也应该采取剖宫产。

　　剖宫产作为一种手术，在临床上具有一定的风险，如麻醉可能会出现意外，产后出血的概率会上升，发生羊水栓塞的比例是自然生产的 2～3 倍，产妇可能会出现盆腔粘连等。

　　值得注意的是，自 20 世纪 80 年代以来，全世界的剖宫产率均在上升。这不仅是因为随着医疗技术、医疗器械等的发展，剖宫产的安全系数越来越高，更重要的是剖宫产似乎已不再是一个单纯的医学问题，一些社会因素也成为剖宫产率上升的原因。为什么选择剖宫产,应该从产妇和医生两方面来考察。

从产妇的角度来看,产妇本应该在经历了自然生产的全部产程后,觉得需要才会要求剖宫产,但现实情况并非如此。大部分产妇基于以下原因选择了剖宫产:一是恐惧生产,如怕疼、怕生不下来、怕有危险、怕产道裂伤、怕体型变差、怕有产后并发症等。二是选择时间生产,有产妇希望生"金猪宝宝""金牛宝宝",有些产妇为使孩子早一年上学便选择在 9 月 1 日生产等,三是选择医生生产,产妇都希望挑选知名的医生来为自己接生,他们自然会根据医生的时间来决定自己的生产时间。

从医生的角度来看,他们为产妇选择剖宫产则是基于这样几方面原因:一是产妇具有剖宫产的手术指征,如已存在难产因素或临产后出现意外等。二是经济利益的差别,剖宫产的收费的确比自然生产要高不少,加之有些产妇主动要求剖宫产,不少医生便顺势为产妇选择剖宫产。三是医患关系紧张,由于产妇及其家属对医生的要求是绝对完美,生得好没问题,生得不好都是医生的错,"你们怎么给我们处理的? 到现在了你才建议我们剖宫产? 现在剖宫产你们能保证我们 100% 的安全吗?"医患关系的这种紧张情况使医生很担忧,因为谁也无法保证生产过程不出现任何问题,担负着如此之大的压力和风险的医生,也会给产妇选择剖宫产。

因此,降低剖宫产率,仅靠简单的指责是无济于事的。降低出生风险,应依赖于社会经济水平的发展和医疗保健整体水平的提高。剖宫产作为一种非自然的出生方式,它只是一种万不得已的胎儿出生方式。

第二节 影响胎儿发育的因素

由于人自受精开始就一直不断地受到社会环境的影响,因而出生前的社会环境对胎儿的发展有着至关重要的影响。

一、遗传

遗传是自然界各类生物世代繁衍的基本现象,人类也不例外。在人类个体成长发育的过程中,遗传信息的来源有两类。一是获得的人类所共有的全部遗传信息,如行为活动的方式(如直立行走等)、脑的大小、身体结构(如头、四肢和躯干的比例等)以及学习和参与社会交往等的潜在能力等。二是获得通过特定基因库(gene pool)所传递的特征,如肤色、发色、身高等都是由上一代传给下一代的。我们下面要讨论的,主要是第二类的遗传信息。

1. 基因与染色体

遗传的基本单位是基因,其组成是 DNA(deoxyribonucleic acid,译为脱氧核糖核酸)分子,这种分子呈双股螺旋体结构,即看上去很像两根扭成螺旋状的链条。链条的两侧由脱氧核糖和磷酸盐单元交替组成,中间的横档由成对的氨基构成。氨基有四种类型:腺嘌呤、鸟嘌呤、胞嘧啶和胸腺嘧啶,分别用 A、G、C、T来表示。腺嘌呤和鸟嘌呤的结合是嘌呤基。胞嘧啶和胸腺嘧啶的结合是嘧啶二氮三烯六圜基。由于嘌呤基小于嘧啶二氮三烯六圜基,因此,只有在 A 与 T 或 G与 C 结合的情况下,其大小才与遗传链条中间横档的距离相适应。氨基对以及链条两侧脱氧核糖和磷酸盐的顺序决定了遗传信息的内容。

位于细胞核中由 DNA 分子所构成的长链,称为染色体。染色体都是成对存在的,每一对染色体中的一半来自父亲,另一半来自母亲。在通常情况下,染色体是由 X 和 Y 来命名的,X 染色体和 Y 染色体在大小和形状上是有差异的,即X 染色体比 Y 染色体要长一些。人的生命开始于受精卵的生长,每一个受精卵包含 23 对染色体。在人类所具有的这 23 对染色体中,其中 22 对中的每一对中的两条染色体在大小和形状上都是相似的,因为它们都具有同种的基因,因此这22 对染色体被称为常染色体;而第 23 对染色体则表现出与众不同的组成,这对染色体被称为性染色体,因为它对于人类性别的确定具有决定性的意义,男性拥有一条 X 染色体和一条 Y 染色体,女性则拥有两条 X 染色体。

受精卵在生长过程中,23 对染色体拉长并在中间分裂,所以每对染色体都变成两对,于是每一个细胞也分裂成两个细胞,每一个细胞都包含着已经分裂出来的一半染色体。这个过程不断重复,细胞的数目便由一变为二,由二变为四,由四变为八,如此分裂下去,一个新的生命就诞生了。在此过程中,除了性细胞以外,每一个细胞都会拥有和原受精卵完全相同的 23 对染色体,因此,每一个细胞都具有相同的基因信息并在一生中保持不变。至于成熟的性细胞,经过减数分裂,即通过染色体数目减去一半而只剩下 23 条染色体的细胞分裂方式,来自父亲和母亲染色体链上的部分物质就交叉换位到对方的染色体链上,由此而产生的染色体上特定遗传信息的序列不同于父亲或母亲任何一方原来的编号,于是遗传信息的新排列就会传递给子孙后代。这种遗传信息模式上的变异,说明了任何一个个体作为后代所可能具有的多样性,换句话说,来自父亲的 23 条染色体和来自母亲的 23 条染色体如何一一配对,是由机遇决定的,因而会形成很多组合,这也就是同父母的兄弟姐妹会互有差别的原因。

2. 基因传递的基本规律

人的身材有高有矮、肤色有白有黄、发色有黑有棕等,之所以出现这些遗传性状,其原因在于基因传递的规律不同。本章主要讨论独立分群规律和性连锁遗传规律。

从独立分群规律来看。奥地利遗传学家孟德尔(Gregor Mendel)从 1860 年起对植物尤其是豌豆的遗传特征进行了研究,他最先发现了独立分群规律,从而奠定了现代遗传理论的基础。

在研究过程中,他共选用了七对相对性状的豌豆进行实验观察,如植株的高与矮、种皮的圆滑与皱缩、子叶的黄色与绿色、花的腋生与顶生、开红花与开白花、未成熟豆荚的绿色与黄色等。每对性状都是相互对立的,如不开红花就开白花,没有中间花色。孟德尔首先对一对性状进行杂交实验,再将下一代的杂种进行自交,观察它们第二代的性状,结果出现两相对性状之比是 3∶1。以圆滑种子与皱缩种子为例,纯种圆滑种子的豌豆与皱缩种子的豌豆进行杂交,结果子 1 代的种子都是圆滑的;子 1 代自花授粉,结果子 2 代中既有圆滑的种子也有皱缩的种子。孟德尔在 253 株子 2 代中,共收获了 7 324 粒种子,其中圆滑的为 5 474 粒,皱缩的为 1 850 粒,二者之比为 3∶1。孟德尔用显性遗传和隐性遗传的原理解释了这个现象,即当一个有机体遗传某些相互竞争的性状(如圆滑与皱缩)时,所呈现出的其中一种性状就是显性性状,而未呈现出的性状则是隐性性状。与此同时,孟德尔还对两对性状进行了杂交实验。他将产生黄色、平滑的豌豆种子和产生绿色、皱缩的豌豆种子进行交配,结果子 1 代中的种子都是黄色平滑的,而在子 2 代中,绝大多数种子是黄色平滑的,但有一部分(不到一半)种子是黄色皱缩的或是绿色平滑的,而绿色皱缩的种子只是极少数。孟德尔由此发现,生物在形成生殖细胞时,成对的性状基因彼此分离,分别进入不同的生殖细胞,并将此称作为独立分群规律。

通常,我们将呈现一种性状的不同表现形式(如种子的颜色或人眼睛的颜色)的基因,称作为等位基因。由于基因以配对的方式出现,因而一粒豌豆可能具有两个黄色等位基因,或两个绿色等位基因,或一个黄色等位基因和一个绿色等位基因。如果两个等位基因相同,则豌豆在这个性状上表现为同质,如果两个等位基因有差异,则豌豆在这个性状上表现为异质。只有在异质的情况下,显性的等位基因才会呈现出来。在人类遗传中,等位基因的差异会通过三种方式影响显性等位基因的呈现:

(1)等位基因的差异会产生累积的相互关系,即不是由一对基因而是由多对基因共同决定了某一性状的遗传。如遗传对身高的影响作用便是如此:一个人如果接受了来自于父母的大部分"高"基因,他就会长得很高;但如果他接受了来自于父母的大部分"矮"基因,他就会长得很矮;通常情况下,大多数人接受的是"高"基因和"矮"基因的混合配置,由此这些人便会具有中等身材。

(2)等位基因的差异会产生共同支配的现象,即不同的基因通过一个新的细胞表现出来。如 AB 血型的形成便是如此:AB 血型的形成并非由 A 血型和 B 血型混合而成,二者之间也不是一种附属的关系(A 血型附属于 B 血型或 B 血型附属于 A 血型),而是由于 A 血型和 B 血型的结合形成了一种新的血型,即 AB 血型。

（3）等位基因的差异会产生一种显性关系，即如果某一性状存在，不论与其配对的另一个等位基因的性状如何，这一性状的特征都能表现出来。因此，具有这种显性作用性状的等位基因被称为显性基因（dominant gene），而那种尽管存在但其特征却被显性基因掩盖的等位基因则被称为隐性基因（recessive gene）。如眼睛的颜色便是由显性关系决定的，棕色眼睛（A）的基因是显性的，蓝色眼睛（a）的基因是隐性的，这两种颜色眼睛的基因组合虽然有四种（AA、Aa、aA 和 aa），但只有在父母亲双方都带有隐性基因（a）时，其子女的眼睛才可能是蓝色，否则便是棕色。

所谓性连锁遗传，是指定位在性染色体的基因随着性染色体的行动而行动。如前所述，在正常人体的细胞中，有 23 对染色体，其中一对是性染色体，而在性染色体中，男性拥有一条 X 染色体和一条 Y 染色体，女性则拥有两条 X 染色体。由于 Y 染色体较小，没有与 X 染色体相对应的等位基因，因此，定位在 X 染色体上的任何基因突变都会在男性身上表现出来，Y 染色体上的基因在一般情况下均由父亲遗传给儿子而不会遗传给女儿，这就是性连锁遗传的规律。

具体来说，由于控制遗传性状的基因在染色体上，而人类在形成生殖细胞的时候，同源染色体彼此分离，位于染色体上的等位基因也彼此分离，分别进入两个子细胞，因而定位于 X 染色体且由基因控制的遗传性状便与 X 染色体的分配有关。如母亲的一对 XX 染色体上分别带有基因 A 和 a，父亲的一对 XY 染色体上只有 X 染色体带有基因 A，则母亲 X 染色体上的基因 A 和 a 既能遗传给女儿也能遗传给儿子，且遗传的机会均等，而父亲 X 染色体上的基因 A 只能遗传给女儿，Y 染色体上的基因只能遗传给儿子。

由于男性的性染色体中只有一条 X 染色体，因而在 X 染色体上的基因无论是显性的还是隐性的，基因所控制的性状都能表现出来。但女性则不同，如果致病基因是隐性的，只有在两条 X 染色体上都含有这种基因才会发病，否则，她就成为致病基因携带者，女性携带者会导致儿子发病。如血友病就是一种与性别有关的遗传性疾病。血友病患者缺乏一种特殊的血蛋白，致使患者血液在身体受伤后不能迅速凝结，这种引起血友病的等位基因是由 X 染色体所携带的。无论等位基因是同质的还是异质的，如果含显性基因（血液能正常凝结），则女性会具有正常的血液凝聚能力，只有当她携带一对同质的隐性基因时（出现的可能性极小），她才会成为血友病患者。而对男性来说，由于男性只能从其母亲那里继承一个能使血液凝结的等位基因，因此，如果这个等位基因是显性的，他的血液就能正常凝结；如果这个等位基因是隐性的，他就会患血友病。

但在这里必须指出的是，有一些基因虽然只能由单一性别表现出来且不存在于性染色体上，但这些基因归根到底是由性染色体控制的。如与男性的胡须和女性的乳房发育有关的基因都不在性染色体上，这些性状只是在适宜的激素环境中才会出现,而这种激素环境正是由性染色体控制的。

当然,连锁遗传规律不仅发生在性染色体上,也发生在常染色体上。在人体细胞中的23对染色体上,每对染色体都有等位基因,因而位于同一染色体上的基因都是连锁遗传的,但与性别有关的只是性染色体连锁遗传。

3. 染色体畸变

在正常情况下,人体内的每个细胞都带有染色体,这些染色体一旦确定之后,一般会终生保持不变,因而每个细胞都能反映出人类与生俱来的基因组成。尽管在大多数情况下染色体都会正常发展,但在某些特殊的情况下,染色体会出现严重的异常,即畸变。

染色体畸变,可以有不同的分类方法。对一个个体来说,畸变可以是常染色体畸变或性染色体畸变,也可以是染色体数目畸变或结构畸变。如果某一类型染色体畸变在所有的体细胞中均出现,就称为纯合体;如果患者体细胞中有两个或多个细胞系,而其中一个或多个细胞系出现染色体异常,就称为嵌合体。下面主要分析染色体数目畸变和染色体结构畸变。

从染色体数目畸变来看,它分为多倍体和非整倍体两种情况。专家在研究过程中通常将23条染色体称为单倍体,用n来表示;而人类正常的染色体数目是46条,称为两倍体,用2n来表示。如果染色体数目的变化是单倍体的整倍数,称为整倍体;超过两倍体的整倍体,则称为多倍体,如3n、4n等。引起多倍体的原因往往是细胞某次成熟分裂失败以及双雄受精(两个精子同时进入一个卵子)等。在一般情况下,多倍体个体是很难存活的,在人群中只能见到极少数成活的3n个体,其他的多倍体如3n中的大部分在胚胎期就夭折了。

非整倍体是指染色体数目的改变不是单倍体的整数,即多出一条染色体(X或Y)或缺少(O)一条染色体。例如:XXY征候群(Klinefelter征候群)多出一条染色体,XO(Turner征候群)缺少另一条性染色体,以及XXY征候群、XXX征候群等。非整倍体出现的原因主要是细胞分裂后期配对的染色体没有分离。在所有的染色体畸变中,由于染色体未分离而造成的畸变对人类的影响最为严重。

关于染色体数目的畸变,唐氏综合征(Down's syndrome)是最常见的例子。[1]唐氏综合征的特征有小头、扁鼻、舌头突出、中度到重度的心智及动作迟滞以及心脏、眼睛和耳朵方面的缺陷,其中最明显的特征是眼部内侧有一个下垂的皮肤皱褶。据统计,每800名存活新生儿中大约有1名唐氏征。唐氏征的发病率与母亲年龄的增长呈正相关关系:25岁以下母亲生育唐氏征患儿的可能性为2 000:1,45岁以上母亲生育唐氏综合征患儿的可能性则提高到40:1。同样,

---

[1] [美]莎莉·欧茨等:《发展心理学——人类发展》,黄惠真译,台北:台北桂冠图书公司1994年版,第80页。

父亲年龄的增长也会提高子女唐氏征发病的可能性。就唐氏征的发病原因来看，90%以上是来自意外的情况，即精子、卵子或受精卵发展中出现了染色体分配方面的错误。这些错误对 35 岁以下的母亲而言，常常是由遗传因素所引起的。

从染色体结构畸变来看，有关人类染色体结构畸变的研究，是从对生物尤其是果蝇和植物的研究开始的。由于某些原因，染色体发生断裂，在以不正常的组合方式重接后，就会产生各种异常的染色体，这就是染色体结构畸变。染色体结构畸变可分为稳定畸变与不稳定畸变，前者在细胞分裂时能继续不变一直保留下去，后者在细胞分裂时会丢失。稳定畸变包括缺失、重复、臂肩倒位、平衡易位、插入等，其中有些畸变如倒位、易位等会通过生殖细胞遗传下去从而出现家族性的染色体畸变。不稳定畸变则包括断片、环状染色体等，这类染色体畸变的携带者一般不会出现表型效应，但可能生育不正常的子代。

在正常的情况下，染色体自发断裂的可能性是极小的，但病毒、电离辐射以及某些化学物质会显著地提高染色体断裂的可能性，这些因素统称为诱变剂。其中，辐射和有毒的化学药物对染色体的影响最大，如烷化剂、核酸类似物、嘌呤、抗生素以及叠氮化合物等。但是，由于这些诱变剂中的大部分只影响接触这些诱变剂的个人本身，且在一定程度上可以预防，因而染色体结构畸变对子代的影响比染色体数目畸变对子代的影响要小。如臂肩倒位和平衡易位的携带者，虽然也可能生育出染色体异常的子代，但患儿只占染色体畸变儿童的一小部分，发病率远远低于唐氏综合征等。

二、母亲的身体状况

发展中的胎儿深受母亲自身状况的影响，如母亲的身体健康状况、年龄以及营养等，都会对胎儿的发展产生深远的影响。

1. 年龄

按照国际上通行的规定，妇女的生育年龄为 15~49 岁。这样，一个妇女在其一生中可能的生育时间大约有 35 年。但这并不是说，妇女可以不加选择地在这个生育期中的任何一个年龄生育孩子，因为育龄期不等于生育的最佳时期。从医学的角度并结合我国的人口政策来看，24~29 岁是生育的最佳年龄。在这个年龄阶段中，夫妻双方不仅在身体各方面已完全发育成熟，而且在事业方面也有了一定的基础，这就为孩子的健康出生和成长创造了条件。

如果妇女生育时年龄过小，例如在 16 岁以下，出现早产、低体重儿、死胎或分娩困难的可能性均高于正常年龄的孕妇。这是因为 16 岁以下的母亲不仅在生理上不成熟，而且在孕期中往往很少得到家庭护理、社会支持和医疗照顾，容易在孕期中出现并发症，从而危及胎儿和自身的安全。有资料表明，十几岁母亲的早产儿比较大年龄母亲的早产儿更容易患精神缺陷症，从而影响他们将来的适应能力。[1]

如果母亲年龄过大,例如在 35 岁以上,生育孩子的危险会愈来愈大。这种危险主要表现在以下两个方面[2]:一是发生唐氏综合征的机会增多。活产新生儿的发病率一般为 1/500 到 1/600,母亲在 35 岁以下生这种先天愚型儿的发生率小于 1/800,35~39 岁为 1/250,40~44 岁为 1/100,45 岁以上为 1/50。二是 35 岁后生第一胎,可能会使分娩时间过长,难产机会增加,死胎增多。显然,孕妇的年龄往往可以帮助预测胎儿是否能生存的问题。

2. 身高和体重

身高对胎儿的影响,主要表现为孕妇身高过矮(低于 140 厘米)会影响胎儿的发育和成长。在一般情况下,身高过矮的孕妇的骨架和骨盆也往往过小,前者会使胎儿的出生产生困难,这时常常需要采取手术的方法帮助胎儿的出生,而手术对新生儿及其母亲的安全来说都存在危险;后者则会限制子宫的发育,使孕妇不能为胎儿提供一个较好的子宫环境,从而会影响胎儿的正常发育,且分娩时还有可能出现并发症。

而孕妇的体重过轻或过重,都会影响胎儿的正常发展。[3]如果孕妇的体重超过其正常体重的 25%,则其患高血压的可能性要比正常体重的孕妇大得多,而且她们的血压还会随着怀孕时间的增加而逐渐升高,最终导致孕妇无法负担胎儿,胎儿不得不早产。如果孕妇的体重低于其正常体重的 25%,则表明其本身缺乏营养,在怀孕过程中很容易出现贫血、肌痉挛和甲状腺肿等疾病,这必然会影响胎儿的体格和智力的发育。

3. 营养

孕妇的营养状况和胎儿的生长发育有着极为密切的关系。一般而言,营养状况良好的母亲能够生育出健康的孩子,而严重营养不良的母亲由于不能为胎儿的正常发展提供足够的营养,因而很难生育出健康的孩子。

孕妇营养不良对胎儿发育的影响的实验研究,最初是在白鼠身上进行的。与营养正常的母鼠相比,低蛋白质饮食的母鼠生下的幼鼠体重和脑重都较轻,皮层细胞较少,皮层蛋白也较少。在绝大多数这类实验中,很少有鼠胎能活着生下来或是长成成鼠,即使能够活下来,其生殖能力也大大降低。这些实验证据表明,严重的营养缺乏会妨碍胎儿的正常发展。[4]

---

[1]　[美]菲利普·纽曼等:《发展心理学——心理社会理论与实务》,郭静晃等译,台北:台北扬智文化事业股份有限公司 1994 年版,第 179 页。

[2]　林崇德:《发展心理学》,台北:台北东华书局 1998 年版,第 127 页。

[3]　林崇德:《发展心理学》,台北:台北东华书局 1998 年版,第 128 页。

[4]　[美]菲利普·纽曼等:《发展心理学——心理社会理论与实务》,郭静晃等译,台北:台北扬智文化事业股份有限公司 1994 年版,第 179 页。

但是来自动物实验的研究结果,不一定能够正确无误地从人类身上反映出来。因此,关于孕妇营养不良对其胎儿的影响的大部分研究资料,是通过具体的调查得来的,主要有以下几方面:①

一是时代的例证。有人调查过两次世界大战中战区诞生的婴儿,他们比正常婴儿小,同时有许多死胎,这些孩子的家庭一般都经历了战争中的严重饥荒及其他压力。这些孕妇在战争环境中不但食物营养得不到保证,而且她们的情绪也极不稳定。

二是个体的例证。上述情境中的过瘦母亲更易经历出生并发症,在她们的孩子中,早产儿和低体重儿偏多。

三是死婴的例证。对死于子宫内的胎儿和出生后不久即死亡的婴儿所做的研究显示,他们缺乏正常数量的脂肪组织,而正常数量的脂肪组织的获得与母亲的营养状况直接相关。当然,这里指的是母亲的严重营养不良,一般的营养缺乏不会造成太严重的后果。

四是低体重儿的例证。母亲严重的营养不良会影响胎儿出生时的体重,形成低体重儿,而低体重儿的死亡率明显高于正常体重儿。

五是智力测验的例证。针对三个月至三岁的婴儿所进行的智力测验显示,在怀孕期间,如果母亲严重营养不良,其婴儿的智商明显低于其他儿童。

有学者通过研究发现,婴儿出生后如果能得到及时的营养补偿,可以部分抵消孕期不良的营养环境所造成的缺陷。他们认为,"营养不良的部分后果可以在出生后得到补偿。婴儿生长的潜能使那些能够得到饮食的孩子弥补上他们孕期发育的不足。凭借出生后充足的饮食供应,那些出生时营养不良的婴儿能够表现出不断增长的活动性,对环境展现较高的要求,并促使照顾者做出积极的反应。这种交互作用模式能够抵消最初由孕期不良营养环境造成的缺陷。"②

在这里必须说明的是,为胎儿的发展提供充足的营养,既要求孕妇有均衡的饮食结构,同时也要求孕妇具备将营养素供给胎儿吸收的能力,否则,不能为胎儿吸收的营养素在孕妇身上积淀下来,会使孕妇体重过度增加,由此还会对胎儿和自身造成威胁。

那么,在孕期中,应该具备什么样的饮食结构才能保证孕妇能够得到充足的营养并且能为胎儿所吸收呢?众多的研究都表明,一份均衡的孕妇每日菜单包括来自7种营养的组合:蛋白质(肉类和肉代替品),乳制品,面包和谷物,含丰富维生素 C 的水果和蔬果,深绿色蔬菜,其他水果和蔬菜(包括富含维生素 A 的

---

① 林崇德:《发展心理学》,台北:台北东华书局 1998 年版,第 129~130 页。
② [美]菲利普·纽曼等:《发展心理学——心理社会理论与实务》,郭静晃等译,台北:台北扬智文化事业股份有限公司 1994 年版,第 186 页。

黄色蔬果)以及脂肪和油。①此外,有些孕妇还需要额外的营养补充,诸如年龄过小者、生病者、营养严重不良者以及精神压力大者等。

4. 药物

在怀孕期,母亲所摄入的任何物质都可能通过胎盘影响胎儿的生长和发育,药物也不例外。但药物对胎儿的影响往往是不良的,甚至会产生致畸作用。药物对胎儿生长和发育的影响大小,主要取决于药物本身的性质、剂量、用药持续时间、用药时的胎龄以及胎儿对药物的敏感性。

药物本身的性质对胎儿产生的不良影响,主要表现在药物的药理作用和毒性方面。由于胎盘对药物的吸收以及药物的理化特性,有些药物通过代谢既可能降低活性也可能增加活性,甚至毒性。

药物对胎儿的作用效应与剂量及用药的持续时间密切相关。在一般情况下,小剂量地使用药物对胎儿所造成的不良影响较小,有时只会造成暂时的机体损伤,但大剂量地使用药物有可能会造成胚胎死亡。与此同时,如果持续地长时间用药,还会加重对胎儿的损伤。

不同的胎龄与不同的器官对药物的敏感性是不同的。在器官迅速分化的时期,容易受到致畸因子的干扰。例如,神经组织在胚胎发育 15～25 天时、心脏在胚胎发育 20～40 天时、肢体在胚胎发育 24～46 天时,对致畸因子最为敏感。此外,胎儿对药物的亲和性不同,会改变药物对胎儿影响的不良程度。由于每个母亲的遗传因子不同,其胎儿对药物反应的敏感性也不同,这种对药物敏感性的个体差异,会严重影响对药物极为敏感的胎儿的生长和发育。

根据大量畸形儿母亲妊娠期用药的调查及动物致畸实验研究证明,许多药物如止痛剂、抗肿瘤药、抗凝血药、抗惊厥药、抗组胺类药、抗疟药、抗甲状腺药、抗菌素类药、激素类药、磺胺类药、镇静安眠药和心血管系统药等,都可能引起胎儿畸形或出生缺陷。

由于滥用药物会引起胎儿畸形或出生缺陷,因而很多孕妇患病之后不愿用药,这也会引起胎儿发育异常,甚至危害母亲及胎儿的生命。因为不可滥用并不意味着绝对不用,此时的药物作为孕期中的一种医疗手段是必需的,孕妇应该在医生的指导下,选用安全、有效、适量和必用的药物,以保证胎儿正常的生长和发育。

5. 烟、酒和毒品

在一般情况下,孕妇如果随意吸烟、酗酒和服用毒品,会严重影响胎儿的生长和发育。

---

① ［美］莎莉·欧茨等:《发展心理学——人类发展》,黄惠真译,台北:台北桂冠图书公司 1994 年版,第 104 页。

　　怀孕期间吸烟或许是影响胎儿发育不良的最强烈的单一原因。[1] 烟草中含有的大量的有害成分会通过胎盘传递给胎儿,使胎儿的染色体和基因发生变化,从而影响胎儿的生长和发育,甚至造成流产、早产和胎儿死亡。有研究表明,吸烟妇女的孩子的体重要比不吸烟妇女的孩子平均轻 200 克,且流产和死胎的危险较大。[2]此外,丈夫吸烟对胎儿和孕妇也有极大的影响:[3]一方面,烟草中的有害成分可以通过吸烟男性的血液进入生殖系统来影响受精卵和胚胎的质量,有资料显示,每天吸烟 30 支以上者,畸形精子的比例超过 20%,吸烟时间越长且量越大,则精子量越少、畸形率越高;另一方面,如果孕妇被动地吸入过多的烟雾也同样会影响受精卵和胚胎的质量,同样也有资料显示,丈夫不吸烟,孩子的畸形率为 0.5%,每日吸 1~10 支烟者,孩子的畸形率为 1.4%,10 支以上者为 2.1%。

　　酒精也是一种致畸因素,它会影响胎儿的大脑发育,引起中枢神经系统的失调,从而形成"胎儿酒精综合征"(fetal alcohol syndrome),即小头、特殊面容、小眼裂、面部发育不全、生长迟缓和智力低下等。对那些饮酒过度(即每天饮酒约 45 克或更多)的妇女来说,其生下的婴儿患胎儿酒精综合征的可能性为 30%~50%,而在伴随着营养不良的情况下,孕妇每天中度饮酒也会使胎儿产生酒精综合征的某些症状。[4]有研究表明,甚至是轻微的饮酒也可能伤及胎儿。一项对将近 32 000 名孕妇所做的研究发现:孕妇每天喝一两杯酒,也会增加胎儿成长迟滞的风险,即其作用随酒精摄取量的增加而急剧上升;每天饮酒少于一杯,产生的后果则很轻微;但不是所有母亲喝酒的孩子都受到影响。[5]显然,孕妇饮酒应该有条安全线,但由于这条安全线的界定很困难,因此妇女在怀孕期间和哺乳期间应该滴酒不沾,"因为有研究显示喂母乳的母亲,如果每天喝一两杯,则孩子学爬、学走会稍慢于一般孩子。"[6]

　　孕妇服用毒品如大麻、吗啡、海洛因和可卡因等,都会给胎儿带来严重的不良影响,包括早产、体重过轻、出生缺陷以及死亡等。经常服用毒品的孕妇所生育的婴儿,往往会表现出极度的焦躁不安,预示着神经错乱的高频哭叫、发烧、睡

---

　　① 〔美〕莎莉·欧茨等:《发展心理学——人类发展》,黄惠真译,台北:台北桂冠图书公司 1994 年版,第 108 页。

　　② 〔美〕菲利普·纽曼等:《发展心理学——心理社会理论与实务》,郭静晃等译,台北:台北扬智文化事业股份有限公司 1994 年版,第 180 页。

　　③ 林崇德:《发展心理学》,台北:台北东华书局 1998 年版,第 140 页。

　　④ 〔美〕菲利普·纽曼等:《发展心理学——心理社会理论与实务》,郭静晃等译,台北:台北扬智文化事业股份有限公司 1994 年版,第 181 页。

　　⑤ 〔美〕莎莉·欧茨等:《发展心理学——人类发展》,黄惠真译,台北:台北桂冠图书公司 1994 年版,第 107 页。

　　⑥ 〔美〕莎莉·欧茨等:《发展心理学——人类发展》,黄惠真译,台北:台北桂冠图书公司 1994 年版,第 107 页。

眠不宁、进食困难、肌肉痉挛和震颤,这些婴儿中的相当部分有患婴儿猝死综合征(sudden infant death syndrome)的危险,①他们"出生后迅即死亡的可能性是无毒瘾婴儿的两倍"②。一项大范围的研究发现,经常服用毒品的孕妇所生的孩子,会表现出精细小动作协调上的困难,他们很难集中和维持注意力,并很有可能因此而导致在学校中的适应问题。③当然,由于怀孕时服用毒品的妇女往往在分娩后也继续服用,所以很难区分这些不利影响究竟是来自胎儿期还是分娩以后。但无论如何,服用毒品的妇女应该立即戒毒。

6. 疾病

许多疾病如妊娠高血压综合征、原发性高血压、慢性肾脏疾病、糖尿病以及一些感染性疾病,都会影响胎儿的生长和发育。当然,这些疾病所造成的影响取决于母亲患病的时间。

有些孕妇在妊娠后半期(一般在 24 周以后)发生浮肿,血压增高,可引起围产期死亡率的上升。有些原发性高血压孕妇会合并先兆子痫,可引起死亡、早产以及胎盘早剥,从而会而导致围产期死亡率的上升。有些孕妇在妊娠前患有肾小球肾炎、原因不明肾炎等,如肾脏疾病伴有血压升高者,会导致胎儿宫内发育迟缓,这也会提高围产期的死亡率。糖尿病妇女妊娠后,由于糖代谢异常,胎儿先天畸形的发生率会大大提高,且多为多发畸形,最常见的是脊椎、四肢骨骼畸形,伴心血管及中枢神经系统畸形,其次是泌尿生殖器官畸形及胃肠道畸形以及巨大儿、智力低下等。

孕妇患感染性疾病,既有可能引起胎儿发育异常(包括各种先天畸形和智力发育障碍),也有可能引起妊娠终止。有些病原体会直接侵犯胎儿,引起胎儿发育异常或死亡,还有些病原体会引起孕妇高热、毒血症、感染中毒性休克、缺氧、脱水、酸中毒以及血管内弥漫性凝血,使孕妇身体受到损害,从而间接影响胎儿,引起流产、早产、死产、死胎或先天异常。目前,已经肯定对胎儿发育有影响的病原体和寄生虫有:风疹病毒、巨细胞病毒、单纯疱疹病毒(Ⅱ)、水痘——带状疱疹、梅毒螺旋体以及弓形体等。孕妇如果感染这些病毒,会引起流产、早产,以及胎儿先天性白内障、先天性心脏病、耳聋、智力低下、小脑缺陷、脉络膜视网膜炎、脑积水、小头畸形和生殖器官畸形等。但其中有些病毒如风疹病毒,孕妇只有在怀孕早期感染才会对胎儿产生不利影响,如果在怀孕后期感染则影响

① [美]菲利普·纽曼等:《发展心理学——心理社会理论与实务》,郭静晃等译,台北:台北扬智文化事业股份有限公司 1994 年版,第 182 页。
② [美]莎莉·欧茨等:《发展心理学——人类发展》,黄惠真译,台北:台北桂冠图书公司 1994 年版,第 108 页。
③ [美]莎莉·欧茨等:《发展心理学——人类发展》,黄惠真译,台北:台北桂冠图书公司 1994 年版,第 108 页。

不大。

此外,值得引起特别注意的是,艾滋病(AIDS)病毒对胎儿的影响重大。如果母亲患有艾滋病或血液中携有此病毒,就可能传染给胎儿,而受到感染的胎儿出生后往往会具有以下特征:小头、突出的前额、扁鼻梁、短鼻子、斜眼、厚唇以及成长障碍。① 由于这些患儿的免疫系统有缺陷或失去功能,他们对其他一些疾病的抵抗能力极差,死亡率极高,对此目前还没有根本性的治疗办法。

7. 其他因素

除上述因素之外,母亲自身的其他一些状况,如血型不合以及产科麻醉剂等,都会影响胎儿的生长和发育。

如果胎儿血液中含有 Rh 因子,而母体血液中缺乏这种因子,就会使母亲与胎儿的血型不合。当胎儿的血液中含有母体所缺乏的此种蛋白质成分时,母体血液中产生的抗体可能会造成胎儿自发性流产、死胎、黄疸、贫血、心脏缺陷、心智迟缓或死亡,通常第一个的孩子不会受到影响,但随着怀孕次数的增加,其危险性将会逐步增加,因而为防止抗体的产生,患此症的母亲应在分娩或流产后注射疫苗,而患此症的婴儿则应采取重复换血的治疗方式。②

在孕妇自然分娩有困难的情况下,常常需要采用手术的方式,手术中使用的麻醉剂对新生儿是有一定影响的。关于这一问题的严重性,有两种看法:③一方面,有研究者认为镇静剂、局部麻醉以及透过呼吸施予的全身麻醉,都会干扰新生儿的行为。已有研究显示,在分娩中使用麻醉剂会影响新生儿对刺激的习惯化能力、减少新生儿的微笑以及减少对新刺激的警觉反应。另一方面,也有研究者认为分娩中药物的使用对新生儿行为的影响是微不足道的。因为也许不是药物本身对新生儿有持续的影响,倒有可能是药物对行为的效应影响了父母对新生儿的观察,从而影响了父母对新生儿的照顾并由此影响了新生儿的行为。

此外,父亲本身的因素也会影响胎儿的生长和发育。如父亲年龄过大和经常处于香烟、酒精、放射线或杀虫剂的环境中,便会增加精子异常的可能性,从而在一定程度上导致胚胎发育不良。

三、母亲的情绪状况

当一个妇女怀孕后,不仅会有身体上的反应,如呕吐、疲倦、头痛以及身体活

---

① [美]莎莉·欧茨等:《发展心理学——人类发展》,黄惠真译,台北:台北桂冠图书公司1994年版,第110页。

② [美]莎莉·欧茨等:《发展心理学——人类发展》,黄惠真译,台北:台北桂冠图书公司1994年版,第110页。

③ [美]菲利普·纽曼等:《发展心理学——心理社会理论与实务》,郭静晃等译,台北:台北扬智文化事业股份有限公司1994年版,第182页。

动不便等,而且还会有情绪上的反应,如高兴快乐或是忧虑焦躁等。其中,情绪方面的反应对胎儿的生长和发育有着重要的影响。在一般情况下,孕妇的情绪状况取决于其对待怀孕的态度。由于母亲与胎儿的相互依赖,怀孕事件本身对母亲的自身状况所产生的不可忽视的影响,如对她的生活方式、情绪、可能得到的资源等,会使母亲对待怀孕抱有不同的态度,这将会影响胎儿的生长和发育,以及孩子出生后她对孩子的关怀和教育,从而影响到孩子行为的发展。

有学者对43项生活事件进行了测定,怀孕被列为第12个最令人情绪紧张的生活变化。[①] 在通常情况下,妇女对待怀孕的态度有三种:接受、矛盾或拒绝。其中,持有拒绝态度的妇女一般会采用手术的方式解决其怀孕的问题;持有接受态度的孕妇,一般会有幸福、愉快和乐观的情绪体验,这将有助于胎儿的生长和发育;而持有矛盾态度的孕妇的情绪波动是最大的,她们常常会有抑郁和焦虑的情绪反应,这就会影响胎儿的生长和发育。大量的样本调查结果发现,由夫妇感情不和而导致的孕妇情绪变化,会使他们所生的孩子出现身心障碍的概率远远高于关系正常的夫妇所生的孩子,这些身心障碍主要包括矮小、瘦弱、抵抗力差、自卑、多疑和神经质等。[②]

孕妇的情绪变化对胎儿既有直接的影响,也有间接的影响。就直接的影响来说,当孕妇情绪急剧变化的时候,其体内会产生一种叫做儿茶酚胺(catecholamine)的激素,这种激素能够穿透胎盘屏障直接影响胎儿的生存环境。有学者对遗腹子的情况进行了研究,发现这些人当中精神失常者为数众多,大多数患有精神抑郁症,也有为数不少的人患精神分裂症,显然,孕期中遭遇丈夫亡故或遗弃时,孕妇会出现极度的情绪反应,这种情绪反应使她们体内不断地产生大量的儿茶酚胺,而胎儿长期受此激素的影响就会出现精神方面的症状。[③]就间接的影响来说,在孕期有极度情绪变化的妇女可能会经历高血压、肾功能衰竭和痉挛,严重时可危及孕妇的生命,此时胎儿也就必然会早产。

尽管母亲与胎儿各自有着自己的大脑和神经系统结构,且各自有着自己的血液循环系统,但母亲的情绪状况仍能影响胎儿的生长和发育,其原因主要有以下两个方面:[④]

一是代谢作用的影响。孕妇的情绪和精神生活影响着母体的代谢作用,而母体的代谢作用又可以影响胎儿的生长和发育。因为胚胎寄生在母体的子宫,并凭借母体的循环作用吸取其营养所需的物质,这样,胎儿的循环系统及神经系

①　[美]菲利普·纽曼等:《发展心理学——心理社会理论与实务》,郭静晃等译,台北:台北扬智文化事业股份有限公司1994年版,第175页。

②　林崇德:《发展心理学》,台北:台北东华书局1998年版,第132页。

③　林崇德:《发展心理学》,台北:台北东华书局1998年版,第133页。

④　林崇德:《发展心理学》,台北:台北东华书局1998年版,第133~134页。

统也必然与母体的循环系统及神经系统相连。如果母亲能够在心理上和生活上保持一种正常的、健康的状态,那么,母亲就会有正常的代谢作用,就能够保证胎儿的正常生长和发育。反之,如果母亲有极度的情绪变化,则往往会导致其生活上的失常,从而影响胎儿的正常生长和发育。

二是血液中化学物质的沟通作用。孕妇在受到突然的精神刺激时,这些刺激首先会作用于大脑皮层,然后立刻传递到与大脑皮层直接相联的下丘脑(hypothalamus),在下丘脑内转化为情绪,同时下丘脑立刻将这个信号传递给内分泌系统和植物神经系统,使孕妇出现脉搏加快、瞳孔放大、手心出汗、血压升高以及神经激素的分泌加剧等症状。释放出的神经激素是一种化学物质,它会首先进入母亲血液,不仅使母亲血液中的神经激素量骤然升高,而且也使胎儿血液中的神经激素量骤然升高,从而带来母亲体内和胎儿体内的化学变化。就胎儿来看,这些化学变化的刺激会作用于胎儿的下丘脑,导致下丘脑再发出指令,当指令传递到胎儿的内分泌系统和植物神经系统时,胎儿便会产生与母亲类似的情绪反应。

四、环境污染

随着社会化大生产的发展和人口的增长,生产和生活中的废弃物大量地投入到环境中,使环境的各种构成因素,如空气、水、土壤和生物等的性质和状态发生变化。当这种变化超过了自然力的恢复能力(即自然净化能力),使环境质量严重恶化并破坏了生态系统的平衡时,就形成了环境污染。一般认为,对胎儿生长和发育有严重不良影响的环境污染因素主要有放射线和某些化学因素。

放射线包括 X 线、α、β、γ 射线以及电子、中子等粒子放射线。工业上放射性矿物的开采、冶炼、γ 扫描、发光材料的使用,原子能的研究和利用,医疗中应用 X 线检查,放射治疗以及放射性同位素的生产和应用等方面都是人们接触放射线的机会。由于放射线对生殖腺的直接照射会引起遗传性损伤的危险,因此放射线的照射对胎儿生长和发育的影响是直接的。一般情况下,放射线对胎儿的影响程度取决于照射剂量、受照射时胚胎的发育阶段以及胚胎对辐射的敏感程度。小剂量照射可引起生殖细胞基因的突变,而大剂量的照射则可引起染色体畸变,这两种情况都会带来遗传效应。就受照射时胚胎发育的阶段来说,怀孕初期(前 3 个月)时受到的损害最大。就胚胎对辐射的敏感程度来说,严重的可引起胎儿周身发育迟缓、小头畸形、智力低下、小眼球症、视网膜色素变性、泌尿生殖系统畸形、骨骼畸形与白内障等。

环境中的某些化学因素对胎儿的生长和发育有不良影响,严重的可导致流产、早产、胎儿畸形和低体重儿等。这些化学因素主要是缺碘或含量过高、有机化合物、金属以及农药等。

碘是地壳中含量较少的化学元素,其含量约为 0.000 01% ~ 0.000 03%,大部分分布在土壤、水及植物中,它是合成甲状腺素不可缺少的微量元素。甲状腺素是甲状腺分泌的激素,它能增强人体能量代谢和气体代谢,是胎儿生长和发育不可缺少的物质。如果环境中缺碘或含量过高,就会使孕妇出现地方性甲状腺肿,从而导致胎儿生长和发育迟缓,并出现神经系统发育障碍。

在化工生产中,一般接触的有害有机化合物有汽油、二氯乙烷、苯、三硝基甲苯、二硫化碳、氯乙烯以及三氯乙烯等,这些有机化合物对男女生殖系统和胎儿均有损害作用。接触过汽油和二氯乙烷的孕妇,会有较高的自然流产率和妊娠中毒症发病率;苯与三硝基甲苯是常用的有机溶剂,这些有机溶剂会引起流产、早产以及胎儿骶骨发育不全;二硫化碳是人造丝及玻璃纸原料,也可引起流产和妊娠中毒症;氯乙烯与三氯乙烯不仅会引起流产、早产和妊娠中毒症,而且还会导致胎儿畸形,以中枢神经系统缺陷、唇裂、腭裂等器官畸形居多。

目前,已发现的对人体有害的金属有铅、镉、汞、砷、镍等多种。其中,铅对人的神经系统、造血系统、泌尿系统、心血管系统以及肝脏均有损害作用,如果孕妇体中有过多的铅,会通过胎盘引起胎儿死亡、畸形、流产或智力低下;镉可引起胎儿骨骼发育不良或造成低体重儿;汞进入胚胎后会干扰胚胎的发育,使胎儿出现畸形;砷进入胚胎后,可引起胎儿神经系统缺陷、唇裂和腭裂等。

农药是造成环境污染的一种重要的化学因素,有些农药进入孕妇体内后会有明显的蓄积效应,可通过胎盘屏障对胎儿产生遗传性和非遗传性的损害,有些农药对胎儿生长和发育的影响是从第二代或第三代才开始出现的。目前,在农业上比较广泛使用的农药是有机磷农药,尽管它具有高效低毒的优点,但如果孕妇体内蓄积过多,仍然会导致胎儿畸形。

第三节　胎儿与社会

胎儿的孕育和出生,既是一种自然现象,也是一种社会现象,它从准父母角色的扮演、家庭秩序的调整以及保护母婴的社会政策等方面影响社会的发展。

一、准父母角色的扮演

如前所述,个体生命的成长起源于受精的那一刻,而准父母的角色则决定于确认怀孕的那一刻。面对怀孕,尤其是第一次怀孕,大多数夫妻都会感到既惊喜又焦虑,惊喜的是自己的身体中竟然孕育了一个小小的生命,焦虑的则是宝宝的健康、自身未来的发展以及家庭经济负担等问题带来的挑战。对于准父母来说,孩子的到来,意味着他们扮演的角色必须要有所转变,这对绝大多数家庭来说是一件重要的人生大事。因此,夫妻必须调控自己的行为,学会扮演准父母的角色。

准父母角色成功扮演的过程,是人生成长的过程。这是因为,胎儿的孕育不仅能使夫妻更好地认识自我和发展自我,而且也增强了夫妻的家庭责任和社会责任。生儿育女是需要夫妻双方共同承担的家庭责任,从怀孕初期到分娩,夫妻双方都要认真考虑自己如何能成为好父亲和好母亲。

对于准母亲来说,面对生育,她们在生理上和心理上都承受着很大的压力。一方面,女性是生育的主要承担者,从怀孕初期到分娩,准母亲们时刻都在关注自身的生理变化,孕育期满之际她们还要承受生产的痛楚。尽管这一切都是正常的生理现象,但对初次做准母亲的女性来说,在沉浸于喜悦与期待的同时,她们也会不时焦虑不安。另一方面,女性在孕期的情绪变化较为明显,她们缺乏安全感,敏感且多疑。由于准母亲在职场上经常会处于弱势地位,使得她们往往缺乏职场安全感,导致一些准母亲毅然选择辞职,但即使这些决定在孕期内安心在家当全职太太的准母亲,也会担心自己的这段职业空白期是否会成为将来复出求职时的一大阻碍。同时,出于女性特有的母性本能及心理构架,准母亲们还会考虑一些准父亲难以体验到的问题,如胎儿究竟是否健康,未来"妻子+母亲"双重角色如何定位,孩子出生以后的抚养和教育问题等。这些大小不一、程度不等的身心压力,会使准母亲与怀孕前相比"判若两人"。对此,准母亲应该知道,怀孕所衍生出来的紧张和压力是一种正常现象,自己必须合理调整行为,以宽容、愉悦的心情,与准父亲一起迎接家庭新成员的到来。

对于准父亲来说,妻子成为准母亲以后,家里的经济重担自然就落在了准父亲的身上。"我能负担得了这个家吗?能让妻子和孩子过上好日子吗?"这个问题确实需要有责任感的准父亲很早就开始考虑。虽然生儿育女是需要夫妻双方共同承担的家庭责任,但在生活考验面前,准父亲必须表现得更坚强一些。准父亲不仅要分担家务劳动,而且还要理解准母亲在孕期表现出的戏剧性的感情变化。显然,如何顺利度过孕期也是每个准父亲的必修课,由于准母亲需要准父亲的帮助和精神支持,因此准父亲不仅要在经济方面给家庭提供保障,在感情方面也要有较大的付出,准母亲希望看到的是一个镇定、乐观的准父亲。

二、家庭秩序的调整

对准父母来说,胎儿的孕育还意味着家庭秩序的调整。为了营造一个良好舒适的生育环境,家务劳动、家庭经济支出以及与老年父母的沟通等都需要重新进行调整。

有很多准父亲以前是被妻子照顾的,过着衣来伸手、饭来张口的生活。自从妻子怀孕以后,家庭生活发生了极大的变化,准母亲成了重点保护对象,准父亲们开始学习打理家务。虽说适当的运动有助于准母亲及胎儿的健康,但过度繁重的家务对准母亲们却是百害而无一利,过去"女性在生孩子之前还在下地干活"的标准已不再适用于现代社会。从准母亲的角度来看,分担家务劳动正是准父亲们关心妻子、增进夫妻间情感交流的最佳时机。但准父亲们经常会因为"业务"不熟练,把家务搞得乱七八糟,准母亲们有时也会责怪准父亲们,由此造成新的家庭矛盾。准母亲们千万不要认为自己怀孕非常辛苦,就可以肆意发泄情绪,一味指责对方的"不是",而应该理解准父亲们的辛劳,准父亲们则应该主动承担起家务劳动,并理解和接受准母亲的负面情绪。

即将诞生的孩子会打乱原来家庭经济支出的计划。孩子一出生,需要增加的经济支出包括奶粉、纸尿裤、辅食、婴儿保险和不定期的健康保障费用等,有些家庭还包括请月嫂或保姆的费用。显然,家庭需要准备相当的财力确保即将诞生的孩子的健康成长。因此,对于大多数工薪家庭来说,妻子怀孕还意味着经济负担的加重。虽有"穷有穷养,富有富养"的说法,但给下一代一个相对优越的生活环境应该是父母们的最大心愿。因此,准父母们应该知道,未来孩子的生活费用、教育费用、医疗费用以及交通费用等往往是比较刚性的,需要提早准备。准父母们要对现有收入和未来预计收入进行合理预算,减少不必要的开支,以迎接孩子的到来。

孕期生活的规划及育儿方式的选择受到许多准父母们重视,然而长辈的关心与观念却可能与准父母们的意见不合,此时如果缺乏良好的沟通,很容易会出现手忙脚乱、无所适从的情形,甚至发生冲突,影响准母亲的情绪。有些长辈还存有生男孩"传宗接代"的传统观念,这无形中也给了准母亲们一个很大的心理压力。其实,长辈的一些关心和要求并无恶意,准父母们应尽可能地与双方父母进行良好的沟通,化解矛盾,使家庭秩序得以合理调整。

三、保护母婴的社会政策

胎儿的孕育和出生是在一定的社会环境下实现的,它与人口和计划生育、劳动保护、妇女权益保障以及母婴保健等法律法规密切相关。

《中华人民共和国人口与计划生育法》第十八条规定:国家稳定现行生育政策,鼓励公民晚婚晚育,提倡一对夫妻生育一个子女;符合法律、法规规定条件的,可以要求安排生育第二个子女。具体办法由省、自治区、直辖市人民代表大会或者其常务委员会规定。第二十六条规定:妇女怀孕、生育和哺乳期间,按照国家有关规定享受特殊劳动保护并可以获得帮助和补偿。

《中华人民共和国劳动法》第二十九条规定:女职工在孕期、产期、哺乳期内的,用人单位不得解除劳动合同。这里的"用人单位",包括国家机关企业、事业、社会团体等一切雇用人员的单位。怀孕的女职工不仅在劳动合同的聘用期内不得解除合同,就是在劳动合同期满后,也有继续签劳动合同的权利。第六十二条规定:"女职工生育享受不少于90天的产假"。这90天包括产前休假15天和产后休假75天。根据以上规定,法定的产假期为90天,用人单位可以根据本单位实际情况对产假时间另行规定,但不得低于法定标准。

《中华人民共和国妇女权益保障法》第二十七条规定:任何单位不得因结婚、怀孕、产假、哺乳等情形,降低女职工的工资,辞退女职工,单方解除劳动(聘用)合同或者服务协议。

《中华人民共和国母婴保健法》第十四条规定:医疗保健机构应当为育龄妇女和孕产妇提供孕产期保健服务。孕产期保健服务包括下列内容:(一)母婴保健指导:对孕育健康后代以及严重遗传性疾病和碘缺乏病等地方病的发病原因、治疗和预防方法提供医学意见;(二)孕妇、产妇保健:为孕妇、产妇提供卫生、营养、心理等方面的咨询和指导以及产前定期检查等医疗保健服务;(三)胎儿保健:为胎儿生长发育进行监护,提供咨询和医学指导;(四)新生儿保健:为新生儿生长发育、哺乳和护理提供的医疗保健服务。第十五条规定:对患严重疾病或者接触致畸物质,妊娠可能危及孕妇生命安全或者可能严重影响孕妇健康和胎儿正常发育的,医疗保健机构应当予以医学指导。第十六条规定:医师发现或者怀疑患严重遗传性疾病的育龄夫妻,应当提出医学意见。育龄夫妻应当根据医师的医学意见采取相应的措施。第十七条规定:经产前检查,医师发现或者怀疑胎儿异常的,应当对孕妇进行产前诊断。第十八条规定:经产前诊断,有下列情形之一的,医师应当向夫妻双方说明情况,并提出终止妊娠的医学意见:(一)胎儿患严重遗传性疾病的;(二)胎儿有严重缺陷的;(三)因患严重疾病,继续妊娠可能危及孕妇生命安全或者严重危害孕妇健康的。

此外,各省、市、自治区还根据当地的情况颁布了女职工保护条例,对怀孕女职工给予了明确的权利保护。例如,怀孕女职工有要求调换适合孕妇工作的权利,怀孕女职工有在工作时间进行孕期保健和产前检查的权利,怀孕女职工有休息的权利,怀孕女职工有获得工资、生育医疗费用的权利。

第四节　社会工作的重要议题

关于胎儿孕育和出生的社会工作议题,主要有医疗技术发展与人类道德、出生性别比和流产三个方面。

一、医疗技术发展与人类道德

随着医疗技术的发展,许多不孕夫妇能够不依靠传统怀孕的方法来生儿育女,如人工受孕、代孕等。这些医疗技术的发展虽然给不孕夫妇带来了生命的意义,但却给人类道德的发展带来了一定的困惑。

　　人工受孕，又称人工授精，是指将男性精液用人工方法注入女性子宫颈或宫腔内以协助受孕的方法。人工受孕主要用于男性不育症。人工受孕的方法包括有配偶间人工授精和非配偶间人工授精两种。前者适用于男方有性器官异常情况，如阴茎短小、尿道下裂、阳痿、早泄等症或女方有子宫颈狭窄、不明原因不孕等；后者适用于男方输精管阻塞、无精子等。为了避免医疗和伦理纠纷，人工受孕的受试者应在手术前向医生了解人工受孕的方法、成功率、并发症及其他伦理社会问题。但即使如此，一些医疗、伦理道德和法律方面的问题也不可避免。例如，一次移植多个胚胎，使双胞胎甚至八胞胎、早产成为常见现象，婴儿死亡和患疾病的风险也有所增加；父亲因孩子"不是自己的"心结难解；未承担养育责任的精子提供者能否探视其后代，等等。

　　代孕，是指女性接受他人委托，用人工辅助生育方式为他人生育子女的行为。代为他人生育的女性，通常称为代理孕母，委托他人生育子女的人被称为委托父母。代孕有四种方式，一是精子、卵子均来自于委托父母，借用代理孕母的子宫；二是精子来自委托父亲，卵子由代理孕母提供，经体外授精（试管婴儿）后，由代理孕母怀孕生育；三是卵子由委托母亲提供，经体外人工授精后将胚胎移植到代理孕母的子宫中，由代理孕母怀孕生育；四是精子来自捐献者（根据委托父母要求提供），卵子由代理孕母提供，经人工授精后，由代理孕母怀孕生育。在这四种方式中，第一种是完全代孕，第二、三、四种是局部代孕。代孕不涉及婚外性关系，是人类利用现代科技来实现生育权的方式，它的目的是帮助不孕者实现生育子女的愿望，使不孕家庭可享受天伦之乐。然而，作为一种人工生育方式，代孕存在着一些伦理和法律问题：

　　首先，代孕可能会侵害妇女生育自由和人身自由权，这是因为如果一味放任委托双方自由协商，就有可能出现欺诈、胁迫代理孕母代孕生育的情况，这必将侵害妇女生育自由权，如果协议对代理孕母的限制过多并实际履行，又将侵害代理孕母的人身自由权。

　　其次，代孕可能会侵害代孕子女的利益。代孕子女出生后，如果一方当事人恶意主张代孕协议无效或者主张撤销，或者委托父母以代孕子女为残疾子女为由欲解除合同，不仅会危害代孕子女的利益，也会增加社会的负担。

　　最后，代孕可能会引发纠纷。在代孕期间，代孕母亲是否有权自主决定人工流产，在孩子出生前委托父母死亡或离婚时孩子的抚养权和生活安排如何处理，代孕母亲在怀孕过程中一旦产生意外或代孕婴儿有缺陷是谁的责任，酬金在什么情况下才能完全给付，都关系到双方当事人和代孕子女的利益，如果任由双方自行决定，便很有可能引发纠纷。

二、出生性别比

出生性别比,是指某一时期内(通常为一年)出生的男婴数与女婴数之比,它说明每 100 名女婴对应的男婴数。在正常情况下,出生性别比是比较稳定的,基本上保持在 103~107 之间。

自 20 世纪 80 年代以来,我国出生性别比持续上升。据 2005 年 1% 人口抽样调查的数据,2005 年我国出生性别比为 122.66,最严重的三个省份,江西省 137.31,安徽省 132.20,陕西省 132.11,都高出正常值 20 多个百分点。[①]我国出生性别比失衡的原因是多方面的,但传统的男孩偏好、较为严格的生育政策、欠完善的社会保障制度以及性别选择性的人工流产是形成出生性别比失衡的主要原因。出生性别比对总人口的性别比和年龄别人口的性别比具有决定性的作用,出生性别比的严重失衡,将会影响人口安全和社会稳定。

首先,出生性别比的失衡会形成男性过剩的婚姻挤压。所谓婚姻挤压,是指由于婚龄男女人口数相差过大,有可能导致大批一种性别的人找不到配偶的现象。就我国现阶段出生性别比持续攀升的情况来看,一定时间后,男女性别比差距较大的这代人进入婚嫁期,同一年龄组的男女中将有一部分男青年找不到配偶,于是这部分男青年就可能到下一年龄组的女青年中找配偶,如此循环下去,将形成男性初婚年龄推迟、女性初婚年龄提前、夫妻年龄差异扩大的局面。部分男青年被迫单身,成为边缘人群,婚外恋、非婚生育、卖淫嫖娼和性犯罪等不可避免,这必然会威胁社会安全和稳定。

其次,出生性别比失衡是一部分女婴的出生权和生存权被剥夺的结果。过高的性别比,不仅意味着相当一部分女婴在未出生前生命就被扼杀了,也意味着有相当一部分准母亲在重男轻女思想的压迫下去做产前性别鉴定和性别选择性流产。因此,众多女婴的出生权和生存权被剥夺,这是对女性生命权利的侵害,是与"以人为本"的价值观相悖的。树立"以人为本"的价值观,重视人的价值,首先应该尊重人的再生产的价值,维护女性的生存权利,给予女性价值应有的社会地位。

最后,出生性别比失衡会造成人口再生产潜力的下降。人口再生产是通过男女双方组织家庭,进而通过女性生育子女来实现的。偏高的出生性别比,不仅意味着女性人口的减少、家庭数目的减少,还意味着人口再生产潜力的下降。从长远来看,只有保持人口性别结构的平衡,人口再生产才能正常进行,过与不及都是灾难。因此,出生性别比失衡是一个影响社会可持续发展的重要问题,人口

---

① 陈胜利、顾法明、蔡菲:《2005 年 1% 人口抽样调查对综合治理出生性别比工作的启示》,《人口研究》2008 年第 1 期。

再生产潜力下降的后果不容低估。

三、流产

流产,是指妊娠于 28 周前终止,胎儿体重少于 1 000 克。流产可分为自然流产和人工流产。

就自然流产来看,它是指在胎儿能够存活(妊娠不足 28 周、胎儿体重不足 1 000 克)以前,流出母体之外。自然流产根据发生的时间不同,可分为早期自然流产、中期流产和早产几种。在妊娠前 12 周流产,称为早期自然流产;在妊娠 12 周到 20 周期间流产,称为中期流产;在妊娠 20 周以后流产,称为早产,胎儿有可能存活,但需有非常先进的护理条件。在通常情况下,自然流产占所有妊娠的 15% 左右。

引起孕妇自然流产的原因很多,包括遗传因素(如染色体畸变)、生理解剖因素(如子宫畸形)、内分泌因素(如多囊卵巢综合征)、免疫因素(如抗精子抗体)、感染因素(如病毒)、疾病因素(如高血压)、药物因素(如服用有损胎儿的药物)以及环境污染因素(如放射线照射)等。从优生学的角度看,胎儿的自行夭折,是人类遵循自然界优胜劣汰法则而进行的一种自然筛选,这种自然筛选有利于人类的生存和发展。因此,当自然流产发生的时候,不必感到痛苦和遗憾。

就人工流产来看,它是指故意结束妊娠,取出胚胎或者导致胎儿死亡的行为。在一般情况下,人工流产是育龄妇女避孕失败后,怀孕早期所采取的一种用人工的方法终止妊娠的手术。常用的早期人工流产手术有吸宫术(负压吸引术)和钳刮术两种。前者适用于妊娠 10 周以内的妇女,后者适用于妊娠 10~14 周的妇女。妊娠超过了 14 周就不能作上述两种人工流产手术,而需要住院作引产手术。

人工流产涉及胎儿的生命权利,考虑到生命的社会伦理价值,人工流产的合法性与合理性一直颇具争议。从合法性与合理性角度看,对于胎儿患严重遗传性疾病或胎儿有严重缺陷,对于继续妊娠可能危及孕妇生命安全或者严重危害孕妇健康,以及对于终止被迫性关系和非婚姻关系妊娠,采用人工流产终止妊娠,既合法也合理,因为它既有利于优生也有利于家庭幸福。但若滥用人工流产,就意味着侵犯胎儿的生命,如性别选择性人工流产、未婚先孕强迫性人工流产以及婚后推迟生育的自愿性人工流产都是对胎儿生命权的侵犯。因此,鉴于胎儿生命存在的意义,需谨慎对待人工流产问题。

本章小结

由于从受孕的一瞬间便开始了人的成长和发育,人自胎儿时期起就受到社会环境的影响,因此,对于人类行为的研究,应该始于怀孕以及出生之前的发育阶段。本章首先讨论了怀孕与分娩。胎儿的发育过程可分为胚芽期、胚胎期和胎儿期三个阶段。分娩的方式有自然生产和剖宫产两种。

人自受精开始就一直不断地受到社会环境的影响,因而出生前的社会环境对胎儿的发育有着至关重要的影响。影响胎儿发育的因素包括很多,如遗传、母亲的身体状况、母亲的情绪状况和环境污染四个方面。

胎儿的孕育和出生,既是一种自然现象,也是一种社会现象,它从准父母角色的扮演、家庭秩序的调整以及保护母婴的社会政策等方面影响社会的发展。

目前,与胎儿孕育和出生相关的社会工作议题主要有医疗技术发展与人类道德、出生性别比和流产三个方面。

思考题

1. 试述胎儿发育的过程。
2. 简述孕妇自然生产的过程。
3. 试述选择剖宫产的原因。
4. 试述影响胎儿发育的因素。
5. 简述准父母角色扮演的意义。
6. 简述胎儿期家庭秩序调整的内容。
7. 试述保护母婴的社会政策。

推荐阅读

唇裂患者及家属社会心理支持服务

[美]乔斯·B.阿什福德等:《人类行为与社会环境——生物学、心理学与社会学视角》(第二版),王宏亮等译,北京:中国人民大学出版社2005年版。

[美]黛安娜·巴巴利亚等:《儿童发展》,黄惠真译,台北:台北桂冠图书股份有限公司1990年版。

[美]莎莉·欧茨等:《发展心理学——人类发展》,黄惠真译,台北:台北桂冠图书股份有限公司1994年版。

林崇德:《发展心理学》,杭州:浙江教育出版社2002年版。

徐愫:《人类行为与社会环境》,北京:社会科学文献出版社2003年版。

［英］莱斯莉·瑞根:《怀孕圣典》,张能维等译,北京:中国妇女出版社 2007 年版。

R. E. Anderson, E. Irl & G. L. Carter, *Human Behavior in the Social Environment*: *A Social Systems Approach* (5th ed.) , New York : Aldine de Gruyter, 2009.

扩展推荐阅读

黄君:《唇腭裂患者照顾者的社会工作介入——建立社工与照顾者信赖联盟》,《广东工业大学学报(社会科学版)》,2013 年第 6 期。

万国威:《我国儿童群体社会福利态度的定量研究》,《南开学报(哲学社会科学版)》,2014 年第 4 期。

万国威、李珊:《"留守女童"福利供应的定量研究——基于四川省兴文县的实证调查》,《中国青年研究》,2012 年第 12 期。

［美］艾伦·米尔斯:《儿童青少年社会工作》,范志海、李建英、杨旭译,上海:华东理工大学出版社 2013 年版。

网站资源

中国孕育网

中国亲子网

宝宝树

中国育婴网

第七章　婴儿行为与社会环境

学习目的

　　了解婴儿的生理、心理和社会发展的过程和各阶段的特点;理解婴儿与家庭和同伴的关系及家庭、同伴对婴儿的影响;认识婴儿依恋的形成及其变化阶段;了解在婴儿期三个比较重要的社会工作议题,即婴儿照顾与家庭服务的提供、产后抑郁症与精神健康、弃婴与收养。

　　婴儿是指 0~2 岁的孩子。婴儿的生理和心理发展迅速,并在与社会环境的互动中出现自我意识的萌芽。在这一阶段,婴儿与主要照顾者之间所形成的强烈的情感纽带(即依恋),对于婴儿的身心健康发展有着重要的意义。

第一节　婴儿的生理发展

一、婴儿脑的发展

　　绝大多数新生儿(出生后未满 4 周的婴儿)在出生时已经具有完整的感觉器官和发育良好的大脑。婴儿大脑由大约 1 000 亿个神经元或神经细胞组成,这些神经细胞按照特定的路径连接以执行各项功能。刚出生时,婴儿的脑容量是成年时的 1/4。到满 1 周岁的时候,婴儿的大脑要发育到超过其成年时大小的一半。脑容量增加的原因有很多,但是通常认为并不是由于神经元数量的增加。因为虽然出生后海马体和其他脑区可能仍有神经元的增加,但人脑神经元的形成和迁移基本上都发生在出生前[1]。出生之后,新的神经元很少出现,但突触、树突和纤维束的数量却急剧增长。神经元的树突在急剧增长的同时,也在逐

---

　　[1]　有关神经元的迁移,最新的神经研究支持大脑中某些区域的神经元迁移即使在成年期仍会发生。

渐变得更加特殊和特异化。

髓鞘化也是造成脑容量在出生后进一步增加的重要原因。髓鞘化是指包围在神经纤维的磷脂鞘的增加,磷脂鞘的增加使得神经脉冲的传递更快速和精确。髓鞘化始于孕期,持续到出生以后。在中枢神经系统,感觉区的髓鞘化出现的时间比运动区早。皮层联合区的髓鞘化最晚,并且一直持续到十几岁。髓鞘化的发生方向是从大脑向下和从脊髓向外到末端。动作的发展遵循着髓磷脂鞘的增长方向,因此婴儿的发展被称作从头到脚和从躯干到四肢的发展。婴儿获得对其身体的控制,也是由上而下和由内而外的。

主管视觉和听觉的皮质,是发育最早的区域之一。视觉皮层的突触在 3~4 个月时形成一个高速增长期,在 4~12 个月时达到高峰,密度可达成人的 150%。相似的进程可以在初级听觉皮层(颞横回)中观察到。背外侧的额叶前部皮质在出生第 8 个月时迎来大幅度的增长期。这一区域的功能是构筑心灵图像,能帮助婴儿记住眼下不在身边的人或事物,使之具备客体永存的能力。这个区域一旦发育成熟,婴儿就会在见不到依恋对象时产生分离焦虑。参与情绪控制和高层次推理的额叶前部皮质发育较为迟缓。它的发育高峰出现在 1 岁左右,但直到 15 岁后仍处于发育之中。人脑中的负责记忆的海马体在出生 8~9 个月时开始发挥出全部功能。婴儿逐渐形成清晰的记忆。梭状回在出生第 4 个月时开始发育,它能使婴儿从陌生人中辨认出自己的护理者来,为建立同周遭的人际关系奠定初始的基础。位于大脑皮层左半球顶叶的沃尼克区后部(角回区)的语言阅读中枢的发育,在婴儿出生第 8 个月时达到峰值。婴儿 6 个月前后,能分辨从低音到高音全部音域内的声音。但如果一味受母语的浸染,由于语言阅读中枢的发育成熟,到 1 岁左右婴儿便不能再分辨没有在母语中出现的语音。

大脑左右半球的功能分化被称为大脑单侧化(lateralization)。大脑单侧化在孕期就已出现,出生后持续发展。在早期两半球仅存在着量的差异,随着婴儿大脑的逐步发育成熟,这种单侧化逐渐发展,并表现出质的差异。对于多数右利手婴儿来说,大脑左半球主要负责语言与抽象逻辑思维,右半球则处理形象思维。研究表明,5 岁以前大脑任何一侧半球的损伤都不会导致永久性的语言功能的丧失,因为语言中枢可以很快地移向另一侧半球,以克服语言障碍。

出生后的头 3 年,尤其是从出生到 1 岁,是婴儿大脑发育的黄金时期,早期的经历对婴儿发展有重要意义。婴儿大脑发展在很大程度上受后天环境的影响和制约。婴儿的大脑具有高度的可塑性,这种可塑性随着年龄的增长而减退。一方面,婴儿大脑高度的可塑性提供了婴儿适应环境的能力;另一方面,可塑性也使得婴儿的大脑比较容易受到损伤。此时环境中出现的有害刺激,比如恐惧、不安的氛围,会严重影响脑部的发育,甚至会改变大脑的结构。

二、婴儿的无条件反射

刚出生时,婴儿肌肉的随意反应还得不到很好的协调,大多数早期动作反应是无条件反射行为。无条件反射是一种固定的反应活动,是个体对环境中特定刺激物的特定反应,这些反应由遗传得来,而不需要靠学习来掌握。婴儿的无条件反射保护婴儿免受不良刺激的伤害,帮助其适应新的环境,对于婴儿潜在病患的诊断,也具有重要的意义。

新生儿阶段的无条件反射有数十种,有些是永远保持的,如:角膜反射、眨眼反射、瞳孔反射、吞咽反射、打嗝、喷嚏反射等,有些则在出生后立即或短期内出现并随着月份的增加逐渐消失,如:吸吮反射、觅食反射、抓握反射、强直性颈部反射、踏步反射、游泳反射等。以下介绍几种主要的无条件反射。

当用乳头或手指碰新生儿的口唇时,会相应出现口唇及舌的吸吮蠕动,这种反应被称为吸吮反射。吸吮反射在出生3个月后会开始慢慢消失,逐渐被主动的进食动作所代替。但在睡眠和其他一些场合,婴儿仍会在一段时期内表现出自发的吸吮动作。若新生儿期吸吮反射消失或明显减弱,提示脑内病变;若亢进则为饥饿表现。1岁后仍存在吸吮反射提示大脑皮层功能障碍。婴儿逐渐学会控制吮吸的强度和敏感度,他们用吮吸和吻作为探索世界的一种方法。研究表明,婴儿首先表现出用嘴来识别物体,之后是用视觉来识别物体,即由通过触觉获得信息转为通过视觉获得信息。[①]

觅食反射又名寻乳反射,表现为婴儿转头至受刺激侧,并张口寻找乳头。比如,婴儿一侧面颊受到刺激,则婴儿会将头部转向刺激并张嘴,上唇受刺激时头部会后仰,下唇受刺激时下巴会垂下。这种动作有助于婴儿找到和含住乳头。吸吮反射与寻乳反射为配套的反射反应。

将一物体放入婴儿手掌后立即出现的抓握物体的反射性动作被称为抓握反射(达尔文反射)。这种反射自婴儿出生后开始出现,3~4个月后消失,代之以随意的抓握动作。这种反射通常被用来测定神经系统成熟的状况。如果新生儿期反射缺失或者两侧不对称均为病态,6个月后仍存在也提示大脑神经的损伤。相应地,如果在婴儿的脚掌上按一下,他的脚趾也会马上弯曲起来。这一反射被称为巴宾斯基反射。脚的反射能延续到10个月。

如果用双手支撑住婴儿的腋下,让婴儿保持站立姿势,将他的脚放在平面上时,婴儿便会做出迈步的动作,这一反应被称为踏步反射。踏步反射在新生儿出

---

① A.N.Meltzoff & R.W.Borton, Intermodal Matching by Human Neonates, *Nature*, vol.282, 1979, pp.403~404; E.J.Gibson & A.S.Walker, Development of Knowledge of Visual-Tactual Affordances of Substance, *Child Development*, vol.55, 1984, pp.453~460.

生后不久即出现,6~10周时消失。如果8个月后仍有这种反射,则提示大脑可能有疾患。

将婴儿的双脚固定在台子上,朝自己的方向慢慢拉婴儿的前臂,婴儿的腰部和脖子会直起来,能够保持几分钟的抬头姿势,这一反应被称为抬头反射。在3个月的时候,这种抬头反射会消失,代之以随意的抬头反应。

惊跳反射,又称莫罗反射。当婴儿受到惊吓时,如身体姿势突然被改变或者听到较大的声响,婴儿会大幅度伸展四肢,同时躯干及手指伸直。数秒钟之后缩回,胳膊紧紧抱在胸前,腿也蜷缩起来。正常情况下,婴儿3个月之后就不再出现这种惊跳反射,而代之以成年人受惊时的反应。

将婴儿俯卧放入水中,便会看到婴儿做出类似游泳的动作,这一反射被称为游泳反射。和惊跳反射一样,游泳反射也是一种保护性反射,是神经系统发育正常的指标。游泳反射约在4~6个月后消失。

这些先天性反射对于检测婴儿的发育状态有着重要的意义。通常在婴儿出生后,医院会对婴儿的先天反射进行测量。如果婴儿没有表现出正常的先天性反射,或者到一定的月龄先天反射没有消失,则标志着大脑发育的不完善或病变。

三、婴儿动作发展

1. 婴儿动作发展的规律与顺序

婴儿的动作发展受其大脑发展的制约,并与大脑发展的顺序相对应,表现为从上到下,即从头部开始向脚部发展;从近到远,即从身体的中心向周边部位转移;从粗到细,即从整体的、粗的动作转向分化的、精细的活动,从对大肌肉的控制向小肌肉的动作发展;从无到有,即由无意识的活动发展出有意义的探索行为。全世界各民族儿童,不论其经济条件、文化水平、社会地位如何,动作发展基本上都按同样的顺序达到成熟。婴儿的主要动作可分为手部的精细动作和躯干与四肢的大运动动作。[①]

一方面,从精细动作的发展来看。

婴儿手的抓握动作逐渐发展出灵活性和随意性,发展的重点是五指分化和手眼协调。最初,婴儿可以全掌握住物体不掉。对于6个月大的婴儿来说,手指头仍是浑然一家,往往整体地运动。到了7个月时,拇指和食指渐渐分别出来。婴儿逐渐学会用拇指、食指和中指一起抓握东西,如拿起瓶盖、积木等。随后,婴儿学会用拇指和食指的指尖抓起细小的物体,如米粒、头发丝。到3岁之前,婴儿学会用三指握笔,而笔不接触掌心。五指分化使得婴儿的动作向灵活、复杂、

---

① 参见林崇德:《发展心理学》,杭州:浙江教育出版社2002年版。

精细化发展。

手眼协调动作,指眼和手的动作能够配合,手的动作能够与视线相一致,按照视线去抓住所看见的东西。在出生后头半个月,婴儿已经能够做到视觉集中。但到3个月时,手的动作仍然无目的、不协调。2~3个月的婴儿,处于无意抚摸阶段。当手偶尔碰到物体,会没有任何目标或方向性地抚摸物体。3~4个月时,婴儿会抓握放在手掌上的物体,但此时的抓握和新生儿抓握反射已经不同,婴儿不会像以前一样紧紧握住物体。4~5个月以后,手眼协调动作发生了。婴儿能够按照视线抓住所看见的东西,动作具有了简单的目的和方向。但此时婴儿的有目的的动作还伴随着许多不相干的动作,比如,去拿皮球的时候,不但动手,还会动脚。婴儿如果手里正拿着一样东西,发现另一样东西时,会把手中东西丢掉,去拿别的东西。6~7个月之后,婴儿逐渐能够准确地实施自主的手部动作。

五指分化抓取物体与手眼协调活动对婴儿心理发展具有重要意义。通过五指分化和手眼协调,婴儿主动探索和认识周围事物,并开始操作工具,使动作具有间接性。五指分化和手眼协调还使得动觉、触觉、视觉等多种感觉协调活动,为知觉发展奠定基础。

另一方面,从大运动动作的发展来看。

婴儿期获得的最显著的运动成就莫过于独立行走。独立行走使婴儿能够主动移动躯体,这是婴儿发展的一个里程碑。学会了独立行走,婴儿的躯体移动从被动转为主动,使活动具有一定的主动性。主动行走极大地扩大了认知范围,并增加了与周围人的交往机会。

行走发展依照这样的顺序:抬头,翻身,坐起,从仰卧或者俯卧状态到翻身坐起、爬行或腹部触地式爬行、从坐到爬和从爬到坐、扶物站立、单独站立、扶着家具边缘移步、行走、上楼梯、原地跳跃等。对于所有的婴儿而言,这些动作发展的先后顺序是一致的。下表中给出了行走发展的年龄常模(见表7-1):

表 7-1　中美婴儿行走发展的年龄常模

动作技能	中国(月)	美国(月)	
	70%的婴儿已掌握	50%的婴儿已掌握	90%的婴儿已掌握
仰卧时抬头90°	2.9	2.2	3.2
翻身	4.5	2.8	4.7
支撑坐	—	2.9	4.2
独立坐	6.4	5.5	7.8
支撑着站立	7.0	5.8	10.0

续表

动作技能	中国(月)	美国(月)	
	70%的婴儿已掌握	50%的婴儿已掌握	90%的婴儿已掌握
扶家具走	9.4	9.2	12.7
独自站一会	—	9.8	13.0
独自能站好	11.5	11.5	13.9
走得好	13.7	12.1	14.3
上楼梯	17.5	17.0	22.0
向前踢球	—	20.0	24.0

资料来自范存仁等,1983；Frankenberg & Dodds,1967

应该指出的是,婴儿动作的发展速度、发展的优势领域和发展的最终水平具有一定的个体差异。每个婴儿的发展都表现出自身的特点。造成个体差异的原因很多,既有先天的因素,也有环境和教育的影响。在日常实践中,不可以对婴儿进行盲目比较。

2. 婴儿动作的训练与动作发展

婴儿动作发展的快慢,既与遗传有关,也与环境因素有关。良好的营养、丰富的刺激、适时的训练,可以促进婴儿动作的发展。而在环境条件比较匮乏的情况下,婴儿的发展也相对较慢。泽勒佐等发现,通过引出新生儿行走反射进行行走动作的训练,会使得婴儿单独行走的年龄更早。[1] 对婴儿进行精细动作的训练,也能够使得婴儿掌握这些动作的时间表提前。在某些文化中,婴儿较小时就常常会被单独留下自由活动,动作发展就会较快。而另一些文化中,婴儿一直被襁褓紧紧包裹着,动作发展就相对较慢。一些孤儿院的儿童因早期经验被严重剥夺,动作发展更为迟缓。

婴儿的早期动作发展,对其思维发展具有重要的意义。目前市面也有很多婴儿动作训练的书籍。但我们认为,对婴儿进行动作训练不可盲目。首先,训练要适龄。在生理上尚未达到成熟时,进行动作训练既可能收效甚微,也可能对婴儿的身心健康造成消极的影响。其次,这种早期动作发展上的优势的长远意义仍不明确。即使早期处于不良环境中的婴儿,一旦环境得到改善,也可以逐渐恢复到正常的动作发展过程。[2] 最初的优势能否长期保持,或这种优势带来怎样的长期效果,都是很难确定的。应该尊重动作发展的个体差异。

---

[1]　P.R. Zelazo, N.A. Zelazo & S. Kolb, "Walking" in The Newborn. *Science*, vol.176, 1972, pp.314~315.

[2]　参见[美]黛安娜·巴巴利亚等:《儿童发展》,黄惠真译,台北:台北桂冠图书股份有限公司1990年版。

3. 婴儿动作发展的意义

根据发展心理学家维果茨基的观点,婴儿的思维是行动的内化。婴儿通过各种动作逐渐认识外部世界和自身。动作发展不仅是婴儿身心素质全面发展的重要方面,也对婴儿的心理发展具有多方面的影响。

首先,婴儿的动作发展促进其感知觉的协调发展。通过动作,婴儿能够获得大量感知觉刺激,并在各种感知觉之间建立起联系。

其次,婴儿的动作发展促进其思维的发展。随着形象表征和抽象思维能力的增强,婴儿的外部动作逐渐内化为思维。

再次,婴儿通过动作掌握外部环境,认识自身与环境的关系,并逐渐形成自我意识。动作是婴儿探索外部环境的首要工具。在探索过程中,婴儿逐渐认识到自身和环境之间的分别和界限,及自身与环境之间的相互影响。

最后,婴儿的动作发展也是其社会化发展的重要条件。动作是婴儿社会化的工具,婴儿通过动作与成人及同辈交流和建立情感联系。

早期动作的发展对于婴儿的成长具有重要的意义。通过对婴儿动作的观察,可以检测婴儿的身心发展状态。在没有掌握语言之前,动作是婴儿认识事物,与人交往的最重要的手段。在 3 岁之前,即使儿童已经掌握了简单的语言,动作仍然是婴儿重要的认知和交往手段。婴儿期又是许多基本动作产生和发展的关键期。婴儿期动作的发展不仅关乎其今后动作发展的水平,更与儿童的身心素质的全面发展密切相关。

第二节　婴儿心理的发展

一、婴儿认知的发展

1. 各种感觉的迅速发展和精细化

从出生开始,婴儿的各种感知觉,比如视觉、听觉、嗅觉、触觉、运动灵活性以及对本体感觉等,都会迅速发展并日趋精细化。

首先,视觉的发展。

新生儿就有瞬目反射。当听到大的声响或者被触摸的时候,新生儿会产生瞬目(眨眼)的动作。新生儿在出生后的最初几日就有视力,初期只能感觉到光线,能看到物体但视线模糊,常伴有生理性斜视或复视。但有证据表明,新生儿即具有大小和形状恒常性。出生仅几周大的婴儿,理想的注视点是大约20厘米远的物体,这一距离与怀抱中的婴儿和母亲的面孔之间的距离相当。出生后的头五个月,婴儿视敏度快速发展,婴儿的模式知觉和运动知觉也开始成熟。婴儿在 5 个月时,对自己熟悉的事物有了视觉分辨能力,看到熟悉的事物的时候会表示高兴。6~9个月的婴儿对物体的大小、形状和距离有了进一步的认识,并产生了实体觉、空间觉。比如,在著名的"视崖实验"中发现,6个月的婴儿对"视崖"感到恐惧,表明此时婴儿已经具有深度视觉。① 新生儿对颜色的知觉是有限的,到3个月大的时候,婴儿能够感知蓝、绿、黄、红等不同色调的光。

人类面孔对婴儿来讲是一种特殊的刺激。刚出生不久的婴儿就表现出偏爱人类的面孔而非其他形状。一些2天大的婴儿便可以区分母亲的脸和陌生人的脸。3个月大的婴儿都具有分辨自己父母与陌生人脸的能力。有趣的是,出生仅几天的婴儿注视有吸引力的面孔的时长会超过没有吸引力的面孔。婴儿还能在面孔和声音之间建立联系。几乎所有3个月大的婴儿,当熟悉的人脸伴随着一个不熟悉的声音时,均会感到吃惊。婴儿也会建立对面孔的整体知觉,给6~7个月的婴儿呈现五官被打乱或颠倒的面孔,婴儿会感到意外。

表情对婴儿也有特别的意义。刚出生1~2天的新生儿即能够区分和模仿快乐、悲伤、吃惊等表情。这种非常早的模仿能力会逐渐减弱。在1~2个月时,婴儿能在没有榜样示范时自发地模仿一些表情。4~7个月时,婴儿能够识别并能区分快乐、生气等表情。7~10个月时,婴儿开始观察父母对于不确定情境的情绪反应,并据此调整自己的行为。婴儿对成人的表情动作有预期,若成人的脸缺少所期待的变化,婴儿会停止观看,并表现出某种程度的痛苦与不安。

其次,听觉的发展。

在新生儿和母亲之间建立最早联系的是听觉而不是视觉。其实,胎儿在子宫内对听觉刺激就很敏感。在子宫内,胎儿已经熟悉母亲的心跳。出生后的几天或几周里,这种心跳的声音可以使婴儿继续得到安慰。婴儿对母亲在怀孕期间所唱的歌曲和朗读过的散文表现出偏好,当这些声音再次出现时,婴儿会表现出更多的大脑活动。②

幼小婴儿即能识别声音的响度、音调、持续时间及声音发出位置的变化。在1个月末,婴儿可以集中精力听声音。2~3个月时,婴儿听到声音时会转动头或眼睛寻找发声源,并逐渐能分辨不同的声音和音调。4~6个月的婴儿能够利用听觉信息推测物体的速度和距离,从而做出相应的反应。③ 将6~8个月的婴儿放在黑暗的房间里,把一些可以发声的物体放在他们可以触及或不可以触及的地方,婴儿可以正确地将自己的身体移动到发出声音的方向,同时会对那些听起

① E. Gibson & R. D. Walk, The Visual Cliff, *Scientific American*, vol.202, 1960, pp.80~92.

② E. Partanen, T. Kujala, M. Tervaniemi & M. Huotilainen, Prenatal Music Exposure Induces Long-term Neural Effects. *PLoS ONE*, 2013, vol.8: e78946.

③ K. Freiberg, K. Tually & B. Crassini, Use of An Auditory Looming Task to Test Infants' Sensitivity to Sound Pressure Level as An Auditory Distance Cue, *British Journal of Developmental Psychology*, vol.19, 2001, pp.1~10.

来可以抓到的物体做出更努力的反应。9个月时,婴儿逐渐学会根据声音来调节、控制自己的行动,根据不同的声音做出不同的反应。

与偏爱人类面孔的视觉刺激一样,婴儿对人声也表现出特殊的敏感性。人声是引起婴儿微笑的最早刺激之一。与不熟悉的女声相比,婴儿更偏爱自己母亲的声音。与外语相比,6个月大的婴儿更喜欢听连续的母语说话声。① 非常小的婴儿能够区分出全世界人类语言的基本差别。例如,日本婴儿能够区分"r"和"l"这两个音,但是日本成人却不能。但在6个月后,由于生活在母语环境中,婴儿逐渐无法区分母语中没有出现的语音结构。

最后,味觉、嗅觉、触觉及其他感觉的发展。

在子宫中,胎儿的味觉已部分地发挥作用。新生儿能够区分甜、酸、苦和咸的味道。对于新生儿来说,蔗糖具有特殊的镇静作用,能够减轻其痛苦,这可能是因为正常的人奶有甜味。从出生起,婴儿便可感觉到强烈的气味。母乳喂养的孩子对母亲的体味尤为敏感。出生几周的婴儿能够凭借乳房和腋下的气味辨认出自己的母亲。母亲的体味可能在早期的母婴交流之中起着重要的作用。到婴儿7~8个月时,嗅觉发育更加灵敏。婴儿在第二年内可识别各种气味。

皮肤是人体中面积最大的感觉器官。新生儿就有触觉,以口唇部分最灵敏。当用物体碰及婴儿的口唇,会引起吸吮反射。而当婴儿的面颊触及母亲乳房或其他部位时,会产生觅食反射。抚摸除了可以安慰婴儿,还能促进婴儿的健康发展。婴儿最早使自己镇静下来的应对是吮吸。婴儿用嘴识别物体是有棱角的还是光滑的,是容易咀嚼的还是有弹性的或坚硬的。新生儿对温度的感觉比较灵敏。如果出生后被放在较冷的环境中,婴儿会啼哭、战栗,放在温暖的地方则表现平静。新生儿即能够体验到疼痛,而且疼痛带来的影响会持续较长时间。

2. 注意的发生与发展

婴儿逐渐获得对眼动的控制。从出生到大约两个月,婴儿表现出强制注意,或称为"黏着性注意"。这个时期,婴儿会注视一个事物,但这个注视过程并不是自主控制的。婴儿也无法自主地转移开对某个事物的注视。

2个月大的婴儿已经表现出对视觉序列的预期,他们会期待视觉序列中下一个刺激的发生。3个月左右时,婴儿能够表现出平稳的追踪周期。4个月大的婴儿就可以抑制对外周刺激的眼跳。4个月大的婴儿还能识别像人类行走这样的复杂运动模式及形状的不同。6个月大的婴儿能成功地执行延迟眼跳,最长可达5秒。婴儿扫描物体所花的时间和注视新物体的时间长短可用来预测其认知能力。较短的注视时间说明婴儿大脑神经加工的速度更快且更有效。研究发

---

① A. Sansavini, J.Bertoncini & G. Giovanelli, Newborns Discriminate the Rhythm of Multisyllabic Stressed Words, *Developmental Psychology*, vol.33, 1997, pp.3~11.

现,凝视可见的刺激物时间短和迅速形成习惯化①的婴儿,当他们 2 岁和 4 岁的时候,认知分数更高。

3. 语言的发生与发展

语言是人类特有的活动,掌握语言是健全的人类婴儿的基本能力,尽管对语言的完全掌握,仍需要经历较长的时间和付出一定的努力。

(1) 语言发展的阶段

婴儿的口语发展,经历从牙牙学语,到单字复义语,到电报式语言,最后获得正确的语法及语言表达等一系列的阶段。

新生儿是用哭泣的方式进行交流的。到第 1 个月,婴儿开始咕咕地叫或者发出元音的声音。在 3~6 个月之间,婴儿开始"牙牙学语"。婴儿会将元音与辅音组合起来并不断地重复发音,比如"mamama"、"dadada"。这种发声具有跨文化的相似性。研究表明,这种重复的咿呀语没有任何符号意义。但是对成人来讲,婴儿最初的声音却是令人无比兴奋的。婴儿逐渐学习与人交流的模式。到 6 个月时,他们会在成人跟他们讲话的时候发出声音,以此对成年人的话做出自己的反应。到 7~8 个月时,他们表现出听成年人讲话,并用牙牙学语的方式应答。听觉丧失的婴儿也遵循着与听力正常儿童同样的时间表,在 6 个月左右时牙牙学语。然而由于没有听觉的反馈,这种现象在 8 个月左右便会停止。

大约在 9~12 个月之间,婴儿会说出第一个词。婴儿此时的语言的重要特点是其含义的丰富性,即用一个词包含比较大的类型,所以这种语言被称为单字复义语,比如看到毛茸茸的动物都叫"狗狗"。婴儿所说的词常常与姿势、动作和面部表情结合起来,目的是让照顾者懂得自己的意思。汉语儿童出现的第一批词主要有:奶、蛋、鞋、娃娃、积木、狗、猫和汽车等具体名词,这与英语儿童之间存在共性。②

在 18~24 个月之间,婴儿能够将单词放在一起形成简单的词组或者句子,这种通常由两个词构成的句子称为电报式语言。它像拍电报一样,只留下两个对交流起最重要作用的名词、动词或形容词,而像冠词、介词、代词、连词等都被省略掉了。学步儿(学习走路的孩子)的口语不受语法规范的指导,在同一文化中,每一位儿童说话所用的句式都不尽相同。学步儿用同样的句子表达不同的意思,用语调或是通过对词的强调来表达其说话的意思。

2 岁后,婴儿说出的句子明显加长,并出现了更多的复合句。婴儿积极地听

---

① 习惯化,指的是反复给婴儿呈现某种刺激物,婴儿将因为对其越来越熟悉,对其反应逐渐减少直至消失的现象。而此时如果给婴儿呈现一个新的刺激,婴儿则重新做出较强的反应,这个过程叫做去习惯化。

② 陈萍、许政援:《儿童最初词汇的获得及其过程》,《心理学报》1993 年第 25 卷。

成年人对自己讲的话,并常常进行重复。到 3 岁左右的时候,儿童已能够使用断断续续的语言说明一件简单的事情。可以说,这个时候儿童已经掌握了最基本的语言。

(2)婴儿的词汇量

12~16 个月中,婴儿的词汇量从 0 迅速增加到 26 个。大约在 18 个月时,学步儿习得大量的新词,几乎每周都可以增加 10~20 个新词。这一趋势从学步期开始,一直持续到学前期。2 岁的婴儿已会说 200 个单词。我国学者的研究发现,2.5~3 岁婴儿的词汇量为 800~1 065 个。① 婴儿首先掌握的是事物的名称,后来逐渐掌握形容词、副词和代词等较抽象的词。婴儿最早的话题是他们知道和他们感兴趣的事。因此,婴儿在每天生活中所遇到的主要物体及其关系会影响他们早期语言的内容和复杂程度。

(3)接受型语言

理解单词的能力被称为接受型语言,接受型语言能力的获得先于婴儿说出词和短语的表达能力。婴儿在理解声音的意义之前就能够对声音进行辨认,他们也能辨认声音组合之间的差异。很小的婴儿就能够听见和区别日常语言中所有常用的语音。当婴儿 4 个半月大时,他能够辨认叫自己名字的声音。到 7~8 个月时,婴儿已能感知到语音组合的规则和口语表达中的特定方式。8 个月的时候,婴儿可以理解某些单词和短语的意思。12 个月以后,婴儿理解的词汇在数量上快速增长。据分析,16 个月大的婴儿,接受型词汇量在 92 至 321 个单词之间。

为了获得语言,婴儿需要听到语言。照顾者在家中与儿童相互作用的刺激和经验反应越多,到 3 岁时,儿童的语言能力发展得越好。成人若常常用一种特定的针对婴儿的方式与婴儿讲话,表现为唱歌、高音、短的词语和重复说话等,研究表明婴儿对这种讲话的方式比普通的讲话方式更为敏感。

4. 思维的发生与发展

思维活动是一个复杂的认知过程,包括概念形成、理解和问题解决等各种形式。根据皮亚杰的观点,婴儿处在发展的感觉运动阶段。这一阶段的最重要的成就是婴儿获得了物体恒常性,也就是将人物或物体的图像驻留在头脑中的能力。这一阶段可分为 6 个子阶段。

第一阶段:反射活动阶段(出生~第 1 个月)

这个阶段,婴儿表现出非随意性的反射活动,比如吸吮反射等。这些反射是婴儿与世界互动的最初形式。通过练习,婴儿可以将新刺激同化到已有的反射图式中去,并为顺应新的刺激而逐渐调整已有的图式。比如,婴儿可能像吮吸乳

---

① 吴天敏、许政援:《初生到三岁儿童语言发展记录的初步分析》,《心理学报》1979 年第 2 卷。

头一样吮吸其他物体。这些活动是婴儿认知发展的开端。

第二阶段:初级循环阶段(1~4个月)

这一阶段,如果婴儿偶尔做出某些行为,产生了愉快的后果时,他就开始学会重复这一行为,比如吮手指等。因为这类行为的反复循环完全是出自内部的动机,而与外界无关,故称为初级反应循环。此时,婴儿关注的是自己的身体,通过摆弄自己的身体获得乐趣。皮亚杰认为此时婴儿已经能够协调不同的感觉,但仍不具备模仿的能力。这一观点遭到了后人的质疑。比如,研究发现一些新生儿就具有模仿表情的能力。

第三阶段:次级循环反应阶段(4~8个月)

婴儿关注的焦点从自己的身体转移到外部物体。此时,婴儿条件反射的形成得到极大的加强,大脑皮层的分析和综合技能也获得同步发展,对于外界事物有了更深入的分析和综合能力。婴儿逐渐意识到自我与外界的区别和联系。当偶尔对外界物体的操作产生了愉快的后果时,比如,用脚碰到铃铛发出悦耳的铃声。婴儿会一直重复这个动作,并且从中得到极大的乐趣。

第四阶段:次级图式协调阶段(8~12个月)

此时,婴儿产生了初步的客体永存的概念,并可以组合好几个随意行为以达到其目的。此时,如果婴儿看到成人将玩具藏在毯子下面,他能够将毯子掀开,找到玩具。但是,此时婴儿仍无法理解物体的转移。如果接着将玩具藏到其他地方,婴儿仍然会在毯子下寻找,哪怕他看到了藏玩具的过程。皮亚杰认为此时婴儿才开始出现自发的模仿行为。

第五阶段:三级循环反应阶段(12~18个月)

婴儿喜欢反复试验不同的动作模式并探索结果。此时如果将玩具转移,婴儿会正确地找到玩具。这表明,婴儿对客体永存性的认识进一步提高。

第六阶段:符号问题解决阶段(18~24个月)

婴儿开始使用符号,出现把客体内在化的现象。此间出现了对非词语性符号的应用,同时也开始了简单的语言。婴儿具备了完全的客体恒常性概念,能够通过心理推论寻找物体。婴儿能够在头脑中保存经验并在适当时候提取。皮亚杰认为,在该阶段,婴儿产生延时模仿行为,即能够在模仿对象不在场时再现其行为。

最近的研究指出,由于皮亚杰所采用的观察实验的限制,使得其对婴儿的能力有所低估。比如,藏起物品让婴儿寻找的实验,对于婴儿的运动技能有较高的要求。这些运动技能对于许多婴儿来讲过于困难了。当采用更新的实验技术时,研究者发现大约4个半月大的婴儿便已经能够认识到物体的恒常性。此外,如前所说,研究者对于皮亚杰关于婴儿的模仿能力的发展也有所争议。新的研究发现,9个月大的婴儿已经能够执行简单动作的延时模仿。种种迹象表明,婴儿似乎天生具有获得这个世界是如何运转的知识的能力。婴儿时期的学习速度、反应时间和记忆力是以后儿童时期智商的预测因子。

5. 自我意识的发生与发展

自我意识是主体对自己以及自己与周围事物关系的认识,包括对自己的身体、言行、思想、内部状态、人际关系等方面的认识。幼小的婴儿认识不到自己的存在,无法区分自我与外部世界。他们玩弄自己的手和脚,就像在玩其他的物体。1 岁左右的时候,婴儿产生了自我感觉,这是自我意识最原始、最初级的状态。通过与外界事物的不断接触,婴儿逐渐能将自己和自己的动作区别开来,将自己的动作和动作对象区别开来。比如,婴儿发现咬自己的手和脚与咬别的东西(玩具、饼干等)感觉不一样;自己推皮球,皮球就滚动了等。个体认识到自身是一个独立实体,是动作的主体,体验到了自我的存在和力量,产生了最初的自豪感和自信心。一个测量婴儿自我意识的有趣的实验是"点红实验"。① 实验者在婴儿的鼻子上悄悄抹上一点胭脂,然后让婴儿照镜子。八九个月的婴儿看到镜子中的自己,会伸手到镜子后面摸索。1 岁多的婴儿如果看到镜子中的自己,通常能明白镜中的自己好像跟自己有点关系,但是感觉并不真切。一般到 18~24 个月左右,婴儿才能知道镜子照出了自己的模样,并伸手摸自己的鼻子。这是儿童自我发展的第一个里程碑。两岁的婴儿开始知道自己的名字,认识自己身体的各个部位及自己身体的感觉。但是,此时婴儿只是把名字理解为自己的信号。到 3 岁左右,幼儿学会用人称代词"我"来代表自己,这是自我意识形成过程中的重要进展。掌握代名词比掌握名词困难很多,因为它具有明显的相对性。比如,如果别人问幼儿:你饿不饿? 幼儿不能回答"你饿"或"你不饿",而应该回答"我饿"或"我不饿"。要做到这一点,就必须进行复杂的抽象和概括。此阶段婴儿的独立性得到很大发展,表现出主动、任性,力图摆脱父母的约束。而随着婴儿将自己当做一个主体的人认识,他们也逐步学会了对自己的评价。

二、婴儿情绪的发展

情绪对婴儿的生存和发展具有重要的意义。人类的基本情绪是先天的。新生儿即有兴趣、痛苦、厌恶和微笑等初步分化的情绪反应,这些反应与生理需求是否满足密切相关。随后在 2~7 个月间,愤怒、悲伤、快乐、恐惧等基本情绪相继出现。在 6~7 月时,出现对主要照顾者的强烈依恋,逐渐表现出陌生人恐惧和分离焦虑。在 1 岁半左右时,婴儿发展出自我意识,开始表现出一些复杂的、与自我认识及自我评价相关的情感,如羞愧、自豪、内疚、骄傲等。婴儿期的情感表现对以后的情感特征有一定的预测作用。

---

① M.Lewis & J.Brooks-Gunn, *Social Cognition and the Acquisition of Self*, New York: Plenum Press, 1979.

1. 婴儿情绪的表现

我们首先探讨婴儿的微笑。虽然婴儿生来就有笑的反应,但最初的笑是自发性的,反映出婴儿的生理状态的舒适程度。它与脑干和边缘系统的兴奋直接联系。在第 5 周~3 个月,人的语音和面孔是引发婴儿微笑的有效刺激。但此时,婴儿对不同的人并不加以区分。3 个月以后,随着婴儿处理刺激能力的增强,婴儿对熟悉和不熟悉的刺激开始作出区分,对不同刺激开始具有选择性的微笑反应。婴儿对主要照顾者笑得最多,其次是对其他家庭成员和熟人,对陌生人笑得最少。这种区分才是一种真正意义上的社会性的微笑。

婴儿对周围世界有着强烈的兴趣。兴趣是婴儿好奇心、求知欲的内在来源。兴趣指引婴儿对外界环境刺激的反应倾向、探索行为和身体运动。婴儿兴趣的早期发展可分为三个阶段。第一个阶段是先天性反射阶段。在出生 0~3 个月的时候,婴儿表现出对视觉、听觉、触觉等刺激的先天性反射的反应。第二个阶段是相似性再认知阶段。在 4~9 个月时,适宜的光、声刺激的重复出现会引起婴儿的兴趣。这时,婴儿开始做出有意活动,使有兴趣的情境得以保持,产生对自己活动的快乐感;兴趣与快乐的相互作用,支持某些活动重复出现,并可能进行进一步的探索与学习。第三个阶段是新异性探索阶段。9 个月以后,婴儿开始对新异刺激产生兴趣,"客体永存"的产生使得婴儿对某些重复性行为产生习惯化;只有当新的刺激出现时,才可能引起他的注意。随着年龄的增长,婴儿开始学习模仿,并从模仿中得到快乐。这样的活动延长了儿童兴趣活动的时间,同时在探索过程中得到的快乐和自我满足感能支持兴趣的进一步发展。

痛苦、恐惧和焦虑是婴儿期常见的负面情绪。痛苦是最普遍的负面情绪,在婴儿出生后 1~2 个月后便可以发生。各种负面的刺激,比如疼痛、饥饿、冷、热等刺激,都能引起痛苦。到 2 岁左右,在与亲近的人分离时,婴儿会产生巨大的痛苦。在游戏中失败也会造成婴儿的痛苦。

恐惧是有害的情绪,但一定程度的恐惧具有适应性。在出生后的 0~4 个月,恐惧是先天性的、本能的、反射性的反应。4~6 个月时,婴儿会从知觉和经验中,产生恐惧的情绪。随着婴儿辨认熟悉和陌生的人的能力增强,在 6~8 个月时,婴儿逐渐开始出现对陌生人的恐惧和焦虑。陌生人的出现常常让婴儿感到紧张并大哭。同时,随着婴儿与母亲之间依恋关系的进一步建立,婴儿开始表现出分离焦虑。他们在母亲离开时表现出伤心、痛苦和拒绝分离。1.5~2 岁的婴儿想象、推理能力得到发展,开始对黑暗、独处、陌生动物、奇异景物等想象物产生恐惧。

由于神经系统的不成熟,婴儿的情绪表现出以下几个特点:(1)情境、外部性。随外部情境、条件的变化而变化,他们的兴趣很容易因为外部刺激的变化而发生转移。(2)激动、冲动性。婴儿对情绪的自主调节能力较差。高兴时马上会手舞足蹈,悲伤时马上号啕大哭,情绪起伏很大。(3)暂时性。婴儿的关注范围有限,某种情绪的持续时间不会太长,很快就会发生变化。

2. 婴儿对他人情绪的理解

当婴儿处于陌生或模糊的情景时,他们往往观察成人的面部表情,并以此作为行为的依据,这一现象被称为情绪的社会性参照(social referencing)。婴儿社会参照能力的发展,需要经历四个阶段:①

第一阶段:0~2个月,为无面部知觉阶段。此时婴儿尚无法知觉成人的面部表情,他们自发的表情与成人表情之间没有联系。

第二阶段:3~5个月,为不具备情绪理解的面部知觉阶段。此时婴儿能够知觉到成人的面部表情,但是还不能理解其意义。

第三阶段:6~7个月,为对表情意义的情绪反应阶段。婴儿能够对成人的不同面部表情作出不同反应,对面部表情有一致性的理解和反应。

第四阶段:8~10个月,为在因果关系参照中运用表情信号阶段。此时,婴儿不仅能辨别不同的面部表情,且能以其为依据,调整自己的行为。在这一阶段,婴儿的情绪社会性参照能力才真正形成了。

情绪的社会性参照对婴儿的发展具有极其重要的意义。通过对成人表情的观察和理解,婴儿进一步认识和掌握环境。成人的支持和鼓励使得婴儿的探索范围有所扩大,探索能力得到增强。同时,这样的亲子互动也增进了成人与婴儿之间的情感联系。

3. 婴儿个性特征的表现

尽管上文中描述的情绪经历在每个婴儿身上均会有所体现,但是,不同的个体在情绪表达上,仍然存在较大的差异。气质指的是具有生物或神经生理模式基础的情绪及行为表现。从出生开始,婴儿就表现出自己独特的气质特性。在出生后的第1个月中,人们可观察到的婴儿对环境做出的相对稳定的反应特征。这种稳定的反应倾向具有一定的遗传基础。研究表明,异卵双生子的基因的相似性就越高,双生子在气质上的相似性就越高,而同卵双生子的相关明显地高于异卵双生子。但是,随着婴儿的生长,气质也会受到环境和教养的影响。气质是个体情绪发展的重要基础。

托马斯和切斯(Thomas & Chess)的"纽约纵向追踪研究"(NYLS)以九个维度,即活动水平、生理活动的节奏性、易接近性或退缩性、适应性、反应的阈值、反应的强度、情绪质量、分散注意力的能力以及注意的广度和持久性为基础,将婴儿分为三种类型:容易型、逐渐热情型和困难型。②

---

① 林崇德:《发展心理学》,台北:华东书局1998年版,第202页。

② A.Thomas & S.Chess,*Temperament and development*,New York：Brunner/Mazel,1977.

（1）容易型的婴儿有积极的心境,生理活动有规律,反应强度较低或适中,对新情境是积极接近而不是退缩。这类婴儿往往对照顾者的哺育有积极的反应,容易得到照顾者的关爱。

（2）逐渐热情型的婴儿具有较低的活动水平,情绪总是不大愉快,首次面对新刺激时会倾向于退缩,适应较慢,对情境的反应强度较低。

（3）困难型的婴儿人数较少,他们表现出生理活动无规律,常常出现异常强烈的反应,比如大声哭闹、烦躁不安或爱发脾气,常常需要花很长的时间来适应新的环境和活动。这类婴儿常常需要照顾者有极大的耐心和宽容。大约还有35%的婴儿不能归到这三类中。

气质受遗传因素的影响主要表现在活动水平、社会性和情绪性三个方面,特别是情绪性和活动水平这两个维度在婴儿期向学步期进行转变的过程中表现出相当的稳定性。但在其他维度上,婴儿期测量的气质与儿童早期和中期所测量的气质相关不高。这表明,环境对气质的发展也具有调节的作用。父母可以根据婴儿的不同气质类型进行适当的教育和引导,使婴儿表现出更愉快的、亲社会性的情绪和行为。

第三节　婴儿与社会

一、婴儿与家庭

1. 婴儿依恋的形成和发展

依恋是婴儿与照顾者之间形成的一种特殊的、强烈的情感纽带。依恋的发展,经历了一系列阶段。从出生到2~3个月,婴儿表现出无选择的微笑,对所有的人都做出反应,对安慰他的成人没有选择性,因此,这一阶段被称为无区别的依恋阶段。在2~3个月到6~7个月,婴儿开始出现选择性互动,和喜爱的照顾者形成了一种真实的社会微笑。婴儿将陌生人的面孔和照顾者进行比较,能从周围的人中区分出最亲近的人,并对她表现出特殊的喜爱,但此刻婴儿并不怯生。在6~7个月到1岁,婴儿表现出明显地依赖首要的照顾者,当照顾者离开的时候会表现出分离焦虑,情绪激动并哭泣,会爬着跟在照顾者的后面。相应地,婴儿也表现出陌生人焦虑。婴儿警惕陌生人和陌生的情境,对陌生人采取谨慎和回避的态度。婴儿在表达对陌生人的反抗和反应强度上存在着个体差异。婴儿对陌生人的反应取决于情景中特定的维度,包括母亲离自己有多远、陌生人离自己有多远以及母亲对陌生人的反应等。如果母亲在孩子面前用积极的口吻与陌生人交谈,那么孩子对陌生人的反应很可能是积极的。在生命的第二年,由于具有完全的物体恒存性,婴儿知道照顾者在看不见的时候仍然存在。婴儿对照顾者的短暂离开更加安心,而与其他人的社会交往增多。2岁时,儿童能用母亲的照片来帮助维持母亲不在时对新环境的适应。儿童能够通过建构他们父母的心理表征以及会用父母对自己的爱来安慰自己。

根据波尔比(Bowlby)的理论,依恋具有生物学和进化论上的基础。① 婴儿和一个照顾者形成一种亲密的关系来保证它的存活。通过这种紧密的、特定的联系,保证婴儿的各项需要得到及时满足,在出现危险的时候不会被遗忘。早先人们认为,婴儿喜爱他们的母亲是因为她喂他们吃和照顾他们。但是,哈洛对罗猴婴猴所做的经典研究无法支持这种观点。这些猴子一出生就和他们的母亲分离,在一个笼子里,由没有生命的、由金属线或者绒布制成的代理母亲抚养。他发现,当婴猴需要某种依恋的时候,他们选择了布织物的母亲,甚至当它们被一个金属线的母亲哺育的时候也是如此,这些猴子对曾经哺育他们的金属线制成的代理母亲没有表现出依恋。绒布温暖柔软的质感,就像母亲的怀抱一样,给了婴猴极大的安慰。这表明从出生开始,婴儿需要的并不仅仅是食物和照顾,而是一个安全、温暖的环境。②

波尔比认为,依恋具有三大功能。

(1)寻求亲近(proximity seeking)。婴儿渴望与依恋对象呆在一起。在依恋对象身边,婴儿感到愉快和满足。

(2)避风港(safe haven)。在遇到挫折或威胁时,婴儿寻求与依恋对象的接触,寻求他们的安慰,并根据他们的反应来调整自己的行为。

(3)安全基地(secure base)。安全基地是依恋最高级的功能。依恋关系给婴儿以安全感,婴儿以依恋对象作为安全基地,探索外部世界。此时,由于心理表征的形成,即使依恋对象不在身边,婴儿依然可以因为其存在而得到安慰。安全基地的形成,标志着依恋关系的成熟。这三大功能按照先后顺序发展,到2岁左右,成熟的依恋便建立起来了。

婴儿在依恋行为上表现出较大的个体差异。安斯沃思(Ainsworth)等设计了"陌生情境测试法"来考察婴儿的依恋类型(表7-2)。③ 根据婴儿对母亲和陌生人的反应,她将母婴依恋大致分为三种类型:安全型,矛盾型和回避型。

(1)安全型的婴儿约占70%。当最初和母亲在一起时,这个类型的婴儿把母亲当成他们探索游戏室的安全基地。他们很愉快地玩,但同时认识到母亲的存在,保持查看以保证如果需要的话就能得到她。当陌生人进入时,他们有点警惕,但继续玩,无烦躁不安等表现。当母亲离开他们的时候,这类婴儿会停止玩,

---

① J.Bowlby, *Attachment*, New York：Basic Books, 1965.

② 虽然对揭示母婴依恋有着较大的意义,但哈洛所做的大量动物实验极其残忍,受到动物保护者的强烈谴责。

③ M. Ainsworth, M. Blehar, E.Waters & S.Wall, *Patterns of attachment*, Hillsdale, NJ: Erlbaum, 1978.

哭泣或者抗议，并试图寻找母亲。当母亲返回的时候，这类婴儿在她们身上寻找抚慰和身体的接触。他们对母亲表现出热情，并且很快能得到安慰并再次愉快起来。

（2）矛盾型的婴儿对母亲表现出非常强烈的依赖，甚至当他们的母亲在场时也不愿意去探索游戏室。当他们的母亲离开时，这些婴儿变得极端的心烦意乱而且长时间地哭闹。当他们的母亲返回时，这些婴儿寻求身体的接触，但同时撞击或者推开他们的母亲，似乎在表达对母亲先前离去的不满。他们极不易被安慰，通常需要很久才能平静下来。

（3）回避型依恋的婴儿对他们的母亲表现出一种明显的漠然，他们不把母亲当作一种安全基地，实际上的行为就好像母亲不在场。在母亲离开时，他们不会表示难过，对母亲的返回亦表现出漠不关心。相反地，他们比较容易跟陌生人相处，对陌生人表现出较大的热情。

后继研究发现，有极少数（大约 5%~10%）的婴儿的行为无法确切地归到这三类中。这部分婴儿被称为无组织紊乱型。他们最没有安全感，在母亲离开和返回时，表现出一系列矛盾和混乱的行为。①

表 7-2　陌生情境测试法

步骤	
1. 母亲与婴儿进入游戏室	
2. 母亲坐在一旁看着婴儿玩玩具	
3. 陌生人进入，加入母亲和婴儿的交互	
4. 母亲离开，留下陌生人与婴儿在一起	第一次分离
5. 母亲返回，陌生人离开	第一次团聚
6. 母亲离开，婴儿独自活动	第二次分离
7. 陌生人返回	
8. 母亲返回，陌生人离开	第二次团聚

依恋类型具有一定的遗传性，但同时，也会受到教养环境的影响。根据埃里克森的观点，婴儿期处在信任和不信任的心理——社会阶段。与照顾者依恋关系的质量影响到信任感的建立。如果照顾者（通常是母亲）对婴儿的要求表现出一致性的关注，总是能够满足婴儿的要求，婴儿就比较容易获得安全感，而发

---

① M. Main & J. Solomon, Discovery of An Insecure Disoriented Attachment Patter: Procedures, Findings and Implications for The Classification of Behavior, in T. Brazelton, M. Youngman. *Affective Development in Infancy*, Nonwood, NJ: Ablex, 1986.

展出安全型的依恋。如果母亲长期忽视婴儿的要求,或者对婴儿的要求作出负面的回应,婴儿就容易发展出回避型的依恋类型。而如果母亲的行为前后不一致,时而热情,时而冷漠,婴儿便容易发展出矛盾型的依恋。①

波尔比认为,婴儿和母亲之间的一种温暖的、亲密的和持续的关系对于日后的人格发展至关重要。在依恋形成的过程中,婴儿不但发展了对这个世界是否安全可靠的概念,也发展出对自身的评价。如果母亲一直对婴儿的要求积极回应,婴儿便会觉得这个世界是安全的,自身也是值得被关注的。而如果母亲不回应婴儿的要求,或者常常行为不一致,婴儿就会缺乏安全感,并且对自身也产生比较消极的评价。这种在早期亲子关系中形成的心理模式具有一定的稳定性,使得婴儿在日后的人际交互中有着特定的期待和倾向。但依恋类型并不是绝对的,即使早期出现不安全依恋,成年后也可能因为与同辈(尤其是恋人)之间的亲密交往而发展出安全依恋。

2. 其他家庭成员对婴儿的影响

其他家庭成员对婴儿的影响,主要是指父亲、(外)祖父母、兄弟姐妹以及家庭环境对婴儿的影响。

从父亲来看。家庭是个体社会化的第一个场所,除了主要照顾者(通常是母亲)之外,大多数婴儿会和多个照顾者形成依恋。比如,婴儿可能同时与父亲和母亲形成依恋。但婴儿与父亲的共同活动与其与母亲的共同活动之间存在较大差异。母亲与婴儿之间的活动会比较温和,伴有较多的语言交流。父亲则会与婴儿进行较激烈、较刺激的游戏。父亲和婴儿互动得越多,他们对婴儿的暗示更敏感,对婴儿发展的影响就越大。尽管由于中国传统文化的影响,父亲通常较少参与到对婴儿的养育中来。但有证据表明,与母亲一样,父亲能够成为合格的首要照顾者。婴儿能够与父亲形成依恋,和他们与母亲形成的依恋关系完全一样。

从(外)祖父母来看。一方面,由于现代生活压力较大,母亲通常在生完小孩后不久就继续工作;另一方面,中国传统文化也使得祖父母辈将照管孙辈看成是自己分内的职责,所以,由祖父母完成或协助完成对婴儿的照料并不罕见。祖父母辈对婴儿的影响,受到其年龄、文化、观念和生活经验的制约。从正面的影响来看,祖父母辈在知识和情感上,可以为孙辈提供支持。但是,因为他们的观念比较传统,不够现代和科学,对孙辈较为宠爱,常常会给孩子带来一些负面的影响。有研究表明,由祖父母带大的孩子比由父母带大的孩子更以自我为中心,心理承受能力更差。

---

① 尽管如此,应将婴儿看成亲子关系中一个积极的参与者,而非完全被动地接受照顾者的影响。婴儿所表现出来的气质特点也会在照顾者身上引发不同的行为模式。

从兄弟姐妹来看。有兄弟姐妹的婴儿,大部分时间都在同胞的陪伴之中。婴儿倾向于模仿他们年长的同胞,从他们那里获得情感支持,学习他们的经验和技巧。如果与这个同胞的互动是积极的,婴儿能够在与同胞的相处中,学会分享和合作。但是,同胞之间的关系并不总是和谐的。有研究表明,18个月大的婴儿在与同胞的互动中,有25%包含了冲突和攻击。父母在调和子女关系上,具有重大的作用。有兄弟姐妹的儿童通常对父母如何分配他们的爱和关注很敏感。如果父母公正对待每一个孩子,根据他们的年龄提出合理的要求和建议,兄弟姐妹之间的关系就会比较容易和谐。

从家庭环境来看。家庭的经济文化背景和家庭氛围,对婴儿的智力和情感发展均有着深远的影响。比如,婴儿会学习父母对待自己的方式以及父母之间对待彼此的方式。而家庭的经济文化背景常常影响可支配资源的多少和父母的教养方式,这些因素均会对婴儿的人格形成和价值取向等造成长久的影响。

3. 婴儿对家庭的影响

婴儿出生是家庭中一件开心的大事情,但同时,也对个人和婚姻带来了压力。勒马斯特斯(LeMasters)在1957年的经典研究认为,向父母过渡是一场危机。[①] 从家庭生命周期理论的视角来看,第一个婴儿的诞生,意味着新家庭进入了一个新的阶段,家庭生活的重心、所面对的核心问题均发生了转移。新父母,尤其是父亲,常常对婴儿的到来未做好充分的准备,在适应自己的新角色时感到手忙脚乱、无所适从。刚出生的婴儿吸引了新妈妈大量的注意力,有时会让新爸爸感到受到了冷落。而另一方面,在照顾婴儿的任务分配以及主张上,新妈妈和新爸爸也可能产生很大分歧。研究表明,新父母的主观幸福感在婴儿6~7个月时开始下降。但婴儿的到来并不一定会对夫妻关系带来负面的影响。婚姻关系中的一些在婴儿出生前业已存在的因素,如夫妻双方的教育背景和人格等,能够显著预测婴儿出生后的婚姻质量,而婴儿本身的气质,也会对婚姻质量产生影响。[②]

2010年我国第六次全国人口普查结果表明,出生人口性别比已经升高到121.21,而国际惯例的出生性别比只有105。也就是说,我国新生婴儿男性多于女性,比例失调的现象非常严重。由于传统观念的影响,很多家庭,尤其是其中年长的祖父母,对婴儿的性别有较大的期待。女婴的出生可能引发家庭矛盾甚至造成家庭关系的破裂。女婴在得到照顾和教育的机会上也明显落后于男婴。随着人口素质的提高和城镇化的进程,这一现象可望有所改善。在对婴儿的教

---

① E.E. LeMasters, Parenthood as crisis, *Marriage and Family Living*, vol.19, 1957, pp.352~355.

② J. Belsky & M. Rovine, Patterns of Marital Change across the Transition to Parenthood: Pregnancy to Three Years Postpartum, *Journal of Marriage and the Family*, vol.52, 1990, pp.5~19.

养上,母亲通常对男婴和女婴的教养方式较为一致,而父亲则会比较关注传统性别角色的培养。

养育婴儿对普通家庭来讲,需要较大的开销。经济方面的压力也是造成婴儿出生后家庭矛盾的一个原因。在如何分配育儿角色,进行家庭经济管理上,新父母应该有较周全的考虑和计划。

二、婴儿与同伴

虽然婴儿最初的社交活动通常发生在家庭内,而且主要是与养育者之间的互动,但与同伴的交往在婴儿期也很重要。婴儿似乎天生就对其他的婴儿感兴趣。同伴的面孔对幼小的婴儿来说是很有趣的刺激,4 个月大小的婴儿碰到一起就会好奇地打量彼此的脸,尤其是眼睛。在仅仅 10 个月的时候,陌生的婴儿彼此之间便会相互看、微笑、触摸、做手势和互相模仿。[1] 此后,随着婴儿活动和认知能力的增长以及活动范围的扩大,尤其在进入幼托或幼儿园之后,其与同伴交往的时间和数量越来越多,同伴交往在其生活中所占的地位越来越重,并对婴儿个性和社会性发展起着日益重要的作用。

按照婴儿与同伴之间相互作用的深入程度和性质,可以将婴儿与同伴的社交行为分为三个阶段:

第一个阶段是以客体为中心阶段。6~8 个月的婴儿将其他婴儿看成是物体,而不是同伴,他会拨弄他们、捏他们、打他们或坐在他们身上。他们刚刚开始学习到物体和人的区别,并不是非常了解自己的行为会在行为对象身上引起什么反应。对于他们行为的后果,他们自己常常觉得很惊讶。他们会彼此微笑、触摸或模仿对方的反应,但是并没有真正意义上的社交行为,常常一个婴儿的主动社交行为无法引发另一个婴儿的反应。

第二个阶段是简单相互作用阶段。婴儿之间开始能够关注彼此,并寻求相互交往。他们积极寻找自己的同伴,并对同伴的行为作出反应。他们也试图用声音和动作引起同伴的注意,与同伴取得联系。

第三个阶段是互补的相互作用阶段。这一阶段出现了更复杂的社会性互动行为,出现了互动的或互补的角色关系,比如"追赶者"和"逃跑者"、"躲藏者"和"寻找者"等。他们也能进行合作,比如两人在一起共同搭建一个物体。这个时期婴儿交往最主要的特征是同伴之间的社会性游戏的数量有了明显的增长,2 岁左右的婴儿社会性游戏已经显著多于单人游戏。随着年龄的增长,婴儿更喜

---

[1] C.O. Eckeman & J.L. Whatley, Toys and Social Interaction between Infant Peers, *Child Development*, vol.48,1977,pp.1645~1656.

欢与同伴玩,而与母亲的交往呈现出明显的下降趋势。[1]

此外,从社会技能发展的角度,心理学家范德和缪勒综合他人及自己对婴儿同伴交往的观察和实验研究,把婴儿早期同伴交往划分为简单社交行为、社会性相互影响、同伴游戏及早期友谊四个阶段。[2] 在第一个阶段,尽管某些社交行为已经出现,但是,这些行为的表现通常是单方面的,婴儿尚不能有效引起彼此的反应,也缺乏对同伴作出回应的技能。当一个婴儿的行为能够引起另一个婴儿的反应时,便出现了社会性的相互影响。随着这种相互影响的持续时间和有效性的增长,逐渐发展出同伴间的社会性游戏。他们总结出此时的婴儿游戏的四个显著特征,即主动加入、轮流替换、重复和灵活性。同伴间的社会性游戏极大提高了婴儿的社会技能。经由社会性游戏,婴儿的社交能力发展到第四阶段水平,形成了最初的友谊。早期友谊的出现是婴儿社会技能发展的顶点,它表现为同伴之间相互亲近、共享、积极情感交流和共同游戏、玩耍等。婴儿之间开始出现偏爱,两个朋友间在交往中具有明显的互选性。

第四节　社会工作的重要议题

在讨论了婴儿期的生理、心理和社会发展后,这一节将讨论婴儿期的三个社会工作的重要议题:婴儿照顾与家庭服务、产后抑郁与精神健康、弃婴与收养。

一、婴儿照顾与家庭服务

婴儿照顾是一项系统的工作。一般而言,婴儿照顾都是由家庭中的父母(尤其是母亲)作为主要的承担者,其他家庭成员承担协助者的角色。母亲和孩子之间天然的生物性关系纽带决定了由母亲来照顾婴儿最符合婴儿身心健康发展的需要。婴儿期的成长,除了生理需要外,还有"爱和安全的需要""新体验的需要""赞扬和承认的需要""责任的需要"等方面。[3] 母亲在照顾婴儿的过程中,通过给孩子无条件的接纳、欣赏,并适当地增加与孩子的躯体接触,会让亲子之间的感情更深更浓。温暖的怀抱、轻轻的抚慰、细心的照料,这些爱的举动使婴儿对周围世界、人类社会产生安全感、信任感,让他们从小学会了爱,感到了安全,这是儿童逐渐构筑健康人格的开始。

---

[1]　C.O.Eckerman,J.L.Whatley & S.L.Kutz,Growth of Social Play with Peers during the Second Year of Life,*Child Development*,vol.11,1975,pp.42~49.

[2]　D.L.Vandell & E.C.Muelle,Peer Play and Friendships during the First Two Years,in H.C.Foot & A.J.Chapman,J.R.Smith(eds.),*Friendship and Social Relations in Children*,New York:John Wiley & Sons,1980.

[3]　M.Kellmer Pringle,*The Needs of Children*,London:Hutchinson,1974.

依恋是指婴儿与照顾者之间一种互惠的、持续的情感联结。[①] 婴儿一旦降临这个繁忙而复杂的世界，便会面对他人与关系。从出生那一刻起，他们就成了这个世界的积极参与者，对他人表现出强烈的兴趣。剥夺一个婴儿的人类同伴无异于将其推入死亡的危险中，这是对婴儿人性的一种掠夺。[②] 对于婴儿来说，依恋具有适应性价值，能够确保他们的心理、社会和生理需要能被满足。根据生态学的观点，婴儿和父母生物上具有先天的互相依恋倾向，而且依恋能使婴儿更容易活下去。已有的研究表明，与新生儿进行密切接触可以强化父母对孩子的积极情感，帮助他们与孩子共同拥有一个良好的开端，尤其是在妈妈年龄较小、经济贫困、对自己和对照顾婴儿知之甚少的情况下。[③] 依恋行为开始于婴幼儿时期，由于父母照顾婴儿的行为是持续的，婴儿的行为也倾向于增强这种依恋关系，因此依恋关系的状况影响着个体的发展。研究发现，有稳定依恋经历的个体能够较好地实现成长与发展。因此，在儿童和家庭社会工作中，社会工作者应该特别注意婴儿依恋需要的满足，通过对婴儿照顾者进行咨商辅导，使其明白婴儿情感发展的路径，鼓励一个或多个婴儿照顾者与婴儿建立持久的、可选择的依恋关系，为婴儿的成长和发展提供持续、加强的情感联结和有效的依恋经历。[④]

在照管机构的服务中，社会工作者更应该注意照顾方式的灵活运用。对于一些福利院或其他婴儿照顾机构的婴儿来说，需要照顾者悉心的工作以帮助婴儿与照顾者建立新的依恋关系，这是对婴儿既存依恋关系的发展和补充。对于照管机构的一些孩子来说，既存的依恋关系可能正在伤害他们的情感发展抑或关系已经破裂，因此需要重新建立一种替代家庭之间的新的依恋关系。父母或照顾者在婴儿照顾服务中应密切注意婴儿对依恋联结的反应作出回应，有些父母或照顾者能够敏锐察觉到并及时作出回应，而有些并没有注意到。父母及其人格造就了一个特殊的社会环境和关系模式，在这样的教养环境中孩子得以发展。

社会工作者需要评估父母的人格与行为，以此推测他们照顾孩子及满足孩子需求的能力。对于一些严重损害婴儿依恋关系的行为，社会工作者应该及时作出干预，必要时可以申请家庭监护权转移。2014 年 6 月发布的《关于开展家庭监护失当未成年人监护权转移工作的指导意见（征求意见稿）》提出，遭受父母或其他监护人暴力、虐待、遗弃、性侵害的未成年人或被父母或其他监护人携

---

① [美]黛安娜·帕帕拉、[美]萨莉·奥尔兹、[美]露丝·费尔德曼：《发展心理学：从生命早期到青春期（第 10 版）》，北京：人民邮电出版社 2013 年版，第 226 页。

② [英]David Howe：《依恋理论与社会工作实践》，上海：华东理工大学出版社，2013，第 5 页。

③ [美]戴维·谢弗：《社会性与人格发展（第 5 版）》，北京：人民邮电出版社，2012，第 141 页。

④ [英]奈杰尔·托马斯：《儿童青少年社会工作：照管社会工作理论与实践》，北京：中国人民大学出版社，2010，第 15～16 页。

带、利用、纵容乞讨的未成年人都属于监护失当未成年人。当地的未成年人救助保护机构可以向法院提起撤销其监护权的诉讼，未成年人救助保护机构依据人民法院的判决，将临时照料的未成年人移交监护人或人民法院指定的其他监护人。将遭受严重暴力虐待的婴儿从其父母或照顾者身边带走，剥夺他们的监护权，从而建立新的可替代的家庭依恋关系，促进婴儿的健康成长和发展。

二、产后抑郁症与精神健康

一般来说，新生命的诞生能够给母亲和家庭带来无尽的欢乐和喜悦，但随之而来的还会有一些抑郁症状反应。产后抑郁是一种常见的临床症状，它包括发生在产后 7 天内的轻度产后忧郁（postpartum/maternity blue），也包括产后 2～6 周出现的程度较重的产后抑郁（postpartum depression）。1968 年皮特（Pitt）首次提出产后抑郁（Post Partum depression，简称为 PPD），主要症状为产后 6 周内潜伏起病、不典型抑郁，属于神经性抑郁症。世界卫生组织（WHO）和美国精神病协会（DSM—VI）将产后抑郁症定义为产后 4～6 周内第一次发病（既往无精神病史），症状类似普通抑郁，主要表现为抑郁、悲伤、内疚、激动、失眠、烦躁、焦虑、混乱、自杀或他杀念头。[①] 这些症状往往因自尊心降低、应付能力差、认知功能不全、孤独而加重。近期流行病学研究显示，产后抑郁症可能在产后 12 周内发病，一般 3～6 个月内自行恢复，但如果症状严重，可延长至产后 1～2 年，甚至迁延不愈，发展为慢性抑郁状态或周期性精神病。

引起产后抑郁症的原因还没有确切的定论，但是下列因素可以确定与产后抑郁发生有着密切关系：一是产妇产前产后内分泌的变化，如产妇体内的雌性激素、孕激素、催乳素等激素，在产前和产后会有巨大的波动，从而导致产妇体内内分泌的变化；二是产妇本身的身心素质和人格特点，如产褥期妇女情感处于脆弱阶段，特别是产后 1 周情绪变化更加明显，由于产妇对婴儿的期待、对即将承担母亲角色的不适应、有关照料婴儿的一切事情都要从头做起等现实，给产妇造成心理压力，导致情绪紊乱、抑郁、焦虑；三是产妇及其家人的抑郁症史，如果产妇本人或者其家人有过抑郁症，这类人是产后抑郁的高发人群；四是一些心理、社会因素也会导致产后抑郁的发生，如夫妻关系紧张，家里婆媳关系不好，或者是经济非常拮据，或者是在孕期有重大的事件发生等。

产后抑郁严重危害产妇的身心健康，并且影响婴幼儿情绪、智力、行为的正常发育，甚至有可能给家庭和社会造成巨大的危害。已有的对患产后抑郁症母亲的 1～2 岁婴儿研究发现，早期产后抑郁与婴儿不良认知及情感障碍有关，抑

---

① 赵加玲，周东升，于国林："产后抑郁影响因素进展研究"，《中国妇幼保健》2010 年第 8 期。

郁症较为严重并且持续时间较长时,对婴儿发育影响的危害性就更大。① 一项对婴儿期的观察表明,产后抑郁母亲可能会心不在焉:她多为沉默寡言,对婴儿的状态反应冷淡,对婴儿的信号缺乏回应,缺乏感情的温暖,甚至有时会凸显敌意。婴儿对此的反应则是:他们会越来越少笑而多哭,孤僻而缺乏活力,并对环境和游戏缺乏兴趣;他们表现出的情绪常常消极(如怒和哀伤)多于积极(如喜悦和兴趣)。这些情况说明婴儿可能会面临着发展出一种扭曲的社会交往方式的危险。因此,受产后抑郁症影响的母亲和孩子都需要得到帮助。

精神健康社会工作介入产后抑郁症,首先要在精神科医生的协助下对产妇进行精神健康状况鉴定,确认是产后抑郁症,而不是一般的情绪低落或者其他精神疾病而引起的抑郁症状。然后,通过收集案主的资料,对案主进行社会、心理、灵性的评估,并制订出得到案主或其家人认可的服务方案。方案实施过程中,需要进行过程评估并及时修正方案。结案时要对服务实施效果进行评估和反思,并对患者进行定期追踪,了解其康复情况。

产后抑郁症案主的个案介入,国外主要有两种模式:人际治疗和认知治疗。人际治疗认为抑郁是在人际和社会情境之中形成的②,致力于解决与个人当前人际关系和生活情境相关的问题。认知治疗又称为认知行为治疗,认为抑郁是因习得对自己、他人和世界的负面观点而烦躁,致力于通过修正错误的认知来缓解抑郁症状。此外,国内亦有学者从社会支持的视角,提出构建由患者、家庭、亲戚朋友、工作单位和医院、社区、社会文化氛围六个层次组成的社会支持系统,对产后抑郁症患者进行预防和干预。③

三、弃婴与收养

近些年,弃婴现象频繁发生,已经成为一个不可回避的社会问题。根据国家民政部发布的《2014 年社会服务发展统计公报》数据显示,截至 2014 年年底,在提供住宿的儿童福利和儿童救助服务方面,全国共有儿童收留抚养救助服务机构 890 个,拥有床位 10.8 万张,年末收养各类人员 5.9 万人。其中儿童福利机构 545 个,床位 9.6 万张;未成年人救助保护中心 345 个,床位 1.2 万张,全年救助生活无着流浪未成年人 17.0 万人次;全国共有孤儿 52.5 万人,其中集中供养孤儿 9.4 万人,社会散居孤儿 43.2 万人。2014 年全国办理收养登记 22 772 件,其中内地居民收养登记 19 694 件,港澳台华侨收养登记 191 件,外国人收养登记

---

① 罗辉:"产后抑郁及其相关心理社会因素调查",《现代预防医学》2012 年第 2 期。

② T.Gruettert, Interpersonal psychotherapy of depression, *European Psychiatry*, vol.22,2007.

③ 郇建立、孙静:《产后抑郁症患者的社会支持研究——基于内蒙古 D 县 X 医院妇产科患者的个案访谈》,《妇女研究论丛》2010 年第 1 期。

2 887件。[①]

　　弃婴是社会上最弱势的群体之一,弃婴主要有以下三种类型:一是病残婴儿,由于先天畸形病残婴儿的治疗费用高,父母无力承担而将其遗弃;二是非婚生育婴儿,由于性教育观念淡薄,非婚生育后难以承受社会压力而将婴儿遗弃;三是遗弃女婴,受传统重男轻女观念和计划生育政策不可调和的矛盾影响,为延续传宗接代而将生下来的女婴遗弃。

　　弃婴现象发生有着多重复杂的原因,而要从根本上杜绝弃婴现象的发生,需要从以下几方面采取积极对策:

　　(1)完善医疗卫生制度,加强对妊娠妇女产前检查和保健,从源头减少新生缺陷儿出生率,防止弃婴产生;

　　(2)建立健全儿童福利制度,完善针对新生缺陷婴儿及重病重残儿童及其家庭的社会保障和社会政策体系,包括残疾儿童医疗康复的社会救援扶助机制,以及完善和落实残疾人相关的生活、受教育和就业政策;

　　(3)整合社会资源,培育民间组织机构,为残疾儿童家庭建立长效保障机制。国家有必要通过制定相关政策,开辟多种渠道,吸纳社会上一切可以利用的资源为有缺陷的婴儿及其家庭提供适合他们需要的社会服务,更好地实现社会福利社会化的目标;

　　(4)加强青少年及流动人口的生殖健康教育,定期开展形式多样的社区教育活动,增进人们对性与生殖健康知识的了解以及对相关法律法规的了解。

　　而对于已经成为弃婴的孩子,则需要考虑收养问题。2013年5月,民政部联合国家发改委、公安部等七个部门发布了《关于进一步做好弃婴相关工作的通知》,在《关于解决国内公民私自收养子女有关问题的通知》的基础上重新强调了解决民办机构和个人收留弃婴的问题,对个人私自收留弃婴的收养问题,分情况做出了规定。其中提出,"若收留人坚持自行抚养又符合家庭寄养条件的,当地儿童福利机构可与其签订家庭寄养协议,并参照《家庭寄养管理暂行办法》指导和监管"。弃婴的收养主要有两个途径:国家收养和个人收养,前者主要指各地的社会福利院,后者指符合收养条件的公民。从已有的研究来看,各类家庭式的服务更有助于弃婴的成长和发展。

　　社会工作者在面对弃婴和收养议题时,主要可以从以下几个方面提供相应的服务:

　　首先,做好预防新生儿缺陷知识的宣传工作。在社区、民政婚姻登记处、医疗卫生机构等领域开展预防新生儿缺陷的知识宣传工作,提高人们的生殖健康

---

　　①　中华人民共和国民政部:《2014年社会服务发展统计公报》。

知识,正确处理生育过程中的问题,减少生育风险。

其次,整合资源,建立婴儿保护社会工作专业体系和服务网络。从医务社会工作、儿童社会工作、社区社会工作、司法社会工作等相关实务领域打通界限,建立信息共享的平台,为婴儿保护提供无缝对接服务,同时给他们提供社会心理支持。

再次,进行政策倡导,完善儿童福利制度,推动完善相关立法工作。通过借鉴国外先进经验,建立完善的儿童福利制度,保障婴儿及其家庭权益。

最后,进行社区法制教育。在社区内进行婴儿遗弃和弃婴收养的相关法律法规的普及性宣传,让更多的父母了解作为父母的责任和义务,推动社会民众关心弃婴问题,并尽可能给这些孩子提供最大可能的帮助。

本章小结

本章首先介绍了婴儿的生理、心理和社会性发展。

婴儿的动作发展,从出生到1岁,对身体的控制和掌握体现在精细和大运动动作的发展,在第一年末获得行走的能力时达到顶峰。1~2岁,精细和大运动动作日臻完善,平衡、协调和稳定性进一步增强;操控物体的能力获得提高。2~3岁,幼儿的力量增强,能够掌握一些运动技能,如骑车、爬楼梯、玩球等。

婴儿的认知发展,从出生到1岁,认知能力起始于对视觉、听觉和触觉刺激的关注和兴趣。因为运动能力的发展,婴儿开始探索和操作物体并发展出对它们的性质的最初认识。在第一年末期,婴儿发展出客体永恒的观念。1~2岁,符号思维是这一阶段的中心发展任务。符号思维的发展使得婴儿获得理解和产生语言的能力。2~3岁,这一阶段的主要认知任务是语言技巧的完善和使用语言作为与他人交流的工具。

婴儿的情绪发展,从出生到1岁,通过与主要照顾者的良性的依恋关系的建立,发展出基本的信任,这是情绪发展的基石。1~3岁,主要的发展任务包括对自身和环境的掌握和控制,发展出最初的自我概念,当自己表现好时感到骄傲和愉快,表现不好时表现出尴尬、羞愧和沮丧。

婴儿的社会发展,从出生到1岁,最重要的社会化任务是与主要照顾者,通常是母亲,建立起依恋关系。1~2岁,婴儿发展出对其他家庭成员,以及家庭外的成年人的爱和信任,婴儿还可以进行简单的游戏。2~3岁,幼儿与同伴之间建立起初步的关系,这一阶段他们开始模仿社会角色。

本章最后还讨论了三个有关婴儿的社会工作议题:婴儿照顾与家庭服务的提供、产后抑郁症与精神健康、弃婴与收养。

需要强调的是,尽管出于条理性的考虑,我们分别列出了婴儿在这些方面的发展,但是婴儿在各个方面的发展是相互制约、协调进行的。比如,没有生理上的成熟和动作上的探索,婴儿的情绪和认知也不会获得相应的发展。同学们在学习时,应注意融会贯通,不能割裂开来片面理解。

思考题

1. 婴儿的动作发展有什么样的规律?
2. 婴儿的思维发展经过哪些阶段?
3. 婴儿的语言发展经过哪些阶段?
4. 依恋的含义、作用和产生原因?
5. 婴儿有哪些基本的依恋类型?
6. 婴儿的气质类型有哪些?
7. 父亲或其他家庭成员是否可以成为和母亲一样合格的婴儿照顾者?
8. 一般认为婴儿与同伴的交往分为哪三个阶段?每个阶段有什么样的特征?

推荐阅读

家庭监护能力提升服务

林崇德:《发展心理学》,杭州:浙江教育出版社2002年版。

[美]黛安娜·巴巴利亚等:《儿童发展》,黄惠真译,台北:台北桂冠图书股份有限公司1990年版。

[美]查尔斯·H.扎斯特罗、卡伦·K.柯斯特-阿什:《人类行为与社会环境》(第六版),师海玲、孙岳译,北京:中国人民大学出版社2006年版。

J. Bowlby, *Attachment*, New York:Basic Books,1965.

扩展推荐阅读

[美]沃尔什:《家庭抗逆力》,朱眉华译,上海:华东理工大学出版社2013年版。

[美]克里(Corey,G.),克里(Corey,M.S.):《心理学与个人成长》,胡佩诚等译,北京:中国轻工业出版社2010年版。

［美］库恩(Coon, D.)等:《心理学导论:思想与行为的认识之路》,郑钢等译,北京:中国轻工业出版社 2014 年版。

［美］费尔德曼:《儿童发展心理学:费尔德曼带你开启孩子的成长之旅》(第6 版),苏彦捷等译,北京:机械工业出版社 2015 年版。

网站资源

中国婴幼儿教育网

中国幼儿教育网

华夏爱婴网

第八章 幼儿行为与社会环境

学习目的

了解幼儿生理发展的表现和各阶段的特点;掌握幼儿动作、语言发展的特点及培养方法;了解幼儿心理与行为发展的特点;理解幼儿成长中重要的社会环境——家庭与同伴,提升对幼儿与同伴、幼儿与家庭关系的认识;了解独生子女教育、幼儿心理自闭以及幼儿照顾与社会服务发展三个社会工作的重要议题。

幼儿是指 3~6 岁的孩子,他们处于学龄前阶段。与婴儿相比,幼儿的生理机能不断发展,身体各部分的比例逐渐接近于成人,神经系统尤其是大脑皮层的结构和机能不断成熟和完善,动作和语言能力发展迅速,认知和社会性也不断由低级向高级发展。

第一节 幼儿生理发展

一、幼儿生理的发展

在幼儿期,儿童的身体变化不如婴儿明显,但在身高、体重、肌肉、骨骼和神经系统等方面仍然有明显的发展。

1. 身高和体重

在此阶段,幼儿的身高约增加 15 厘米,体重约增加 5 公斤。随着年龄的增长、活动量的加大和活动范围的扩大,幼儿的体力消耗增加了,这使幼儿的体型完全由原来的"头重脚轻、腹部突出、短手短腿、圆圆胖胖"的婴幼儿体型,变成了皮下脂肪较少、肌肉结实的儿童体型。① 这时,幼儿头部的比例仍然稍大,但身体各部分的比例开始逐渐接近于成人。

2. 肌肉和骨骼

幼儿的肌肉和骨骼发育迅速。一方面,神经系统的发育提高了大小肌肉的活动能力;另一方面,骨骼的发育使幼儿逐渐形成了强壮的体型,而这种强壮的体型能有效地保护其内部器官。此外,幼儿的乳牙已全部长出,这不仅使他们的咀嚼能力得到进一步提高,而且也为今后恒牙的生长提供了有利的条件。

3. 神经系统

从 3 岁起,幼儿的神经系统开始了进一步的发展,突出表现在大脑结构的不断完善和机能的进一步成熟等方面。②

首先,大脑结构的发展。幼儿大脑结构的发展主要表现在以下三个方面:

一是基本上接近成人脑重的水平。在 20 岁以前,人脑的重量是随着年龄的增长而增长的。脑重在出生时平均为 390 克,约为成人脑重的 25%;在 1 周岁时增加到 660 克,约为成人脑重的 47%;到 3 周岁左右时达到 990~1 011 克,约占成人脑重的 75%;到 6~7 岁时约为 1 280 克,基本上接近成人脑重的水平;之后,脑重的增长速度相当缓慢,到 12 岁时达到 1400 克,为成人脑重的平均数,到 20 岁左右停止增长。这一结果是由神经细胞结构的复杂化和神经纤维的不断增长所造成的。

二是逐渐完成了神经纤维的增长及其髓鞘化。在此阶段,幼儿的脑神经纤维继续增长,并在以前多呈水平方向的基础上出现了向竖直或斜线方向延伸的分支。以后神经纤维分支进一步增多、加长,开始形成更为复杂的神经联系。与此同时,儿童神经纤维的髓鞘化也逐渐完成,神经兴奋可沿着一定道路迅速传导,并且更加精确。新生儿脑的低级部位(如脊髓、脑干)已经开始髓鞘化,此后是与感觉运动有关和与运动系统有关的部位,最后直至与智力活动相关的额叶、顶叶区都开始相继髓鞘化。随着神经纤维的增长及其髓鞘化的逐渐完成,大脑皮质结构日益复杂化。

三是整个大脑皮质基本成熟。到此阶段末,幼儿大脑皮质各区都接近成人水平。到 7 岁时,连发育最晚的额叶也基本成熟,这就为幼儿智力活动的迅速发展和接受教育提供了可能。

其次,大脑机能的成熟。随着幼儿大脑结构的发展,大脑的机能也随之迅速发展起来,这主要表现在以下两个方面:

一方面,兴奋和抑制的神经过程不断增强,且两者日趋平衡。兴奋过程的加

---

① 毛晓光:《人的成长与发展》,北京:社会科学文献出版社 1997 年版,第 33 页。
② 林崇德:《发展心理学》,台北:台北东华书局 1998 年版,第 227~231 页。

强,明显地表现在幼儿每日睡眠时间相对减少,由新生儿每日的 22 小时减少到 3 岁时的 14 小时左右,再减少到 6~7 岁时的 11 小时左右。抑制过程在婴幼儿期就开始发展,但在 3 岁以前发展速度很慢。大约从 4 岁起,由于神经系统结构的完善、语言的掌握和周围环境的作用,幼儿的内抑制有了较快的发展,突出表现在幼儿逐渐学会控制、调节自己的行为,减少了冲动性。然而,从总体上说,这一时期的兴奋过程与抑制过程是不平衡的,前者要强于后者。

另一方面,条件反射容易建立,而且较巩固。在此阶段初期,幼儿还具有婴幼儿期条件反射形成慢、缺乏强化且容易消退等特点。但是,随着幼儿神经系统结构的发展,到此阶段末期,条件反射的形成和巩固比以前明显加快,这主要体现为幼儿学习新知识的速度比较快,且学会后也不容易遗忘。例如,与 3 岁左右的孩子相比,5~6 岁的孩子学一首新儿歌速度要快得多,而且不容易遗忘。

最后,大脑单侧化现象的形成。虽然人的大脑左右两半球在结构上几乎完全一样,但在功能上却有所不同。一般来说,左半球是处理语言、进行抽象逻辑思维的中枢,右半球则是处理表象、进行形象思维的中枢,这形成了两半球在功能上的高度专门化或左右脑半球优势(即指人体上相对称的器官中较占优势的器官)。

许多研究表明,大脑单侧化现象从婴幼儿期就开始显现,大约在 5 岁时明显形成。优势手(人使用较多的手)的形成也是大脑优势半球出现的标志。在一般情况下,1 岁婴儿使用左右手的次数接近 1 : 1,但随着年龄的增长,幼儿使用右手的次数逐渐增加,到 5 岁时基本定型。

二、幼儿健康

幼儿健康包括幼儿的生理健康、心理健康和行为健康三个方面,这是关系到幼儿生理、心理及社会性发展的重要因素。幼儿生理健康的标准是:体格发育正常、无先天性缺陷、体重增长适度、发育符合规律、疾病抵抗能力强。幼儿心理健康的标准是:智力发育正常、情绪健康稳定、性格特征良好。幼儿行为健康的标准是:在盥洗、进餐、清洁、睡眠、运动、游戏等方面有良好的行为习惯。

影响幼儿健康的因素众多,主要包括营养、睡眠、人际环境以及自然环境等。

1. 营养

幼儿的正常成长和健康取决于营养的摄入。随着幼儿年龄的增长,每单位体重对热卡的需要逐渐降低(婴儿为 110 kcal/kg,15 岁少年为 50 kcal/kg),但对蛋白质、糖、维生素、矿物质的需求相对比成人高。

摄入的蛋白质要保证含有足够量、足够种类的必需氨基酸,最好有 50% 来自动物蛋白。各种动植物蛋白质混合,可提高蛋白质的利用效率,进而提高其生理价值,弥补幼儿本身必需氨基酸的不足。蛋白质供应不足,会导致生长发育迟缓、营养不良等。

脂肪的营养价值以类脂质多少、所含脂肪酸的种类、消化率的高低、所含脂溶性维生素的多少而定。植物油多含不饱和脂肪酸，易消化，含脂酸完全，而维生素含量低。类脂质在神经和肌肉中分布很广，适量的补充有利于幼儿的健康。脂肪还能改善食品滋味，提高幼儿食欲。如果长期缺乏脂肪，则会导致营养障碍。

糖类的需求量随年龄而增加。日常饮食中粮食、蔬果等都富含葡萄糖、麦芽糖、果糖等成分。谷类含糖量约在 70% 以上。而大米和小麦的含糖量则在 90% 以上，且容易被机体吸收利用。糖类是幼儿进行活动的直接动力来源，所以适量的补充十分必要。但如果摄入过多，糖类则有可能转化为脂肪，引起幼儿肥胖等，影响幼儿健康。

此外，幼儿还必须从蔬菜、水果、粮食中摄取各种维生素和矿物质。

2. 睡眠

良好的睡眠，是促进幼儿健康的有利因素。只有良好的睡眠，才会使幼儿精力充沛，食欲良好，有利于健康成长。对于幼儿的睡眠，要注意以下三个方面：

首先，睡眠时间是否合适。影响幼儿身高的因素除了与遗传、营养、体育锻炼等有关外，还与生长激素的分泌有重要关系。生长激素是人下丘脑分泌的一种蛋白质，它能促进骨骼、肌肉、结缔组织和内脏的生长发育。而生长激素的分泌有其特定的节律，即人在睡着后才能产生生长激素，深睡一小时以后逐渐进入高峰，一般在 22 时至凌晨 1 时为分泌的高峰期。如果睡得太晚，对于正在长身体的幼儿来说，身高就会受到影响。因此，幼儿睡觉最迟不能超过晚上 9 点，一般以晚 8 点前睡觉最为适宜。

其次，睡眠时间是否睡足。新生儿一天要睡 16 个小时，出生后 3 个月要睡 14 个小时，6 个月~1 岁要睡 13 个小时，2~3 岁要睡 12 个小时，4~6 岁的幼儿应当保证每天 10~12 小时的睡眠。睡眠时间是否充足与睡觉的时间是紧密相连的。一些幼儿在晚上不能按时就寝，存在一定的睡眠障碍。如果在 10 点之前仍然不能入睡，假设第二天需要 7 点钟起床去幼儿园，那么睡眠时间显然是远远不够的。

最后，睡后熄灯。通常熄灯睡眠，有利于人体的生理机能协调和代谢平衡。如果睡眠时还是长时间处于人工光源照射下，由于微妙的"光压力"，人的视网膜生理调节会受到干扰，眼球和睫状肌得不到充分的休息，久而久之，势必影响视力健康。

3. 人际环境

幼儿的人际环境主要包括家庭环境和幼儿园环境。无论是家庭环境还是幼儿园环境，从形式到内容，都应该努力营造一个轻松自然的教育氛围，促进幼儿的健康发展。

　　家庭环境对幼儿的发展极为重要,家庭的经济条件、家庭的结构以及父母的教养方式等都会对幼儿健康产生影响。家庭要稳定,家人之间要和睦,要有适当的亲子依恋,父母的教养方式要民主、一致,才能有利于幼儿的健康。

　　在幼儿园创造有利于幼儿健康发展的环境,教师起着关键性的作用。教师要加强幼儿园的综合管理,用父母般的爱心、科学的教养态度和民主的教养方法对幼儿进行公正的评价,理解和容忍幼儿的行为,同时运用表扬的方法鼓励幼儿学会生活自理,并帮助他们建立起友好的同伴关系,使幼儿园真正成为幼儿的乐园。

　　4. 自然环境

　　幼儿对自然环境具有明显的选择性。一方面,幼儿喜欢熟悉的环境,这有利于帮助他们克服怯生的心理;另一方面,幼儿喜欢能满足他们好奇心的环境。在这种环境中,幼儿常常将自然界的物体赋予生命力,以满足自己和周围环境互动的需要,从而获得成功的体验。父母和教师应尽量为幼儿提供他们喜欢的自然环境,逐步培养他们适应环境和改造环境的能力。

第二节　幼儿动作与语言发展

　　随着幼儿生理发展的逐渐成熟、实践活动(如游戏等)的日益复杂化以及社会交往范围的进一步扩大,他们的动作与语言发展也有了重大进展。

一、幼儿动作技能发展的特点

　　在幼儿期,儿童的骨骼与肌肉发展迅速,肺活量逐步增大,感官、四肢和神经系统也日益协调,这就使得他们的动作技能发展出现了新的特点:[①]

　　1. 肌肉发展逐渐成熟

　　在幼儿期,随着幼儿的大肌肉发展逐渐成熟,他们能够控制自己的身体以达到某种目的。如 3 岁的幼儿能沿着一条直线走路,并能以单脚站立约 1 秒钟;4 岁的幼儿开始能用单脚跳跃,并能接住成人扔过来的皮球;5 岁的幼儿能逐步掌握溜冰的技巧。可见,大肌肉的发展增进了幼儿的跑跳能力,为他们今后发展运动和舞蹈等技能提供了基本条件。

　　2. 小肌肉与手眼逐渐协调

　　由于小肌肉与手眼的逐渐协调,幼儿进一步提高了控制自己身体的能力,能

---

　　①　[美]莎莉·欧茨等:《发展心理学——人类发展》,黄惠真译,台北:台北桂冠图书股份有限公司1994 年版,第 293 页。

在多方面满足自己的需要。如 3 岁的幼儿能够画出看上去还不错的直线和可辨识的圆形,会用汤匙吃饭,并会自己上厕所;4 岁的幼儿能够用剪刀剪一条直线,会画人,会用筷子吃饭,并会自己穿脱衣服而无须成人太多的帮忙;5 岁的幼儿会画正方形,有的还会穿珠子。显然,小肌肉与手眼的逐渐协调,使幼儿开始获得了胜任感和独立感。

二、幼儿语言发展的特点及能力培养

幼儿语言的迅速发展促进了其思维发展,而思维的发展反过来又进一步促进了语言的发展。

1. 语言发展的特点

幼儿语言的发展,主要体现在从以表达机能为中心向以思维机能为中心的转换。3 岁幼儿的语言以表达机能为中心,4 岁幼儿的语言具有表达与思维双重机能,5 岁幼儿的语言则以思维机能为中心。语言发展机能的这种转换,使幼儿语言的发展呈现以下新特点:①

能正确掌握全部本土语言。到 4 岁时,由于幼儿的发音器官已逐渐完善,听觉能力也日益灵敏,为正确发音奠定了生理基础。在一般情况下,4 岁的幼儿发音基本准确、清楚,且不再带有"娃娃腔";5 岁的幼儿不但能正确发音,而且能准确地使用声调;6 岁的幼儿则能正确、清晰地发出全部语音,与成人交谈时已无障碍。

词汇发展迅速。幼儿词汇的迅速发展可从词汇量、词类和词义三个方面来进行分析。从词汇量看,3～6 岁幼儿的词汇量增加迅速,到这个发展阶段末期可达到 3000 个左右,远远超过了一般口语的需要;从词类来看,这个阶段幼儿的词类范围在日益扩大,以名词和动词占多数,但随着年龄的增长,名词和动词在各类词汇中所占的比例逐渐呈现出递减的趋势;从词义来看,幼儿逐渐掌握对积极词汇的运用,既能理解也能使用概括性较高的词。积极词汇的掌握,有赖于两个条件:②一是能正确理解词义。在实际中,幼儿是否能正确理解词义与他们是否具有有关词汇的直接或间接经验有关。对于一个很抽象的、与幼儿经验没有任何关系的词汇来说,即使幼儿能够"鹦鹉学舌"地说出来,它仍然是一个消极词汇,因为幼儿不能正确理解它的意义。二是能根据不同的场合正确地使用词汇。有许多词汇,幼儿虽然能听懂或是能理解,但不会使用或是不能正确使用,那么这个词汇仍然是个消极词汇。为了将消极词汇转变成积极词汇,必须为幼儿创造适当的应用场合。由此可见,作为思维细胞——概念的物质外壳的词汇

---

① 毛晓光主编:《人的成长与发展》,北京:社会科学文献出版社 1997 年版,第 39～41 页。
② 林崇德:《发展心理学》,台北:台北东华书局 1998 年,第 253 页。

的理解和应用,本身体现了思维发展和发展的水平,因而发展幼儿的积极词汇对他们的思维发展有促进作用。

初步掌握语法结构。在日常生活中,幼儿都能较顺利地与成人交谈。在通常情况下,5~6 岁的幼儿都能较熟练地使用简单句说话,但对复合句的掌握则较为缓慢。幼儿使用复合句说话大约是从 3 岁开始的,到 5~6 岁以后,幼儿对复合句的使用量迅速增加,但还不太自如,有些较困难的复合句还不会使用。与此同时,幼儿的语法基本上合乎语法规则(当然,有时也会出现一些语法错误)。这并不是因为幼儿从理论上真正弄懂了语法规律,而是因为幼儿经过对成人的模仿,并与之交谈,在实际运用语言的过程中逐渐形成了一种"语感",对符合语法结构的话,听着正常,反之则听着别扭,由此开始了对语法结构的初步掌握。

口语表达能力日益增强。在成人的教育和训练下,幼儿的口语表达能力日益增强,能够比较连贯地、完整地叙述一件事的经过或能讲述一个较长的故事。对于 4~5 岁的幼儿来说,他们都能讲述一件事或一个故事,但有时连贯性较差,边想边说,将感兴趣的枝节说得很多,而遗漏或省略了主要情节。随着年龄的增长,幼儿的口语表达能力继续提高,到 6 岁左右,幼儿开始能不借助于交谈对象的提醒而独立地进行表述,其过程较完整、较系统、也较有条理,并能用较准确的语言表达自己的感受和想法。

开始形成内部语言。所谓内部语言是指以调整行为的形式面向自己的语言。幼儿的内部语言是从 2 岁左右时的自言自语发展起来的,到 5~6 岁时,自言自语逐渐变成了边思考边行动的内部形式,指导行动的语言不再说出声来,而是在心里默默地念叨,只有当情绪激动或想问题遇到困难时,才又不由自主地自言自语起来,这与幼儿此时期思维的发展是分不开的。

开始掌握书面语言。从 4 岁左右起,幼儿便不断地模仿成人常用的书面语言。由于幼儿特别爱说爱问,在不断增强的口头语言能力和理解能力的基础上,他们开始了对书面语言的学习。在成人所讲的故事和道理中,在有趣的动画片和儿童读物中,幼儿都自觉不自觉地学习着书面语言,同时将它们储存在自己的语言库中,并在适当的时候运用这些书面语言。

2. 语言能力的培养

语言能力的发展过程是一个学习的过程,因而对幼儿语言能力的培养十分重要。在这里,必须特别注意以下几方面问题:①

照顾者(通常是父母)应该规范自己的语言。照顾者是幼儿的第一任老师,幼儿对照顾者语言的模仿能力极强,不正确的发音和错误的语法会严重影响幼儿语言能力的发展。

---

① 毛晓光主编:《人的成长与发展》,北京:社会科学文献出版社 1997 年版,第 42 页。

努力扩大幼儿的词汇量。词汇量是幼儿语言能力发展的基础,而词汇量的增加有赖于幼儿生活范围的扩大、生活内容的丰富以及照顾者对幼儿的关心。因此,为幼儿创造充分的社会交往机会,丰富幼儿的生活实践,就能使幼儿在与成人和同伴的交往中,不断地提高语言表达能力。

加强对幼儿的语言训练。无论是照顾者还是幼儿园的老师,都应该有意识地训练幼儿的语言能力,经常给他们讲故事、看儿童读物和动画片,能经常将幼儿周围环境中的事物和实物教给幼儿等,并通过这些方法加深对所用词汇的理解,这些都可以扩大幼儿的词汇量。此外,还应该多与幼儿进行语言游戏,如练习同义词和反义词、背顺口溜和绕口令、猜谜语以及看图说话等。

第三节　幼儿心理与行为的发展

一、幼儿心理的发展

1. 幼儿心理发展的一般特征

幼儿期是一个幻想的、创造的以及想象的时期,幼儿能以一种新的和重要的方式来思考自己和别人。这里主要从认知和情绪两个方面来探讨幼儿的心理发展特征。

（1）幼儿认知的发展

幼儿认知发展的阶段属于皮亚杰的运算思维准备阶段。随着幼儿生理机能的不断发展,尤其是大脑发育的逐渐完善,极大地促进了幼儿的认知发展,使之日趋深刻而复杂,在感觉、知觉、记忆、注意、学习、观察和思维等方面体现出如下特点:

在这个阶段,幼儿的各种感觉的发展逐渐得到完善。其中,视觉、听觉、运动觉和触摸觉的发展最为明显:一是幼儿已具有精确辨别细微物体或远距离物体的能力;二是幼儿视觉的随意性随着年龄的增长而发展;三是幼儿的听觉、运动觉、触摸觉的发展也极为迅速。

幼儿知觉的发展,主要表现为空间知觉、时间知觉和观察力的发展。在空间知觉方面,幼儿对物体的空间特性的进一步感知,如辨别形状的能力和区分方位能力的提高,即幼儿已能正确辨别正方形和三角形,且能区分熟悉的物体或场所的相对远近。在时间知觉方面,幼儿的发展水平很低,既不准确,也不稳定,它常常与具体的生活活动相联系。在观察力方面,幼儿有意性的观察日益增强,观察时间逐渐持久,观察的系统性、逻辑性以及概括性也在增强。

随着神经系统的逐渐成熟和语言的发展,幼儿的记忆能力也开始全面发展,其显著特点是:以不随意的形象记忆为主,有意识记忆初步发展;以机械性记忆为主,意识记忆初步发展;易记易忘,记忆不精确。

注意是感觉、知觉、记忆和思维等认知发展过程的一种共同特性,是对一定对象的指向和集中。幼儿的一切知识、经验、技能和技巧的获得都与注意有关。注意可分为无意注意和有意注意,前者是指先天的、没有一定目的的、在不知不觉中产生的注意,而后者则是指 3 岁以后才开始发展的、有一定目的的、在努力中产生的注意。

学习是幼儿成长的必经之路。在这个阶段,语言、记忆、注意等的发展,为幼儿学习各种知识和技能奠定了基础。但在不同的年龄阶段,幼儿学习活动的内容是有所区别的:4 岁幼儿的学习活动主要以游戏的形式来学习知识,很少采用正规学习的形式;而 5 岁以上的幼儿则主要以正规学习的形式为主,其中当然也会穿插着游戏的形式。必须指出的是,幼儿学习效果的好坏与其注意力、记忆力和语言能力的水平呈密切的正向关系。

幼儿的观察能力是在 3 岁以后发展起来的,到 5~6 岁时,由于观察的目的性、自觉性和概括性的增强,幼儿的观察力有了明显提高。但是,幼儿还不能正确掌握观察的方法,因而他们的观察较片面,且很难抓住事物的主要特征。

幼儿的思维能力已具有独立的性质,即可以离开感知和动作进行思维。但由于抽象的逻辑思维刚刚开始发展,因此幼儿此时的思维仍然以具体的形象思维为主。随着幼儿语言能力的发展,他们的思维能力也会得到进一步的发展。

随着幼儿游戏活动的发展以及生活经验的丰富,他们的想象能力开始被激发出来。在这个阶段,无意识的想象占主要地位,有意识的想象和创造性的想象则处于初步发展的阶段。

（2）幼儿情绪的发展

幼儿期是个性形成的奠基时期,情绪、情感对其心理发展具有非常重要的影响。幼儿心理活动和行为受情绪影响较大,情绪直接指导、调控着幼儿的行为。在愉快情绪下,幼儿愿意学习,做什么事都积极;情绪不好时,则不愿意学习,活动也不积极。幼儿在与不同的人、事物的接触中,逐渐形成了对不同人、不同事物的不同的情绪和态度。幼儿经常、反复受到特定环境刺激的影响,反复体验同一情绪状态,这种状态就会逐渐稳固下来,形成稳定的情绪特征,而情绪特征正是个性性格结构的重要组成部分。

情绪与认知之间关系密切,一方面,情绪随着幼儿认知的发展而分化和发展;另一方面,情绪对幼儿的认知活动及其发展起着激发、促进作用或抑制、延缓作用。由于不同性质和不同强度水平的情绪对认知活动起着不同程度的促进或阻碍作用,因而情绪对幼儿智力活动的效果也有重要的影响。

情绪是幼儿认知和行为的唤起者与组织者,幼儿的情绪直接指导和调控着他们的行为,驱动、促使他们做出这样或那样的行为,或不去做某种行为。

幼儿的情绪随着年龄的增长而变化。3岁之前,在影响孩子情绪变化的因素中,生理需要是否得到满足是主要因素。随着年龄的增长,影响情绪变化的因素渐渐变为社会性需要是否得到满足,即社会性需要对情绪的影响作用越来越大。幼儿非常希望被人注意,被人重视、关爱,要求与别人交往。成年人对幼儿的关爱、表扬,可以使幼儿信心百倍、情绪活跃愉快。此外,幼儿的情绪还会受到其与同伴交往状态的影响。

随着年龄的增长,幼儿的情绪过程越来越分化,出现了许多高级的社会性情感,如尊敬、怜悯、公正、友谊、同情、羡慕和骄傲等,而幼儿对情绪过程的自我调节越来越加强,主要表现在以下三个方面:

一是情绪的冲动性逐渐减弱。在幼儿早期,幼儿常常处于激动的情绪状态,这与他们大脑皮质的兴奋容易扩散以及皮质对皮下中枢的控制能力发展不足有关,因而他们常常大哭大闹或大喊大叫,短时间内不能安静下来。随着幼儿脑的发育以及语言的发展,到了幼儿晚期,他们从能在成人的要求下被动地控制自己的情绪,发展到有意识地自我控制情绪,情绪的冲动性逐渐减弱。

二是情绪的稳定性有所增强。在幼儿早期,幼儿的喜与怒、哀与乐往往会在很短时间内相互转换。但到了幼儿晚期,幼儿对情绪的自我调节逐渐加强,情绪变化表现出一定的稳定性。

三是情绪从外露到内隐。在幼儿早期,幼儿基本不会调节自己的情绪。但随着年龄的增长,幼儿逐渐开始产生了要控制情绪表现的意识。到了幼儿晚期,幼儿已能在一定程度上调节自己的情绪,如遇到不愉快的事情能努力试图控制自己的情绪,这表明幼儿的情绪已开始具有一定的内隐性。

2. 自我意识的发展

随着生理、心理的发展,幼儿已逐渐从以自我为中心学会了区分他人与自我。进而通过在环境中与他人进行互动,他们的自我意识得到发展。对于幼儿来说,自我意识主要由自我评价、自我体验和自我控制三个方面因素构成。

(1)幼儿自我评价的发展

自我评价是指人对自我各方面所做出的价值评估。幼儿的自我评价是从3岁左右才开始的,其形成和发展的基础来自以下三个方面:一是他人的爱、支持或赞成;二是具有特别的才能,例如在游戏或体育活动中取得成功等;三是能够与他人或理想自我进行比较。通常,被爱、被支持、被赞成或取得成功,会使幼儿产生积极的、乐观的自我评价;而被忽视、被拒绝、被否定或失败,则会使幼儿产生消极的、悲观的自我评价。显然,幼儿的自我评价仍然停留在对自己外部行为的评价上。但这种自我评价对幼儿自尊的发展具有重要的影响作用:如果一个幼儿具有积极的、乐观的自我评价,那么他会尽量克服那些与自我评价不协调的行为,从而有利于其自尊的发展;如果一个幼儿具有消极的、悲观的自我评价,他的自尊发展将受到无价值感的影响。

（2）幼儿自我体验的发展

自我体验是人对自我所做出的情绪体验，包括生理性体验和社会性体验两个方面，前者如高兴、生气和愤怒等，后者如委屈、羞愧和羞怯等。随着年龄的增长，幼儿的自我体验由低级向高级发展，即逐渐由生理性体验向社会性体验过渡。此外，幼儿的自我体验的发展具有波动性，如他们可能刚体验到兴奋，又很快体验到沮丧。但幼儿自我体验的这种波动性发展是暂时的，如果他们能经常得到成人的称赞和支持，并且能经常得到发展才能的机会，他们的自我体验的发展就会逐渐成熟起来。

（3）自我控制的发展

自我控制是人控制自我的能力，自制性、独立性、坚持性和果断性是自我控制能力强的表现，而冲动性、易受暗示性、动摇性和优柔寡断性则是自我控制能力差的表现。自我控制发展的前提是自我评价的发展，因为一个人如果不能对自己做出价值评估，那么，就不存在自我控制发展的环境条件。尽管幼儿的自我评价有了一定的发展，但由于它仍然停留在幼儿对自己外部行为的评价上，因此，从总体上来看，幼儿自我控制的发展仍然很缓慢。在幼儿早期，幼儿的自我控制能力很差，只有到了幼儿晚期，幼儿才初步具备一定的自我控制的能力。

二、幼儿游戏

游戏是幼儿在现实生活中，为解决满足自身各种需要和身心发展的局限性之间矛盾的一种活动。幼儿非常渴望参与社会生活，但限于自身的能力限制，他们无法参与社会生活。而由于游戏的虚构性、具体性、趣味性和愉悦性等特点，使幼儿渴望参与社会活动的愿望在游戏活动中能够得到满足，从而也成为幼儿参与社会活动的主要形式。

1. 幼儿游戏的理论视角

游戏对于人的一生来说是必不可少的活动，特别是对于幼儿来说，游戏更是有其特殊的意义。如果把生活视为一个活动系统，那么，在幼儿期，游戏在活动系统中起着主导作用。1989年11月20日，第44届联合国大会第25号决议通过的《儿童权利公约》（Convention on the Rights of the Child）明确规定：缔约国确认儿童有权休息和闲暇，从事与儿童年龄相宜的游戏和娱乐活动以及自由参加文化生活和艺术活动。

"幼儿为什么要进行游戏？"这是一个十分复杂且难以回答的问题。因为对这一问题的解答，同时也是对"人是什么""人类活动的本质是什么"等基本问题的解答。幼儿的游戏曾经以它特有的风格吸引过许多美学家、心理学家。今天，仍然有许多人试图通过游戏的研究，来帮助人们了解意识、艺术的起源和本质，揭开人类自身的奥秘。

关于幼儿游戏理论的研究主要有四个视角:生物学视角、心理学视角、文化学视角和哲学视角。

(1)生物学视角

从生物学视角研究幼儿游戏的意义,不仅有助于人们从人类发展进化的纵向坐标来考察人类(主要是幼儿)游戏与动物游戏二者之间的联系与区别,而且还有助于人们更客观、全面地认识"人性"。正确理解生物基础对人的生命活动的意义,就是要强调人这种社会存在物的质的规定性问题的紧迫性。人具有作为他的行为的主要决定因素的社会本质,同时在整个一生中都受生物学规律的支配。人的游戏与动物的游戏具有种系演化上的连续性与共同性。如果说动物的游戏是一种维系"生存"的活动,具有生命功能的话,那么,幼儿的游戏则不仅具有生命功能,还具有心理功能和文化功能,而动物的游戏则不受意识、理性、自由选择等的支配。正是这种"有意识的生命活动",把幼儿游戏与动物游戏直接区别开来。

(2)心理学视角

从心理学视角研究幼儿游戏的意义,是幼儿游戏的基本理论视角。20世纪50年代,受精神分析学派的影响,人们比较重视游戏的情感发展价值;20世纪70年代,受皮亚杰等认知学派的影响,人们比较注重游戏的认知发展价值;20世纪80年代以来,人们则开始注意游戏对于幼儿身心各个方面的发展价值。显然,游戏在儿童心理发展的各方面起着重要的作用。幼儿在游戏中编织了假想的世界,却在心理方面实现了真实的成长。当然,幼儿的游戏与其发展之间的关系是错综复杂的,幼儿游戏的不同方面及不同种类的游戏,对于幼儿心理发展的不同侧面具有不同的意义和作用。总的来说,幼儿通过游戏能够获得情感、认知、社会性、意志、人格等方面的发展,游戏可以说是幼儿精神成长的沃土。值得注意的是,游戏对于幼儿的心理发展的价值,并不仅仅局限在幼儿时期,它还表现在幼儿成人以后的生活中。也就是说,游戏对于幼儿心理的发展,不仅具有重要的近期效果,而且还具有深远的后效。"游戏性"在幼儿时期是游戏的一种精神态度,它在日后会转化为游戏者青年乃至成年时期的"人格特性"。

(3)文化学视角

从文化学视角来研究幼儿游戏的意义,表明游戏不仅是人类的生理现象和心理反应,而且还具有一定的社会功能,是生活中的一种文化因素。长期以来,人们习惯局限在生理学和心理学的范围内来研究幼儿游戏的意义和价值,这显然难以把握幼儿游戏的深层意义。事实上,游戏对幼儿的意义不能只局限在生理学和心理学的范围内,还应该兼顾文化学的视角。荷兰著名文化学家胡伊青加(J. Huizina)沿着文化—历史的研究路径,广泛、深入地探讨了游戏与文化之间的关系。在他看来,游戏不仅是人类的生理现象和心理反应,是自在的、本能的和非理性的,而且它与严肃性相对,具有一定的社会功能,是生活中的一种文化因素。在整个文化进程中都活跃着某种游戏因素,这种游戏因素产生了社会生活的很多重要形式。他甚至提出,处于最初阶段的文明乃是被游戏出来的。游戏不仅是文化生成的重要途径,而且也是文化适应(濡化)的重要途径。幼儿游戏既受社会文化的影响与制约,深深地打下了社会文化的印记,同时也在生成着新的文化(儿童文化),是一种超越了生存领域的文化活动。幼儿在游戏中倾注了全部的力量与智慧,他们的游戏总是充满了创意,他们也常常为自己的"创造"而欣喜,并感到精神上的满足。

(4)哲学视角

从哲学视角来研究幼儿游戏的意义,是对幼儿游戏意义认识的升华。游戏是"假想"与"现实"的统一,是"自由"与"约束"的统一,是"主体性"与"反主体性"的统一,是"我在"与"无我"的统一。游戏具有双重性格,是多样性、矛盾性的辩证统一。游戏是一种主体性活动,它不受任何外部指令的强迫与制约,与利害得失无关,是根源于"纯粹的人的本性"的活动。幼儿在游戏中获得的解放感、自由感,并不仅仅止于逃避现实或从现实束缚中挣脱出来的解放与自由,而是进一步朝向自身的"人性"的解放与自由。也就是说,游戏不仅是一种超越了"约束"的解放,而且也是"全人格"的解放。

2. 幼儿游戏的种类

游戏的种类繁多,既可以根据幼儿的行为表现、认知特点、社会性特点和创造性特点来分类,也可以根据幼儿教育的方法来分类:[1]

(1)根据幼儿的行为表现,可将游戏分为语言游戏、运动游戏、想象游戏、交往游戏和表演游戏。

语言游戏,是指以语言为主要内容和目的的游戏。在语言游戏中,幼儿的目的不是以语言作为信息交流的中介,而是试图从对语言符号的探索和操纵中获得乐趣。游戏在幼儿各方面能力发展中的作用主要如下:随着幼儿年龄的增长,语言游戏的内容有不断加深的趋势。如1岁以前的语言游戏内容以照顾者与婴儿之间的语音游戏为主;到5岁时,幼儿语言游戏内容已扩展到语音、语调、词语和句型等多种形式;5岁以后,随着对语言规则和意义的加深理解,幼儿开始有意识地运用多义、谐音等技巧进行娱乐。不言而喻,语言游戏能够提高幼儿学习语言的兴趣,从而有利于他们对语言的掌握。

运动游戏,是指通过手脚和身体其他部位的运动而获得乐趣的游戏。运动游戏在婴幼儿期就已经出现(如踢腿、爬行和学步等),在幼儿前期得到继续发

---

① 林崇德:《发展心理学》,台北:东华书局1998年版,第240~247页。

展。在这个阶段,运动游戏的内容日益复杂,有相互追逐、滑滑梯、骑小自行车和荡秋千等。在运动游戏中,幼儿的运动技能得到了不断地发展。

想象游戏,是指幼儿在假想的情境中按照自己的意愿扮演各种角色,并从中体验各种思想情感的游戏。想象游戏大约在1岁半时出现,通常表现为单独的想象性游戏,如用玩具餐具做饭、哄布娃娃睡觉等;3岁时,开始出现合作的想象性游戏,它常常以怪诞、夸张的形式出现;6岁时,想象游戏达到了高峰期,此时幼儿不仅具有极为丰富的想象力,具体表现为能很协调地迅速完成角色转换。如小男孩喜欢玩小汽车,在没有真的小汽车玩的时候,他会将小椅子想象成汽车,并推着椅子"嘀嘀嘀"地叫着;而小女孩在没有真的洋娃娃玩的时候,她会将枕头当作洋娃娃,给它穿衣、喂它喝奶,将自己的感情寄托在它身上。在想象游戏中,幼儿的想象力被激发了出来。

交往游戏,是指两个以上的幼儿遵循一定规则而展开的社会性游戏。交往游戏的特点是,参与者你来我往和互相呼应。交往游戏大约在6个月时出现,此时的婴儿已可参与经常性的表情、声音的对答式交往游戏;婴儿可参与客体(如玩具)介入的交往游戏;2岁时,游戏的象征性成分增加,但尚未形成一定的规则;3岁以后,幼儿才初步建立起交往游戏的规则,如轮换等;5~6岁以后,交往游戏逐步成熟,即幼儿明确了特定交往游戏的规则、要求以及自己应有的行为。如幼儿从交往游戏中会得知,自己对别人好,别人才会对自己好,并意识到只有接纳别人和自己一起玩,自己才能玩得痛快。可见,交往游戏对幼儿学会如何与他人相处具有极大的价值,因为在游戏中,幼儿会遇到大量自己与他人的需要或情感相冲突的局面,他们由此可以学会处理人际关系的语言及非语言技能,还可以培养负责、耐心、分享以及合作等品质。

表演游戏,是指以故事或童话为表演内容的一种游戏。在表演游戏中,幼儿扮演故事或童话中的各种人物,并以故事或童话中人物的语言、动作和表情进行活动。由于表演游戏需要以动作和情感发展作为基础,因而这类游戏通常只适合5岁以上的幼儿。随着幼儿年龄的增长以及他们语言、动作和情感的不断发展,他们的表演水平会有进一步的提高。幼儿通过表演游戏,不仅可以增长知识,而且还可以提高表演才能和语言表达能力。

(2)根据幼儿的认知特点,可将游戏分为练习性游戏、象征性游戏、结构游戏和规则游戏。

练习性游戏,又称感知运动游戏,是指从感官中获得快感的一种游戏。这类游戏是幼儿发展中最早出现的一种游戏形式,由简单的重复运动所组成,它包括徒手游戏和操作物体的游戏,如摇晃铃铛等。练习性游戏往往以独自游戏和平行游戏的形式发生。随着年龄的增长,这类游戏会逐渐减少。

象征性游戏,是指将知觉到的事物用其他替代物来象征的一种游戏。这是皮亚杰提出的一种游戏形式,幼儿经常进行这类游戏。当幼儿开始将自身和环境区别开来的时候,就有了进行象征性游戏的可能性。换句话说,当幼儿能够将一个物体作为一种信号来代替现实的客体时,象征性游戏就开始了。随着幼儿年龄的增长和知识经验的不断丰富,他们的象征功能不断发展,能在自己的世界中再现并反映种种社会事件、地点、人物,使象征性游戏的内容和形式越来越丰富。如当小男孩有不愉快的心情时,他可能会骑着小自行车转上几圈或拿起笔在纸上乱写乱画,将不愉快的情绪发泄出来;而小女孩抱着洋娃娃,责骂洋娃娃不乖时,就可将不愉快的情绪发泄出来。象征性游戏是幼儿适应现实、按照自己的愿望和需要来塑造现实的游戏形式,它发挥着必要的感情外泄的作用,对稳定幼儿的情绪具有极大的作用。

结构游戏,又称工作性游戏(working play),它是指幼儿运用各种材料,如积木、积塑、金属材料、泥、沙和雪等进行建筑或构造,从而创造性地反映现实生活的游戏。这类游戏有三方面的特点:一是以造型(如搭、拼、捏等)为基本活动;二是活动成果是具体造型物(如高楼、汽车等);三是与角色游戏存在着相互转化的关系。在一般情况下,结构游戏的发展呈现如下顺序:1岁半左右时,幼儿开始简单堆叠物体;2~3岁时,幼儿的活动具有先动手后思考、主体不明、成果简单、粗略、轮廓化等特点;3~4岁时,幼儿逐渐能预设主题,成果的结构相对复杂,细节相对精细;5岁以后,幼儿在活动中的计划性有所增强,并可与多人合作建造大型物体。如给幼儿一团油泥,他一定会反复捏弄,有时捏成几小块,有时捏成几个相同的东西,有时捏成圆球形或圆饼形等。这些看上去似乎没有什么目的和意义的东西,实际上是幼儿的有意识的创造,他可能会将这些东西看作是汽车或飞机等。由于结构游戏要求幼儿手脑并用,不断调控注意力和动作,并且积极回忆、重新组合加工头脑中已有的表象,因此它可以促进幼儿手部动作和对物体数、形、空间特征的精细观察与理解,以及想象力和创造力等方面的发展。

规则游戏,是指幼儿按照一定的规则从事的游戏。游戏中的规则既可以由成人事先制订,也可以根据故事情节的要求来制订,还可以由幼儿根据他们假设的情节自己来制订。如进入娃娃的家时,必须先敲门;进入超级市场购物,必须先存包等。在通常情况下,3~4岁的幼儿能按一定的规则进行游戏,但他们常常会出现因为外部刺激或自己的兴趣而忘记以致出现破坏规则的现象;5~6岁的幼儿则不仅能较好地进行这类游戏,而且能较好地理解并坚持游戏的规则,同时还懂得用规则来约束参加游戏的所有成员。规则游戏可以发展幼儿的思维能力以及培养幼儿遵守集体和社会道德规范的良好习惯。

(3)根据幼儿的社会性特点,可将游戏分为独自游戏、平行游戏、分享游戏和合作游戏。

独自游戏,是指幼儿个人独自进行的游戏。如幼儿独自进行开汽车、做饭或照顾娃娃等的活动。独自游戏也是与幼儿的认知发展过程相联系的。随着幼儿年龄的增长,独自游戏的内容和形式将越来越复杂。幼儿在独自游戏中,既发展了动作的灵巧性与精确性,又逐渐区分出客体和自我,使幼儿意识到自身的力量,并由此产生好奇心和探究行为。

平行游戏,是指幼儿独自进行相似的游戏,而不和其他幼儿一起游戏。在这类游戏中,每个幼儿的玩具都与周围幼儿的玩具相仿,但无意影响或改变其他幼儿的活动,各按各的方式玩,既没有合作的行为,也没有共同的目的。如幼儿独自进行的拍皮球的游戏等。随着幼儿年龄的增长,平行游戏通常会越来越少。

分享游戏,是指多个幼儿一起进行同样的或类似的游戏。在这类游戏中,没有分工,也没有按照任何具体目标或结果的组织活动。换句话说,幼儿并不使自己个人的兴趣服从小组的兴趣,而是根据自己的愿望进行游戏。在分享游戏中,幼儿们相互作用,但他们的兴趣并不在于游戏的内容,而在于合作的行为。

合作游戏,是指幼儿们共同进行的具有一定规则、任务和竞争性的游戏。这是在幼儿末期出现的一种较高级的游戏形式,但没有固定的参加者数目,如跳绳、玩球、玩跷跷板等。由于幼儿在合作游戏中常常模仿成人社会中的关系,因而合作游戏成为幼儿社会化的手段之一。

(4) 根据幼儿的创造性特点,可将游戏分为累积型游戏、幻想游戏和假定游戏。

累积型游戏,是指一种将不同内容的片断性游戏活动连接起来的游戏。如将看连环画、画画、吃点心以及看电视等活动连接起来,每种活动都能持续 10 分钟左右,但前面一个活动与后面一个活动之间并没有必然的联系。这类游戏一般在幼儿 3 岁左右时比较多见,但在 6 岁的幼儿中也为数不少。

幻想游戏,是指幼儿独立进行探索,以想象反映社会生活、解决各种实际生活中无法解决的问题的游戏。幼儿在幻想游戏中常表现出渴望交际的心情,假装成人并模仿他们的举止行为。如幼儿会拿着椅子当汽车,拿着竹竿当马骑,拿着玩具器皿做饭吃等。对于幼儿初期的孩子来说,他们的幻想游戏主要是简单的模仿性幻想游戏。随着年龄的增长,幼儿幻想游戏的内容不仅会日益复杂,而且还表现出一定的性别差异,即男孩的幻想游戏主要反映各类活动及攻击行为,女孩的幻想游戏则较为细致和被动,且多与人际关系有关。幻想游戏有助于增进幼儿对社会生活的认识,并激发他们的创造力。

假定游戏,是指一种既与现实有关又有些夸张的游戏。幼儿的假定游戏也是随着认知的发展而发展的。3 岁以前的假定游戏主要依赖于客观实体,如以玩具代替实物,即采用替代物;到 4 岁左右时,幼儿的假定游戏可以不再依赖于客观实体,替代物也越来越简单。假定游戏是幼儿游戏中的一个重要内容,不仅可以促进幼儿的自信和自控,保持适当的兴奋水平,帮助幼儿获得控制环境的感觉,从而区分出幻想和现实,而且还有利于幼儿思维的创造性和流畅性的发展。

（5）根据幼儿教育的方法,可将游戏分为自发游戏和教学游戏。

自发游戏,是指幼儿自己想出来的、能充分发挥他们自主性的游戏。这类游戏的种类,可以根据认知类游戏和社会性类游戏来进行划分。自发游戏反映了幼儿的发展水平和兴趣爱好,有助于幼儿思维创造性的发挥。

教学游戏,是指通过有计划地对幼儿进行教育,从而达到丰富知识、发展智力目的的一种游戏。如一种由简单到复杂的教学游戏,就是让幼儿用众多的三角形硬纸板拼出方形、大三角形、较为复杂的几何图形以及独特的图形等,这可以使幼儿在游戏中接受图形的概念,并通过思考和比较,初步掌握一些有关几何图形的知识,从而对想象和创造发生兴趣;或者是幼儿自己当学生,让比他大的同伴当老师,小同伴就模仿老师上课的情境教自己识字、数数。显然,教学游戏不仅能有计划地增长幼儿的知识,而且还能发展他们的语言表达能力,提高他们的观察、记忆、注意和独立思考的能力,从而更好地发展他们的学习潜力。

总之,在幼儿各方面能力发展的过程中,上述既有联系又有区别的游戏活动都发挥着各自的作用。

3. 幼儿游戏的特点

在游戏活动中,幼儿不仅体验着成人的社会活动,而且也感受着人们之间的相互关系。随着年龄的增长,幼儿的游戏呈现出如下特点:[1]

第一,游戏内容由简单到复杂。在幼儿初期,儿童游戏的内容比较简单,仅仅是在重复动作的基础上,力图赋予这些动作以一定的意义。如在"过家家"的游戏中,他们在用汤匙喂洋娃娃吃饭的时候,做出妈妈的样子,力图反映母子关系。到幼儿中期,儿童游戏的内容就变得较为复杂,不仅反映了成人生产劳动和社会工作的实际情况,还反映了人们之间的一般社会关系。如"过家家"的游戏,已经从喂洋娃娃吃饭发展到包括买菜、烧煮、吃饭、洗碗和睡觉等反映父母劳动和家庭生活的系列活动。在幼儿末期,儿童游戏的内容则更为复杂,他们试图通过游戏来揭示和反映成人活动的社会意义。如在"过家家"的游戏中,出现了正面人物和反面人物以及以关怀、爱护和帮助等为特点的人际关系。

第二,游戏的步骤由无计划到有计划。在幼儿初期,儿童的游戏虽然已经有了明确的主题和角色,但还处于对成人社会生活活动的无计划的模仿阶段。如用汤匙喂洋娃娃吃饭的时候,他们做出妈妈的样子疼爱洋娃娃。到幼儿中期,儿童的游戏已经有了初步的计划性,而且力图进一步理解和表现自己扮演的角色的意义和任务。如在"过家家"的游戏中,幼儿买菜、烧煮、吃饭、洗碗和睡觉等

---

[1]　林崇德:《发展心理学》,台北:东华书局1998年版,第247~249页。

步骤能较好地按一定的次序进行,而且在游戏中能自觉地表现自己所扮演的角色。在幼儿末期,儿童不但能事先计划游戏的步骤和商量分配游戏的角色,而且能更好地理解和坚持游戏的规则,即对于游戏中的争执,他们能用游戏规则来解决问题。

第三,游戏的形式由简单模仿到创造。在幼儿初期,儿童的游戏几乎完全是模仿或再现成人的动作,他们的独立性很差,往往要求助于成人,所以很愿意与父母或老师一起玩。到幼儿中期,儿童逐渐能够创造性地开展游戏,即能够构思和组织游戏,但还要依靠成人来处理争执。在幼儿末期,儿童在具有创造性的游戏(如结构游戏、幻想游戏等)中,更愿意和同龄伙伴一起玩,出现了争执能自己商量着解决,只有在万不得已时,才让成人来决断。

第四,游戏的种类由少到多。随着幼儿年龄的增长,游戏的种类不断增加,这是因为幼儿游戏种类的发展与其自身各方面能力的发展是同步的,两者相辅相成,互相促进。一方面,幼儿自身各方面能力的发展促进了游戏的发展,另一方面,游戏种类的增加和水平的提高又反过来促进了幼儿自身各方面能力的发展。当然,游戏种类的增加并不意味着各种游戏都是独立的或是不相关的。因为幼儿游戏的发展是一个具有不同阶段的过程,当游戏从一个阶段向另一个阶段演化时,先前的游戏形式不是被抛弃而是被包括了,即前一阶段孕育、准备了后一阶段,而后一阶段则包含了前一阶段。

第五,游戏持续的时间由短到长。在幼儿初期,儿童的注意力容易受到外部因素的干扰,兴趣也不很稳定,因而对同一游戏往往只能坚持较短的时间。到幼儿中期,儿童对同一游戏坚持的时间有所延长,往往能达到 1 个小时或更长的时间。在幼儿末期,儿童对同一游戏坚持的时间则更长,其表现是到了吃饭时间也不愿意终止游戏。

第六,游戏的成员由少到多。在幼儿初期,儿童往往喜欢个人进行游戏,如独自摆弄玩具等,即使有别的幼儿参与进来,人数也不会多,一般是 2~3 人。到幼儿中期,儿童已经比较喜欢与别的儿童一起进行游戏。在幼儿末期,儿童喜欢进行有更多人参与的游戏,即群体性的游戏。

三、幼儿劳动

在幼儿期,适时开展一些幼儿劳动,不仅可以锻炼幼儿的自我管理能力、培养责任感和良好的生活习惯,而且可以促进幼儿肌肉、骨骼等的发育和肢体动作的灵活性,进而还能将在动手、动脑的反复实践中所获得的知识与成功体验等"迁移"到其他教育领域,从而使幼儿变得更加聪明、能干、懂事。

1. 幼儿劳动的内容

幼儿劳动的内容主要包括两个方面:一是自我服务劳动,主要培养幼儿独立生活的能力;二是集体服务劳动,主要培养幼儿在自我服务的基础上,进一步服务他人,服务集体。

幼儿劳动能力的培养应遵循由易到难、循序渐进的原则。在家中,父母对幼儿不能事事包办和代替,应逐步培养孩子自己洗手、穿脱衣服、整理玩具和吃饭等方面的能力。在幼儿园里,小班教师应安排幼儿自己洗手、穿脱衣服、整理玩具、图书、自己吃饭等内容;到了中班,随着幼儿生活自理能力的增强,教师可安排幼儿学习自己洗脸、刷牙、叠被子、系鞋带、扣纽扣、洗手帕、洗玩具、分发碗筷等;大班教师则可让幼儿学习穿针引线、扫地、倒垃圾、整理床铺、收拾碗筷和简单的种植、养殖活动等。在劳动活动中,父母和教师均要注意引导幼儿体验劳动创造的乐趣,同时也要让幼儿知道劳动的艰辛,珍惜、欣赏他人的劳动成果,逐步培养幼儿良好的劳动习惯和热爱劳动的思想品德。

2. 幼儿劳动的环境

幼儿劳动的环境主要包括家庭,社区和同辈群体。在家庭中,主要是配合父母完成一些简单的劳动,在劳动中学习,而非真正的劳动。在社区中,主要是学习如何在群体中扮演自己的劳动角色,可以是主动地去寻找自己的群体位置。在同辈群体中,可以尝试着一些分工的角色,劳动带有角色扮演类的性质。

第四节　幼儿与社会

随着幼儿各方面能力的发展,他们的社会性交往范围已经从以家庭为主扩大到整个社会。

一、幼儿与家庭

父母不同的教养方式对于幼儿的行为方式乃至人格发展有着深远的影响,家庭中的性别与性教育则和幼儿进一步获得性别认同以及今后的性别社会化关系密切。

1. 家庭教养与幼儿行为

由于幼儿的社会化是从家庭开始的,因而与父母的交往对幼儿社会性交往的发展具有重要的作用。在通常情况下,幼儿与父母的交往主要从父母对他们的教养内容和教养方式中表现出来。

从教养内容来看,父母一方面以其自身的行为和语言为幼儿提供观察和模仿的对象,另一方面父母通过对幼儿的行为的肯定与否定,来向他们传递有关的社会性知识,以此促进他们社会性交往的发展。

从教养方式来看,父母对待幼儿的行为方式大体上有以下四种:①

权威型:父母常常肯定幼儿的行为,同时向幼儿提出明确的要求,并经常与他们讨论、解释有关行为规则的含义和意义。在这种教养方式下成长起来的幼儿,多数具有较强的独立性且对人友好,善于与人交往,有较强的自尊和自信。

专断型:父母常常否定幼儿的行为,一方面要求幼儿无条件地遵守有关行为规则,另一方面却很少听取幼儿的意见和要求。在这种教养方式下成长起来的幼儿,往往缺乏主动性和积极性,容易形成抑郁、胆怯和自卑的心理。

放纵型:父母对幼儿的行为缺乏控制,表现为对幼儿行为的过分接纳和肯定。在这种教养方式下成长起来的幼儿,往往比较专横、容易冲动、缺乏责任心以及攻击性较强。

忽视型:父母与幼儿之间的交流很少,对幼儿的行为缺乏要求和控制。在这种教养方式下成长起来的幼儿,往往具有较强的攻击性和冲动性,易发怒,自尊心水平较低,且很少考虑别人。

2. 家庭中的性别与性教育

幼儿期是儿童进一步获得性别认同的重要时期,家庭在幼儿的性别角色认同、性别化的发展以及幼儿的性教育方面都扮演着重要角色。

首先,性别角色认同。

性别认同(gender identity)是指人内心对自己是男还是女的感觉,即人对自我性别的认知。随着年龄的增长,幼儿已能从人的外表来认识性别,开始了性别认同的发展过程。尽管性别认同的发展并非在幼儿前期全部完成,但幼儿期却是性别认同发展的重要阶段。因为在这一时期,幼儿建立了性别角色判断的标准,取得了对同性父母的认同,并形成了对性别角色的偏爱。

性别角色(gender role)是指根据性别而来的社会分工、权利和义务,即男性或女性在社会关系上的地位或定位。对幼儿来说,性别角色的判断标准就是成人对他们的性别行为期望,即成人通过对幼儿行为的鼓励或限制,使幼儿掌握相应的性别角色行为。如一些父母认为男孩应该是果断的,并能为他们的权利而竞争;另一些父母认为男孩应该仔细思考什么是对的,什么是错的,并且用理智而不是冲动的攻击行为来引导他们的行动。这两类父母各有各的关于男性属性的概念,这种概念在很长的时间内透过各种方法传给了他们的儿子。父母给孩子的玩具,他们让孩子接受的经验,他们鼓励孩子所参与的活动,都反映了父母的性别角色标准的某些向度。

在幼儿期,当儿童根据性别角色的判断指标来指导自己和同伴的行为时,通常会产生性别刻板化印象(gender stereotypes),即他们不仅规定自己严格按照性

---

① 林崇德:《发展心理学》,台北:东华书局1998年版,第280~281页。

别角色的判断标准去行动,而且还严格按照性别角色的判断标准去要求和评价同伴的行为。实际情况是幼儿往往拒绝或取笑同伴不符合性别角色判断标准的行为。这种性别刻板化印象限制了幼儿对自己和未来的看法。它们不仅影响个人的例常行事,也影响长远的人生决策。吸收了这种刻板印象的孩子可能成为不会替婴儿准备奶瓶的男性,或不会把木板钉在一块的女性。

其次,性别化的发展。

1岁左右时,婴儿就开始注意到性别的差异,如他们已能正确使用"爸爸""妈妈""哥哥"和"姐姐"等称呼;从2岁起,他们的性别化行为就开始初步表现出来了,其标志是男孩喜欢小汽车,女孩子偏好洋娃娃等;3岁以后,幼儿的性别化行为更加明显,具体表现在两个方面:一是对活动方式和玩具的选择。男孩不仅会选择男性化的游戏如打仗、抓坏蛋等,而且还会选择男性化的玩具,如汽车、飞机、大炮、坦克、手枪等;女孩则偏好"过家家"等女性化的友谊和洋娃娃等女性化的玩具。二是对交往同伴的选择,即幼儿(无论男女)都倾向于与同性伙伴交往。

显然,在一定程度上来说,性别认同是随着年龄的增长而发展的。具体来说,幼儿性别认同的发展包括以下三方面内容:

性别具有差异性。即当被问道"你是男孩还是女孩"时,幼儿能够正确回答自己的性别。

性别具有稳定性。即当被问道"你现在是男(女)孩,长大后你是男孩还是女孩"时,幼儿能够正确回答"我现在是男(女)孩,我长大以后还是男(女)孩。"

性别具有恒定性。即幼儿知道"即使我扎辫子、玩洋娃娃,我还是一个男孩"或"即使我玩汽车、坦克,我还是一个女孩"。

值得注意的是,影响性别认同的因素包括遗传因素和社会性因素两个方面。遗传因素提供了性别认同的生物基础,而社会性因素(如父母、同伴、老师、家庭、学校大众传媒等)则提供了性别认同的社会基础。虽然幼儿的性别取决于遗传因素,但其性别化行为的形成和加强则有赖于社会性因素的作用。

最后,幼儿的性教育。

尽管男孩和女孩在形成性别分离的过程花费了大量的时间,但他们需要了解大量的性行为和性生殖的知识。事实上,幼儿通过把外界的信息同化和顺应到他们现有的认知结构中,构建了他们对性的认识。

幼儿对自己的身体、手淫和进行同性或者异性的游戏特别好奇,在6岁以前,大约有一半的幼儿会进行"性游戏"(过家家或扮医生),并且30%的幼儿有手淫行为。所以在幼儿的游戏中有检查和触摸生殖器这样的活动非常普遍,不应该受到家长的责备。

性的发展也受到幼儿成长的社会文化环境的影响,父母、家庭乃至社会环境的性观念对幼儿所受到的性教育有重要的影响。

二、幼儿与同伴

尽管父母与幼儿的关系至关重要,但同伴关系对幼儿的发展也具有同等重要的意义。同伴关系不仅有益于幼儿情绪发展和社会性发展,而且还可以促进幼儿认知的发展和社会技能的发展。

1. 同伴关系发展的基本类型

幼儿与同伴的交往,可分为有组织的交往和自发的交往两种形式。前者是指幼儿在幼儿园中和同伴的交往,其特点是集体性,这对于幼儿语言能力的发展以及处理与同伴之间关系能力的发展有极大的促进作用;后者则是指幼儿在幼儿园以外与同伴之间自发形成的社会交往,其特点是随意性,其主要活动是游戏,这有利于培养幼儿与同伴之间的人际交往能力以及形成符合社会需要的行为习惯。但值得注意的是,每个幼儿在与同伴交往过程中的行为方式不完全相同,且同伴对其行为的反应也不完全相同,从而形成以下四种同伴交往类型。

受欢迎型:即幼儿在与同伴交往中,行为积极友好,能普遍受到同伴的喜爱和接纳,在同伴中的影响较大,且有较高的地位。

被拒绝型:即幼儿在与同伴的交往中,行为积极,但不友好,且多消极性和攻击性行为,因而遭到多数同伴的拒绝。

被忽视型:即幼儿在与同伴的交往中,既没有积极主动的行为,也极少有消极型和攻击性行为,容易被大多数同伴所忽视或冷落。

中间型:即幼儿在与同伴的交往中,行为既非特别积极友好,亦非特别消极不友好,因而既有同伴接受他们,亦有同伴拒绝他们。

随着年龄的增长、认知的发展以及学习的需要,幼儿与同伴的交往将会逐渐增多。同伴群体对幼儿建立自我观念、发展自我评价具有重要意义。对于幼儿来说,同伴群体对他们的社会化进程具有积极和消极两方面的影响。

2. 幼儿的侵犯/攻击行为

幼儿的侵犯/攻击行为是他们实现某种愿望的一种工具,无伤害他人的意图,但有时具有一定的危险性和破坏性。它包括工具式攻击行为和语言式攻击行为两种形式,前者主要表现为打人、争抢玩具以及用物品砸人等,后者则主要表现为用语言进行挑衅如训斥他人、吵架等。工具式攻击行为一般出现在幼儿初期,幼儿在游戏活动中为了获得他们所喜爱的玩具,便采取了攻击行为。以后,由于幼儿语言表达能力的提高,他们开始出现语言式攻击行为。

人们常常认为,幼儿的攻击行为是由男性荷尔蒙引起的,这也是男孩的攻击行为较女孩为多的原因。但仅仅从生理方面寻找攻击行为的形成原因是远远不够的,事实上,幼儿的攻击行为从本质上来看是由一些社会性原因引起的,其中主要有以下几点：

（1）受惩罚。当幼儿为了获得自己想要的东西而发生攻击行为时，往往会受到父母的惩罚，如打骂、恐吓等，但这种惩罚却常常会加强幼儿的攻击行为。因为对于某些经常受到父母忽视的幼儿来说，他们宁愿由于攻击行为而受惩罚，也不愿总是处于无人理会的状态中。

（2）对父母行为的模仿。由于幼儿经常会模仿父母的行为，因而那些经常有攻击行为的父母的孩子出现攻击行为的可能性相对比较大。

（3）电视中的暴力镜头。即使父母自己没有攻击行为，也不惩罚有攻击行为的孩子，然而，电视中的暴力镜头还是会引起幼儿的注意。虽然这并非意味电视中的暴力镜头一定会引起幼儿的攻击行为，但由于大多数幼儿都认为这些镜头是现实生活的反映，因为他们有可能模仿其中的攻击行为。

到了幼儿末期，随着幼儿自我意识、道德和社会性交往的发展，他们的攻击行为开始逐渐减少。但是，这并非意味所有的幼儿都能够控制自己的攻击行为，这就需要及时对那些无法控制自己攻击行为的幼儿进行矫治。对那些无法控制自己攻击行为的幼儿，切不可采取惩罚的方式，因为这种试图以成人的攻击行为来减少幼儿的攻击行为的方式是行不通的，应该在采取否定态度的基础上，通过讲道理的方式，让幼儿对已发生的攻击行为产生内疚感，以便使他们今后减少攻击行为的发生。此外，还必须帮助幼儿选择合适的电视节目，尽量避免其中的暴力镜头。

3. 亲社会行为

亲社会行为是指符合社会主流文化期待的，具有利他性质的行为。对于幼儿来说，亲社会行为主要包括温和、合作、慷慨、理解别人的情感和需要以及个人的行为应对群体负责。

在幼儿期，幼儿对待别人的态度很大程度上受制于他们体验到爱的程度。父母的榜样作用、同伴关系的影响以及媒体的作用都会诱导并强化幼儿产生亲社会行为。研究发现，幼儿的亲社会行为与其父母的同情、热情和照顾有关。如幼儿在分享方面的慷慨行为，在很大程度上受到其父母待人接物时态度的影响。

同伴关系对于幼儿的亲社会行为也有重要的影响。父母之所以劝告他们的孩子不要去交"坏"朋友，并且鼓励他们的孩子与那些品行良好的伙伴建立友谊，是因为父母知道他们的孩子会模仿同伴的行为、态度和价值观念。像父母一样，同伴也能在助人、关心、慷慨等方面起示范作用。幼儿看到同伴分送东西、表示同情或者帮助别人，自己也会学着做。当然，同伴的自私行为也会被模仿，尤其是在这种自私行为没有受到惩罚的情况下。

由于幼儿在与同伴的互动中感觉平等，因此他们对同伴的亲社会行为的学习要比对成人亲社会行为的学习更加自愿。

三、幼儿与社区

社区作为一种社会系统,其各个部分相互联系,相互影响,为社区成员履行着生产—分配—交换—消费功能、社会化功能、社会控制功能、社会参与功能与相互支持功能。幼儿作为社区中的一员自然也会受到社区功能的影响。

从社区的生产—分配—交换—消费功能来看,幼儿主要属于消费者。由于幼儿的特殊的生理发展阶段,维持幼儿生活的日常用品的消费对于社区经济的发展具有一定的推动力。

从社区的社会化功能来看,社区在幼儿社会化方面起着重要的作用,如社区里的家庭、邻里和学校等正式或非正式组织,对于幼儿的价值观、角色和行为规范的形成具有相当大的影响。人们从幼年开始,在社区内与邻里、小伙伴群体以及学校老师、同学的交往过程中,逐步学习群体和社会的文化,学习如何承担社会角色。

从社区的社会控制功能来看,社区的社会控制功能一方面通过社会化过程发展出内在控制,另一方面则通过制度化形成外在控制,即对社区提倡和允许的行为进行奖励或对社区禁止的行为进行惩罚的外部控制。当然,由于幼儿的生理年龄尚小,社区对幼儿的社会控制更多的是通过社会化的过程实现的。

从社区的社会参与功能来看,由于这是社区的根本功能,如果社区成员和社区本身处于健康的社会中,那么就应该允许和要求其成员参与社区的生活和治理。但对幼儿来说,更多的是强调社区为幼儿提供良好的服务和环境资源,以便让幼儿更好地参与到社区生活中来。针对幼儿的社区服务,一般包括生活服务和教育服务两方面,前者有幼儿托管、上学接送服务和餐点服务等内容,后者主要为幼儿提供不同程度的学前教育。

从社区的相互支持功能来看,这是社区在其成员或家庭遇到困难时发挥的作用。由于处在特殊的年龄段,幼儿很有可能需要社区的相互支持功能,如父母不在家,需要有人帮助照看幼儿。

第五节 社会工作的重要议题

一、独生子女教育

我国政府实施独生子女政策已经 30 多年,这意味着不仅已经产生了整整一代"独生子女",而且第二代独生子女群体也正在逐步产生。30 多年来,我国社会的细胞从多子女的大家庭模式演变为以独生子女为中心的"421"结构的典型小家庭模式,这种家庭结构的变化,对我国的社会结构、价值结构、社会运行机制、文化、消费模式、教育模式等方面都产生了重要的影响。

独生子女的成长,与我国社会的复苏与腾飞紧密相伴。经济、社会和文化等的迅速发展以及全球化带来的东西方文化融合,均给独生子女的成长烙下了深深的印记,使得独生子女具有一些独特的人格特质。

一般说来,这一代独生子女有着优良的素质,掌握着现代科技知识,擅长使用网络、成长平顺;他们关注自身发展、敢于冒险、富有激情、重视权利;他们注重规则意识,知识面广,表现出了极好的学习、接纳能力。

但是,在他们的成长过程中,由于时代、家庭和社会的影响,他们又不可避免地存在一些问题。例如,缺乏责任心、好高骛远、没有目标;缺乏爱心、偏激自私;娇气任性、唯我独尊;心高气盛、目中无人;独立能力弱、依赖心理强;缺乏合作精神等。

目前,第一代独生子女已走向社会,迈入职场。他们在工作中的表现,不仅是他们成长过程的反映,也是对独生子女教育的一个总结。因此,如何发挥这一代独生子女的优势,避免第二代独生子女不良人格的形成,是幼儿社会工作需要研究的重要议题。我们可以从以下几个方面入手:

1. 要注意发挥独生子女家庭教育中的优势

在目前的独生子女家庭教育中存在着盲目性,使独生子女得天独厚的优势未能得到充分发挥,反而让消极的不利因素占了上风。因而,要注意扬长避短,克服不利因素,充分发挥独生子女家庭教育中的优势。

2. 放手让独生子女到实践中去锻炼、去经受困难和挫折

随着幼儿的逐渐成长,父母不能事事包办代替,要培养他们的独立勇敢精神。众所周知,世界上没有哪一对父母怕孩子摔跤而不让他们学走路的;同理,只有经过日常生活的摔打,幼儿才能增长才干。换句话说,只有让幼儿在生活中碰碰钉子,尝尝苦头,经受困难和挫折,才能增长他们的才能,也才能培养他们的独立勇敢精神。

3. 让独生子女参加必要的劳动

现在的父母很疼爱幼儿,伺候他们十分周到,结果是幼儿不仅不会劳动,而且也不愿意劳动。从小不劳动的幼儿,往往会心安理得地接受父母的照顾,导致他们不能体谅父母的辛苦。幼儿到了 3 岁时,什么都想自己干:路想自己走,饭想自己吃,衣服想自己穿。这正是培养幼儿能力的大好时机,但如果父母包办过多,必然会剥夺幼儿的劳动权利。

诚然,父母完全有精力将幼儿的劳动全包下来,但是为了教育幼儿,父母必须留一点给幼儿干。根据我国独生子女的情况,让幼儿参加一定的劳动,学会自己管理自己,是提高独生子女素质的需要。因此,父母应该根据幼儿年龄的大小,交给他们一些力所能及的事情,增强他们的责任感,培养他们勤劳的品质。

4. 教会独生子女关心别人

对于独生子女父母来说,不但要爱孩子,更重要的是教育孩子关心别人。例如,父母要特别注意,家里有了好吃的,不管你怎么爱孩子,都要让孩子产生一种观念:好东西不能一个人独霸;在乘公共汽车时,要教育孩子给老弱病残让座;邻居生病,父母可带孩子去探望;楼上有人上夜班,父母要教育孩子白天不要吵闹……时间长了,幼儿就会养成关心人、体贴人的好品德。幼儿从小心中有父母、有他人,将来心中才能有祖国、有人民。

5. 不要让独生子女有优越感、特殊感

有些父母爱孩子没分寸,全家人爱他、捧他、迁就他,时间长了孩子心理上会产生一种优越感、特殊感,进而变得固执、任性、不讲理,会用哭、就地打滚吓唬父母。父母对待孩子的不合理要求,一定不能迁就,如果孩子哭闹不休,可以暂时不予理睬。在这方面,父母一定要教育孩子懂得自己只是家中的一个普通成员,独生子女与其他多子女一样没有什么特殊的地方,更不是家里的特殊人物。

二、幼儿心理自闭

心理自闭是一种精神异常行为,具有心理自闭行为的幼儿对外界信息刺激缺乏积极的反应。安静地重复某些无意义的动作,如一再抚摸地面,摆弄没有意义的小木片,不断地摇动身体或皱眉头等;表情冷漠,回避与人接触,或是与人接触时不看对方的脸;视线游移不定,注意力难以集中;甚至出现攻击他人的行为,如用手掐人等。

幼儿心理自闭行为的形成主要与其小脑生长发育迟缓有关,而导致幼儿小脑发育迟缓的原因主要是缺乏与照顾者的亲近,尤其是身体间的接触——皮肤接触。一方面,小脑参与身体活动的协调,控制肌肉运动;另一方面,身体运动可以刺激小脑,促进其生长发育。如果幼儿缺乏与照顾者接触的机会,其身体运动必然会大大减少,情绪中心与小脑之间的神经冲动也必然会减弱,从而影响小脑的正常生长和发育,形成心理自闭的行为。从这个角度来看,导致幼儿小脑生长发育迟缓的具体原因主要有:有些照顾者由于忙于工作而疏于与幼儿的接触,导致亲子关系冷淡;有些照顾者之间由于常闹矛盾,家庭气氛紧张,幼儿很难在家中体验到愉快的情感;有些照顾者过分教条,拘泥于书本知识来哺育幼儿等。如此这些都可能会使幼儿产生心理自闭行为。此外,没有年龄相仿的玩伴,也可能会使幼儿产生心理自闭行为。

预防和矫治幼儿心理自闭行为最有效的方法是,照顾者一方面应增加与幼儿之间的接触与交往,如抱抱孩子,抚摸孩子的头、脸、四肢和躯体,给孩子温存的微笑以及与孩子亲切地讲话等,这样,会使幼儿感受到温暖、愉快、欢乐、安定和满足。同时,照顾者应该多与他们进行一些翻滚、爬行、蹦跳、追逐和打闹的游

戏,并尽量为他们提供与同龄伙伴玩耍的机会,通过增加运动量来促进幼儿小脑的发育,从而使他们的身心得到健康的发展。

三、幼儿照顾与社会服务发展

具有基础性、发展性以及未来性的幼儿,是社会的基础和未来发展的希望寄托。但由于我国幼儿社会工作起步较晚且发展相对缓慢,因而幼儿照顾与社会服务发展也成为社会工作的重要议题。

1. 幼儿发展的特征

(1)兼具质和量的变化,是质变和量变的统一。幼儿的发展在量变的基础上,会实现机体功能及思维方式上的质变。关于机体功能上的改变,在前面的生理发展过程已经有了详细的介绍;就思维方式而言,幼儿阶段主要实现两大转变:一方面,从直觉行动思维向具体形象思维的转变;另一方面,从具体形象思维向抽象思维的转变。

(2)兼具连续性与阶段性,是连续性与阶段性的统一。幼儿的发展具有明显的阶段性特征,这是因为幼儿的发展不是匀速进行的。在不同的发展阶段上,幼儿的感觉、知觉、表象、记忆、注意等以及动机、态度、兴趣、能力等都会呈现出不同的阶段性特征。

(3)兼具稳定和不稳定的状态。一方面,幼儿发展的统一力量是相同的生物因素,而幼儿发展的一致目标则是走向成熟,因而幼儿发展的稳定性表现是循序渐进。另一方面,与其他年龄段相比,幼儿的发展又具有不稳定性,这主要表现为因迅速发展而产生的不稳定性。社会工作的关键就是帮助幼儿实现稳定的发展。

(4)兼具共通性和变异性的特质。幼儿发展的共通性,是指幼儿的发展具有相似性、接近性和共同性的特点。幼儿发展的变异性,则是指幼儿在共通性发展的前提下,具有极大的个体差异,这些差异是遗传、环境和个体交互作用的结果。因而,幼儿社会工作要把握共通性和变异性两个方面的因素,使幼儿的发展达到共性和个性的统一。

(5)兼具分化和统合的功能。幼儿发展的分化功能,是指幼儿自身的机能从简单、粗疏不断向复杂、精密发展,分化既是幼儿发展的过程,也是幼儿发展的标志。幼儿发展的统合功能,是指幼儿身心的各个系统在独立发展的同时,又会统合为一体的全面发展。

(6)兼有正常发展和畸形发展的可能。幼儿的正常发展和潜能的积极发挥对整个社会具有重要的作用,绝大多数幼儿都会走上一条正常发展的道路,因而正常发展是幼儿发展的本质。但幼儿不具备独立生活的能力,他们是社会中最易受伤害的人群之一,需要成年人的抚育和扶持。由于种种不可控因素,幼儿在发展过程中可能会产生种种偏差,并因此造成畸形发展。显然,幼儿社会工作的根本宗旨和最终目标就是运用科学的方法促使幼儿向正常的方向发展,避免畸形发展。

2. 幼儿发展的障碍

幼儿的发展既是幼儿自身的问题,同时也是重要的社会问题,幼儿社会工作者服务于幼儿,需要了解幼儿自身发展的规律,也需要了解幼儿发展的障碍。

在我们的幼儿教育实践中,原本活蹦乱跳的孩子到了幼儿园变得沉默寡言;原本对幼儿园充满了好奇和兴趣的孩子,在进入幼儿园一段时间后再也不想上幼儿园了;原本天真活泼的孩子进入幼儿园后就变得畏缩沮丧;原本属于幼儿自己的"六一"儿童节,在节日到来之前的很长一段时间,就为了庆祝节日的"演出",被搞得身心疲惫……诸如此类的现象,在我们的幼儿园中已是司空见惯。

年轻的父母们担心、害怕自己的孩子在竞争激烈的今天发展落后于他人,便往幼儿本就脆弱的双肩上不停地增加重量,导致"读经"、珠心算、英语、钢琴、舞蹈、绘画、武术等各种各样的兴趣班如火如荼,只要是关系孩子今后"发展"的东西,一样也不落下,全然不顾幼儿自己喜不喜欢、有没有兴趣,甚至连本该休息娱乐的节假日都给搭上了。其结果则是对幼儿天性的摧残、对幼儿创造力和想象力的无情扼杀。

此外,我们的幼儿教育对于幼儿发展存在过于片面化的认识,即过于注重幼儿智力的开发和幼儿认知的发展,以知识代替智力。在学前教育中,多是单一的知识灌输,以让幼儿尽可能多地掌握知识为终极目标。这样的教育,远离生活意义和生命价值,以致幼儿的情感、体验、感悟和价值观等在知识面前显得苍白无力。

由于幼儿是通过生活及游戏活动来学习的,这些活动往往都是综合性的,加之幼儿身心发展的不成熟,这就使幼儿教育一方面要考虑到幼儿的特点和需要,另一方面则要尽可能强调教育的整体性。因此,将幼儿教育从标准的、统一的模式中解救出来,对解决幼儿发展的障碍问题具有十分重要的意义。

本章小结

第一,本章讨论了幼儿生理的发展。幼儿的身体变化不如婴儿明显,但在身高、体重、肌肉、骨骼和神经系统等方面仍然有明显的发展,影响幼儿健康的因素主要包括营养、睡眠、人际环境以及自然环境等。

第二,本章讨论了幼儿动作与语言发展。幼儿动作的发展,主要体现为大肌肉发展逐渐成熟,小肌肉与手眼逐渐协调。幼儿语言的发展,主要体现在从以表达机能为中心向以思维机能为中心的转换,语言能力的培养对幼儿语言的发展至关重要。

第三,本章讨论了幼儿心理与行为的发展。一是幼儿心理发展的一般特征:幼儿认知发展的阶段,属于皮亚杰的运算思维准备阶段;幼儿心理活动和行为受情绪影响较大,情绪直接指导、调控着幼儿的行为;幼儿的自我意识,主要由自我评价、自我体验和自我控制三个方面因素构成。二是幼儿游戏:幼儿游戏是幼儿参与社会活动的主要形式;幼儿游戏理论的研究主要有生物学视角、心理学视角、文化学视角和哲学视角四个视角。游戏的种类繁多,既可以根据幼儿的行为表现、认知特点、社会性特点和创造性特点来分类,也可以根据幼儿教育的方法来分类;幼儿游戏有其独有的特点。三是幼儿劳动:幼儿劳动的内容主要包括自我服务劳动和集体服务劳动;幼儿劳动的环境主要有家庭、社区和同辈群体。

第四,本章讨论了幼儿与社会的关系。一是幼儿与家庭的关系:父母不同的教养方式对于幼儿的行为方式乃至人格发展有着深远的影响;家庭中的性别与性教育则和幼儿进一步获得性别认同以及今后的性别社会化关系密切。二是幼儿与同伴的关系:幼儿与同伴的交往,可分为有组织的交往和自发的交往两种形式;幼儿的侵犯/攻击行为是他们实现某种愿望的一种工具,无伤害他人的意图,但有时具有一定的危险性和破坏性;父母的榜样作用、同伴关系的影响以及媒体的作用都会诱导并强化幼儿产生亲社会行为。三是幼儿与社区的关系:幼儿作为社区中的一员会受到社区生产—分配—交换—消费功能、社会化功能、社会控制功能、社会参与功能与相互支持功能的影响。

最后,本章讨论了幼儿社会工作的重要议题,包括独生子女教育、幼儿心理自闭以及幼儿照顾与社会服务发展。

思考题

1. 简述影响幼儿健康的因素。
2. 试述幼儿动作发展和语言发展的特点。
3. 试述幼儿心理发展的一般特征。
4. 简述幼儿自我意识发展的主要内容。
5. 试述幼儿游戏的特点。
6. 简述幼儿劳动的内容及其环境。
7. 试述父母对待幼儿的教养方式。
8. 试述幼儿同伴关系发展的基本类型。

推荐阅读

自闭症儿童及家庭服务项目

陆士桢:《儿童社会工作》,北京:社会科学文献出版社 2003 年版。

[美]黛安娜·巴巴利亚等:《儿童发展》,黄惠真译,台北:台北桂冠图书股份有限公司 1990 年版。

[美]黛安娜·帕帕拉、萨莉·奥尔茨、露丝·费尔德曼:《发展心理学:从生命早期到青春期》(上册)(第 10 版),申继亮、李西营等译,北京:人民邮电出版社 2013 年版。

[美]约翰逊:《游戏与儿童早期发展》,华爱华、郭力平译校,上海:华东师范大学出版社 2006 年版。

徐愫:《人类行为与社会环境》,北京:社会科学文献出版社 2003 年版。

R. E. Anderson, E. Irl, G. L. Carter, *Human Behavior in the Social Environment: A Social Systems Approach* (5th ed.), New York: Aldine de Gruyter, 2009.

扩展推荐阅读

[美]谢弗:《发展心理学——儿童与青少年》(第八版),邹泓等译,北京:中国轻工业出版社 2009 年版。

[美]罗伯特·费尔德曼:《发展心理学——人的毕生发展》(第六版),苏彦捷等译,北京:世界图书出版公司 2013 年版。

高雪莲:《失落的童年:乡村幼儿教育之殇——柳溪村幼儿教育现状考察》,《北京社会科学》,2013 年第 6 期。

龚文进、甄珊珊:《理性抑或情感:3—6 岁幼儿的信任判断偏好及发展》,《华南师范大学学报(社会科学版)》,2015 年第 2 期。

朱季康、孔祥德:《论民国妇女身份的转变对幼儿公育思想的影响——基于民国学者视野的考察(1912—1949)》,《北京社会科学》,2015 年第 2 期。

网站资源

中国儿童教育网

幼儿网

中国幼儿网

美国政府儿童福利信息网

澳大利亚政府儿童保护服务

第九章 儿童行为与社会环境

学习目的

了解儿童生理与心理发展的特征;理解与儿童发展密切相关的社会环境,如家庭、同伴、学校和社区,并把握儿童与家庭、同伴、学校和社区的互动关系;识别儿童在成长过程中遇到的各种问题,包括儿童的成就压力、对父母离婚的适应、被虐待的问题以及儿童情绪上的困扰等,在此基础上帮助儿童应付压力和解决问题。

虽然个体在儿童期(6~12岁)的身体发育速度相对减缓,但是这一时期的成长仍然非常重要。在此期间,儿童智力发展迅速,自我中心越来越小,思维更具有逻辑性。在这一章,我们将讨论儿童的认知发展和道德发展。儿童的心理社会发展包括五个主要阶段:了解他人阶段、成就阶段、家庭关系阶段、学校和同伴阶段。在这期间,儿童更深刻地了解了自己与众不同的地方。他们更多地获得自我感,为青春期和成年期发展稳定的身份打下基础。这一章我们还将识别儿童的压力,并更好地理解儿童面对的压力,比如说成就压力、父母离婚、对儿童的虐待和其他情感问题,在理解儿童压力的基础上,我们才能更好地帮助他们应付压力。

第一节 儿童生理和心理发展

一、儿童的生理发展

1. 生长发育

当我们对幼儿和儿童的生理发展速度进行比较时,我们发现除了在童年后期的勃发以外,儿童的生理发展放慢了。虽然儿童每天的改变并不显著,但他们在 6~12 岁积累的成长差异还是会很惊人。如果在放学时间路过一所小学,你会看到高、矮、胖、瘦的小学生排队涌向校门,低年级和高年级的孩子清晰可辨。一般来说,童年期的学龄儿童在其发育期间平均每年体重增加 3.5 公斤,身高增加 0.06 米。虽然儿童的脂肪组织成长渐缓、肌肉组织成长加速,但前者的发展仍然比后者快。女孩的脂肪组织维持较久,男孩的肌肉组织发展比较快,因此女孩的外观比较圆润细致。童年后期的快速发展过程始于女孩 10 岁,男孩 12~13 岁。在 10~12 岁的很短的时间内,女孩身高一般要比男孩高,且体重要比男孩重,这种现象一直保持到男孩青春期发育开始,然后超过女孩。当然,我们应该注意到在成长速度方面,总是有因种族、民族和社会经济层面不同而产生的个体差别,遗传差异和环境影响都可能会导致这种差别。

2. 营养与健康

营养合理对我们大家都很重要,对处于重要成长和发展阶段的儿童来讲尤其重要。儿童一般胃口很好,他们需要吃得好,因为他们的体重要比幼儿增加一到两倍。儿童的许多问题是由饮食不当所致,在城市,快餐店很普遍又很吸引人,许多孩子都说他们喜欢汉堡和油炸食品,应尽量减少食用这些高脂高热量快餐。同时,成人应该保证儿童饮食平衡,避免营养不良和营养过剩。营养过剩(肥胖)可能会影响身体健康,如高血压、糖尿病、身材臃肿。

那么,什么是合理的营养食品呢?必需的营养食品包括蛋白、脂肪、碳水化合物、维生素和矿物质。蛋白质对身体发育、维持以及身体各部分的恢复是必需的。脂肪有利于体内能量的储存和避免身体热量损耗。碳水化合物提供燃料来满足身体的能量需要。维生素和矿物质为身体的特殊结构和组成部分的合成所需要。例如,维生素 D 为骨骼生长所必需。

3. 动作发展

童年期的孩子肌动技巧发展快,男孩和女孩都可以参加各种体育活动(见表 9-1)。以前,人们认为男孩要比女孩跑得快、跳得高、掷得远和更加强壮。现在,研究表明,男孩和女孩之间肌动技巧能力的许多差异并没有想象的那样大,青春期以前男孩和女孩参加同样的活动表现出差不多的能力。[1] 只是男孩在大动作(如立定跳、单腿站、投掷)的发展一直超过女孩,女孩在精细动作(如剪纸、描红、系鞋带)的发展则超过男孩,这也是男孩比较喜欢从事体力活动的原因之一。

童年期的孩子虽然越来越有成人的架势,但他们不是"小成人",因为身体的发展未臻完善,骨骼、肌肉和视神经的发展都远不如成年人,有些行为和动作

---

[1]　E. G. Hall & A. M. Lee, Sex Differences in Motor Performance of Young Children: Fact or Fiction? *Sex Roles*, vol.10 1984, pp.217~230.

的要求不能够太高,有些学习不能太早开始,否则会产生强烈的挫折感。因此,"时机成熟"这个观念对了解儿童的发展格外重要,学习或行为的要求必须配合儿童自身的发展,时机尚未成熟之前强加的学习只会事倍功半。

表 9-1　儿童期的动作发展

年龄	行为
6 岁	女孩在动作的精确性上占优势;男孩在力量性强和复杂程度低的活动上占优势 能够跳跃 能够投掷适当重量的物品
7 岁	能够闭眼保持单脚平衡 能够在 5 厘米宽的平衡木上行走 能够精确地单脚跳入小方格 能够精确地完成开合跳动作
8 岁	儿童的握力达到 5.5 公斤 男女同时参加的游戏数量达到顶峰 能够完成以 2—2 人、2—3 人或 3—3 人模式交替的节拍跳跃 女孩可以将小球扔至 12 米以外
9 岁	男孩每秒可以跑 5 米 男孩可以将小球扔至 21 米以外
10 岁	能够判断远方小球的行进路线,并进行拦截 女孩每秒可以跑 5.2 米
11 岁	男孩立定跳远能够跳到 1.5 米,比女孩多 15 厘米

资料来源:转引自[美] 黛安娜·帕帕拉等:《发展心理学——从生命早期到青春期》,李西营等译,北京:人民邮电出版社 2013 年版。

二、儿童的心理发展

1. 认知发展

当儿童开始上小学时,学习生活越来越有规律。学龄期儿童的学习能力和做功课的能力在以后 6 年中提高很快,因为他们的概念思维、解决问题、记忆和语言的能力都得到发展。根据皮亚杰的认知发展理论,儿童期是具体形象思维向抽象思维过渡的重要时期。7~12 岁的儿童处于皮亚杰所说的具体运思(concrete operation)阶段,亦即他们可以使用符号来进行运思(心理活动)。他们能够更好地对事物进行分类、与许多人交往、解决时空概念和区别幻想与现实。具体运思思想的内容包括:保留、分类和组合技巧。

(1) 保留(conservation)。皮亚杰认为具体运思阶段的儿童自我中心意识没

有以前那样强,更加专注于需要逻辑推理的任务,比如保留。保留包括对物体的
理解,这种物体指不增加也不减少任何东西的物体,也就是虽然外表发生了变化
但仍然是同一物体。例如,给小明两个大小一样的土块,他认为它们是一样的。
实验者解释,如果小明认识到即使其中一个土块被卷成圆筒状后,两个土块仍然
重量相等,这就是保留物质。相应的,在重量保留方面,小明认识到当球状和筒
状土块被各自放在一杯水中,它们吸收同样多的水。

皮亚杰观察到各种类型的保留总会在不同的时间获得。7~8 岁,儿童能够
保留物质;9~10 岁,能够保留重量;11~12 岁能够保留体积。虽然这三种保留
的基本原理是一致的,但是,儿童不能把所学到的保留从一种转换到另一种。因
此,我们看到儿童的推理仍然是具体的,他们仅仅局限于某一特殊情境,不容易
把同一基本心理运思运用到另一个不同的情境中去。

(2) 分类(classification)。分类是理解数字概念的基本技巧,根据物体的某
种维度去归类物体的一种能力,分类能力有助于儿童进行逻辑思考。在前运思
阶段的幼儿只能对物体的一个性质进行归类(例如颜色、大小或形状),因为他
们看不到一个问题的两个方面。当儿童能够依照某个维度对物体进行排列时,
例如重量从轻到重、体积从大到小,就表明他们掌握了排序(seriation)。7~8 岁
的儿童可以把物体放在两个重叠的等级上,并证明其选择是正确的。例如,"它
可以归入蓝色的一组,因为它是蓝色的,或它可以归入正方形组,因为它是正方
形。"在具体运思阶段,儿童了解一级、二级或级别包容之间的关系。

(3) 组合技巧(combinatorial skills)。具体运思思维的第三个特征就是组合
技巧的发展。一旦他们获得了保留数字的方案,儿童就会理解到某种物质转变
将不会改变一组单元数。例如,10 块糖果排成一行,不管它们分开、放在一起还
是捆在一起,还是 10 块。儿童学会计算并且使用计算来回答问题。例如,他们
会在四张扑克牌上都标上数字,然后告诉你总共有四张扑克牌。但是,年龄小的
孩子在许多扑克牌中挑出四个一组的牌或建立两组数量相等的牌有困难。当具
体的物体不在场时,他们口算(心算)也有困难。①因为保留数字是 7~8 岁获得
的。所以,儿童在该时期学会了加、减、乘、除四则运算。

当儿童发展具体运思思维时,他们便能逐步了解物质世界的规律性和统治
各物体之间的原理。我们必须注意到,在具体运思阶段的儿童具备了更多的逻
辑思维,理解世界是怎样有机构成的。他们可以对事物进行预测,因为儿童运用
与具体运思思维相关的逻辑思维进行思考,采用新手法解决问题,他们把这些原
理类推到思考友谊、小组游戏和其他有规则的游戏以及自我评估中。同时,因为

① N. C. Jordan, J.Huttenlocher & S. C. Levine, Differential Calculation Abilities in Young Children from Middle-and low- income Families, *Developmental Psychology*, vol.28,1992,pp.644~653.

物质世界的秩序越来越明显,所以,儿童在社会和个人领域内开始寻求逻辑和秩序。有时,他们对秩序的寻求会因社会世界的不可预测性而遭受挫折。而在大多数时间,儿童发现自己能够使用推理能力去解决人际问题和安排日常生活,从而更好地满足他们自己的兴趣和需要。① 表 9-2 中总结了具体运思思维的内容。

表 9-2　具体运思思维的内容

内容	新的能力
保留	能够发现身份 能够发现递推 能够灵活控制对等的两个方面
分类	能够按照某些共同的标准对物体归类 能够对同层次级群体进行排序
组合技巧	能够进行加、减、乘、除四则运算

2. 道德发展

皮亚杰的道德发展理论描述了当儿童发展时道德推理是如何变化的。通过观察儿童玩弹球的过程,皮亚杰发现两岁以下的儿童不会玩这一游戏,因为他们找不到规律,他们仅能控制大理石。大约从 7~10 岁,儿童试图遵循这些规则办事,但不同的儿童对具体细节有完全不同的理解,不过他们会把规则看成是神圣的,是来自外部权威的和不能改变的。例如他们相信大富翁(一种游戏)的规则来自于制造商并且不能改变。但是从 10~12 岁,儿童开始理解游戏规则并用来适应他们自己的要求。

除了研究儿童如何遵守这些规则,皮亚杰还研究他们对这些被破坏的规则如何进行推理。他讲述了两个小男孩的故事,并让孩子解释哪个小男孩更调皮。

从前有两位小男孩,翔翔和乐乐。一天翔翔注意到他爸爸的墨水瓶空了,他决定帮助父亲灌满它,但是在开瓶盖时,他把墨水弄泼了,并且把桌布弄脏了一大块。另一个男孩乐乐知道自己不应该玩父母的墨水瓶,但他在玩父母的墨水瓶时把少量墨汁洒在桌子上,并把桌布弄脏了一小块。

结果,年龄小的孩子通常会回答说翔翔更调皮,因为他把桌布弄脏了大块。他们并不考虑翔翔这样做的意图只是在帮助别人时发生意外。另一方面,年龄大些的孩子在判断小男孩是否调皮之前会考虑到意图和后果。根据他的研究,皮亚杰得出结论说儿童的道德概念在两个主要阶段获得发展,即道德制约和道

---

① B. M. Newman & P. R. Newman, *Development through Life: A Psychosocial Approach* (6th ed.) , Homewood: Dorsey, 1995.

德合作,前者差不多与前运思阶段同时进行,后者则与具体运思阶段同步。

道德制约(或异质道德)阶段通常在 4~7 岁的儿童身上得到发展。这一时期的特征就是儿童认为规则是绝对和不允许怀疑的。儿童认为行为或全错或全对,并且认为其他人也是同样的看法。他们根据行为的后果和该行为是否遵循了已建立的规则判断问题。他们还相信眼前的公正,即恶有恶报,如果不是由于某些权力缘故,那么就会出现身体损伤或其不幸。例如,一个儿童可能会相信他头疼是因为跟老师说谎。

合作道德(或自主道德)阶段通常表现在 10 岁以上的儿童身上。它以道德弹性为特征,规则是武断的协议,是可以怀疑的,某些共识是可以改变的。在该阶段,儿童开始理解他人的观点。他们对对与错的判断来自于行动的意图和后果,他们相信惩罚应该与错误的做法有关,而不应受权威和武断的控制。例如,如果一起踢球的同学打破了窗子,他们应凑足零花钱去买一个,而不是遭父母打。此外,儿童不再依照服从而是依照遵从同辈的期望来界定权威、义务和责任,这表明该阶段的儿童能够设身处地考虑到他人。

皮亚杰相信认知发展和社会经历都包含着从一个阶段向一阶段的转变,通过与同辈的互动,儿童离自我中心越来越远,并学习到新的观察角度——互惠和合作。

科尔伯格(L. Kohlberg)通过分析两难处境故事的方法提出了陌生人的假想道德问题,并且对反应者反应背后的推理过程进行讨论,发展出了六个截然不同的道德推理阶段。

一位妇女身患癌症濒临死亡,医生发现某种药可以挽救这位妇女的生命。但是这种药非常贵,丈夫到处借钱还是不够,丈夫请求药店老板降低价格出售药品以后慢慢偿还,药店老板以靠药挣钱为由拒绝了。无奈,丈夫砸了药店,偷走了药……丈夫应该这样做吗?为什么?

这六个阶段被划分为以定义对错为特征的道德推理的三个基本发展层面。

在前常规层面(pre-conventional level)上,个体似乎为行为的后果所驱动:"我是如何受影响的?"在阶段 1,人们在道德上表现为免受惩罚;在阶段 2,人们在道德上表现为希望获得赞同。

在常规层面(conventional level)上,个体能够远不止看到行为的后果,并且从其他角色包括从法律角度去考虑:"别人将如何看待我?"维持社会秩序和满足他人的期望是关键。在阶段 3,人们在道德上表现为在他们自己和他人看来都是好的,或是因为他们关心他人;在阶段 4,人们表现出有道德的行为,因为他们相信规则和义务对于稳定的社会秩序来说是必需的。

在后常规层面(post-conventional)上,个人的考虑和权衡来自各种观点和后果背后的价值观:"如果我这样做,我将如何看待我自己?"这种推理的基础来自于具有普遍的而非个人的原理和标准。在该层面上有一种公正感指导人们站在他人的角度评判他人的道德观。在阶段5,人们因为多数人的意愿而表现出道德行为。这种意愿表现在保持每个人的福利和保护某些人的权利的法律中;在阶段6,人们表现出某种道德行为因为他们遵照自我选择的内化原理,他们意识到法律和契约的重要性,但是,一旦法律和价值观之间发生冲突时,他们选择追求更高的价值。

科尔伯格的道德发展理论提示我们在检验道德发展水平时,必须考虑儿童的社会认知发展水平。除此之外,我们还应该注意到同辈之间的互动加速了道德发展,因为互动强化了"给予和获取"(give-and-take)反应,这种反应要求一个人站在他人的角度去考虑问题。做游戏给自由产生规则提供了机会,这意味着如果我们想进一步了解某一个道德问题,如不偷东西和不说谎,那么我们就可以设计各种剧情,儿童可以扮演其中的角色并讨论问题。通过角色扮演,儿童学会从各种角度看问题。此外,我们还应该注意到认知发展应通过对道德的讨论得到加强,让孩子在更高层面上进行道德推理。

儿童的道德发展包括帮助、共情(empathy)、合作、利他(altruism)、抑制反社会行为和促进社会接受行为等元素。对我们来说鼓励儿童的正面行为很重要,下面为家长和老师提供一些建议:①

(1)展现帮助、合作和共情的行为。

(2)提倡社会接受的行为,即利用特殊的情境指导儿童如何与人分担。

(3)热情地接受新思想、新观点和新的选择。

(4)确立固定的标准和行动,当不按规则行事时会产生某种后果,并解释规则的理由。

(5)为儿童提供角色扮演机会,并讨论某种行为是如何影响他人感情的。

(6)提供需要合作的活动,比如制订小组计划。

(7)让儿童和其他成人合作,并请成人引导和帮助他们。

(8)一旦看到社会接受的行为就予以赞扬。

(9)让孩子知道攻击性的行为会受到制裁,一旦出现立即予以制止,并尝试让儿童自己找到解决问题的方法。

(10)如果预计会有攻击性行为出现,应重新引导儿童做他们感兴趣的活动。

---

① R. Berns, *Child, Family, Community* (3ʳᵈ ed.), San Diego: Harcourt Brace Jovanovich, 1993.

三、儿童的心理社会发展

弗洛伊德的精神分析理论(性心理理论)将童年期称之为潜伏期,即与骚动的幼儿期和躁动的青春期相比,童年期处于性的相对稳定时期。弗洛伊德认为童年期的儿童不能继续模糊地希望与其异性的父(母)保持亲密,并与其同性父(母)进行竞争,这种恋父/恋母情结如果持续太长会影响生活。结果,儿童的感情最终会被压制下去,因此弗洛伊德称这一时期为潜伏期。[①]在这期间,在校的儿童注重竞争和技巧,并将其作为一种防御机制(无意识的、自我保护的行为)去面对他/她们早期对母/父的浪漫感情。根据弗洛伊德的说法,发展才能,比如体育、艺术等有助于排除无意识中驱除不掉的早期失落感。

埃里克森同意弗洛伊德的解释,并发展了弗洛伊德的理论。他不仅强调发展才能的防御性的功能,而且还强调它的正面功能。[②]按照埃里克森的观点,儿童不仅通过压制自己的感情,而且还通过有意识地模仿行为力图变得更像一般的成人来对其对父/母的浪漫感情做出反应。埃里克森还把童年期看作为儿童参加学校活动的时期,希望社会帮助儿童发展阅读、写作、骑车、和同辈相处等能力和技巧。儿童通过与他人进行比较对自己进行评估,同时也受到大人的评判。解决问题的关键同儿童的努力有关:如果儿童勤奋,他就发展了能力感;如果儿童不能获得所期望的技巧,他就发展了自卑感。因此,这个阶段的危机就是勤奋与自卑。成功解决这一危机的德行就是能力,这是一种认为自己能够把握和完成任务的体验。

1. 自我概念

"我是谁?"这个问题使得许多人花了一生的时间去寻找答案。非常简单,自我概念就是"我是谁"的感觉。自我概念的内容就是我们知道我们已经是什么和我们已经做了什么,它的作用就是指导我们决定将有什么以及将来会是什么。自我概念帮助我们了解我们自己和规范我们的行为,尤其是童年期形成的自我感对于人格发展和社会发展至关重要。[③]弗洛伊德和埃里克森的理论都对此进行了分析。

总的来说,自我概念的发展从自我意识(self-awareness)开始,始于婴儿期,逐步发展到我们能够反省并意识到我们行动的存在。大约成长到18个月,幼儿

---

① S.Freud, Peer Relations, In P.H. Mussen (edt.), *Handbook of Child Psychology* (4th ed.), New York: Wiley, 1983.

② E. Erikson. *Childhood and Society* (2nd ed.), New York: Norton, 1963.

③ H. Markus & P. S. Nurius. Self-understanding and Self-regulation in Middle Childhood. In W. A. Collins(ed.), *Development during Middle Childhood: The Years from Six to Twelve*, Washington, D. C.: National Academy, 1984.

能够在镜中认识自己(自我认识,self-recognition),然后他们通过识别内部和外部的特征力图描述他们自己(自我定义,self-definition)。大约 3 岁时,儿童大多数依据外界(他们的外表、他们居住的地方、他们所做的事情)认识自己。大约6~7岁,儿童开始从心理上识别自己,他们发展了"我是谁"(真实的自我,the real self)和"我可能是谁"(理想的自我,the ideal self)的概念。童年后期的儿童开始调整他们的行为,不仅是为了获得他们所需要的,而且还满足他人的需要(自我调整,self-regulation)。那么,我们如何发展我们的自我概念的呢?

为了成为一名合格的社会成员,儿童在发展自我概念时,必须完成几项重要的任务。它们是:

(1)帮助孩子反省他人的感知、需要和期待,拓宽他们的自我了解,如"什么是朋友,什么是队友?";

(2)帮助孩子了解社会是如何运转的,包括复杂的人际关系、角色和规则,如儿童逐步认识到妈妈也有喜怒哀乐;

(3)帮助他们发展行为标准,这些标准一方面使个人得到满足,而另一方面为社会所接受;

(4)鼓励孩子规范自己的行为,因为儿童要为自己的行为后果负责,所以他们必须相信他们会按照个人的和社会的标准行事,以及他们必须发展某些行事的技巧和策略。

2. 自尊

童年期是发展自尊的重要时期。儿童通过与社会规范和期待进行对照以及他们如何行事来对自己进行评判。自尊(self-esteem)指个体在整体上和特定方面对自己的积极和消极评价,例如"我擅长打网球""我的数学不好"。儿童的自尊还包括来自他人的爱护、支持和赞成。自尊在成就获得中起着重要的作用,研究发现自尊心强的孩子比自尊心差的孩子在学校表现好并且更能获得成功。此外,儿童的自我形象还影响其人格发展,正面的自我形象是一生成功和幸福的关键。

一般来说,自尊在儿童期会总体获得提升,到 12 岁时又略有所下降。这种下降的主要原因是从小学到初中的考试通常发生在这个年龄段,当然也有其他的解释,比如青春期发育较早的女孩子可能有低自尊的表现等。另一方面,由于陷入一种无法摆脱失败的恶性循环中,一些儿童长期拥有低自尊。例如学生小明面临期末考试,他认为自己一定会不及格,于是很焦虑,过分的焦虑导致他不能集中精力复习,然后他觉得既然一定考不好又何必要努力学,最后在行为上他放弃了学习。父母可以通过提高孩子的自尊来打破这种失败的循环,表 9-3 列举了一些提高自尊的方法:

表 9-3 帮助儿童提高自尊的方法

方法	内容
使儿童能够感觉到爱	了解和注意到他们的需要 亲情和热情 接受他们的个性 跟他们交谈和听他们说话
使儿童能够自主	为他们提供自己动手的机会 让他们有选择的机会 鼓励他们的好奇心 鼓励他们获得成就时有一种自豪感
使儿童能够成功	成为一个合适的榜样 确定明确的限制 称赞成功 解释结果以及了解如何吃一堑长一智
使儿童能够与他人互动	提供机会让儿童体验给予和获得 帮助他们了解他人的看法 使他们能够有个性 帮助他们应付感情
让儿童负责任	提供机会让他们关心自己的东西 帮忙做家务 帮助他人 使他们能够改正错误 鼓励他们深化负责任的心态或行为

资料来源:R.M.Berns, *Topical Child Development*, New York: Delmar publishers Inc., 1994.

3. 自我效能

由于父母和其他人的鼓励,一个人很有可能发展自信(self-confidence),也就是他/她能够按照特定情境的要求表现其行为(即自我效能),自信的人相信他会成功。面临困难或失败时,自信的儿童会努力去把握挑战,他们把失败归因为努力不够,因而加倍地努力;不自信的儿童在面对困难时则倾向于退让,因为他们把失败归因为缺乏基本的能力。当一个儿童学习任何一个新的任务时,重要的一点就是把该任务分成更少的几部分,以使儿童至少能够掌握其中的一部分来增加成功的经历。以下的方法能够帮助我们培养儿童的自信[1]:(1) 关注

---

[1]　A. Bandura, The Psychology of Chance Encounters and Life Paths, *American Psychologist*, vol.37, 1982, pp.747~755.

过去的表现,孩子能够通过回顾以往的成功经验以增加自我效能感;(2)观察他人,孩子看到一个与自己差不多的人成功地完成了任务,这能提高他的自信;(3)口头劝说,即鼓励儿童相信自己并试着去完成一个新的任务;(4)判断身体状态,当儿童焦虑或受惊吓时,他们可能会预料到失败。当儿童兴奋和感兴趣,而且不过分紧张时,他们更有可能认为自己能够获得成功。

第二节　儿童发展与社会环境

一、儿童与家庭

家庭是社会关系的最初经历,并且是儿童最主要的社会化因素。如果一个儿童受到爱护和抚育,他就会自信和相信他人。研究表明生活在良好的家庭环境的儿童情绪稳定、与人合作和感到愉快。① 良好的家庭环境能够给孩子提供温暖并接纳他们、具有始终如一的家规、鼓励孩子社会和情感适应能力以及对儿童的成长需要做出反应。相反,被忽视或被虐待的儿童会缺少自信、不相信他人。作为社会工作者,我们需要了解家庭中父母、兄弟姐妹以及其他家庭成员对儿童成长的影响,在这里我们主要对父母管教方式和亲子关系两个议题进行讨论。

1. 父母管教方式

进入学龄期,儿童和父母相处的时间有减少的趋势,相对地,和同伴相处的时间日益增加。对于7～12岁的儿童,父母给予他们的时间只有7岁前的一半。虽然给孩子的时间减少了许多,家庭对儿童的影响和对其发展的重要性并没有因此减少,父母必须提供一个安全的环境,儿童才能够稳健地成长。虽然儿童对父母的爱和尊重大不如前,他们仍然必须依靠父母无条件的爱、提供资讯、提供指引和权威以及必要的管教,这些条件可以被称为正常的家庭过程,是儿童健康成长不可或缺的。

霍夫曼(Martin L. Hoffman)将父母的管教方式(策略)归纳为三种:权威施压(power assertive discipline)、爱的撤回(love withdrawal)和循循善诱(introduction)。②

权威施压包括体罚、惩罚性威胁或使用肢体方式控制儿童行为。研究显示,使用这种方式可能增加儿童的侵犯行为,因为父母的管教行为为儿童提供了角

---

① E. M. Rutledge, Black Parent-child Relations: Some Correlates , *Journal of Comparative Family Studies*, vol.21, no.3(1990), pp.369～378.

② M. L. Hoffman, Moral Development, In P. H. Mussen, *Carmichael's Manual of Child Psychology*(vol. 2), New York: Wiley, 1970.

色模仿的机会,儿童会认为这是解决问题与争端的最佳手段(吵、闹和威胁);另一方面,权威施压方式会造成儿童的尴尬与羞怯,甚至导致自我价值感的低落。

爱的撤回是指儿童有不当的行为时,父母将爱撤回。撤回的方式可以是口头的贬抑、威胁将儿童送走及指出儿童不当的行为是造成不再被爱的原因;也可以是行动的,故意不理睬儿童,又称沉默的威胁。这种管教方式对儿童不太公平,并且容易造成负面后果,包括引起焦虑、过度恐惧和减少儿童情感的表达。

循循善诱是指透过解释和理性说明来影响儿童的想法和行为。其特点是不使用强制或权威管教儿童,而着重于向儿童说明其听从父母指示的理由,提供儿童决定是否行动和思考如何行动的空间,考虑到儿童认知发展和道德发展的阶段和层次,不将成人的标准强加给儿童。这种管教方式的优点包括:有助于儿童发展内在的道德标准;有助于儿童取得自我控制的经验;有助于儿童学习考虑和体贴他人的立场,这些都是权威施压下的儿童难以习得的。

鲍姆林德(Diana Baumrind)发现,儿童的社会能力和抚养方式之间存在着某种关系。依据不同的社会能力,鲍姆林德把儿童划分为三组:有能力的儿童(幸福、自信、自控)、畏惧的儿童(一般感到悲伤,不太与其他儿童接触,独自活动)和不成熟的儿童(通常缺乏自信和不能自控)。[①]

鲍姆林德发现有能力的孩子的父母对孩子能够进行控制并且要求严厉,但同时与孩子交往时又是热情的、理性的和易接受的。她把这种既严格控制孩子,又正向鼓励他们自立的方式称之为"权威式的"(authoritative)抚养方式。其内容包括:(1)确立明确的标准和对成熟行为的期待;(2)采用强有力的规则和标准,必要时使用命令和禁止而无需晓之以理;(3)鼓励孩子自主和个性化;(4)父母与子女之间公开沟通;(5)父母承认子女的权利。

畏惧型的孩子的父母比其他的父母要超然、对孩子控制强、有时不太温和。他们具有"权力式的"(authoritarian)抚养方式,包括以下内容:(1)通过绝对的标准,试图形成、控制和评估孩子的行为和态度;(2)重视权威、传统、服从、尊重和保持秩序的良好;(3)当发生冲突时采用惩戒性的、强有力的措施控制孩子自己的想法;(4)父母子女之间不可讨价还价。

不成熟儿童的父母对孩子不控制、无要求和相对比较热情。他们是一种"放任的"(permissive)抚养方式,其内容如下:(1)接受孩子的驱动、欲望和行动;(2)决策时与孩子商量;(3)对义务和理性行为要求不高;(4)避免控制的做法。

---

① D.Baumrind, Authoritarian vs. Authoritative Parental Control, *Adolescence*, vol.3, 1968, pp.255~272.

虽然鲍姆林德并没有证据来证明这些抚养方式使儿童表现出父母所期望的行为,但显然每一种抚养方式和儿童特殊的一系列行为之间存在着某种关系。权威式父母的合理的期待和实际标准很重要,它使孩子知道他们什么时候满足需要,以及他们能够决定在追求某些目标时是否值得冒令父母不快的风险。另外,权威式抚养方式与青少年的学校表现正相关,而权力式和放任式抚养方式则表现为负相关。

2. 家庭结构

父母对第一个出生的孩子可能寄予很多希望,要求也很高。最大的孩子可能会有很强的责任感,对家庭很忠诚;中间出生的孩子受照顾的程度稍差,或父母的要求也没有那么多,因此独立性较好、社交能力强、好交友、性格外向和兴趣广泛;最小的孩子一般受到宠爱,与最大的孩子相比,他们成功取向低、创造力低、不成熟、不容易满足,但最小的孩子有更多的机会学习与兄弟姐妹们相处,因此更有可能成为外向和乐观的人。

家庭的规模对与家庭成员分担家务、分享父母爱护和理解及同感/同理心(empathy)都有着影响。在独生子女家庭中,孩子可能被宠坏,以自我为中心、反社会并且敏感。同时,他们可能会有很多机会接触成人世界,因此会表现出成熟的行为。小家庭中成员间的互动可能要比大家庭更为强烈和频繁。在大家庭中,孩子们可能会缺少父母的关怀,然而家庭的其他成员如祖父母、叔舅和姑姨等会给予他们关怀和爱。孩子们有着更多的机会可去遵循大人,因此他们可能会缺少表现自己的机会。

从家庭模式的角度看,在其他条件相同的情况下,传统父母—孩子式双亲家庭中的儿童比同居家庭、离婚家庭、再婚家庭、单亲家庭的儿童发展得更好。单亲家庭是指缺少父或母的家庭,在这种家庭中成长的孩子缺少父爱或母爱。在离婚的家庭中,孩子们被深深地刻上了这一烙印,并被迫将他们的忠诚分给父母,这会使他们的安全感降低。在寡居家庭中,成员们可能会面临自我调整及自尊问题。另外,我们也应该关注一些特殊家庭模式对孩子成长的影响,例如同性恋家庭、领养家庭、同居家庭等。

二、儿童与同伴

同伴(peers)是指年龄和地位相当的一群人,他们影响着儿童的社会化和人格发展,特别是在与他人的互动中、在社会控制的发展中、在社会价值和角色的获得过程中。[1]当儿童有获得同伴的经历时,他们会更加意识到他人的需要、社

---

[1]　W. W. Hartup, The Peer Context in Middle Childhood, In W. A. Collins (edt.), Development during Middle Childhood: The Years from Six to Twelve, Washington, DC: National Academy Press, 1984.

会规范和社交技巧。

1. 儿童的同伴交往

当我们看到儿童与同伴互动时,我们可能会注意到两岁儿童与自己年龄相当的孩子一起玩时不发生物质上的互相交换,似乎他们也未意识到轮流交谈的社会规范。此外,他们的语言和认知发展不够成熟,不能表达自己的思想。四岁的儿童相互合作,轮流交谈和相互扮演角色。研究者分析了童年期的同辈关系,认为这个时候孩子与同伴的互动加强了,特别是与性别角色有关的新问题开始影响儿童之间的互动。①需要强调的是,儿童必须从一开始就与他人建立起平等的互动,并在各种环境和任何时候都应保持这些互动,儿童还必须学会给同辈提供各种热诚的服务和帮助。事实上,学会如何与同辈打交道本身就是 7~12 岁儿童面对的一项重要挑战。研究表明,在学期间,正面的同伴适应,最主要的就是正面的同伴声望发展,是后来社会化经历的主要影响因素。②

表 9-4 列出儿童对人际关系有不同的看法,并同皮亚杰的认知阶段互相对照,其中,在儿童期,也就是处于具体运思阶段的儿童,同伴关系开始倾向于从单边关系转向双边关系。关于情绪对同伴关系的影响方面,儿童如果经历人际关系的波折、中断和困难,那么他们在社会层面的思考和认知发展的进程也比较不稳定,甚至停留在初级状态,从而进一步影响同伴关系,经历更多的困难。例如,一个 12 岁的孩子如果将朋友定义为"予取予求"的对象,他同其他青少年建立友谊关系的过程必定会遭遇许多阻碍,因为这个年龄阶段的孩子将同伴视为愉快合作的对象。

表 9-4　认知发展阶段和儿童人际关系发展特点

阶段	皮亚杰认知发展期	友谊	同伴关系
0	感知运动期	短暂的身体玩伴	身体的联系
1	感知运动期和具体运思期的过渡时期	单项的协助	单边关系
2	具体运思期巩固期	愉快的合作	双边关系
3	具体和正式运思期的过渡时期	亲密互相分享	同质性社区或社团
4	正式运思期巩固期	自动互相依赖	多元组织

2. 发展同伴的友谊

与幼儿相似,儿童在校期间的同伴群体是经过挑选的。研究发现,年龄相

---

① W. W. Hartup,The Peer Context in Middle Childhood, In W.A. Collins（edt.）, *Development during Middle Childhood；The Years from Six to Twelve*,Washington, DC：National Academy Press, 1984.

② P. Morison & A. S. Masten,Peer Reputation in Middle Childhood as a Predictor of Adaptation in Adolescence：A Seven-year Follow-up,*Child Development*,vol.62,no.5(1991),pp. 991~1007.

仿、性别相同、社会地位和种族相同经常被视为同伴接纳的标准。也有一些同伴群体需要成员的外貌吸引。①此时的同伴群体满足了儿童的某些需要,比如不愿与成人在一起或与自己兴趣相投的人在一起。他们还组织各种活动,包括正式的和非正式的。值得注意的是,学龄儿童的同伴活动具有许多积极功能,比如提供社交场所、发展人际关系和为儿童提供归属感,同时,这些活动还为教和学提供机会、促使儿童关心成就和促进自我整合,这就是为什么社会工作非常推崇要为儿童设计适合的活动的原因。

学龄儿童的同伴群体还选择自己的领袖和追随者。一项研究报告说,在合作性的学龄儿童环境中,领导地位是与任务促进行为相联系的,比如,组织行为、发表意见和促进成群体成员参与等。②

从儿童被同伴接纳的角度看,儿童分受欢迎的和不受欢迎的两种。受欢迎的儿童聪明、自信和与人合作,他们倾向于表现出亲社会行为(prosocial behavior),并大多成长在关系和谐的家庭中。而且,受欢迎的儿童具有良好的互动技巧,他们会采用把冲突和对社会关系的损害减到最低的方法来解决愤怒;③另一方面,不受欢迎的儿童则缺乏保持和谐的社会互动所必需的认知技巧。总之,受欢迎的儿童无需干扰活动就可以进入群体。当然,他们还具有许多他们的朋友认可的人格特质。另外,儿童的体形外貌和衣着或谈吐方式也是影响同伴关系的因素之一。④

同伴能使儿童发展他们的社会技巧和情感支持,孤独的儿童要比被接纳的儿童更有可能退却、更可能存在情感问题或成为失足青少年。那么我们如何帮助儿童去寻找玩伴和交朋友呢?下面是专家提出的一些建议:⑤(1)使用正面的训练技巧,给予奖励,制订规则和鼓励非惩罚方法的合作;(2)树立积极热情和符合社会规范的行为模式,及建立儿童的自尊;(3)表现你自己的亲社会行为及对儿童的共情感受和反应给予赞扬;(4)如果儿童经常没有机会与其他儿童在一起的话,应特别做出努力为儿童创造游戏群体,社交技巧随着经历而得到发展;(5)鼓励"孤独者"最初和两三个儿童组成的小群体玩,及进入群体之前给

①　J. W. Schofield & Jr. B. E.Whitley, Peer Nomination vs. Rating Scale Measurement of Children's Peer Preferences, *Journal of Personality and Social Psychology*, vol.46,1983,pp. 242~251;B. E.Vaughn & J. H.Langlois, Physical Attractiveness as a Correlate of Peer Status and Social Competence in Preschool Children, *Developmental Psychology*,vol.19,1983,pp. 561~567.

②　D. C. French & A. L. String, Emergent Leadership in Children's Small Groups, *Small Group Research*, vol.22,no.2(1991),pp.187~199.

③　R. A. Fabes & N. Eisenberg, Young Children's Coping with Interpersonal Anger, *Child Development*, vol.63,no.1(1992),pp.116~128.

④　S. R. Asher,Some Kids Are Nobody's Best Friend, *Today's Education*,vol.71,1982,p. 23.

⑤　J. Roopnarine & A. S. Honig, The Unpopular Child, *Young Children*,1985, pp.59~64.

予足够的时间去相识;(6)通过布娃娃、角色扮演(例如动物扮演)和儿童学会交友的书籍间接地教授儿童交友技巧。

三、儿童与学校

学校是儿童期最重要的社交场合,从 6~7 岁起,儿童大部分时间都在学校中度过,同老师或同学互动,可以说,学校是儿童学习技巧、知识和形成态度并形成个性的地方,学校担负着儿童社会化的重大责任。社会化的过程可能是正面的,也可能是负面的,正面的发展过程包括:儿童必须学习遵守规范、遵照老师的要求、和同伴成功交往及完成日常生活中大大小小的任务;负面的过程有:学校环境可能成为儿童结党、嗑药等不当行为产生的场所。因此,如何妥善经营和塑造良好的学校环境是我们最为关心的问题之一,这里我们将思考学校的物理环境、教育计划和老师对儿童发展的影响。

1. 物理环境

在物理环境方面,儿童的社会行为因不同的学校环境而有差异,研究表明,当提供给儿童的有用的空间不到 15 平方英寸时攻击性就会增加,另外,当整体规模增大而娱乐设施不变时攻击性也会增加。①学校规模过小对儿童以后的社会和人格发展的消极影响表现在学生退学、药物滥用、少女怀孕、自杀和忧郁等方面,因为学校环境使得青少年不太喜欢学校和教学活动。因此,有能力组织各种活动的学校更有可能促使学生对学校产生认同、具有责任感、实行自我控制,从而降低学生出现问题的可能性。

2. 教育计划

教育计划因其对儿童的基本学习技巧、创造力、社会发展和情感发展等不同目标而不同。一些计划通过正面和负面的强化促动儿童去学习,而另外的计划则根据个人兴趣来安排;一些计划鼓励竞争,要求儿童个人勤奋学习成为最优秀的学生,有些计划鼓励合作,要求儿童一起工作来完成一项任务。传统的计划也称为以教师为中心的计划,这种计划认为学校的功能就是灌输基本的知识;另一方面,以学生为中心的计划则致力于这样一种理念,即学校的功能就是促进儿童全面发展——不仅包括认知和语言技巧,而且包括身体的、社会的、情感的和个人的技巧。关于社会互动,开放的课堂比正式安排好的课堂有更多的互助机会。但是在我国,大多数学校将教育计划的重点放在传授知识和学生如何去应付升学考试上,而忽略了开放和互动式课程对儿童成长的积极作用。

---

① P. K. Smith & K. Connolly, *The Behavioral Ecology of The Preschool*, Cambridge: Cambridge University Press, 1981.

3. 老师的影响

因为儿童仍然依赖大人,所以许多学生依附于老师。这是因为老师在许多方面扮演着父母的角色。此外,老师告知儿童,大人是值得信赖的,以及学校环境安全、刺激和令人满意。在满足这些需要方面,老师开始对儿童行为施加有力的影响。在言传身教的过程中,老师把个人的态度和信念传递给学生。[1]

老师的期望对学生的表现有重要的影响。罗森塔尔(Robert Rosenthal)和雅各布森(Lenore Jacobson)对几个班级的小学生进行智力测验,同时让老师相信测验的结果可以预估哪些学生在智力方面会有快速的成长,测验之后,将这些所谓的具有潜力的学生的名单交给老师,其实这只是一份随意抽取的名单。8个月后,他们又来到这所学校,结果发现,这些学生的智商和阅读能力都比班上其他同学有显著的提高。老师的期望和关怀潜移默化地影响了这些孩子的成长,这也被称为罗森塔尔效应。[2] 它提醒我们:自尊心和自信心是人的精神支柱,是成功的先决条件。如果我们能够对孩子们多一些关心、期望、鼓励和教导,那么他们成功的机会可能会更大。

四、儿童与社区

家庭都处于不同的社区之中,儿童最初进入的同辈群体也主要是在社区之中,因此社区氛围对家庭环境与儿童成长有重要意义。社区是人社会化的重要场所和载体之一,社区成员通过彼此间的交往互动得以完成自身的社会化,家庭、邻里、社区的幼儿园和学校以及社区的文化环境都是儿童社会化的重要载体和场所。《民政部关于在全国推进城市社区建设的意见》(中办〔2000〕23号)中指出:"社区服务主要是面向老年人、儿童、残疾人、社会贫困户、优抚对象的社会求助和福利服务,面向社区居民的便民利民服务,面向社区单位的社会化服务,面向下岗职工的再就业服务。"

1. 儿童的社区服务

虽然目前社区的儿童服务主要针对0~6岁儿童及其家庭,但是在优育和优教方面,社区服务和干预还是对学龄儿童的成长具有重要的指导意义。例如,指导疾病防治,尤其是贫血、佝偻病、腹泻、呼吸道感染、生长发育不良及龋齿等;定期进行膳食调查,有针对性地改善每个儿童的膳食结构。另外,在教育方面,社区也应当致力于改善环境,为孩子智力和社会交往能力的发展创造条件,包括净化环境,组织各种有益活动,提供有关活动设施等;宣传家庭环境的重要性,指导

---

① D. G. Amstrong, K. T. Henson & T. V. Savage, *Education: An Introduction*, New York: Macmillan, 1993.

② R. Rosenthal & L. Jacobson, *Pygmalion in the Classroom*, New York: Holt, Rinehart & Winston, 1968.

家长改善家庭环境;开办有益成长的假期儿童托管服务等。

近年来,中国开始倡导建设儿童友好社区,即指社区的整体环境有利于儿童身心健康发展。在联合国儿童基金会的定义中,儿童友好社区是将儿童置于其关怀中心的社区,其具体标志包括:社区能够保障儿童的基本需要得到满足;社区有条件让儿童与同伴见面和玩耍;社区能够保护儿童免遭伤害;儿童在社区里有干净的饮用水和卫生的环境;社区能够为儿童提供所需的教育、医疗和紧急庇护服务;儿童能参与家庭、社区和社会生活;社区能够在其发展过程中发挥儿童的作用,尤其是在与儿童自身相关的社区事务中。

要建设成儿童友好社区,需要从以下几个方面努力:首先,要完善社区的基础建设,提高全体居民的意识。例如,卫生的社区环境是儿童及其他社区成员健康生存的基本条件。其次,要在社区内建设安全、益智的儿童游戏场所和设施,包括低龄儿童的室内游戏室、青少年运动场地、母子阅读角或儿童阅览室等,帮助儿童通过游戏和与同伴互动来学习并实现社会性发展。再次,健全社区儿童和家庭服务体系,帮助居民了解父母在儿童成长过程中的重要作用以及实践积极的家庭教养方式。最后,要创新建立儿童参与社区的工作机制,让儿童在童年时期就参与社区的活动,以此来了解社区和社会,学习参与社会的知识和技能,帮助他们成为合格的公民。

2. 特殊儿童的社区照顾

特殊儿童广义上是指与正常儿童在各方面有显著差异的各类儿童。这些差异可表现在智力、感官、情绪、肢体、行为或言语等方面,既包括发展上低于正常的儿童,也包括高于正常发展的儿童以及有轻微违法犯罪的儿童。狭义的理解中,特殊儿童专指残疾儿童,即身心发展上有各种缺陷的儿童,又称"缺陷儿童""障碍儿童"。在各个国家中,对特殊儿童的理解定义有所不同。在中国,特殊儿童主要包括残疾儿童、贫困家庭的儿童、问题儿童和孤儿等。而针对不同类型的特殊儿童,社区所提供的照顾方式也是不同的。

针对残疾儿童,目前社区主要提供的是康复服务。在社区卫生服务中心中设立社区康复服务中心,为社区中的残疾儿童设计康复方案并提供定期的康复服务。社区不定期组织专家到社区为残疾儿童家长讲授残疾儿童的照顾与康复的课程。在社区中兴办特殊教育学校,为残疾儿童提供特殊教育机会。同时运用社区社会工作的方法介入特殊儿童教育,希望通过营造良好的社区环境、利用社区资源、对社区居民进行宣传等手段消除歧视,来帮助特殊儿童进行康复训练。但是在目前的中国,特殊学校教育的机会并不能普及每一个有需要的特殊儿童身上。

关于贫困儿童,社区主要提供支持服务,为家庭贫困的儿童提供帮助。可通过社会筹集的方式为其提供生活必需品与一定的金钱补助,提供各种照顾与看护。最主要的是家庭补助,即为贫困家庭提供经济救助,争取政府津贴与其他的优惠政策,如学费减免、医疗费用减免等。另外还有其他辅助性服务,例如通过家庭服务协调亲子关系等,以使儿童能够享受到家庭的温暖。通过以上措施,努力保障贫困家庭的儿童能够获得生理与心理的健康发展。

而关于问题儿童,社区会为其提供辅导。随着社会问题的复杂化,过去那种以家庭为单元、以家长为主角对问题儿童进行辅导的传统模式显然已不能适应问题儿童辅导的新形势和新需求。而社区作为一股重要的力量,从生活服务、社会治安、环境卫生治理、少儿假期活动等方面涌入居民家庭,为问题儿童的辅导提供了多样的选择。社区可以招募志愿者对问题儿童进行个别辅导,这些志愿者最好是有儿童辅导的知识与技能,有长期的心理、精神卫生方面工作经验的工作者。社区也可以组织互助小组与游戏小组,在活动中改变问题儿童的不良行为,使之养成良好的习惯,适应社会规范。

关于孤儿等特殊儿童的社区服务,主要有家庭寄养和收养两方面。

(1)家庭寄养。即儿童的亲生父母仍有监护权,而保护权则转向寄养家庭。寄养有三个特点:在家庭内提供照顾;非机构的替代照顾;无论短期还是长期的寄养,都是在有限的时间内。寄养家庭有收容之家、免费寄养家庭、工作式寄养家庭、受津贴寄养家庭和团体之家等形式,成为寄养家庭需满足一定的条件。

(2)收养。以收养父母和养子女的关系为标准,可将收养服务分为亲属收养和非亲属收养(机构安置、独立安置)两类。在有社会福利组织介入的情况下,收养程序一般包括申请、审查及会谈、家庭访视、配对、试养安置、正式收养、结案、追踪等。

上述这些社区服务,都是目前中国针对特殊儿童的照顾方法,保障了特殊儿童的部分权益,解决了儿童面临的各种问题,如上学接受教育和就医等。但是,儿童时期的发展不仅包括生理发展,也包括心理发展,儿童期是心理发展的重要时期。社区工作应该运用多种方法,包括为特殊儿童连接资源、提供培训等,解决其可能有的心理问题,使儿童树立自尊、自信,从而使其能够更加健康地成长。

第三节　社会工作的重要议题

一、学龄儿童的成就压力

有压力是普遍的现象,压力影响着人的成长和发展。儿童虽然年龄小,但也面临着各种压力。

中国社会非常注重学习成绩,在校儿童的成就压力主要表现为学习成绩差。在小学阶段,为什么有些儿童虽然不太聪明,但很勤奋,相反,有些儿童有能力但学习成绩差,一个主要原因就是他们的上进动机和成就需要不同。成就感强的儿童在压力面前表现出色,能够发挥新的才能并保持较高的考试分数;成就感差的儿童可能在压力面前表现不佳,他们经常成就需求不高,在设定目标和驱动认知方式方面存在障碍。

成就感差是一个复杂的问题,它导致了不断的失败和懈怠。研究表明,儿童的成就动机存在着明显的差异。有些儿童在寻求挑战、困难面前坚忍不拔和前进道路上能够承受失败等方面表现出更加自信的成就行为。相反,另外一些孩子则表现出不太自信的行为,其中学习无助是指过早放弃达到目标的努力的一种倾向。例如,有的儿童认为有些问题解决不了,努力也是徒劳,这种现象通常与过去解决问题的多次失败或逃避不愉快或痛苦的环境有关。

在成就压力面前,应该帮助儿童寻找应付成就压力的方法。

许多父母鼓励儿童努力学习,他们帮助儿童树立理想,为儿童提供了良好的学习环境,他们从开始就参与孩子的学习过程并给予支持,他们的孩子通常有更多的机会充分发挥自己的智慧和社会潜力。正如上一节所讨论的,老师同样影响着学生的表现并且能够帮助孩子应付压力,而来自父母、老师和同辈的负面反馈会使儿童放弃努力。

因为社会环境的原因,虽然帮助儿童获得成就的方法很多,但是成就感差的儿童的父母应该与学校和儿童本人配合,制订一个切实可行的计划帮助儿童体验成功,完成家庭作业,进而主动学习。帮助儿童自我控制、体验成功,看到学习成绩提高和接受赞扬是克服无成就感的关键。以下是社会工作者的建议,供分享和参考:(1) 赞赏孩子所做的努力,哪怕是很小的努力;(2) 提供良好的学习环境,比如丰富多彩的书籍;(3) 支持和介入孩子的学习过程——例如,如果你的孩子需要做一个计划,带他去图书馆查阅必需的资料;(4) 与老师一起制订一个帮助孩子的计划;(5) 帮助孩子制订一个学习课程表并照此去做;(6) 耐心和帮助孩子去体验成功;(7) 鼓励孩子与同辈在一起和参加学习活动。

二、儿童对父母离婚的适应

父母婚姻关系的好坏影响着儿童的适应和发展并长期影响着他们的行为。和谐的婚姻家庭氛围有利于形成良好的抚养方式和亲密的亲子关系。当夫妻对他们的婚姻感到满意时,孩子们会感到更安全、更踏实。相反,有问题的婚姻(通过冲突大小来测量)常与孩子的行为问题相联系。例如,这些孩子倾向于变得更容易焦虑和/或更富有攻击性、内化或外化行为问题以及表现出更多的不安全感。如果父母争吵不休,孩子可能会通过学校表现不佳或情感问题表现出压力和不安全感。

我们应该注意到,并非所有的婚姻冲突都对孩子产生伤害,如果夫妻间的讨论是相对平和的,如果父母能够解决相互之间的不和谐以及如果情感氛围是愉快的,那么其净效果对孩子是有益的,因为他们通过家庭的耳濡目染学会了如何解决冲突。因此,并非冲突本身产生问题,而是冲突的强度、频度、内容和结果决定了其对孩子的影响。有研究发现,夫妇相互之间的体罚和辱骂会导致孩子更多的气愤、惧怕和悲伤,如果冲突内容与孩子有关(例如对抚养孩子的方式存在差异),孩子更加会感到不安,如果冲突升级,孩子更有可能会自责和感到害怕,他们会参与父母的争论,还有,冲突结局如何似乎对孩子也有所影响。

有些孩子的父母离婚,不管婚姻因何不幸,但是离婚通常对孩子具有负面影响。父母离婚的孩子经常对未来感到畏惧,对因为他们的原因引起父母离婚而感到难过。对离开家庭的家长,他们感到受到伤害和被抛弃,并开始仇恨双亲。他们可能变得忧郁、不友好、具有破坏性、易怒、孤独、悲哀、易闯祸,甚至可能自杀,有些孩子可能会遭遇饥饿、失眠、皮肤异常、食欲减退或注意力不集中,有些孩子会对学习和生活不感兴趣。

研究发现,许多变量影响儿童对父母离婚的适应,这些变量包括儿童的性别和离婚时的年龄,孩子的脾气,人际关系以及应付问题的能力,离婚前、离婚期间和离婚后父母之间冲突的数量,亲子关系的好坏,父母的身心健康状况,监护问题,父母的再婚、离婚后的主要生活经历(包括离婚后家庭经济收入下降、对父母和孩子的社会支持)等。经验说明,父母离婚的孩子更有可能早婚,自己也更可能会离婚。总之,父母离婚对儿童的社会、情感和认知发展的长期影响目前尚不清楚,需要继续研究和探讨。

许多儿童成功地完成所有这些任务并克服父母离婚带来的痛苦经历。他们能够这样做,似乎部分与儿童自己的抗逆力有关,同时,社会工作者可以参考下列提纲去帮助儿童适应父母离婚:

—— 应该告诉孩子父母离婚这一事实,用语应与他们的年龄相适应;

—— 孩子需要知道他们并没有导致父母离婚;

—— 父母必须重视孩子的最终决定;

—— 应该仔细解释有关儿童照顾的安排;

—— 应保证父母对孩子的继续爱护;

—— 应该鼓励孩子表现惧怕、悲伤和愤怒;

—— 对儿童的行为应该进行限制;

—— 父母应该与其他成人一起帮助孩子度过危机;

—— 父母应该在子女抚养问题上合作;

—— 父母不应把孩子作为武器;

—— 父母必须认识到他们的需要和孩子的需要之间的冲突;

—— 孩子的生活应尽可能不改变;

—— 为了自己和孩子父母应该使用各种资源。

在单亲家庭中成长对孩子来说是一种压力:孩子没有两个成年人来分担抚养自己的义务;没有双亲带他去参加活动;没有性别角色模式和难以形成人格的交互作用。最重要的,经济问题对孩子的健康、幸福和学校成就产生负面效果。此外,父母离婚还影响着抚育方式,单亲可能只会关心自己而更少关心孩子和对孩子做出反应,居家正常的事务,如就寝时间和就餐时间可能被忽视。在校的孩子可能会继续在对立的父母之间感到伤心以及排斥继父(母)。

可是,单亲家庭并不必然是病态的,而双亲家庭也并非总是健康的。当孩子与单亲关系良好时,孩子的成长适应要比生长在充满不和谐和不满意的双亲家庭的孩子更好。因为儿童从良好的家庭关系中获益,而单亲家庭在指引孩子方面需要更多的帮助,社区应该为单亲家庭提供咨询和支持服务,这些服务主要针对两个层面,即性别角色模型和经济援助。依据角色模型,单亲家庭的儿童只有一个性别角色模型并且被剥夺了塑造男性和女性之间人格交互作用的机会。而在经济方面,单亲家庭的孩子通常生活比双亲家庭差,孩子可能没有充足的营养保障健康成长,缺乏素材去丰富他们的学习,所以经济拮据可能负面影响着儿童的健康、幸福和学习成绩。

三、儿童虐待

一方面,大多数父母尽量为孩子提供各种条件,而有些则不能或满足不了孩子的需要。目前,儿童虐待问题不容忽视。儿童虐待(child abuse)可以有好几种形式,主要分为身体虐待、性虐待和忽视。[1] 身体虐待指对儿童肉体施加的伤害,例如造成骨折、烧烫伤、瘀伤等,另外一些没有明显伤痕的伤害也算身体虐待,例如打耳光;性虐待指儿童与大人之间的各种性接触;忽视就是对儿童不给予足够的照顾,通常是指物质上的照顾,如食物、衣服和看护。

被虐待的儿童经常表现出语言迟钝、情感和认知发展不连贯。[2] 在婴儿时不能茁壮成长的少年可能存在各种生理、智力和情感问题,这明显是情感被忽视的缘故。在儿童时受性虐待的成人常常感到害怕、忧郁、愤怒、不友好或攻击性。他们较易自尊心差,不相信他人,感到寂寞和受侮辱,此外,他们倾向于性失调。

为什么成年人会伤害或忽视儿童呢? 他们怎么能这样做? 他们发疯了吗? 当报告说有儿童虐待案例时,我们一直在思考这些问题。现在让我们检验一下施虐者和忽视者的特征。

---

[1]　P. J. Pecora, J. K.Whittaker & A. N. Maluccio, *The Child Welfare Challenge*: *Policy*, *Practice and Research*, New York: Aldine de Gruyter, 1992.

[2]　W. J. Coster, M. S. Gersten, M. Beeghly & D. Cicchetti, Communicative Functioning in Maltreated Toddlers , *Development Psychology*, vol.25, no.6(1989), pp.1020~1029.

施虐者,通常自己未受到良好的抚养,他们可能在童年受到过虐待或被父母抛弃过。① 他们可能不知道如何做一名好家长。例如,他们不知道如何让婴儿不哭,有时孩子不按他们的意愿行事时他们会失去控制。他们似乎忽视了儿童正常的发展,对孩子有不实际的期待,例如,希望孩子不乱吃东西。此外,他们倾向于期望他们的孩子照顾他们,而当孩子不能满足其需要时他们就会施虐。他们比非施虐的父母会更多地遭到孩子的对抗,并没有解决问题的能力和效果。过去,母亲常常是施虐者,但现在研究发现,男性更多地虐待儿童,特征是性虐待和严重的、致命的伤害。② 虽然大部分的施虐者没有精神病或犯罪人格,但其中许多人是孤独、不愉快、忧郁、气愤、不满意、孤僻和承受巨大压力的,或者由于健康问题不能抚养孩子。他们通过虐待对儿童施加的权力可能是错误地对他们自己的生活进行控制所作的努力。此外,受害者的特征、家庭、小区和文化背景也是导致儿童虐待的原因。

我们该如何与儿童虐待做斗争呢?

为了避免虐待和忽视,应该对具有上述特征的父母提供帮助,特别在关心儿童的特殊需要方面。当他们的父母感到压力太大时,社会工作者可以组织一些小区教育和支持计划,提倡更多的辅助日间照顾来照顾儿童。为有问题的父母提供管理儿童行为的技巧的训练计划是行之有效的,父母可能还可以学会如何帮助儿童发展语言和社会技巧。如果可能,最好让孩子留在家里,但有时儿童可能必须与施虐或忽视的父母分开。对社会工作者来说,重要的一点就是继续做好父母的社会工作,使儿童重新回到家庭。为受虐儿童和成人提供有价值的服务,包括庇护(或为施虐父母或为受虐儿童)、教育和治疗。帮助儿童医治被虐待的创伤时采用群体方法是比较有效的。

关于避免性虐待方面,我们需要教育儿童他们的身体属于他们自己的,当别人想触摸他们身体,即使这个人爱他们和值得信任,而他们又不愿如此做时他们应该说"不"。儿童需要得到保证,他们拒绝成人不会受到责怪,他们可以与父母或他们信赖的人倾吐所有事情,而不用担心受惩罚,多数成人将不会伤害儿童而只会帮助他们。

四、儿童的情绪问题

虽然多数儿童能够健康成长,但是仍有大约 5%～15% 的儿童存在心理健康问题。典型的儿童情绪问题的行为表现有:儿童多动症、表出行为(acting-out

---

① P. K. Trickett & E. J. Susman, Parental Perceptions of Child-rearing Practices in Physically Abusive and Non-abusive Families, *Development Psychology*, vol.24, no.2(1988), pp.270~276.

② A.B.Berman, R.M.Larsen & B. A.Mueller. Changing Spectrum of Serious Child Abuse, *Pediatrics*, vol. 77, no.1(1986), pp.113~116.

behavior)、分离焦虑失调(separation anxiety disorder)、畏校症(school phobia)和忧郁症。

（1）儿童多动症

多动症儿童的行为明显表现为：注意力不集中、冲动、不能受挫折、爱发脾气及在不当时间和不当地点的过分活跃。例如有的孩子总是静不下来，甚至都完不成一项简单的任务，他们跑来跑去，他们交不了朋友并且总是惹麻烦。所有儿童都不同程度地具有这些特征，但其中有 3% 的学龄儿童因此妨碍了在校学习和日常生活，这些儿童被认为是过分活跃的、多动的。多动症出现在四岁以前，但大约有一半患有多动症的儿童一直到开始上学时才被发现和识别。

多动症是遗传、神经的、生物化学和环境因素共同作用所致。[1]　家长和老师通过了解和接受儿童的基本脾气秉性去帮助多动的儿童在家和在校做得更好，如教导儿童把工作分解和可操纵，体力活动能够同每日课程都安排结合在一起。老师为儿童提供多种方法去展现他们所学的知识和技能，比如组织讨论或交录音报告，而不是阅读文字材料。

（2）表出行为

表出行为指儿童通过其行为表现出其有情感问题。打架、说谎、偷窃和损坏财物是表出行为的普遍形式。为了逃避惩罚，几乎所有的儿童都说谎。可是，如果儿童需要不断地编织谎言来逃避他人的注意力，那么，这可能是不安全的信号。类似地，当儿童多次偷窃家里的东西或公开偷窃他人的东西，就会被抓住，他们可能就会对父母或父母形象表现出敌意。社会工作者应该注意到任何长期的反社会行为可能是存在于内部的情感问题的表征。

（3）分离焦虑失调

分离焦虑失调是指儿童持续至少两周过分焦虑、不想与依恋的人分开的一种状态。一个儿童可能会拒绝拜访一位朋友或在朋友家睡觉、待在家里不愿上学或可能会在家缠着父（母）亲。分离之前他们可能会说胃疼、头疼、恶心、呕吐等。男孩和女孩一样受影响，其行为可能出现在童年早期一直持续到大学。生活中一出现压力他们就有可能产生焦虑，如宠物的死亡、搬到新地方居住或转到新的学校。

（4）畏校症

对学校存有非常不现实的畏惧并试图逃学的儿童患有畏校症。从目前有限的研究中，我们知道畏校症的儿童并非逃学者。他们一般都有中等或以上的智商，是中等或不错的学生。5～15 岁的男孩女孩都可能患有畏校症。他们的父

---

① 　G. Weiss, Hyperactivity in Childhood, *New England Journal of Medicine*, vol. 322, no. 20 (1990), pp. 1413~1415.

母大多为专业技术人员,他们可能患有忧郁症、焦虑失调和出现家庭功能失调。治疗的方法就是想办法鼓励畏校症儿童回到学校去。

　　(5)儿童忧郁症

　　儿童忧郁的原因尚不清楚。忧郁症可能是各种原因所致,包括生物学的和环境的。忧郁症包括没有快乐、注意力不集中和情感反应异常,忧郁的儿童表现出经常疲倦、极度悲伤和退缩。他们可能睡眠太多或太少、没有食欲、学校表现差、看上去不愉快、说身体有病、内疚感或想到死亡或自杀。近些年来,许多学龄儿童出现了自杀行为,成年人应注意儿童的忧郁症现象,如果持续出现忧郁症,就应该寻求专业人士的帮助。忧郁症儿童的父母可能本身就有忧郁症,这说明遗传因素的作用,同时也说明了这些家庭存在压力或有问题父母导致了不好的抚养方式。此外,忧郁症儿童有可能缺乏社会和学习能力。

　　有情绪问题的儿童通常需要学校指导老师、学校社会工作者、临床心理医生、家庭服务中心的社会工作者或精神病专家提供的治疗。对这种特殊失调的治疗依赖许多因素,比如问题的性质、儿童的个性、家庭是否愿意参与、社区治疗的可行性和有关人士的价值取向。通常,儿童情绪问题的治疗采用个人心理治疗、家庭治疗和行为治疗的组合形式。

　　(1)个人心理治疗

　　在个人心理治疗中,治疗者在一对一的基础上对儿童进行诊断,使儿童能够了解他的个性和关系并解释其感觉和行为。治疗者接受儿童的感觉并使儿童能够自我表现。通常,当家长一起参与治疗时,治疗就更有效。

　　(2)家庭治疗

　　当整个家庭参与咨询时,可采用家庭疗法进行治疗。一位家庭治疗者观察家庭成员相互之间的互动、强化成长模式并使家庭改变某些破坏性的模式。例如,家庭治疗者可以对夫妇对孩子的爱和关心加以赞扬,但也要指出他们要和儿童相互沟通而不是相互公开谈话。有时,孩子的问题就是家庭环境问题的一个表现,当家庭成员开始解决他们的困难时,儿童的问题也会得到解决。

　　(3)行为疗法

　　行为疗法强调消灭不合理的行为(例如发脾气)和发展合理的行为(例如做家庭作业),而无需寻找行为背后的理由。学习理论的相关原则被运用来改变行为,例如,当孩子完成了家庭作业时,他获得一个奖励,比如口头表扬或给予他喜欢的东西。

　　研究发现,心理治疗是有效的,接受过心理治疗的儿童比有类似问题但未接受治疗的儿童在自我概念、适应、个性、社会技巧、学习成绩、认知功能和解决恐惧和焦虑方面分值较高。对诸如冲突性或过分活跃这些特殊问题的治疗要比旨在解决社会适应的治疗更加有效,行为疗法对治疗恐惧症、尿频和自控等问题相对有效。当药物治疗与其他疗法结合使用时,药物有利于治疗某些儿童的情感错乱问题并且是有效的,但要注意的是,许多药物是有副作用,所以不得已时才使用。

本章小结

　　儿童的生理发展缓慢而稳定。到 7 岁时,多数儿童能够参加需要大量肌肉运动和协调良好的各种活动;到 12 岁时,儿童身高约占成人的 80%,体重也是一样,他们还发展了肌动技巧能力。至于智力发展,具体运思思维发生在儿童期,儿童可以更多地对环境进行逻辑思考。在童年期,道德也得到了发展,皮亚杰强调认知发展对道德的重要作用并且识别了道德制约和合作道德两个阶段,与皮亚杰一样,科尔伯格也支持道德的认知观点,他把道德发展定义为前常规、常规和后常规三个层面。社会工作者需要注意到不同年龄的儿童对同样的道德困境有不同的理解。在心理社会发展方面,我们将讨论在婴儿期就开始发展的自我概念(self-concept),在此期间,儿童发展了更多的现实的思想,他们想在社会中获得成功。

　　在童年期,家庭、学校、同伴和生活的社区是其成长重要的社会环境。在家庭中,父母的管教方式和亲子关系对儿童影响重大,父母的管教方式可以分为权威施压、爱的撤回和循循善诱三种,根据父母与子女间关系的不同,亲子关系可以基于两种抚养方式建立和形成:权威式的抚养方式和权力式的抚养方式。父母管教方式和亲子关系的不同可能影响着孩子一生的行为。

　　同伴也影响着儿童的社会和人格发展,特别是在与他人的互动中、在社会控制的发展中、在社会价值和角色的获得过程中。在这些过程中也发展了友谊。学校是儿童期最重要的社交场合,学校的物理环境、教学计划和老师对儿童成长也有重要影响。有能力组织各种活动的学校更有可能促使学生与学校认同、具有责任感、实行自我控制,从而降低学生出现问题的可能性。罗森塔尔效应表明老师的期望和关怀潜移默化地影响了孩子的成长。儿童最初进入的同辈群体也主要是在社区之中,因此社区氛围对家庭环境与儿童成长也有重要意义。社区中有针对一般儿童的社区服务和特殊儿童的社区照顾,其中特殊儿童的社区照顾包括残疾儿童社区康复服务、贫困儿童的社区支持服务、问题儿童的社区辅导、家庭寄养和收养。总之,童年期中的儿童越来越像大人,他们通过反思他们对自己成就的看法和自己的学习兴趣来应付家庭、朋友和学校环境的挑战从而获得个人成长,他们开始设定目标并为之努力。

　　对于成长中的儿童而言,社会工作目前重要的议题包括学龄儿童的就业压力、儿童对父母离婚的适应、儿童被虐待和儿童的情绪问题。对在校儿童而言,压力来自于学校的成就压力、家庭关系障碍、儿童忽视和虐待以及来自儿童自己的特殊需要。父母婚姻关系的好坏影响着儿童的适应和发展并长期影响着他们的行为。和谐的婚姻家庭氛围有利于形成良好的抚养方式和亲密的亲子关系。离婚对儿童影响极大,他们可能变得忧郁、不友好、具有破坏性、易怒、孤独、悲哀、容易闯祸,甚至有可能会自杀,有些孩子可能会遭遇饥饿、失眠、皮肤异常、食欲减退或注意力不集中,有些孩子会对学习和生活不感兴趣。同样,儿童在成长中有可能面临受虐待的危险,包括身体虐待、性虐待和忽视。被虐待的儿童经常表现出语言迟钝、情感和认知发展不连贯。还有一种不易被察觉的儿童情绪问题。儿童情绪问题的典型表现有儿童多动症、表出行为、分离焦虑失调、畏校症和忧郁症。常用的治疗方法包括个人心理治疗、家庭治疗和行为治疗。总之,作为社会工作者,可以通过父母支持、创造正面的学习经历、降低风险因素和增进补偿经历等方式帮助儿童承受压力和解决问题,在应对压力和解决问题的过程中获得积极的成长和发展。

思考题

1. 儿童的智力发展具有哪些特点?
2. 儿童的道德发展具有哪些特点?
3. 儿童的心理社会发展具有哪些特点?
4. 简述父母管教方式对儿童成长的影响。
5. 什么是罗森塔尔效应?
6. 如何帮助儿童应付成就压力?
7. 如何帮助儿童适应父母离婚?
8. 常见的儿童情绪问题有哪些?

推荐阅读

服刑人员子女支持服务

[瑞士]皮亚杰:《儿童心理学》,吴福元译,北京:商务印书馆1980年版。

[美]黛安娜·帕帕拉等:《发展心理学——从生命早期到青春期》,李西营等译,北京:人民邮电出版社2013年版。

林崇德:《发展心理学》,台北:东华书局1998年版。

沙依人：《人类行为与社会环境》，台北：五南图书出版公司 1987 年版。

王思斌：《社会工作导论》，北京：高等教育出版社 2004 年版。

扩展推荐阅读

Mccroskey，J.：《儿童福利：争议和发展前途》，见理查德·M.勒纳主编：《应用发展科学》，张文新等译，北京：北京师范大学出版社 2013 年版。

Videka，L.：《美国的儿童福利政策》，韩克庆、黄建忠、曾湘泉、Edwards，R.L.：《中美社会福利比较》，济南：山东人民出版社 2012 年版。

［丹麦］埃斯平－安德森：《福利资本主义的三个世界》，苗正民、滕玉英译，北京：商务印书馆 2010 年版。

［英］诺曼·巴里，2005，《福利》，储建国译，长春：吉林人民出版社。

柏文涌、黄光芬、齐芳，2013，《社会管理创新视域下困境儿童救助策略研究——基于儿童福利理论的视角》，《云南行政学院学报》第 2 期。

包心鉴主编：《社会治理创新与当代中国社会发展》，北京：人民出版社 2014 年版。

网站资源

联合国儿基会

国务院妇儿工委

香港小童群益会

第十章　青少年行为与社会环境

学习目的

　　了解青少年生理、心理发展的一般特征；了解青少年与同龄群体、家庭、学校、社区等的互动关系，掌握同龄群体、家庭、学校和社区对青少年行为发展的影响；了解与青少年成长密切相关的几个重要议题，包括网络成瘾、未婚怀孕、越轨与犯罪，掌握相关的干预策略。

　　"青少年时期"的界定有一个理论上的发展过程。20世纪初，自从第一本有关青少年发展的经典著作——霍尔的《青少年》问世之后，国外理论界开始以生物决定论来界定青少年时期，并强调青少年时期的危机和冲突。20世纪二三十年代，美国人类学家米德和本尼迪克特的调查研究表明，社会文化也是界定和评价青少年的重要视角，从此打破了界定青少年的单一标志——生物因素，研究倾向于多元化。目前，国内外学者倾向于从生物—心理—社会的视角来界定青少年时期，并认为大多数青少年能顺利度过青春期，危机并非不可避免。同时，青少年"生理成熟前倾现象"和"社会成熟后延现象"又进一步说明难以用单一标志界定青少年时期。因此，我们认为，应以个体生理发育的开始时间（12岁左右）作为青少年时期的下限，同时，结合心理、社会因素，以个体心理稳定、结束学校教育、开始就业的时间（22岁左右）作为青少年时期的上限，综合探讨这一阶段的发展规律、常见的成长问题及相关的干预策略。

第一节　青少年的生理与心理发展

　　青少年时期在人的生命周期中是一个比较特殊的阶段。一方面，身体发育加速，身体外形发生剧变；另一方面，因心理发展的速度远远跟不上身体发育的速度,部分青少年在应对变化的过程中容易产生心理问题。

一、青少年的生理发展

青少年的生理发展突出一个"变"字,是自出生以来第二次极为明显的身体变化期,即"第二次生长高峰"(第一次生长高峰发生在婴儿期)。总体来看,主要变化表现在形态、机能和性征三大方面。

1. 形态变化

青少年时期形态上的急剧变化,又叫生长陡增,包括身高、体重等方面的迅速增长。

从身高来看,身高增长主要依赖于具有生长发育功能的骨骼的增长。骨干与骨骺端形成的骺软骨的不断增长和不断骨化促使骨骼的不断增长。青少年期,骺软骨的生长速度很快。四肢骨骼的生长尤其明显,因而促使身高快速增长。一般来说,青少年平均每年增高6~8 cm,更有甚者增高10~12 cm,比青春发育期前多增加3cm左右。从性别来看,9岁之前男孩和女孩的身高基本上没有差别。9岁之后,女孩首先进入"生长加速期",12岁时身高陡增达到高峰,总体上高于同龄男孩。由于性别所特有的性激素在体内的含量不同,男孩大约比女孩晚两年(11岁左右)进入身高陡增期,14岁前后达到高峰。

从体重方面来看,一是骨骼的生长与体重相关。骨骼系统约占新生儿体重的18%,这个比例会保持到成年期不变,因而骨骼与体重的增长一致;二是肌肉组织的发育导致体重的增长。肌纤维数量在青春发育期显著增加,同时不断变粗并伸长,增加了在体重中所占的比例,从而使体重迅速增加;三是青少年时期脂肪的积聚也使体重增加,在身体陡增时期容易形成大量的皮下脂肪积聚。女孩体重的陡增几乎与身高陡增同步进行。9岁左右,女孩开始领先发育,进入体重的快速增长期。男孩体重的快速增长比身高陡增的年龄迟到两年,即男孩在13岁左右开始快速增长,并逐渐超过同龄女孩。

2. 机能变化

青少年时期生理机能的变化主要表现为器官的迅速发育。根据生长发育是否与整体生长相一致,可以将人体器官分为一般型器官、神经型器官、淋巴型器官和生殖型器官。

从一般型器官来看,即由骨骼系统、脉管系统、呼吸系统等器官组成的一般型器官,自婴儿出生后就有一个加速生长期,在青少年期又有一次突进生长。

人体骨骼的生长顺序并非同步进行。首先生长到接近成人水平的是手骨和足骨,然后是前臂和小腿,上臂和大腿,其他各骨要在手足发育完成半年后才逐渐达到最快生长速度。

　　脉管系统的器官在青少年期有较大变化的主要是心脏。青少年时期心脏重量显著增大,逐渐接近成人水平。同时,心脏有节律的收缩和舒张,心率由出生时的每分钟近 400 次下降为青少年时期的 72 次左右,达到成人水平。

　　呼吸系统中,进行气体交换的器官是肺。青少年时期肺的重量迅速增加,呼吸功能随之增强。衡量肺发育状况的重要指标是肺活量。17 岁左右青少年的肺活量接近成人水平,但存在较大的性别差异,男性约为 4217.68±690.89 毫升,女性约为 3105.79±452.74 毫升。[①]

　　从神经型器官来看,青少年时期,大脑的重量和容积变化不大,而机能的变化却十分显著,贯穿整个青少年阶段。脑机能的发展为青少年时期对知识的探求以及心理机制的发展奠定了生理基础。同时大脑的兴奋与抑制机能日趋平衡,随着年龄的增长,内抑制机能逐步发育成熟,青少年比儿童时期更善于控制自己的冲动,在兴奋和抑制之间能够达成一致。

　　从淋巴型器官来看,进入青少年时期以后,随着其他器官机能的发育成熟,淋巴型器官开始逐渐萎缩。例如,胸腺分泌的激素在人体内的含量虽不多,但对小儿免疫力却有着重要的生理作用。胸腺自婴儿出生时已经很大,出生后继续生长,但是与体重的比例逐渐下降,青年期开始萎缩。腭扁桃体及咽周围的淋巴组织在婴儿生长发育早期也迅速生长,到青年期前开始退变,至成年期已显著缩小;其他淋巴组织如脾、小肠、阑尾和肠系膜等处的淋巴组织都在青年期开始萎缩。[②] 淋巴型器官机能的退化建立在其他器官机能逐渐成熟的基础上,因而不会影响到青少年正常的生理发育。

　　从生殖型器官来看,青少年期的性别差异最为明显。不同于身高、体重及各内脏器官的发展规律,生殖型器官在青少年期之前很少生长;但是,进入青春发育期之后开始迅速成长,直至性功能发育成熟。女性生殖器官主要包括卵巢、阴道、子宫及输卵管。女性的卵巢在新生儿时重约 0.3 克,月经初潮之前,每侧卵巢的重量已达 3~4 克,第一次月经开始时,每侧卵巢重量达到 6 克。11 岁左右,卵巢内原有的卵细胞进一步成熟,使卵巢迅速长大,可以分泌雌性激素和孕激素。在雌性激素的刺激下,阴道由出生时约 4 厘米增长到 10~11 厘米。孕激素可以促进子宫内膜和腺体的增长,使子宫增大,同时使输卵管变粗。男性生殖器官的成熟与身高体重的成熟一样,年龄上也落后于女性。男性生殖器官主要包括睾丸、阴茎、前列腺等。睾丸是男性的主要性腺体,青少年时期睾丸迅速发育,逐渐分泌更多的雄性激素,从而刺激阴茎的生长和前列腺的迅速发育。[③]

---

① 林崇德:《发展心理学》,杭州:浙江教育出版社 2002 年版,第 369 页。
② 张实:《体质人类学》,昆明:云南大学出版社 2003 年版,第 330 页。
③ 张实:《体质人类学》,昆明:云南大学出版社 2003 年版,第 330~331 页。

3. 性征变化

第一性征的发展和第二性征的出现是青少年时期身体发育的主要表现。第一性征是与生殖直接相关的特征,即生殖器官的特征。相对而言,第二性征主要是指与生殖无关、区分两性身体的外部特征,主要包括声音变化、乳房发育、骨架变化和毛发生长。

首先,声音变化。青少年时期男孩明显的变化之一就是声音变低变粗,这一显著变化的原因在于男孩喉结的发育。青少年时期,男孩喉结明显增大突出,声带变宽,需要两年或更久的时间才能形成新的嗓音。相比而言,女孩的声音变化不如男孩明显,喉结增长不大,声带变窄,发音频率变高,因而声音倾向于变高变尖。

其次,乳房发育。乳房由乳腺和富含脂肪的结缔组织构成,最初成锥形,后来发育成半球形。进入青春发育期后,女孩受卵巢分泌的雌、孕激素的影响,乳房开始迅速发育。有些男孩也会经历短暂的乳房发育,表现为乳头突出,乳晕增加,有时会伴有轻微的疼痛。海德和德拉梅特(Hyde & Mastes)指出,近 80% 的男孩在青春期会出现此现象,这可能是由睾丸产生的少量雌性荷尔蒙引起的,通常会在一年内消失。[①] 因为男孩的乳房发育不会影响其性别及身体健康,是正常的生理现象,所以不必为此感到焦虑。

再次,骨架变化。男孩的肩宽增加,腿和前臂迅速增长。受性激素的影响,男孩肌肉生长远比女孩迅速,具有更强的肌力。青少年时期,女孩的骨盆直径变长,髋部变宽,臀部发育迅速。脂肪的积聚使女孩的身材变得丰满,逐渐形成性别差异明显的男女体型。

最后,毛发生长。青少年时期,阴毛和腋毛会相继出现。女孩会早先发育两年,阴毛大多于 13 岁开始发育,最早见于 10 岁;腋毛大多于 15 岁开始发育,最早见于 11 岁。男孩阴毛大多于 14～15 岁出现,腋毛比阴毛发育晚一年,但偶尔也有腋毛发育早于阴毛的。另外男孩的上唇会出现少量的胡须,并逐渐扩展至下唇及下颌。[②]

以上生理变化使处在青少年阶段的少男少女在生活中充满了不稳定感,部分青少年在面对变化的过程中出现了一些生理问题,其中,常见的问题有青春痘和月经烦恼。

80% 以上的青少年会长青春痘,其原因是青春发育期雄性激素的增加刺激

---

① [美]扎斯特罗、阿什曼:《人类行为与社会环境》(第六版),师海玲等译,北京:中国人民大学出版社 2006 年版,第 303 页。

② 林崇德:《发展心理学》,杭州:浙江教育出版社 2002 年版,第 367 页。

了身体中——通常是面部——脂肪腺的分泌。① 对于极为关注自身形象的青少年来说,青春痘的出现通常会成为烦恼的根源,容易产生消极的自我概念。

青少年时期,一般 13 岁左右,女孩生理发育的一个重要标志是月经初潮的到来,而后卵巢周期性排卵和子宫内膜周期性脱落成为月经。月经平均 28 天来一次,每次持续 3~5 天。研究表明,女性月经周期的第 22 天,随着雌性激素和黄体酮的含量大大增加,大约 40% 的女性会体验到强烈的抑郁、焦虑、烦躁、自尊心下降、疲倦和头痛等感受。② 正常的月经不会带来明显的月经不适,然而约有 33% 的青少年女性月经时会感觉到疼痛。痛经的体验是,在行经开始后的最初 12~24 小时之内,子宫痉挛或者腹部下垂以及背部疼痛。痛经的原因可能是胃部肌肉收缩和子宫肌肉缺氧。③

二、青少年的心理发展

青少年时期的心理变化与生理变化密切相关。面对如此快速、明显的生理变化,如果没有正确的认知,得不到恰当的引导,青少年就可能产生困惑和焦虑,不利于其心理健康发展。

1. 心理发展的一般特征

青少年心理发展呈现出一定的独特性和规律性,主要表现为意识层面的矛盾性、智力层面的过渡性、情绪层面的双重性和道德层面的递进性。

(1) 意识层面的矛盾性

意识是人类特有的对内外世界的觉知。作为意识发展的高级形式,青少年自我意识有了较大发展。从内容上看,青少年的自我意识中充斥着主观我与客观我、理想我与现实我的矛盾。一方面,生理走向成熟带给青少年"成人化"的心理暗示,对己对人有了主观上的看法和评价。用自我标准来衡量自己的方式使青少年的自我意识带有鲜明的个性。当青少年的这种独特性在与他人的交往互动中发生碰撞时,便会产生自我评价与他人评价的不一致。另一方面,充满朝气的青少年在综合所学知识与经验后,容易形成各自的心理追求,当追求目标不合实际、难以达成时,便会产生理想我与现实我之间的矛盾。

(2) 智力层面的过渡性

智力是指个体运用知识和经验解决问题的能力。青少年时期的智力迅速发展,多项智力指标达到发展的最高峰。思维是智力的核心,根据皮亚杰的认知发

---

① ［美］乔斯·B.阿什福德等:《人类行为与社会环境——生物学、心理学与社会学视角》(第二版),王宏亮等译,北京:中国人民大学出版社 2005 年版,第 443 页。
② 张文新主编:《青少年发展心理学》,济南:山东人民出版社 2002 年版,第 10 页。
③ ［美］乔斯·B.阿什福德等:《人类行为与社会环境——生物学、心理学与社会学视角》(第二版),王宏亮等译,北京:中国人民大学出版社 2005 年版,第 443 页。

展理论,青少年处于认知发展的形式运算阶段,也是思维发展的成熟阶段,此后的发展仅有量的增加而不再有质的变化。在形式运算阶段,青少年的思维偏向于可能性、假设性、预计性、反省性和创新性。面对具体的问题能够思考与问题相关的各种可能性,提出自己对问题的推断假设,并制订详细的计划来检验假设的真实性。在这一过程中,青少年发展出自己的元思维,即对思维的思维,能反省自己思维的内容,逐渐超越固有思维,形成自己独特的思维模式。但实际上,青少年的抽象逻辑思维并未达到皮亚杰所认为的成熟程度。在很大程度上,青少年思维仍处于经验型向理论型转化的过渡阶段,在分析问题、解决问题的过程中仍然需要借助感性经验和具体思维。

（3）情绪层面的双重性

情绪是指个体对需求满足状态的主观认识与表现。青少年介于儿童和成年人之间,情绪的发展明显综合了儿童和成人的特点——既有与成人相似的情绪内容,又因发展不成熟而遗留了儿童期的情绪色彩。这种兼具儿童与成人的双重性主要表现在两个方面。一方面,从时间上表现为激情与心境并存。儿童期受具体运算思维能力的影响,对事物的体验更多限于主观的感性认识,情绪随直观感觉起伏不定。由于欠缺理性思考而常常表现出遇事激动、处事冲动的倾向,反映为激情占主导地位的情绪状态。成年人已经具备成熟的抽象思维能力,处事更多采用逻辑思维,能够冷静地推断事情的来龙去脉并善于捕捉表象背后的本质。这种推理方式延长了个体情绪的持续时间,呈现出心境化趋势。青少年时期的过渡性质既表现为儿童期激情的残留,同时也表现在逐渐延长情绪持续时间,出现激情与心境的双重情绪状态。另一方面,从方式上表现为外显与内隐并存。青少年情绪发展的一个突出特点便是内在情绪与外在情绪难分难合。由于青少年自我意识的发展使其内心世界日渐丰富,并常常带有隐私性质,易把真实感受闭锁在内心世界中。同时,青少年的自我控制能力和意志的不足又使他们按捺不住心理上的起伏,希望与人分享。所以外显与内隐情绪的共存加大了青少年情绪现象的复杂性。

（4）道德层面的递进性

道德是个体具备的行为规范与价值观念的总和。青少年时期的跨度有近十年的时间,在这期间的道德观念、道德情感以及道德行为都会有长足的发展,并且呈现出递进式特点。林崇德研究发现,中学生的道德思维有四级水平,首先是照搬规范,然后是表象认识,进而发现实质,最后理解规范并整合社会与个人的道德观念,四级水平成递进发展之势。[①] 道德情感分为三级水平,包括直觉的情感体验、道德形象引起的情绪体验和伦理道德的情感体验。总的来看,中学生的

---

① 林崇德:《发展心理学》,杭州:浙江教育出版社 2002 年版,第 410~413 页。

道德情感是递进发展的。另外道德行为有两种表现:未形成道德行为习惯和形成道德行为习惯,形成道德行为习惯的中学生人数随年龄的增长而递增,高中生的道德行为习惯比初中生带有更大的稳定性和不可塑性。一般而言,少年期的道德发展有较大的动荡性,到青年初期才趋向于稳定和成熟。

2. 常见的心理问题

青少年心理发展的特点决定了这一阶段的独特性,美国心理学家何林渥斯称之为"心理性断乳",即青少年处于逐渐脱离父母管教、在心理及现实生活中走向独立的阶段。心理性断乳意味着先前的心理习惯及心理定势面临挑战,因而部分青少年会因为适应不良而导致心理问题的产生。主要的心理问题有同一性危机和消极情绪困扰。

(1)同一性危机

埃里克森认为同一性是对"我是谁?""我将会怎样?"等问题的主观认识和评价。生物性自我、心理性自我和社会性自我的最终确立标志着同一性的形成。反之,就会产生同一性混淆的危机。① 同一性危机具体包括以下内容。

一是时间观念混淆。对过去、现在和未来在时间上的连续性缺乏清醒的认识,没有明确的目标,不能正常安排自己的学习和工作,生活缺少计划性。有些青少年甚至忽视时间的存在,逃避现实中的压力,造成自我时间观的混乱。

二是自我怀疑。自我概念起源于他人对自己的反应和评价,如果个人在形成自我认同的过程中,对自己的优缺点缺乏正确的认知,倾向于吸收他人对自己的负面评价,就易于产生自我怀疑。自我怀疑的人为人处世自信心不足,不能有效地施展自己的才华,从而导致学习、工作效率不高。效率不高又反过来加大其对自己能力的怀疑。这样容易陷入恶性循环,产生严重的自卑心理。

三是角色固着。部分青少年尚未形成对自己的真正了解,就过早地固定了个人角色,从而无法有效应对未来的多种社会角色,在家庭、学校、社区等各种生活环境中容易产生角色冲突、角色中断和角色混淆,从而很难在角色尝试中产生积极情绪,造成角色扮演的失败。

四是工作失控。一些青少年因对自己的职业兴趣、求职意向及自身能力认识不当而无法正确择业,在工作中表现不佳或无法胜任工作,频繁更换工作及工作单位,甚至失业、待业在家,在这样的情况下易于产生工作焦虑症和工作恐惧症。

五是两性混淆。青少年无法认同社会规范和公认的性别角色,不能接受自己的生物性别,喜欢异性打扮或不愿与异性相处,而陷入两性混淆的危机。轻者无法建立正常的异性关系,引起婚姻家庭问题;重者会产生精神障碍,在寻求性

---

① 张进辅主编:《现代青年心理学》,重庆:重庆出版社 2002 年版,第 131 页。

满足对象或满足性欲的方式上产生变态行为。

六是权威混淆。部分青少年容易产生对领导的矛盾心理，无法理解领导的角色地位，在领导与服从之间难以达成心理上的平衡。一方面表现为过分盲从，即对领导言听计从，缺乏必要的反思和批判精神，过分地相信、崇拜权威；另一方面表现为反抗权威，盲目排斥、抗拒领导。这两种结果都是对权威的同一性混淆，不利于青少年的正常发展。

七是价值混淆。青少年时期需要从父母、老师及同龄群体中分化出自己的价值观念，运用所学知识整合内在观念与外在价值。在这一过程中，一些青少年既不认同社会主流的价值观，又无法形成社会认可的人生信念，不能正确对待人生道路上的挫折和挑战，在各种遭遇面前经不起考验，容易迷失方向，产生严重的挫败感。

这七项同一性危机需要青少年积极地应对，成功地解决同一性混淆所带来的心理冲突，在进入成年之前确立自我同一性。

根据埃里克森的观点，青少年处在"心理延缓偿付期"（psychological moratorium），即在自我同一性确立之前，青少年可以暂缓承担社会责任和义务，同时在实践中提高自己各方面的能力，尝试扮演各种社会角色并最终确立自己的人生观、世界观，克服同一性混淆所引发的心理危机，顺利进入人生发展的下一阶段。

马西娅（J.Marcia）发展了埃里克森的同一性理论，把同一性看成是一个持续的发展过程，在这一过程中会出现对内在身心成长与外在社会发展的认同危机。[①] 面对众多的人生抉择，青少年不可避免地要进行思考与选择；思考之后做出选择并为自己的选择付诸努力，这就是投入。现实生活中，在探索同一性的关键时期，并非每个个体都会经历并感受危机，也并非每个个体在面对危机时都能积极地投入。根据个体应对危机的不同方式，可以区分自我同一性的四种形态：

第一种形态：同一性提早获得。这种状态中的青少年不会体验到成长危机，在抉择来临之前就接受了他人的安排。一般以父母或其他重要他人的期望作为自己努力的方向，这种被动的投入方式使青少年过分依赖权威，没有足够的机会思考自己的兴趣爱好及人生的重要事件。尽管他们不会在成长中惊慌失措地经历危机和焦虑，但是当他人的决定与自己各方面条件不相吻合时就会产生负面影响。同时，较低的社会适应能力也会使他们的自我探索陷入茫然，在缺乏权威抉择的情况下容易选择顺从和模仿他人，自我抉择的能力较低。我国许多家长会在子女的成长道路上代为抉择，站在成人的立场上安排子女的未来生活，并将其视为"爱"的表达方式，从而导致青少年同一性的提早获得。这样做只会暂时帮助子女躲避危机，不利于子女应对挫折能力的发展。

① 张进辅主编：《现代青年心理学》，重庆：重庆出版社 2002 年版，第 41~43 页。

第二种形态:同一性如期获得。这是青少年同一性发展中最为理想的一种状态。在同一性危机来临时,此类青少年会经历紧张的思考与抉择,积极迎接各方面的挑战。通常他们会参考长辈经验和各方意见,在评估过去的经历、现实的难题和未来的期望之后,独立地做出选择并为此全力以赴。这种应对危机的方式锻炼了青少年应对挑战的能力,有助于他们形成自己独特的应对危机的方式,成熟理智地为人处世。

第三种形态:同一性混淆。此种状态的青少年尽可能避免体验危机,即不去思考人生的各种抉择,对各种价值观念和行为规范既不赞成也不反对,也没有兴趣对此做出探索。他们通过逃避现实、逃避自我的方式生活,因而在多种层面上存在心理问题,同时又因为不与外界交往而使问题迟迟得不到解决。对青少年来说,短暂的同一性混淆属于同一性发展过程中的正常现象,但如果长期如此,则会引发社交、求学、择业等障碍,无法成功地步入成人阶段。家长、老师和社会工作者要正确区分轻度与重度的同一性混淆,分析同一性严重混淆的原因,采取有效的干预措施,尽力协助青少年解决同一性发展中的心理问题。

第四种形态:同一性延缓偿付。此类青少年正在面临抉择,对自己的努力方向犹豫不决。由于对学业、职业的各种选择尚未确定,青少年在生活中欠缺稳定性,对人对事的看法常常自相矛盾。与同一性混淆者不同,处在同一性延缓偿付期的青少年在面对抉择时虽然犹豫不决,但有积极投入的期待和希望,因此,这些青少年具有较强的可塑性,可以及时协助他们认清自己的能力、不足以及父母和社会的期望,分析各种可能的选择,提高其自我决定的能力。

当今社会的迅速变化和众多选择在一定程度上加大了青少年应对危机的难度,扩大了同一性危机群体,这应当引起重视。对同一性危机带来的心理问题要因势利导,寻找最佳的解决办法,协助青少年成功度过同一性危机。

(2)消极情绪困扰

部分青少年在青春期无法平衡情绪的双重性,积极情绪与消极情绪同时左右青少年的心理发展,当消极情绪压倒积极情绪时,就会造成心理上的困扰。消极情绪困扰具体表现在如下方面:

一是自卑。自卑是个体对自我主客观条件评价过低而产生的低落、悲伤、畏缩的情绪反应。主观条件包括个人先天的外形特征以及后天的学习能力、价值观念等;客观条件包括家庭、学校、社区、族群等外在的环境条件。自我同一性的发展使得青少年喜欢自我评价,也关注他人对自我的评价,评价过低时便会产生自卑感。同时"成人感"容易使青少年把自己定位在成人的角色和位置,确定较高的理想我,但由于青少年心智上尚未成熟,结果往往是心有余而力不足。理想我与现实我之间的差距使青少年容易产生自我怀疑的消极情绪,进而由自信转向自卑。

二是空虚。空虚是青少年时期常常出现的迷惘、无助的消极情绪状态。主观方面，青少年时期的同一性混淆容易产生空虚体验，在无法形成自我同一性之前，青少年对自己过去、现在和将来缺乏正确的认知，找不到努力的方向。一方面，由于生活缺少计划和目标，尽管一些学生每天都在学校，却因为各种原因无法集中精力念书，随时间流逝，逐渐发觉自己一无所获时，便会感到空虚，找不到生活的意义；另一方面是对自己的期望过高，在高不可及的目标面前，自己取得的任何进步都显得微不足道。前进途中动力不足，总感觉自己的需要得不到满足，从而产生强烈的无助感。从客观方面来说，我们生活在价值观剧变的现代社会中，容易产生不知如何应对环境的无助感。同时，网络技术突飞猛进的发展吸引了部分青少年沉迷于虚幻世界，在网络中寻找精神慰藉，使现实生活中的精神生活变得贫瘠。嗜网成性的青少年甚至分不清真假虚实，回到现实世界中只能更多地体验到迷惘与空虚。

三是抑郁。抑郁是应对内外刺激时产生的烦闷、压抑、悲观等的情绪体验。主观方面主要受气质类型的影响，多疑、怯懦、犹豫、自卑、敏感的气质特征，决定了抑郁质青少年在成长过程中容易产生这种消极情绪，而其他气质类型青少年的抑郁情绪主要来自客观的环境因素。生活中的一些危机事件容易使情绪尚未稳定的青少年消极悲观，丧失化解危机的动机和能力，在危机面前束手无策，被动地承受生活中的压力，甚至引发酗酒、吸烟等消除烦闷的不良嗜好。长时间的抑郁会严重影响青少年的正常生活，降低学习和工作效率，阻碍其健康成长。

四是嫉妒。嫉妒是对比之后产生的一种厌恶、怨恨的消极情绪。从青少年自身来看，这种对比并非侧重纵向比较自己的发展状况，而是与他人进行横向比较。看到别人条件比自己优越或者同等条件下别人比自己拥有更多时，便会产生强烈的不满甚至愤恨。从家庭方面看，部分孩子养成以自我为中心的价值观念和行为方式，各方面都要优于他人才能达到心理平衡，己不如人往往引起心理上的失衡，心生嫉妒。尽管适当的嫉妒之心可以激发青少年的上进心，促使其加倍努力赶上并超过嫉妒对象，但是超过一定"度"之后就会干扰青少年的人际交往，严重者还会引发人格障碍。

五是孤独。孤独是因不善交际或不愿交际所带来的心灵上的忧伤、无助的情绪体验。青少年在自己被拒绝、排斥、孤立、无法控制情境时更可能经历孤独。① 从主观方面来说，青少年常常厌倦了父母的管教和唠叨，向往独立的生活，渴望依靠自己的力量应对生活中的难题。然而社会的复杂及青少年经验能力的不足往往使其应对失败，同时强烈的自尊心经常驱使他们倾向于掩饰自己的无能感和无力感，在心理上容易产生孤独无助的体验。此外，部分青少年也会

---

① 雷雳、张雷：《青少年心理发展》，北京：北京大学出版社 2003 年版，第 145 页。

因为同伴关系处理不当而遭到同龄群体的排斥,在被群体孤立的环境中滋长孤独的情绪。从客观方面来看,城镇化进程的加快使越来越多的农村人口脱离了血缘关系占主导地位的农村生活,流动到以地缘、业缘关系为基础的城镇谋求发展。在这一过程中,青少年容易因对环境变化的不适应而导致内心封闭,同时,城镇的居住格局使得邻里关系较为淡漠,也不利于青少年觅友交友,容易产生孤独情绪。

在青少年的成长过程中,以上几种消极情绪并非独立存在,常常是以交叉混合的形式共同作用于青少年的学习和生活。相关教育者应协助青少年正确认识自己的情绪特点,了解消极情绪对自己身心健康的危害,培养青少年自我调控情绪的能力。同时,要善于发现青少年消极情绪的产生和蔓延,采取科学的情绪调控方法及时予以化解,对于不易化解的情绪,可以采取适当宣泄的方式释放出来,减轻青少年心理上的负担。

第二节　青少年行为发展与社会环境

青少年在生理、心理发展的过程中会产生各种不同的需求,这些需求必须依托一定的社会环境才能得到满足,不同社会环境中个体的成长体验也大不相同。

一、青少年与同龄群体

同龄群体指的是年龄大致相同的一群人,这一群体已经成为影响青少年行为发展的重要环境。青少年时期,同伴关系占据个体生活的重要地位,有关调查表明,周末青少年与同伴在一起的时间是与父母在一起的两倍。[1] 由于入学年龄的逐渐统一化和规范化,青少年的同伴基本上都是同龄人。与过去相比,今天的青少年拥有更多的时间和机会与同龄人相处,他们的行为也因此表现出不同于以往青少年的特点。

1. 青少年与同龄群体关系的特点

社交需求的发展促使大多数青少年在与他人的互动中倾向于寻求自己认可的同龄伙伴,通过与其发展同伴关系来获得心理支持,满足自己社交的需求。与儿童时期相比,青少年时期与同龄群体的关系呈现出新的特点。[2]

首先,青少年与同龄人在一起相处的时间明显变长。除在学校朝夕相处外,青少年还热衷于参加各种校内外活动,喜欢与同伴分享彼此的内心感受,共处的

---

① 雷雳、张雷:《青少年心理发展》,北京:北京大学出版社 2003 年版,第 145 页。

② ［美］斯滕伯格:《青春期:青少年的心理发展和健康成长》(第七版),戴俊毅译,上海:上海社会科学院出版社 2007 年版,第 209～210 页;张进辅主编:《现代青年心理学》,重庆:重庆出版社 2002 年版,第 405 页。

时间相对于独立能力较差的儿童时期明显增多。

其次,与同龄人交往时逐渐减少了成人的监督。青少年的生理、心理和认知等各个方面都有了不同程度的发展,相对于儿童有了更大的独立性和自主性。一方面,青少年主观上有了独立的需求,不希望继续被管教和约束,喜欢与同龄人单独分享成长中的秘密;另一方面,家长也逐渐意识到青少年已经具备了与他人独处的能力,不再过分担心他们的安全问题,这样青少年便获得了成人不在场时与同龄人相处的自由。

再次,与异性交往的频率逐渐增加。青少年性生理和性心理的发展促使他们逐渐乐于与异性交往,并建立伙伴关系。在同龄群体中能够赢得异性青睐的人,容易赢得同伴中的威信。同时与异性朋友的交往也为青少年向成年人的过渡奠定了基础。

最后,青少年同龄群体的成员人数增多。青少年的身心发展为其提供了更多参与集体活动的机会,促进了更多青少年之间的交流互动,同龄群体相应地发展出一些大型团体,但这并不影响小群体的存在,大多数青少年仍然拥有关系密切、交流频繁的小圈子,以满足自己情感和心理上的需求。

2. 同龄群体的功能

同龄群体对青少年的心理成长有重要的影响,既有促进成长的正功能,也有不利于青少年发展的负功能。正负功能的发挥与同龄群体的性质及青少年本身的心理调控能力相关。同龄群体主要有如下功能:

(1) 发展社交能力

青少年时期的社交需求有了很大的发展,同龄群体成为青少年发展社交能力、寄托情感的首选对象。同龄群体的正功能主要表现在促进了青少年社交能力的发展。青少年和同龄群体之间的交往为他们发展社交能力提供了平台。群体成员间的个性差异有助于青少年增加对不同类型个体的认识和了解,通过分析交往对象的个性特征,逐渐发展出应对各种社会成员、处理各种社会关系的能力。同龄群体的负功能主要表现在一些不良社交能力的发展上。当青少年所处同龄群体中的成员大多数倾向于反社会行为时,由此所发展出的社交能力也会与社会主流文化相背离。例如,某个同龄群体内部默认的规范是"弱肉强食",倾向于用拳头解决问题,那么从这个群体中走出来的青少年在与他人交往中也常常欺软怕硬,发展武力社交的可能性会比较大。

(2) 行为习得功能

青少年走出家庭后,大部分时间与同龄人在一起,价值观念和行为规范上更多体现出其所在同龄群体的特点。同龄群体在青少年行为发展方面的正面功能表现在可以从同龄群体中学习到现代社会发展所要求的行为准则和规范。因为年龄相仿,且任务和环境相似,因而青少年与同龄人在行为特征上表现出很大的一致性,从同龄群体中习得行为的效率也要远远高于从其他环境中习得行为的效率。与此同时,青少年反社会行为的增加也凸显了同龄群体在青少年行为发展中的负功能。同伴文化所产生的不良影响可能使青少年抵制父母的价值观和控制,同伴也可能给青少年带来酗酒、吸毒、犯罪及其他各种适应不良的行为。①

(3)心理导向

伴随着身体的急剧变化,青少年的心理变化也紧随其后,以令人惊讶的方式呈现在家长和老师的面前。青少年在自我意识、智力、道德和情绪的发展上都明显受同龄群体的影响。同龄群体的正功能主要表现在促进青少年心理趋向成熟。首先,青少年会通过同伴对自己的评价和态度来衡量自己,并在此基础上形成同一的自我意识。其次,通过共同的学习和交流,促进智力的发展。再次,通过群体内默认的规范指导自己的行为,并逐渐形成各自认可的道德准则。最后,通过感情的投入达到情感上的满足,逐渐增强对同龄群体的归属感。

同龄群体的负功能也会在青少年心理发展的过程中表现出来。当青少年所属同龄群体认可的行为规范和价值观念与家长灌输的不相一致,即青少年在群体内所获得的自我评价不同于父母所给予的评价,且这种不一致得不到有效处理时,便容易引起青少年的同一性混乱。从智力层面看,部分同龄群体倾向于通过游戏级别和犯罪能力等来衡量智力水平的高低,而这些评价指标通常是不合社会常规的。心智发展仍不成熟的青少年容易盲目从众,由此所引起的结果是令家长和社会担忧的——不仅会导致青少年学习兴趣降低,严重者还会诱使青少年步入歧途,走上违法犯罪的道路。同时,青少年早期的道德情感很大程度上仍需依赖感性认识,容易受到表面现象和具体情境的影响。此时,不良同龄群体的存在会误导青少年的道德判断,使其做出不理智和危险的行为。从情绪层面上看,青少年在同龄群体内的表现和所受到的待遇会直接影响其情绪的发展。在群体内表现突出、让人佩服的青少年往往会产生积极的情绪体验,形成良好的心理状态。反之,受人排挤和孤立的青少年则会产生抑郁、焦虑、自卑等消极情绪。此类青少年如果缺乏适当的引导,同时自我调控能力又不佳,会对他们的学习和生活产生困扰。

二、青少年与家庭

家庭和其他社会环境的不同之处在于它具有较强的稳定性和持久性。尽管与儿童时期相比,青少年在家与父母共处的时间明显减少,外出独立活动的机会逐渐增多,但由于青少年仍未具备完全独立的经济实力,心理发展也尚未成熟,社会经验不足,因而家庭作为青少年成长和发展的重要环境,对塑造青少年人格

① 雷雳、张雷:《青少年心理发展》,北京:北京大学出版社2003年版,第146页。

和行为仍然起到了关键作用。

1. 家庭的类型

依照不同的标准可以把家庭分为不同的类型,为更好地了解青少年的成长和发展,可以根据家庭教养方式的不同来划分家庭类型。麦科比和马丁(Maccoby & Martin)从父母要求和反应两个纬度把教养方式分为四种:高要求高反应的权威型、高要求低反应的专制型、低要求高反应的溺爱型和低要求低反应的忽视型。相应地家庭可以分成权威型家庭、专制型家庭、溺爱型家庭和忽视型家庭。① 权威型家庭比较民主,父母与子女的双向互动良好,既能将经验知识以适当的方式传授给子女,又乐于听取子女意见,根据子女反馈的信息调整自己的态度和行为;家庭气氛活跃,有利于青少年的健康成长。专制型家庭采取单向管教方式,以父母为中心,强制推行自己的价值观念和行为方式,对子女的不满或抗拒感到愤怒,常使用惩罚的方式迫使子女服从自己。这种教养方式容易使青少年产生表面服从、内心抗拒的行为特征,部分家庭还存在家庭暴力,对子女的成长产生长远的消极影响。溺爱型家庭以子女为中心,尽最大可能满足子女的一切要求,而不考虑要求的合理性;同时包揽子女的一切日常生活,无视他们的不良行为,造成子女的社会适应能力不足,学业或工作难以取得突出进展,并容易导致违法犯罪行为的增加。忽视型家庭对子女的所作所为不闻不问,与子女共处时间少,没有沟通互动的机会,家长按照自己的方式行事,忽视子女本身的兴趣和需要,不利于青少年心理的发展与成长。

2. 家庭的功能

家庭要满足家庭成员的需求,在生命周期的不同阶段有着不同的发展任务与功能。不同类型的家庭,其实现功能的方式也不尽相同。家庭主要有如下功能:

(1)经济支持

家庭最基础、最重要的功能便是为其成员提供物质生活上的满足。青少年时期的可塑性较强,重视教育的家长会竭力把收入投入到子女的学业上,尽可能为其提供良好的教育环境,因而教育费用往往占据家庭开支的很大一部分。权威型家长还会注重发展孩子的兴趣特长,使其在激烈的社会竞争中能处于优势地位;同时也会合理安排青少年的日常生活,注重饮食营养,满足他们青春期身体发育的需求,这些也是与家庭经济实力和父母的教育方式分不开的。家庭经济支持上的负面功能主要表现在溺爱型家庭和忽视型家庭中。溺爱型教养家庭一味地顺应孩子的要求,经济上总是尽可能地给予满足,这便助长了部分青少年

---

① [美]斯滕伯格:《青春期:青少年的心理发展和健康成长》(第七版),戴俊毅译,上海:上海社会科学院出版社2007年版,第165页。

花钱大手大脚、嫌贫爱富的不良习惯。忽视型教养家庭对孩子采取放任态度,很少关心子女的物质要求,特别是经济条件较差的忽视型家庭中长大的青少年,常会滋长自卑、嫉妒等消极情绪。

（2）行为强化

家庭是影响青少年行为表现的重要场所,通过对青少年行为的强化和惩罚来确立青少年的行为规范。正面功能主要表现在权威性教养方式的家庭中,这种类型的父母会采取合理措施来引导青少年的行为;对值得表扬的行为给予正面强化,对不良行为给以相应惩罚,减少不当行为的发生。合理的强化和惩罚可以使青少年更直接地了解到自己行为的优劣,并逐渐形成自己的行为规范,成功过渡为一个被社会认可的成年人。负面功能主要表现在专制型、溺爱型教养家庭中。专制型父母会通过威吓、体罚等方式对子女的行为给以约束,这会打击青少年做事的积极性和主动性。即使有些事情在恐吓中能做到守规矩、有条理,但这种行为的背后也隐藏着不满或压抑。溺爱型父母刚好相反,他们对子女行为更多采取正强化,甚至对不良行为也予以接纳,从而使青少年难以区分自己行为的好坏,助长了反社会行为的发生。同时过分溺爱也使青少年的社会适应能力不足,生活缺少稳定性和目标感。

（3）人格塑造

采取不同教养方式的家庭会对子女的人格特征产生不同的影响。在人格塑造上的正面功能主要体现在权威性家庭中。由于父母关心、尊重子女,并引导他们积极思考问题、看待人生,在这种家庭中长大的青少年往往具备了理想的人格特征。负面功能表现在其他三种类型的家庭,专制型父母给予子女的温暖太少、粗暴太多,使得个性强的青少年常会攻击他人、固执己见、对人缺乏信任,个性弱的又会形成孤僻、冷漠、缺乏自信或不信任他人等方面的人格特征。溺爱型家庭中长大的青少年会因为缺乏管教而对人对事缺少正确判断,容易养成打架斗殴、反抗法律权威的反社会人格。忽视型家庭中的青少年因为不被关注,常会以自我为中心,做一些夸张、荒诞的事情企图吸引别人的注意,渴望得到他人的认可,做事易冲动。

（4）两性教育

家庭应该要提供性知识和性教育,以培养子女的性身份和性角色的实现能力。① 青少年时期,性生理和性心理的发展需要得到相关知识的辅导。权威型家庭在这方面发挥了积极有效的正面功能。此类家庭中亲子之间双向互动沟通的机会较多,父母对子女既不疏忽放纵也不强迫压制,而是从子女的立场思考问题,对他们青春期中的疑问给予适当的解释。同时,不过分担心子女萌发的性好

---

① 张进辅主编:《现代青年心理学》,重庆:重庆出版社 2002 年版,第 455 页。

奇心理,引导青少年消除青春期产生的紧张和困惑,增强其自我调控的能力,为青少年以后满意的婚姻家庭生活奠定了基础。其他类型的家庭更多体现了负面功能,专制型父母一般较为保守,亲子之间缺少沟通,更不会提及性话题。这种家庭中长大的青少年有可能产生性压抑和性恐惧。主观上感觉性问题难于启齿,拒绝正常的异性交往,也有可能出于好奇或反抗父母的管教,而做出不理智行为。溺爱型和忽视型家庭中父母很少对孩子的行为做出干涉,容易导致青少年缺乏对性的正确认知。

值得注意的是,家庭的一些负面功能因为易被家长忽视,因而很多家庭的教养方式一旦形成,往往很难转型。另外,多数家庭都是两种或几种教养方式并存,增加了家庭功能研究中的复杂性。

三、青少年与学校

学校作为接受教育、完善人格的重要场所,为青少年由儿童向成人的过渡奠定了必不可少的基础。

1. 与青少年有关的学校元素

青少年时期相关的学校主要包括初中、高中、大学及各类职业学校。考虑到学校对青少年发展的重要性,越来越多的家长开始关注学校,包括学校的师资力量、教学方式、学生质量以及校风校舍等各种软硬件情况。

从客观方面来看,与青少年有关的学校元素主要是师资力量、教学硬件配套设施和校风校纪。

因为学生知识直接源自老师的传授,高素质、广见识的教师更能带给学生高质量的教育,因而家长为子女选择学校时也会首先考虑师资力量。师资强的学校不仅能为学生提供优秀的教师,还会采取多种激励措施,注重发展完善的教学激励机制;鼓励教师的积极性和主动性,在教学评定中认真参照学生的信息反馈,从而更好地制订有利于学生发展的培养计划,调整师资布局。相反,师资力量弱的学校不仅教学水平参差不齐,还常因为盲目追求升学率而对师生施加压力;教学评估侧重学习成绩,忽视教学方法和教学目的,对学生从严管教,由此培养出来的学生即使成绩优异,也常常会是高分低能,社会适应能力较差。

教学设施的好坏与学校经济实力是分不开的,拥有完备教学设施的学校,不但可以为学生提供良好的学习环境,同时还拥有完备的休息、娱乐场所,从而为丰富学生的业余生活提供了必要条件;劳逸结合的学习方式和学习氛围能更好地促进学生的全面发展和身心健康。相反,教学设施落后的学校多分布在一些落后地区,简陋的教室、破旧的桌椅几乎成为贫困地区校舍的代名词。在这种硬件设施落后的环境中,学习效率相对较低。

校风是多数学校在长期发展中形成的独特的校园文化和精神风貌的体现,

与青少年发展相关的包括学风和教风。学风良好的学校如同一把磁石,会在无形中给予学生学习和前进的力量,而且同学之间会彼此感染,形成好学上进的心理磁场。教风良好的学校有利于培养追求教学质量、完善教学方式、关心爱护学生的教师团队。校风的形成对于规范师生行为起到内在的约束作用,而外在的约束主要依靠校纪来进行。合理的校规校纪可以更好地发挥学校的监督控制功能,减少不良行为的发生。相反,尚未形成校风校纪或校风不正、校纪不当的学校对青少年的发展会产生一定的消极影响,青少年时期的从众、模仿心理更容易使其步入不良行为或反社会行为的误区,严重者还会产生校园暴力和青少年犯罪现象。

从主观方面来看,关系到青少年发展的学校元素主要包括教学方式和在校生质量。教学方式对学生的影响非常类似于前面提到过的家长教养方式对子女的影响。参照麦科比和马丁对教养方式的分类,教学方式也可以分为权威型、专制型、溺爱型和放任型。不同的教学方式代表着不同的教学理念和教学风格,对学生的影响也大不相同。权威型教师是最理想的类型,注重与学生之间的双向沟通,在教学计划和学习目标上师生可以协商而定,课堂气氛活跃而又不至于忽视纪律,有利于培养积极上进、心态良好、全面发展的学生。专制型教师代表着传统,对学生单向施教,强迫式教学。严厉的教学态度和惩罚措施往往会使学生望而生畏,产生恐惧、焦虑的心理,不利于培养学生的兴趣爱好和个性发展,导致学生学习效率低下。溺爱型教师更大程度上与教师的人格有关,对待学生像对待自己的孩子,过分地关心学生,缺乏教师应有的威信,对学生的违纪违规现象不批评教育,甚至当作青少年个性发展而加以褒扬,从而助长了学生不良行为的发生。放任型教师通常教学责任心不强,对学生采取填鸭式教学,课堂纪律差,学生缺乏必要的引导和计划,对青少年的智力发展和人格塑造顺其自然,不利于学生的健康成长。

从在校生质量上来看,以优等生为主的重点学校更容易形成好学上进的校风,学生质量参差不齐甚至差距较大的学校次之,以差等生为主的学校则容易养成抵触学习、排斥教师及学校领导的不良风气。由于青少年对榜样的关注及学习能力、模仿能力较强,不同学生质量的学校对青少年发展的影响也大不相同。

2. 学校的功能

青少年主要的时间都在学校中度过,受学校的影响至深,在青少年成长发展的过程中,学校发挥了如下重要功能。

(1) 发展智力

学校的主要任务便是传授知识,培养学生学习分析问题和解决问题的能力。按照皮亚杰的观点,青少年时期是形式运算思维走向成熟的时期,抽象思维能力是在学校学习的过程中逐渐掌握的。一般情况下,离开学校教育这一智力发展的外部环境,即便青少年已经具备了形式运算的潜力,也无法发展出理想的形式运算思维并且恰到好处地使用它。负面功能主要表现为追求高升学率,很多学校对学生实行强迫式学习,剥夺了学生独立思考和推理的能力。绝大多数教师会单向传授知识,更会给出问题的"标准"答案,阻碍了青少年多角度思维能力的发展。

（2）社会化

社会化是个体内化社会规范和价值观念,成长为社会合格成员的过程。学校是青少年社会化的重要场所,通过有计划的阶段式学习,逐渐将社会所认可的主流规范传授给青少年,引导其智力和道德的发展。负面功能首先表现在多数学校侧重书本知识的传播,而忽视了对学生社会技能的培养,从而使青少年在步入社会以后不能很好地适应社会生活。其次是欠缺情感教育,不利于学生情感的满足和不良情绪的调适。

（3）筛选学生

青少年时期每一次学校的转折都意味着学生的重新组合。比较值得探讨的首先是重点学校和普通学校的划分对学生发展的利弊。从某种程度上看,分校的性质类似于划分快慢班。正面功能在于将学生按能力分班或分校,能够方便教师安排课程进度、知识深度及其他适合学生发展的特色教学,特别是有利于重点学校或重点班级学生的进步。负面功能主要是针对普通学校或慢班的学生,这种强制性的划分等于在他们身上贴上了"差等生"的标签,容易遭受歧视或产生自卑心理。其次,青少年学生由初中升入高中、高中进入大学或其他职业类学校时的适应问题也值得探讨。一方面,进入高一级学府会有较强的升级感,大学生比高中生、高中生比初中生在心理上会产生级别优越感,有利于心理各方面的发展成熟。但另一方面,这种过渡会打破青少年原有的同龄群体的支持网络,每一次的转折对青少年都是一次心理适应上的挑战,适应能力欠缺者会引发一些心理适应问题。

四、青少年与社区

社区对青少年的行为和发展有影响,但是需要注意的是,当考虑到其他环境因素,比如说家庭、同龄群体或者学校的影响时,社区影响的实际强度是相当有限的。但这并不意味着社区的重要性不及家庭、同龄人或者学校。研究表明,社区对青少年发展的影响大多是间接性的,这些影响往往需要通过某些更接近青少年的生活环境发挥作用。①

---

①　［美］斯滕伯格:《青春期:青少年的心理发展和健康成长》(第七版),戴俊毅译,上海:上海社会科学院出版社 2007 年版,第 148 页。

1. 社区与其他成长环境的关系

青少年成长的环境对青少年的影响都不是独立的,而是以一种合力作用于青少年个体,相对于学校、家庭和同龄群体,社区是一种更为宏观和间接的社会环境。首先,家庭作为构成社区的主要单元,与社区关系密切。在对青少年的教育上,广大家长之间容易产生共鸣,便于形成一股合力,从子女发展现状到子女教育方法都可以在社区内进行广泛的交流。社区组织者可以针对家长的普遍需求,定期举办青少年教育讲座,倾听专家建议,调整各家的教育策略。其次,社区与学校也要紧密配合,及时发现学生的问题和需求,并将情况反馈给学生家长。这在信息化设备齐全的社区内更容易实现,通过建设青少年管理信息系统,全面掌握社区内广大青少年的个人资料。家庭、学校、社区三方合力,共同致力于青少年的成长和发展。

2. 社区的功能

相关学者提出的社区条件影响青少年行为和发展具有三种不同的机制:社区中的行为准则和凝聚力、人际关系、经济和社会组织资源。①　相应地,我们将社区对青少年发展的功能概括为以下方面:

(1) 规范行为

每个社区在自己发展的过程中都会形成彼此不同的社区文化,拥有各自不同的社区控制手段。青少年生活社区中,会因接触和感受到的文化和控制的不同而倾向于表现出不同的行为特征。其正面功能主要在于良好的社区环境会协助家庭和学校引导青少年顺利地完成社会化。通过适度的社区控制有效防止不良社会风气的入侵和滋长。负面功能主要表现在凝聚力较弱的社区中,这种类型的社区更容易使青少年习得各种反社会行为,行为不端的同龄人群体更容易塑造这些社区中青少年的行为或对其产生影响。②青少年所处的成长阶段有着对个性的追求和极强的模仿力,易受同一社区中不良行为的影响。

(2) 人际交往

随着经济的发展和社会的进步,社区日益成为居民生活、学习、工作和休闲的基本场所。凝聚力较强的社区中,人们对社区的归属感也较强,居民之间容易建立融洽的人际关系,在彼此交流互动的过程中提高各自的交际能力。城市社区居民多数因地缘或业缘关系聚集在一起,正是社区这一载体拉近了居民之间的距离。通过提供娱乐场所及丰富多彩的活动,培养社区青少年之间的友谊,弥补独生子女成长环境中的不足。农村社区因为多数建立在血缘关系上,乡土中

① ［美］斯滕伯格:《青春期:青少年的心理发展和健康成长》(第七版),戴俊毅译,上海:上海社会科学院出版社 2007 年版,第 147 页。
② ［美］斯滕伯格:《青春期:青少年的心理发展和健康成长》(第七版),戴俊毅译,上海:上海社会科学院出版社 2007 年版,第 146 页。

国的家庭纽带赋予了农村社区较强的凝聚力,农忙时互相帮助扶持,农闲时一起休息娱乐。青少年也因为在熟悉的环境中长大,彼此更容易结成伙伴关系。负面功能表现在因各种原因导致贫困的社区。相对而言,贫困社区的青少年更容易发展不良的人际关系,形成各种反社会的非正式群体,并且限制其成员发展其他社会交往。

（3）配置资源

社区资源既包括物质资源,也包括信息资源及人力资源。条件较好的社区可以针对青少年配置更多的可利用资源,包括社区文化中心、图书馆、青少年宫等各种休息娱乐场所和体育设施,丰富青少年的业余生活。同时还能加大对不良网吧、歌厅等场所的限制和管理力度,为青少年营造一个健康向上的成长环境。针对有不良行为或反社会倾向的青少年,社区可与家庭、学校联合,充分发挥社区教育功能,加强对此类青少年的心理健康教育和行为矫正。相反,条件较差、治安不佳的社区更大程度上会发挥负面功能。这类社区内可用资源有限,社区教育、文化、经济等各项功能都会受到资源限制,从而使社区变成一个单纯的地理空间,无法满足青少年的成长需求。

第三节 社会工作的重要议题

青少年时期是人生发展的重要转折阶段,具有很强的独特性,富有极大的学术研究价值。对青少年发展中的重要议题进行分析,可以更好地指导青少年社会工作,促进他们的健康成长。

一、青少年网瘾

2015年6月,中国互联网络信息中心（CNNIC）发布的《2014年中国青少年上网行为研究报告》显示,截至2014年12月底,中国青少年网民规模已达2.77亿,占青少年总体的79.6%。[①] 在信息时代,网络在青少年生活中迅速渗透,对青少年发展无疑产生了巨大影响,一方面网络促进了青少年的社会化,在学习、社交、娱乐等多方面给青少年带来便捷和愉悦;另一方面虚拟复杂的网络世界使得自我控制和鉴别能力较弱的青少年极易沉溺于其中而不能自拔,成为网络瘾君子。中国青少年网络协会发布的《2011年中国网络青少年网瘾调查数据报告》显示,2011年我国网络青少年网瘾的比例高达26%。

1. 网瘾的界定

---

① 《中国青少年上网行为研究报告》所界定的青少年群体年龄段是6岁至24岁,与本书所界定的13岁至22岁的年龄段存在出入,但仍可以据此估测13岁至22岁青少年网民的规模之大。

网络成瘾症(Internet Addiction Disorder)的概念最早是在 1994 年由美国精神病学家伊万·戈登伯格(Ivan Goldberg)提出,随着青少年网瘾现象愈演愈烈,它日益获得研究者的广泛关注。参照世界卫生组织对物质成瘾的界定,"网络成瘾症"指"由重复地对网络使用所导致的一种慢性或周期性的着迷状态,并带来难以抗拒的再度使用之欲望;同时并会产生想要增加网络使用时间的张力与忍耐、克制、戒断等现象,对于上网所带来的快感会有一种心理与生理上的依赖"。① 尽管学者纷纷对网瘾各自进行界定,但目前国内外学者对"网瘾"的定义和界定标准还尚未达成共识。我们认为,网瘾是一种由于过度使用网络而对个人的生理、心理、学业、工作、家庭、社会层面产生严重危害的行为表现。

2. 青少年网瘾的类型和危害

由于网络本身具有虚拟性、交互性、广泛性等特点,加之青少年网民个体的差异性和兴趣的多样性,所以青少年网瘾呈现出很多不同的类型。当前学者虽然对青少年网瘾类型持有不同表述,但认识基本一致,主要包括以下四种:(1)网络色情成瘾,指青少年迷恋网上的色情影视、音乐和图片等,在线观看、下载甚至交换色情制品。(2)网络交际成瘾,指青少年利用各种聊天软件、网站的聊天室等进行在线人际交流,将全部精力用于在线人际关系的建立,长时间的在线聊天几乎取代了他们在日常现实生活中的社交,具体可以细分为在线交友成瘾和网恋成瘾两种。(3)网络信息成瘾,指青少年花费大量时间强迫性地浏览网页,收集各种无用的或者没有迫切需要的信息,导致信息焦虑,对信息过度依赖,此种无法自控的搜索信息的行为类似于以强迫性物品收集为主的强迫症。(4)网络游戏成瘾,指青少年过于迷恋网络游戏,无法自拔。不同类型的网瘾,不仅直接危害青少年的身心健康,而且严重影响了他们的学习、工作和生活。

首先,网瘾严重危害了青少年的生理健康。正处在身体发育关键期的青少年,一旦沉溺于网络世界,长时间注视电脑屏幕,易使眼睛疲劳、疼痛,导致视力下降、干眼症等眼睛疾病;网瘾青少年往往打破日常生活规律,难以保证正常的饮食和睡眠,导致营养不良、身体发育迟缓;同时网瘾青少年因神经系统持续受到不良刺激,会出现神经系统功能的异化,引发心血管疾病、胃肠神经性疾病等,甚至还会伴随焦虑症、抑郁症等精神疾病,甚至导致猝死。

其次,在心理层面,网瘾对青少年的自我意识、道德和情绪等各方面具有不同程度的不良影响。一是同一性的混乱。青少年长时间无节制地沉迷于虚幻的网络世界中,无法有效完成客观现实世界和虚拟网络世界间的角色转换,容易引起自我同一性的混淆、自我怀疑、时间观混淆和价值观混淆。二是道德的弱化。网络世界中没有法律法规、道德习俗的约束,没有现实社会中家长、老师等的监

---

① 周荣、周倩:《网络使用行为与传播快感经验之相关性初探》,《中华传播学会》,1997。

督,青少年在网上肆意任性,这种过度的自由使青少年缺乏必要的道德意识,难以树立正确的道德观念。三是消极情绪的滋长。心理学研究发现过多使用互联网会导致孤独和抑郁感的增加,青少年对网络过度依赖、逃避现实,往往造成社会孤立,现实社会中的消极情绪体验加倍增加,主观幸福感降低。

最后,在社会层面,网瘾的危害表现为容易导致青少年社会化的失败。社会化是个人习得社会认可的各种行为规范、价值理念和生活技能,从而能够适应社会、参与社会生活,成长为合格社会成员的过程。青少年上网成瘾,一方面弱化了家庭、学校、社区在其社会化过程中的促进作用,而且网络世界中非主流文化会迷惑青少年,致使其对自我、他人和社会难以形成正确的认知。网络成瘾青少年轻则面临适应社会上的困难,如社会交往障碍,重则出现反社会的行为,犯罪的概率增加。

3. 理论分析

关于网瘾的形成原因,主要有以下两种典型的理论观点:

(1)心理防御机制理论

心理防御机制概念由精神分析学家西格蒙德·弗洛伊德(Sigmund Freud)于19世纪末首次提出,由其女儿安娜·弗洛伊德(Anna Freud)进行总结和拓展,指个体为了维持内心平衡、减轻焦虑所选择的一种防御手段。青少年网瘾主要涉及以下几种心理防御机制:一是压抑。青少年使用互联网时,尽可能将现实生活中的压力、痛苦、责任、义务等排除到无意识中去,尽情享受网络所带给自己的欢愉。二是否认。青少年对网络的虚幻性、非真实性以及沉迷于网络的消极影响予以否认,以减轻心理层面的自责。三是补偿。面对现实生活中的不如意,青少年可以在网络中得到补偿,实现心理上暂时的平衡。四是合理化。青少年在现实生活中受到挫折时,去网络世界中寻求寄托和安慰,从而为自己进行解脱。五是升华。青少年总能为自己使用网络寻找正当的理由,以减轻心里的惭愧、内疚。一般而言,适当地运用心理防御机制可以减缓个体内心的紧张、焦虑和压抑;但心理防御机制的过度使用则容易使个人迷失自我,丧失解决问题的勇气、动力。因此,从该理论视角看,青少年网瘾正是过度使用心理防御机制所致。

(2)马斯洛的需要层次理论

亚伯拉罕·马斯洛认为,人的基本需要按照需要满足的递进关系分为生存的需要、安全的需要、归属和爱的需要、自尊的需要和自我实现的需要。当低层次的需要得到满足后,会进一步发展出高层次的需要,青少年阶段各层次需要的发展极不稳定。当归属和爱、自尊、自我实现的需要无法在现实生活中得到满足时,青少年就会选择另辟蹊径,上网成瘾则是需要满足受阻所导致的结果。互联网所具有的强大的社交功能、娱乐功能不仅能使青少年得到极强的归属感、愉悦感和自我实现感,还容易使其产生对网络的心理依赖,以持续获得需要的满足。

特别是网络游戏所设计的闯关等环节,可以给网络游戏玩家带来莫名的成就感,使其在虚拟的网络世界中尽享现实生活中难以体验到的巅峰之感。

4. 干预策略

美国临床心理学家金伯利·扬(Kimberly Young)通过对上网成瘾者的大量研究,提出了如下康复策略:(1)正视你所失去的;(2)估算你的上网时间;(3)运用时间安排技巧;(4)在现实世界中寻找支持;(5)认识你上瘾的诱因;(6)带有积极提示的卡片;(7)采取具体步骤来解决问题;(8)倾听否认的声音;(9)面对你的孤独;(10)认识中断恋爱的警告信号;(11)遵循沟通步骤;(12)注意孩子们的警告信号;(13)干预上瘾的孩子;(14)教导年幼的孩子该做和不该做的;(15)帮助网络成瘾的大学生;(16)了解工作场所的警告信号;(17)帮助网络成瘾的员工;(18)考虑长期后果;(19)恢复之旅的建议(防止复发、对自己要有耐心、给自己的尝试加分、寻找上瘾原因、让自己所爱的人帮助自己);(20)了解康复的标志。① 我们认为网络成瘾的原因复杂多样,涉及成长经历、家庭、学校和社会因素等多方面,相应地,应对网瘾的干预策略也应多元化,避免单一化。在借鉴金伯利·扬提出的以上具体康复策略的同时,还应密切关注家庭、学校、社区、同辈群体等青少年的成长环境,从中寻找根治网瘾的方法。此外,可以运用社会工作专业方法,对网瘾青少年进行个案、小组、家庭或社区治疗,特别是小组社会工作方法在戒除网瘾方面被证实疗效显著。然而,目前国内对青少年网瘾问题的研究总体处在起步阶段,干预网瘾的策略研究仍缺乏针对性、实用性,需要相关学者及社会各界的共同努力。

二、青少年未婚怀孕

青少年正值从性成熟到结婚前的"性待业期"。当前青少年性成熟的提前和结婚年龄的推迟,使青少年的性待业期不断延长。在这种情况下,部分处于性蒙昧状态、自我控制力较弱的青少年,容易与他人发生性行为。据 2005 年中国青少年健康相关/危险行为调查数据显示,在被调查的 28 064 名大学生中,10.02% 的大学生曾发生过性行为,共 2 811 人;其中 12 920 名男大学生中有过性行为的共 1 929 人,占全部男生的 14.93%;15 144 名女大学生中有过性行为的共 882 人,占全部女生的 5.82%;19.25% 的大学生曾意外怀孕或致她人怀孕。② 随着婚前性行为的日益增多,未婚先孕逐渐成为引人关注的社会问题。

1. 消极影响

---

① 参见[美]金伯利·扬:《网络心魔:网络的症状与康复策略》,毛英明等译,上海:上海译文出版社 2005 年版。

② 青少年性行为及艾滋病知识态度行为主要调查结果,公共卫生科学数据中心。

　　从宏观层面来看,青少年未婚怀孕现象,将会加重社会救助负担、导致社会不良风气等;从微观层面来看,由于青少年在生理、心理和社会方面都尚未发育成熟,青少年未婚母亲、青少年未婚父亲及出生的孩子都会受到消极影响。

　　首先,青少年怀孕对其自身的生理健康、心理状况和社会层面具有显然的消极影响。由于青少年骨盆和子宫功能发育尚未成熟,青少年怀孕面临很多风险和问题,包括分娩时间过长、贫血症、血毒症、流产、死亡等。部分选择堕胎的怀孕青少年,比成年女性更容易发生宫颈裂伤。同时,未婚怀孕青少年会在心理上受到较大冲击,因不敢面对自己的家人、朋友等而产生极大的心理压力。研究显示,青少年女性的堕胎经历不仅使其具有显著的生理、情感、社会及认知损害,而且还有明显的抑郁症状。① 此外,在社会层面,怀孕少女还会遭遇诸多问题,她们往往较早离开学校,无法完成学业,所接受的教育少于其他同龄人,如此她们往往只能从事低技能、低收入的工作,甚至失业等,形成对社会福利的依赖;她们可能面临更高的离婚率、不稳定的社会关系。

　　其次,由于青少年未婚母亲所面临的以上不利因素(如贫困的生活条件、单亲的家庭环境、匮乏的社会支持等)通常具有循环性和累积性,这使得青少年未婚母亲所生的孩子也同样受到消极影响。由于很多贫困的青少年母亲在产前几乎无法享有卫生保健服务,这使得婴孩更可能早产或体重偏轻,患神经缺陷的几率更大。② 青少年母亲所生的孩子可能出现因贫困而导致的营养不良、智商低、早熟等多种问题行为等。随着青少年母亲的孩子年龄增长,他们的认知性问题、心理和社会方面的问题会变得越来越明显(也就是说,青少年未婚母亲所生的孩子与成年母亲所生的孩子之间的差异,在他们的青春期中要比儿童期中表现得更为明显)。但是,研究再次证实,由于是青少年母亲所生而导致的孩子身上的消极后果(即便这种后果到了孩子进入成年早期的时候才会显现出来),不仅要归因于很可能成为青少年母亲的年轻女性的某些特征,也要归因于年轻母亲所处的家庭环境情况③。

　　最后,怀孕也对青少年未婚父亲带来了消极影响。尽管青少年未婚父亲在让女方怀孕之前可能已经在自我评价、学习和工作方面出现问题,并可能存在吸烟、酗酒、打架等问题行为,但是过早地在青少年阶段为人父会对其学业和心理健康带来消极影响。他们可能更易辍学,可能在成年后比其他同龄人感到更多

---

　　① 余小鸣:《未婚怀孕青少年生殖健康综合干预研究》,北京:北京大学医学出版社 2009 年版,第 13~14 页。

　　② [美]扎斯特罗、[美]阿什曼:《人类行为与社会环境》(第六版),师海玲等译,北京:中国人民大学出版社 2006 年版,第 319 页。

　　③ [美]劳伦斯·斯滕伯格:《青春期:青少年的心理发展和健康成长》(第七版),戴俊毅译,上海:上海社会科学院出版社 2007 年版,第 503 页。

的焦虑、抑郁。① 和青少年母亲类似，青少年父亲可能因较低的教育水平，从事低技能、低收入的工作，面临较差的经济状况。如果青少年父母结婚，其婚姻会出现很多的问题，容易导致离婚。②

2. 应对策略

鉴于青少年未婚怀孕具有诸多消极影响，预防或应对青少年未婚怀孕则具有十分重要的现实意义。美国的少女怀孕率高居工业化国家之首，每年怀孕的青春期少女达百万人，引起了社会广泛关注。尽管大量预防和干预项目已经实施，但迄今为止，几乎没有哪种方法被证明具有广泛的效果。美国心理学家劳伦斯·斯滕伯格（Laurence Steinberg）将美国采取的预防和干预青少年未婚怀孕项目进行了总结：③一方面，开设以课堂为基础的性教育课程。如瑞典作为世界上第一个推行性教育的国家，从小学到高中有一套完整的性教育体系，并取得了良好的效果。但美国的性教育，不论是 20 世纪 70 年代的强调负责任的性行为的安全型模式，还是 20 世纪 90 年代提倡节制性欲的禁欲型模式，结果在改变青少年性行为、降低青少年未婚怀孕的比率方面都不成功。另一方面，将以学校为基础的性教育课程同以社区为基础的健康临床服务结合在一起。研究发现这种方法可以降低青少年的怀孕率，但遭到了很多父母的反对，因为他们担心在社区中实行这种项目会刺激青少年参与性活动。此外，为青少年提供家庭规划服务项目获得成功的可能性也不大。

近年来，我国青少年未婚怀孕率不断递增。尽管很难制订出应对这一现象的普遍有效的干预策略，但是，我们可以借鉴发达国家采用的应对方案，探索符合我国国情的有效的干预项目。我国青少年性健康教育项目的开展，不仅需要家庭、学校和社区适时、适当的直接参与，还需要共青团、妇联、关工委等相关部门的协力合作、积极配合和大力支持，共同为青少年的健康成长创造良好的社会环境。此外，对于青少年未婚母亲，应引导她们为自己的行为负责，并积极探索可能的问题解决的办法。同时，家庭、学校等相关社会环境应正视怀孕对青少年未婚父亲和母亲造成的冲击、压力，避免对他们加以歧视、孤立、排斥等，尽可能减少怀孕带给他们的消极影响。

---

① ［美］劳伦斯·斯滕伯格：《青春期：青少年的心理发展和健康成长》（第七版），戴俊毅译，上海：上海社会科学院出版社 2007 年版，第 502 页。
② ［美］扎斯特罗、［美］阿什曼：《人类行为与社会环境》（第六版），师海玲等译，北京：中国人民大学出版社 2006 年版，第 320 页。
③ ［美］劳伦斯·斯滕伯格：《青春期：青少年的心理发展和健康成长》（第七版），戴俊毅译，上海：上海社会科学院出版社 2007 年版，第 505~507 页。

三、青少年越轨与犯罪

从社会学的视角来看,越轨指对某一社群或社会中绝大多数人所接受的一套既定规范的不遵从,即偏离社会规范的行为。犯罪是越轨的一种特殊类型,仅指触犯了法律的不遵从行为①,即严重的越轨行为。基于此,我们将青少年越轨与犯罪界定为青少年做出的不同程度的偏离社会规范行为的总和,且界定标准将因社会规范的不同而不同。

1. 理论分析

青少年越轨与犯罪的理论研究视角多种多样,涉及生物学、心理学和社会学视角等,其中具有代表性的理论主要包括:

(1)失范理论。美国社会学家罗伯特·默顿(Robert Merton)认为,每个社会都有所认可的目标以及实现这些目标的手段,当社会的某些成员认可这些目标,但缺乏或没有机会通过社会认可的手段实现这些目标时,就会产生紧张和压力,做出以下几种反应:一是遵从(接受社会认可的目标和实现这些目标的合法手段);二是革新(尽管接受社会认可的目标,但采用不合法或非法的手段);三是仪式主义(拒绝社会认可的目标,但接受社会认可的实现目标的手段);四是退却主义(拒绝社会认可的目标和实现这些目标的合法手段);五是反叛(不仅拒绝社会认可的目标和实现这些目标的合法手段,还提出新的目标和手段作为替代)。后四种反应都有可能促成越轨或犯罪。青少年群体受年龄、教育和经济条件等方面的限制,可以支配和利用的资源相对有限,当他们无法使用社会认可的手段实现其目标时,部分青少年就可能采取后四种反应,应用违法的手段来应对紧张和压力。失范理论可以较好地解释下层社会青少年越轨与犯罪问题,因为他们更容易面临缺乏社会认可的手段去实现目标的境况,从而做出偏离社会规范的行为。但该理论对中上层社会青少年越轨与犯罪问题的解释力则明显较弱。

(2)越轨亚文化理论。这一理论认为,某些亚文化群体所采纳的价值观,规范鼓励或奖励越轨和犯罪行为。美国社会学家阿尔伯特·科恩(Albert Cohen)认为绝大多数行为不良青少年都来自较低层的工人阶级,因为他们获取传统意义上的成功机会最少。他们通过创造一种有过失的亚文化来寻求自尊,这种亚文化恰可以把这些青少年的所有特征界定为有价值的。沃尔特·米勒(Walter Miller)则提出这种有过失的亚文化具有如下特征:惹麻烦、强硬、圆滑、刺激(寻

① [英]安东尼·吉登斯:《社会学》(第五版),李康译,北京:北京大学出版社 2012 年版,第654 页。

求刺激和冒险)、宿命、渴望自由。① 越轨亚文化理论能够有效地解释来自较低层的工人阶级家庭的青少年越轨与犯罪问题,但不能解释中上层阶级青少年越轨与犯罪现象。②

（3）标签理论。标签理论认为,越轨行为不是个人或群体所具有的一系列特征,而是通过被贴上"越轨者"标签而产生的,是他人定义、评价的结果。埃德温·勒默特(Edwin Lemert)把个人最初的某些违反规范的行为称为初级越轨,如逃学、未成年饮酒,仅会导致他人产生轻微的反应,不会对个人自我概念产生影响。一旦个人因某次初级越轨行为被贴上犯过失者的标签,他开始逐渐接受这一标签并将自己视为越轨者,开始次级越轨。由此,标签成为个人身份认同的关键,并导致越轨行为的强化。③ 青少年恰处在自我同一性的形成阶段,自我评价会很大程度上参照他人对自己的主观评价。当青少年因为某种原因偏离了社会规范,而被他人贴上"越轨者"或"罪犯"的标签时,他们会很容易在心理上认同这种身份,无形中增加了不良行为的发生,逐渐向标签指定的方向发展。

2. 问题特点

尽管我国青少年犯罪人数自 2009 年开始连续减少,但总量仍在高位徘徊④,2013 年全国法院判处的未成年罪犯达 55 817 人⑤,他们严重扰乱了社会治安,败坏了社会风气。当前我国青少年犯罪总体上具有以下特点:第一,从犯罪主体特征来看,青少年犯罪具有低龄化的特点,其中 14 岁青少年所占的比例增长较快⑥;不在学、无职业的闲散青少年犯罪所占的比重较大;文化程度普遍较低。第二,从犯罪类型来看,青少年犯罪罪名主要集中为侵犯财产和暴力犯罪,其中抢劫、盗窃、故意伤害罪占有较大比重。第三,从犯罪形式来看,青少年犯罪中共同犯罪居多,其中团伙犯罪占较大比例。近年来,通过网络组成犯罪团伙共同犯罪日趋增多。第四,从犯罪动机特征来看,青少年犯罪一般主要是为了谋取钱财、追求刺激、维护友情、出于好奇等,具有盲目性和冲动性。⑦

---

① [美]约翰·麦林尼斯:《社会学》(第 11 版),风笑天等译,北京:中国人民大学出版社 2009 年版,第 260~261 页。

② [美]查尔斯·扎斯特罗:《社会工作与社会福利导论》(第七版),孙唐水等译,北京:中国人民大学出版社 2005 年版,第 337 页。

③ [英]安东尼·吉登斯:《社会学》(第五版),李康译,北京:北京大学出版社 2012 年版,第659 页。

④ 郭开元:《青少年犯罪预防的理论和实务研究》,北京:中国人民公安大学出版社 2014 年版,第 15 页。

⑤ 中国法律年鉴编辑委员会:《中国法律年鉴》,北京:中国法律年鉴出版社 2014 年版,第 1134 页。

⑥ 路琦、董泽史、姚东、胡发清:"2013 年我国未成年犯抽样调查分析报告(上)",《青少年犯罪问题》2014 年第 3 期。

⑦ 郭开元:《青少年犯罪预防的理论和实务研究》,北京:中国人民公安大学出版社 2014 年版,第 15~16 页。

3. 社会工作干预

青少年越轨与犯罪是客观原因和主观原因共同作用的结果。从客观方面来看，既有宏观层面的社会因素，如社会变迁、城镇化等，还有家庭、学校、社区、大众传媒等微观层面的因素，如家庭监护不力或家庭教育方式不当、学校法制教育的不足、文化的多元性等；从主观方面来看，青少年越轨与犯罪与青少年面对外在环境时的心理整合不当有关。因此，为了应对青少年越轨与犯罪，社会工作需要采取多种专业方法开展预防和矫正工作。

（1）支持性的预防服务。对青少年越轨与犯罪的干预，必须首先加强为青少年提供支持性的预防服务，即面向全体青少年并以困境青少年为重点开展促进青少年健康成长的专业化服务。借鉴香港青少年社会工作的做法，主要包括：第一，在学校成立青少年社会工作服务队，综合运用个案辅导、小组工作等多元方法，帮助那些在家庭、人际关系和学校适应等方面出现困难的青少年，加强家庭、学校和社区与他们的联系，使他们能够把握学习机会，发挥自己的潜能。第二，在社区成立青少年服务中心，不仅为青少年开展有益身心的兴趣小组、志愿服务、社交能力、公民教育培育等，帮助并鼓励他们成为负责人的良好公民；而且为待业青少年提供职业技能培训、就业指导服务，增强其就业意愿和能力。第三，民间专业社会工作服务机构开展外展社会工作服务，即在课余期间、休息日特别是深夜，在青少年流连及聚集的地方，如公园、球场、网吧等公共场所，提供有针对性的介入；鼓励假日休闲的青少年参加日间和主流青少年中心活动，建立并发展自己的兴趣爱好；及时为有潜在风险的青少年提供个案辅导跟进与合适的转介服务；针对离家出走、药物滥用等的高危青少年，适时协助危机介入，进行家庭调节和辅导，护送其回家或临时住处。

（2）救助性的矫正服务。我国青少年矫正社会工作起步较晚，发展时间短，尚没有形成完备的青少年矫正社会工作体系，专门性的青少年矫正机构较少。同时，社会工作人员也缺乏介入青少年矫正领域的制度依据和法律法规依据。我国青少年社会工作的矫正作用亟待得到刑事司法体系的认可和重视。不仅仅在释放后社区矫正阶段需要社会工作者介入，在司法审判前、监禁场所中的前两个阶段也需要社会工作者的积极介入，采用个案管理的服务方法，针对不同青少年越轨者与犯罪者，评估其及家庭的需要，协调家庭、学校和社区之间的配合，制订有效的服务方案，调动他们的潜能，引导其向积极的方向转变，回归社会。

目前，我们国家已经初步建立了家庭、学校、社会"三位一体"综合治理青少年犯罪的防控模式，但模式的运用与推广仍然处在探索阶段，以社会工作为切入点，可以有效地带动社区帮教和社区矫正的开展，协调家庭、学校与社区环境之间的配合，为越轨或犯罪青少年争取更多的社会资源与社会支持，减少问题行为的发生。

案例

1. 案例描述①

郑某，男，1982年10月出生。小时候性格温和，说话轻声细气，读小学时尚能遵守纪律，从不和别人打架，人也聪明，读书成绩好，老师都喜欢他。10岁时父母离异，此后他一直与母亲生活。母亲常常在外面打麻将，对他不管不问，他总是玩到很晚才回家，回家后，有时候吃方便面，有时候连方便面都吃不到。到初中一年级，由于成绩不好留级，此后再也没有心思读书，终日和一些闲散青年打成一片，参与打架斗殴，初中未毕业就在社会上游荡。郑某看不起母亲，更不服从她的管教，常常对母亲说："你有什么资格来管我？"郑某的主要兴趣是打游戏机。他有一个不良的朋友圈子，约六七人，多数被判过刑，郑某经常与他们在一起玩。有一天凌晨，因朋友吕某被打，郑某与同伙得到消息后随即赶到事发现场，不分青红皂白对被害人徐某拳打脚踢，致使徐某左胸肋骨骨折，构成轻伤，触犯了刑律。案发后，郑某畏罪逃到外地打工，后回沪自首，同年11月被依法判处有期徒刑8个月，缓刑1年。后来他姨妈时女士把郑某母子接到自己办的工厂里住。

2. 案例分析

这是一个典型的青少年犯罪案例。案主郑某在成长中面临着失学、失管、父母离异、亲子冲突、不良交往等一系列问题。

生理层面：郑某自从10岁父母离异后便与母亲一起生活，而母亲却忽略了郑某成长中的需求，使得郑某以方便面为食，甚至只能饿肚。这对于处在青春发育期的孩子来说，是远远达不到营养要求的。某种程度上，对郑某基本需求的忽视带来了他心理上的不适和反感，并倾向于走出家庭寻求朋伴支持。

心理层面：郑某很早就经历了"心理断乳期"，即在心理上脱离了父母的管教，打破了早先的心理定势和思维习惯。在这一过渡时期，郑某明显要比其他完整家庭的孩子面临更多问题。作为母亲不尽职的单亲家庭的青少年，一方面，要应对家庭变故所带来的心理上的挑战；另一方面，还要独自面对青春发育期生理上的剧变及心理上的调适。在缺少关爱和引导的情况下，郑某很容易因适应不良而诱发各种心理、行为问题。

首先表现在同一性危机中。郑某对自己和母亲尚未形成正确认知，与母亲的交往中存在权威上的混淆，即盲目排斥、抗拒母亲的管教，并质疑母亲的身份资格。从案例中可以看出，郑某欠缺一个必要的"心理延缓偿付期"，他在自我

---

① 马伊里、吴铎主编：《社会工作案例精选》，上海：华东理工大学出版社2007年版，第243~248页。

认同确立之前就步入了社会,初一辍学后和闲散人员打成一片,避免考虑人生的抉择及未来的发展,从而产生了同一性混淆。

其次,郑某童年时既聪明,成绩又好,说明他的智力潜质不错,而且能够投案自首,也反映了郑某已经能够运用反省思维。但是从他的犯罪情况来看,面对朋友被打,郑某并未探究事情的来龙去脉,也毫无计划性可言,而是不分青红皂白,去为朋友报仇解恨。这些都说明了郑某的思维发展尚未成熟。

另外,小学时的郑某遵守纪律,从不打架,而辍学后则参与打架斗殴,甚至触犯刑法。这一巨大的转变是因为他的道德发展出现了断层,在道德发展的关键时期,郑某处在"失管""失学"状态,因而难以发展出符合社会规范的道德判断和道德行为。

社会层面:很大程度上,郑某的失足犯罪都与其所处的社会环境有关。从家庭来看,郑某的母亲明显未尽职责,在日常生活和心理情感上都没能提供一个母亲应有的支持,忽视了儿子社会化进程的发展。从学校来看,郑某成绩不好被留级,并未得到学校和老师的重视,重成绩轻成长的学校没有采取应有的劝学、助学策略,而是任其发展。"失管""失学"使郑某所在家庭和学校都没能对其发挥作用。社会化只能在与社会闲散人员的互动中进行,由此造成了郑某初始社会化的失败。

社工干预:由于郑某被判缓刑,所以本案例的社会工作者采用了社区矫正工作方法。在具体工作中通过七个步骤取得了良好的效果。

(1)努力维持监护关系,以利于对郑某的矫正;

(2)不怕反复,以引导为主,鼓励郑某每次取得的点滴进步;

(3)有理有节,循循善诱,帮助其增强自我约束能力;

(4)关注行为动态,抓住"向好"心理,激发其对工作的需求兴趣;

(5)寻找行为反复的原因,对症下药巩固矫正效果;

(6)借鉴现实疗法,评估存在的问题,不断修订矫正方案;

(7)改善周边环境,降低与不良朋友的密切程度。

从这一矫正过程中可以看出,社工扮演了调解员、倡导者、引导者、支持者、治疗师等角色。通过激发郑某对工作的兴趣,使其正常上下班,并鼓励他在工作中的进步,使其意识到自己的存在价值。另外,注重改善郑某的交往圈子,从环境入手,遏制郑某不良行为的源头。

但同时,矫正社会工作者忽略了郑某的家庭环境。尽管现在郑某的监护人是时女士,然而这种关系不会一直持续下去,郑某终归会与母亲单独住在一起。原本母子关系的冲突倘若得不到缓解,仍然难以从心理上治愈郑某。他在家中无法获得支持时,还会倾向于结交家庭外的不良朋友,因而,亲子冲突问题也应引起矫正社工的重视。

本章小结

　　本章通过对青少年生理与心理特点的分析,总结了青少年在生理和心理发展中的常见问题。生理问题主要表现在月经烦恼、青春痘等方面;心理问题主要表现在同一性危机和消极情绪困扰等方面。

　　青少年在生理、心理发展的过程中会产生各种不同的需求,这些需求必须依托一定的社会环境才能实现,不同环境中个体的成长体验也大不相同。一般说来,与青少年发展密切相关的社会环境包括同龄群体、家庭、学校和社区,这些社会环境对青少年成长有积极正面的功能,也有些负面功能。

　　最后,本章介绍了青少年社会工作中的重要议题,包括网络成瘾、未婚怀孕、越轨与犯罪,阐述了他们对青少年生理、心理的影响及对社会的影响,并对每个议题从理论层面进行了分析,提出了应对策略。

思考题

　　1. 简述青少年时期的生理烦恼。
　　2. 试述青少年心理发展的特点。
　　3. 试述家庭的类型及其优缺点。
　　4. 试述青少年未婚怀孕的消极影响。
　　5. 试从理论上分析青少年越轨与犯罪。

推荐阅读

贫困家庭支持服务

　　[美]乔斯·B.阿什福德等:《人类行为与社会环境——生物学、心理学与社会学视角》(第二版),王宏亮等译,北京:中国人民大学出版社 2005 年版。

　　高中建主编:《当代青少年问题与对策研究》,北京:中央编译出版社 2008 年版。

　　顾海根:《青少年网络成瘾预防与治疗》,上海:华东师范大学出版社 2007 年版。

　　雷雳、张雷:《青少年心理发展》北京:北京大学出版社 2003 年版。

莫洪宪主编:《中国青少年犯罪问题及对策研究》,长沙:湖南人民出版社2005年版。

[美]斯滕伯格:《青春期:青少年的心理发展和健康成长》(第七版),戴俊毅译,上海:上海社会科学院出版社2007年版。

陶然、应力、岳晓东、赫向宏:《网络成瘾探析与干预》,上海:上海人民出版社2007年版。

[美]金伯利·扬:《网络心魔:网瘾的症状与康复策略》,毛英明等译,上海:上海译文出版社2005年版。

E. H. Erikson, *Identity: Youth and Crisis*, New York: Norton, 1969.

扩展推荐阅读

马丁·鲍威尔,《福利混合经济和福利社会分工》,见[英]马丁·鲍威尔主编,《理解福利混合经济》,钟晓慧译,北京:北京大学出版社2011年版。

北京师范大学社会发展与公共政策学院,2010,《中国儿童福利政策报告2010》,儿童福利网。

毕天云,2009,《社会福利供给系统的要素分析》,《云南师范大学学报(哲学社会科学版)》第5期。

财政部、国家发改委、教育部、人社部,2012,《关于扩大中等职业教育免学费政策范围进一步完善国家助学金制度的意见》。

财政部、教育部,2010,《财政部教育部关于建立普通高中家庭经济困难学生国家资助制度的意见》。

网站资源

中国青少年心理成长基地
中国青少年发展服务中心
中国青少年心理网
中国青少年研究网
深圳青少年网
网瘾中心网址
中青亮点

第十一章　青年行为与社会环境

学习目的

　　了解青年的生理变化和心理变化,把握青年常见的心理发展问题;认识青年性别角色的完善、人际关系及青年自主性的发展与社会环境的关系;了解青年生活方式的选择,如学业、恋爱与家庭、就业与事业发展等;了解与青年阶段相关的社会工作的重要议题,包括亲密关系的危机处理、家庭暴力和离婚。

　　社会科学家把如下五种事件定义为进入成年期的标志:(1)结束校园生活;(2)开始工作并在经济上独立;(3)离家独立生活;(4)结婚;(5)为人父母。这些事件囊括了个体生理、心理和社会三方面相应的变化。① 尽管个体之间存在着发展上的差异,每一个标志事件发生时,个体之间的年龄、生活背景以及社会期望都会有所不同,但这些标志性事件可以看成青少年时期的结束、承担成人角色的开始。在上述标志性事件中,"结束校园生活"对其他事件的发生时间影响最大。据此,我们倾向于用完成高等教育的时间来界定成年早期的起始年龄(22岁左右),当以上标志性事件基本完成后(大约在35岁),个体开始结束成年早期的生活。

第一节　青年的生理与心理发展

一、青年的生理发展

　　经过青少年时期生理上的急剧变化,青年时期生理发展趋于稳定。人体大

---

　　① ［美］夏埃、威里斯:《成人发展与老龄化》(第五版),乐国安等译,上海:华东师范大学出版社2002年版,第26页。

部分组织器官及生理机能发育成熟,达到生命周期中的最高水平。具体来看,成年早期个体的生理发展有以下特点。

1. 形态基本定型

进入成年早期以后,随着骺软骨本身的逐渐骨化,骨骼的长度不再迅速增加。除少数晚熟者身高仍有变化外,大部分青年人的身高和肢体比例已基本定型。与此同时,体重的陡增也已停止。

2. 机能水平最佳

青年时期个体的器官发育基本成熟。首先,大脑的体积和重量一直不断增长,成年早期达到顶峰,同时,神经系统的进一步发育,促使青年的动作协调性、灵活性、反应敏捷性增强,神经纤维的生长和神经元联系的建立达到最高水平;其次,心输出量和肺活量达到最大值,消化、吸收功能及免疫功能旺盛;最后,青年人的感觉能力也达到了最灵敏程度,视觉、听觉、味觉、嗅觉、触觉、痛觉的灵敏度,在整个成年早期都保持良好的状态。

3. 生殖功能成熟

青年人的荷尔蒙分泌充分,两性的繁殖能力良好,体力、精力处于最佳状态,是女性怀孕的最佳时期。女性在20岁前期已形成成熟的生育系统而且开始产生丰富的卵子。并且,她们的性激素分泌相当有规律,这是因为其生理能力达到了顶峰而且子宫已发育成熟。因此,这是生育健康婴儿的理想时期。[①]

二、青年的心理发展

成年早期个体心理会得到进一步发展,同一性、智力、情绪、道德等各个层面都趋向于稳定和成熟。

1. 同一性发展

虽然说同一性危机经常和生命里比较年轻的阶段联系在一起,但是,埃里克森还是相信,成年期的角色认同仍然是一个问题。与其把对同一性的追求圃于某个独立的阶段,不如将之视为一生的过程来考虑更有帮助。[②] 同一性的形成常随年龄的增长而进一步深化,个体进入成年早期时,会面临诸如恋爱、成家、就业等一系列新的发展任务。在这一过程中,个体若无法将自我与新的环境进行有效的整合,使自我在新的水平上达不到统一,仍然会感到无助和压力,产生新的同一性危机。与埃里克森研究的同一性类似,另一种对同一性的研究是可能

---

① ［美］乔斯·B.阿什福德等:《人类行为与社会环境——生物学、心理学与社会学视角》(第二版),王宏亮等译,北京:中国人民大学出版社2005年版,第511页。

② ［美］夏埃、威里斯:《成人发展与老龄化》(第五版),乐国安等译,上海:华东师范大学出版社2002年版,第30页。

的自我结构。① 可能的自我更关注成年期而非青少年期自我形象的未来变化，
倾向于认为自我是由个人创造并因此而引发了目前的行为。这就为青年人致力
于树立目标并努力促使目标的实现提供了理论上的依据。

2. 智力发展

夏埃和威里斯在 1956 年到 1992 年间,通过 5000 多个年龄介于 25 岁至 88
岁之间的被试研究了整个成年期智力的变化过程②,结果发现,在五种基本认知
能力中,个体的归纳推理、空间定向和言语流畅三种能力在成年早期(约 25 岁
左右)达到最高水平,而语言理解和数字能力在成年早期成缓慢增长之势。这
项研究与传统的理论观点有所不同,皮亚杰的认知发展阶段论侧重探讨儿童期
智力的发展,强调了对知识的"获得能力"。进入成年期以后,青年人在发展过
程中已经不再局限于对知识的获得,而更加注重将已获得的知识加以"应用",
去完成学习、恋爱、成家、立业等各种生活任务,即个体用掌握的认知技巧去实现
预期的目标。作为智力的核心,青年人的思维发展也出现了有别于青少年的地
方。社会环境的日益复杂使得形式运算思维能力已经不能满足青年人应对环境
的需要,还应该结合实际经验、道德判断,对环境中的可能因素进行具体分析。
在解决问题上,青年人也逐渐走出中学时代绝对化的思维模式和价值观念,体现
出辩证思维和相对思维的特点。

3. 情绪发展

与青少年时期激情与心境并存不同,成年人的情绪更多以心境的形式出现。
日益走向成熟和理性的青年人,善于运用自我控制来调整情绪的起伏不定,以求
保持平衡的心态。心境化的情绪发展在促进个体心理不断完善的同时,也不可
避免地具有消极影响。成年早期是面临诸多发展任务、承担多方压力的时期,对
家庭、工作都有一份沉甸甸的责任。当青年人在工作、生活中出现某些消极情绪
时,心境的稳定性特点会带给青年人更久更强的情绪困扰。总体情绪倾向于不
利的状态时容易影响个体应对压力、寻求突破的主动性和自信心,妨碍其生活的
正常运转。因而,青年人在生活中应注意适时调节自己的情绪,保持好的心境,
才能更有利于身心的健康。

4. 道德发展

科尔伯格(Lawrence Kohlberg)认为个体的道德发展随年龄增长而倾向于向
高级水平发展,每个年龄段都存在几个相邻道德发展阶段的行为表现,同时在交

---

① [美]夏埃、威里斯:《成人发展与老龄化》(第五版),乐国安等译,上海:华东师范大学出版社
2002 年版,第 31 页。

② [美]夏埃、威里斯:《成人发展与老龄化》(第五版),乐国安等译,上海:华东师范大学出版社
2002 年版,第 32 页。

叉并存的几个发展阶段中会存在"优势阶段",即道德发展具有阶段性、顺序性和交叉性。青少年时期的道德发展介于前习俗水平和习俗水平之间,进入成年早期后,个体道德发展达到后习俗水平的人数呈现上升趋势。值得注意的是,就如同青少年具备了形式运算思维能力,但并非所有青少年都能发展出形式运算思维一样,尽管成年早期个体已经具备了后习俗水平的道德发展能力,但并非所有青年人都能达到这种道德高度。因为科尔伯格的理论只涉及道德推理或道德判断,而现实生活中道德发展还与具体的道德情境相关。在具体情境中的行为表现也会影响到青年人的道德发展水平。随着年龄的增长及社会知识、实践经验的进一步积累,青年在处理道德问题时会倾向于权衡利弊,对现实生活中的复杂关系进行分析,并最终做出自己认可的道德选择。

三、常见的生理与心理问题

尽管青年人总是给人以最健康的形象,比儿童更为健壮,同时仍未面临中老年人的健康风险问题。但是青年人也存在着健康隐患,且更多来自于生活中所面临的压力。

压力(stress)是个体在面对生活中的挑战和威胁时所产生的生理和心理上的反应。成年早期的发展任务决定了其生活中充满了各种各样的压力源(stressor)——压力事件。尽管有些压力源并不令人沮丧(例如结婚或工作提升),而且适当的压力可以增加抗干扰系数,提高工作效率,促使人们产生"危机反应",在以后的生活中能够更好地防御突发的危险或危机,但是更多的研究表明,压力,特别是持续的压力会对人的健康不利,引发一系列的生理、心理问题。

费尔德曼总结了压力对生理造成的不良后果。[①]

首先,增加患病的风险。长期、持续地接触应激源(压力源),可能导致身体应对压力的能力降低。因为与压力相关的激素不断地分泌出来,可能对心脏、血管以及其他身体组织造成损害。免疫系统(构成人体抵御疾病的天然防线),包括复杂的器官、腺体和细胞,也可能被压力所破坏。这是因为压力过度地刺激免疫系统,致使其开始攻击人体本身,破坏健康的组织,而非坚守原有岗位,对抗入侵的细菌和病毒。结果,由于抵御细菌侵害能力的下降而导致人们更容易得病。

其次,直接导致疾病。压力最为直接、迅速的结果是生物学的反应,即由肾上腺分泌的某种激素导致心跳加速、血压上升、呼吸急促、出汗等。当身体试图克服压力时,将引起生理唤醒,而生理唤醒又将导致长期的病痛折磨,从而对人体造成危害。如果经受的压力足够的强,那么将付出惨痛的代价,例如头痛、背

---

① [美]费尔德曼:《发展心理学——人的毕生发展》(第四版),苏彦捷等译,北京:世界图书出版公司北京公司 2007 年版,第 503~508 页。

痛、皮疹、消化不良、慢性疲劳，甚至常见的感冒都可能是由于压力所致。长此以往，最终压力将导致身心障碍（psychosomatic disorders），这是由心理、情绪和身体问题之间的相互作用所引发的医学问题。例如压力可能引发溃疡、哮喘、关节炎、高血压等病症。

压力引发的心理反应主要体现在部分青年人常出现的焦虑情绪上。焦虑是因无法应对内外压力而产生的一种紧张不安、烦恼焦躁的情绪体验。青年人之所以会产生较多的焦虑，原因在于：

首先，转变社会角色（从学生到上班族、从为人子女到为人父母）意味着青年人被赋予了新的责任。在家庭和社会的期望下，青年人会为角色扮演付出代价，当这种付出随着社会发展而日益超出个人的承受能力时，便带给青年很大的压力，造成他们生活和工作上的焦虑，比如经济独立、迫切拥有事业、组建家庭（包括未婚者的被催婚和已婚者经营婚姻的压力）、建立人际关系等方面的焦虑。尤其是一些攀比心理过重的青年人，往往看不到自己纵向上取得的进步，而一味地与周围比自己成就高的同事、朋友较劲，比车比房比职务，盲目地追求过高的预期目标，最后常因过度疲劳和紧张而产生抑郁、焦虑等消极情绪。

其次，由于青年人工作忙碌而无暇锻炼或由于饮食中摄入过多的热量，越来越多的青年已经加入了肥胖的行列。处在择偶或恋爱压力下的青年更容易因此而产生身体意象（body image）的焦虑，即对自己的身体表象产生消极的情感、态度和主观看法。社会中流行文化及大众传媒对青年形象的定位更使得无数青年对自己身体意象的满意度降低。这种身体焦虑产生的最直接后果便是饮食紊乱或饮食失调，从长远来看，会引发更多的生理疾病。

面对生活中的压力，个体通常会选择自我防御机制来应对。这些防御机制的使用虽然可以起到暂时的减压功效，但却无法解决现实生活中的压力源，而且频繁使用还会助长人们的逃避心理。因而青年人应该选择理性的减压策略。以下是一些常见的应对方式[①]。

一是对产生压力的根源寻求控制。让自己控制产生压力的情境，这可能需要耗费许多精力，但最终可以成功应对压力。例如，如果你正担心即将到来的考试，那么你就需要做些事情来消除这种焦虑，如立刻开始学习。

二是将"威胁"重新定义为"挑战"。变换一种情境的定义，可以使其看上去没有那样可怕。"在困难中寻找希望"是一句很好的忠告。例如，如果你被解雇了，你可以将这看作是寻找另一份新的、可能是更好的工作的机会。

三是寻求社会支持。如果遇到困难时有其他人的帮助，那么基本上所有的

---

① ［美］费尔德曼：《发展心理学——人的毕生发展》（第四版），苏彦捷等译，北京：世界图书出版公司北京公司 2007 年版，第 507～508 页。

困难都更容易解决。朋友、家庭成员,甚至是受过培训的咨询顾问所主持的电话热线,均能提供重要的支持。

四是运用放松技巧。降低由压力引发的生理唤醒,是一种特别有效的应对压力方式。许多技巧可以产生放松的效果,比如超然冥想、禅宗与瑜伽、渐进式肌肉放松,甚至是催眠,在消除压力方面都有显著的效果。

五是努力保持一种健康的生活方式,强化自身的天然应对机制。这包括锻炼身体、保持营养丰富的饮食、睡眠充足、避免或适度饮酒或服用其他药物。

六是如果不能做到上面所提及的任何一点,那么请牢记:没有任何压力的生活将非常单调、乏味。压力是生活中的一部分,成功地应对压力将使你获得一种满意的体验。

第二节　青年行为发展与社会环境

根据"人在情境中"理论,青年人的所有发展都离不开其生活的社会环境,人总是在环境中塑造自我、发展自我的。

一、性别角色的完善与社会环境

青年人社会角色的确立和变化很大程度上是由个人性别所决定的,性别角色的发展与完善是青年适应社会、取得成功的必要条件。

1. 性别角色的界定

广义上的性别角色包括生物、心理和社会意义上的性别角色。生物性别角色是由遗传决定的、生理特征赋予个体的角色定位,是两性差异最明显的性别角色,通常会受到与生俱来的性别特征和青春期两性生理剧变的制约,大致等同于狭义上的性别角色。例如,女性的生殖特征决定了其更多担负养育性和情意性角色,而男性会充当工具性角色。大量研究结果表明,男性和女性的脑是不同的。这种研究结果趋向于支持一个长期以来的观念,男性较大的侵犯性和女性较爱做家务有其不同生理因素(特别是脑中的生理因素)的根据。内分泌学家安克·艾哈德认为,性激素显著影响某些性别行为。她注意到有些女孩还在母亲子宫内时,由于酶的缺乏而导致肾上腺分泌异常数量的雄性激素,这些女孩就会成为非常顽皮的假小子并注重职业;那些在出生前处于含大量雌性激素药物环境中的男孩"比其他男孩较少表现出粗劣行为"。[1] 尽管霍夫曼、蒙列等学者强调生物性别角色的相对性和可变性,并鼓励人们追求最适合自己的性别角色。

---

[1]　[美]多萝西·罗吉斯:《当代青年心理学》,张进辅、张庆林等译,长沙:湖南人民出版社1988年版,第186~187页。

然而目前大多数青年人仍然倾向于接受自己原有的生物性别角色。

心理性别角色是受性意识、性兴趣所驱使的心理上的性别取向。青少年时期个体第一性征的成熟和第二性征的出现进一步刺激两性对自己生物性别角色的思考。进入成年期以后，个体自我意识的发展会促使其性别偏好的定型，当个别青年确信其遗传性别与心理偏好相互矛盾时，个体倾向于改变其原有的生物性别。随着医疗、药物技术的发展，变性手术为他们提供了一种替代性的选择。一项研究调查了20位变性人的适应情况。经过四年的追踪研究，发现这些人适应良好，并且没有人对自己变更性别的决策感到后悔，①这说明现代社会中的青年人逐渐意识到心理性别与生物性别之间的矛盾与困惑是可以得到解决的。

社会性别角色是主流社会对不同生物性别所应具备的价值观念和行为规范的角色定位。不同社会对青年人会有不同的性别角色期望，也因此会发展出各种类型的性别角色规范。对于成家立业的青年人而言，以符合自己所在社会的性别角色规范的方式行事，会更有利于自己潜能的发挥。大多数青年人要想在世俗的社会里取得成功，就不得不摒弃青少年时期性别观念的理想化和不确定性，学会以主流社会认可和提倡的性别角色规范为人处世。

2. 性别角色的类型与社会环境

特定社会中对男性气质和女性气质会有自己世俗的规定，而个体间的差异性又决定了每个人在男性化和女性化程度上会有不同的表现，这样就形成了四种不同的性别角色类型：男性型、女性型、双性型和无区别型。除少部分性别特征不明显的无区别型外，极端的男性型和女性型也极为少见，大多数人身上都同时具备男性气质和女性气质，只是偏向的程度不同而已。两种气质都倾向于高度拥有、并且可以根据环境表现出不同的性别特征的人即为双性型。例如在我们国家政府里叱咤风云的女官员，在家中可能是温柔体贴的贤妻良母。

现实社会中，性别角色类型的确定与表现会受到其所在社会环境的影响。

首先，家庭是塑造性别角色的主要环境。一方面，青年为人子女时，会被鼓励以不同的性别行为模式行事，从玩具、游戏、衣服的选择到态度、性格、情绪的培养都会受到父母性别角色的影响。当父母表现出作为一对夫妇的适当的男性、女性角色模式或有一种很好的婚姻顺应，孩子就会显得更适合于社会要求的男性或女性特点。而父母的婚姻顺应差、性别角色颠倒：父亲担负着情意性角色，母亲却担负着几分工具性角色，其孩子性别角色的问题就最多，②这种早期的性别角色培养会影响个体一生的发展。另一方面，当青年为人父母时，社会会

①　［美］纽曼等：《发展心理学》（第八版），白学军等译，西安：陕西师范大学出版社2005年版，第375页。

②　［美］多萝西·罗吉斯：《当代青年心理学》，张进辅、张庆林等译，长沙：湖南人民出版社1988年，第421页。

对其有一种性别角色期望。青年人以何种方式对待自己的婚姻和子女通常都与社会的期望保持一致,同时尽可能地满足家庭内部对其性别角色的要求,以求婚姻美满和家庭幸福。

其次,工作与青年性别角色的发展也密切相关。单位招聘时对两性的评价标准会有一定程度的性别差异,但两性并不一定都是以刻板化的框框来行事。在一个大学生样本中,被试分为跨性别型(具有被认为适合于异性的积极特质)、双性型(同时具有男性和女性的积极特质)和无区别型(具有的男性积极特质和女性积极特质都很少),这些就职申请人的性别倾向对决定他们求职是否成功起了重要的作用。更为男性化的申请者在男性工作和女性工作中都得到优先,而更为女性化的申请人在所有工作中都遭到贬低。双性化的申请人在除了推销员外的所有工作上的求职成功率居中。[①] 可以想象,由于各种主客观原因,当今社会中男性性别特征在多数职业中都会受到更高的评价和推崇,同时招聘市场也倾向于对成员有类似的性别角色期望,结果无形中就为青年人的社会性别角色发展提供了某种导向。随着社会的进步与发展,越来越多的女青年开始从家务劳动中解脱出来,尤其是受过高等教育的女性逐渐对传统女性职业丧失兴趣,开始涉猎男性占主导地位的工作领域,从而显示出较大的性别角色灵活性。

3. 性别角色的完善

在个体性别角色的发展过程中,儿童的性别角色基本上是被家庭或其他社会环境单向塑造的。青少年期已经开始权衡各种性别角色特征对自己发展的利弊,部分青少年不认可或不满足社会世俗的性别角色规范时,有可能根据个人需要调整对性别特征的态度,逐渐确立自己的性别角色同一性。进入成年早期以后,多数青年人看待问题的方式已经趋向于辩证性、实用性和相对性,相应地也会以与性别相称的处事方式出现在家庭、单位、社区等各种社会环境中。然而,现实社会中的性别角色定型使得两性在发展中受到诸多方面的限制(如职业限制),这些限制对于两性的生活都是无形中的压力。概括地讲,在我们的社会中,青年性别角色定型使女性在教育、政治、经济等领域中会受到不平等的待遇,同时传统的养育性角色也给她们带来不小的压力。对男性而言,性别角色定型赋予他们养家糊口的责任,同时剥夺了他们随意表露情绪的自由。在这些消极影响下,青年人性别角色的完善就不再仅仅遵从社会传统的性别角色定型,还会考虑到现实生活中性别角色的利弊,在社会容忍的范围内,尽可能地使自己的性别角色灵活化,从而追求更多的生活权利和自由。

---

① [美]多萝西·罗吉斯:《当代青年心理学》,张进辅、张庆林等译,长沙:湖南人民出版社1988年,第577页。

二、人际关系的发展与社会环境

人际关系是交往过程中人与人之间在心理上的距离,反映了个体需求的满足程度。作为社会成员,与人互动交往是个体在社会环境中生存与发展的必要条件。

1. 人际关系的作用

随着青年人社交范围的扩大和交际活动的增多,人际关系对青年人的作用日益明显,具体包括以下方面:

首先,满足情感需要。青年人已经具备了相当程度的自主性,特别是在情感上已经摆脱了早期对家人、对朋友的依赖,但这并不意味着青年人可以脱离人际关系而生存。相反,青年时期是面临许多发展任务、扮演多种角色的时期,同时,现代社会竞争机制的引入又给已经工作或即将工作的青年人带来巨大的生活压力。技术知识的更新、工作效率的量化都使得广大青年在职场中更像是任务导向的机器。因而在日常生活或工作单位中,良好的人际关系刚好可以满足高压状态下青年人的情感需求,舒缓时间管理机制下青年人的消极情绪,帮助他们维持心理上的平衡。

其次,确立自我认同。自我认同的发展贯穿人的一生,对一些刚刚步入社会门槛的青年人而言,梦想与现实之间的反差很容易使他们对自己的能力产生困惑。或者眼高手低、傲视一切,妄图通过不合社会规范的途径来追求预期目标;或者悲观绝望、不思进取,容易错失良机。针对这些青年,发展良好的人际关系会帮助他们认清现状,克服不当心理。多数青年人在与他人交往中,通过他人对自己的态度、看法来形成自我评价,尤其是积极的自我评价。成年人的发展目标之一便是确立自我认同,对"我是谁?""我将会怎样?"等问题有较明确的答案,在肯定自我、明确自我价值的基础上才能发展出健康的心态,而人际关系的发展可以有助于这一目标的实现。只有将自己纳入社交圈子,通过与他人进行比较及他人对自己的反馈才能形成对自我价值的准确定位,确立自我认同。

最后,促进自我实现。自我实现是最高层次的个体需要,多数青年人在生理、安全等基本需要满足之后,都会衍生出社交、自尊和自我实现的高级需要。对于体力与精力都达到顶峰的青年人来说,最大限度地发挥自己的潜能,实现自己的理想抱负无疑具有很强的诱惑力。自我实现的需要通常会变成一种动机,促使青年人在现实生活中更有热情、效率和创造性,带动他们追求更高的成就。然而,现代社会分工的细化已经不允许孤立的个人发展,整个社会结成了相互依赖、互补共生的网络结构。想在现代社会立足,特别是要取得成就,就必须要有合作意识,这就使得人际关系变得空前重要。成功者的背后断然少不了各式各样人际关系的支持,甚至有些人交际的动机中就包含了自我实现的因子。由此可见,各种人际关系对青年人的价值,良好的交际能力已经成为青年发展的必需品。

2. 人际关系的分类及发展

人际关系的发展总是依附于一定的社会环境,不同社会环境中的人际关系倾向于不同的表现。根据建立关系的基础可以将青年人际关系分为亲缘人际关系、地缘人际关系和业缘人际关系。

首先,亲缘人际关系。亲缘人际关系建立在血缘联系和姻亲联系的基础上,形成于以家庭为中心的社会关系中,是最直接、最普遍的人际关系。青年人的亲缘人际关系包括夫妻关系、亲子关系及其他亲戚关系。成年早期一项很重要的发展任务便是组建小家庭,由此而形成的夫妻关系使青年倾注了大量的感情和精力,夫妻之间的吸引、关爱、亲近是其他人际关系所无法比拟的。亲子关系对青年来讲,既包括与父母的关系,也包括与子女的关系。尽管情感、行为及价值观的独立使多数青年人脱离了对父母的依赖,但与青少年相比,青年人更倾向于与父母保持亲密的关系。青年与子女的关系很大程度上意味着一种责任,会促使他们以更大的精力投入到为子女谋幸福的工作中去。相比而言,其他亲戚关系已经随着青年社交圈子的扩大而逐渐淡化。

其次,地缘人际关系。地缘人际关系是以居住区域相同或相近为基础而形成的,包括社区环境内人与人之间的关系以及身处异地的老乡关系等。"乡土中国"中的地缘人际关系较为亲密,"生于斯、长于斯、死于斯"的传统社会因其稳定性和自给自足而发展了较强的地缘交际意识,然而这已经不能适应现代交际的需要了。一般来说,现代化程度越高,人口流动越频繁,居住格局越不稳定,地缘交际意识就越弱。新时期的青年人也逐渐习惯了传统地缘交际的日益淡漠,部分农村青年甚至渴求背井离乡、融入到大城市中生活。随着社会的进步,以社区为单位的地缘交际会得到进一步发展。社区归属感的增强可以为社区居民提供情感和心理支持。

最后,业缘人际关系。业缘人际关系是以共同的事业、志趣为基础形成的人际关系,这种类型的人际关系相对于前两种更为复杂,包括师生师徒关系、同事关系、上下级关系等。现代社会各行各业之间的交叉并存,使得业缘人际关系日益走向开放。刚步入社会的青年会在工作领域中迅速拓展自己的业缘人际关系。在某些单独的工作环境中,同事之间的竞争可能多于合作。而对于多数工作单位来说,都会存在不同类型的非正式群体,群体内部成员之间有较高的信任度,彼此之间更倾向于合作而非竞争。另外,与其他人际关系相比,业缘人际关系的发展更大程度上带有明显的目标和动机。例如,青年在工作过程中要实现某种计划,不管是长期还是短期,与计划相关的人员一般都会成为他们交际的对象。在交往过程中,青年感情投入的程度、交往频率的多寡通常都会与青年自己的工作计划相关。正是在这种意义上,业缘人际关系带有更大的选择性和不确定性,又常因与工作相关,而成为青年人着重发展的人际关系。

人际关系的好坏关系到青年的学业、事业、婚姻、家庭等的成败,因而有必要引起广大青年的重视,根据不同的社会环境择准相应的交际方式,并随环境的变化适时注入新的元素,提高各种人际关系的灵活性,在工作、生活中充分发挥人际关系的潜力与作用。

三、自主性的发展与社会环境

自主性的发展与确立是成年早期个体的一项重要任务。自主性即在不依赖他人的环境下习得独自思考、感悟和处事的能力。自主性不完全等同于独立性,后者侧重于独立处事的行为能力,而前者除了行为能力外,还包括情感和认知的成分。因此有学者将自主性概括为三种类型:情感自主性、行为自主性和价值观自主性。①

1. 情感自主性与社会环境

情感自主性强调青年人亲密关系的转变与独立。首先,最明显的变化是青年人已经走出家庭,脱离了对父母的心理依赖,这一变化始于青少年期,而要达到情感自主性的确立则要延续到成年早期阶段。斯滕伯格研究了情感自主性的四个方面:一是父母去理想化,二是父母也是普通人,三是非依赖性,四是个体化程度。结果证实,青少年期的情感自主性得分随着年龄增长而增加,到成年早期趋向于自主性的确立。青少年时期去理想化已经有了很大发展,随着个体对外交往频率的增加,思维方式和情感理念会发生渐进式的转变。青少年活跃的思维已经不再受父母价值观念的左右,对父母也不再言听计从,而是有了更多自己独立的思考。情感自主性的发展是一个平衡过渡的过程,成年早期,个体较之以前更加成熟、稳定,也更能体会到父母的辛苦,因而倾向于保持一种理性、成熟的情感处理方式。既不脱离与父母的亲密关系,同时又发展出有别于青少年时期的情感自主性。

其次,青年人已经步入恋爱、婚姻的关键时期,亲密关系对象开始转向自己的情侣。由于自主性发展与同一性紧密相关,因而有必要区分出两种主流观点:一种观点是埃里克森认为在青年人之间建立起亲密关系之前,彼此都已经确立了自我同一性,亲密关系的建立不会导致双方自我同一性的完全丧失。恋爱、结婚、共同生活的过程中,亲密关系会作为同一性的一部分融入到对方心理发展中,即夫妻两个会在拥有共同的同一性的同时,各自保持自己的同一性。如果两

---

① ［美］斯滕伯格:《青春期:青少年的心理发展和健康成长》(第七版),戴俊毅译,上海:上海社会科学学院出版社 2007 年版,第 373 页。

个青年在建立亲密关系之前仍未确立同一感,那么两人关系往往是一种"虚假的亲密"。例如现代社会中流行的"闪电式结婚",男女双方在不确定"我将会怎样?"的前提下建立起来的婚姻,尽管表面上亲密无比,但彼此之间很难用忠诚来维系情感,结果许多夫妻在婚姻遭遇问题时常以"闪电式离婚"告终。另一种观点是沙利文认为亲密性的建立要早于同一性,只有具备了发展亲密关系的能力,男女双方才能够发展出和谐的同一性。青少年尝试完不同类型的人际关系之后,在青春期结束、成年期到来时才能确立同一感。目前这两种观点中的分歧尚未得到验证和解决,但是埃里克森和沙利文的理论阐释都倾向于同一性与亲密性在发展中的紧密关系。这就为成年早期青年在发展与异性同伴间的亲密关系或者确立恋爱、婚姻关系之后,各自的情感自主性的不断发展与完善奠定了基础。

2. 行为自主性与社会环境

行为自主性强调个体进行独立决策并且执行决策的能力。从年龄阶段上来看,儿童大部分时间都与父母在一起,决策一般遵从父母或其他重要他人,最大可能地认可父母的价值观念和行为规范。进入青春期后,与同龄人相处的时间迅速增加,与此同时,父母不再是万能的,青少年在生活中也不再单一地追随父母,而是有了自己的参照群体和同伴压力,在决策方面倾向于受到同龄群体的影响。从依赖父母到依赖同伴,只是依赖的对象不同而已,行为自主性或决策能力并没有发生太大的改变。青少年后期,这种来自父母和同伴的影响才逐渐减弱。进入成年早期以后,青年的决策能力开始有了显著提高。一方面,随着青年形式运算思维能力的进一步发展,在为人处事的过程中,他们更擅长权衡各种解决策略的利弊,进行比较后选择最优化决策;另一方面,成年早期出现的实用的、辩证的思维方式也为青年决策提供了智力基础,选择决策的过程也成为不断更新决策的过程。

3. 价值观自主性与社会环境

价值观自主性强调青年人在道德和意识形态层面上对问题进行独立思考的能力,其发展要晚于情感自主性和行为自主性。在情感自主性发展的过程中,青年人已经逐渐从对父母和同龄人的依赖中独立出来,以新的眼光看待父母和同龄人所持有的价值观。青年人在处理各种观念冲突时,会结合所习得的知识经验,重塑自己的价值观念。同时,行为自主性的发展也为青年的价值观自主性提供了锻炼的机会。随着决策能力的成熟,青年人在道德和意识形态层面思考问题的方式逐渐抽象化,能够独立于具体事物和表面现象,全方位地看待问题并逐步完善自己的价值观体系。这一自主性与后习俗水平的道德发展阶段是分不开的,尽管并非所有青年人都能将道德发展到后习俗水平,但是抽象和高级的道德判断、道德情感及道德行为会成为青年人道德发展的趋势。

　　此外,经济独立性也是自主性发展中很重要的一个方面,受教育年限的增加拉长了青年心理独立与经济独立之间的距离。当代社会尤其如此,就业形势的严峻使得青年在走出校门后不久就会自动放低身价,同时收入与支出总是存在着难以调和的冲突,无形中也增加了青年工作后走向经济独立的难度。很多青年人在买房、结婚等重大关卡上仍需获得父母的支持,某种程度上经济独立的状况也会影响到青年人情感自主性和行为自主性的发展。

　　总的来看,各种自主性会因青年人自身及其家庭、同伴、单位、社区等社会环境的差异,而呈现出不同的发展进度和发展状态,通常自由、民主的环境氛围会更有利于青年人自主性的发展与完善。

第三节　青年对生活方式的选择

　　个体差异性的存在使青年人的成长轨迹与生命历程(life course)各具特色。多数青年的生活目标包括完成学业、择业就业、结婚成家、为人父母等,沿着这条成人道路前进的过程中,各种生活目标实现与否以及实现的先后顺序会因人而异。从时间上讲,不同的社会对青年人有不同的社会时钟(social clock),即个体发生某一特殊事件的社会期望时间。随着社会的快速发展,人们的"社会时钟"开始变得多元化,与此同时,青年人在选择生活方式的过程中也呈现出多样化特点。

　　一、学业

　　对于职业上的成功而言,一个人完成了多少年的学业是最为有效的一个单一影响因素。研究表明,每多接受一年的教育——即便没能毕业——也能为获得职业上的成功增加砝码。① 随着知识社会的到来,接受教育、发展学业已经成为青年人提高生活质量、迎合工作需求的必要前提。同时,现代教育体系的日益完善也为青年人的学业发展提供了多种途径。在我国高等教育迅速发展的今天,青年人可以通过普通高等教育、成人高等教育、高等教育自学考试、远程高等教育等各种渠道进行学习,从而满足自己的生活和工作需要。

　　1. 普通高等教育
　　目前社会上较为认可和重视的教育方式仍然是普通高等教育,即通过正规学习途径拿到毕业证书和文凭的传统教育模式。进入成年早期的个体,在获得学士学位或相关资格后,必须通过全国统一的硕士或博士研究生入学考试来获

---

　　① ［美］斯滕伯格:《青春期:青少年的心理发展和健康成长》(第七版),戴俊毅译,上海:上海社会科学院出版社 2007 年版,第 547 页。

得继续接受普通高等教育的机会。近年来,我们国家正加速发展研究生教育,以研究生群体的年龄结构而言,硕士生较为集中的年龄段是 22~27 岁,博士生则为 25~33 岁。[①]　由此可以看出,大多数研究生都处在成年早期阶段,心理成熟、阅历丰富的研究生在入学之初便对自己的学业发展带有较强的目的性。尽管部分青年在研究生阶段也会努力习得知识、提高自身修养、扩大社交面,但多数青年研究生仍致力于为将来的就业做准备。近些年由于研究生的大量扩招,每年毕业的研究生已经由 20 世纪 90 年代的几万人变成现在的几十万人,社会上的高学历人才数量也在急剧增加,因而研究生的就业形势发生了较大变化。统计数字显示,研究生的平均供需比逐年下降。[②]　鉴于此,选择接受研究生教育的青年人要摆正自己的定位,制订符合自己条件的职业生涯规划。同时在日常学习中,注重实践活动的锻炼,拓宽自己就业的渠道,从而更好地发挥自己学业的价值。

2. 成人高等教育

我国成人高等教育通过依托普通高校或独立的成人高校来实施教学计划,除超过 80% 的普通高校举办成人高等教育外,独立的成人高校也纷纷设立。目前,我国成人高等教育已经形成了学科齐全、功能完备的教育体系,能够覆盖各个行业与各个地区。[③]　成人高等教育的对象主要是在岗、待岗、转岗人员,他们的特点是经验丰富、目标明确、注重时效。首先,经验丰富决定了成人的课程教学要有别于青少年,即他们在学习过程中,更注重理论联系实践,师生间互动性较强。其次,目标明确是指成人学生接受教育的主要目的在于满足其职业需求,教育目标不再是储备广博的理论知识,而是要"按需施教",以专业技术、技能培训为主。最后,注重时效意味着成人学习的速成性,这些学习者通常面临着工学矛盾,总希望在最短的时间内掌握眼下或将来最有用的知识技能。由此,函授、夜大和成人脱产班等各种成人高教方式恰好可以满足成年人的需求。不仅时间相对集中,不过多占用成人学习者的工作时间,而且教学针对性强,能在短时间内迅速习得所需的知识技能。目前,多种形式的成人高等教育已经逐渐得到广大青年人的重视,用以完成或发展他们的学业,同时也推动了我国高等教育大众化的进程。

3. 高等教育自学考试

高等教育自学考试是我国在高等教育发展中的创新之举,较好地满足了青

---

①　俞国良主编:《现代心理健康教育——心理卫生问题对社会的影响及解决对策》,北京:人民教育出版社 2007 年版,第 296 页。

②　俞国良主编:《现代心理健康教育——心理卫生问题对社会的影响及解决对策》,北京:人民教育出版社 2007 年版,第 309 页。

③　黄丹青:"远程开放教育的各国特色和发展趋势",《中国电化教育》2000 年第 1 期。

年人对高等教育的需求。首先,高等教育自学考试没有入学门槛,面向全社会成员开放,即高考落榜生,在岗、待岗、转岗人员,在校大学生及广大农民朋友均可报名,通过自学考试接受学历教育或继续教育。其次,自学考试仍有较大的发展空间和发展潜力。目前,国家积极推动高等教育自学考试向农村延伸,对于改善我国农村地区青年受教育程度偏低的现状具有重要的现实意义。同时,低收费也使自学考试在农村地区的推广具有现实性和可行性。最后,高等教育自学考试的最本质特点在于自主学习。学习时间、学习方式都可以自由选择,从而满足了社会各阶层、各年龄层人员受教育的基本需求,特别是因各种原因无法获得普通高等教育的青年人,更应通过自学考试提高自己的学历层次和文化水平。

4. 远程教育

随着网络技术的迅猛发展以及远离教师、学校的个体受教育需求的增加,远程教育应运而生,使教育逐渐脱离了时空限制。除少数为满足远程学习者需要而专设的大学专门提供远程教育外,现代远程教育基本上仍是依托高等学校来开发相应的学习课程。目前,我国通过高校开展现代远程教育试点工作,已经形成了涵盖文学、法学、理学等各大学科门类的现代网络高等教育。从受教育主体来看,远程教育与青年的个性特点和求知心理比较一致,对渴望突破传统教育方式的年轻人而言意义重大。青年人的学习自主性较强,而远程教育正是对传统教学方式的变革,让每一位学习者都成为学习的主体,注重培养网络学习者的自主学习能力。同时,网络学习资源与学习者以及不同学习者之间的实时互动、双向互动能够方便青年学习者的及时沟通。另外,远程教育还具有高效性。网络远程交互通信方式使得教育过程一体化得以完成,从报名、交费到选课、上课、作业、考试等整个流程都具有高效性,这是其他传统教育方式所无法比拟的。现代网络技术的日益完善,一定会给远程教育带来更大的发展空间。

以上各种教育类型的存在和发展,为我国社会提倡终身学习理念、创建学习型社会提供了平台,同时也极大地拓宽了当代青年人接受学历教育或继续教育的渠道,帮助他们更好地发展学业,适应社会的发展。

二、恋爱与家庭

对于多数年轻人而言,恋爱与成家都是生命历程中比较重要的环节,成功与否关系到个体的主观幸福体验。

1. 恋爱的不同类型

恋爱之所以值得期待、享受、回味,或者令人伤心、悔恨、绝望,并不仅仅是恋爱对象所致,某种程度上是因为恋爱双方对爱情的投入内容不同,才导致了不同的主观感受。

心理学家斯滕伯格认为爱的三个成分包括:亲密、激情和决心/承诺。亲密成分包含亲近性、情感性和连通性;激情成分包含和性有关的动机驱力、身体亲近性和浪漫性;决心/承诺成分同时包含个体爱上另一个人的最初认知和长期维护这份爱的决心。根据这三个成分的不同组合,可以将爱分成八种类型。① 如表 11-1 所示:

表 11-1　爱的 8 种类型

爱的类型	亲密成分	激情成分	决心/承诺成分	举例
无爱	无	无	无	你对这个人的感受就像对电影院收取入场券的人感觉差不多
喜欢	有	无	无	每周至少有一两次在一起吃午饭的好朋友
迷恋的爱	无	有	无	仅仅基于性的吸引而短暂投入的关系
空洞的爱	无	无	有	被安排好的婚姻或"为了孩子"而决定维持婚姻的夫妇
浪漫的爱	有	有	无	经历了几个月快乐的约会,但尚未对彼此未来做任何规划的情侣
伴侣的爱	有	无	有	享受对方的陪伴和双方之间关系的伴侣
昏庸的爱	无	有	有	只认识两星期就决定一起生活的伴侣
完美的爱	有	有	有	充满深情和性活力的长期关系

从表格中我们可以看出,无爱(no love)缺少爱的三个成分,说明两人之间只是普通的交际关系,很多基于各种需要而建立起来的一次性关系或普通的同学关系都属此类。喜欢(liking)只包含亲密成分,更多指代好朋友关系,可以随时间的流逝而增强,肉体吸引和对未来的承诺不强烈。迷恋的爱(infatuated love)只包含激情,通常来去匆匆,无需承诺。空洞的爱(empty love)一般指没有感情的婚姻中夫妻之间的情感体验。我国传统社会中的包办婚姻常属此类,在较大的家庭关系网络中常常忽视了夫妻之间的亲密。浪漫的爱(romantic love)

___
① [美]费尔德曼:《发展心理学——人的毕生发展》(第四版),苏彦捷等译,北京:世界图书出版公司北京公司 2007 年版,第 541~542 页.

常指美国文化所奉行的爱情理念,强调彼此之间的吸引和情感投入。伴侣的爱(companionate love)是指在没有激情或缺少激情的情况下,基于承诺或义务也可以建立持久的爱情关系。昏庸的爱(fatuous love)可以指代很多"闪电式结婚"的情侣之间的爱情,坠入爱河不久之后便彼此承诺,缺乏必要的了解和情感投入。完美的爱(consummate love)包含了爱情的三个成分,既有强烈的生理唤起,投入了大量的情感,同时又彼此承诺,建立了稳定的关系。

这些不同组合的爱,并无绝对的好坏优劣之分,可以帮助青年人理性地分析爱情。不同的年代,不同类型的婚姻制度中,人们的恋爱类型也会各不相同,甚至同一社会同一时间段中不同个体对各种恋爱的满意度也大不一样。这种爱的复杂性也预示了青年人会形成自己独特的择偶标准,标准的互异决定了个体恋爱时不同的情感体验。

青年时期个体已经逐渐确立了自己的性别同一性,在性取向上有了比以往更为成熟的认知。青年人在这段时间里的表现更为活跃,他们开始将自己的性魅力、性唤起经历和他们对性行为的理解整合到自己的性别同一性之中。[1] 由此,恋爱的类型也可以区分为异性恋、同性恋和双性恋。其中异性恋被公认为社会主流文化中恋爱的标准类型,相对而言,双性恋常常被忽视,而同性恋作为社会中日益明显的特殊恋爱类型,已经引起越来越多的专家学者驻足研究。与人们的刻板印象(同性恋尤其是男同性恋之间的关系完全不同于异性恋,不如异性恋亲密)不同,事实上,同性恋与异性恋的关系很相似,某种程度上同性恋者的关系还更加亲密。

从爱情的成分上来看,同性恋比异性恋更注重决心/承诺,双方都尽量去维护和发展他们的关系。主要原因在于:首先,他们得一起去面对来自家庭和工作的压力,一起去解决这些压力带来的矛盾,这会使他们感到彼此更加依赖和更加需要,互相鼓励不去理会别人恶意的诽谤;其次,他们还不得不努力创造一些细节来丰富他们的情感生活,要让自己比一般的异性恋者更突出;最后,他们还得时刻面对一些生活的挑战,如是不是领养一个孩子以及怎样抚养他(她),怎样履行彼此的承诺等。[2] 在这种背景下培养出来的关系较之异性恋关系会更加亲密。一般而言,男同性恋者倾向于在家务劳动上平均分配及决策活动上相互沟通协商,由此关系较为亲密。因为排除了男女在传统性别角色上的不平等,女同性恋者会比男同性恋者之间发展出更为亲密和稳定的关系,彼此尊重、相互信赖,在一系列涉及双方问题的解决上更能协调一致。因而多数男女同性恋者都

<hr>

① ［美］纽曼等:《发展心理学》(第八版),白学军等译,西安:陕西师范大学出版社 2005 年版,第377 页。

② ［美］纽曼等:《发展心理学》(第八版),白学军等译,西安:陕西师范大学出版社 2005 年版,第423 页。

会有较高的爱情满意度和更多的积极情感体验。

2. 择偶与成家

现代家庭的一般发展路线是择偶结婚、生儿育女,在这条常规路线中,起决定作用的是如何选择及选择怎样的配偶。尽管东西方国家在择偶观上会存在较大差异,而且今天的青年在选择伴侣时较之以前有了更大的主动性和自主权,但这并非意味着青年人的择偶观是完全不可预测的。相反,多数青年在选择伴侣的过程中体现出了一定的规律性。比较著名的是配偶选择的过滤理论,①这一理论形象地说明了青年人怎样过滤掉配偶候选人而最终确定自己的结婚对象。在相识相知到恋爱结婚的过程中,有六个过滤器在发挥作用:

第一,临近过滤。青年人最初的约会对象常会受到距离上的限制,尽管网恋可以突破时空界限,并且已经发展成为备受关注的恋爱形式。但现实生活中的青年人仍倾向于通过距离过滤掉绝大多数的伴侣候选人。

第二,吸引力过滤。一项在 37 种不同文化中进行的配偶选择偏好的大型研究发现,在每种文化中都存在的明显的性别差异是,男性更注重女性的外貌身材,而女性更注重男性的经济能力。② 两性在吸引力过滤器上的性别差异决定了青年在择偶条件上的侧重点会有所不同。

第三,社会背景过滤。尽管传统社会中对社会背景(如阶级地位、宗教信仰、风俗习惯等)的强调已经不再流行,但社会背景中的职业和教育等因素在择偶过程中仍然起到很大作用。青年男女更倾向于选择在职业领域或教育水平上相同或相近的人作为自己的伴侣,从而可以更好地沟通互动,产生"情感共鸣"。

第四,意见一致过滤。这一过滤器的筛选标准是个体价值观上的类同,即对事对人有较一致的主观评价和态度,彼此在心理上容易接近,更易获得好感和爱慕。

第五,互补过滤器。在相似吸引的基础之上,互补的双方会更具吸引力。人无完人,当自己的不足恰是伴侣的长处,而两人总能互相欣赏时,所组建的家庭会更加强大和完美。在当今择偶自愿的大背景下,互补过滤更能发挥作用。

第六,婚姻准备过滤。到此阶段,青年人基本上已经确立了自己所爱的对象,当一切准备就绪,在恰当的时机,青年即会与所选择的伴侣组建自己的新家庭。

对大多数青年来说,成立家庭后的一项重要任务便是生儿育女。很大程度

---

① [美]夏埃、威里斯:《成人发展与老龄化》(第五版),乐国安等译,上海:华东师范大学出版社2002 年版,第 123 页。

② [美]夏埃、威里斯:《成人发展与老龄化》(第五版),乐国安等译,上海:华东师范大学出版社2002 年版,第 124 页。

上,为人父母仍然是令人向往的成人角色。根据对养育孩子观念的调查发现,年轻的和年纪更大的父母所提到的有孩子的最大的优势就是孩子是爱的源泉,是个好伙伴,是联系家庭的纽带;所有的团体也都提到孩子是令人兴奋和有趣的,这个答案在年轻的父母中更普遍。[①] 因而家庭在成立之后,会因孩子的出现而变得更加完整,而青年父母的性别角色也会因此发展得更为完善。从为人子女到为人父母角色的转变通常会带给青年男女新的挑战,从照顾孩子、家务劳动到挣钱养家各项任务的分配都应考虑周全并合理落实,如此,才能更好地感知家庭的温暖。

三、就业与事业发展

职业是指相对稳定的有专门类别的工作,职业生涯是个体生命历程中的主要组成部分。多数父母倾向于把就业看作是青年能够肩负社会责任、真正长大成人的标志,因此就业成为他们从依赖走向独立的一大转折点。而就业能否取得成功,青年能否在工作中体验到愉悦感和成就感,很大程度上与择业状况有关。

1. 择业

走出校门之后,面对众多的职业选择,青年人在职业决策中会面临较大的挑战。要想成功地应对择业挑战,除了清楚自身的兴趣和条件之外,还应了解各种职业环境的不同。选择与自己最相匹配的职业,才更易于取得职业上的成功。霍兰德(Holland)在人格—环境适应性模型中总结了六种人格类型:研究型(investigative)、社交型(social)、现实型(realistic)、艺术型(artistic)、传统型(conventional)和企业型(enterprising)。[②] 个体的行为取决于人格与环境的交互作用,不同类型的人格对应特定的职业。一般研究型的人喜欢思考,职业偏好科学研究;社交型的人好交际,适合从事重视口才和人际交往的职业;现实型人格侧重身体素质和身体协调能力,多从事体力劳动;艺术型人格比较感性和内敛,偏好艺术类或其他创作型职业;传统型的人乐于服从管制、听从分配,适合从事规律性的机械的职业;企业型人格追求支配和领导,喜欢挑战风险,适合商场打拼。总的来看,尽管不同的人格可以匹配到相应的职业类型,但现实生活中很少能做到"人职匹配",择业的过程会受到诸多因素的综合作用。戈萨德(W. P. Gothard)综合他人的研究成果,提出影响职业选择的八大因素。包括社会—经济阶层因素、性别因素、种族因素、身体因素、智力因素、

---

① [美]夏埃、威里斯:《成人发展与老龄化》(第五版),乐国安等译,上海:华东师范大学出版社2002年版,第128页。

② [美]夏埃、威里斯:《成人发展与老龄化》(第五版),乐国安等译,上海:华东师范大学出版社2002年版,第191页。

教育因素、职业知识与职业指导因素、就业可能性因素,这些因素既包括与生俱来、个人无法改变的,又包括后天习得、可以培养的。从这种观点出发,青年人在择业过程中应当认清现状,平衡各种先天与后天因素,选择既适合自己同时又切实可行的职业来谋求发展。

2. 就业

青年综合各种因素进行职业决策之后,便开始在职业领域中寻找机会,开启自己的职业生涯。而在就业之初,个体所面临的重要任务便是"早期职业社会化",一般会在实习阶段完成。实习是青年从学校走向单位,从理论走向实践的过渡期。纽曼认为,实习阶段包含了一个新工人的社会化过程。在这一阶段,个体必须对自己的个人目标和性格特点以及工作环境的以下四个方面做出评估:一是技术能力,二是权力关系,三是特殊的需要和危险,四是与同事的人际关系。这是成年早期个体在登上新的人生舞台后首先要学习的东西。①

首先,技术能力常是青年最先面对的难题。个体对技能的适应程度和学习能力决定了其职业发展的潜力。不同的职业甚至同种职业中不同的工作对个体技术能力的要求都会有很大的差异。因而,青年在实习过程中要准确评估自己工作的技能需求,在实践中充分挖掘自己的技术潜力。其次,权力关系反映了个体在工作中的地位和决策关系。就业之初,青年人要学会识别自己的工作权限,对单位内部上下级之间的权威关系有大致的了解,注意管理工作各环节(计划、组织、指挥、协调、控制)的实施情况,为自己今后各项工作的开展做足准备工作。再次,需要和危险也是青年在就业之初应当知晓的。个人在工作中只有正确认知特定的职业需要,才能够不断完善自己的职业角色。同时由于一些存在危险特别是潜在危险的职业,青年更应格外留意其预防及应急措施,尽可能将危险程度降到最低。最后,尽管同事间的人际关系已经不像学生时代的友谊那样单纯,但显然跟志趣相投、值得信任的同事合作会更有利于工作效率的提高,增加自己在工作中的满意度和愉悦感。

3. 事业发展

舒伯(D. E. Super)从终生发展的视角出发,结合职业发展形态,把人整个一生的职业发展分为成长期、探索期、创立期、保持期和脱离期五个时期。② 成年早期处在探索期的试行阶段(22~24 岁)、创立期的适应阶段(25~30 岁)以及稳定阶段(31~44 岁)的前期。这一阶段是个体广泛吸收职业信息、发展事业的关键时期。在经历择业及就业之初的各种磨炼之后,青年人会逐渐适应工作环境

---

① 〔美〕纽曼等:《发展心理学》(第八版),白学军等译,西安:陕西师范大学出版社 2005 年版,第 435 页。

② 张进辅主编:《现代青年心理学》,重庆:重庆出版社 2002 年版,第 387 页。

及各项挑战,形成自己的职业认同,明确自己的职业发展目标并为之付诸努力。在这一过程中,部分青年脱颖而出,开始取得事业上的成功,体会到现有职业的满足感和成就感,并在地位和声望上得到社会的认可。

随着就业形势的愈发严峻,青年人的就业和事业发展显得更加艰难。为此,人社部部长尹蔚民依然用了"严峻"二字。"一方面,就业总量压力依然很大,劳动力供大于求的格局并未改变。"尹蔚民分析说,"今后五年,城镇劳动力的供求缺口每年将达到 1300 多万,比'十一五'期间压力更大。另一方面,就业的结构性矛盾将进一步加剧,其现实表现是部分企业'招工难'与部分劳动者'就业难'问题并存,且有常态化趋势,而随着经济结构战略性调整的推进,就业结构性矛盾将会更加复杂。不论是产业转型升级,还是节能减排、淘汰落后产能等,都将对就业结构产生深刻影响,技能人才短缺问题势必更加凸显,结构性失业问题也会进一步加剧。与此同时,复杂多变的世界经济也使就业形势增加了更多变数。"人社部预计,"十三五"期间应届毕业生年平均规模将达到 770 万人。[1] 这些数字告诫青年人要准确定位自我,树立现实的择业观念,注重培养与事业发展相关的从业素质和实践技能。

第四节　社会工作重要议题

青年时期的发展任务决定了这一阶段的重要议题都与亲密关系和家庭有关,对其中存在的问题,社会工作可以从专业视角提供预防和干预策略。

一、亲密关系的危机与处理

亲密(intimacy)是与他人建立相互支持、相互依赖的关系。相比于儿童时期重视家庭中的亲密关系,青少年时期更重视同龄人间的亲密关系,个体进入成年早期以后,亲密关系的对象会进一步扩展到异性朋友或恋人身上,并且恋人间的亲密程度也会持续上升。最后,大部分人会确定自己的亲密爱人并与之组建家庭,部分人会选择只同居而不承诺的伴侣共享人生,还有少数青年倾向于保持与同性之间的亲密关系。尽管成年早期是个体发展亲密关系的关键时期,但这并不是说每个青年人都会时刻感受到亲密关系带给自己的愉悦和满足,很多亲密关系在发展中也会伴随冲突。

1. 亲密关系危机的理论分析

从理论上看,青年人亲密关系中存在的危机可以得到合理化的解释,而危机的应对与解决也被视为成年早期一项常规的发展任务。

---

[1]　吴为:"未来 5 年年均 770 万毕业生,找工作越来越难?"《新京报》2016 年 8 月 2 日。

首先,心理社会发展理论。心理社会发展理论从人生发展阶段的角度看待个体之间的亲密关系。埃里克森将成年早期的发展任务概括为亲密对抗孤立,为了完成这一发展任务,青年必须找到自己满意的同伴,并与之建立起相互信任、相互依赖的亲密关系。埃里克森认为,亲密关系建立在个体发展出同一性之后,被亲密感结合在一起的家人、朋友或者情侣必须保留自己作为个体而存在的自由,尊重对方的自我认同。一种情形是,当个体在青少年时期没有成功发展出自我同一性,缺少自主和独立会使他们无法形成自己的处事风格和生活目标,与亲密对象交往时容易迷失自我,从长远来看也会使伴侣对自己感到厌倦。另一种情形是,个体的防卫心理太重,过于强调自我、发展自主性,无法克服与同伴间的心理距离,只能达到表面上的亲密。这两种情况下建立起来的亲密关系都容易产生危机。沙利文对亲密关系的探讨侧重从人际需求出发,在他看来,不同的成长阶段,个体会产生不同的人际需求,当需求无法得到满足时,个体会产生焦虑、抑郁等消极情绪。成年早期是个体从同性交往转向异性交往的关键时期,能够成功转型的青年会建立起同伴间的亲密关系,否则便会感到孤立或者出现亲密关系的危机。

其次,社会角色理论。社会角色理论认为每个社会都包含各种角色(role),即被社会文化认可的行为表现。社会对特定角色倾向于有不同的角色期望,个体按照社会化习得的要求和规范来扮演社会中的相关角色,同时,个体会按照角色期望主动调整自己的行为,使之符合社会的要求。当自己的行为难以达到各种角色期望时会出现角色紧张(role strain)。青年已经从依赖走向独立,在发展亲密关系时既要学会扮演许多新角色,同时也要调整新角色与原有角色之间的关系,这给刚步入成人社会的青年带来很大的压力。善于调整自己、成功进行角色扮演的人会建立和发展出自己的亲密关系,并在其中感受到满足。相反,总是承受角色紧张、难以平衡各种角色要求的人会感到焦虑和抑郁,其亲密关系的发展也不会令人满意。

最后,社会支持理论。社会支持理论认为,每个人都有与他人建立关系、满足心理支持的需求。个人的社会支持网络规模与其所能提供的社会支持强度高度相关,社会支持功能的发挥与个人的主观评价密切相关。一个人对自己可以得到的社会支持认知明确、主观评价良好时,他倾向于积极利用和不断建构其社会支持网络为自己服务;否则,他就会倾向于自我封闭和消极处世。[1] 青年人的社会支持来自与家人、朋友、同事及其他相关人员间的互动,当互动良好、青年对这种互动关系持正面认知时,社会支持的功能会更为显著。相应地,亲密关系的危机可以看作是青年人社会支持网络的瘫痪。

---

[1]　张文霞、朱冬亮:《家庭社会工作》,北京:社会科学文献出版社2005年版,第115页。

2. 亲密关系的危机与干预

当青年人在生活、工作中无法成功地与他人建立亲密关系,难以获得社会支持和心理归属感时,便会出现这一阶段的发展危机,即强烈的孤立感。通常孤立既产生于青年人亲密关系的缺失,同时又会对其亲密关系的建立产生不利影响。纽曼将影响男女之间建立亲密关系的不利因素概括为四个方面:首先是早期经验。童年时代缺乏同一性发展的有利环境,使个体滞留了内疚、自卑等消极心理,与他人交往时易产生疏离感。其次是同伴间的不能兼容。交往过程中双方关系处在不断磨合中,这种无休止的调整无法带给双方愉悦,因而难以建立或维持亲密关系。再次是环境因素。青年所处的环境使其自我价值感难以体现,从而无法获得亲密关系的核心,即建立双方的互惠关系(mutuality)。最后,个体在社会化过程中,对两性对抗的性别角色的区分也在一定程度上影响成年早期亲密关系的建立。① 这些对亲密关系的阻碍因素会不同程度地作用于青年,使他们在主观上感受到孤立。主要表现如下:

第一,长期性孤独。长期性孤独是一种维持时间很长却又找不出具体原因的内心的失落感。处在这种状态中的人有摆脱孤独的欲望,却在与他人交往的过程中,因为高度的紧张和焦虑而退缩,久而久之形成一种社交障碍,对期望中的亲密关系缺乏自信,而这种不自信又反过来阻碍他们获得必要的社交技能。

第二,抑郁。女性在建立亲密关系的过程中更易感觉到抑郁。原因在于:一是她们往往是用外在的标准来评价自己,感到自己不能符合别人对他们的要求;二是她们认为在与男性建立亲密关系的过程中应该付出自己的全部,满足他们的一切要求,稍有一点偏差都算是自私的表现;三是她们通过避免一切矛盾的方式来维持相互关系,压抑自己所有可能导致异议的观点;四是当她们认为自己做错了什么时,虽然她们在心中会谴责自己,但是在外仍然表现出快乐和满足。经过一段时间后,这样的女性就会对自己越来越没有信心,即使关系还保持稳定,但是她们却变得越来越抑郁,②尽管并非所有的女性在交往中都会有如此的表现,然而现实生活中的女性通常会更容易获得负面认知和消极感受。

第三,脆弱的认同。有些长期体验同一性混乱的人,在青少年时期的发展危机得不到有效解决会困扰其成年早期的发展。同时,青年人多数刚从父母那里获得真正意义上的独立,在自主性发展的过程中会过分看重或强调独立感,这样与他人的交往中便不会轻易投入情感,始终与他人保持较大心理距离的人是不会建立起亲密关系的。

---

① [美]纽曼等:《发展心理学》(第八版),白学军等译,西安:陕西师范大学出版社2005年版,第445页。

② [美]纽曼等:《发展心理学》(第八版),白学军等译,西安:陕西师范大学出版社2005年版,第445页。

第四,性行为失调。青年恋人间的亲密关系较之以前更强调性关系上的和谐,性行为失调也会破坏亲密关系,产生孤立感。广义上"性欲失调"分为两种:一种是性欲减退,即对性生活的兴趣减退或消失;另一种是强迫性性行为,即通过性行为来减轻其焦虑的一种强迫性需要。性欲减退会对自己无法满足同伴的性需求而感到内疚、不安,同时可能会使对方多疑、气愤,破坏已经建立起来的亲密关系。强迫性性行为类似于其他强迫症,发生性关系的过程中无法体验到正常性关系所带来的愉悦和幸福,而且常会影响双方的心情。

第五,情境因素。有些孤立与情境相关。例如,社会中的男女常被分为 A、B、C、D 四种顺序类型,且 A 为最优,类似于婚姻选择中的梯度原则。在男女两性准备交往时,A 男倾向于找 B 女,同时 B 男找 C 女,C 男找 D 女,结果 A 女常因为条件太高而让男士望而生畏,D 男因为条件太差而让女士瞧不上眼。最后,A 女和 D 男就有可能加入孤立的人群,在现实情境中难以觅到合适的亲密伴侣。

第六,兴趣分歧的范围。男女双方在性别角色社会化的过程中,常被贴上"性别"标签,倾向于将自己塑造成传统性别角色的典型,并由此产生兴趣上的分歧。当交往双方无法相互融合互补,兴趣分歧超出彼此所能承受的范围时,即使关系仍在持续,双方也难以真正走入对方的内心,会因缺乏理解而产生孤立感。

第七,过度投入。亲密关系的建立和维持需要双方的投入,但要把握适度原则。过度的情感投入对对方来讲会成为一种包袱,约束对方的行为,阻碍其自主性的发展。另外,过度投入还意味着会因对方达不到自己的期望而感到不满,成为亲密关系发展中的障碍。

纽曼认为,获得亲密关系的核心是建立同伴间的互惠关系。[1] 男女双方在建立亲密关系的过程中必须投入自己的全部力量和资源,他们所获得的亲密感是建立在能满足对方的需要和认可对方缺点的基础之上的。互惠主要体现为双方在促进感情发展的同时,彼此都能获得个人的成长。两个人的合力会极大地增强他们应对危机、处理问题时的自信和勇气。在建立和发展亲密关系的过程中,冲突和危机有时难以避免,关键在于双方应在信任和理解的基础上积极地应对危机,促进彼此亲密感的增加。同时,应注意允许彼此自主性的存在和发展,能够平衡独立和亲密之间的关系。

二、家庭暴力

研究家庭暴力的拓荒先驱是 M. A. 施特劳斯(Murray A. Straus),他在占有

---

① ［美］纽曼等:《发展心理学》(第八版),白学军等译,西安:陕西师范大学出版社 2005 年版,第 447 页。

大量资料的基础上,从跨文化的角度对家庭暴力的普遍性做了尝试性的探讨。他深信,家庭中的攻击和暴力的各种类型在世界各地都能见到,它们具有跨文化的普遍性。①

近年来,随着社会各界对家庭暴力的关注,越来越多的专家学者开始转向对这一问题的探讨。一方面,研究对象从施特劳斯最初关注的虐待妇女,逐渐扩展到虐待丈夫、子女和老人以及兄弟姐妹之间的暴力行为;另一方面,在施暴方式上也超出了研究身体暴力的单一纬度,转向对身体暴力、精神暴力和性暴力的综合探讨。1986 年,联合国的一个家庭暴力专家委员会所提交的报告中,把"家庭暴力"界定为:"家庭内的暴力,表现为人身虐待,往往一再重复发生,并与精神折磨、忽视基本需要和性骚扰等行为相互有关;暴行一般发生在有抚养关系的最亲近的家庭单位内,使受害者遭到严重的伤害;一再发生的暴行应与偶尔发生的暴行相区分;偶然发生的事件如不立即采取紧急干预,这种行为往往一再重复发生并趋于严重。"②考虑到成年早期个体生理心理的发展特点以及初入社会时各种角色的转变和挑战,青年人已经成为家庭暴力的多发群体。

1. 理论分析

运用不同的理论范式来研究家庭暴力,可以得到不同的解释,并加深我们对家庭暴力这一普遍问题的本质理解。

首先,结构功能论。结构功能论是 20 世纪 60 年代以前对家庭研究影响最大的理论流派。代表人物帕森斯认为,家庭作为社会系统的一个有机组成部分,不仅能够满足其内部需求,而且可以起到稳定社会秩序的功能。该理论注重家庭内外的整合,将家庭的稳定和均衡看作是社会的常态,而家庭暴力被视为失范或离轨,不利于群体的内聚性(cohesiveness)。受这种理念的影响,大多数人都极力掩饰家庭暴力,不仅普通百姓如此,社会学家亦忽视了家庭内部的冲突和暴力,对其避而不谈。J. E. 奥布赖恩(J. E. Obrien)在 1971 年尖锐地指出:通览美国家庭研究的权威性刊物《婚姻和家庭杂志》从 1939 至 1969 年登载的所有文章,竟找不出一篇文章是专门讨论家庭暴力的。他认为这种欠缺的本身不是反映了社会学界是在有意回避这个十分敏感的问题,就是说明了社会学家因把家庭暴力作为"正常"家庭的司空见惯的特征而熟视无睹。③ 结构功能论在 20 世纪 60 年代后逐渐失去了统治地位,与此同时,家庭暴力也被视为一个社会问题,日益得到社会学家的重视。

---

① [美]马克·赫特尔:《变动中的家庭——跨文化的透视》,宋践等编译,杭州:浙江人民出版社 1998 年版,第 327 页。

② 郭爱妹:《家庭暴力》,北京:中国工人出版社 2000 年版,第 3 页。

③ [美]马克·赫特尔:《变动中的家庭——跨文化的透视》,宋践等编译,杭州:浙江人民出版社 1998 年版,第 326 页。

其次,社会冲突论。与结构功能论的观点相反,冲突论认为家庭内部冲突是自然的和不可避免的,强调家庭内各种潜在的和事实上的冲突源自于不平等的权力或权威关系。达伦多夫认为,权力和权威是稀缺资源,而这种稀缺性决定了冲突的必然性。他用"冲突强度"和"冲突烈度"两个概念来解释其理论。前者是指冲突各方的力量消耗及其卷入冲突的程度;后者是指冲突各方在追求其利益时所使用的手段。把他的理论借鉴到家庭,可以看到,家庭冲突的形式多数表现为辩论、争吵、暴力行为等。这些不同的手段反映的是冲突烈度的不同,但从中我们还明显地感觉到这些手段对应着不同的冲突强度,可见冲突烈度与冲突强度是紧密关联、相辅相成的。因此,降低冲突的强度,可以从改变冲突的手段入手。虽然日常的辩论、争吵自然难以避免,但家庭暴力却是谁也不愿看见的。暴力可谓是家庭中激烈程度最强的冲突,夫妻间的暴力很可能就会应验达伦多夫的理论——导致家庭结构解体。即使它并不一定导致家庭的解体,但越具暴力性的冲突,必然会加速家庭解体的进程。血缘关系中的暴力,如兄弟姐妹之间的暴力,父母对子女的暴力和子女对父母的暴力,也会导致极大的伤害。它会导致家庭成员对家庭的逃避、恐惧和厌恶,使家庭成员失去情感的寄托群体,进而消解了家庭对社会的正面功能。[①] 成年早期的家庭暴力极易破坏刚刚建立或发展起来的亲密关系,即使是偶然暴力也会在对方的心里留下难以抹去的阴影。社会冲突理论告诫我们日常冲突尽管难以避免,但在冲突中各方应把握适度原则,切勿将冲突烈度升级为家庭暴力,否则很难重建彼此之间的亲密关系。

再次,社会性别理论。女权主义者侧重从性别不平等的角度来反击家庭暴力,认为社会对男女性别角色的规范和期待是由文化造成的,传统社会默许不平等的性别权威关系是造成家庭冲突的主要原因。通常丈夫在家庭中居于统治和支配地位,妻子在经济上对丈夫的依赖使其在行动和观念上都无法摆脱丈夫的控制,稍不顺从便会引发家庭冲突甚至家庭暴力。施特劳斯观察了丈夫的独裁和妻子挨打之间的协变关系。他把这种协变性归因于潜伏着高度冲突的家庭结构——把支配地位交给丈夫。而实际上未必所有的丈夫都具备充当领导角色的能力,妻子也未必甘居俯首听命的地位。两性对抗的进一步恶化和加剧便会导致性别角色的隔离,继而引起家庭暴力的发生。[②] 这种由性别不平等引发的暴力行为与传统家庭中不平等的角色分工密不可分。长期以来社会地位的高低都取决于个体经济价值的大小,而妻子的存在价值都是通过伺候丈夫和养育子女来实现的,这就决定了妻子被限定在家庭中,因经济不能自主而无法与丈夫平

---

① 张文霞、朱冬亮:《家庭社会工作》,北京:社会科学文献出版社 2005 年版,第 109 页。

② [美]马克·赫特尔:《变动中的家庭——跨文化的透视》,宋践等编译,杭州:浙江人民出版社 1998 年版,第 328 页。

等。尽管目前各国在消除性别不平等上已经取得了巨大成效,但是传统的男性主导观念并没有绝迹,某种程度上仍然制约着男女平等的进程。女权主义者为家庭暴力的研究提供了翔实的理论框架,而我们在加以借鉴时应当注意,绝对意义上的男女平等是不存在的,一味地强调平等反而会影响夫妻之间的感情,少了感情的家庭,即使没有暴力仍然是不幸福的。

最后,社会学习理论。社会学习理论认为家庭暴力是可以习得的,一方面,在家庭之外可以通过邻里、同伴及影视、报纸杂志等渠道习得暴力,尤其在容忍或忽视家庭暴力的社会中,更容易诱发家庭暴力;另一方面,在家庭内部,施特劳斯断言,因为在一个家庭角色的暴力与其他家庭角色暴力之间有着强烈的相关性,因此可以得出这样的结论:夫妻之间的暴力程度越高,那么双亲也会用更粗暴的态度对待其子女,而经常挨打受骂或被虐待的孩子,一旦做了父母后也会成为专横暴戾的家长。① 在暴力家庭内部习得暴力可以引发"暴力循环":对儿童滥施暴力要么使他们焦虑抑郁,无法完成正常的社会化;要么使他们无法控制愤怒,也带有同样的施暴倾向。由此可见,很多青年人的暴力行为可以追溯到其童年时的暴力体验。

2. 家庭暴力的研究

前面提到的有关家庭暴力的理论都是国外学者的研究成果。20 世纪 70 年代以来,国外理论学界从社会学、心理学、法学等各种学科对"家庭暴力"展开了大量理论研究和实际调查,在较短的时间里取得了较快的发展,已经形成了各种不同的理论范式,同时建立了各种防治家庭暴力的服务体制。相比而言,我国对家庭暴力的研究仍处于落后阶段。

首先,对家庭暴力类型的研究。

根据不同的划分标准,家庭暴力可以分为不同的类型。我们通常把家庭暴力界定为家庭成员之间的暴力行为。根据受害者的不同,家庭暴力的类型可以进行如下划分:一是配偶暴力或婚姻暴力,指配偶一方遭受另一方的语言、身体和性暴力伤害。在这种暴力行为中,大部分受害者是女性,少数受害者是男性。二是儿童暴力,指儿童的父母或家庭成员对儿童施加身体或精神伤害、性虐待、忽视,导致儿童生理和心理健康受到严重伤害。三是老人暴力,指引起家庭中老人生理和心理伤害、恐惧和不安的言行,如殴打、恐吓、拒绝赡养或忽视等。四是手足暴力,指发生在兄弟姐妹之间引起生理和心理伤害的言行,包括殴打、恐吓、性攻击等。对我们国家而言,家庭暴力主要体现为配偶暴力,且绝大多数是虐妻行为。

---

① ［美］马克·赫特尔:《变动中的家庭——跨文化的透视》,宋践等编译,杭州:浙江人民出版社1998 年版,第 329 页。

另外,从动机上可将家庭暴力分为"理性暴力"(以压制或控制对方为目的)和"非理性暴力"(以发泄情绪为目的)及冷暴力;从主体上可分为丈夫对妻子施暴、父母对子女施暴、子女对父母甚至祖父母施暴、兄弟姐妹相互施暴、婆婆对媳妇或者媳妇对婆婆施暴等;从方式上可以分为推搡、拉扯、殴打和残害四种类型。① 陈敏将家庭暴力从形式上分为:一是身体暴力,包括推搡、扇耳光、拳打脚踢等;二是精神暴力,包括情绪暴力(频繁的侮辱、谩骂、贬低或不理不睬也不离婚)和心理暴力(采取各种方式威胁、恐吓受害人,强迫其服从);三是性暴力,包括故意伤害受害人的性器官或强迫其接受各种性行为方式;四是经济控制,是指由施暴人掌管全部收入,不让受害人出去工作,使其缺乏经济独立性。② 目前对"精神暴力"的研究较少,精神暴力主要是采取威胁、恫吓、羞辱等方式达到控制受害者的目的。精神暴力的特殊性表现在时间的连续性、表现的隐蔽性和后果的严重性。

其次,对家庭暴力原因的研究。

对家庭暴力的原因分析较多,其中婚姻暴力发生的根本原因有大男子主义思想严重、男女两性的生理差异、社会对婚姻暴力的容忍、女性素质低下、丈夫社会地位低、文化程度低、家庭经济状况差、施暴者早年的受虐经验、男性对女性的控制欲太强、女性的软弱、妻子的语言攻击和唠叨等因素。这些研究从表面上解释了婚姻暴力的原因。实际上虐妻现象的存在与中国现存的夫权制家庭制度和不平等的两性关系有密切关系,同时也与缺乏应有的社会支持、婚姻质量不高、夫妻间缺乏正常的沟通和解决冲突的方法等有关。相关学者从性别关系不平等的角度探讨了婚姻暴力。③ 一些认为家庭暴力的直接起因主要是生活琐事、经济问题及因夫妻一方的婚外恋。还有的认为:第一,传统的不平等的性别意识惯性是导致我国家庭暴力的深层原因;第二,家庭内部不平等的资源分配关系是家庭暴力冲突的重要原因;第三,家庭成员背景的差异而产生的对立情绪是家庭冲突发生的重要媒介;第四,家庭成员对家庭现状合理性的认识分歧是家庭冲突最常见的现实起因;第五,社会干预和社会控制机制的不健全是导致家庭暴力的外部原因。④

综上所述,国内对家庭暴力的研究仍处在起步阶段,侧重描述现象和阐释原因,本土家庭暴力理论欠缺,而对国外理论的引入和研究也没有恰当结合国内的现状,从而对家庭暴力的干预力度不够。

3. 干预策略

---

① 赵孟营:《新家庭社会学》,武汉:华中理工大学出版社 2000 年版,第 148 页。

② 陈敏:《呐喊:中国女性反家庭暴力报告》,北京:人民出版社 2007 年版,第 3 页。

③ 张李玺、刘梦编,《中国家庭暴力研究》,北京:中国社会科学出版社 2004 年版,第 12~13 页。

④ 张文霞、朱冬亮:《家庭社会工作》,北京:社会科学文献出版社 2005 年版,第 284~285 页。

从理论层面看,对家庭暴力的研究与实际脱节现象严重,干预策略的可操作性不强。从实践层面看,目前我国防治家庭暴力的主角是各级妇联,一方面救助的对象仅限于受虐妇女,缺少对受虐儿童和老人的关注;另一方面妇联没有相应的执行机构,在具体工作中缺少民间力量、司法和执法部门的有力配合。与此同时,西方发达国家及我国港台地区已经建立起较为成熟可行的防治家庭暴力的服务体系,特别是社会工作在预防及干预家庭暴力、安抚受害者等方面起到了不容小觑的作用。我们可以从个人和家庭层面分别探讨其干预的策略。

首先,个人层面,采用理性情绪治疗法。

理性情绪治疗法是由临床心理学家艾里斯(A.Ellis)创立的。他相信人的情绪结果(C:Emotional Consequence)是由个人的信念系统(B:Belief System),而非由某些引发事件(A:Activating Event)所构成。换言之,个人的情绪问题,基本上是由他自己非理性的信念所形成,如果能除去这些非理性信念,情绪问题便可迎刃而解,ABC后便是D(Disputation),即介入的辩论法,应用一些辅导方法,帮助当事人挑战自己的非理性信念,务求使他们放弃这些信念。D后便是E,即辩论后的效果(Effect),当事人能放弃非理性信念,建立理性及现实的人生哲学,就更能接受自己及接受他人。[①]

案 例

1. 案例描述

有一位男士,大学毕业后很快在事业上获得成功。成功后就开始拈花惹草,被妻子发现后,不仅不承认,还加之以言语暴力、摔东西等行为,指责妻子侮辱他的人格,为自己辩护。后来他染上性病,东窗事发,妻子提出离婚。他这才痛哭流涕,跪在地上求妻子看在孩子的面上给他改正的机会。如果她坚决要离,他就要跳楼自杀。遭到妻子拒绝后,他真的从地上爬起来直奔阳台要跳楼,妻子只好妥协。可是,当妻子终于原谅他时,他却因为骨子里的自卑和不安全感,无法摆脱猜疑妻子会以同样的行为报复他的念头。从此以后,他成天担心妻子有一天会和别人私奔。一起走在路上,妻子偶尔看了别人一眼,只要是男士,不管是外国人,还是中国人,他马上就会问:"你干嘛看他?你们认识?"妻子在家接电话,他也要过去贴着话筒听听来电者是男是女。如果是男的,他就会大发雷霆,指责妻子和来电者一定有不正当关系,否则电话为什么打到家里来。妻子无法忍受,他也非常痛苦。一次酒后,他哭着对岳母说:"我不敢相信啊。我怎么有这么好的命,出了这样的事还能获得她的原谅。"骨子里的自卑,不久就不可控制地转

① 范明林:《社会工作理论与实务》,上海:上海大学出版社 2007 年版,第 242~243 页。

化成暴力行为：监视、跟踪、辱骂、甚至朝妻子扔东西。妻子终于忍无可忍，坚决离开了他。①

2. 案例分析

借用情绪治疗法来分析本案例，可以认为这位男士的情绪失控是由他自己的非理性信念所造成的。其一，"自己是卑劣的，为了自己的恶行，应该受到严厉的责备与处罚"；其二，"过去的经历对自己目前的行为，有极重要的决定性因素。因为，如果曾经被某件事影响过，则这种经验会一辈子左右着自己"；其三，"逃避困难与责任比面对它们容易得多"。这三种信念在艾里斯看来都是非理性的，因为前两种信念一直困扰着这位男士，才使他难以理解妻子的宽容，他不接纳自己曾经的过错，并且倾向于认为妻子也不会接纳。正是这些非理性信念导致了他的暴力，而非妻子的各种行为表现所致。第三种非理性信念使这位男士采取自杀的方式威胁妻子，试图以此博得妻子的同情，从而逃避自己在心理上的愧疚。然而这只能获得暂时的解脱，就算妻子不离开自己，他也会觉得妻子不是真心留下，而是在自己自杀的威胁下被迫选择的。如此，他的逃避只会给他带来更多的心理困扰。从理性情绪治疗法来看，根治家庭暴力，就要排除施暴人非理性信念的困扰。艾里斯相信人有能力改变自己的非理性信念及自我责备的倾向。在治疗过程中，要诊断出案例中男士的非理性信念，帮助他挑战自己信念中的不合理成分，并以合理的信念取而代之，学会使用非暴力的应对方式。

其次，家庭层面，采用家庭治疗法。

作为家庭社会工作的专业方法，家庭治疗是以家庭为整体，从家庭环境入手找出问题的症结，分析导致家庭暴力的内外原因，并据此制订干预策略，致力于恢复家庭的正常功能。影响力较大的家庭治疗包括结构式家庭治疗法、萨提亚家庭治疗法和系统式家庭治疗法。

结构式家庭治疗法假设家庭暴力与家庭结构有关。例如，家庭遭遇外在压力时，因家庭内在结构僵化而无法及时做出调整应对压力，从而使得家庭成员在重压之下实施暴力。家庭治疗师通过分析问题家庭的内在结构，改变不良的结构类型，据此来减少暴力的发生。

萨提亚（Virginia Satir）家庭治疗法假设人性本善，成员有解决问题的潜能和资源。家庭暴力是家庭系统在运作时出现了"病症"，使得其内部成员采取"暴力"手段以维持成员之间的"均衡"。家庭治疗师的任务在于帮扶施暴者在家庭中学习新的互动方式，摆脱暴力手段对自己处事方式的限制。显然这种治疗方法侧重教育而非惩治，对无改过动机的施暴者来说收效甚微。

系统式家庭治疗以全家人为对象，重点在于干扰问题家庭的规则，从而达到

---

① 陈敏：《呐喊：中国女性反家庭暴力报告》，北京：人民出版社2007年版，第44~45页。

改变原有家庭系统的目的。治疗过程中通过技术性提问和行为作业来刺激家庭成员对暴力的反思，引导其行为的改变。这种方法对治疗师的要求很高，既要成功介入到家庭中间、取得成员信任，发掘家庭暴力的深层原因，同时又不能过度投入，防止家庭成员的心理依赖而不利于家庭暴力的根除。

在防治家庭暴力时，家庭治疗将重点放在家庭而非单个成员身上，把家庭当作一个系统来加以治疗，并在治疗过程中强调施暴人和受害者的共同参与。但是，如果施暴人主观上没有认识到自己行为的恶劣，而受害人迫于恐惧不敢讲出自己的遭遇，那么家庭治疗就无太大的用武之地。

在国际上已被大多数心理学家认可的是，对于施暴人最有效的治疗是专为施暴人制订的团体治疗。在参加专为施暴人制订的团体心理咨询活动中，他们能从别人身上辨认出这种行为。团体提供了一面镜子，使他们明白自己的行为就是一个施暴人的行为。在团体中，暴力文化受到团体的挑战。同时，当团体成员发现其他人也在童年有过类似的痛苦经历时，或其他人在对待生活中的压力和两性关系中都遇到过同样的挫折时，他们就会知道，这不是他一个人的问题。他能在这样的团体中得到心理慰藉和支持。[①] 这其实是运用了社会工作中的小组工作方法。除施暴人小组外，受害人也可以组建自己的小组，通过成员之间的互动，缓解对家庭暴力的恐惧，共同致力于摆脱家庭暴力的困扰。

另外，社会工作中的社区工作方法也是防治家庭暴力的有效工具。可以借鉴我国港台地区及西方国家的做法，利用政府推动建立新型的社区之际，结合社区发展，把防治家庭暴力纳入基层社区的宣传及实际工作中，强化社区层面的反家庭暴力介入。

从我国目前的现状来看，防治家庭暴力仍然有很长的路要走，不仅欠缺本土化的理论指导，在实践中也存在法律、医疗及观念上的难点，仍然需要全社会，尤其是青年人的积极参与。借助现代青年人观念转型之机，大力推广和谐家庭理念，将反家暴工作进行到底。

三、离婚与单亲家庭

离婚率的持续上升和单亲家庭的不断增加，已成为我国社会转型时期的突出现象，其中离婚早已突破了"私人困扰"的界限，进入到了"公众问题"的范畴。[②] 也就是说，离婚已经不单纯意味着个别夫妻因自身原因导致的婚姻破裂，而已经上升为与社会、政治、经济结构性原因相关的"公众问题"。从离婚主体

---

① 陈敏：《呐喊：中国女性反家庭暴力报告》，北京：人民出版社 2007 年版，第 177 页。
② 韩晓燕：《中国离婚单亲家庭青少年的需要——上海个案研究》，上海：上海社会科学院出版社 2005 年版，前言。

来看,30 岁左右的青年人离婚者居多。在现代文明的冲击下,青年人形成了有别于父辈的人生观、价值观,在对待婚姻的态度上亦是如此。

1. 理论分析

关于离婚和单亲家庭的理论阐释涵盖了人口学、社会学、心理学等众多学科领域,其中比较典型的理论包括:

首先,系统理论。按照系统理论的基本观点,人与生活环境是由功能上相互依赖的各种元素所组成的系统整体,协调或均衡是该系统运行与维持的基本条件,也是个体生存与发展所必需的基本条件。当这个条件得不到满足时,即系统内部的各个子系统或各个元素之间不能有效配合、相互协调时,系统的均衡就会受到破坏,个体的生存和发展自然随之出现问题。[①]　家庭作为一个系统,既由若干子系统组成,同时又是社会总系统的组成部分,需要通过自我控制和社会控制两种调节机制,保证家庭系统的有序运转和家庭功能的正常发挥。随着现代化进程的加快,一方面,家庭日益小型化,其自我控制权已经逐渐落实到每位家庭成员手中,各成员自身的价值观念和行为规范会直接影响到整个家庭系统的运转。当夫妻之间因各种主客观原因发生冲突,影响了家庭系统的均衡,且无法通过有效途径予以解决时,离婚就成为一种选择。另一方面,家庭的社会控制力减弱,即社会对家庭稳定的影响力减弱。社会进步所带来的生产社会化、教育社会化、养老社会化极大地削弱了家庭系统的原有功能。许多原本需要夫妻之间相互配合才能完成的任务,现如今夫妻一方或者交由社会机构即可高效地完成,这就为家庭解体及解体后的单亲家庭铺好了后路。特别是 2014 年我国颁布了新的《中华人民共和国婚姻法》(以下简称《婚姻法》),规定一方提出离婚,人民法院应当先进行调解;如感情确已破裂,调解无效,应准予离婚。这使得原本感情破裂、协调无效的婚姻可以依法解除。社会对离婚控制力的减弱必然使许多不稳定的家庭受到冲击,导致出现了"离婚潮"现象。

其次,社会交换理论。社会交换理论认为人是理性的动物,每个人都希望以最少的成本和付出换来最大的利润和回报。运用到家庭中也是一样,男女双方从恋爱到成家都是一种社会交换的反映。尽管这种观点会遭到部分恩爱夫妻的反对,认为追求报偿的婚姻太过理性化和世俗化,否认自己的婚姻中存在这种交换,然而在很大程度上,婚姻中都会隐含着这种交换。尤其是追求利益最大化的市场经济对青年男女婚恋观的影响,促使婚姻家庭中功利化色彩加重,经济因素在婚姻关系中的比重逐渐加大。同时,社会转型中"人人平等"的观念开始盛行。当夫妻双方在相处过程中体验到不平等,或者一味地感到自己的回报少于付出时,也容易出现家庭问题。离婚可以看作是家庭内部不平等所引起的不满

[①]　王思斌:《社会工作概论》,北京:高等教育出版社 2002 年版,第 225 页。

情绪所致,这一理论告诫我们,婚姻和家庭是需要各方投入的,过度地索取或依赖其中一方付出的话,久而久之,势必会造成付出者心理上的不平衡,引起家庭内部冲突的发生。

最后,需要理论。马斯洛的需要层次理论将个体的需要界定为生理、安全、社交、尊重与自我实现五个层次。低层次的需要满足后,个体会发展出更高一层次的需要。夫妻二人所建立的家庭便具有满足成员需要的功能,个体在家庭中解决生理、安全等基本需求。在这种前提下,部分家庭成员会产生社交和尊重的需要,少数个体还会发展出自我实现这一最高层次的需要。尽管马斯洛的需要理论堪称经典,对社会福利和社会工作做出了杰出贡献,但是,马斯洛的理论与后来学者的需要理论有两点不同:一是马斯洛是人本主义心理学家,他根据人性积极向上的动机来建构自己的理论,强调个体的价值选择;二是马斯洛的需要理论是静态的,没有强调需要产生和满足的过程。① 学者多亚尔和高夫(Doyal & Gough)从需要的动态过程中指出了人类需要的客观性和普遍性。客观性是指需要独立于个人偏好之外,普遍性指这种需要得不到满足时,就会对人造成伤害。他们认为客观的普适的人类需要是健康和自主,失去了健康和自主就会使人无能、无力与他人进行互动。② 从这种观点出发,可以看出婚姻与家庭很大程度上有利于个体健康和自主的实现,无法满足这两大基本需要的婚姻和家庭通常被认为是不幸福的。当这种需要的欠缺对夫妻双方造成的伤害超过一定"度"时,便容易导致离婚。但这并非意味着需要的满足越多越好,就自主程度而言,夫妻一方长期缺乏自主性,很容易使另一方感到厌倦,而双方自主性都太强时,也不利于夫妻感情的融合。学者塞耶(Thayer)从社会服务视角提出了需要是问题(或潜在问题)与解决问题之间的关系,并用"诊断需要"和"处方需要"来形象地说明。当夫妻之间产生了不可调和的矛盾、无法维持婚姻关系时,离婚便是诊断需要,而法律法规、宗教信仰、风俗习惯、社会舆论对离婚的认可程度则是处方需要。只有当处方需要为需要者改变其诊断需要的时候,需要才有可能得到满足。另外,根据以上需要理论,社会也应当关注离婚之后单亲家庭的需要满足状况,特别是单亲家庭中孩子需要的满足。

2. 离婚及其影响

我国自1949年以来,出现过四次离婚高潮。一次是20世纪50年代初,从1951年到1956年大约有600万对,大都是取消童养媳、解除封建包办婚姻,也有少数是进城后抛弃糟糠之妻的;第二次是"十年动乱"时期,"划清界限""反戈

---

① 韩晓燕:《中国离婚单亲家庭青少年的需要——上海个案研究》,上海:上海社会科学院出版社2005年版,第76页。

② 参见[英]多亚尔、高夫:《人的需要理论》,汪淳波、张宝莹译,北京:商务印书馆2008年版。

一击"，成千上万对夫妻被拆散，数字至今难以统计出来；第三次是 1980 年，新《婚姻法》公布后，使那些早就该离婚的"死亡婚姻"，那些"二进宫""三进宫"久而未判的婚姻解除；第四次则是 20 世纪 80 年代末、90 年代初，离婚数字不断上升。90 年代以来，中国不少地区离婚率一般上升 30%～80%，少数地区上升 1～2 倍，全国平均年增长 10%。[①] 每次"离婚潮"的发生都有其理论解释和现实原因。当前离婚率的上升，是在市场经济的冲击和影响下，婚姻家庭进行适应性调整的必然结果。

某种程度上，伴随市场经济而来的离婚现象的增多可以看作是社会进步的象征，也是婚姻家庭对经济发展、社会转型的适应。然而，从微观层面上看，离婚是夫妻双方婚姻的终结。尽管对没有感情的"死亡婚姻"是一种解脱，但对绝大多数离婚者来说，离婚都是一种危机，在应对危机的过程中，夫妻双方、子女，甚至夫妻各自的父母和亲戚都会受到影响。

离婚对夫妻的负面影响首先表现在情感上的压力。很多离婚者特别是被动离婚者都会经历一定时间的痛苦和压抑，去重新适应单身或单亲家庭的生活。当个体承受能力、调适能力较差，同时又缺乏及时有效的帮助时，很容易出现孤独、抑郁、内疚、焦虑等消极情绪，困扰个体的正常生活。其次表现为经济上的压力。离婚时对财产的分配以及离婚后对孩子各项费用的负担，对经济条件一般或不理想的夫妻双方都会是不小的麻烦。

离婚导致的另一个重要后果便是大量单亲家庭的出现。长期以来，众多国内外学者都倾向于探讨离婚和单亲家庭对孩子的消极影响。正如社会学家布兰德温(Brandwein)、福克斯(Fox)指出，我们的社会被一种假说统治着：一个家庭有单亲挂名，尤其当单亲是妇女时尤为不合适。此类家庭是残缺的、紊乱的或解体的，因而也是不足取的。这种偏见妨碍了学者们对这种家庭形式做出客观的评价。在他们眼里，单身家庭不是一种可供选择的家庭形式，而倒像是有种种问题、矛盾滋生土壤的嫌疑。[②] 世俗社会的负面标签和评价带给单亲家庭很大程度上的环境压力和心理困扰。事实上，尽管离婚会对夫妻的生活、工作以及子女的教育、心理产生一定的负面影响，尤其带给青年母亲和孩子一定程度的适应困难，但这种负面影响被部分学者扩大化、严重化了。根据布兰德温等人的研究可知，妇女们克服此类困难的能力不能低估。他们对离婚和分居母亲的调查结果表明：孤立无援的处境加强了她们与子女的感情纽带。她们在家庭内外勇敢地承担起新的义务，从事她们所生疏的工作，而这些工作在离婚或分居前为她们的

---

① 储兆瑞：《市场经济条件下感情与理智的两难选择》，载刘达临等：《社会学家的观点：中国婚姻家庭变迁》，北京：中国社会出版社 1998 年版，第 216 页。

② ［美］马克·赫特尔：《变动中的家庭——跨文化的透视》，宋践等编译，杭州：浙江人民出版社 1988 年版，第 379 页。

丈夫所垄断。正是在生活的艰辛中,她们增强了对自己形象的肯定,深化了对自我的认识。① 我国学者徐安琪通过对 1 061 位班主任的定量分析,验证了"有限影响"的理论,即父母的婚变确实对学龄少儿的生活福利、学业、品行、心理发展和社会适应具有不可忽略的消极影响,但负面效应并非如一些学者所推测或传媒所渲染的那么严重,不少孩子在家庭变故的挫折经历中成长成熟,由此,徐安琪得出结论:父母是否尽职而非离婚本身对孩子成长有重要影响②。这些研究从新的视角提醒学者和大众,在关注离婚与单亲家庭的同时,要改变对其内部成员的偏见和歧视。

3. 社工介入单亲家庭

除了前面提到的离婚与单亲家庭外,还包括父母一方死亡、一方入狱或者未婚生子等原因所形成的单亲家庭。无论哪种原因所致,这些家庭的共同特点就是在经济、社会及心理情感等各种主客观环境中都处在相对弱势的地位。首先,单亲家庭相对双亲家庭来说,收入减半。甚至迫于抚养、照顾子女而无法从事全职工作,结果不得不面对沉重的经济压力。其次,单亲家庭(尤其是离婚单亲家庭)成员在社会中易受歧视和排斥,不但缩小了单亲家庭中父亲或母亲的社会支持网络,而且对子女的学业发展也会带来负面影响。最后,在家庭变故以及外在环境的双重压力下,单亲家庭成员的心理负担较重,对成长中的孩子可能会造成心理困扰,如"为什么我只有一个家长?""同学会不会看不起我?"等。要改变这些不利处境,恢复家庭的正常运转,就需要单亲家庭自身的努力和社会各界的支持。特别是作为助人专业而存在的社会工作,更应从专业视角出发,为单亲家庭提供科学的服务。

首先,微观层面。微观社会工作可以解决各单亲家庭及其成员的具体问题和需求,包括单亲父亲或母亲的再就业、救助金的申请、子女的学业和社会化、亲子关系的发展,以及单亲家庭成员的心理、情绪问题的调适等。社工在帮助单亲家庭的过程中,应灵活运用社会工作的方法、技巧,根据案主提出或反映的问题进行深入调查、诊断,提高他们自己解决问题的能力。

其次,中观层面。中观社会工作可以依托社区开展服务,运用社区工作的专业方法,鼓励单亲家庭积极参与社区事务和社区活动,协助家庭改善其社区环境,争取更多的社区资源。同时,改善单亲家庭成员与其他社区成员的关系,增强其社区归属感和凝聚力。另外,社工还可以通过开展小组活动,将具有相似背景的单亲家庭成员聚集在一起,通过家庭间的相互交流和扶持,增强这些家庭应

---

① 〔美〕马克·赫特尔:《变动中的家庭——跨文化的透视》,宋践等编译,杭州:浙江人民出版社1988 年版,第 381 页。

② 徐安琪:"问题儿童? 缺陷儿童? 异常儿童? ——千余名教师视角中的父母离异学生",《青年研究》2002 年第 3 期。

对环境压力的能力。

最后，宏观层面。宏观社会工作侧重从制度与政策环境中为单亲家庭争取资源。尽管目前大陆社工的力量较为薄弱，但仍可以发挥专业优势。协助妇联、民政等相关部门，针对单亲家庭展开调查，深入分析各家庭的特殊需求以及单亲家庭的共同需求。督促政府在低保、就业、教育、医疗等领域制订有助于单亲家庭的优惠政策。同时，广泛动员社会力量，消除对单亲家庭的刻板印象及负面评价，优化单亲家庭的生存环境。

随着法律法规和福利制度的日益完善、社会工作专业的逐步成熟以及公众素质的不断提升，相信单亲家庭也能与双亲家庭一样，作为一种可供选择的家庭形式，在社会环境中能正常地运转。

本章小结

成年早期，青年生理发展逐渐成熟，与此同时，其心理方面的同一性、智力、情绪、道德等方面也获得了成长。由于生活压力的增大，青年在这一阶段面临着很多生理和心理的风险。对产生压力的根源寻求控制、将"威胁"重新定义为"挑战"、寻求社会支持和运用放松技巧等是应对压力的良好策略。

根据"人在情境中"理论，青年的所有发展都离不开其生活的社会环境，在环境中塑造自我、发展自我。青年性别角色的完善、人际关系的发展及青年自主性的发展与社会环境都有密切的关系。人际关系在青年生活中发挥重要作用，它有助于情感需求、确立自我认同和促进自我认同。自主性的发展与确立是成年早期个体的一项重要任务，自主性有情感自主性、行为自主性和价值观自主性三种类型。

个体差异性的存在使青年的成长轨迹与生命历程各具特色。青年这一阶段对生活方式的选择具有多元性，具体包括学业、就业、恋爱、成家等方面。个体所处的社会环境对这些选择有重要影响。

青年时期的发展任务决定了这一阶段的重要议题都与亲密关系和家庭有关，其中比较重要的议题包括亲密关系危机、家庭暴力、离婚与单亲家庭。本章分析了社会工作专业方法在以上问题中的运用。

思考题

1. 简述青年人的生理与心理发展特点。
2. 试述爱情的不同类型及其异同。
3. 简述配偶选择的过滤理论及其应用。

4. 运用理论分析家庭暴力发生的原因和类型。

5. 社会工作者开展服务时如何理解青年成长环境与青年心理的相互作用。

6. 试用社会工作专业知识来分析单亲家庭的特点。

推荐阅读

单亲家庭支持服务

陈敏:《呐喊:中国女性反家庭暴力报告》,北京:人民出版社 2007 年版。

[美]多萝西·罗吉斯:《当代青年心理学》,张进辅、张庆林等译,长沙:湖南人民出版社 1988 年版。

[美]费尔德曼:《发展心理学——人的毕生发展》(第四版),苏彦捷等译,北京:世界图书出版公司北京公司 2007 年版。

库少雄主编:《人类行为与社会环境》,武汉:华中科技大学出版社 2005 年版。

韩晓燕:《中国离婚单亲家庭青少年的需要——上海个案研究》,上海:上海社会科学院出版社 2005 年版。

[美]马克·赫特尔:《变动中的家庭——跨文化的透视》,宋践等编译,杭州:浙江人民出版社 1988 年版。

[法]莫里斯·梅洛-庞蒂:《行为的结构》,杨大春、张尧均译,北京:商务印书馆 2010 年版。

[美]夏埃、威里斯:《成人发展与老龄化》(第五版),乐国安等译,上海:华东师范大学出版社 2002 年版。

张李玺、刘梦编:《中国家庭暴力研究》,北京:中国社会科学出版社 2004 年版。

Payne, Malcolm, *Modern Social Work Theory: A Critical Introduction*, London: McMillan Press Ltd., 1991.

扩展推荐阅读

薛君,2012,《80 后新生代的福利意识形态实证研究》,《中国青年研究》第 2 期。

袁同成,2013,《合法性机制转型与我国政府福利责任承诺变迁》,《学术界》

第 3 期。

张瑞凯,2013,《新生代农民工社会福利意识现状及特点研究——基于北京市的抽样调查》,《山西大学学报(哲学社会科学版)》第 3 期。

周福林,2007,《我国留守家庭状况的统计研究》,《河南教育学院学报(哲学社会科学版)》第 6 期。

网站资源

中国婚姻家庭网
共青团中央
中山大学性别教育论坛
美国家庭暴力热线

第十二章　中年人行为与社会环境

学习目的

通过本章的学习,了解中年人面对的生理和心理变化,以及作为"夹心"一代要面对的在家庭和工作上的多方面的挑战。中年人也是受社会环境变迁影响较大的人群,表现为失业、贫穷、职业倦怠以及中年危机等,对这些问题的讨论可以帮助我们认识中年人心理发展和行为变化与社会环境的关系。

第一节　中年人的生理与心理

一、生理改变及发展

中年期(即成年中期)是人生的一个转折点,一些老年期的生理和心理特征在中年期会开始出现。个体的躯体功能在成年早期达到高峰,这也就意味着中年期是躯体功能开始下降的时期,个体会比年轻时更容易感到疲劳,或者在高强度体力或脑力劳动后需要更长的时间来恢复精神,皮肤水分含量减少,在脸部的明显部位出现皱纹,多数中年人开始出现白发,并有可能开始脱发。中年期人体的躯体组织结构也开始出现变化,脂肪比例上升,这是引起肥胖的重要因素,故此有"中年发福"之说,而在这时,很多中年人开始更多地醒觉到自己身体的限制而增加体力消耗(例如做运动)或者减少吸收(饮食控制)。但是这里要留意,中年期开始体力下降,正需要足够的营养来补充,而中年期在体力运动后需要更多的时间和营养补充来满足躯体的需求,所以无论是运动还是饮食控制都最好咨询一下专家,在了解自己身体承受能力的情况下逐步开展。一下子进行太猛烈的运动很容易造成运动性挫伤,治疗和恢复都需时间;而在短时间内控制饮食可能造成对身体其他方面的损害。

　　当然,与其他年龄阶段的群体相同,中年群体的个别差异也非常大,而且在不同的发展层面,每个人的表现也会不同。有些改变对生理的机能影响不大,例如白发,但是对心理影响不小,给人以"白发催人老"的感觉,所以美容,例如去眼袋、去皱、染发、种发等,才会成为大众都想一试的美容服务项目。心跳速度随着年龄的增长而下降,总体上说,心脏输出的血液总量下降,所以中年后心脏病的发病率增加,但这不等于说中年人一定会有心脏病,如果饮食和运动等生活规律正常,心脏的供血是足够个体健康生活的。相应地,肺活量也会下降,但同样不会影响正常生活。但是有一些改变会影响个体的日常生活,例如视力或者听力的改变、骨密度改变、生殖系统的改变以及与此相关的更年期综合征。

　　在中年,一般40~50岁,个体的视力开始出现远视的情况,也就是通常说的老花,老花是由于眼球的晶状体(lens)不能像年轻时那样自动调节焦点而引起的,其实这种能力的下降早在儿童期(大约8至10岁)就开始了,但当个体步入40~50岁时,这种功能下降表现在个体的感觉层面,个体渐渐不能清晰辨认近处的物体,特别是细小的文字、图识等。当然眼球的这种变化不仅由弹性变差引起,而且也与眼球比年轻时硬度高、更会有黄点出现有关,这些使眼球可以辨晰以及接受光的频率和强度都发生改变。眼球的营养主要来自周边的液体,而且眼球在中年期仍在慢慢地长大,当眼球的透明度发展到一定阶段,影响个体的正常视觉时,可能就患有了白内障,个体在不同年龄阶段发展成白内障的速度不同,年龄越大时间越短,一般在中年期需要4年时间,而对于75岁年龄的老年人只需要一年。另外,疾病也会增加患上白内障的机会,例如糖尿病,俗称"糖尿上眼"。没有充分的证据支持白内障是正常老化的一部分,而且白内障在现代医疗技术下已经成为较容易治疗的眼疾,换上人工晶体就能恢复大部分的视力。另外,由于高眼压引起的青光眼很容易致盲,所以在40岁以后,特别是50岁以后,在常规体检中最好能有眼压检查,如果家族中有青光眼的历史就更有需要做检查。虽然青光眼目前还没有治愈的方法,但是可以延长病情恶化的时间,尽量长地保留视力。除了视力,中年人的听力也会有一些变化,最常见的是高频接收能力下降,在男性中比在女性中常见,一旦高频损失出现,会渐渐移到低频,影响整体的听力功能。

　　中年开始骨密度下降,也就是说出现骨质疏松的可能。研究显示,骨质疏松在60岁以上妇女中很普遍,但是,有些时候从中年期就开始出现。骨质疏松会缩短身高,但更主要的是使骨很脆弱,容易骨折,跌倒、骨折是老年人致残的重要诱因,不容忽视。骨质疏松的程度有性别差异,女性一般比男性更容易患有骨质疏松,这有两方面的解释:一方面认为女性在整个生命周期的前期钙的吸收量不够;另一方面认为更年期女性荷尔蒙分泌的变化加速了骨质疏松的发生。骨质疏松可以靠多吸收钙来预防,所以中年人特别是女性要从多种渠道吸收钙,包括晒太阳、吃含钙量高的食物,例如喝牛奶,也可以食用钙的补充剂。但是最重要的还是保持健康的生活习惯,合理饮食及经常运动都是有帮助的。当然,也有建议使用荷尔蒙补充剂的,建议女性在更年期之后可以考虑运用,但对使用的效果有相互矛盾的报告,有的报告发现荷尔蒙补充疗法可以帮助减轻更年期症状和预防心脏病,但是也有报告指出荷尔蒙治疗与妇女的癌症,例如乳癌发病率有关。

在生理上变化最大的是生殖系统,男性产生精子的量会在 40 岁后开始减少,50 岁后明显减少,但即使是这样,男性到 80 岁仍能产生足够的精子致妇女怀孕。另外,阴茎勃起的长度和硬度会减弱,如果有前列腺肥大,更可能在生理和心理上影响成年人的性乐趣和自信心。在一次勃起后,成年男性会比年轻男性需要更多的时间来实现第二次勃起。勃起困难并非正常的老化过程,经常伴随生理或者心理的疾病,应尽早寻求帮助。现代生活中成年男性工作和家庭压力都很大,容易因紧张而影响正常的性生活享受,如果是一个健康的成年人,男性到 70 岁甚至 80 岁仍可以享受正常的性生活。

女性生殖系统的改变比男性更明显,这也就是通常所说的女性更年期了。更年期是妇女在中年期要面对的人生重要转变,关于更年期是指哪一段时间,学者们还没有统一的定论,对更年期的结束倒是有一定的共识——连续 12 个月没有月经被认为完成了更年期,此后,女性没有怀孕生产的能力。当然,有研究指出,其实更年期(或者月经的质和量的变化)可能在更年期结束前很长时间已经开始,只是不容易察觉而已,但是,由于另外一些变化男性也会有,例如前面讨论的骨密度变松等,所以难以区分来讨论。无论怎样,女性更年期的主要诱因是卵巢渐渐停止功能,通常在 50 岁左右完成更年期。吸烟的女性、体重偏轻的女性以及未曾生育的女性偏向于比不吸烟、胖及曾经生育的女性早经历更年期,没有研究显示更年期与社会经济地位或者使用避孕药与否有关,可见更年期更多地受生理因素的影响。

伴随更年期的生理变化还有一些明显的生理症状:包括潮热、夜晚盗汗、脸及上身发热、心跳加快等。有些关于更年期的研究也报告妇女出现头痛、失眠、尿频、体重增加、头晕等症状,但是没有证据显示这些症状直接与更年期有关,有些可能是与个别女性本身的体质有关,有些可能只是恐惧更年期的心理反应。更年期对女性的一个长期影响是女性阴道肌肉渐渐变得干燥、分泌减少、阴道变短等,导致女性容易在发生性行为时出现流血、疼痛等感觉。但这不等于说更年期之后的妇女不需要或不能享受性生活,首先,这一变化是渐渐发生的;其次,用润滑剂等可以有效帮助妇女减少疼痛;最后,还可以用手术的方法治疗。还有一个较有争议的长期影响是心血管疾病,在 50 岁前,男性冠心病的比例比女性高很多,但过了 50 岁,女性冠心病的发病率开始上升,不过这是否与更年期有直接的因果关系仍需讨论。

对社会工作者来说，帮助中年期妇女了解更年期症状是非常有必要的，因为对更年期的影响中一个重要的观察就是女性会由于不知道更年期会是一个怎样的过程而感到紧张和不安。也有研究认为更年期容易诱发抑郁情绪，即所谓更年期抑郁症（menopausal depression），但是近期的研究表明，更年期所伴随的可能的心理影响也许只是那些妇女其他生活困境的综合体现，而大部分人没有出现心理问题，甚至因为没有月经来而感到放松，还因为无需担心意外怀孕而感到释怀。所以迎接更年期，做好心理准备，妇女完全可以正面、积极地度过人生的这个重大改变。

二、智力的持续发展

中年是人生智力发展的高峰期，至少从智力测量的角度来看，智力发展在中年期达到了最高峰，而且会保持在这个水平。由于社会角色的关系，中年人大部分会变得更加成熟和负责任，在家庭中，他们通常是上有老、下有小，所以他们的决定不仅仅影响他们自己的生活，也会影响上一代和下一代。这种事实使他们在做决定时会考虑得更周详，也更加愿意在平衡各种利益后才做决定。在工作上，有一部分中年人成了主管、经理级人物，他们明白自己的决定会影响很多下属，甚至整个公司的得失，所以他们也会更加有责任感地来工作。当然在另外一个层面上说，中年人也可以成为最危险和不负责任的一群，这会发生在那些生活在社会底层，工作无保障或者健康受损的一群中年人中。不论是前一种事业有成，还是后一种一事无成的中年人，他们在社会中都是面对最多的来自生活、工作的挑战的群体，每一天、每一分、每一秒，生活中都可能会出现新的挑战，如工作上的要求、婚姻中的摩擦、子女升学和谈恋爱、父母生病、或者死亡等，这些日常生活的挑战成为中年人的"日常生活"，平平安安没大事的一年几乎是很难求的，所以中年人一般有一生中最好的解决问题的能力以及长年积累的生活技巧，这些都是中年人很值得骄傲的。但是，也正是这种困难接着困难、危机接着危机的生活使某些中年人难免有些自己无法解决的困难，出现心理困扰，需要社会工作者的帮助，帮助他们重整过去的生活，反思自己的前半生，不再用社会的眼光（金钱、地位、孩子、房子）来评价自己，多看到自己在工作、家庭中认认真真地做出的贡献，有亲情、有友情，更有未来。

三、心理发展日趋成熟与性格稳定

中年期的成年人是否有性格变化呢？中年危机是否必定会发生呢？不同的理论可以帮助我们从不同的角度来理解中年危机以及对个人、家庭及社会的影响。

首先让我们看看荣格的人格发展四阶段理论,荣格认为人生分为四个阶段:儿童(出生到青春期)、青春期(从青春期到 30 岁末)、成熟期(中年)以及老年期。而在成年期,荣格强调个体必须要经历建立自己的事业和家庭这一过程,这不仅是为自己的成长和幸福,对社会也是一种贡献。在中年阶段,个体能充分地内省、发展智慧,同时也与集体意识发生认同(collective unconscious),成为人格发展的基石,个体更加能够与自己人格的不同部分认同,更加自由开放地找到自己、发现自己、与自己合一。荣格的成年人格理论对后来的成年期发展学说影响深远,他认为成年期开始个体对自我的追求首次超过对家庭的追求,这不能理解为自私,而是个体更深刻全面地认识到自我的需要以及如何满足需要,过去不承认的、拒绝的部分重新整合成为一体,所以会产生一种和谐感,并带动更多的包容和智慧。如果中年期没有能完成这个历程,那么他可能不接受老年,或者想"抓住青春"不放,这部分的中年人通常是很僵硬的,对挫折的忍耐力差,生活也不快乐。

用埃里克森的语言,中年期要经验的心理矛盾是关怀和停滞。虽然埃里克森的心理发展阶段没有明确分野成年早期和中年期,但普遍认为中年期是人格成熟的时期,这个时候子女已经长成,中年人可以有更大的空间来实现对他人、小区乃至社会的关怀,更愿为社会的福祉而付出自己的努力和精神。如果不能很好地度过这个时期,个体仍然只懂得关注自己,对旁人或者身边的事物不闻不问,这样的人进入老年会带着这些限制而无法正面和积极地面对失落和死亡。

沃伦特(George Valliant)的中年人格理论不像荣格和埃里克森那样是在临床研究中总结出来的,他的理论主要是建立在对 95 个健康、中产、大学毕业男士的研究上,认为人格的发展是形成认同感和认同感再生的过程。在 40~50 岁时,个体经验关怀和停滞的矛盾,而实现关怀要求个体自我防御机制的成熟。沃伦特的研究表明,青少年比成年人更多运用不成熟的自我防御机制,例如投射(projection)、行为冲突(acting out),而较少使用成熟的防御机制,例如分离(dissociation)、升华(sublimation)和利他(altruism)。一旦中年人不能很好地建立起使用成熟防御机制的人格特征,他就变得停滞不前了。那么这个过程受什么因素影响呢? 在荣格和沃伦特的理论中,他们认为没有一个特定的事件会突然导致成熟人格的诞生,不过可能与父母的死亡有关,父母死亡可以深刻带动成年人对人生价值的反思。不过现代社会寿命延长,中年人的父母很多都还健在,很难用这一点来解释。沃伦特还认为在 50~60 岁,个体经验生命意义的保持和死板僵化的矛盾,个体对文化、社会角色的认识越来越深刻,而且可以更好地与自己的人格融合,但还没有实现完全的统合。

丹尼尔・莱文森(Daniel Levinson)提出中年期应定义为 40~65 岁,他认为人生要经验不同的"人生结构"(life structure),人生结构是指个体与外部世界的人际关系,由于人际关系的多样化及复杂性,所以每个人的人生结构都不尽相同,有些人交友广泛,有些人注重自己的少数知己朋友。对有工作和家庭的人来说,家庭关系和工作关系构成了个体主要的人生结构。人生结构的转折要经验两个步骤:一是转折期,大约 5 年;而后是建设期,大约 5~7 年。中年转折期(midlife transition)是 40~45 岁,这个时期是转变年轻时的人生结构并构建新结构的时期,有三个主要任务要完成:首先是评估自己的成年早期,用更现实的眼光来评价自己以及自己与环境的互动,透过这样的评估中年人越来越明白人生不能用"非黑即白"的标准来量,而是要在每一个不同的人生经验中更多地体会生命中正面、积极的能量。其次中年人要探测中年的可能性,当对成年早期有了较为现实的评价后,对中年可以或者想要实现的人生做出探索和尝试。最后,中年期要完成整合人格两极的任务,例如年轻与年老、男性与女性、破坏与创造、依附与分离等。这些具有相反特质的人格特征在中年之前的不同阶段分别各有优势,但是到了中年期,他们出现了整合、共存,不再以对立面的形态出现。沃伦特特别强调中年期要完成年轻与年老的整合。社会上往往有把年轻和年老对立起来的倾向,年轻意味着向上、美好、充满活力和朝气,而年老却与向下、沮丧、疾病和死亡联系在一起,这种对立不利于中年人面对老年的来临,也不利于年轻人建立对自己未来的向往。所以用"中道"是最佳的整合方法,年轻有年轻的好、也有年轻的限制;老有老的好,也有老的限制;不要再用二极化的方法把两者对立起来。

以上的种种人格视角都比较重视中年期的人格适应。我们知道,中年人与环境互动的适应过程一定受到个体过去人格特质(例如自我概念、应对方法、自我防御机制等)的影响,同时也离不开环境因素(例如家庭、工作、人际沟通、社会认同、人生发展阶段、种族等)的影响,但是从人格特质和结构来说,中年人是偏于相对稳定的一群,一些跟踪研究发现,人格特质(例如安全感、和蔼度、坚持性、社会控制性、友善性、稳重度等)在 5 年内的重复性相当高,可见,中年期的成人人格特质有保持性,但也会因为身处环境要求的改变而做出相应的变化。

第二节　中年人的家庭

中年人在家庭中的角色,可以用"三文治"或者"夹心层"来形容。首先,中年人通常要照顾处在青春期的子女,如果有超过一个子女,那么两个可能都在青春期,或者一个在青春期,一个在儿童期;其次,中年人也面临老年父母的照顾需要,如果父母开始出现自我照顾能力的减弱,那么家庭照顾者的角色就会大大影响整个家庭的互动和关系;最后,中年人也面临夫妻关系的一些转变,虽然有研究说中年人与青年人的婚姻满意度可以一样高,但中年人所面对的夫妻关系的挑战与青年人和其他年龄的人不同。以下我们就这三个方面逐一展开讨论。

一、亲子关系

由于青少年期被形容为"暴风雨"时期,要培养与青少年子女的关系、实现与他们和谐相处,需要一个学习、经验、再学习的过程。青少年时期对自我认同感的追求使青少年容易出现反叛、挑战权威等行为,同时,中年父母也正在经验自我认同的重组,他们要学习接受"青春不再,老年将至"的自我感受,所以这样的配对非常容易形成所谓的"代沟",青春期代表"什么都有可能、什么都想试、什么都可以重新再来"的年代,青春期的孩子可能会不明白父母为什么要管教他们,甚至感到父母很烦。而中年父母是要从一个"什么都可能"的感觉准备向"我知道自己的限制、我要做一个更合适方方面面的选择"的时期,由此可见,双方在基本立场上存在分歧。于是在日常琐事上,父母和青少年子女会有冲突或者矛盾,如穿什么服饰、用什么"潮品"、什么时候回家等。研究显示,如果父母和子女从婴幼儿起相处都很正面、积极,那么当青春期到来时,父母和他们的相处多数仍能保持正面、积极的方向,只是有时会暴露一点矛盾而已。其实,青少年子女嘴上说不用父母"管",心底里还是很欣赏和需要父母的,特别是在确定职业发展的路向方面更是如此。

除了日常生活琐事,性教育对父母来说责无旁贷,但是有多少中国的父母直接与孩子讨论性的问题呢?青少年大部分不是从父母那里获得性知识的,学校的性教育也大多数只是流于表面,而朋辈群体和传媒可能是青少年获得性知识的主要渠道。传媒,特别是互联网有极其大量的信息,但是没有太多的监管,青少年如果没有正确的指导,很容易吸收一些不良的信息,偏听误信,造成不良的后果。父母对子女的性教育应该是中年父母的职责之一,但是确有一定的难度。

首先,父母自己的性知识可能并非由他们的父母一辈传承得来,所以很容易感到缺乏一个合适的文化标准,明确哪些是正确的,这往往令父母却步。而且在急速变化的现代社会,性观念也出现了一些变化,一些有争议性的议题例如同性恋、异性认同、婚前性行为、未婚妈妈等都是很难回答的问题,父母可能因为不知道怎么回答而选择了回避。

其次,在中国传统文化中缺乏代际就性问题的交流传统,父母的父母也没有教过父母应该怎样面对性的困惑,所以到他们自己成为父母了,也不知道应该如何来做一个好榜样。

最后,父母自己对性的观点、看法、感受也会影响到他们与青少年子女的日常沟通,有时候对性议题的态度是暗示性的。如在看电视时对一个电视剧或者电影人物做出评价的时候,在对一些社会讨论加以评论的时候。所以父母千万不要认为不直接说出来对青少年子女就是好,这是"鸵鸟"心态,青少年不可能因为父母不说就不对性产生好奇,也不会因为父母的态度左右他们的态度,但是如果父母能用真诚、坦然的态度与青少年子女分享他们对性的看法和感受、甚至困惑,无疑对子女是有积极作用的。为了做好这个榜样,父母之间也需要先有一些分享的讨论,如何理解性? 怎样与子女分享? 由谁去说? 说些什么? 这些都没有,也无需统一规定,而要根据每一个家庭以及家庭所处环境的特定需要来决定。例如,电视刚好在讨论未婚少女怀孕的问题,这也许是一个好的机会,父母可以选择邀请子女一起观看这个节目,分享观看感受以及讨论在这个现象背后的价值观。父母的立场要清楚,但也要让孩子理解社会上不同的人在性议题上价值观有分歧。当然,安全性行为也是需要教导的。

为了与青少年子女发展亲子关系,作为青少年的父母,要树立正确的观念,有些问题,不讲不沟通是解决不了的,所以父母本身也要不断学习、反思,使自己在与青少年子女沟通的时候更有准备和信心。青少年父母的另一个重要角色是帮助、指引青少年子女发展职业兴趣,建立职业规划。在高等教育日益普及的今天,大学毕业与职业发展的直接关系可能已趋向弱化,而父母要准备不仅在大学选专业,还要在毕业、毕业后进修、工作初期给予子女持续的支持,分享自己的看法和经验,帮助青少年子女了解自己的长处和短处,理解工作文化,从而做出适当的选择。由于青少年开始更多地受朋辈影响,父母也可以选择多接触、认识青少年子女的朋辈来加强沟通。最后,青少年子女的父母要紧记在任何时候都要把爱和包容放在与子女沟通、接触的首位,让子女感受到父母无条件的爱,因为青少年喜欢出去闯、去建立自我、去证明自己,这难免会增加他们的挫折感,不利于他们建立自信和再次上路去奋斗。当然我们也要留意那些过分依赖父母、上了大学还万事靠父母的青少年子女,父母要鼓励这些孩子培养独立生活能力、自我意识以及去创造、尝试生活的勇气。

作为社会工作者,在促进中年父母和青少年子女的亲子关系上至少可以帮助中年父母了解青少年子女的需要,同时帮助青少年子女了解中年父母的需要。以性知识为例,社会工作者可以透过在学校或者小区的教育活动,帮助青少年正确理解性的发育及性的需要以及如何在安全、负责任的情况下参与性行为,也可以在小区帮助青少年的父母学习如何与青少年子女分享性的议题,如何在与青少年子女有矛盾时用有效的方法沟通,或者如何在青少年遇到危机时实时发现、帮助和求助。我们有时候在传媒会看到青少年子女生了孩子,父母还不知道的真人真事,这就反映出青少年子女与父母之间的沟通可以弱到什么程度。

二、照顾父母

中国的传统、还有国家的法律都规定子女有赡养和照顾年长父母的责任和义务,目前这一代的中年夫妇多数还可以与兄弟姐妹分工合作来照顾父母,包括经济上的、居住安排和照顾安排上的。通常有几种常见的照顾模式,一种是父母仍选择与长子(或者)儿子同住,那么一旦需要照顾时就主要是由媳妇来承担了,当然在经济上是可以由几个子女分担的。另一种是老人两老同住,当一方去世后另一方就独居了。改变居住方式对中年一代和老年一代来说都是一个挑战。就中国的情况来说,如果"四二一"的一代到了中年,那么可能面对的处境是夫妻双方的父母都需要照顾,到那时,如果还要支持未成年子女的学习开支,那么经济上、生活安排上的压力都会很大。

照顾父母要有经济上、心理上及其他方面的准备。首先在经济上,虽然目前在城市有大病保险,但是医疗护理开支可能是相当惊人的,有时候,不早做准备的话,自己未必能有长期的支付能力。其次是心理上的,要照顾老人需要对老人的病情、身体残疾情况以及日常的生理和心理有充分的了解,而且要照顾一些特殊的老年人常见病还需要一些特别的技巧,不是每一个人天生就能胜任的。而且,长期照顾对照顾者体力上是个很大的考验,心理上也容易造成压力,担心有意外,担心没有能照顾好等,常常会应验"久病床前无孝子"的说法,时间长了照顾者自己也会出现疲劳、倦怠等情况,身体变差、情绪不稳定是最常见的,在这种情况下老年人容易被忽略、受虐待或者被迫入住老人院。所以,承担主要照顾责任的中年夫妻之间,理解、沟通和支持对担当照顾者角色的人尤为重要。非同住的子女,要充分理解家庭照顾者所面对的压力,千万不要只顾出主意或者在那里说三道四,由于你没有亲自体验照顾者的角色,所以有的时候你的主意未必可行,甚至照顾者和受照顾者都不喜欢。

当然,在现代化和人口结构快速变化的今天,不同家庭的承受能力差别很大。有的家庭经济条件好,子女沟通也好,那么很可能让老年父母在家庭中安度晚年。而有的家庭可能由于经济条件有限而显得有心无力,这时候,社会服务和政策的配合就非常必要。例如用护老者补贴来缓解中年人家庭长期照顾父母的压力,或者用优惠的房屋政策让经济条件有限的中年人家庭能做出适合照顾体弱父母的居住安排等。

三、夫妻关系

中年夫妻中有一部分已经在多年的婚姻关系中不断调试了双方的互动,包括权力、金钱、家务、性以及与双方家庭的互动,所以他们是相对幸福和稳定的夫妻;也有一些已经离了婚,正在体验新的恋爱或者新的婚姻生活。就一般的中年夫妻来说,在婚姻满意度上趋于中等,但是男性比女性对婚姻的满意度要高一些,而且通常在子女开始大学教育或者开始工作后满意度有所上升。当然也有例外的情况,如果一位女性把所有的感情和精神都投入到孩子身上,那么在孩子离家后,女性的生活满意度会下降,因为她突然失去了过往的生命重心,也没有意识到自己有需要建立新的生命重心,这一点需要特别留意。还有一种情况是,夫妻关系一向都不合,但是为了子女勉强在一起,等子女长大成人了,双方觉得没有必要继续一起生活,导致离婚的出现。

在上面的章节中我们曾经讨论了更年期的议题,更年期的一个重要影响与性生活有关,所以中年夫妻的性生活需要特别关注,虽然没有研究证明中年期男性和女性生殖系统的改变会直接影响性行为,一般研究却显示中年夫妻的平均性行为频率下降,而且女性一般比男性报告的性行为频率要低。当然,性行为本身受多重因素,例如健康、态度、时间以及夫妻关系的影响,不能一概而论,而且个体差异很大。有研究指出,夫妻性关系不和谐的诱因很多,有生理的,也有心理的,而且性关系和谐与否也是夫妻关系的影响因素之一。作为社会工作者,如果有机会辅导夫妻关系,性关系是一个很重要的部分,但这是一个不容易触及的部分,要有一定的晤谈技巧以及相关的理论支持。

一个婚姻可以维持,必然有它的理由。研究婚姻的学者指出,能长期维持的婚姻可以归纳为下面的五种类型。①

1. 冲突、吵架型的婚姻

夫妻双方多争吵,这样的夫妻未必有暴力倾向,但是为了一些小事用粗俗的语言争论是家常便饭,不过床头吵架床尾好,夫妻双方都有忍受力,可使婚姻得以维持。临床研究指出,这类型夫妻可能有互相吸引的地方,而且双方可能都有一些"神经质"的倾向。

2. 分离型的婚姻

这类夫妻在婚姻的初期很有激情,但是生活把现实带到他们面前,每天的生活只是为了孩子和工作,而夫妻间共同的时间和交流很少,大家也习惯了这样的生活和沟通模式,夫妻之间对对方都没有太高的期望。

3. 被动型的夫妻

这类夫妻从结婚开始就很平淡,也可能是双方都各自满足了自己的需要,女性满足了有一个家、照顾孩子和丈夫的需要,而男性满足了有妻子照顾家、可以外出安心工作的需要。这类夫妻比较多地考虑家庭而不是夫妻间的互动。

4. 情感型的夫妻

这类夫妻是对方情感上的伴侣,注重情感分享,在一起就是一种快乐,所以他们相互之间愿意为了对方而牺牲自己的工作和社交,当然,他们之间也会有分歧,但是他们更加愿意用沟通和分享来解决分歧,他们是真正夫妻型的婚姻。

5. 完全的婚姻

① D. Olson & B. Fowers, Five Types of Marriage: An Empirical Typology Based on ENRICH, *The Family Journal*, vol.1, no.3(1993), pp.196-215.

　　在这类婚姻中,没有"我",只有"夫妻",他们享受乐趣、分享时间、分享工作、分享照顾孩子和父母,相对来说,他们的自我部分很小,甚至没有了自我。

　　在帮助夫妻之前,对以上各种夫妻形态的了解是有帮助的,因为辅导员(社工)也是一个普通人,也有自己对婚姻、夫妻、家庭的看法和体验,希望不要把自己对婚姻、夫妻的看法和价值观强加在辅导对象身上。但是无论是哪一种婚姻都可以是幸福的婚姻,各种形态的婚姻也都可能破裂。哪些因素影响幸福的婚姻呢?

　　第一,夫妻双方都愿意为了家庭的福祉而主动改变自己,包括改变自己的期望、想法和行为。这里的关键是夫妻一方愿意为了实现更好的夫妻关系而从自己做起。有很多时候,夫妻矛盾成为指责对方的开始,如他不负责任、他不管孩子等,并且认为问题在对方不在自己,希望对方改变而不是自己改变,这种期望往往成为一次又一次的失望、挫败的源头。

　　第二,夫妻在愿意和接受改变的同时,也要充分认识到有些事情讲易做难,或者需要相当长的时间才能改变。例如日常生活的习惯,一些从小养成的成文或者不成文的家规等,当夫妻了解越深,就越明白这些习惯很难改变,这个时候需要爱和包容在其中发挥作用。当然,对于一些不当的行为,例如向配偶施暴、吸毒、酗酒等,非常需要向专业人士求助,夫妻在这一点上要达成共识:这才是真正的关爱对方,一味忍耐只会助长这些不良行为,最终对当事人、配偶和家庭都是弊多于利的。

　　第三,夫妻双方都要学习接受自己和对方是有限制的和不完美的人。在初入婚姻时,一定会有很多美好的梦想,但是每天的生活一定比不上在梦里的美,同时美好的婚姻一定也受到环境因素的限制,双方都只能尽自己的力量去做,而不能要求每次都完美。所以,在现代社会里,夫妻双方要越来越接受婚姻本身的不完美性,否则离婚便是其中的一个可能的结果。

　　第四,夫妻双方要互相信任,在任何大小事务上,信任是亲密关系的基本条件,这样夫妻才能一起面对生活中的种种困难和挑战,一起奋斗,一起成长。

　　第五,夫妻双方在互相依靠和各自独立之间要不断地寻求平衡,夫妻从某种名义上说是要互相依靠的,但是过分依赖对方会造成负面影响,所以既要依靠,又要独立,这不仅是生活,也是艺术,需要夫妻双方在日常生活的点点滴滴中不断追求才能获得。

　　第六,夫妻双方要学习享受夫妻之间的生活,培养共同的兴趣,这样夫妻才能共同制造出自己婚姻生活的历史,在年老时回忆起过去的生活,带来甜美的回忆。

　　夫妻婚姻美满也有偶然因素的作用,失业、意外、原生家庭的情况等,都不是夫妻两个人可以直接控制的,当然如果能很好地实践以上的六点,这些挑战应该可以克服,但是这不是保证。这些元素不仅适用于初次婚姻,也适用于第二次、第三次婚姻,有时候,如果最初的选择不适合、没缘分,不妨试一试重新再来。

目前,每年如果有 100 对夫妇结婚,其中就有 25 对左右的夫妻选择离婚,所以第二次婚姻的机会率比过去大大上升了,第二次或第三次婚姻与第一次婚姻有什么不同呢?第一次婚姻如果中途结束,那么多数情况是有一些不愉快的经验,例如离婚或者丧偶,无论是哪一种,都会或多或少地对当事人造成一些影响,所以当他/她再一次进入婚姻,要面对一些新的适应:

一是要在情感层面体验再次建立亲密关系。由于婚姻中的亲密关系是其他关系无法比拟的,所以无论第一次婚姻有多痛苦或者甜蜜,都会对下一次婚姻有影响。甜蜜的会担心下一次会不会再这么甜蜜,痛苦的会担心会不会再一次不幸。在第二次甚至第三次婚姻中建立信任的亲密关系需要夫妻双方比第一次婚姻更多的体谅、理解和宽容。如果双方都有多过一次婚姻的体验,就更需要时间,如果有子女是属于前一次婚姻的,那么家庭的财政、关系乃至家务分工更需要大家的沟通和互相合作。如果一方是第一次婚姻而另一方不是,那么第一次进入婚姻的一方需要更多的适应。

二是夫妻双方要在自我空间上重新调适,第一次婚姻的进入常常发生在自我生活方式还没有完全定型的时候,而中年期如果进入第二次婚姻往往是个体已经建立了自己的一套生活方式,而且也不容易轻易改变的时候,所以有些中年人宁愿选择同居而不愿选择婚姻,他们希望最大限度地保持自己的独立性,同时又在孤独时有人陪伴。

三是夫妻双方都要重整人际关系。有一些过去的共同朋友,可能由于旧婚姻关系的改变而改变了,而新婚姻又会带来新的关系网络,这都需要时间和勇气来面对。

四是中年再婚不像年轻时那样在婚姻中才开始建立经济共同体,中年人往往已经有了一定的经济基础,怎样在再一次的婚姻中协商经济分担、未来的打算、赡养父母等,这一系列的问题有时会阻碍两个中年人再一次进入婚姻。如果经济上不宽松,家庭负担又重,那么经济问题常常会引起家庭矛盾,例如赡养父母、给前一次婚姻的孩子抚养费等。在西方社会,由于离婚和再婚已经成为社会的普遍现象,所以社会的接受程度比较高。中国社会在近 20 年发展迅速,虽然离婚已经不再是社会禁忌,但是婚后维持良好关系仍需努力。

五是父母亲子关系的重整。可能由于这次婚姻,当事人会成为继父或者继母,这类亲子关系可能在 2~3 年后又由于有自己这次婚姻而出现新的转变;又或者当事人自己第一次婚姻的孩子已经长大成人,而在第二次婚姻中的孩子才出生,形成在中年期再一次成为婴儿父母的现象,这无疑都会增加婚姻、夫妻、家庭关系的复杂性。"继父母不好当"这句话现在可能已经不是社会上的普遍观点,但是,要成功与一个不是出于自己婚姻的孩子建立关系是一件非常有挑战性的事。一方面,要尊重这些孩子有需要也有权利与自己的亲生父母保持亲密关系,这增加了在亲密关系中的难度,因为任何亲密关系都有排他性。另一方面,夫妻在建立亲子关系的同时还要建立新的夫妻关系,这就更加困难了。如果这个孩子适逢青少年期,那么发生矛盾和冲突时如何沟通对整个家庭来说都是一种挑战。有时候,做为继父或者继母,会在教育孩子和会不会对孩子太严厉上面多了犹豫,不知道如果这是自己的孩子,自己会不会选择这样做,面对两难。当然,大多数再婚家庭都能在经历一段适应期后成功建立新的沟通模式,共同享受美好的生活。

第三节   中年人的职业

职业对相当部分的中年人来说是家庭以外的另一个重心。每天的时间除了吃饭、睡觉外大部分都用在了工作上,工作成为社会地位、收入、自尊以及人际关系支持网络的结合点,现代社会给中年人的选择很少,工作是唯一的选择。不工作在社会上几乎没有立足之地,除非你有足够的钱,不然不工作就意味着失业,而失业很可能会使整个家庭陷入贫穷。当然,女性在家从事家务工作可以作为一个选择,但是现代社会已经有越来越多的女性选择工作而不是在家全职照顾孩子和家庭。

一、职业生涯的发展

中年人的职业发展也许没有年轻人那样有弹性,许多人一到中年就会在换工作的事上比年轻时谨慎,所以中年也是职业既定性相对较高的时期。但是现代社会越来越在职业上强调弹性,越来越少的公司提供永久的工作机会,职员是在合约精神下工作。合约精神的基本原则是合约完成雇佣关系就自动解除,除非重新订立新的合约,在各种因素的影响下,职业市场受经济环境影响很大,金融危机、经济萧条,很容易使雇员失去工作岗位,而中年低学历的雇员往往是金融危机下第一批失去工作的人群。

要在职场求稳定,需要有一定的工作动机,就业动机的理论在早期与马斯洛的需要层级理论相配合,也就是说,就业动机理论假设当工作收入可以满足温饱和安全需要时,工作就成为满足价值实现、归属感以及自尊需要的机制。

由理查德·赫克曼和欧德曼(J. Richard Hackman & G. R. Oldham)所发展的工作动机理论认为,工作动机与工作本身的性质(例如工作所要求的技巧、工作的种类、工作的重要性、工作的自主性以及工作过程所得到的回馈)有关,但是这些关于工作性质的变量受到个体主观心理过程的影响,包括是否感受到工作是有意义的,是否认识到自己对工作的责任感以及是否了解自己工作的成就感等。一个感到工作有意义的员工会比一个感到工作毫无价值的员工更能激发出内在的工作动机,对工作的满足感也会更大,同理,对自己的工作有责任感的员工也会更能够感受到工作的意义和满足感。虽然在理论上我们知道凡工作都一样,都对社会有贡献,不应有高低贵贱之分,但是实际生活中这种偏见并不少见。

在传统社会中,中年人的职业相对稳定,技术也较年轻人熟练,而且也有更多机会担任负责人或者领导,所以中年人应该比年轻人更有工作动机,工作满足感也较高。当中年人能够有一个相对稳定的工作时,他们一般比年轻人的工作满意度要高,而且,这种关系不受受雇者的个人特征和工作性质的影响,也就是说,在相同的工作环境下,中年人比年轻人更少抱怨,其中的一个原因可能是中年人比年轻人有更现实的工作期望,又或者是中年人经过很多尝试后找到了自己的工作目标,所以更愿意在某一个工作中投入自己的时间和创造力。

但是,现代社会变迁快速,社会经济也由劳动密集型向知识型转变,而这一辈的中年人又刚好由于"文化大革命"等社会因素而在年轻时缺乏求学的机会,所以出现了所谓的"40、50"现象,也就是说,有部分中年人会由于知识水平有限、技术能力有限等原因而被年轻人赶上并超越了,中年人中的这群人在工作了很多年后,还不能有稳定的收入,随时会由于工厂倒闭、行业的改变而失去工作。又由于近二十年来信息科技发展太快,中年人要跟上科技发展,又要重新学习,这也会影响他们的工作满足感,如本来用手写的报表现在要用计算机打字,本来靠经验去操作的机器现在用自动化计算机控制,本来需要几个工作日才能完成的工作,现在在机器的帮助下可能几小时就能完成,这些优化组合对工作人员来说需要很多新的适应,而在这些适应的过程中,那些低学历的、智力水平一般的工友往往容易被淘汰,这虽然不是工作人员想要发生的,但是在主客观条件的相互作用下,有些中年人要从工作岗位上退下来,成为失业者之一。因此,在中年人的工作(职业)生涯中,社会工作者要留意的是那些没有能够找到自己职业方向的一群,或者是他们由于社会经济结构的转型而需要改变自己职业方向的一群,再培训、再就业对中年人来说是一个很大的考验,但是一般来说,工作能够为个人带来尊重、信心和社会资本,对个人、家庭及社会都有益处,所以多数政府都愿意投入资源,试图帮助失业人士重返劳动力市场,近年来在中国各地都有帮助40~50岁中年人就业的举措,例如在街道加入居家养老服务的行业等。但是从总体上说中年人再就业困难较大,一来他们对收入的期望会较高(因为大部分有家庭),二来他们如果受教育水平不高,职业选择性有限,而有一些劳动密集型或者服务型的工作岗位,中年人又未必在体力上能够承受,所以帮助中年人再就业是社工的一项重要工作,任重而道远。

二、职业与收入

不同的职业收入存在一定的收入差距,根据国家统计局的统计,2007 年到 2013 年所有行业中,平均收入最高的三种行业有金融业、信息传输和计算机、科学研究和技术行业。2007 年的平均收入在 38 000 到 48 000 元之间,2013 年的平均收入在 76 000 到 99 000 元之间。2007 年最低收入的三个行业是农林牧渔、住宿和餐饮以及建筑业,平均年收入在 11 000 到 17 000 之间。2013 年是农林牧渔、住宿和餐饮以及水利、环境和公共设施管理,平均年收入在 26 000 到 36 000 之间。而同一行业的地区差异也很明显,例如收入最高的金融业,在不同地区差异可达 5 倍。①

可见,在讨论就业和收入的时候,一定要考虑地区差异,在金融发达的商业地区,金融业、信息业甚至房地产业都有较好的发展,相应的职业收入也较高,而在基础工业为主、商贸相对不发达的地区,从事第一产业的职工收入还会相对较高一些。

职业与收入以及地区差异的事实会影响青年人的就业选择和职业发展生涯,一般来说,社会鼓励青年人向上流动,从事收入更高的职业,从而改善生活质量。但是人到中年,要改变职业发展的路向已经不容易,在知识型经济开始发展的今天,职业和收入的提升不再主要依靠工作的年资,更多是要看学历背景以及过去的工作成就。中年人如果在青年时进入收入在当时相对不俗的职业,如 70~80 年代的外企,由于社会的发展,他们到中年后未必能继续享受到最高收入。相反,在商贸城市,金融业的收入超前了,所以在理解职业和中年人收入的时候,我们必须更充分地考虑到社会发展情况以及当事人自己的背景。特别是这一代的中年人,出生于 20 世纪 60 年代,成长于 70~80 年代,刚刚是社会由计划经济向社会主义市场经济转型的时期,社会变化快,有准备的、抓住机遇的能够突围而出,迅速成为社会上的富裕一族,例如在 90 年代初上海恢复股票市场后出现了一批在股票市场获得自己"第一桶金"的"百万富翁",当时引起了社会不少的讨论,因为在当时社会的基本共识还聚焦在"认真读书—找一份稳定的工作—勤勤恳恳工作一辈子—积累财富—安安稳稳退休"的观念形态,对于在短期内在金融市场暴富,社会还没有准备。经过改革开放 30 多年,社会观念形态发生了一些改变,社会不再停留在一种职业发展路向上,大众也明白机会要随时去把握,努力、勤奋不等于在中年一定有稳定的收入和财富的积累,金融和资本市场常常可以用非常规的方法使中年人获得大量的财富或者失去过去所有的积累。在 20 世纪 90 年代改革开放之后,经历过初期的涨市、1992 年的跌市、

---

① 国家统计局:《中国统计年鉴 2013》,北京:统计出版社 2014 年版,108~110 页。

1992 年底的"扩容"涨市、1994 年的大跌市、1996 年的跌市、1997 年股灾以及 2008 年金融风暴,金融环境由内部因素主导的 90 年代向内外因素共同影响的 90 年代后期不断演化,个别参与人士在这种全球化的金融环境中很难独善其身。这些讨论都提醒我们要全面理解中年人的职业生活,不能再用传统的一套价值观念来理解中年人。但是,我们也要留意到传统价值观还没有完全消失,对大多数的中年人来说,稳定工作和稳定收入还是首选。当代中年人的收入除了工资收入外,还要考虑他们在投资等商业活动中的收入,而由于投资活动的风险非常大,而且越来越受到全球化等外来因素影响,所以在中年人中也会看到两极化的情况,有少数中年人透过年轻时的财富积累以及投入到资本市场后的获利而变得富裕起来,他们的收入与自身的职业发展历史的关系可能不像传统理解的那么密切,中年后就业与否似乎是完全有选择的。但是也有一部分中年人由于多重因素,或者自身学历背景的限制,或者职业发展生涯的阻断(有些职业在兴旺了一段时间后衰败了),或者在投资市场的失手而影响了自己的收入。对中国城镇居民收入差异的研究表明,目前城镇居民中,特别是低收入人群中的工资收入仍然是收入的主要来源,他们获得工资外收入的机会较少,同时他们失业的机会也较多。[1] 由此可见,中年人中隐藏着一些低收入的高危人群,很值得社会政策和社工服务的重视,这一点在后面会详细讨论。

三、女性与就业

关于女性就业最火热的讨论不是在中年群体中,而是女大学生的就业选择及就业难的问题,由此可见,虽然男女平等的观念在中国已经推行了很多年,女性在社会上的地位以及女性的职业生涯,乃至人生发展的轨迹仍然比男性需要更多的关注。由于本章主要讨论的是中年期的问题,所以不会更多地讨论青年女性的就业问题,只会把这一议题作为人生发展的一个历史因素来讨论。

就一般女性而言,由于社会就业市场普遍存在的性别不平等现象,从雇佣条件、招工条件到工种、工资收入等,女性在职业生涯的早期已经比男性不利,特别是在收入方面。研究表明,在劳动力市场上,受教育年限每增加一年,收入可以增加 3% 左右,而在 2010 的人口普查发现,全国女性文盲占 15 岁以上人口比例为 7.29%,而男性只有 2.52%,而大学或以上学历者,女性中只有不到 1%,而男性有约 2%。[2] 从这一点看,女性在早期受教育的经历远远比不上男性,所以自然会影响女性在中年后的就业收入。还有在控制了其他因素

---

[1]　万红燕、李仕兵:《基于主成分回归分析的我国城镇居民收入差异的实证研究》,《预测》2009 年第 1 期。

[2]　中华人民共和国国家统计局:2010 年第六次人口普查统计数据。

（即假设劳动者有相同的劳动生产率）之后，女性的收入大约比男性低 16% 左右，这一收入差距在低收入女性中较大，达到 18.5%，而在高收入女性中，也有 9% 的差异。①

女性在职场上的歧视问题不容忽视，不同的理论视角尝试解释女性为什么比男性收入要低？早期的传统理论主要强调女性在社会分工中的角色使女性容易投入到劳动生产率低下的职业，加上女性受教育程度一般较低，也没有能形成有力的工会组织来为女性争取权益，所以女性收入普遍较男性低。后来的讨论中渐渐形成了两种观点：一种观点认为，女性的工资收入低不等于女性受歧视，只是反映了女性和男性在社会上从事不同职业和职位的工作，不应过分夸大性别歧视。这种观点有淡化性别歧视的倾向，认为造成收入不平等的原因在个人，例如受教育程度、工作经验等。另一种观点认为，职业和收入的社会规则本身就存在性别歧视，因为社会把劳动力市场划分为二个层级——一级市场和二级市场。一级市场中的工作对工作效率要求高，工作前途也较好；二级市场所提供的工作效率相对低，以劳动密集型为主，但是弹性大，不需要很多工作经验。女性由于工作以外的责任较重，例如结婚生育、照顾年幼的孩子、照顾体弱的家人等情况，进出劳动力市场的频率较高，所以女性更容易进入二级劳动力市场，这间接解释了男性和女性收入的差异。

而从人力资本的理论来看，人往往会投入到回报高的项目中去，以男性和女性相比，由于普遍来说女性工作的周期比男性短，因而可以回收投入的期限也较短，所以家庭或者个人会更加愿意在男性身上投入教育和进修的资本、工作时间等。例如，当一对年轻夫妇选择谁先进修的时候，会考虑是否能得到合理的回报或者多久能获得回报等问题，而女性往往由于生育的考虑，或者要花更多的时间照顾年幼儿童而把先进修的机会让给了男性。当中年夫妇的父母出现体弱或者残疾而需要照顾的时候，可能还是女性会更愿意放弃进修的机会而来照顾父母。又或者在平时每一天的家务分工中，我们也可以看到男性能够比女性有更多的时间投入到工作中去。对城镇家庭的家务分工研究发现，城市居民中家务劳动以妻子为主和妻子较多承担家务的家庭占到一半或者以上，而共同承担的只有接近三到四成，以丈夫为主的家庭只有不到十个百分点，就这一点而言，男性已经比女性有更多的选择，把时间运用在其他方面，尤其是工作方面。② 研究同时指出男女家庭分工不直接等同于家庭中的权力分配，做家务多的女性不等于在权力上少于男性，但是，做家务多的女性似乎在职业发展上不如男性，这一点在社会发展的进程中是有目共睹的。

---

① 田艳芳：《中国城镇劳动力市场性别工资差异研究》，《南方人口》2009 年第 1 期。

② 杨善华、沈崇麟：《大陆城乡居民家庭中夫妻的家务分工》，《应用心理学》2005 年第 4 期。

中年女性就业在中国既是一个问题,又是一个挑战。说女性就业是个问题,因为在 21 世纪初,由于国有大中型企业转型而"下岗"的工人中妇女占了一定的比例,她们的再就业成为社会政策和社工服务中的一个重要部分,包括"40、50 工程"在社会政策和社工服务都有帮助中年妇女再就业的功能。这一政策主导的再就业工程项目是针对 40 岁以上妇女和 50 岁以上男士在下岗后的再就业,各地在这个项目中都加强了政府的政策指导,但亦充分利用市场化的机制在小区创造就业机会,也利用再培训引导下岗工人参与到新兴市场的工作中去,例如家政服务、小区护老服务、旅游服务等。近年来,更开始了自己创业做小老板的培训,让有志于自己做小生意的中年人再开拓新的事业空间。如果把当代老年人工作就业的新趋势——弹性工作安排放在一起来讨论,那么,中年妇女再就业不应看成是一种临时性的安排,而是向弹性工作过渡的安排,可以更有创意,让不同年龄层的人在职业发展上更有选择,活出精彩人生。

在"十一五"期间,除了城市中年妇女有上述的就业需要外,还有一个群体值得关注,那就是有一大批农村的中年妇女,她们会在社会转型(特别是城镇化)的进程中需要工作的机会。这些妇女可能在年轻时曾经外出打工,但是由于结婚生育等原因,她们离开了劳动力市场,回到农村生活,但是农村又没有很多的劳动力需要,虽然有一些妇女在生育后仍然选择外出务工。以广东省为例,在 30~34 岁的劳动人口中,女性只是男性的 70%,在 25~29 岁年龄组,女性是男性的 85%,所以可以估计有一部分妇女选择留乡生活。要促进这些妇女参与劳动力市场,并同时完成农村劳动力转移就业,需要各级政府、社会的共同努力。在劳动力市场中,年龄偏大(35 岁以上)、文化偏低以及没有技术能力的劳动力人口转移就业最困难,而农村中年妇女正是这个群体的主力军,为了帮助她们就业,要考虑至少三方面的因素。第一是提高技能和文化水平,使农村妇女在进城后不再停留在"出卖粗劳动力"的阶层,而等到体力下降时被迫返乡务农,失去累积某些需要长期就业才能获得的社会保障的机会,要鼓励她们在城市中充实自己的文化知识,在城市中也应该开办适合这些低文化妇女再学习的机构,提升她们留在城市持续工作的能力。第二,在她们返乡高峰年龄段,结婚生孩子期间,加强幼儿服务,使她们能够在照顾子女的同时外出务工,兼顾家庭和工作,从而增加她们成功融入城市生活的机会。加强小学教育的配套设施也是必不可少的部分。第三,一些技术含量不高的产业可以考虑有计划地向偏远地区适当转移,使农民务工不再只是限制在大城市,而是向中、小型城市转移,又或者是一个大城市周边发展小型的城市群,使低技术的劳动力可以在离家乡不远的地方务工,这样妇女既可以照顾家庭,又可以外出就业。

所以,中年妇女就业不仅要考虑年龄,还要考城乡差异以及人生发展所带来的性别差异,作为社会工作者,在不同的时间和地点进行工作,一定要把环境特点充分考虑在内,但是一个基本点是相同的:我们相信妇女有能力和有需要参与有偿工作。妇女不参与有偿工作在很多情况下不是她们自己的选择,例如,生育扶养子女,照顾家庭或者照顾体弱的长者等,这些不计算在社会生产总值的工作使妇女到中年后可能被迫失去工作,到老年后失去保障。

第四节　中年人的社会参与

一、持续学习与参与

"各人自扫门前雪,休管他人瓦上霜",这句中国的古话反映出在传统文化中比较偏向照顾家庭而不太重视参与小区的情况,但是时至今日,小区建设、群众参与已经成为我们国家基层社会发展不可或缺的部分。中国的小区建设是在社会转型、经济转轨,由单个人转向社会人的过程中发展起来的,有扎实的组织基础——街道、居委会,也有一定的文化传统,例如邻里互助。在 20 世纪 80 年代后开始发展小区服务的基础上,2000 年,党中央、国务院转发了《民政部关于在全国推进城市社区建设的意见》的文件,把小区建设列为提升居民生活质量的重要渠道和机制之一。

在这一个层面上,小区从组织和功能上都为民众提供了一个参与小区事务的平台和机会,为小区内有需要的人提供服务,为小区的卫生治安、环境、文化生活提供意见和建议,共同努力来创建文明小区。所以在各个不同的小区都设立了小区服务中心或者服务站,还有专项小区服务和便民站等,希望能最大限度地整合小区资源,共同解决小区的问题。现代中年人的小区参与情况可以从以下三个方面来加以讨论。

首先,创建互助的层面。由于住屋条件的改善,越来越多的家庭可以拥有自己的居住单位,与邻居共享厨房、洗手间的情况渐渐减少,这样的变化有进步和发展的一面,但同时也增加了邻里互动的障碍,在城市的公寓式住房中,邻里关系已经淡化,点头打个招呼可能还常见,但是了解邻居的家庭情况,能提供各种互助的不多,小区便民网站从某种意义上补充了一些由高度都市化带来的不足,使信息和物质上的互助又成为可能。

其次,非地域性小区的发展,特别是网络小区的发展,为小区参与带来了新的挑战。网络小区(例如交友网站、兴趣网站等)确实为参与者提供了很多方便,可以足不出户地与世界各地的人沟通、交换信息、参与讨论和活动。但是这种小区的发展需要参与者有一定的文化知识和掌握网络技巧,这并非大多数中年人所能做到(特别是低学历的妇女)。还有,网络小区与地域小区所关注的问题有一定的区别,地域小区比较关注本地域的问题,也关心本地域小区原有资源的整合以及小区的特点,但是,参与网络小区可以关注更广义的问题(例如全球气候变暖、生态保护、妇女权益等),当然,如果能把两者有机地结合起来,那就比较理想了。例如,在参与讨论全球气候变暖的时候想想自己的小区能否为减排出一份力,当然,由于非地域小区的自由度大,所以参与者中可能未必有居住在同一地理小区的参与者。

最后,是在小区参与中会出现的冲突和矛盾。例如,在一个特定的小区中,必定有需要建立统一的废物回收、处理装置,放在哪个位置呢?谁家都不想把垃圾站放在自己家门口;又例如,买菜方便是很多小区居民都很向往的事,最好步行距离不要太远,又能有多种干货、鲜货提供,但是,住在菜场楼上或者旁边的居民会感到非常吵闹,因为每天凌晨就开始运作,直到深夜,车声、人声,可能还有鸡叫、鸭叫声连绵不绝;又例如,小区里有空置房屋时有外来人员租住,本地市民可能会感到安全感受到一定的挑战,又或者人杂了,心理上感到不安全,又或者影响了小区内的卫生情况等。这种在小区内不同利益集团的矛盾和冲突有几种可能的解释。

首先一种是小区分层说。当社会将拥有某些特质的人与其他人分离出来的时候,他们也会要求享有不同的生活方式,包括小区环境,明显的例子有高尚住宅区、城乡结合部的外来人口住宅区等,使社会等级在居住环境中体现出来。对高尚住宅区来说,小区居民可能会较少考虑菜市场的远近问题,因为居住者会感到安静的环境更重要,而不是方便购物。这种社会的分化对社会发展有利也有弊。

还有一种说法是冲突理论。冲突理论强调在一个特定的小区中,有一群掌握着权力的人会为了维护自己的权力不顾他人的利益,他们或者是由于人多而势众,或者是因为与当权者关系好而得益。在小区参与中我们也会见到这种情况,有些人因为有某些人际关系或者资源而能够对小区资源有更多的知识,也更知道如何利用小区资源来满足自己的需要。例如,小区举办的活动、提供的服务往往不是每一个小区的居民都能够在第一时间了解,而那些核心成员,或者曾经参与过的人士获取这些信息可能就会比较方便。

小区参与对个体有什么益处呢?小区参与真正体现了人是社会人的本质,工作是个体参与社会的一种有效途径,但往往由于工作中个体对所参与的活动缺乏话语权,而且工作中的决定是由利益驱动为主,所以工作中获得的满足只是部分的。而小区参与能够从个体充权和集体充权两个方面来帮助个体、家庭和小区发挥潜能。从个体角度来说,参与小区活动有利于提升个体对小区的归属感,也能从参与中获得更多的自信心和能力感,当然这需要在整个参与过程中鼓励个体充分表达意见,即使有不同意见,也不是用权力来决定,而是用公开、公平、民主的方法来使参与者明白各自的价值和考虑。这一点是小区工作者必须要认真考虑的,如果每一次小区参与群众所提出来的议题都得不到解决,而且也没有让他们充分表达意见,不了了之,久而久之,群众就会形成"参与了也没有用"的感觉,打击群众下次参与的积极性。对家庭来说,如果能一起参与小区活动,可以促进家庭关系和家庭成员之间的沟通或者培养共同的兴趣。特别对中年家庭,可以鼓励夫妻一起参与小区活动,关心小区事务。在社会层面,小区是大家的小区,大众的参与和贡献是建设小区的必要基础,也是小区社会工作者的工作重点之一。

社会工作者要在小区中鼓励群众的参与,要留意以下几个注意事项:一是参与小区活动本身有利于居民产生对小区的归属感,所以参与不应该只限于少数所谓精英分子或者热心人士,而要有一定的群众基础;二是小区参与可以让全小区的居民一起来分享参与之后的成果,有鼓舞作用,所以要避免给小区居民一种高高在上或者政府官僚的感觉,一旦居民感到小区的事就等同于政府的事,而把所有的期望都放在政府身上时,居民的参与意愿就会降低,也会有更多人表达不满;三是小区参与给居民一个机会用自己的力量去改善小区的环境和生活质量,在这其中有一些弱势群体的声音特别值得我们关注,例如妇女、儿童、老人、外来人口等,他们有时候未必是最积极参与小区事务的一群,但是他们的确可能是影响小区环境,或者受小区环境影响比较大的一群人,他们未必有能力单独来改变,所以鼓励他们参与是非常重要的。例如,在小区公共卫生和疾病预防领域,像传染病控制及传播、疫苗注射、慢性病防护及管理以及环保等,这些与社会大众息息相关的议题如果有了广泛的公众参与,将会事半功倍。例如,大肠癌在人群中的发病率和死亡率不断上升,欧美、新加坡等国都在小区开展了筛查项目,希望能够早发现、早治疗,在美国的研究中发现,只有43.4%的民众参与了筛查,而没有能参与的民众有如下特征:50~54岁、亚裔背景、教育程度在初中或以下、没有医疗保险、没有固定的家庭医生以及吸烟者。① 由此可见,公共卫生、医疗服务的展开必须要特别关注弱势群体,例如外来人口、低教育者或者医疗保险不受理者,这在中国城市中凸显在外来人口和"五无"人员中,在农村就有大量的居民没能享受小区医保,所以真可谓任重而道远。

二、持续学习

学习在中国传统文化中不仅代表一种智力活动,而且更多的是表达对知识的追求,乃至可以实现知识与道德的结合,即所谓达到修身养性之功效,更可以用学到的知识回馈社会,所以学习不只是一种个人的活动,可以说是一种与社会

---

① G. Ioannou, M. Chapko & J. Dominitz, Predictors of Colorectal Cancer Screening Participation in the United States, *American Journal of Gastroenterology*, vol.98, no.9(2003), pp. 2082-2091.

有关的活动。① 从这个意义上说,持续学习是每一个公民的责任,是完成和实现自我的一个过程。不过现代意义上的持续学习,在过去的半个世纪似乎更多地与工作能力挂钩了,因为经济转型和知识型社会的到来,劳动市场需求的人才与劳动力的来源在知识和技能上会出现不匹配的情况,一些读书不多、也不掌握技术的人力资源被要求进行再培训,从而增加再就业的机会。就算是一些在 30 年前被认为是高学历的人才(大学毕业生)也要不断"增值",学习新的知识,又或者是一些专业团体要求每一个会员每年有多少小时的持续学习,希望能透过这些活动让专业人员跟上时代发展的步伐,更好地在专业领域发挥所长。不论是哪一种,持续学习似乎已经成为一种一生中必不可缺的部分。

从政策层面,政府也通常会鼓励持续学习,许多国家都有针对低技术、低教育的失业人员的再培训计划或服务,也有给全体公众的持续学习基金,鼓励公众参与。有一种理论假设认为,持续学习有利于提升社会资本,这样不仅对个人有利、家庭有利,也对社会有益,所以长远来讲,政府投资持续教育将有利于国家可持续发展和文明程度的提升。

英国的研究发现,持续学习者与人生的发展历程和经验有关,在访问了1 000个有参与正规持续学习的个体后发现,大约有37%的受访者在之前没有参与任何形式的持续学习,有18%在读完基本教育之后就参与了持续学习,但是完成后就停止了,有25%是在中年以后才开始参与持续学习的,而21%的受访者在结束基础教育后一直有参与持续学习。研究特别指出,中年期是参与持续学习的高峰期,而相当多的中年人是为了工作和就业的缘故才开始持续学习的。可见,中年期的持续学习有一些是为了丰富生活,提高兴趣,但也有相当大的比例是为了生计、降低或者减少失业的危机,或者为了在失业后能尽快找到工作。②

如果社会工作者有机会推动持续学习,我们要留意以下几个方面的问题:

1. 时间因素

一方面,由于时代的变迁,20 世纪 50 年代出生的当代中年人和 80 年代出生的未来中年人,持续学习的需要是不同的。另一方面是个人人生发展的不同阶段,中年早期和中年晚期(步入老年期)在持续学习上的机会、经验和期望也不同。我们知道,如果在童年早期有良好的学习习惯,会促进个体成为一个持续学习者,所以持续学习不应该在中年期才开始推广。

---

① J. Li, US and Chinese Cultural Beliefs About Learning, *Journal of Educational Psychology*, vol.95, no. 2(2003), pp. 258-267.

② S. Gorard & N. Selwyn, What Makes a Lifelong Learner? *Teachers College Record*, vol.107, no.6 (2005), pp.1193-1216.

2. 地域因素

在中国参与持续学习的一个重要考虑是城乡差异以及不同地区之间的差异，在城市接受正规教育以及持续教育的机会比农村要优越很多，在农村，连基础教育的投入都不能保证，所以很难再讲持续教育了。但是，当城市的持续教育课程面对农村来的打工仔或者打工妹时，无论在课程设计、上课、作业等方面都要精心调整才行。

3. 运用科技

运用科技是未来持续教育发展的一个重点方向，远程教育、网络教育、电视教育等，都是在持续学习中常用的方法，但是研究告诉我们，如果一代人在青少年时期没有运用计算机的知识和习惯，很难在中年期有动机参与科技支持的学习模式，他们会比较喜欢课堂学习模式，就这一点来说，中国的持续教育模式，在科技运用方面不宜走得太快，不然会有一大批城市中年人、还有我们预期到的从农村到城市的中年人可能无法很好地适应并参与学习。

以上三个层面的问题，在发展持续学习时，无论是课程内容、场地还是教学方法等方面都需做出考虑。有一种观点认为，当世界变成全球化地球村的时候，持续学习要变成一种责任，每一个公民都要充分认识到持续学习的好处，而且积极主动地寻求持续学习的机会。当然，作为一个社会工作者，认识到这一点更加重要，我们要反思有哪些人可能没有主动学习的动机？或者是我们提供的课程无法满足他们的需要。就这一代的中年人，持续学习的方向大致上可以分为以下几个方面：

第一，与工作相关的学习。这又可以进一步分为专业持续进修，大部分与专业资格认可挂钩；职业转型所需要的基本训练。持续进修的参加者学习动机强，学习目标明确。而为职业转型而来的参加者可能离开学校很久了，缺乏学习动机，也没有学习技巧，更担心自己的前途，所以他们的学习动机有差异，学习目标也可能还不太明确，因此，建议在课程中要加入理清学习（乃至人生）目标，反思工作动机和职业发展以及再认识工作与人生关系的环节。另外，由于大部分参与此训练的是青年人或者中年人，所以一些与工作有关的社会技能，例如人际关系、面试、撰写个人简历等项目也会是重要的内容。如果对象是农村妇女，那么就更要从她们的实际需要出发来设计课程。当然我们也不排除中年人可以开始自己的新的职业领域从而学习相关的知识和技能，例如创业等。

第二，以娱乐、兴趣为主的持续学习。这一代的中年人在幼年和儿童期也许没有像现在的儿童那样幸运，有机会和资源学习很多娱乐、兴趣方面的技能，那么人到中年可以在这方面有新的追求，例如学习语言、艺术、文化等方面的知识和技巧，但是，从目前中国的持续教育机构来看，这一代人的需求似乎没有被充分重视，很多这方面的学习都是针对老年人的，并开设在老年大学。其实，如果能在中年期开始重拾儿时的兴趣,会是一个积极步入老年的影响因素。

第三,与运动、健康相关的学习。大多数中年人会开始感觉到体力大不如前,身体变化明显(例如白发、肥胖等),或者发现自己有慢性病或者有慢性病的高危因素(例如血压偏高、胆固醇偏高等),在这个时期,如果能学习更多关于健康、疾病和保健方面的知识,对疾病的预防、发现和治疗都将有积极的作用。再者,很多由疾病导致的过早死亡(premature death)也发生在中年期,了解生理变化、疾病和慢性病的高危因素对全民健康非常有帮助。还有一方面是学习正确运动,现在这一代的中年人未必有机会学习有关运动的知识,中年期是运动性创伤的高发时期,身体的柔韧性差了,肌肉比例开始下降了,关节使用了几十年开始没有以前那么灵活了,所以一些激烈的运动常常会引起运动性创伤,中年人有需要学习正确的运动知识,以防过度运动而引起身体不适。

第四,与社会发展相关的学习。例如科技信息、计算机、网络、社会福利制度、政策的发展等,你可能会问,这些哪还需要学?一早就会了。这可能适合形容大学毕业的中年专业人士,但对农村中年妇女来说,是绝对有必要的。研究指出,越是高学历、有文化、有持续学习经验的人越有动机参与小区并了解社会,从而也就越有机会运用社会服务和资源,相反,那些没知识、没文化的人就越少参与小区活动,也不了解社会的发展变化;在有需要时就越少能利用社会服务和社会资源。所以,在这一个意义上,要更有针对性地鼓励持续学习。

第五,还要强调持续学习是一个终身的过程,自小培养学习习惯是上上之策,到了中年才开始,不是不行,而往往会事倍功半。从这个角度考虑,加强农村的基础教育是利国利民的大业。但就目前这一代的中年人来说,持续学习必须是每一个人都有思想准备想参与的活动,对持续学习的宣传、教育是必需的。

第五节　社会工作的重要议题

在讨论了中年人的生理、心理和社会发展后,这一节将讨论中年期社会工作的三个重要议题:失业和寻找工作、人生疲倦感与中年危机、贫穷家庭与社会救助。

一、失业和寻找工作

失业对个体和家庭有多方面的影响。首先,失业使个人失去收入来源,而这个收入来源可能是一家几口每月赖以生存和生活的唯一来源。人到中年,绝大多数人都有父母和孩子,失业所失去的经济收入会使全家都面临危机;其次,失业给个体的心理上造成很大的压力,个体会因为白天大部分人去工作而自己无处可去,朋友也大部分去工作而感到无法交代、失望、痛苦和沮丧,更有研究表明,失业与抑郁症状有很大的相关,特别是长期失业者很有可能对前途产生负面看法,怀疑自己的工作能力,不相信自己能再找到工作等。与此同时,家庭成员的压力也大,就算是很支持失业者的家庭成员,也要为生活费用而重新调整家庭开支的安排,更不要说有矛盾的家庭成员,很容易为了一点小事而产生摩擦,增加家庭不和谐的因素。最后,由于现代社会很多时候把福利和工作紧密地联系在一起,所以失去工作也就意味着失去福利,或者会影响将来的福利,所以失业无论从个人还是家庭角度,都值得社会工作者关注。失业对个体的另一个严重影响是中年失业人士选择自杀的情况常常出现。这或许与抑郁症状有一定的关系,也或许是失业令个人失去人生目标而导致的。自杀对个人、家庭来说都是一个悲剧,对社会的负面影响也很大。最近的研究表明,整体失业率对社会上就业和失业的人都有影响,而且对那些有职业前途、工作相对稳定的就业人员影响更加负面,因为这些人会感到一种不安全感,担心"明天"自己也成为失业大军的一分子。①

中国的《失业保险条例》规定了对失业人员的保障,该条例规定失业保障由立法强制实行,并由个人、单位和国家共同建立的集中基金形式来支付,保障的对象为暂时中断生活来源的劳动者、且已经参加失业保险、单位和个人都按规定交纳保费达一年以上,非本人意愿而中断就业,而且已办理失业登记和有求职要求的人。根据工作年资的多少,可以享受保险保障的时限不一,从 12 个月到 24 个月不等。很明显,失业保险条例也明确指出受保人要有求职动机,也就是要努力再就业。在失业者中参与非正规工作是一个需要关注的议题,从个人层面说,既享受失业救助又有一些额外收入当然是好的,但从政府角度来说,对其他就业者就欠公平了。这种现象的原因非常复杂,职场上的工作收入还不能足以吸引个体放弃救助是其中的一个原因,这也表明社会贫富差距大,造成低收入人士的收入较难维持生活,这是每一个社会都必须重视的问题。

中年失业有两个主要原因:一是出于健康问题,例如精神疾病、残疾或者突发性的疾病,使个体不能胜任以前的工作岗位而失业;二是结构性失业,也就是说由于地区性或者国家经济结构变化而使一大批人同时失去工作。在过去的时代,发生过多次工业革命和经济危机,每一次都改变了世界经济的结构和格局,也有不少的人因受影响而失去工作。由于健康原因的失业,许多国家都会辅助以一些支持性的措施,例如支持性就业计划来帮助精神病康复者重回工作岗位,我国帮助残疾人就业的服务有残疾人工厂、小区支持等,但很少有指向公开就业目标的,香港地区有帮助精神疾病康复者公开就业的计划,但成效如何有待

① A. Clark, A. Knabe & S. Ratzel, Boon or Bane? Others' Unemployment, Well-being and Job Insecurity, *Labour Economics*, 2009.

研究。

如果由于经济转型而失业,那也就意味着这些个体所掌握的知识和技能已经不能够适应新的经济发展形势,所以再培训、学习新的知识和技能往往成为一个重点。但是,就目前对领取最低生活保障的中年人士的研究发现,他们很少有机会能透过公开就业市场找到合适的工作,或者是因为收入水平太低无法吸引失业人士就业,或者是供求双方的能力不配合,而多数再就业成功的例子是进入由街道开发的第三产业(例如居家养老服务、治安维护、房屋协保)等岗位,在这一点上,社会工作者能起到组织和培训作用。

二、人生疲倦感与中年危机

人生疲倦感是一种在心理上长期感到精疲力竭而且失去兴趣的感受。最早由马斯勒(Christina Maslach)和她的团队在 20 世纪 70 年代初研究发现,在美国的疾病诊断手册中,人生疲倦感不属于一种精神病症,但是,国际精神疾病诊断手册却把人生疲倦归为一种精神疾病。人生疲倦感在三个方面表现出来:第一是情绪和体力上的筋疲力尽,在没有合理理由的情况下,个人长时间感到身心疲惫;第二是工作效率降低,没有了工作热情和主动性,也失去了自己工作的意义;第三是去人际化的服务态度和服务行为,特别是在助人的服务行业中,工作中大部分时间是与服务对象接触,对服务对象的同理心、好奇心、愿意帮助、关心他们的心理很重要,但是人生疲倦感会使个人失去这些人性化的沟通,只是把服务对象看成与一张桌子、一个与机器没有分别的物体,在提供服务时也往往只看问题,而忽视服务对象作为一个人的需要。在助人行业中这种失去人性化的情况会导致对病人、学生、受助者的合理化需要的忽视:“没什么,很多人都有你类似的情况”,或与受助者同声同气“我也很无奈,帮不了你,制度就是这样规定的”等情况。更严重的会出现行为变化,例如迟到、早退、工作中错误频繁,甚至出现其他精神症状,如失眠等,当然,最常见的情况是离开自己的专业工作岗位,所以助人专业工作人员更替率较高。

人生疲倦感主要有三方面的影响因素。第一类因素是与工作有关的因素,例如工作单调、缺乏激励、与上级或者下级沟通上存在困难,工作中确实存在太多个人无法控制的因素,例如工资水平、领导的支持度、工作量、工作要求的技能、工作的前途等。第二类因素是工作单位的组织特征,例如工作单位领导的领导能力、工作的计划性、组织的透明度、组织的远景、使命感等。第三类因素是个人方面的因素,例如感到与工作之间的距离感,也许是感到人生缺乏目标、无意义,或者感到失去了工作兴趣、无能感等。这些因素交互作用,使个体发生对工作兴趣急剧下降的情况,而在情绪上也感到筋疲力尽。多数情况下人生疲倦感在助人专业的雇员中较常出现,例如医生、护士、教师、社会工作者等都是人生疲倦感的高危一族。

就助人专业而言,在个人刚刚加入这一行业时通常是充满热情的,有抱负也有理想,对工作有很强的责任心,对自己的前途也充满希望,但是过了一段时间后,这种新鲜感就没有了,工作变得有压力而且往往未必能如自己想象那样发挥自己的所长,助人的热情、理想往往受很多实际工作中的限制因素所阻碍,假以时日,挫败感就会不断累积,最终产生疲倦感。从社会角度来说,培养一个专业人员投入很大,如果更替率太高,那么对社会的损失很大,所以如何预防人生疲倦感也是专业人士服务的重点之一。一般而言,可以从两个方面入手。一是个人层面的干预,可以从强化个人的抗逆力入手,学习优化个人面对压力时的应对策略(例如如何表达情感、时间管理、冲突处理等),同时也要向个体分享合理的工作、家庭平衡的生活方式,避免个体把时间过分投入到工作中去。二是优化个人和组织之间的互动模式,在组织层面需要持续地和员工分享组织的使命感,希望能促进员工内化组织的价值观、远景和使命,同时组织也要制订和检讨合理的工资和奖励机制、工作量,增加工作安排的透明度,并向员工提供及时的工作成效反馈,营造一个积极、正面的组织工作环境,让员工不时体会到工作对自己、家庭、组织和社会的意义。

中年危机这个概念始于 20 世纪 60 年代中期,指个体在中年期陷入的一种强烈的自我怀疑情绪之中,这可能与自我感受到青春一去不复返以及老年期即将到来的转型期有关系。在中年期常遇到的人生事件,例如相貌衰老、婚外情、更年期症状、配偶重病或者死亡、孩子离开家庭等都可能诱发中年危机,其结果是部分中年人对自己产生怀疑,并对调整自己的人生,例如家庭方面、婚姻关系方面、工作方面等感到无力。研究显示,只有小部分的人在中年期有比较强烈的危机感,甚至需要寻求专业人士的帮助,大部分中年人会经历一些心理上的调适,但都能够成功应对。更有研究指出这些在频繁生活事件下诱发的人生转变未必只在中年出现,甚至在青少年期也有机会出现。①

就中年危机这一议题,比较多讨论的是婚外情,婚外情不是现代社会的产物,在封建社会男子可以三妻四妾,而女子却要从一而终,明显看到社会在性别关系上的不平等。新中国成立后,提倡男女平等,一夫一妻制度的建立在一定意义上否定了婚外异性关系的亲密性,但是,在过去的几十年间,我们目睹了社会上性、婚姻和亲密关系价值观的变化,虽然我们不能说婚外情是社会发展变迁的产物,但我们也不能否认婚外情的社会关注与社会的发展变迁有一定的关系。

---

① J. Bamberger & F. Foundation, Growing Up Prodigies: The Midlife Crisis, *New Directions for Child and Adolescent Development*, vol. 17, 2006, pp.61-77.

中国社会本身就缺乏内在的终极宗教价值的约束,外部的(家庭、朋友、小区、单位)的批评、压力、甚至惩罚对个人的行为有约束作用,但是,过去30多年社会环境发生了巨大变化,过去旧的价值观受到冲击,新的共识还没有完全形成,而且来自单位、朋友、小区的道德约束越来越少,个人的自主性大大增加。当然,婚外情行为也离不开个人和社会的互动,在某些阶层,特别是中高收入的有钱、有权阶层,婚外情行为成为有身份、有权力的象征。有研究报告,每月收入最高的5%的人群里,有四成以上的人报告曾有婚外情行为,而在收入最低的40%的人群里,只有5%报告有婚外情行为。①

撇开婚外情的道德判断,不可否认婚外情行为对婚姻和家庭会有冲击,很多婚外情行为的参与者或配偶会有寻求帮助的动机,作为社会工作者或者心理咨询师,如何来帮助他们呢?当婚姻中的一方发现对方有婚外情行为时,就好像一个炸弹爆炸一样,会有惊讶、迷惑、愤怒、抑郁等情感状况,而且会影响其在日常工作、家庭岗位上的角色功能,同时影响夫妻关系、亲子关系乃至整个家庭的关系,离婚可能是最后的结果,但是原谅修和也有可能,不论怎样,中间的过程是艰苦的。

一方面,辅导者要取得辅导对象的信任,建立良好的工作关系。虽然有些时候来寻求辅导的可能是一对夫妻,但是在婚外情个案中,大部分是个人前来的,或者自己是婚外情的参与者,或者怀疑配偶参与婚外情,所以作为辅导员要仔细、严格地考虑个人隐私的问题,以及如何能在充分保护个人隐私的情况下帮助求助者。这一点在辅导的初期非常重要,不然很容易破坏工作关系,让求助者却步。在辅导初期,除了关注求助者的情绪外,如果事件还没有公开化,那么另一个重要目标是准备求助者接受事件公开化之后的影响,虽然无论有多少心理准备,事件公开化之后的打击还是会非常大;若在事件公开化后,建议辅导者用创伤辅导的模式来帮助求助人,从经历创伤的阶段、情绪反应,乃至行为表现上入手,帮助求助人渡过难关。

另一方面,宽恕治疗也很重要。由于婚外情出现的原因很复杂,有时候难以分辨谁错谁对,或者是谁错多少,当事人中的受害者常常有很多愤怒、指责。研究表明,宽恕治疗用于辅导受创伤影响者时非常有效,宽恕治疗强调生命意义的重整,在经验创伤之后,从伤痛中寻找新的意义,并把这些意义融入到新的生活中去,要宽恕的不仅是对方,更重要的是宽恕自己。作为参与者,要宽恕自己参与到婚外情行为中去,宽恕自己为配偶和家人带来的痛苦,也宽恕自己在整个过程中的犹豫、反复和纠结;如果是参与者的配偶,要宽恕自己过去在婚姻关系中的行为模式、宽恕自己的软弱、宽恕自己的愤怒、宽恕自己的婚姻出现了问题。

----

① 潘绥铭:《中国性现状——潘绥铭性学专题》,北京:光明日报出版社1995年版。

宽恕治疗帮助求助者释放自己心中积压太久的抑郁、重拾希望,最终放下过去重新开始。[①]

三、贫穷家庭与社会救助

自 2000 年开始实施城市居民最低生活保障制度后,全国城市享受最低生活保障的人口自 2002 年以来相对稳定在 2 200 万左右,其中在职人员 100 万左右,下岗人员 350 万,退休人员 50 万左右,失业人员 400 万左右。而农村居民最低生活保障人数在过去的 2006~2009 年大幅度增长,由 2006 年的接近 1 600 万增长到 2009 年的 4 700 万。2009 年,城市救助标准平均每月 227 元左右,不同城市差异较大,例如上海 425 元,北京 410 元,天津 430 元,而新疆只有 172 元。[②] 从这些数字上看,政府在救助贫穷家庭方面是分两步走的,先城市后农村,而且政府下了很大的决心,动员物力和人力,建立了一整套制度来完成救助工作。除了常规的救助外,中国也向世界展示了在紧急情况对有需要的家庭实施救助的实力和能力,特别是在 2008 年的雪灾和汶川大地震之后。2014 年国务院出台了《社会救助暂行办法》,社会救助政策发生了重大变化,救助水平得到提高。

上面已经讨论过,中年人贫穷多数是由于失业、下岗或者疾病所导致,所以不是一下子在短期内可以缓解的问题,而且贫穷好像一张网,会让在里面的人产生一种很难摆脱的感觉。想象一个儿童出生在贫穷家庭,自小可能因为缺乏资源而没有能得到营养、教育和健康的照顾,或者因为父母收入不稳定而生活中充满了负面事件(例如举债、家庭冲突、幼年参与劳动等),在中国过去的传统是通过教育来脱贫,所谓"书中自有黄金屋",但是,自从 2000 年大学生招生人数扩大之后,大学毕业生再也不是天之骄子,就业困难、收入也不高,尤其是女性大学毕业生更难找工作。所以有些孩子即便克服了千辛万苦,就算能读到书也可能要借钱才能上学,而毕业后也不一定有工作,这很容易打击斗志。如果初中毕业就不再进修,那么能找到较高收入工作的可能性就很小,那么他组成家庭后仍可能还是生活在社会的底层,出现所谓贫穷的代际相传。

为了帮助贫穷的家庭脱贫,一个直接的方法就是建立求助制度,如前述中国的最低生活保障制度。与此同时,政府也可以考虑用一些更加前瞻性的政策来全面干预贫困问题,政府在制订相应政策时要重点考虑以下的几个方面。

首先,是"送鱼还是送渔竿"的争论,我们一般相信送渔竿并教捕鱼技术比

---

① J. De Stefano & M. Oala, Extramarital Affairs: Basic Considerations and Essential Tasks in Clinical Work, *The Family Journal*, vol.16, no.1(2008), 13.

② 各地区城市最低生活保障平均标准与农村社会救济情况数据来源于国家统计局网站。

送鱼更重要,所以有很多国际扶贫组织都有针对性地帮助贫穷地区发展适合当地的产业,拨出种子基金,希望能帮助贫穷家庭建立生产力基础,从而自力更生,同时也留意到即使是种子基金也需要当地的资源配套,例如清洁水的供应、肥料等。当然还有基础医疗水平的提升,不然一场大病,或者是小病延误变成大病,也可以把整个家庭拖垮。在城市鼓励再就业可以透过再培训的渠道,前面已经有了讨论,这里不重复。

其次,是保持经济增长,经济增长可以有效地提供就业机会,带动不同阶层的人进入就业市场。中国过去30多年的持续经济增长大大提升了综合国力,也大大减少了贫穷人口,所以保持相当的经济增长速度是脱贫的关键。

最后,是扶持儿童、保障儿童的发展以及鼓励有儿童的家庭建立儿童教育基金,防止代际贫穷的出现。这是建立在培养能力基础上的政策倡议,大体上是要鼓励贫穷家庭为孩子的将来进行规划和储蓄,从而使在贫穷家庭成长的儿童在长大后有机会接受高等教育,或可寻求实现自己的梦想。

案　例

1. 案例描述

张女士今年50岁,她小学和初中正赶上"文化大革命",没学到什么文化,毕业后在纺织厂当女工,结婚生孩子,有一个女儿。张女士和丈夫努力工作,可惜1986年工厂关门,张女士与丈夫双双下岗,张女士在街道的介绍下,参与了一些街道环境的清洁工作,可是好景不长,物业公司把生意抢走了,恰逢张女士的丈夫又被诊断得了癌症,为了医病,张女士花光了所有的积蓄,还向亲戚朋友借了一些钱,张女士的女儿考上了大学,又要交学费,张女士一筹莫展,感到很抑郁,找曾帮她介绍工作的街道工作人员帮忙。

2. 案例分析

张女士成长在一个特殊的历史背景,像张女士那样文化水平不高,下岗后又找不到合适新岗位的妇女不在少数,而张女士的困扰出现在近乎中年,当有人可以开始享受人生成就的时候,张女士正经历着重重危机,一来是丈夫生病,二来是女儿升学,丈夫生病令人担心,女儿升学令人高兴,但两者都需要一定的经济资源。作为助人者,首先可以帮张女士探索是否有申请紧急援助的可能性,还可以考虑大学支持经济有困难学生的助学计划,解决燃眉之急,然后,再慢慢向着解决日常生活开支的方面去努力。张女士的女儿可以参与大学的勤工俭学计划,一边学习,一边参与一些工作,赚取生活费,而张女士和丈夫就要看工作机会和康复的情况而定,如果情况许可,张女士可以考虑暂时申请最低生活保障,再参与培训,看能不能重投劳动力市场。当然张女士的担心、害怕、苦恼和彷徨需要有人来关心和倾听,所以要了解张女士社会支持网络的情况,如果网络较弱,可能需要透过参与一些小区内组织的活动来加强。张女士的丈夫如果康复情况良好,也需要检视生活方式,参与癌症康复活动。从表面看,张女士的经济需要很迫切,是中年贫穷家庭的问题,但是我们知道贫穷并非完全由个人因素引起,而且贫穷所连带的问题可能更需要从社会角度去关心,这样才能帮助受助人及其家庭有信心和勇气走出低谷,开始新生活。

本章小结

本章首先从感觉、机能到系统介绍了中年人的生理和心理发展特点,并重点讨论了智力发展和更年期生理改变,接着讨论了中年期的三个主要的性格理论,从不同的侧面充分认识中年期性格适应的必然性和可行性,提出中年期是人生转折期的观点。然后讨论了中年人家庭的三组重要关系——亲子关系、夫妻关系和照顾父母,凸显出了中年人处于"三文治夹心层"的特点,上有老、下有小,中年人要面对的日常关系也充满了挑战——青少年反叛的子女,开始体弱多病的父母以及更年期的自己。不仅中年人自己要有面对挑战的醒觉性,家人也要给予充分的理解和支持。

然后,本章又讨论了中年期除了家庭外的两个最重要的环境——工作和社会参与。就工作方面,讨论了中年人的职业生涯发展,就业和工作收入,特别强调了对女性就业的关注;就社会参与方面,重点讨论了在社会快速网络化环境下的小区参与以及终身学习的传统和迷思。

最后,本章讨论了中年期社会工作的三个重要议题:失业和寻找工作,人生疲倦感和中年危机以及贫穷家庭与社会救助。这三个议题是当前凸显的社会问题,非常值得社工工作的关注,这些现象本身不仅与个人因素有关,还往往与组织因素和社会因素相联系,所以社会工作者在设计干预方案的时候,要从不同层次多方位入手,个别辅导的方法、政策导向以及组织的改变都要考虑。

思考题

1. 中年人的哪些生理变化对身体功能产生影响?

2. 中年人的人格理论有哪些?

3. 更年期是什么意思?对个体有哪些影响?

4. 社会工作者在帮助中年人与青少年子女交往中的角色和重点有哪些?

5. 中年人照顾父母的主要挑战在哪里?

6. 中年夫妻婚姻满意度的影响因素有哪些?

7. 中年女性的就业有哪些特点？

8. 失业对中年人的影响是什么？

9. 如何克服人生疲倦感？

10. 社会政策从哪些方面能够帮助贫困者脱贫？

推荐阅读

妇女权益保护服务学习活动

［美］鲍伯·班福德：《人生下半场》，杨曼如译，南昌：江西人民出版社 2005 年版。

［美］加里·S.贝克尔：《人类行为的经济分析》，王业宇、陈琪译，上海：格致出版社 2012 年版。

［美］帕特·基辛格：《平衡的智慧：家庭、信仰和工作的优先次序原则》，高路、杜霞译，北京：中国商业出版社 2010 年版。

［美］维吉尼亚·萨提亚等：《萨提亚家庭治疗模式》，聂晶译，北京：世界出版公司北京公司 2007 年版。

中华人民共和国国务院，《社会救助暂行办法》（国务院令第 649 号），2014 年。

中华人民共和国国务院，《失业保险条例》（国务院令第 258 号），1998 年。

R. P. L.Bowlby, R. J. M.Bowlby & A.Gaitling, *A Secure Base*, Kentucky：Routledge，2005.

S. Cohen Stress, Social Support and Disorder, In H. O. F. Veiel & U. Baumann（eds.），*The Meaning and Measurement of Social Support*，New York：Hemisphere，1992，pp. 109−124.

S. Cohen & G. McKay, Social Support, Stress, and the Buffering Hypothesis：A Theoretical Analysis, *Handbook of Psychology and Health*，vol. 4，1984，pp.253−267.

J. Field, *Social Capital and Lifelong Learning*，Bristol：The Policy Press，2005.

S. Matthews, *Friendships Through the Life Course：Oral Biographies in Old Age*，Beverly Hills：Sage Publications，1986.

R. Schulz &T. Salthouse, *Adult Development and Aging：Myths and Emerging Realities*（3ʳᵈ ed.），New Jersey：Prentice Hall，1999.

D. Beckett & P. Hager, *Life*, *Work and Learning*, Kentucky：Routledge, 2013.

扩展推荐阅读

彭华民,2009,《西方社会福利理论前沿:论国家、社会、体制与政策》,北京：中国社会出版社。

彭华民,2010,《论需要为本的中国社会福利转型的目标定位》,《南开学报（哲学社会科学版）》第 4 期。

彭华民,2011,《中国组合式普惠型社会福利制度的构建》,《学术月刊》第 10 期。

彭希哲、胡湛,2011,《公共政策视角下的中国人口老龄化》,《中国社会科学》第 3 期。

钱宁,2013,《以社区照顾为基础的中国老年人福利发展路径》,《探索》第 2 期。

尚晓援,2001,《"社会福利"与"社会保障"再认识》,《中国社会科学》第 3 期。

田北海,2007,《香港与武汉:老年福利服务模式比较》,《学习与实践》第 12 期。

田凯,2003,《机会与约束:中国福利制度转型中非营利部门发展的条件分析》,《社会学研究》第 2 期。

田雪原,2014,《人口老龄化与养老保险体制创新》,《人口学刊》第 1 期。

网站资源

贝曼萨提亚中国管理中心（BSC）
婚姻与家庭网
中国家庭服务网
中华全国妇女联合会
中华人民共和国民政部统计数据
Erikson's Stages of Psychosocial Development.
Young Adult Development Project.

第十三章 老年人行为与社会环境

学习目的

　　了解老年人生理、心理的变化,掌握有关老年人社会心理理论;认识老年人面对的变化,包括工作与退休、丧偶与独居、同伴关系和终身学习;了解老年人生理方面的重要变化,如失能;了解老人自杀、虐待和歧视老人问题、体弱老人的照顾及老年人权益保护等与老人密切相关的社会工作议题,并思考运用社会工作方法进行干预的可能性。

第一节　老年人的生理与心理

一、老年人的生理变化

　　步入老年期(成年晚期),个体在生理结构、循环系统功能、组织机能等各个方面都会发生一些变化,这些变化中有一些是老年人独有的,但是大多数并非在老年期独有,却是在老年期常见的变化。

　　人体生理组织的构成,例如骨骼、肌肉、脂肪、水分等占人体组织的比例,在个体的生命发展过程中,有一定的稳定性,但是用老年期的指标与青年期比较,人体组织中脂肪所占的比例会增加大约一倍,而肌肉所占的比例减少。我们都知道,肌肉是人体骨架的支撑物,也是身体活动的重要基础,所以与肌肉成分下降相关联的体内循环、血液、脂肪、糖代谢速度在步入老年期后逐渐下降,这些系统的循环效率直接影响身体对环境的反应以及身体与环境的互动。例如,随着新陈代谢速度下降,人体会有更多的机会积累剩余的糖、脂肪等物质,形成粥样动脉硬化等症状,引发多种慢性病,例如心脏病、高血压等。同时,代谢速度也影响人体自身免疫系统的调动和效能,当有病菌入侵时,老年人可能需要比年轻人更长的时间来康复。

　　除了肌肉外,骨骼也会由于年龄的增长出现一些变化,例如,脊髓曲度增加,出现通常所说的"老缩"现象。在器官功能方面,比较常见的变化是听力下降,出现单侧或双侧耳聋。视力变化通常在中年期后期就出现,例如远视问题,而在老年期常见的是白内障和青光眼。

　　睡眠形态在老年期也容易出现变化,在睡眠的五个阶段中,老年人的入睡时间延长,进入轻度睡眠比年轻时困难,所以很多老人会在床上辗转反侧,不容易入睡。同时老年人也容易提前进入快速眼动睡眠(Rapid Eye Movement)期,但是快速眼动睡眠的时间减少。而且老人也会变得容易受环境的影响而觉醒,例如,当老人睡觉时,开门的声音、洗澡的声音或者说话的声音等都会使他们觉醒,而且老人也容易因为需要去洗手间而在半夜起床,影响睡眠质量。

　　老年人中受睡眠问题困扰的比例相当高,一般估计在小区居住的老人,大约有三到四成有睡眠问题,女性、居住在中国南方、农村、文化水平比较低及调查时还在工作的老年人睡眠质量比较差。[1]除了食用安眠类药物外,睡眠困扰可以从日常生活习惯入手,一些对健康睡眠有利的生活方式包括:

　　第一,在日间有足够的体力消耗,避免长时间处于静止状态而进入瞌睡状态;

　　第二,养成运动的习惯,参与体育运动对提升睡眠质量有好处;

　　第三,在白天要暴露在有足够光线的地方,使身体更能够区分白天与夜晚;

　　第四,避免和减少食用安眠药以及其他兴奋类食物,例如咖啡等;

　　第五,营造一个舒适的睡眠环境,选择适合自己的床、枕头、窗帘、灯、门、窗等,尽可能使睡眠环境能适合个体的最大需要。

　　由于老年人容易受睡眠问题困扰,所以很多研究都希望能找到有效的干预方法来帮助老年人重拾高质量的睡眠,其中认知行为疗法经研究证明是有效的方法之一,它的主要的干预内容包括:[2]

　　第一,刺激控制:加强个体对环境与睡眠的联系;

　　第二,对睡眠的环境加以限制,当个体不能入睡时,限制个体在床上但不能入睡的时间,强化个体把床和睡眠联系在一起的联结;

　　第三,建立有利于健康睡眠的行为模式或生活方式;

　　第四,放松练习,学习如何达到身体和心理上的完全放松,使个体更容易进入睡眠状态;

---

　　[1] 刘海娟,陈长香,郝习君:"老年人睡眠障碍及其影响因素",《中国老年学杂志》2010年第15期。
　　[2] C. M. Morin, *Insomnia: Psychological Assessment and Management*, New York: The Guilford Press, 1993.

第五,认知重塑,解除个体对睡眠的一些不适当的观点和想法,而用更有建设性的观点和想法来取代。

老年人在年龄不断增长的过程中,血压会不断升高,所以在老年期,个体患高血压的机会增多。高血压是老年人中最常见的慢性疾病,已经认识到的高血压高危因素包括:中度饮酒、吸烟、糖尿病、高胆固醇、肥胖、高血压家族史、缺乏体力活动或者户外运动、高血脂或者血脂异常、高盐膳食以及长期从事高压力的工作、精神紧张等。

高血压患者需要对高血压的症状有清晰的认识,从而可以实时求医,一些重要的体征包括:头痛、头晕、胸闷、心悸、烦躁、失眠、眼花、耳鸣、手指或者肢体麻木、腰酸、腿软以及鼻出血。当个体对高血压的征兆有清楚认识时,可以尽快求助,以减少因高血压所引起的危害或者并发症。那么,高血压对个体的身体有些什么危害呢? 一般而言,高血压患者会比非高血压患者在下列事项或者疾病中更加危险,包括:中风、心肌损害、心绞痛、肾功能受损、眼底病变等。这些疾病在很大程度上能直接影响老年人的生活自理能力乃至生命,所以高血压预防及治疗是一个非常重要的课题。2010 年出版的中国高血压防治指南厘定了 65 岁以上长者的降压目标(150/90 毫米汞柱),如果有较好的耐受性,还建议进一步降压到 140/90 毫米汞柱。①

在高血压的防治中,社会工作者可以扮演重要的角色,主要可以针对三方面来进行,包括督促药物治疗、加强健康教育以及推动改变生活方式。不同的个体对不同的高血压药物反应不一,所经历的副作用也不同,所以在开始药物治疗的初期,需要患者对药物的反应有实时的反馈,可以通过自己在家测量血压、记录反应等方法来实现。如果患者能及时将自己的血压状况向医生反映,那么医生就可以根据个体的不同反应来适当地调整药物的种类或者剂量,在这个层面上,社会工作者可以鼓励和督促老人在家测量和记录血压。健康教育的重点是向患者传递有关高血压的知识、高危因素、并发症等知识,希望通过增加知识来促进老年患者对疾病的控制,更好地配合生活习惯的改变以及药物治疗,当然,你或许会问社会工作者为什么能传授医学方面的知识? 其实,服务老人需要多专业团队的紧密合作,共同努力,在西方国家,老年人的小区中心会负责提供各种健康教育,并与医护工作者如医生、护士等紧密合作,推动老年人健康生活模式的建立。社会工作者未必是最终的知识传授者,但是社会工作者可以起到协调作用,邀请医生、护士等其他专业人士来传授知识,使老人受益。

生活习惯的改变不是一朝一夕的事,老年人的很多生活习惯是在年轻时养成的,例如抽烟、饮食习惯、喝酒、缺乏运动、肥胖等。要改变其中的任何一项习

① 刘力生:《中国高血压防治指南 2010》,《中华高血压杂志》2011 年第 8 期。

惯都需要患者有很大的决心以及家人、朋友的支持。与高血压有关的生活模式改变包括限盐、戒烟、减重、限酒、增加钾摄入量(富含钾的食物包括新鲜黄绿色蔬菜水果、玉米、各类豆类、瘦猪肉、羊肉、牛肉、紫菜、海带等)及增加体力活动等,①如有需要,社会工作者可以开展个人或者小组干预,有针对性地改变老人一些不良的生活模式,例如戒烟、戒酒小组、运动小组等。

关于老化的生理变化理论,目前还没有一个定论,从总体上说生理老化是一个复杂而多维度的过程,伴随产生的生理功能下降似乎不可避免,目前主要从两个角度来解释生理老化的过程,一种是从内部老化的过程来解释,认为人体老化是由个体内部的机理决定的,也就是说非外在的力量所能改变的,在这个解释取向下的理论有预期衰老理论(Programmed Senescence)、基因理论(Genetic Theory)、内分泌理论(Endocrine Theory)、免疫学理论(Immunological Theory)以及染色体尾端体理论(Telomere Theory)等。其中,染色体尾端体理论是近年来较受注目的理论,它指出一种新的生物老化指标(biomarker)——染色体尾端的长度,当尾端长度过短时,细胞复制速度明显下降,并因此而逐渐死亡,人体细胞也遵循同样的规律,最终导致死亡。

这种强调内部决定论的生物老化理论有宿命论的影子,认为生物的寿命是既定的,好像中国人常说的"天命不可违"。另一种理论角度认为,老化是人体脱氧核糖核酸(DNA)受到破坏的结果,在这个视角下的不同理论解释有损坏理论(Wear and Tear Theory)、交联理论(Cross-linkage Theory)、自由基理论(Free Radical Theory)以及体细胞突变理论(Somatic Mutation Theory)等,其基本特点是认为人体的生理老化是因为人体内部基因因时间关系而发生突变,损坏了基因的某些功能,从而导致人体的生理衰老和死亡。

这些生物学理论在分子生物学以及基因研究的成果下得以不断发展,作为一个普通人,更关心的问题可能是:如何预防衰老或者是抗衰老?从报纸、杂志、互联网等媒体中不难看到大量的、可能是不实的抗衰老广告,从保健品、运动治疗到基因治疗,哪些是可信的呢?以目前抗衰老研究的进展来看,还没有定论,不过有四个可供选择的策略途径:

首先,食用抗衰老的营养保健品。例如白藜芦醇——一种从红葡萄中提炼出的成分所制造的保健品。但是号称自己能抗衰老的补充品如雨后春笋,难以区分,也缺乏实证的支持。

其次,用干细胞干预的方法来治疗疾病。由于干细胞研究涉及复杂的伦理问题,在全球都有争论,所以干细胞干预不论是在研究还是临床干预上都还没有成熟。

---

① 刘力生:"中国高血压防治指南 2010",《中华高血压杂志》2011 年第 8 期。

再次,荷尔蒙治疗。由于人体的荷尔蒙与生长有密切的关系,荷尔蒙被认为是人体衰老的其中一个因素,所以荷尔蒙补充治疗是中年后期个体可以选择的一种方法。但是荷尔蒙补充也被认为有危险,特别是增加患上某些癌症的风险。

最后,能量摄入控制。研究指出,当老鼠每天摄入的能量维持在一般摄入量的百分之六十五时,老鼠的寿命可延长一倍,在这一点上,虽然还没有人体实验,但是能量摄入控制的生活方式已经成为一种新的抗衰老文化,与此相应的生活方式有两个重点,首先是总体能量摄入控制,其次是严格控制摄入脂肪、蛋白质和碳水化合物。①

健康长寿是人类美好的理想和愿望,但是到目前为止,人类还没有能完全从科学上解释死亡,所以人类生物老化将是一个永远的挑战。作为社会工作者,关注老人健康是我们的一项重要使命,我们既要帮助老年人接触最新的研究结果,也要鼓励他们理性分析,为促进老年人更健康长寿出力。

二、老年人的心理变化

老年期心理变化的范畴非常广泛,本节只就一些重点部分,例如智力发展、人格发展以及心理健康做一些阐述,并就心理发展的不同理论取向作出讨论。

1. 老年人智力发展的变化

有关老年人智力发展的变化,目前的共识是老年人的流体智力部分与成年期比较,特别是在 65 岁以后会有所下降,流体智力主要负责的是空间定位、抽象思维及解决问题、词语的流畅性、归纳法的运用等。但是老年人的晶体智力则能保持相对稳定,所以老年人在理解词意、词语联想、解决社会性问题以及数字能力上不会有明显衰退。因此,老年期比成年期不够聪明的说法不能成立,老人的智力状况要根据具体的情况来决定。针对以上的两个智力层面,传统上用的韦氏成人智力测验(Wechsler Intelligence Scale)有相应的测验范畴,测量晶体智力的是词语分测验,测量流体智力的是技能分测验。研究也发现,用流体智力和晶体智力来分野是否最佳方法,还需要进一步研究。② 研究进一步发现,老年人在需要时间限制的测验中表现差强人意,这一点在社会工作干预中有运用价值,在老年教育或者运用任何方式实施的干预活动中,要多运用些非时间限制的评估指标,让老年人有充分的时间来发挥能力。

总体上说,在老年群体中发现有一种基本认知能力下降的趋势,英文缩写称为 PMAS(Primary Mental Abilities),这些能力包括:数字或数学能力;词语流畅

① J. O. Holloszy &L.Fontana, Calorie Restriction in Humans: An Update, *Experimental Gerontology*, vol. 42,2007, pp.709-712.

② 马娟:"现代老年人智力的衰退与发展——关于卡特尔晶体智力—液体智力理论的质疑",《心理学探新》2004 年第 1 期。

性;掌握词汇的水平;归纳能力;从具体到抽象的能力;空间能力,特别是三维空间能力;词语记忆能力和认知速度。

当然,对每一个体来说,在这些基本认知能力上的表现会有个体差异,有些表现好,有些表现没有那么好,但在总体上说,八十岁以上的老人在基本认知能力上表现不如成年人。那么哪些因素会影响老年个体认知能力的发展水平呢?首先是遗传的影响,幼儿及青年期的智力发展水平对老年期有影响,在幼儿及青年期智力发展水平高的在老年期智力水平高的机会较大。其次是教育和工作机会的影响,有智力挑战的工作能促进个体的认知发展,特别是晶体智力的部分。最后是健康的影响,健康下降会影响智力水平,特别是一些老年人长期患有多种疾病,更会影响多一些。特别需要指出的是,在生命最后的一段时间内,智力水平会显著下降(terminal decline hypotheses),直至死亡。

随着预期寿命的延长,与老年人智力发展相关的终身学习成为社会工作的重点之一,老年人不但需要通过学习来陶冶情操、丰富精神生活,同时,老年人也需要通过学习来掌握新的生活技能、适应日益快速发展的社会。例如,运用互联网的能力、用计算机的能力、用电子银行的能力、网上购物的能力、网上查询、电话预约等。如果患有慢性病,就需要学习慢性病的知识以及自我管理的方法,包括可能的病因、危险因素、生活方式控制、自我健康指标测量等。如上种种,都需要老年人不断学习来适应由自身改变或者社会改变所带来的变化。在这个层面上有两个启发:首先是在产品设计和运用上,要充分考虑到老年人的需要,其次是在设计教学计划的时候,要充分考虑老年人的特点,特别是普遍性缓慢的假设(general slowing hypothesis),这个假设认为老年人从接受感觉信息、转换到短期记忆到最后形成长期记忆都会需要较长的时间,所以当社会工作者在设计和实施老年人教育时,要充分考虑以下原则:

首先,增加提示信息,在每一个关键步骤之前都设计具体的提示信息;

其次,尽量多使用图案提示或者短语指示,这样做既可以为老年人提供更多的图像信息来帮助记忆,也可以使知识水平不高的老年人掌握教学内容;

最后,增加教学时间,在教学时安排适当的休息,还要适当重复教学内容。

当然,在增强老年人智力能力方面,也有研究指出,可以用摄入补充剂,例如银杏、维生素 E、维生素 B12、叶酸、蔬菜水果等方法。由于智力是多维且非常复杂的活动,多渠道干预通常是比较明智的选择。

2. 老年人人格发展的变化

人格发展在人生的不同发展阶段有不同特点,一般认为,老年期人格突变不是正常老化的特征,通常与疾病有关,例如早期老年痴呆症、抑郁症等,所以老年期的人格特征应该是成年期的延续,但也会随着老年期出现的特别需要而发生一些变化。埃里克森认为老年期要面对的最主要挑战是解决人格整合与绝望的矛盾,个体需要回顾过去的人生经验,并在此基础上就自己的一生作出整合,成功整合生命的人会找到自己生命的意义,没有遗憾,也实现了自己未完成的心愿,从而从容地面对死亡;而如果没有能力解决这个矛盾,个体就会陷入绝望的痛苦之中,对死亡有恐惧,对过去的时光也表示不满。

从社会心理的意义上说,在个体步入老年期时,需要重新认识"自我",接受自己的过去和现在,并追求现在与环境的最佳互动方法,由于老年期在生理上的变化或者有疾病,这一切的改变都需要个体对原有的自我做出新的定义。从压力—应对的范畴来看,老年期的压力主要是来自失落,从失去配偶、朋友、社会关系和社会地位等人际层面的失落,到失去美丽的外表、健康、工作机会的个人层面的压力,都要求个体在压力下用有建设性的方法来应对。在应对策略方面,一般认为老年人因为有丰富的生活经历,所以他们在选择应对方式方面更加有弹性,而且也更加有能力来包容各种生命中的失落。其中一个非常重要的可以帮助老年人面对压力的因素是社会支持,这将会在本章的后面展开讨论。

虽然学者认为老年人需要建立一个新的自我概念,一般相信他们有能力维持合理水平的自尊,即是维持对自己正面、积极的评价以及接受自己。但是在社会工作者接触老人的时候,不难发现有的老人表示自己没用,不知道为什么而活,又或者感到"自己在等死"等,有这些表达的老年人特别需要我们的关心。研究发现,身体情况转差、听力减弱或者人际关系变差、与社会隔离与老年人的低自尊有很大的关系。相反,参与社会活动、朋辈关系好以及良好的社会支持网络是维持合理自尊的重要条件。所以,社会工作者要特别关注体弱老年人的社会心理发展以及他们的社会参与,当社会极速转变之时,如何使老年人,特别是体弱老年人保持社会参与是一个极大的挑战。

三、老年学的社会心理理论

针对老年期的生理和心理变化,学者们尝试提出理论来解释和说明:有什么因素可以促使成功老龄化(successful ageing),特别是在老年期的生活选择方面,工作还是退休? 活跃还是安静? 从社会政策的角度来说,社会需要做些什么,使成功老龄化可以在更多的老年人身上实现? 也就是说,社会心理层面的老年学理论试图解释如何生活才能使老年人与环境实现最佳互动。

从20世纪40年代科特雷尔(Cottrell)提出老年人的角色理论后,前后经历了两次理论视角的变化:第一次转变是20世纪60年代的活动理论和退缩理论以及后来兴起的社会学视角,例如年龄分层理论、老年文化层理论等;第二次转变是跟随后现代思潮兴起的,强调社会的建构性,例如女性主义视角以及批判视角等,以下将就其中重要的理论视角加以简述。

科特雷尔的角色理论指出,人一生要经历不同的角色,从青年期到成年期,是角色增长及丰富的时期,例如结婚后就多了伴侣的角色,为人父母就多了父母的角色,工作层面又有同事、上司或者下属的角色等。社会赋予每个角色不同的期望,代入某种角色的个体会依照社会的期望来调整自己的行为,以期得到社会的赞许。相反,到了老年期,角色会逐渐减少,在家庭层面,父母角色随着子女的长大而渐渐淡化,如果自己的父母去世,也就丧失了为人子女的角色,当然祖父母的角色通常会在老年期才出现,后面再述。最后连伴侣的角色也会由于丧偶而丧失。在工作方面,由于老年人多数退休在家,所以自然也就没有了同事、上司、下属等角色。在社会层面,担任公职也会由于年龄或者健康的改变而减少,只有极少数人能继续保留服务社会的机会,当然,老年人可以担任义务工作,重新投入社会,这可能是新一代老年人的新选择。所以从总体上说,老年期是一个角色丧失的时期,更有甚者形容老年期为无角色的时期。

针对这个时期角色丧失的特点,在 20 世纪 60 年代有两大主要的理论倾向应运而生,一个是活动理论,另一个是退缩理论。卡明和亨利(E. Cumming & W. Henry)指出,当个体步入老年期,他会减少活动参与,更多地处于被动状态,更多地关注自己的内心世界,这些变化都是正常老化的一部分,也是使个体满足生命的必然变化,称为退缩理论。就个人而言,从外部世界退到个人内心,个体有更多的时间和能力来回顾过去、整合生命、找到自己的人生意义,也准备死亡。对社会来说,老年人所代表的一代人要渐渐退出历史舞台,把机会和权力交给年轻的一代,完成代际更替,促进社会的良性发展。退缩理论在研究方面有争议性,有研究认为不能一概而论,一定要尊重个别差异,而且退缩到什么程度,会不会变成社会隔离也受到教育程度、健康状态以及个人选择的影响。有些个体从年轻时期起就喜欢关注社会、参与社会事务,而有些人一向享受独自生活或者以小家庭为主的生活,也无可厚非。还有研究发现,老年人和年轻人所从事的工作岗位并不相同,把老年人和年轻人对立起来对社会无益,而是要研究如何迎接一个多元年龄工作时代的到来。

活动理论由赫威斯特(R. Havighurst)在 20 世纪 60 年代提出,主要观点包括活跃的老年人比不活跃的老年人能更好地适应生活,生活满意度也较高。赫威斯特认为老年人的自我概念需要在活动中得到重塑及肯定,所以老年人应该尽量保持参与成年期参与的活动,而且老年人需要用新的角色来替代因为退休或者丧偶所带来的角色丧失。在现代社会,越来越多的老年人可以在退休以后参与家庭、社区乃至与工作相关的活动,例如,通过再婚而重建家庭、在小区或者社会上担任义务工作,甚至自己创业等。活动理论得到一些研究的支持,特别是发现老年人参与有组织的活动及体育活动确实有助于他们适应老年期的生活,但同时,研究也指出是否参与活动受到老年人受教育程度以及经济能力的影响,例如外出旅游等活动并不是每一个想参与的老年人都可以承受的。研究也发现,老年期是否活跃似乎与成年期的生活方式、性格特点有关,有些人好静,喜欢一个人活动,例如阅读等,所以是否参与活动也可以是个人的选择而非完全受外界因素的影响。

20 世纪 60 年代末,纽加顿、赫威斯特和托宾(Neugarten, Havighusrt & Tobin)提出了似乎是走中间路线的"持续理论",该理论指出,老年人希望能保持自己惯常用的适应社会的方法,就丧失的角色做出替代,老年人是否满意自己的生活取决于他是否能保持并整合一个成熟的人格,如果某个老年人在成长期是积极的、喜欢参与社会的,他是否满意老年期的生活就取量于他能否找到有效的社会参与方法。相反,如果某个老年人在成年期就喜欢安静,不愿意过多地参与社会活动,那么他的生活满意度就会与他是否能很顺利地从社会上"引退"而重整自己的内在人生有关。这个折中理论似乎比较符合一般人的观察,动者欲动,静者欲静,但却很难有实证的支持,因为人生的变化有时会反复,同时,我们需要留意那些由于低自尊或者社会环境所造就的"退缩",例如那些由于缺乏经济能力、身体功能或者社会网络而无法参与社会的老人,即所谓社会隔离的老年人,对他们来说,"退缩"不是他们的选择,并不意味着整合了人生。

不论是活动理论还是退缩理论,都偏重于关注个人的特点和选择,没有充分考虑环境因素的影响,所以不能不提及社会学视角的老年社会心理理论。20 世纪 70 年代,社会学视角的社会老年学者莱利和方纳(Riley & Foner)提出年龄分层理论,指出任何社会都会用年龄来定义个体的角色、责任和义务,所以老年期只是所有年龄分层中的一层而已,即此,代际关系和代际冲突成为关注的焦点之一。社会为每一位属于某一个年龄段的人拟订了一定的行为准则,例如,60 岁退休,70 岁享受免费公共交通等,个体也同时不断地社会化、继续社会化,内化属于特定年龄阶段的社会价值体系。老年期,社会对个体在责任方面的期望下降,也减少了老年继续参与工作的激励因素,但同时,这种年龄分层也令少数有需要的老年人丧失了选择继续工作的机会。当然,年龄分层必须同时考虑历史发展和社会地位的因素,不同的社会环境中,老年人所经历的继续社会化是不同的,例如在中国大陆,城市退休的老年人有退休金,而农村的养老金绝对金额很有限;不同的历史时代对老年人的责任期待也完全不同,在传统的中国社会中,老年人帮助照顾孙子女是社会的共识,但是新时代的老年人可以有更多的选择,有的明确表示不会参与带孙子女,有的主动协助,有的有条件地协助等。还有老年人的责任和义务也与性别、经济状况等社会经济经验有关,社会对男性和女性、贫者和富者的期望当然也不同。

20 世纪 80 年代,明克勒和艾斯特司(Minkler & Estes)等认为,社会阶层是部分老年人充分接触和利用社会资源的重要障碍,在社会上有权力的阶层为了保持自己的权力会继续维持社会阶层间的不平等,这就解释了社会上的一些奇怪现象,例如"老年人是有钱人"和"穷人是老年人"并存的吊诡现象,社会上有一部分人很富裕,随着年龄的增长,他们积累的财富相对年轻人来说多很多。但是同时由于大部分人在青年期时也并不富裕,到老年期就更加容易陷入贫困,再加上社会政策往往不会对老年人在收入保障、住房、医疗等方面有充分的倾斜,所以相当一部分老年人的生活处境与当时的社会政策息息相关,而且老年学研究也存在把老年人推向"不健康的、有问题的、无能力的"一个群体进行定义,加重了社会大众对老年人的偏见。

后现代思潮同样也影响了老年社会心理理论的发展,主要有社会建构主义、批判主义的视角以及女性主义的视角。社会建构主义的学者认为研究老年人的社会心理时不能脱离老年人自身的生活经验以及老年人自己对生活经验的描述,这些描述不仅能够反映老年人本身的切身体验,而且也反映了社会文化环境在透过个体过滤之后的反差。故此,社会老年学所要构建的老年社会心理绝不能离开特定社会下经济、社会、文化及历史的印迹,没有一个适合所有老年人的社会建构,只有将不同老年人群体的经验在特定环境中建构之后,才能解释这群老年人在此特定环境中的社会心理。更进一步讲,所谓"老龄化问题",是社会建构出来的现象,不能代表全部老年人群体的特征,我们需要用建构的眼光来看老年人与环境的互动。

批判主义的视角也同样认为把注意力集中在"老龄问题"上不利于迎接老龄化的挑战,相反,学者和研究应该更加关注如何带动一个正面、积极的老年人形象,如何在实践中通过政策的调整来使社会环境更加适宜不同背景、文化的老年人,并提倡用一种更开放的知识论来共建一个"美化老龄化"的世界。从全球背景看,世界卫生组织在 2002 年推出"积极老龄化"框架后,在 2007 年发表了全球长者友善城市指引,在政策层面强调要推动积极老龄化不能止于要求长者或是家庭的改变,必须改变大环境,包括物理环境和心理、社会环境,只有内外结合,才能事半功倍。①

在后现代思潮中,女性主义的视角也不容忽视,由于妇女在人生的不同发展阶段中都极可能与男性有不同的社会期望以及社会常规,所以女性主义的学者更关注这些发展性的女性特征,特别是会使女性处于社会不利地位的不平等、权力劣势如何在女性到达老年期之后影响女性与社会环境的互动,例如女性作为家庭照顾者的经验在老年女性照顾配偶时不容忽视,女性容易于成年期脱离劳动力市场所造成的对老年期经济保障的影响,以及女性健康在老年期的特殊表现等。在国际层面,妇女老化一直有很多关注,世界卫生组织在 2009 年的报告

---

① World Health Organization. *Active Ageing*: *A Policy Framework*. Geneva, 2002; World Health Organization. *Global Age-friendly Cities*: *A Guide*. Geneva, 2007.

中特别指出妇女健康需要成为公共政策的优先策略,更要从儿童入手,在青少年、成年的历程中关注,才能更好地做好老年妇女的权利保障和健康关怀。[1]

从以上的简述中我们可以看到对老年社会心理的理论分析走过了一条从注重个人技能和特征到注重环境影响,以致到了注重个人与环境交互作用的发展历程,充分显示不同学者在关注老年人社会心理健康方面的不同焦点。可以说,没有哪一种观点有绝对的优势,对社会工作者来说,这些理论可以帮助我们明白和解释为什么有些老年人在与社会互动时会出现一些烦恼和问题,例如,退休后的不适应、丧偶后长期的悲伤、与同伴的人际关系矛盾、社会隔离、自杀、权益受剥夺等,更能指导我们发展适当和有效的干预模式。有些可以从改变个人生活或者思维模式入手,继而改变环境;有些可以从改变环境开始,从而影响个人生活。

第二节　老年人面对的变化

这一节将讨论老年人所要面对的一些重要的变化,包括退休、丧偶、同伴关系以及终身学习。

一、工作和退休

工作和退休是现代社会的产物,在农业社会无所谓退休,只要你继续拥有土地,而又能够参与耕种,没有社会期望说你应该不要再下地劳动,只是有可能在参与的强度方面有所改变。但是,现代社会似乎形成了一个学习、工作、退休三分天下的格局,学校的教育系统在一定程度上规定了从学前、小学到中学的年龄段要受到充分保护,不能参与有偿劳动,国际劳工法也有相应的规定,它的基本原意是保护儿童受教育的权利,在身体情况与工作要求的关系上,也假设工作是成年人的事。更进一步,工作成为成年人独享的权利,当个体到了一定的年龄(在中国,不同的职业身份会有所不同),你就要退休离开工作岗位,成为社会养老保险的受益人。

老年人该不该或者要不要继续从事有收入的工作呢?我们把学习、工作和退休看成年龄的等同分工是不是仍然有社会意义呢?工作对一个人有两方面的意义:一是带来经济收入,支持自己或者家庭生活;二是工作也是个人获得社会支持、实现价值的重要场所,离开工作了很多年的岗位,需要一个适应过程。如果说养老保险制度成功地将工作的第一个职能替代了,那么工作的第二个职能需要用新的更有意义的方法来实现。

---

[1]　World Health Organization. *Women and Health*: *Today's Evidence Tomorrow's Agenda*. Geneva, 2009.

　　退休适应的研究表明,我们首先要了解退休者的不同的动机和背景,在退休人士中有些是被逼提前退休的,特别是在经济转型下部分国有大型企业倒闭,有些女工在40岁就被逼退出参与有偿工作;有些是主动提前退休的,认为自己已经实现了人生目标,也有足够的经济支持来源,于是可以从工作岗位上退下来了;更有一些是由于缺乏工作机会而不能再重新投入到工作岗位上。对于被逼退休和缺乏工作机会的老人来说,退休不是他们预期会发生的事,所以可能需要更多的适应。对于自己选择的退休者,可能已经订立了自己的退休计划。当然大多数老年人会到了规定年龄而按章退休的,虽然在心理上他们知道年龄到了,但是退休适应仍然有可能是一种压力。

　　一般而言,退休适应要经过以下五个阶段:①

　　第一阶段:蜜月期。很多成年人工作了几十年,平时工作也忙,很少有机会可以休息或者安排足够的时间来做自己想做的事,于是退休之后一段时间会是相对平静和甜蜜的。

　　第二阶段:觉醒期。在蜜月之后,老年人渐渐意识到退休生活的真实一面,不用每天早上准时起床,没有人要求自己完成某项工作,吃饭不吃饭没有人理会,生病不用请假,生活规律再也不用与工作配合,想什么时候做什么都没有关系。这些看似自由的生活往往成为退休者产生情绪困扰的诱因。

　　第三阶段:重新定位阶段。在了解了现实之后,很多退休人士能够自己重新定位,找到一些自己乐于参加并且也有能力负担的闲暇活动,这是因人而异的选择,没有一定的规则可言,可以三五知己一起,也可以是独自享受。在此,需要退休人士与家人有良好的沟通,互相理解和支持。特别是在夫妻相处上,以目前的平均预期寿命计,当一方退休或者双方都退休后,夫妻还有大约15到20年的时间相处,而且这段时间健康状况一般还处于良好状况。研究发现,此时夫妻能有共同的兴趣和爱好对婚姻满意度有正面影响,相反,如果各自精彩,例如一个男性长者想学跳交谊舞,而配偶没有兴趣,那么男性长者经常去跳舞不在家,配偶可能会有一些想法,容易引起夫妻之间的矛盾。

　　第四阶段:稳定阶段。当退休人士找到生活的新的重心后,便进入了相对稳定期,在参与活动的过程中,老年人学习重新安排自己的生活和时间,生活似乎又变得有规律起来,新的意义会在这些活动中产生,例如,找到新的快乐、交到新的朋友、接收到新的信息等。与此同时,退休人士也要重新调整与配偶和其他家人的相处模式,时间多了,有时反而更加会增加人际摩擦的机会,如何与家人相处也是一个新的挑战。

---

　　①　D. Reitzes & E. Mutran. The Transition to Retirement: Stages and Factors that Influence Retirement Adjustment, *The International Journal of Aging and Human Development*, vol.59, no.1(2004), pp.63-84.

第五阶段:退休人士角色的结束或者转化阶段。老年人或者由于死亡而不再能扮演角色,或者由于健康的原因由一个生活可以自理的人变成一个需要长期和持续照顾的人,这将在长期照顾一节详细讨论。

成功的退休适应需要几个方面的配合:一是退休人士自身要有动力找到新的人生意义和兴趣,二是社会环境也要为退休人士提供机会、适当的期望和准备。不仅要考虑到年龄的需要,也要考虑到更具体的细节,例如性别、阶层等。研究显示,如果退休人士可以成功发展积极的兴趣,将会对退休适应有积极作用。哪些积极兴趣可以帮助退休适应呢? 主要有两个条件:第一个条件是这个或这几个兴趣对老年人来说要能够带来重要的意义,例如对男性老人来说,能增加竞赛感、增进知识、技巧或者成功感可能非常重要,但对女性长者来说,能带来好朋友之间的友谊和分享可能比有竞争性更重要;第二个条件是老年人的积极兴趣要得到家人的认同,特别是配偶的认同,这样既能增进沟通的话语,还能形成互相支持的平台。这对于社会工作在个人或者小组层面的干预很有启发,社会服务或者政策的角色是用政策或服务来推动退休人士尽快适应,并保证退休人士不会因为经济承受能力、居住地区、家庭组成而没有选择和参与的权利。①

从社会工作的视角出发,我们需要进一步思考的问题有,当退休成为生活的一个主要部分时,人的一生学习 20 年、工作 40 年、退休 30 年左右,那么退休生活基本保障包括经济支持、家庭照顾以及健康照顾等,怎样才能与时并进呢? 例如,如果老年人有持续工作的愿望和能力,怎样在工作环境中消除年龄歧视呢? 这不仅需要法律和政策上的保障,更重要的是全社会共同构建有利环境,这样部分有需要的老年人可以仍然从事有偿工作而获得经济保障。又比如,是否可以推广项目为本的工作,或者是弹性工作制呢? 这样有经验和学识的老年人可以弹性地参与一些符合他们专业特长的工作,发挥余热,为专业和国家继续做贡献,而又能考虑到老年人的身体需要。再如,在家庭岗位上,社会怎样能给予为其他家庭成员提供照顾的女性老人提供足够的物质和心理支持呢? 很多两老互相扶持和照顾的家庭,为社会的长期照顾安排贡献良多,社会的认同和赞许是非常必要的。

二、丧偶与独居

丧偶是人生中最痛苦的生活事件之一,研究表明,丧偶是所有引起压力的生活事件中压力最大的一件事,丧偶不但转换了人生的亲密关系,而且是与几十年相濡以沫的伴侣永远的分离,有研究显示,在丧偶之后的 24 至 36 个月,

---

① G. Nimrod, Retirees Leisure: Activities, Benefits, and Their Contribution to Life Satisfaction. *Leisure Studies*, vol.26, no.1(2007), pp.65-80.

留下的一位老人比没有丧偶经验的人的死亡率以及产生精神困扰的机会率都高很多。

在丧偶之后,人最先要面对的挑战就是丧礼的安排。由于在许多文化中,包括中国,死亡的禁忌依然存在,所以丧礼安排有时会成为活着的家人矛盾的导火线。当亲人要面对悲伤的时候,还要花时间和精神来处理丧礼的具体安排,无疑是双重的压力。

在丧偶的最初,留下的一方往往会得到很多家人的关怀和帮助,但是丧礼过后,持续的关怀常常不太可能,远方的亲戚要回家,就算同住的子女也要恢复日常的工作,留下老人独自面对自己的孤独和对配偶的怀念。在哀伤的过程中,很多老年人会经历以下的几个过程:

首先,是麻木。似乎身边发生的事都不是真的,这个时候人也可以变得超理性,似乎一切都在自己的掌握之中。

其次,是寻找和渴求。渴望在梦里、在生活里再见到死者,或者相信死者会用特别的方法回来相聚。

然后,是混乱和抑郁。当真正感受到亡者已去的时候,内心的混乱和悲伤从心而起,这时候也往往是身边的亲人和朋友开始回复日常生活的时候,留下长者独自面对自己的忧伤,并开始适应新的日常生活琐事,例如,以前所有衣服都是亡者洗的,那么到要洗衣服的时候,一来可能不太会做,二来会睹物思人,暗中落泪。又比如,以前可能吃完饭一起去散步,或者一起看电视,现在人去位空,自己孤零零一个人。到晚上睡觉的时候,更是难免触景伤情,枕已空也,留下斯人独对夜。林林总总的经验使丧偶者可能会需要专业人士,包括社会工作者的帮助,帮助丧偶者从悲伤中重新建立生活的意义,活出精彩的人生。

最后,进入重整阶段,这个时候丧偶者从适度的情绪表达中走出来,重新开始独自的生活。

当然丧偶的老年人可以考虑再寻找合适的伴侣,重新组织家庭,统计显示男性长者再婚的比例比女性长者高,这一方面可能由于社会期望的不同,另一方面可能与男性长者一般更有经济能力有关。无论如何,夫妻两人同年同月同日死的可能性不大,所以与丧偶有密切关系的相关议题就是独居了。从目前的统计来看,全国大约有10%的长者独居,当然城乡差异和不同城市之间的差异不容忽视。独居长者的社会心理需要主要可以从两方面来讨论:一是当老年人仍然健康时如何提升老年人的心理健康水平;二是当老年人出现体弱的情况且需要长期护理照顾时如何能做到一个尊重老年人意愿的安排。这一节只讨论第一点,第二点在后面的章节讨论。

老年人要在小区独立生活,要特别留意以下的几个方面。一是生活自理能力,包括家务、购物、财务管理、药物管理等。二是应变危机的能力,当自己身体不适时,有没有求助的方法,当自己情绪不佳时有没有人倾诉,当自己有经济需要时,有没有渠道提供帮助。这些方面的能力,有的与一生的积累有关,有的可能需要新的学习,特别是那些从未有单独居住经验的人士,这些老人小时候由父母照顾,即便工作了也没有离开父母,结婚后与配偶相互照顾,但也有可能很多家庭事务由配偶负责,那么当在老年期要独自一人生活时,就可能变成一个非常大的挑战。社会工作者在其中可以扮演一些角色,例如可以用历史回顾的方法帮助这些老人家找到自己过去处理类似事件的好方法,强化老人在独立解决问题上的能力感,最终协助老人在小区独立居住。

另外,如何使独居老年人与社会保持有建设性的沟通和联系,也是一个重要的问题。独居老人最大的危机是与社会隔离,每天独自一人生活,在家看电视,用餐一个人,处理家务一个人,外出购物虽然与人有接触,但并非深入的人际接触,例如与营业员的接触等,老人家没有机会讲述自己的心事,也没有可能与人分享自己的生活,所以研究表明独居老年人的精神健康一般比与人同住的老年人要差,他们更容易感到孤独、自尊心低,有抑郁症状,甚至有自杀倾向。

一些社会服务项目从一定程度上可以帮助独居长者解决生活上的实际问题,例如小区食堂服务不仅可以让不会煮饭或者没有能力煮饭的老人享受到定时有营养的饭菜,而且可以给就餐老人提供一定的社交机会。安康通服务等小区层面的紧张求助系统能帮助独居老人处理危机等。但是这些服务最多还只是救急或者物质帮助层面的,较难深入到社会心理层面。前面提过,独居老人的情绪需求大,如何帮助他们面对独自的生活,避免孤独感的产生是很大的挑战。诸多研究虽然对孤独感有很多的讨论,但是真正以实证为基础的有效干预方法还不多,一个有益的启示是社会工作者可以重点帮助老年人保持、培养和建立有亲密关系的陪伴,同性的、异性的,甚至是非人类的动物或者物品,如果老人能与其中的一些人、一些物建立紧密的情感联系,那将有助于去除孤独感。有些独居老人面对的困难可能不是没有朋友或者家人,而是由于各种环境条件的限制,例如身体不便、居住地区相隔很远、又或者居住在不同国家等,他们无法与家人、好朋友等保持频繁的接触,现代化高科技例如互联网上的视频通话可以是一个干预服务的方向,当然,这需要老人有一定的经济基础以及掌握计算机知识和技巧。在这方面小区服务可以发挥作用,以为低收入老人提供互联网服务以及教导老人如何用计算机等新的科技信息来提高生活质量。

三、同伴关系

老年人的同伴关系常常是一个不太受重视的课题,其实,老年人同伴关系能直接影响老年人的生活满意度。怎样才能称之为一个同伴/朋友关系,而不是一般认识的人呢?要称之为朋友需要有以下六个条件:第一,朋友关系是以自愿为基础,而不是建立在任何金钱或其他利益交换条件的基础上;第二,双方有互惠互利的功用,双方都愿意花时间、心意来培养友谊;第三,双方的交往模式有足够的弹性,互相满足日益变化的需要;第四,关系可以终止,当有任何一方或双方感到相互之间的交往已经超出自己可以接受的界限时,可以随时终止关系;第五,平等和互利,在交往的过程中,双方处于相对平等的地位,没有任何一方可以在关系中暗中操控关系的发展或者一方长期从另一方获取利益;第六,友谊有强烈的情感依附关系,任何一方在另一方的生命中已成为情感关怀的一部分。一般来说,朋友/同伴关系需要时间的培育,不是一认识就能成为好朋友的,不过也有不少经验告诉我们,义务工作者定期的探访,久而久之能发展出忘年交的友谊。

在成年至老年期的朋友网络关系,并非千篇一律,但有三种较为典型的形态。第一种是所谓独立型的个体(the independent style),这些人自称没有最好的朋友,他们有一堆同龄的伙伴,但是在他们的心目中,他们感到没有最"铁"的哥们,也没有这个需要。往往是今天和老同学聚会,明天和老同事同游,也不乏分享共同兴趣的友人,这些老年人的情感依附大多不在朋辈朋友身上,而是在家庭或者配偶那里。第二种是选择型的个体(the discerning style),这些老年人有选择性地发展友谊,往往有若干个好朋友,而且与这些老朋友关系非常亲密,无所不谈,这种友谊也常常能维持很长时间。第三种是交际型的个体(the gregarious style),这些老年人有比较广的朋友圈子,而且这些朋友又可以再区分为娱乐的、公益的等,在不同的组合中,老年人交流不同的信息,这些老人也较其他两类老年人更开放,更愿意结识新朋友。①

从总体上说,老年期友谊的特征是成年期的延续,但是研究指出,老年人有减少与朋友交往而增加与家人交往的特征。同时,随着年龄的增长,朋友可能由于疾病而不良于行,或者死亡,所以朋友自然减少是另一个不可避免的特征。一般来说女性老人比男性老人更多地报告自己有亲密的朋友,而且也更愿意花时间来维持和培育友谊。研究也同时指出,不论在哪一个年龄段,我们都相信个体有足够的能力结交新的朋友,在与朋友的交往中,我们分享感受、互相支持,也在有困难时互相扶持。在现代社会,特别是丧偶之后,朋辈支持是老年人一个重要的支持来源。

四、终身学习

在迅速变化的社会,老年人在退休之后,不仅要学习如何适应没有工作的日子,而且在以下的几个方面也有终身学习的需要。终身学习是指个体主动参与

---

① S. K. Whitbourne & M. Sliwinski, Partners and Friends in Adulthood, In R. Blieszner & K. A. Roberto (eds.), *The Wiley-Blackwell Handbook of Adulthood and Aging*, New York: Blackwell Publishing Ltd., 2012.

的为了个人或者参与需要而进行的学习活动。终身学习的发展把个体整个一生都与学习联系起来,使学习不仅成为儿童和青少年掌握知识、发展事业的必要准备,也成为个人不断成长、适应社会转变乃至个人转变的重要环节,离开了终身学习的精神,个体很容易在这个急速发展的知识型社会中感到与社会格格不入,甚至与社会隔离。

对老年人来说,可以参与的终身学习也有很多不同的层面,首先是成人教育,有的老人在年轻时未必有机会读自己想读的书,退休后可以一偿心愿,获得自己想获得的知识。其次有老年大学,能提供学习各种知识、技巧、机会等。再次是自学各种有兴趣的知识和技能来丰富生活。在中国各地,老年大学的建立已经成为一种在小区普遍存在的供老年人终身学习的场所,各级政府也非常重视,不仅在地点和经费方面给予支持,而且更重视推广小区资源共享和共同分担的原则:"政府支持一点,社会资助一点,学费收取一点",推动多渠道支持老年大学在各地的发展。全国老年大学网还建立了远程课堂,方便受地域限制的老年人参与终身学习。[1]

第三节　老年和社会支持

一、老年人和失能问题

第一节介绍老年人生理变化的时候,我们不难发现老年人的健康是老年人要面对的最严峻的挑战。从世界卫生组织对健康的定义来看,健康不等于没有病痛,而是个体生理、心理、社会和心灵层面的健康。其中生理健康的部分对老年人来说一个最关键的因素是如何保持自我照顾能力,或者说是功能性能力健康水平(functioning health)。从社会老年学的角度,功能性健康包括两大范畴:一是日常生活操作能力(Instrumental Activities of Daily Living, IADL),一般包括准备膳食、从事普通家务(洗衣、整理家居、收拾床铺、打扫灰尘、洗碗等)、管理财务(处理账单、日常开支等)、药物管理(依时服药、明白服药指示等)、使用电话、购物和使用交通工具等;二是更基本的日常生活能力(Activities of Daily Living, ADL),例如脱穿衣服和鞋履、在室内走动、在室外走动、进食、如厕、个人卫生护理(梳头、刷牙、洗脸、洗手等)、洗澡、自己移动身体(下床、从椅子上站起等)等。有一些老年人可能由于疾病或者退化而需要他人的协助才能完成以上的各项活动,由于上述活动是老年人独立在小区生活的基本活动,一旦老年人在完成两项或者以上的活动时需要协助,那么就意味着老年人可能已经落入了失

---

① 张娜:"中国老年大学的现状及反思",《高等函授学报》2011 年第 11 期。

能的群体。当然,根据老年人丧失能力的多少以及需要协助的严重程度,又可以将老年人分为全部不能自理,例如长期卧床;部分不能自理,例如在洗澡、准备膳食、财务管理上需要协助的老人。据中国老龄科学研究中心课题组调查统计,截至 2010 年末,我国 60 岁以上失能人口约有 3 318 多万人,占 60 岁以上老年人口的 19.0%左右。[①] 这么庞大的失能人口,需要专业的护理和服务,但是目前我国各类收养性的养老服务机构只有几万个,床位数只有 279 万张,缺口很大。[②]

引起失能的原因可以是单一的,也可以是多方面的,其中疾病和跌倒是主要诱因。跌倒是老年人中常见的意外,在小区居住的老年人跌倒的发生率在20%~40%之间,所以跌倒是在小区居住的老年人健康的一大威胁。由于跌倒会导致入院以及长期的康复治疗,或者导致老人丧失自我照顾能力,所以非常需要做好预防工作。跌倒的危险诱因可以分为内在的和外在的:内在因素包括在跌倒前的自理能力、视觉受损度、平衡能力、脚疾、失眠、高血压、眩晕、心脏病症状等;外部因素主要与环境有关,例如灯光晕暗、湿滑的地板、没有扶手、道路高低不平等;也有由医疗诊断引起的诱因,包括药物反应、缺乏座椅安全装置、服食安眠药以及用护肤品等;更有社会心理因素,包括抑郁情绪、害怕跌倒等。在社会心理因素方面,社会支持是预防跌倒的有利因素,在疾病中有人陪伴,与人有很多的交往等都可以帮助老年人预防跌倒。

就预防老年人跌倒而言,社会工作者可以协同其他专业人员(例如康复师等)在小区开展有针对性的干预:一是要对老年人,特别是体弱老年人进行跌倒风险评估,跌倒风险评估可以用上述的四个方面做参考,如果发现受评估的老年人属于跌倒的高危人士,就需要及时转介专业人士跟进,一般需要医生和康复师的专业跟进,看是否要在药物、环境等方面做出改善。只告诉老年人他有跌倒的风险,要留意自己不要跌倒,有时反而会增加老年人的担心和害怕,诱发跌倒。二是在急诊室加强跟进,急诊室接收到跌倒病人后,可以发展一整套跟进的评估和医务社工干预措施,从而以专业的角度来帮助已有跌倒经验的老年人,让他们可以重拾自信,预防再发性跌倒。三是对于集中收养老人的老人院来说,推行普遍性的健康运动对于预防跌倒没有显著效果,运动应该有针对性地提供给曾经有跌倒经验的、或者有高危跌倒因素的长者。[③]

---

① 中国老龄科学研究中心课题组:“全国城乡失能老人状况研究”,《残疾人研究》2011 年第 2 期。

② China Research Centre on Ageing. Press release on "*A National Study on Frail Older Adults in Urban and Rural China*" by Zhang K. D., 2011.

③ 陆燕弟:“老年人跌倒的相关因素及预防护理”,《护理研究》2007 年第 12 期;G. Feder, C. Cryer, S. Donovan & Y. Carter, Guidelines for the Prevention of Falls in People Over 65. *British Medical Journal*, vol. 321,2000,pp.1007–1011.

　　失能的另一个重要因素是智力活动能力下降,有些老年人可能还没有下降到老年痴呆症的水平,又或者是没有到医院去接受诊断,但一般相信智力能力下降会影响老年人的生活自理能力。作为一名社会工作者,了解初期智力能力下降的特征非常重要,在此基础上,可以及早识别有智力缺损的老人,鼓励他们去寻求各种帮助,同时也可以帮助家人充分了解老年人的情况,支持家人如何在家中照顾由于智力能力下降导致的失能。常见的早期智力下降的行为表现包括:

　　第一,近事记忆衰退,不记得昨天或者当天早些时候发生过的事,例如说过的话、见过的人,答应要做的事等。

　　第二,在过去一直熟练掌握的活动中表现困难,例如准备膳食、打电话、或者下棋、打牌等,要留意这些活动长者在以前一直能自己独立完成,不需要帮助。

　　第三,语言能力下降,有时发生词不达意、提笔忘字的情况,如果老人有书写能力,其写出的句子的完整性和流畅性都受影响。

　　第四,时间和地点定向不清楚,老人家开始不能准确报告时间和地点,这是非常有危险性的行为特征,因为老人在街上时会不知道自己要去哪里,或者如何回家,有一些失智老年人就因此而走失了,如果得不到及时的帮助,他们可能会有生命危险。

　　第五,判断能力下降,在应对环境而需要做出相应的行为改变时,他们往往不能很恰当地做出调整,例如着装和季节、场合不配合,或者一下子花很多钱买一些自己不那么需要的物品或者服务。

　　第六,抽象思考能力下降,如果该长者本来是有一定的知识水平,那么他可能会表现出与本来具有的知识水平不符合的行为,例如,无法做出简单的数学题,无法用简短话语来表达一段文章的中心思想等。

　　第七,错误放置物品,在非故意的情况下,将某些物品放置在不应放置的地方,例如将房门的钥匙放在冰箱里,将糖放入洗衣机,将鞋子放入衣柜等。

　　第八,情绪和行为的改变,老人家的行为表现出他情绪不稳定,又或者是无缘无故发脾气等。

　　第九,性格改变,人一生的发展会逐渐形成与周围环境互动的一些行为模式,当人的智力能力开始下降的时候,个体可能表现出很不寻常的行为模式,例如怀疑、困惑、依赖他人等,有的老人由开朗转为内敛,有的老人由内敛转为外向,甚至有攻击性。

　　第十,缺乏生命的动力,变得越来越被动,坐着不动,常常打瞌睡,不去参加过去常常参与的活动等。

这些特征未必与老年痴呆症画等号,但是大体上说,如果一个老年人开始较为频繁地表现出这些特征,那么就可能需要咨询医生,做进一步的检查和诊断。目前在中国大陆,这种情况下的老人可以到神经内科或者精神科就诊。研究显示,在老年人群中智力受损的高危因素包括:高龄、女性、教育程度低以及与脑血管病变高危因素相关的指标,例如高血压指标长期在 160/100 以上、总胆固醇数值超过 8、有缺血性心脏病以及糖尿病且有胃病变的人士。而研究也同时指出,有规律地参与体育运动可能可以预防智力受损。

失能对老年人的打击不仅是生理上的,而且是心理和社会性的。成年人自己照顾自己,独立生活似乎是天经地义的事,很少有人没有这种能力,所以对一个刚刚失能的人来说打击会很大,通常老人会不能接受自己需要他人的照顾,与照顾者发生摩擦。老人还会在长期需要照顾的情况下产生自卑心理,感到自己没用了,成了别人(特别是家人)的累赘,心情不佳,甚至感到抑郁,或者产生自杀轻生的念头。① 社会工作者可以在如何帮助老年人接受自己的失能方面做出干预,例如,《最后十四堂星期二的课》就十分具体地描述了一个老人家如何能逐步接受自己的失能,并从中找到生命意义的故事。②

失能对老年人的更大影响是老年人必须因此而改变一些惯常的生活模式,而学习与自己的失能共处。例如,如果一位长者由于中风而不良于行,那么他就必须为日常生活的购物、准备膳食、家务等寻求帮助,因为如此,他可能需要学习使用助行器或减少外出,调整自己参与朋友聚会和社会活动的频率。所以很多研究指出,失能对老年人的影响是全方位的,一个显著的影响是老年人减少与外界的接触,与社会渐渐疏离;另一个是心理上的失能感,对自己的信心也开始下降,容易出现精神困扰。

对失能老年人来说,社会工作者大有可为,不过干预的目标不能一概而论,而要根据每一个老年人的具体情况而定。例如一个老年人不幸跌倒,但是在手术后显示出很强的复康潜力,那么一定要充分利用三个月的黄金康复期,希望能在最短的时间内通过康复治疗(例如物理治疗、职业治疗、运动训练、言语治疗、心理治疗等),帮助老人恢复能力。但对大多数失能的老人,失能可能是一个永远的事实,而且还有继续严重的危险,那么干预的目标是什么呢? 从一定意义上说,干预的目标有两个方面:一方面是提升个体的社会功能,在提供协助和辅助的情况下,协助个体尽可能地去实现社会功能,例如到社交场合或者公共场合与人接触,进行如常人一般的用餐、如厕、作息时间等;另一方面是提升患者的生活

① B. Mezuk, L. Edwards, M. Lohman, M. Choi & K. Lapane, Depression and Frailty in Later Life: A Synthetic Review, *International Journal of Geriatric Psychiatry*, vol.27, no.9(2012), pp.879-892.

② [美]米奇·艾尔邦:《最后十四堂星期二的课》,白裕承译,台北:大块文化出版股份有限公司1998 年版。

质量,当恢复能力已经变得不太现实时,干预或者提供服务的重点就在于提升生活质量,包括老年人自己以及他的家人。关于失能老人特别是老年痴呆症患者的生活质量有不少文献讨论,重点在于如何能准确可靠地测量失智老人的生活质量,其中比较重要的考虑是在失智的不同阶段,生活中不同的部分会对同一个个体有不同的影响,例如,在早期和中度痴呆时,自主决定参与什么活动可能是一项重要的生活质量指标;但是在晚期、重度病人身上适用性会低一些,但依然是一个要考虑的范畴。研究指出,测量失智老人的生活质量要考虑以下几个范畴:一是正负面的情感,在对华裔老人的研究中发现,自尊与正面情感融合成一个范畴,自尊对华人老人来说更多地考虑是否与社会关系相融合;二是焦虑,研究证实,早期失智与很多神经性症状相关,呈焦虑症状;三是感官的审美方面,虽然失智老人在逻辑思维、解决问题、自我照顾方面相对较弱,但这不一定必然影响他们用感官来接触世界,例如听音乐、观察动植物、欣赏艺术品、接触大自然等;四是归属感,感受到自己仍然被需要,有人喜欢。①

从社会心理的角度出发,对失智老人的干预与对他们家人的干预同样重要。那么什么样的干预对失智老人的照顾者最有效呢?研究发现,失智老年人的家庭照顾者在刚发现老人开始有智力缺损时,需要在角色和心智上做出调整,一是了解失智的特点以及对老年人的影响,二是学习如何照顾失智老人。随着时间的推移,社会工作者或者其他专业人士可以向家庭照顾者提供健康教育以及心理咨询,这有利于提升家庭照顾者的心理健康以及对照顾者角色的认同,更能减轻压力感和抑制负面情绪,还有短暂住宿服务也有利于减轻照顾者压力,而且要使照顾者能长期从事照顾工作,持续的服务性支持是必不可少的,不然可能照顾者只能短期受惠,当服务停止时,照顾者的压力又变大了,会影响他们提供照顾,对受照顾的老人也非常不利。最后要关注的还有,失智老人一旦被诊断为老年痴呆症,他的病程可能很长,而且在不同的时期行为和情绪变化都不同,如何为不同病程的家庭照顾者提供支持服务也相当重要。②

二、老年与社会支持

在任何一个年龄阶段,社会支持都是重要的社会资本,但是在老年阶段,社

①　Y. Chiu, Y. Shyu, J. Liang & H. Huang, Measure of Quality of Life for Taiwanese Persons with Early to Moderate Dementia and Related Factors. *International Journal of Geriatric Psychiatry*, vol.23, no.6(2008), pp.580-585.

②　H. Brodaty, A. Green & A. Koschera, Meta-Analysis of Psychosocial Interventions for Caregivers of People with Dementia. *Geriatrics*, vol.51, no.5(2003), pp.657-664.

会支持的功用更加凸显出来。① 下面将简单介绍社会支持的定义、功能、分类和理论模型。

关于社会支持的定义,目前还缺乏公认的统一定义,一般认为社会支持的定义可以随着不同的理论取向而有所不同。首先,社会支持可以理解为个体社会交往的网络的大小、网络的组成和网络中主体与其他人的交往频率。多大的网络才算是大呢? 大的网络是否一定比小的网络好呢? 一般认为,网络小到一定程度,例如只有1~2位家人和朋友,将不利于老年人从中互相交换有用的信息和获得必要的帮助,但是到了7~8个或更多又似乎起不到很显著的作用,因为个体要与网络中的他人保持良好的互动关系,如果人数太多,那么个体有限的时间又未必可以分配给网络中的每一个人。其次,社会支持也可以从行为角度看个体与周围的人互相交换行为发生的频率,从这个视角出发还有两种看法:一种观点只看个体从周围的人际关系中获得的支持性行为的频率,例如日常生活上获得帮助的频率,金钱上获得帮助的频率,还有情感上感到支持的频率;另一种观点认为,只看获得多少无法充分表达社会关系的复杂性及互依性,所以建议要再看互相交换的社会支持的特征,是“等价”交换还是“非等价”交换,而在家人中“非等价交换”较易产生及被接受,因为与家人的关系有历史性,在一定时段内的“非等价”不完全等同于非等价,也许当事人认为过去已经付出了很多,或者未来可以有机会回报对方,在朋友之间的“等价”关系会比较容易长时间维持。还有一种是从自我评价的方法来看社会支持,所谓支持是个体感受到可能会接受到的支持,这是对现有的支持网络可能给予支持的评价。这个概念比较多地与信心挂钩,即个体有多大信心在他的人际网络中能得到实时所需的帮助。

不论从哪一个视角出发,社会支持网络的来源主要有三个方面:

第一方面是家人,包括配偶、子女、孙子女、亲戚以及名义上的亲戚例如“继女”等,由于与家人的关系要么以血缘为基础,要么有婚姻关系作为联系,所以一般家人的支持可以是非条件性的,也可以非常实时。但是社会关系决非只有互相支持的一面,社会关系中关系密切的人也有较多的机会陷入矛盾和冲突中,又或者由于互助关系的建立也会有一些人在有需要时向家人提出他人无法满足的要求,而个体有时又怕不帮家人、亲戚会伤感情,所以也容易陷入矛盾之中。

第二方面是朋友关系,在前面已经有了一些讨论,老年人的朋友网络可以是从成年期延续下来的,也可以是在老年期中交的新朋友,不论是新朋还是旧友,由于朋友关系的友谊没有血缘或婚姻关系中有那么强烈的责任感或依附感,朋

① V. W. Q. Lou & N. Lu, Social Support and Well-being of Older Adults in Eastern Asia: A Systematic Review, In S. Y. Chen (ed.), *Social Support and Health: Theory, Research, and Practice with Divese Populations*, New York: Nova Science Publishers, Inc., 2013.

友关系是较家人来说更容易改变的一种。朋友所能提供的支持多为信息性的，当然朋友还可以为个体提供归属感，或者在一起参与共同有兴趣的活动，参与终身学习，但是要朋友持续不断的每天为对方提供帮忙就比较少见了。

第三方面是对个体有非常重要意义的人，他们中有可能是家人中的一员，也有可能不是，不分年龄、性别，有的可能是忘年交，有的可能是过去的老师等，他们的支持往往与生命的价值、意义、克服困难的勇气和信心有关。

那么社会支持有什么具体的功能呢？在这一点上也没有非常一致的共识，一般认为，纬斯（Weiss）在20世纪50年代末指出的社会网络的六大功能仍具有现实意义。

一是社会支持网络中的人成为依附及被依附的对象，在这种情感的依附中，个体以及他周围的社交网络都获得了人所必需要有的安全感。

二是在社会支持网络中，个体与网络中的人一起实现社会融合，个体无法在社会中单独存在，必须与他人直接或间接地发生关系，以产生一种群体融合的感觉，在与社会关系与网络交往的时候，个体与网络中部分人或者全部人产生共鸣，分享类同的兴趣和价值观。所以社会支持网络有助于老年人培养健康生活习惯，例如一个人做运动缺乏动力，一群人一起做就有助于培养良好的运动习惯；又例如戒烟，一个人做可能感到很困难，但是如果大家一起互相鼓励，就不会觉得这么难。在这些交往的过程中，老人也可以接触到不同人对同一事件的不同看法，学习更正面、积极地面对生活。

三是社会网络也为个体提供一个教养和培育他人的机会，特别是当个体有自己的下一代，甚至再下一代的时候，通过与子女和孙子女的交往互动，个体将文化传统、家庭规条以及人生的经验和智慧传递给他们，也间接地将这些传承活动转化成整合生命的过程，为老年人带来新的生命意义。

四是个体在社会支持网络中肯定自己的成长，在不同的人生发展时期，我们改变交往的圈子，从中小学同学到大学的故交、老师，再到同事、好朋友等，随着个体的人生发展阶段，人际交往圈子的改变见证了个体的成长轨迹，并带给个体自尊。

五是社会支持网络提供一种可靠的、能互相帮忙的感受，在家人、亲戚的圈子中这种感受会相对强烈，所以个体通常会在有需要的时候首先向家人求助，因为个体感受到家人是可以依靠的"避风港"。

六是人际圈子也是在有困难的时候获得有用信息的渠道，在日常交往中我们已经积累了很多的信息，某甲对法律事务很熟，某乙有非常多的社会关系，某丙的家人是学校老师，那么在个体遇到相应的挑战或困难的时候，就会按照自己的判断去寻求帮助。有时候，可能只是为个体提供信息已经足以帮他克服难关，当然更多的时候是物质上的支持或者心灵上的安慰。①

　　从以上的讨论我们可以看到,社会网络对个体的作用既广又深,从广度上说,社会支持可以包含物质、心理、信息、精神等各个层面;从深度上看,社会支持网络陪伴个体成长,从依附关系到亲密伴侣,直到老年期的代际关系,可以说是一步步地伴随个体成长。由此可见,当个体缺乏社会支持的时候,这种影响可以是非常深远的。根据鲍比(Bowlby)的依附理论,如果在童年期缺乏好的支持系统,儿童会感到这个世界不安全,并对儿童期的后续发展造成很深远的负面影响,包括学业成绩、性格、行为问题等;在儿童及青少年期,朋辈及父母的支持是青少年健康成长的关键;在成年期社会支持网络是个体面对生活压力的最好伙伴,在这个时期如果不能维持良好的社会支持网络,个体往往会因为缺乏面对压力的资源而容易陷入困境。

　　最后到了老年期,社会支持网络从两个层面帮助老年人迎接生活的挑战。首先是称为直接作用的模型,在这个层面,良好的社会支持网络直接影响老人的健康,包括生理健康和精神健康,例如较少疾病、较少跌倒、较少住院、生活满意度较高、较少抑郁、焦虑、也较能够重整自己的生命等。同时,社会支持的作用在当个体面对压力的时候能够发挥得更大,这是所谓非直接的作用机制(buffering effect),或者叫缓冲机制。可以想象的是,社会支持网络中充满各种资源,当一个老年人有很充分的支持网络时,在没有遇到困难时,可以起到互相分享快乐、兴趣、信息的作用,一旦遇到困难,老人家就可以依照自己所面对困难的性质和程度,解决困难的难度以及所需要的资源,有针对性地发出求助信号,支持资源越丰富,那么得到适当资源来解决困难的可能性也就越大。② 如果一个老人家身边只有一个配偶,没有子女也没有朋友,那么比起一个老人家身边有配偶、子女、孙子女、好朋友来说,面对同样的生活压力,后者解决问题的资源会丰富很多。这也是许多学者在近年来不断讨论的是"四二一"问题,即一个独生子女照顾两个父母和四个祖父母的说法,这是未来中国要面对的由于生育政策和家庭结构变化所带来的一个重要挑战,到那时候,不是子女愿不愿意照顾父母的问题,而是子女有没有能力和时间的问题。当然,这个挑战的解决不在一代人身上,而是要每一代人、乃至全社会的人都要清楚意识到社会支持网络的重要性,如果在家庭内部的网络有限,就要设法到家庭以外去建立网络,由年轻时做起,到年老了才能有相互支持的网络。

　　当然,我们也要充分认识到,我们讨论的社会支持网络主要指非正式的支持

---

　　① S. E. Taylor, Social Support: A Review, In H. S. Friedman (ed.), *The Handbook of Health Psychology*, Oxford: Oxford University Press, 2011.

　　② S. Cohen, Stress, Social Support and Disorder, In H. O. F. Veiel & U. Baumann (eds.), *The Meaning and Measurement of Social Support*, New York: Hemisphere, 1992, pp. 109-124.

系统,例如来自配偶、子女、孙子女、亲戚、朋友、邻居等的支持。这种网络的支持有相当的自发性和互惠性,"临时抱佛脚"似的寻求帮助往往效果不大,或者只能得到 1~2 次的帮助,而老人家需要的帮助(一旦需要)往往是比较长期和持续性的,例如老人家有慢性疾病需要长期的护理,老人家突然中风需要康复活动,老人家独居需要建立互助小组,老人家得了癌症需要长时间接受治疗等,一个稳定可靠的支持不仅可以在日常生活上帮助有需要的老人,而且可以在心理上提供安慰,在精神上给予关怀,这是用金钱无法买到的。①

第四节　老人社会工作的重要议题

一、老人自杀

老人自杀在全世界都是一个令人关注的问题,根据世界卫生组织 2002 年的报告,全球不同国家按年龄划分的每 10 万人中,自杀人数在 65 到 74 岁组和 75 岁以上组别的性别差异很大,女性从 22 到 41 人不等,男性则由 9.8 到 46.1 人不等,在 75 岁以上组的自杀人数升高,女性由 3.4 到 34.1 人不等,亚洲国家如日本处于高端,而澳洲、英国处于低端。但是,中国的数据显示老年人自杀比率相对较高,尤其是在农村,65 到 74 岁女性每 10 万人为 70.4 人,男性 83.8 人,75 岁以上男性每 10 万人为 39 人,女性 102.8 人。就是在城市,65 到 74 岁女性每 10 万人有 17.1 人,男性 16.5 人;而 75 岁以上的男性每 10 万人为 39.9 人,女性 27.7 人。

对中国自杀人口的一般研究表明,自杀的高危因素与其他国家有相似性,例如自杀高危人群的特征包括:一是较高抑郁症状分数;二是过去曾经有自杀的行为;三是在自杀前面对很大的压力;四是生活质量不佳;五是有长期的压力;六是在自杀前有较严重的人际冲突;七是在家人、亲属中曾经有人有自杀的行为;八是有朋友曾经自杀。②对中国老人自杀的研究表明,老人自杀与贫穷以及缺乏足够的资源和社会服务来满足老年人的长期需求有关,例如当老人身体转差又长期受病情的煎熬时,如果老人没有足够的社会支持来满足自己的健康、医疗和情感需要,很容易绝望,再加上长期病患与抑郁症关系密切,老人更是高危一族。另一方面,在社会环境特别是家庭结构日益变化的当今社会,越来越多的老人两老同住,子女流动性大,有时候无法提供适切的照顾,但是社会上又缺乏能提供可及性高的专业服务的选择。在城市,如果经济负担能力尚可,还可以请家庭雇

---

① 刘婕,楼玮群:"完善上海居家高龄失能老人亲属照顾者的社会支持系统",《华东师范大学学报(哲学社会科学版)》2012 年第 44 期。

② M. Phillips, G. Yang, Y. Zhang, L.Wang, H. Ji & M. Zhou, Risk Factors for Suicide in China: A National Case-control Psychological Autopsy Study, *The Lancet*, vol.360, 2002, pp.1728–1736.

工来帮忙,但这有时也不足以解决照顾的难题:一来家庭雇工的稳定性不足,特别是长假期间,家庭雇工回乡多,对有需要照顾老人的家庭来说挑战很大;还有因为照顾老人不仅需要一般的家居生活照顾能力,而且需要一些专业的护理知识和技巧,家庭雇工未必掌握。研究指出,在无子女照顾的情况下,家庭雇工只能起到有限的作用。[1]

自杀对家庭和社会的影响很大。从家庭来看,自杀对家人的打击难以用言语来形容,有研究指出当夫妻一方自杀后,另一方也自杀的可能性比其他人高很多,还有身边的其他家人例如子女、孙子女和其他亲戚朋友等。这些人都需要社会工作者的特别关注,提供哀伤辅导是一种方法,一般而言,针对自杀者家人的哀伤辅导要特别留意家人的情绪反应,例如自责等,"如果我那天帮他一下就好了""一定是我做错了什么事他/她才这样做的""我应该可以……",愤怒、恨自杀者为什么要用这种方法给家人带来很多的烦恼,恨自杀者没有交代这些,没有交代那些……当然还有如何可以和子女或者其他亲人沟通和解释,在整个哀伤辅导中,自杀者家人的需要可能会更复杂和多样化。[2]自杀对社会也有很大的影响,一是通过传媒的宣传,自杀会有一定的感染力,影响那些曾经想过但还没有采取行动的人。另外,自杀会引发警察、医护人员等的参与,增加社会开支,如果自杀者仍有劳动能力,那么无形中社会也损失了未来可能的生产力。[3]

在自杀的高危因素中我们看到,自杀往往不是由单一因素引起的,需要在不同的层面作出积极的预防工作。根据世界卫生组织的建议,社会工作者至少可以在以下几个方面有参与:

第一,是完善小区层面的公共医疗体系。预防胜于治疗,协助在小区对精神疾病的早期发现和实时治疗非常重要,研究发现,对抑郁和焦虑症状的治疗,包括心理治疗可以有效地预防自杀。

第二,是针对不同性别和年龄组别人群的干预计划,对老年人的干预至少要考虑在农村和城市的不同情况以及性别差异。例如在农村,由于老人绝大部分要依靠家庭,所以贫困可能是一个重要的因素,而且农村的小区服务还没有规模地发展起来。在城市,大部分老人都有退休金,但是在养老机构缺乏床位、小区服务刚刚起步的情况下,干预的重点可以放在为贫困而且有长期病患的老人提

---

[1]　A. M. L. Chong, C. W. Kwan, I. Chi, V. W. Q. Lou & A. Y. M. Leung, A. Y. M, Domestic Helpers as Moderators of Spousal Caregiver Distress, *Journal of Gerontology*: *Social Sciences*, 2014.

[2]　R. Naef, R. Ward, R. Mahrer-Imhof & G. Grande. Characteristics of the Bereavement Experience of Older Persons After Spousal Loss: An Integrative Review, *International Journal of Nursing Studies*, vol.50, no.8 (2013), pp. 1108-1121.

[3]　D. D. Luxton, J. D. June & J. M. Fairall, Social Media and Suicide: A Public Health Perspective, *American Journal of Public Health*, vol.102, no.2(2012), pp.195-200.

供小区服务,同时针对抑郁和焦虑症状提供辅导服务。

第三,是加强在医系统中的不同部门的合作,合力在早发现、早跟进、早治疗上下工夫。例如在急诊室对尝试自杀者进行登记,并即场安排精神科的跟进。

第四,所有的参与老龄工作及医护工作的人员都应该接受有关自杀高危因素和预防的培训。对生死教育或者死亡学的培训也相当重要,因为在大部分的情况下,社会工作者是在最前线接触老人,指导社工有足够的知识和能力来做早期识别,对有针对性的干预将会有很大的帮助。

第五,自杀预防不能离开实证研究的基础,在中国关于自杀预防的研究还很少见,需要在外国研究经验的基础上做本土研究。例如在外国研究中认为有效的方法——加强前线医护人员对抑郁症的识别和限制接触可用于自杀的致命工具等,[1]这些结果对中国预防自杀有没有借鉴作用呢? 值得我们深思。

第六,传媒在报道自杀的时候要考虑自杀对公众,特别是对高危人群的影响,同时也要考虑到互联网等新型媒体日益发展的今天,媒体在传递健康相关的信息时,不能再过多偏重于下结论、做判断,或是过多地挖出自杀者的"故事",希望能把"责任者"找出来,而应该采取以事实为依归的方法,让读者能接触到信息,然后做出自己的判断,这也同样适用于媒体宣传健康知识等方面。[2]

二、虐待老人及老年歧视问题

虐待老人是一个很广义的词汇,用来形容对个体物理的、性的以及心理上的不良对待,大部分情况下受虐待的是有残疾的老人或者是体弱的老人。虐待从形式上分有以下几种:

一是物理虐待,包括打耳光、挫伤或者用限制移动的方法造成老人受伤或者引起身体的疼痛;

二是性虐待,包括用任何种类的方法发生非自愿性的性接触;

三是情感或者心理虐待,包括羞辱对方、恐吓或者威胁老人;

四是经济或物质生活上的虐待,包括不经老人同意动用老人的金钱和财产;

五是忽略照顾,包括不能提供适当的照顾和关怀,不理会老人,不给老人安排适合的医护治疗或者服务;

六是自我忽略,指老年人自己表达或作出伤害自己健康或者安全的行为。

在中国关于虐待老人的研究不多,在美国的代表性样本研究发现,在全国样本中大约有9%的老人报告在过去一年中受到语言上的不良对待(情感虐待),

---

① J. Mann, A. Apter, J. Bertolote, A. Beautrais, D. Currier & A. Haas, et al, *Suicide Prevention Strategies a Systematic Review*, *JAMA*, vol.294, no.16(2005), pp.2064-2074.

② World Health Organization Regional Office of Europe, *From the Margins to the Mainstream*: *Putting Public Health in the Spotlight*: *A Resource for Health Communication*, Geneva: World Health Organization, 2003.

31.3%受到经济/物质上的虐待,只 0.2%报告受到物理上的虐待。①在中国还没有全国性的研究报告,一份在南京的研究指出,有 35%的受访老人(共 412)人可以被评估为受过不良对待或者虐待,最常报告的种类是被受照顾者忽略,然后是经济/财产上的虐待、心理/情绪上的虐待、物理虐待及性虐待。有高达 35%的受访者报告有超过一种的虐待同时进行。研究同时指出在虐待老人方面高危的个人因素有女性、低教育水平以及低收入。②在外国研究发现的其他高危因素包括高龄、少数族裔、贫穷、体弱或者是智力受损。不难想象,当老人由于贫穷而要依靠他人时,俗语说"长贫难顾",照顾者难听的话语可能就来了,这时如果老年人仍有能力可以帮助做一些家务,情况会好一些,但是如果老人体弱,又或者加上智力受损,那么照顾者忽略老人的机会就出现了。在失智老人群体开始出现和性虐待有关的极具争议性的事件,丈夫和患有老年痴呆症的妻子发生性行为,在妻子去世后被妻子的孩子控告强奸。

与其他年龄段的虐待个案类似,虐待老人也多发生在照顾者身上,由于受照顾老人可能在照顾上有持续的需要,而照顾者又没有能很好地平衡自己的生活和照顾者的角色,难免有时会情绪波动,有学者指出,如果我们能够让照顾者知道一些行为表现是虐待行为的前兆,那么有一些虐待行为可能可以实时发现并被制止。这些行为表现在情绪和行为两方面的冲动,行为冲动包括不想为照顾者提供食物、有打受照顾者的冲动、想把受照顾者禁锢在一处以及想用粗暴的方法对待受照顾者。在情绪方面的冲动有想对受照顾者尖叫、想用粗言秽语对受照顾者说话以及威胁受照顾者说"再这样就不照顾你了"等。③

虐待老人是零容忍的,但是虐待老人的报告/通报渠道颇有争议性:一是口头上的、言语上的不良对待可能与文化和教育程度有关,较难分辨哪些是在某些场合可以接受的粗言秽语,而哪一些是虐待;再者,虐待需要受虐者出来指证,但是谁又真正会忍心指证自己的配偶或者子女呢?再加上心理/情感上受虐待取证很难,所以报告老人虐待是一个比其他类虐待更难的范畴。要干预必须从两方面入手:一是对高危人群、体弱老人的照顾者,我们需要提供适切的服务,使他们在照顾体弱老人之余,也有时间照顾好自己的情绪,能得到充分的休息,以及获得受照顾老人疾病和身体状态的相关的知识和护理技巧;同时,我们在全社会

① E. Laumann, S. Leitsch & L. Waite, Elder Mistreatment in the United States: Prevalence Estimates from A Nationally Representative Study, *Journals of Gerontology Series B: Psychological Sciences and Social Sciences*, vol.63, no.4(2008), p.248.

② X. Dong, M. Simon & M. Gorbien, Elder Abuse and Neglect in An Urban Chinese Population, *Journal of Elder Abuse & Neglect*, vol.19, no.3(2007), pp.79-96.

③ M. Lee & S. Kolomer, Design of An Assessment of Caregivers' Impulsive Feelings to Commit Elder Abuse, *Research on Social Work Practice*, vol.17, no.6(2007), p.729.

要大力提倡互相尊重,尊老爱幼的社会风气,使尊敬老人、爱护老人成为社会的共识,避免对老人的偏见和歧视。满足照顾者在经济、知识、社会支持和情绪资源上的多方位需要,提升照顾者的生活满意度。[①]

　　歧视是指对一个群体的一些不公平的看法,这些看法只是根据一些表面或者非全面的信息而形成,不能反映判断对象的真实情况。歧视的种类有很多种,例如种族、性别、地域、特长、工资、就业、职业、人力资本投资等。对老年群体来说,中国有 56 个民族,虽然汉族在很多地域是多数,但少数民族老人的福祉要受到尊重,而在政策上的倾斜需要全面的讨论和共识。例如目前国家推行的少数民族优惠政策就有网民认为是歧视汉族或者对汉族有偏见。在性别歧视方面,女性和男性同样有机会受歧视,例如女性被期望要照顾家庭,男性可能被期望要养家糊口等。在工作方面,老人受歧视的情况也不少见,例如由于年龄关系而受雇用机会的减少,或者受雇时接受再培训的机会减少等,这些对老年人的不公平的对待会在社会中形成一种对老年人负面的看法,例如“老年人没有年轻人那么能干”“老年人动作慢不适合做某些工作”“老年人退休了没有用了”等,久而久之,老年人自己也会内化这些对自己的负面看法,认同那些对老年人不恰当的态度、社会价值观以及看法。[②]更有甚者,社会工作者或者其他老年工作者也难免内化社会上对老年人歧视的观点,对老年群体形成一些简单、划一的不准确的印象,这样会大大影响社会工作者服务老年人的志愿、热忱和爱心。若要改变年龄歧视,立法是一个首要的保障,但是在日常生活中要多推动不同年龄层的人面对面的交往,交流生活经验,改变简单印象,从生活中去了解老年人的多样性,欣赏老年人的能力、优点和长处,也看到他们由于年龄增长而表现出的限制和困难,这样才能更好地为老年人提供服务。

三、体弱老人照顾与服务

　　本章在前面已经讨论了体弱老人的特征——在日常生活中需要协助,这里重点阐述体弱老人的照顾系统。从照顾的角度来说,可以分为非正规照顾和正规照顾:非正规照顾由家人或者家庭佣工提供,在全球范围来说,家庭照顾者承担了大部分体弱老人的照顾工作,所以对他们的支持服务是相当重要的;在正规照顾方面,有两类服务,一类是以小区为基本的居家服务,另一类是院舍服务。

　　院舍服务应该被视为高龄体弱、重度失能、失智老人提供服务的场所,由于院舍化的生活管理对个人的活动有一定的限制,所以非到不得已,应该首先考虑

---

　　①　楼玮群、桂世勋:“上海高龄体弱老人家庭亲属照顾者的生活满意度:照顾资源的作用”,《人口与发展》2012 年第 3 期。

　　②　H. Jönson, We Will Be Different! Ageism and the Temporal Construction of Old Age, *The Gerontologist*, vol.53, no.2(2013), pp. 198-204.

在小区寻求服务。从文献研究来看,院舍对体弱长者的照顾服务有两个趋势。首先,院舍照顾的老人中老年痴呆症的比例越来越高,明显看到老年痴呆症患者于病程的晚期在小区生活确实有很大的困难,那么在院舍照顾老年痴呆症患者有哪些要留意的地方呢?一方面,是环境设计,由于老年痴呆症患者智力有限,而且经常有游走等行为特征,环境设计要特别留意,如何增加环境中的指引,尽量运用游走走廊的设计,还需要在环境中增加自然元素,例如花草、鱼鸟、小动物等元素都能有效地激发老人的感知,因为老年人最后仍会对自然环境有感官上的反应;另一方面,是生活规律训练,尽量保持老年人的独立生活能力,并提升他们的生活质量。从总体上说,要把照顾模式从消灭症状转移到以人为本的服务模式,院舍老人的尊严和选择要放在重要的位置上,避免可能出现的不良对待和不必要的限制活动。还要培训服务提供者用身体语言和情绪表达来与老人沟通,这些转变都可以有效地预防行为问题的出现,提升老人生活质量。[①]在这样的观念下,社会工作者作为在院舍提供服务的跨业界团队队员之一,可以从以下几个方面提供自己的专业判断和服务:

首先,可以帮助评估老年人家人的情况,从家庭的角度提出如何能在院舍照顾的环境下仍然可以保持与家人的密切沟通,也鼓励家人在照顾老人方面在不同阶段做出不同程度的贡献,在需要的时候可以进行适当的辅导服务。

其次,对于早期痴呆症的老人,可以通过辅导服务增加患者心理上的准备,也帮助消除可能有的情绪困扰。举行家庭会议可以帮助患者和家人一起来面对一些将来可能会有的重要决定,例如是否要立遗嘱,是否要做预前医疗指示等,在这些过程中,老人的参与非常重要,只要老人还有一定的智力,我们就要把握机会听他们的意见,并实时将他们的意见传达给家人,做好老人与家人的沟通和交流工作。

最后,社会工作者可以设计一些融合了行为治疗原则的日常生活法则,帮助解决日常生活中由于生活习惯、智力水平、疾病所引起的行为问题。[②]针对每一个特定的行为问题,例如某个老人说要回家看老伴,其实他的老伴在几年前已经去世,但这位老人又每天都因为不让他回家而吵吵闹闹,这时候社会工作者就可以通过行为观察了解是否在某种特定环境下(时间、地点)这个行为会被激发,然后尝试找出可以改变行为刺激的诱因。当然,要在院舍改变个人行为不是一个人的努力就可以实现的,要运用团队力量,设计新的行为奖赏机制来建立新的行为模式。一些在文献中报道的诱发问题行为的原因包括:与照顾者或者其他

---

① X. B. Zhong & V. W. Q. Lou, Practice Person-centred Care for Demented Older Adults in Hong Kong Residential Care Facilities: A Qualitative Exploration, *Asia Health Care Journal*, 2012, pp.14-19.

② C. H. Sadowsky & J. F. Galvin, Guidelines for the Management of Cognitive and Behavioral Problems in Dementia, *The Journal of the American Board of Family Medicine*, vol.25, no.3(2012), pp. 350-366.

院友接触、感到厌倦/无聊、进入昏睡状态、感到有压力/挫败感、焦虑、疼痛、饿或者渴、生病了或者是有药物反应。社会工作者可以寻着这些线索去尝试发现某一问题行为的诱因,并设计相应的干预措施。那么在院舍中如何实施奖励呢?获得关注是一个重要的奖励元素,另外还有增加生活中的各种刺激、与患者接触、提供食物以及提供舒适的环境等。

小区中的家居照顾团队一般可以为体弱但是仍然可以在有限度帮助下在小区生活的老人提供服务。老人的需要主要有以下五个方面:一是家居照顾、饮食、日常照顾等;二是医护照顾,包括药物管理、看医生、判断何时要去医院以及慢性病管理;三是康复需要,评估在日常活动功能方面所需要的康复服务,最大限度地发掘老人独立生活的能力;四是心理需要,老人由于体弱的关系,在自尊心、自信心及情绪方面都容易有困扰,社会工作者需要在这些方面提供服务和干预;五是家庭照顾者的需要,除了极少数完全没有家人的老人,多数老人都有家人,如何帮助家庭照顾者了解老人的情况,并保持他们在照顾老人方面的动力和合作,可以是社会工作者的工作重点之一。

从以上的分析我们看到,在小区生活的体弱老人需要一种能有效协调不同专业、非专业服务的机制——这个机制称为个案管理。个案管理服务可以帮助老人及家人找到最适合的服务,并帮助家人及老人与不同的服务提供者沟通。个案管理在长期照顾服务中运用广泛,一般包括以下五个主要的环节:[①]

第一,要对服务对象做一个全面的评估,如前所述,每个老人在居家照顾、医护照顾、康复、社会心理和照顾者方面的需求都不尽相同,所以一个全面可靠的评估可以帮助我们了解老人及其家人的真正需要;

第二,根据每一个老人的具体需要,特别是老人和亲属照顾者有什么优势、未能满足的需要、资源和危机等,制订个人服务计划,在个人服务计划中,要充分听取老人和照顾者的意见,还要能切实可行;

第三,匹配老人所需要的服务,并安排提供服务,这时候照顾者和老人的合作与参与当然重要,个案管理的负责人——个案经理也要对服务实施的具体计划做好随时调整的准备,因为只有及时的反馈和调整才能最大限度地匹配需求与服务内容和提供形式;

第四,个案经理要负责监督各项服务的实施情况,并为每一项服务与服务提供者协商确定目标,并评估目标的实现情况,由于体弱长者的身体情况可能随时发生变化,所以评估、制订个人服务计划以及服务提供不会是一次性的工作,而

---

① V. W. Q. Lou, Case Management in Community‐based Long‐term Care: Good Practices and Challenges in Hong Kong, In K. W. Tong & K. N. K. Fung (eds.), *Community Care in Hong Kong: Current Practices, Practice-Research Studies and Future Directions*, Hong Kong: City University Press, 2014.

是不断循环往复的工作,在其中,任何环境及老人的变化都可能使预定的服务计划不能配合需要而要做出调整;

第五,个案经理也要对服务计划的成效做出评估,包括与老人及其家人共同检讨计划。

个案管理的模式非常多样化,有的是个案经理本身的服务单位有提供直接服务,或者个案经理本身就是护士或者社会工作者;有的个案经理做服务协调工作,并向其他小区购买服务资源。

当然,在上述的讨论中我们都没有提及资金的问题,长期照顾如何融资是一个非常值得思考的问题,不同国家有不同的融资模式,很多是在医疗健康服务融资模式的基础上发展起来的,资金来源主要有税收、个人供款以及个人、家庭自付等不同形式的结合。例如,在澳大利亚、加拿大和英国,基本医疗金全由税收支付,并采用普遍性模式,但在长期照顾上就用了选择性模式,只为那些有需要(体弱)以及有经济困难的老人提供费用减免;而德国、日本等就采用了社会保险的混合支付模式;新加坡更引入了家庭代际户口,可以使老人与家人共同分担其中的费用;在美国长期照顾只为有特别经济需要的老人提供,而且也没有一个联邦政府的统一政策;在中国,长期照顾的院舍服务还存在床位短缺的问题,而且小区为本的服务才刚刚开始,值得庆幸的是,在部分城市已经开始了长期照顾护理保险的试点,其效果和融资的可持续性尚待进一步讨论。

从外国的经验中我们可以有哪些借鉴呢?一是长期照顾要与医疗和其他老人服务分开考虑,在资金、服务模式以及服务提供方面都要有创新,而且要考虑本土特点,增加老人院床位但是不把老人院定位在提供长期照顾服务上无助于促进中国长期照顾服务的长远发展;[1]二是长期照顾服务需要大量的跨专业人才,例如老人科医生、老人精神科医生、善终服务提供人员、护士、康复师、社会工作者等,人才培养是做好长期照顾的另一个关键;三是无论哪一个国家的经验都指出长期照顾中家人的作用必须得到充分的肯定,而且,需要制定政策来扶持家人分担一部分的照顾责任;四是社会工作者在老人长期照顾服务中可发挥多方面的作用,例如评估、健康教育、家人支持、心理辅导等,由于有长期照顾需要的老人通常有各类疾病和残疾,所以社工掌握一定的医护知识是非常必要的。

四、老年人的权益与保护

早在 1996 年,中国就制定了《中华人民共和国老年人权益保护法》(1996 年

① M. H. Y. Shum, V. W. Q. Lou, K. Z. J. He, C. C. H. Chen & J. F. Wang, The" Leap Forward" in Nursing Home Development in Urban China: Future Policy Directions. *Journal of the American Medical Directors Association*.

8月29日主席令第73号），在这部法律中，对老年的各项权益都赋予了法律上的保护，最终希望能使全社会的老年人都实现老有所养、老有所医、老有所为、老有所学以及老有所乐的目标。法律也同时明确指出，老年人从国家和社会获得物质帮助是他们应享有的权利。所以各级人民政府有义务在老人服务事业上投入资金，并采取适当的组织措施，协调各部门做好老年人权益的保护工作。当然，在法律中也明确指出了家庭为赡养老年人以及为老年人提供照顾的义务。

从总体上说，老年人权益的保护是受法律保障的，而且法律也确定了政府、社会、家庭和个人的责任，这对于推动保护老年人权益，实现上述"五个老有"起了非常积极的作用。作为社会工作者，在制订服务政策或者为老人提供服务的时候，必须以法律为依据，牢记老年人的权益，这样才能培养出适合为老人服务的价值观和工作态度，例如认识到社会上对老年人的偏见对实现老年人权益的影响，反思自己的价值观中是否也有这种偏见或者歧视；如果有，如何克服。尊重老年人的参与和自我决定的权利，这看起来简单但在工作中难度很大，当老年人和家人在老年人的权益问题上发生矛盾的时候，如何充分尊重老人的意愿呢？上述种种都很值得社会工作的学生、老师和从业人员在个案中不断反思、讨论和总结。

案例

1. 案例描述

王婆婆75岁，从工厂退休后和儿子一家同住，还帮忙照顾孙子好几年。孙子要上小学了，儿子一家为了孙子能上一所好的小学，决定新买一套房子搬过去住，王婆婆满心欢喜。有一天，儿子对王婆婆说，我们决定一家三口搬过去新家，妈妈你就一个人留在老房子住，可以宽敞一些，我们会经常来看你的。王婆婆一听，顿时傻了，不知道怎样回应儿子，变得闷闷不乐，心事重重。作为一个在居委会工作的社会工作者，你对王婆婆的经历有什么分析？又怎样帮助她呢？

2. 案例分析

从压力和应对的角度来看，王婆婆面对的压力是在自己很少选择的情况下改变居住环境——开始独居生活，这无疑会给王婆婆带来很多新的挑战。伴随着独居生活的还有角色的改变，过去与儿子一家同住，王婆婆担当的角色有母亲、婆婆还有奶奶，一旦要独居，这些角色以及与角色所关联的行为都会大大减少。社会工作者就可以循着这个角度来帮助王婆婆了解她目前的处境，帮助她找到新的定位点。根据角色理论和活动理论，王婆婆可能需要重新建立新的社会网络，增加参与社会活动，从而替代失去的角色。根据退缩理论，王婆婆也可能比较喜欢安静，乐意一个人做自己有兴趣的事，这样可以帮助王婆婆找到自己的兴趣。或者从社会构建的视角来看，可以帮助王婆婆意识到在要不要搬家这个议题上她自己的参与性，以及如何向儿子一家表达自己的感受。又或者从女性主义的视角出发，我们可以分析一下王婆婆在过去的生活经验中如何受到压迫，而现在当王婆婆失去了工作能力和在家庭中为年幼孙女提供日常照顾的需要的时候，王婆婆如何为自己争取在家庭中的权利或者话语权。

当然，上述这些理论分析只是停留在假设层面，重要的是在分析时要邀请王婆婆分享她的处境，充分听取她对她的生活处境的看法和感受，尊重案主自决。例如王婆要面对独居生活，而且她已经75岁，我们需要为王婆婆准备怎样能与慢性病共存以及健康生活模式的建立。还有，王婆婆可能对儿子有非常矛盾的心理，一方面当然为儿子买新房子而高兴，但是另一方面肯定对儿子有负面情绪，又或者迁怒于儿媳妇。这些情绪社工可以通过辅导来帮助王婆婆。最后，社工在整个过程中也要把儿子当做另一个服务对象，与他保持良好的沟通，使他明白社会工作者不是帮助他母亲与他对抗，而是与他分享他母亲的心情和困难，同时也明白儿子的心情，这样才能最大限度地获得儿子的支持。分开住并不等于不孝顺、不照顾，现在是要帮助王婆婆和儿子一起来共同发展出一个新的照顾和沟通模式，使王婆婆和儿子都能积极、正面地经验这次的改变，并能从中找到新的沟通模式和生命意义。

本章小结

老年人在成年晚期这个阶段，生理和心理都发生了很大变化，尤其是开始面临各种机体和机能上的衰退。科特雷尔的角色理论、赫威斯特的活动理论及纽加顿、赫威斯特和托宾提出的走中间路线的持续理论都对老人如何在变化中达至最佳的社会适应有一定的解释力。

随着社会的不断发展，进入老年的群体在老年期需要面对诸多的挑战，包括退休、丧偶和独居、与同伴关系的变化以及不断学习来适应快速转变的需要。

老年人的健康是老年人要面对的最严峻的挑战，其中主要的表现是失能及缺少社会支持。如果说失能是部分老年人所必经的人生最后阶段，那么社会支持就是老年人用来面对失能的最佳良药之一。

从社会的角度来说，全社会都要关注老年社会工作的重要议题，包括自杀、虐老、歧视、长期照顾、老年人权益保护等，虽然有些议题可能只适合于一小部分老人，但这恰恰是社会工作者工作的重点——帮助社会上少数最有需要的人来提升福祉。

 思考题

1. 老年人会经历哪些生理变化? 这些变化是正常老化吗?
2. 抗衰老有哪些主要方法?
3. 老年人会经历哪些社会心理变化?
4. 老年社会心理理论有哪些观点? 有什么异同?
5. 社会工作者如何帮助老人面对独居生活?
6. 老年人如何做好退休准备?
7. 社会工作者如何帮助和照顾失能老人?
8. 社会支持对老人有什么作用?
9. 虐待老人有哪些种类和危险因素?
10. 社会工作者在保护老年人权益的工作中能够扮演什么角色?

 推荐阅读

 台湾社区照顾理念与实务

[美]凯瑟琳·麦金尼斯-迪特里克:《老年社会工作:生理、心理及社会方面的评估与干预》(第2版),隋玉杰译,北京:中国人民大学出版社2008年版。

梅陈玉婵、齐铱、徐永德:《老年社会工作》,上海:上海人民出版社2009年版。

邬沧萍等:《社会老年学》,北京:中国人民大学出版社1999年版。

中国老龄科学研究中心:《中国老龄事业发展报告2013》(蓝皮书),2013年。

中华人民共和国国务院:《中国老龄事业的发展》(白皮书),2011年。

Robert C. Atchley, *Social Forces and Aging: An Introduction to Social Gerontology*(10th), Belmont, CA: Wadsworth, 2003.

R. H. Binstock& L. K. George, *Handbook of Aging and the Social Sciences*(6th), Amserdam, Boston: Academic Press, 2006.

R. England, *Aging China: the Demographic Challenge to China's Economic Prospects*. Westport, Conn.: Greenwood Publishing Group, 2005.

N. R. Hooyman & H. A. Kiyak, *Social Gerontology: A Multidisciplinary Perspec-*

tive(8th)，Boston：Allyn and Bacon，2007.

R. Kane & R. Kane，*Long - term Care：Principles，Programs and Policies*，Springer：Publishing Company，1987.

World Health Organization，*Active Ageing：A policy Framework（Report）*，Geneva：World Health Organization，2002.

World Health Organization，*Long-term Care in Developing Countries - Ten Case Studies*，2003.

S. Chen & J. L. Powell，Aging in China：Implications to Social Policy of a Changing Economic State，New York：Springer，2012.

扩展推荐阅读

崔卓兰、赵静波：《我国老龄社会的法律制度及其法律对策》，《吉林大学社会科学学报》2011 年第 3 期。

[英]蒂特玛斯，2011，《蒂特玛斯社会政策十讲》，江绍康译，长春：吉林出版集团有限责任公司。

杜鹏、翟振武、陈卫：《中国人口老龄化百年发展趋势》，《人口研究》2005 年第 6 期。

[英]多亚尔、[英]高夫：《人的需要理论》，汪淳波、张莹莹译，北京：商务印书馆 2008 年版。

高和荣，2012，《中国社会福利体系责任结构的顶层设计》，《吉林大学社会科学学报》第 2 期。

黄晨熹，2009，《社会福利》，上海：格致出版社。

林万亿，1994，《福利国家：历史比较的分析》，台北：巨流图书公司。

林宗浩，2012，《韩国老年人福利法的变迁及对我国的启示》，《法学论坛》第 5 期。

闫金山，乌静，2015，《自利与政治信任对养老责任分担态度的影响——基于 2010 年 CGSS 数据分析》，《探索》第 2 期。

杨琨，2015，《老年人的福利态度及影响因素》，《重庆社会科学》第 3 期。

网站资源

民政部黄金海岸老年康复中心
民政部中益老龄事业发展中心
全国老龄工作委员会

Organization for Economic Co-operation and Development(OECD): A System of Health Accounts

World Health Organization: Suicide prevention(SUPRE)

The Gerontological Society of American

International Association of Gerontology and Geriatrics

Alzheimer's Association

后 记

结缘社工 知行合一

我实际上与社会工作结缘于 1981 年。1981 年 2 月,我和全国 18 所重点大学推荐的同学来到冰天雪地的天津参加南开社会学专业班学习。我们班的"社会学概论"由多位老师讲授。费孝通先生主持了任课教师一起编写《社会学概论》的工作。他亲自为书作序,提出了教材编写工作不怕起点低就怕发展慢的"先有后好"原则。[①] 该教材是当时发行量最大的概论教材之一,对中国社会学重建影响甚大。全书共十四章,其中第十三章就是社会工作,包括什么是社会工作、社会工作内容、社会工作的沿革与新中国社会工作的成就和特点,突出了社会工作中国化的特点。同年 5 月,美国纽约州立大学奥本尼分校社会学系林南教授给我们讲授了社会研究方法课程,林南教授夫人浦慕容博士有社会工作专业硕士(MSW)学位和相关训练,应邀开设社会工作讲座,介绍美国临床社会工作发展。

1986 年,南开大学社会学系主任苏驼教授和孔令智教授参加了中国社会工作教育重建的马甸会议,带回来了更多的社会工作发展信息。1992 年,美国一位教授因为富布赖特项目资助访问南开,开设了"社会工作概论"课。我作为课程助教全程参与了她的课程。该课程给我留下了很深的印象。当时,我和其他年轻的社会学者一样,把社会工作视为社会学的一部分,以至于我 1993 年申请美国明尼苏达大学访问交流计划时,将研究计划内容定为中国社区社会工作,洋洋洒洒写了几页英文提纲,交给了当时社会学系主任刘珺珺教授。后来因为各种原因,我把研究计划题目改为了"中国人的生活方式——社会学视角的分析",其中也包括了中国民政社会工作发展的内容,主要是社区服务。

我与"人类行为与社会环境"课程结缘于 1997 年。1997 年 11 月,香港中文

---

① 费孝通:《社会学概论(试讲本)》,天津:天津人民出版社 1984 年版。

大学社会工作学系主任林孟秋教授、研究生部主任莫邦豪教授、社会工作实习主任区初辉博士一行访问南开。在五天的时间里，他们和我们一起修订了社会工作课程体系，帮助南开社会工作教学体系迈出专业化的决定性一步。时任系主任的侯均生教授和林孟秋教授签订了两系交流计划。三位教授除了和我们讨论社会工作专业课程体系建设外，还举办了一次主题为社会工作与社会福利、社会工作实习的综合讲座，地点在主楼三楼原哲学系办公室对面的大教室。教室虽大，但被热情的同学们挤得满满的。我陪他们参观了著名的民办社会福利机构鹤童老人院和社区；联系了天津电视台"枫叶红了"节目组对他们进行采访，他们在访谈中谈到对中国内地社会工作教育发展的期望。而这些期望很多都变成了今天的现实。

社会工作专业建立之始，专业拓展工作是相当艰苦的。1997年，南开社会学系招收了社会工作专业第一批本科生。由于当时我们没有足够的教师和教材，社会工作本科生和社会学专业本科生一起上课。社会工作专业课程是到了高年级才逐步开设的。1998年，我访问了香港中文大学社会工作学系。在访问和学习期间，我专门考察了"人类行为与社会环境"课程，和授课老师石丹理教授建立联系。课外，我参观了多个社会工作实习基地。回到南开后，我开始讲授社会工作课程。当时我们没有自己编写的教材，使用的都是从香港带回的教材。因此，我对编写本土教材的迫切性感受至深。

1998年我申请了香港中文大学社会工作学系博士。申请过程得到林孟秋教授、莫邦豪教授的大力支持，后因访问德国半年推迟入学。在海风吹拂的吐露港畔，在灵动之势的山峦之中，五年博士，静心读书，反思顿悟。导师周健林教授和王卓祺教授严格指导，马丽庄和魏雁斌等教授循循善诱，我放下过去，刻苦学习，真正转型为一个社会工作研究者，启动了人生后半程知行合一之旅。

经过多次修改完善的《人类行为与社会环境》获得教育部"'十二五'普通高等教育本科国家级规划教材"称号。请容许我把她献给母校香港中文大学。师恩浩荡，永远铭记。

彭华民

2015年9月17日初稿南京仙林

2016年4月20日定稿南京仙林

郑重声明

高等教育出版社依法对本书享有专有出版权。任何未经许可的复制、销售行为均违反《中华人民共和国著作权法》,其行为人将承担相应的民事责任和行政责任;构成犯罪的,将被依法追究刑事责任。为了维护市场秩序,保护读者的合法权益,避免读者误用盗版书造成不良后果,我社将配合行政执法部门和司法机关对违法犯罪的单位和个人进行严厉打击。社会各界人士如发现上述侵权行为,希望及时举报,我社将奖励举报有功人员。

反盗版举报电话　　(010)58581999　58582371
反盗版举报邮箱　dd@hep.com.cn
通信地址　北京市西城区德外大街4号
　　　　　高等教育出版社法律事务部
邮政编码　100120